教訓の「水平展開」の宝庫

柳 田 邦 男
(ノンフクション作家)

　先頃、四国の高知空港で全日空のボンバルディア機が、前車輪が出ないため胴体着陸をした事故があった。機長の周到な操縦によって、接地時の胴体への衝撃を最小限にすることができたので、火災になるのは避けられ、乗客・乗員は全員無事だった。テレビや新聞は大きく報道した。作家として、事故や災害の問題に40年以上も取り組んできたので、こうした事故が起こると、反射的に報道される記事をフォローするとともに、自分でも情報を収集して、被害の状況や問題点を頭の中に刻む。
　だから私の頭の中には、過去の主要な航空事故や鉄道事故や災害などの現場の状況が鮮烈に刻み込まれている。しかし、大規模な事故や災害については、発生年月日をはじめとする主要な要素をすぐに思い起こすことができても、頻繁に発生する中規模・小規模の事故や災害については、年月が経つほどに具体的な要素を思い出せなくなることが多い。
　おそらく高知空港のボンバルディア機胴体着陸事故も、5〜6年も経つと、《あれは何年何月のことだったかな》とか、《車輪が出なかった原因は

何だったかな》と、記憶があいまいになっていくに違いない。かと言って、そういった中小規模の事故や災害は、たいして教訓を残さなかったのかと言うと、決してそうではない。私の脳みその記憶容量に限りがあるというだけのことだ。そこで、事故や災害の問題についての論文や評論を書く時には、必要に応じて、然るべき年表などで調べなければならなくなる。

ところが、一般的な歴史年表には、よほど大きな事故や災害でないと、記載されていないし、たとえ記載されていても、事件名が記されているだけで、どんな事故や災害だったのかという内容にわたるところまでは記載されていない。やはり事故や災害に"特化"した年表が必要になってくる。これは私だけの問題ではない。例えば、産業界の企業の立場なら、業種別にどんな事故が起きているのか、それらの全データが必要となるはずだ。もし必要としない企業があるなら、その企業は安全への取り組みが基本的にできていないと言っていいくらいだ。

では、なぜ事故や災害の全史が必要なのか。その理由として、少なくとも次の３点を挙げることができる。

(1) 事故の教訓の「水平展開」の手がかりをつかむために。

　　長年にわたって事故原因の取材と分析をしていると、なぜこうも同じような危険な要因の重なり合いによる事故が繰り返されるのか、と感じることが数え切れないほどある。教訓に学ばない、教訓を再発防止に生かさない、という実態に唖然とするばかりだ。最近明らかになった様々な原発事故はその典型的なものだ。他社や他業種で起きた事故でも、原因となった諸要因を調べると、表面的には形が違っていても、同じようなことがわが社でも起こり得るという

発想によるリスク点検の取り組みが欠けているのだ。企業の安全担当者が事故・災害の年表を精読して、自社のシステムの安全にヒントになりそうなものを洗い出して分類し、1件1件の詳細を文献資料や関係機関に尋ねて調べれば、生かすべき数々の教訓を得られるだろう。

(2) 事故発生の傾向をとらえる。

同じような原因による大事故・中事故・小事故の発生比率は、1対29対300になっているというハインリッヒの法則がある。この法則は小事故に潜む危険要因を摘出して、それが事故にならないような対策を速やかに実施しておけば、大事故を未然に防ぐことができるという大事な視点を教えてくれる。そういう眼で膨大な事故・災害の年表を詳しく点検していくと、どういう事故がしばしば起こっているか、その発生傾向をとらえると同時に、各種事例から有効な安全対策の数多くのヒントを得られるはずだ。これは前述の情報の「水平展開」にも通じることだ。

(3) 時代の傾向をとらえる感性を育てる。

全史年表を繰り返し精読していると、経済や技術の発展に伴い、発生する事故の種類や起こり方や背景要因などに変化があることに気付く。そういう気付きは、現在と未来にどういう事故が起こり得るかを予見する感性と能力を身につけるのに役に立つものだ。

全史年表は、図書館や資料庫の中で埃をかぶっているような扱いをされてはいけない。活用すれば、大事故を未然に防ぎ、多くの人命を悲劇にさらさないようにするための手がかりをつかめる情報の宝庫なのだ。

目　次

教訓の「水平展開」の宝庫 ……………………………………………………… 柳田邦男

総　説

1. 再発防止策から外れたところで起きた事故…009　2. 再発防止策が中途半端だったため起きた事故…010　3. 再発防止策が裏目に出て起きた事故…012　4. 事前トラブルを承知しながら対策を打たずに招いた事故…013　5. 対策が間に合わずに起きた事故…015　6. 人と装置の相互作用が招いた事故…016　7. 原因の推定が困難だった事故…017　8. 焦りが招いた事故…019　9. 相互信頼が引き起こした事故…020

第Ⅰ部　大事故の系譜

CASE 01	西成線安治川口駅で列車脱線転覆、炎上 ………………………………	024
CASE 02	常磐線土浦駅構内で列車衝突、一部が川に転落 ………………………	026
CASE 03	国鉄八高線多摩川鉄橋で列車正面衝突 …………………………………	028
CASE 04	八高線高麗川駅手前カーブで列車脱線、転覆 …………………………	032
CASE 05	名鉄瀬戸線で電車脱線、横転 ……………………………………………	033
CASE 06	近鉄奈良線花園駅で急行電車が先行電車に追突 ………………………	034
CASE 07	京浜東北線桜木町駅で電車炎上 …………………………………………	037
CASE 08	日航「もく星」号が三原山に墜落 ………………………………………	042
CASE 09	参宮線六軒駅で列車脱線、衝突 …………………………………………	044
CASE 10	全日空機が下田沖に墜落 …………………………………………………	047
CASE 11	名古屋空港で全日空機と自衛隊機衝突 …………………………………	050
CASE 12	常磐線三河島駅付近で列車脱線、三重衝突事故 ………………………	052
CASE 13	藤田航空機、八丈富士に墜落、炎上 ……………………………………	057
CASE 14	東海道線鶴見駅付近で列車脱線、三重衝突事故 ………………………	058
CASE 15	富士航空機、大分空港でオーバーラン、炎上 …………………………	061
CASE 16	全日空機羽田に着陸降下中、東京湾に墜落 ……………………………	064
CASE 17	カナダ太平洋航空機、羽田空港に着陸失敗、炎上 ……………………	068
CASE 18	英国海外航空機空中分解、富士山に墜落 ………………………………	070
CASE 19	全日空機、松山空港に着陸降下中、海上に墜落 ………………………	072
CASE 20	新宿駅でタンク貨車、貨物列車と衝突、炎上 …………………………	074
CASE 21	地下鉄日比谷線六本木駅近くを回送中、車両火災 ……………………	076
CASE 22	御茶ノ水駅で中央線電車ドアに手挟まり急停車、後続車追突 ………	079
CASE 23	伯備線で保線作業中、触車事故 …………………………………………	081

CASE 24	富士急電車がトラックと衝突、暴走、脱線	084
CASE 25	東亜国内航空「ばんだい」号、横津岳に激突	085
CASE 26	全日空機と自衛隊機空中衝突	087
CASE 27	近鉄大阪線トンネル内で特急電車同士が衝突、脱線	091
CASE 28	ニューデリー空港で日航機着陸時墜落、炎上	093
CASE 29	北陸本線北陸トンネルで急行列車の食堂車火災	096
CASE 30	モスクワ空港で日航機離陸時失速し墜落、炎上	101
CASE 31	クアラルンプールで日航機着陸時墜落、炎上	103
CASE 32	東西線鉄橋で竜巻により列車脱線転覆	105
CASE 33	東中野駅手前で停車中の電車に後続車追突	107
CASE 34	日航機、羽田空港沖に墜落	109
CASE 35	ソ連戦闘機、大韓航空撃墜	112
CASE 36	日航ジャンボ機墜落、炎上	118
CASE 37	山陰線余部鉄橋で突風により列車脱線、転落	124
CASE 38	伊方原発近くに米軍ヘリコプター墜落、炎上	128
CASE 39	東中野駅に停車中の電車に後続電車追突	130
CASE 40	信楽高原鉄道で列車正面衝突	132
CASE 41	JR福知山線踏切で大型トラックが立往生、電車衝突	139
CASE 42	関東鉄道常総線でディーゼル列車暴走、駅ビルに突入	141
CASE 43	名古屋空港で中華航空機が着陸に失敗、炎上	143
CASE 44	東海道新幹線三島駅で高校生ひきずられ死亡	149
CASE 45	ガルーダ・インドネシア航空機、滑走路オーバーラン、炎上	152
CASE 46	日航機が志摩半島上空を降下中に大揺れ	155
CASE 47	JR中央線大月駅で特急と回送電車衝突	158
CASE 48	地下鉄日比谷線、中目黒駅構内で脱線、衝突	160
CASE 49	焼津上空で日航機ニアミス事故	164
CASE 50	訓練中のヘリコプターとセスナ機が空中衝突	168
CASE 51	鹿児島線で緊急停車した列車に快速列車追突	171
CASE 52	JR東海道線で救急隊員死傷事故	174
CASE 53	JR福知山線、脱線転覆	179

第Ⅱ部　鉄道・航空機事故一覧
　　　　——明治・大正・昭和・平成

第Ⅲ部　索引（総説・第Ⅰ部）
　　　　主な種類別事故一覧（第Ⅱ部）

凡例：

1. 本書の内容
    本書は、明治5年（1872）から平成18年（2006）に発生した鉄道事故、航空機事故2,298件の記録・解説である。

2. 本書の構成
    総説
    第Ⅰ部－大事故の系譜
        比較的、原因、経過、対策等資料的に豊富なもの53件を選択して解説した。
        事故の経緯、事故の影響と対策、亡くなられた方等のデータ、事故を残す、偲ぶ、キーワードを主な解説内容とした。
    第Ⅱ部－明治以降の事故2,298件を時系列で記載した。
    第Ⅲ部－索引（総説、第Ⅰ部）
        主な種類別事故一覧（第Ⅱ部）

3. 出典参考資料
    災害情報データベース（災害情報センター）
    (http://www.adic.rise.waseda.ac.jp/adic/menu.html)

昭和災害史事典①	昭和2年～昭和20年	1995
昭和災害史年表事典②	昭和21年～昭和35年	1992
昭和災害史事典③	昭和36年～昭和45年	1993
昭和災害史事典④	昭和46年～昭和55年	1995
昭和災害史事典⑤	昭和56年～昭和63年	1995
平成災害史事典	平成元年～昭和10年	1999
平成災害史事典	平成11年～昭和15年	2004

総　　説

　大きな事故が起きるたびに必ずといってよいほど「二度とこうした悲惨な事故を起こしてはならない」という誓いの言葉が発せられ再発防止策が打ち出される。しかしその後も同じような事故が繰り返され、「過去の事故の教訓が生かされなかった」と言われるのが常である。

　本書で取り上げている鉄道事故や航空機事故においても、再発防止の努力に拘らず事故を繰り返した例は多い。逆に言えば対策の有りようが事故の発生と深く関わっている。そうした視点から、どのようにして事故が繰り返されてきたかという事故の歴史を眺めてみると、いくつか特徴的な事故の系譜があることに気付く。

1．再発防止策から外れたところで起きた事故

　再発防止策は、起こってしまった事故と同様の事故の防止が主目的である。そのため対策が及ばずに置き去りとなった部分で事故が起きる場合がある。

＜空中衝突の再発防止＞

　1971年(昭和46年)の雫石空中衝突事故(87ページに詳述。以下ページ数のみ記載)の後、運輸省は航空機を識別して位置を探知できるレーダーの建設を進め、1991年(平成3年)6月には全国をカバーするレーダー管制システムを完成させた。一方、航空機側の対策として2001年1月から旅客機にTCAS（Traffic alert & Collision Avoidance System、接近警報及び衝突回避装置）の設置を義務付けた。

　ところが2001年1月、レーダー監視システムを利用した管制が行われる中、TCASを装備した旅客機同士のニアミス事故が焼津市上空で発生（p.164）、一方の機の乗員乗客100人が負傷した。もし回避に失敗して空中衝突していたら雫石事故を超す犠牲者が発生していただろう。

　ニアミスの原因の1つが、管制指示とTCASの指示が異なった場合の優先順位が明確でなかったため、国土交通省は「管制指示とTCASの指示が相反する場合は原則としてTCASの指示に従う」とする指針を定めた。

　しかし、2001年5月には、旅客機に対する管制システムの対象外である三重県桑

総説 ｜ 009

名市上空の民間訓練空域内で共にTCASの搭載は義務付けられていないヘリコプターと小型飛行機が訓練中に空中衝突した（p.168）。

これを機に国土交通省は全国の民間訓練試験空域を細分化し、1空域に1機しか入れないようにするとともに、民間訓練試験空域の使用予定や使用状況等の情報を航空交通流管理センター（福岡市）にある航空交通流管理システムで集中管理し訓練機などに提供することにした。

＜乗り上がり脱線の再発防止＞

1963年の鶴見脱線事故（p.58）の後、国鉄は走行試験の結果などを基に時速約60km程度での走行時における貨車の乗り上がり脱線を防止するための対策を実施した。さらに、1964年の新幹線開通や1968年の国鉄ダイヤ全面改正などを機に列車の高速走行時の乗り上がり脱線に対する対策が進んだ。

しかし、低速走行時の乗り上がり脱線については件数が少なかったことや車庫線、引込み線での脱線の場合が多く乗客に被害がなかったことなどから社会的に注目されることもなかった。このため車両や軌道の設計や保守管理などで低速走行時の乗り上がり脱線を考慮することはほとんどなかった。2000年の日比谷線脱線事故（p.160）は、時速12〜13kmの低速走行時に起きた乗り上がり脱線で、それまでの対策の盲点を突く形となった。

2．再発防止策が中途半端だったため起きた事故

再発防止策が目標としたことであっても、対策の水準が中途半端に終わっていたため効果が発揮されずに事故が起きてしまった例がある。

＜列車衝突とATS-SN＞

国鉄は、1967年（昭和42年）の新宿駅構内の貨物列車衝突火災事故（p.74）で運転士が停止信号をそのまま通過して事故に至ったことから、停止信号を示している場内信号機を通過する際に警報が鳴るように改めたが、当初予定していた非常ブレーキ機能は付けなかった。

1988年の東中野駅追突事故（p.130）では場内信号機の直前で車内の警報が鳴ったはずなのに運転士がブレーキをかけずに追突した。もし非常ブレーキ機能が付いていたら事故は防げた可能性があった。そこでJR東日本は場内信号機などが停止表示の時、そのまま通過しようとすると強制的に非常ブレーキを作動させるATS-SN型の導入を進めた。

ただ、駅構内で行われる操車作業などではATS（自動列車停止装置）が頻繁に作動していては作業が滞るため、最終列車を留置線に停止させたり車両同士を連結させたりする場合などに限ってATSの電源を切ってもよいと運行規定で定めた。しかし一般の入替作業でもこの規定が拡大解釈されATSの電源を切って作業することがあった。

　1997年（平成9年）の大月駅衝突事故（p.158）では、運転士がATSの電源を切って列車の入替作業をしていたため、停止信号を示していた入替信号機を誤って通過しようとしたところ非常ブレーキが作動せず、そのまま本線に進入し特急列車と衝突した。

　この事故の後、JR東日本は運転士がブレーキハンドルを抜かない限りATSの電源が切れないよう改修。またATSの電源を切って行わざるを得ないような操車作業を全廃した。

＜列車火災と不燃化基準＞

　1951年の桜木町電車火災（p.37）の後、国鉄は火災を起こしたものと同型の車両計約800両の天井を鋼板に替え難燃性塗料で塗装。1957年には運輸省が、地下を走行する車両については最も厳しいA-A様式、長さ2km以上のトンネルを走行する車両はA様式、その他をB様式とする3段階の不燃化基準を通達した。

　しかし、1968年の地下鉄日比谷線車両火災（p.76）では、A-A様式に準拠した車両が、車両部品や内装などに可燃性の材料が使用されていたこともあり全焼してしまった。そこで、運輸省は内装や塗装などを含めて車両の不燃化・難燃化を規定するA-A基準などの新しい不燃化基準を1969年に通達。ところが、A-A基準は新造車両には努めて適用することとされたが、既存車両には、内装や断熱材などの難燃化・不燃化をしないA基準でよいとしていたため、1972年の北陸トンネル列車火災（p.96）では、出火・全焼した食堂車（1960年に寝台車から食堂車に改造）の屋根や床の断熱材に使用されていた発泡スチロールや内装のビニール類などが燃焼して濃煙と有毒ガスが大量に発生し、多数の死傷者を出した。

　事故後、国鉄は長さ5km以上のトンネルを通過するすべての車両にA-A基準を適用することに踏み切り、1）内装材をアルミ化粧板に交換、2）保温断熱材の難燃化、3）隣接車両への延焼防止のため貫通扉の窓ガラスを網入りガラスに交換、貫通幌を難燃化、などの対策を施した車両を1973年度から投入。

　このように再発防止策を、その時起きた事故の防止に最低限必要な規模・範囲に抑える逐次投入方式では、その水準を少しでも超えるような事故は防げない。結局、

多大な犠牲を払った後、最終的に厳しい対策が実施されることになった。

3．再発防止策が裏目に出て起きた事故

　再発防止策自体は効を奏したものの、「禍福はあざなえる縄のごとし」という諺のように、その対策がかえって次の大事故を誘発する結果となった例もある。

　1951年（昭和26年）の桜木町駅電車火災では、屋根、天井、内装など木造部分が多かった車両がほぼ全焼し車内にいた乗客のほとんどが閉じ込められたまま死亡した。事故の約1ヶ月後、運転士、車掌、信号掛、電力工手長が国会で証人喚問を受け、乗客を救助できなかったことや架線が緩んだ事故現場へ電車の進入を許したことなどを追及された。しかし、この事故の場合、車両の外の床下にある乗降ドアの元締切りコック（Dコック）を操作していればドアを開けて乗客を助けられたという点に注目が集まり、そのことに対する悔いが乗務員にも利用者にも強く残ったものと思われる。その後の乗務員の訓練・教育でも電車火災の恐れがあるときにはまず乗客を最優先で救助することが強調されたことは想像に難くない。

　桜木町駅電車火災の11年後の1962年に起きた三河島脱線衝突事故（p.52）では、脱線した下り電車の乗務員らは、機関車の火がすぐ後ろに連結されていたタンク車に移るなどして火災になることを恐れて乗客の救出や誘導を優先し列車防護をしなかった。列車防護とは、併発事故を防ぐため、事故現場に進入してくる列車を緊急に停止させるための措置のことである。一方、輸送指令員や駅の信号掛も直ちに関係する電車を止めるよう手配しなかった。このため、線路上に避難した乗客に上り電車が突っ込み160人の死者を出す惨事となった。

　国鉄はこのことを教訓に「運転事故の発生のおそれのあるとき、又は運転事故が発生して併発事故を発生するおそれのあるときは、躊躇することなく、関係列車又は車両を停止させる手配をとらなければならない」との規定を運転取扱心得に追加、1964年に制定した「安全の確保に関する規程」では「直ちに列車又は自動車を止めるか又は、止めさせる手配をとることが、多くの場合、危険を避けるのに最も良い方法である」と謳われた。

　乗務員たちに対する指導、訓練などにおいても、異常事態には列車を停止することが特に強調された。しかしながら、改定された諸規定は三河島脱線衝突事故のような併発事故を避けるための「関係列車」の停止、すなわち列車防護の必要性に主眼があったはずだが、事故を起こした列車そのものの停止も必要条件として解釈さ

れたようだ。
　そのことは列車火災時の処置手順について国鉄が乗務員に配布・携帯させていた規定でも踏襲され、先ず列車を停止してから列車防護、旅客誘導、消火、消火困難な場合は火災車両の切離しの順で行うものとされた。
　三河島脱線衝突事故から10年後に起きた1972年の北陸トンネル列車火災では、国鉄が定めた列車火災時の処置手順が忠実に守られたにも拘らず乗客30人と乗務員1人が死亡するという惨事を招いてしまった。
　国鉄は、北陸トンネル列車火災を受け、鉄道火災対策技術委員会を設置してトンネルでの走行車両燃焼実験などを行い、その検討結果を踏まえ「長大トンネルにおける列車火災時のマニュアル作成要領」を策定。トンネル内の列車火災時には、すぐ停止するのではなく、「運行地点、火災の発生部位、火勢等にかかわらず、そのまま運転を継続して極力トンネル外に脱出して停止する」こととした。

4．事前トラブルを承知しながら対策を打たずに招いた事故

　これまで示したように、起きた事故に対する「再発防止」ということに留まっている限り、どうしても対象とする事故の範囲が限られ、想定外の事故の可能性を残すこととなってしまう。そこで、「再発防止」からさらに進んで、これから起こりうる事故を想定して先手を打つという試みもされてきた。例えば、重大な事故の一歩手前のヒヤリとしたりハッとしたりした事例を集めて分析し対応策をとることで事故を未然に防止するという「ヒヤリ・ハット運動」がある。「ヒヤリ・ハット運動」では、膨大な数の事例を集めて解析し対策をたてるという努力が行われ、それなりに効果もあげている。
　この根拠とされるのは「ハインリッヒの法則」と呼ばれるもので、1929年（昭和4年）に米国の損保会社に勤めていたハインリッヒが労働災害に関する統計データを基に発表した。同一種類の労働災害において重傷以上の災害が1件あったら、その背後には29件の軽傷を伴う災害、300件の傷害のない災害が起きていたとされる。
　しかし、事故の起きた経緯を見ると、前兆に気付かなかったというよりは、事前トラブルを承知していたのにそれを対策に生かせずに事故に至った例がしばしばある。
　1996年（平成8年）6月13日のガルーダ・インドネシア航空DC10オーバーラン事故（p.152）では、エンジン出力低下の原因はエンジン・ブレード（回転羽根）の

疲労破壊だった。DC10のエンジン・ブレードの破壊によってエンジン推力喪失に至った不具合は1990年以来世界各地で発生していた。エンジン製造会社のGEは1994年に各航空会社に対しブレードの冷却用空気通路孔内壁に粒界酸化防止用コーティングを施した改良型ブレードを紹介するとともに、ブレード破壊が総使用サイクル（1サイクルは離陸から着陸まで）4,400〜6,500で起きていたことから、総使用サイクル6,000を目安にブレードを廃棄する管理方式を推奨した。

1994年12月に事故機にエンジンが組み込まれた時の総使用サイクルは既に4,894だったが、ガルーダ・インドネシア航空からDC10のエンジンの整備を委託されていたKLMオランダ航空はエンジン組み込み時の総使用サイクルが6,000未満であればブレードを継続使用することにした。事故当時の総使用時間30,913時間、総使用サイクルは6,182サイクルでGEが推奨する廃棄の期限を過ぎていた。

1972年（昭和47年）の北陸トンネル列車火災では、地元の消防署が1966年にトンネルの防災体制確立を求める要望書を国鉄に提出していた。その内容は、1）トンネルをシャッターでブロックに分け延焼しないよう消火装置設置、2）乗客を避難誘導できるよう警報装置設置、3）消火用スプリンクラー設置、4）ダクトなど強制排煙設備設置、5）出口への距離標識設置—などで、事故後にとられた再発防止策を先取りするものだった。そして、1969年に寝台特急「日本海」が北陸トンネル通過中に起こしたモーター火災（p.299）後、地元消防は再度、消火・排煙設備の設置などトンネル防災体制確立を求める要望書を国鉄に提出。しかし国鉄は、電化されているため深刻な火災の危険はない、費用がかかりすぎるなどとしてこれらの要望に応えなかった。

1986年の余部鉄橋転落事故（p.124）では、余部鉄橋に設置した風速計の風速が秒速25mを超えたため同鉄橋から約100km離れたCTC（列車集中制御装置）センターの強風警報装置の警報ブザーが鳴ったが、CTCの指令員は鉄橋に近い香住駅に問い合わせて異常なしとの回答を得たため様子を見ることにし、橋を通過予定の列車もないことから特殊信号発光機も点灯しなかった。CTC運転取扱基準規程では、警報ブザーが鳴ると列車指令は直ちに遠隔操作で最寄の出発信号機と特殊信号発光機を停止信号とすることが定められていた。しかし、実際にはCTCセンターでは警報ブザーが鳴っても直ちに列車停止の措置をとらずに香住駅に風の状態を問い合わせてから判断することが慣例になっていた。

その後、再びCTCセンターの強風警報装置の警報ブザーが鳴ったため、指令員が再度香住駅に問い合わせたところ「瞬間風速25m、現在は20m前後」との返事が

あった。しかし指令員は列車が既に橋を通過したものと判断して特殊信号発光機を作動させず、列車はそのまま鉄橋に進入し強風にあおられて転落した。

　1991年5月14日の信楽高原鉄道正面衝突事故（p.132）では、事故前の4月8日、4月12日、5月3日に信号トラブルが起きた際、代用閉塞方式が実施された。閉塞とは信号等で区切られた一定の区間に2本以上の列車が入らないようにすることで、代用閉塞方式では閉塞しようとする区間に列車がないことを確認した上で指名された1人の人間の同乗した列車だけを運行させることによって閉塞を確保する。この時、信楽高原鉄道側で代用閉塞を指揮したのは同社の業務課長（事故で死亡）であったが、おざなりな区間開通確認や運転通告券の不交付など規定の手順の多くが守られなかった。事故当日においても再び杜撰な代用閉塞が実施された結果、衝突事故が起きてしまった。

　これらの事故では、事前にトラブルが起きた時は幸運にも大事故に至らず、そのことが一種の成功体験となって、その後同様のトラブルがあっても大したことはない、これくらいなら大丈夫だろう、という慣れが生まれた。さらに、何らかの対策をするとなれば費用がかかることもあって事前トラブルに対処しないまま事故に至った。しかし、当初は何かと理由をつけて実現困難としていた抜本的な対策も、多数の死傷者を伴う大事故が起きた後には一転して実現している。

5.　対策が間に合わずに起きた事故

　一方、事前トラブルなどを受けて対策を講じたものの、事故に間に合わなかった例もある。

　1995年（平成7年）12月27日の新幹線三島駅轢死事故（p.149）では高校生が新幹線のドアに手を挟まれて抜けなくなり発車した列車に引きずられた末にホームから転落して轢死した。しかし、その前年の1994年6月13日にも、都営地下鉄浅草橋駅でドアに手を挟まれた女性が列車に引きずられてホームと車両の間に転落して死亡するという同様の事故（p.407）があった。その事故の後、JR東海は新幹線車両ドア押さえ装置作動の時期を遅らせるよう基本回路を再検討し、三島駅での事故の一週間前に実証試験用のドア試験装置を工場に搬入したところだった。裁判でも「ドアの構造の改良に取り組み始めた矢先の事故で、着手時期が著しく遅いとは言えずJR東海には過失はない」とされた。

　同様に、もう少しで対策が実施されるところで事故が起きた例として2005年4

月の福知山線脱線事故（p.179）がある。この事故では、脱線の起きたカーブにATS-Pが設置されていれば列車が速度超過することはなく脱線は防げたとされる。

　ATS-Pでは、1）対象とするカーブの手前に設置された地上子がカーブ入口までの距離、カーブの長さ、カーブの制限速度などのデータを列車側に送信、2）列車のコンピューターは受信したデータと列車のブレーキ性能や列車位置をもとに列車の上限速度を算出、実際の列車速度がそれに達するとブレーキが作動する。

　JR西日本は、2003年9月29日の経営会議で、福知山線尼崎〜新三田駅間にATS-Pを整備する投資決定を行い、2003年10月〜2005年5月の工期で2005年2月以降順次使用開始する予定だった。工事はJR西日本本社の建設工事部大阪建設工事事務所から大阪支社電気課を経て同支社の大阪信号通信区に委託され、大阪信号通信区が電気工事業者に発注する仕組みになっていた。しかし、大阪支社電気課から大阪信号通信区への委託が関係書類のチェックの遅れなどから2004年3月下旬となり、大阪信号通信区から電気工事業者への設計の発注が2004年4月となり予定より半年あまり遅れた。そのため大阪信号通信区は、2005年2月から使用開始するには工期が短いと考え2005年6月に使用開始するよう工程を遅らせることにした。そのことは大阪支社に伝えられ、上層部も無理に工事を急いでトラブルや労働事故が発生すると困ると考えてこれを了承した。結局着工は2005年1月となり、使用開始は事故直後の2005年6月になってしまった。

　ATS-Pの導入が遅れた理由には、カーブへのATS-P設置の重要性や工期について担当者たちに切迫した意識がなく、整備を緊急と考えなかった消極的な姿勢がある。日常的な事務処理の中に緊急性が埋もれてしまったとも言える。

6．人と装置の相互作用が招いた事故

　航空機では、エンジン・ブレードの例のように、各メーカーが事前トラブルを収集して、それに基づいた改修情報を各運航会社に通知している。

　1972年（昭和47年）のモスクワ空港日航DC8墜落事故（p.101）では、操縦者が誤ってグラウンド・スポイラー（主翼上面にある補助翼で、着陸時に上方に立ち上げることでブレーキをかける）のレバーを引いて立ち上げたことが失速の原因とみられている。同種の事故は1970年にカナダで起きており、米連邦航空局は「DC8の運航規定に『飛行中グラウンド・スポイラーを立ててはならない』という一項を追加し、グラウンド・スポイラーのレバーのわきに『飛行中のスポイラー開示、厳禁』

との表示を義務付ける」という耐空性改善命令を出した。これを受けてマクダネル・ダグラス社はDC8の運航会社に表示の取付け方法を指示する緊急改修情報を出した。

しかしモスクワの事故まではこうしたパイロットの注意に依存する対策のみで、事故が起きた後になってようやくマクダネル・ダグラス社はスポイラーを飛行中不作動にするための設計・研究に着手した。1973年のアイスランド航空DC8墜落事故後（同機には「飛行中のスポイラー開示、厳禁」の表示が貼られていた）、マクダネル・ダグラス社はスポイラーが飛行中作動しないようにする方法を指示する改修情報を出し必要な部品を無償提供することとした。

1994年（平成6年）4月26日の名古屋空港中華航空機墜落事故（p.143）では、自動操縦装置が操縦者の操舵と逆の操舵をし、そのことに操縦者が気付かなかったことが墜落の原因となった。エアバス社は事故の3年前から、同種の理由によるトラブル発生を受けて操縦マニュアルに注意事項として対処方法とともに掲載していたが、中華航空機事故のように操縦者がオートパイロットに抗した操舵をし続けることは想定していなかった。事故後、エアバス社は操縦桿に一定以上の力を加えた場合、自動操縦装置が解除されるように改修することをそれまでの「推奨」から「義務」に改訂した。

人と装置の相互作用によってトラブルが起きている場合は装置の側と人間の側の双方の対策が必要となってくる。しかし装置を設計・製造するメーカー側は装置の改修はできるだけ避けて人間の方が装置の特性に合わせて操作すべきとして教育・訓練の徹底など、人間の側が装置に合わせることを対策として要求する傾向がある。一方、パイロットの側は装置の不備・欠陥を主張する。上記の例では、メーカー側がパイロットや運航会社に注意を促すにとどまり、装置の改善を遅らせている間に大事故が起きてしまった。

7. 原因の推定が困難だった事故

1997年（平成9年）の日航MD11機乱高下事故（p.155）では、運輸省の事故調査委員会は、機長が減速するために機首を上げようとして操縦桿を強く引いたことで自動操縦装置が解除され、その後の機長の手動操縦と機体安定装置による昇降舵操作の相互作用の結果激しい上下動が起きたとした。しかし、機長の側は自動操縦装置の解除は機長が意図したものではなく、乱高下の原因は、減速のために展開し

たスポイラーの後流と機体安定装置による昇降舵操作の相互作用の結果であるとした。機長の操縦ミスが問われた裁判（控訴審）でも、操縦桿を強く引いたことが機長の意図的な操作だとは証拠上認定できないとした上で、自動操縦装置の解除と最初の機首上げ開始の要因とがどのように影響しあったのか全く不明と判断している。この事故のように当事者が生存し、フライトレコーダーなど各種記録が揃っていても原因解明に決着がついていない例もある。

　日本で初めて本格的な航空機事故調査が行われたのは、1932年（昭和7年）の飛行艇白鳩号墜落事故（p.196）の時と思われる。パイロットが死亡し目撃者も皆無の中、調査を依頼された航空研究所では、当時研究員だった寺田寅彦らが残骸部品を徹底的に調査、実証実験などの末に補助翼を操作する鋼索の張力を加減するねじを留める銅線の破断が原因であることを突き止めた。

　同じくパイロットが死亡した1966年の全日空B727羽田空港沖墜落事故（p.72）では、部品はほぼ回収され政府調査団の中の山名正夫東大教授を中心とする現物小委員会が詳細な調査分析を行い、グラウンド・スポイラーの作動に係わるクランク部品が疲労破壊を起こしスポイラーが突然開いたことが失速の原因と推定した。しかし、調査団の結論としては装置の不具合の証拠はないとしてパイロットミスの可能性を指摘した。その後も山名教授は実験やシミュレーションを行って自説を展開したが、結局、人為ミスと装置の欠陥の対立は解けなかった。

　ただ、装置や自然現象に起因するものについては、研究者らの粘り強い努力で解明された事故もある。1966年のBOAC機空中分解事故（p.70）では元気象研究所の相馬清二が風洞実験や5年間にわたる乱気流の現地観測に基づき非定常の乱気流が原因であると結論付けた。1963年の鶴見線脱線事故では、国鉄が技術調査委員会を設置して類似脱線事故の調査研究、模型実験、実車走行試験などをもとに、事故の5年後に「貨車の脱線の原因は事故現場のカーブで車両の異常、線路の欠陥、積荷の偏りなど積載状況、運転速度・加減速など運転状態、列車編成等の要因が偶然かつ複雑に重なり合い、車両の横揺れが異常な変化を起こしたことによる競合脱線」との結論を出した。その後も廃線を利用した走行実験などを続け、事故から約9年後に貨車の車軸間隔を広げるなどの事故防止対策を出した。

　一方、人間のミスが関与した疑いのある事故では、それを判定する上で重要な情報が公開されなかった例もある。1952年の「もく星」号墜落事故（p.42）では、航空管制センターが交信テープを日本政府に提出しなかったこともあり、松本清張らが米軍による撃墜説を主張した。1983年の大韓航空機撃墜事故（p.112）では、ソ

連が回収したボイスレコーダーを後年公開するまで「スパイ説」を始め様々な憶測を呼んだ。

この他、1966年のカナダ太平洋航空DC8羽田空港墜落事故（p.68）、1971年の東亜国内航空「ばんだい」号墜落事故（p.85）、1977年の日航DC8クアラルンプール墜落事故（p.103）などでも、機長の判断・操縦ミスの原因は謎とされている。鉄道事故においても、1988年の東中野駅追突事故や2005年の福知山線脱線事故などでは、運転士がなぜブレーキをかけなかったのかは状況証拠から推定するしかなかった。

これに対し、機長が生存していた1982年の日航機羽田沖墜落事故（p.109）では、機長が妄想型精神分裂病による幻覚妄想状態に陥ってエンジンを逆噴射させ機を墜落させたという、思いもよらなかった原因が判明した。

1962年の三河島脱線衝突事故では、下り電車の運転士が列車防護をしなかった心理状態が争点となった。裁判で弁護側は、運転士は運転席で足を挟まれて一時的に失神した後、意識が十分回復しないまま冷静な判断ができず、反射的に目の前の事態に対処する「場面行動」によって救助活動に専念したと主張した。しかし、判決では「列車防護をなしうる程度に意識水準が回復していた」とされ有罪となった。

8．焦りが招いた事故

1962年（昭和37年）の三河島脱線衝突事故の一審判決では、「定時運転確保の理念がいわゆるダイヤ至上主義として誤って強調されていた事情」や「現場職員の間に一般に列車をなるべく止めたくないという傾向が醸成されていた」ことも指摘された。

1940年の安治川口駅ガソリン車爆発事故（p.24）では、信号掛が、後続の臨時通勤列車が遅れては困ると焦り、事故列車がポイントを通過しきらないうちに信号を切り替え、同様に焦っていた見張り信号掛もこれにつられて、列車通過状況をよく確認しないまま、事故列車がポイント通過中にポイントを切り替えてしまい脱線横転に至った。

1956年の参宮線六軒駅脱線衝突事故（p.44）では、六軒駅を通過しようとした列車の機関士が、遅れを回復することに気を取られて時計を見たりしていた上、六軒駅は通過予定なので「注意」表示の下り通過信号機も「進行」であると思い込み速度を落とさずに通過しようとして安全側線を突破して脱線した。

1968年の御茶ノ水駅追突事故（p.79）では、追突した電車の運転士は、工事による徐行の影響でダイヤより約20秒遅れたため、遅れを回復しなければならないとの思いと先行列車が出発するだろうとの見込みからブレーキ操作が遅れて追突した。この裁判でも「中央線における国電運転士にあっては往々にして電車が遅延しがちであるためダイヤを守るという職業意識が強く、またそれが運転技術の優劣の評価とも関連しがちであるため、多少の無理をしても回復運転をしてダイヤ通りの運転をしようとする職業的な意識傾向が一般的に存在する」ことが指摘された。

　1980年の東中野駅追突事故（p.107）でも、運転士がダイヤの遅れを少しでも取り戻そうと考え、停車中の先行電車がそのうち発車すると見込んで赤信号で停止せず、先行電車に接近してからブレーキをかけたが間に合わなかった。

　このように、ダイヤの圧力が当事者に焦りを抱かせ、事故を招いた例は2005年（平成17年）の福知山線脱線事故に至るまで絶えることはなかった。

9.　相互信頼が引き起こした事故

　1968年（昭和43年）の御茶ノ水駅追突事故では、駅員たちが規定に定められた列車防護をしていれば後続の列車が駅に進入することはなかったことから、裁判で運転士の弁護側は「駅職員が列車防護の義務を忠実に果たしていると信頼するのは当然で、注意信号だからといって運転士が異常停止状態を予見する義務はない」と主張した。しかし判決は「運転士に駅側の措置への信頼が許されるとするならば、逆にまた駅側も運転士の措置に信頼してもよい理となって、かくては相互に相手側の措置に頼って事故の注意義務を怠ることを許されることになり、事故の発生は遂に防止することができないことに帰すること明らかである」としてこれを退けた。

　1962年の三河島脱線衝突事故でも、最初に脱線した蒸気機関車の機関士、機関助士、その蒸気機関車に衝突した下り電車の運転士、車掌、事故現場近くの信号扱所の信号掛、三河島駅の当務駅長（助役）など誰か一人でも列車防護をしていれば惨事が防げた可能性があった。

　しかし、これら当事者たちが罪に問われた裁判では、御茶ノ水駅追突事故の場合とは逆に、関係する当事者の誰も列車防護をしないだろうとの相互不信を前提に自分が列車の停止手配をとらなければ事故が発生する恐れがあると予見するのは一般に極めて困難と判断された。

　ここで引き合いに出されたのは「相互信頼の原則」と呼ばれるもので、分業を前

提とした業務では、その業務に従事する者相互の間で、他者がその職責を適正に行動することを信頼することが相当である場合には、他者が規定に反する行為をすることまでを予見する必要はなく、その結果に対して責任を負わない—というものである。

しかし、これを裏返せば、複数の当事者が、互いに相手が何とかするだろうと安易に依存した場合には事故に直結する恐れがあるということになる。

鉄道の運行安全上重要なシステムである閉塞運転についても、安易な相互信頼が事故を招いた例がある。

1945年の八高線多摩川鉄橋正面衝突事故（p.28）では、多摩川鉄橋を挟んだ両側の駅の駅長及び駅長代理が互いに相手が規定に従って行動することを想定し、自らは規定に反して双方が列車を発車させたため衝突事故が発生した。

1991年（平成3年）の信楽高原鉄道正面衝突事故では、信楽駅側は出発信号機が赤色のまま上り列車を発車させた。その主な理由は、下り列車と上り列車はダイヤ上、途中の小野谷信号場で行き違うことになっており、下り列車は信号場の下り出発信号機が赤色でなくても上り列車が到着するまで待っていてくれると考えたことだった。一方、下り列車の運転士も、小野谷信号場に上り列車が到着していないにもかかわらず上り出発信号機が青色であることに疑問を持ったが、まさか上り列車が発車しているとは思わずに何らかの原因で信楽駅を発車していないのだろうと思い、小野谷信号所を通過した。この場合も、上り、下りの両方が互いに相手が適正に行動していることを想定して行動した。

八高線事故から信楽高原鉄道事故までの45年間に信号システムをはじめとする保安設備は著しく発達し、各種マニュアルも整備されてきたはずであるが、代用閉塞のように人間が頼りの業務では、自分以外の部署が適正に行動することを前提に、実質的な安全が確保されればよいという理由で自らは規定の手順を怠るという「相互信頼の原則」は絶えることなく継承されてきたと言える。

航空機においても、操縦者が管制官の指示をそのまま信頼したことに起因した事故がある。

1960年の名古屋空港衝突事故（p.50）では、管制官が着陸滑走中の全日空機にUターンして誘導路へ進入するよう誤って指示したが、全日空機長らは管制官の指示は何等かの必要があってのことであろうと思い、そのまま指示に従ってUターンして滑走路を南に向った。

一方管制官は、自衛隊機に離陸支障なしとの指示を与え、自衛隊機パイロットは

離陸のための計器点検にまぎれて全日空機の動行を確認しないまま、管制官の指示に従って発進したため全日空機と衝突した。

　2001年の焼津上空日航機ニアミス事故では、一方の機が上昇中に管制官が誤って下降指示を出し、機長は奇妙と感じつつもその指示に従って下降開始した。しかし、その直後、TCASが管制官の指示と異なる上昇の指示を出した。機長は「空域を総合的にコントロールする立場から判断した」ものと思い、管制官の指示の方に従って降下を続けた。その結果、両機がともに降下しながら接近することになりニアミスとなった。

　寺田寅彦は、先にあげた白鳩号墜落事故の事故調査について触れた「災難雑考」（1935年・中央公論）の中で、「あらゆる災難は一見不可抗的のようであるが実は人為的なもので、従って科学の力によって人為的にいくらでも軽減しうるものだという考えをもういちどひっくり返して、結局災難は生じやすいのにそれが人為的であるがために却って人間というものを支配する不可抗な法則の支配を受けて不可抗なものであるという、奇妙な廻りくどい結論に到達しなければならないことになるかもしれない」「人間の動きを人間の力でとめたりそらしたりするのは天体の運行を勝手にしようとするよりもいっそう難儀なことであるかもしれない」と書いている。

　これまで列挙してきたような事故の繰り返しの系譜においても、事故への対応や対策に対する人間側の姿勢が大きく影響している。事故の再発防止策では、大抵の場合、関係者の教育・訓練の見直しや強化が謳われ、暫くの間はそれが守られるが、事故の記憶が薄れるにつれ「喉元過ぎれば熱さを忘れる」の譬えの通りいつの間にか事故前の状態に戻ってしまうことが多い。再発防止策がたてられたことで安全になったと思い、自分が多少安全を怠っても大丈夫という相互信頼が生まれる。さらに、常に経済性や効率性を追求する組織の要請と、面倒なことをなるべく避けて能率的に仕事をこなそうとする当事者の意識とが相俟って焦りや慣れなどの姿勢が常態化する。そうした環境が整う中で、新たな事故が育まれていったように思える。

（災害情報センター　辻明彦）

第Ⅰ部
大事故の系譜

CASE 01 西成線安治川口駅で列車脱線転覆、炎上

date　1940年（昭和15年）1月29日　｜　scene　大阪．大阪

事故の経緯

　1940年（昭和15年）1月29日6時56分頃、大阪駅発桜島行きの「気1611列車」（定員125人）が、定刻の6時52分より3分半遅れて、時速約20kmで西成線安治川口駅構内に進入した。同車両は、ガソリンエンジンで駆動する「ガソリンカー」の3重連結のものであった。安治川口駅の閉塞信号掛は、後続の臨時通勤列車（蒸気機関車＋客車6両、1番側線到着予定）が一つ前の西九条駅で信号待ちになって遅れては困ると焦り、「気1611列車」が本線と1番側線との分岐ポイントを通過しきらないうちに信号を1番側線側に切り替えた。

　これにつられて見張信号掛も、列車通過状況をよく確認しないまま、梃子扱信号掛に指示せずに自ら「気1611列車」の最後部3両目が同ポイント通過中に転換梃子を操作して同ポイントを1番側線側に切り替えた。通常であれば、列車通過中に梃子を動かしてもポイント脇に設置された鎖錠装置（detector bar）が働いてポイントが切り替わることはないが、この鎖錠装置が1、2年前に撤去されていたため、ポイントが1番側線側に切り替わり、最後部3両目の後部台車が1番側線

に進入。列車進行につれて本線と1番側線の間隔が次第に広がり、前部台車と後部台車がそれぞれ本線と1番線にまたがった形の3両目は脱線しポイントから約60mの島屋踏切で車輪が踏切の敷石に乗り上げ横転した。

　その時の衝撃で、エンジンからの力を車輪に伝える推進軸の四つ手継手が折れ、床下に設置されていた容量400リットルのガソリンタンクの下部に衝突して破損した。車両が満員で床の位置が下がっていたため推進軸に近くなっていたものである。漏洩したガソリンに、横転によりガソリンタンクの下側となった蓄電池回路の短絡火花が引火したと推定され、数分で3両目が炎上した。

　同日12時頃、復旧した。

◆亡くなられた方等のデータ

乗客は沿線の軍需工場の工員が主で、すし詰めの状態。乗客190名と車掌が死亡。ほとんどが窒息死。日本の鉄道火災事故史上最大死者。

◆事故を残す、偲ぶ

●裁判等
1940年10月29日、大阪地裁は、「列車が転轍器箇所を通過し終らないのに場内信号を定位に復帰し転轍器を反位に転換した共同過失に

keyword【キーワード】：西成線　脱線　ガソリンカー　操作ミス　ポイント

より列車の転覆破壊等の事故を発生させた」として2人の信号掛に禁固2年の判決を言い渡した。
1941年9月5日、大審院は上告棄却。

●慰霊碑
安治川口駅東側に慰霊碑。

●出版
坂上茂樹・原田鋼『ある鉄道事故の構図―昭和15年安治川口事故の教訓は生かされたか』 日本経済評論社　2005

永井荷風
『断腸亭日乗　五』より

「(昭和十五年) 一月廿八日　日曜日　陰後に晴。銀座を歩むに学生禁酒の令出でしに係らず今猶ビヤホールの卓に倚るものあるを見る。怪しむべきなり。　一月廿九日。寒風吹きすさみて空くまなく晴渡りたり。國内火災各地に起り山火事もありと云ふ。(中略) 一月卅一日。晴れて寒いよいよきびし。火の氣なき室内正午華氏四十度なり。炭屋來りて闇取引の御詮議いよいよきびしくなり、山元にて炭を燒かぬようになりたれば東京市内はいよいよ炭少くなるべしと云ふ。」

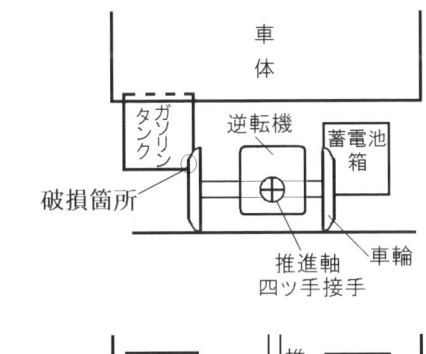

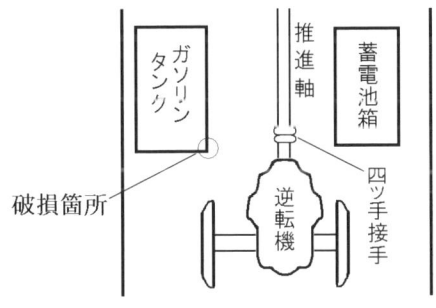

図　ガソリンタンク付近概略

CASE 02 常磐線土浦駅構内で列車衝突、一部が川に転落

date　1943年（昭和18年）10月26日　｜　scene　茨城．土浦

事故の経緯

　1943年（昭和18年）10月26日18時40分、294貨物列車（貨車41両）が常磐線土浦駅の裏1番線に到着。

　そこで切り離された機関車が12号と13号ポイントを経て一旦上り本線に入ってから、バックして駅北側の給炭給水設備に向かった。

　12号ポイントは、同機関車が通過後、信号掛がポイントを戻し忘れたため上り本線方向に開通したままとなった。

　294貨物列車は入替用機関車を新たに連結して上り本線北側の入替線に向かったが、12号ポイントが上り線方向に開通していた上、操車掛が後方にいてそのことに気付かないまま誘導したため、294貨物列車は12号ポイントから渡り線を経て13号ポイントに向かった。

　ところが13号ポイントは、上り254貨物列車の通過に備えて、渡り線から上り線側に開通していなかったため、294貨物列車の機関車は13号ポイントに割り込んで上り本線に第3動輪まで入ったところで動けなくなった。

　18時48分、機関士は信号所に事故を知らせるため汽笛を鳴らした。近くにいた操車掛らは、停止信号を示しながら約500m離れた北部信号所へ向かって走った。これは、13号ポイントそばの南部信号所で上り線の出発信号機を「停止」表示にするより、北部信号所へ行って上り場内信号機とそれに連動する上り遠方信号機を「停止」表示にする方が上り列車を確実に止められると考えたためと思われる。しかし結局、約5分後の上り254貨物列車の通過までに信号表示を停止にすることはできなかった。

　一方、13号ポイント近くの南部信号所にいた3人の信号掛は目の前にある上り出発信号機や、下り場内信号機とそれに連動する下り遠方信号機を「停止」表示にするなどの措置をとらなかった。

　18時53分、上り254貨物列車が、土浦駅の上り遠方信号機と上り場内信号機の「進行」表示を確認して時速約45kmの全速力で通過しようとしたところ、立ち往生していた294貨物列車の入替用機関車に衝突。

　上り254貨物列車は脱線してなお約50m進み、機関車は桜川橋梁手前で右側の下り本線側に横転、続く貨車14両は上下線にまたがってばらばらに横転。衝突された294貨物列車の入替用機関車と貨車は入替線の方に

---

keyword【キーワード】：常磐線　操作ミス　ポイント　衝突　脱線

常磐線土浦駅構内で列車衝突、一部が川に転落

とばされ脱線転覆。

18時54分、そこへ下り241旅客列車が進行してきて、下り本線側に横転していた上り254貨物列車の機関車に衝突。下り241旅客列車の機関車も横転、客車1両目は機関車の上に乗り上げて棒立ちとなり、客車2両目は上り線側に横転。客車3両目は前端が橋からぶら下がった状態で後部デッキが水に浸かり、客車4両目は転落・水没。客車5両目以降は橋の手前だったため無事。

◆亡くなられた方等のデータ

死者は乗客107名、職員3名。水没した4両目の乗客約80名のうち死者約50名。

◆事故を残す、偲ぶ

●裁判等
土浦地方裁判所は、ポイント操作ミスを犯した見張信号掛に禁固2年、操車誘導ミスを犯した操車掛に禁固1年6月の判決を下した。

●慰霊碑
土浦駅駅長らが発起人となり、23回忌の1965年に土浦駅構内南端の桜川鉄橋そばに木碑が建てられたが、1986年6月に新しい慰霊碑（黒御影石）が建てられた。

●出版
柳田邦男・畑村洋太郎「三河島事故　過去に学ばない日本人」『文藝春秋』　2005.10

> **木戸幸一**
> **『木戸幸一日記　下巻』より**
>
> 「(昭和十八年) 十月二十七日（水）晴曇
> 午前九時、齋藤貢氏、大島豐氏同伴来訪、面談。十時出勤。松平候より中野正剛氏今朝自殺云〻の情報を聴く。一時十五分より同四十分迄、御文庫に於て拝謁、高松宮の御話、東亜の宣言云〻等の御話を承る。二時、武官長と海軍の志気云〻につき話す。二時半、中村警保局長来室、現下の情報等を聴く。四時、高山乃木神社社掌来邸、乃木神社鎮座二十年祭に御菓子料御下賜云〻の件なり。」

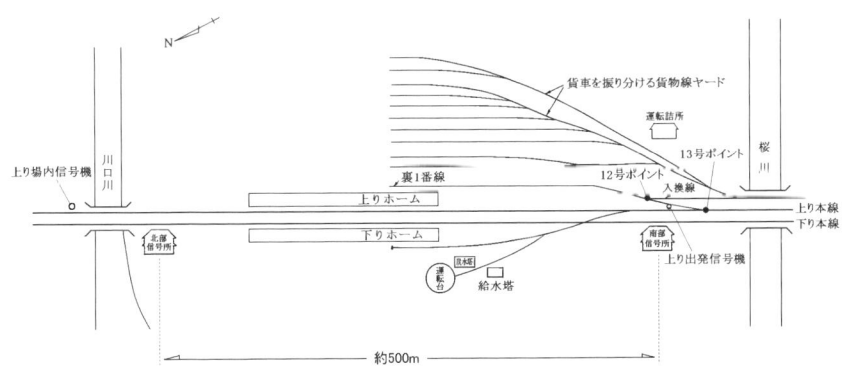

図　土浦駅構内

CASE 03 国鉄八高線多摩川鉄橋で列車正面衝突

date　1945年（昭和20年）8月24日　｜　scene　東京．昭島

事故の経緯

　1945年（昭和20年）8月24日4時頃、八高線で、台風による暴風雨の影響により、小宮駅と上り側八王子駅及び多摩川を挟んだ下り側拝島駅の両隣駅との閉塞専用電話、鉄道電話のすべてが不通。このため、小宮駅駅長（53）は「運転取扱心得」の規定に従って、「指導法」による閉塞運転を行うことを駅員に伝えた。単線の八高線では、隣接駅との通信機能を持った各駅に設置された閉塞器から1閉塞区間に1つだけ取り出せる通票（タブレット）を駅と列車との間でやり取りすることによって1閉塞区間内に1本の列車だけを運転させる閉塞運転を行っていたが、何らかの原因で通票による閉塞運転ができない場合に、閉塞区間の両端の駅長が打ち合わせて列車の運行順序と「指導者」を1人定め、指導者が乗った列車のみを運行させる「指導法」を行う。さらに通信が途絶している場合には、駅長は、指導者となるべき「適任者」を相手方の駅に徒歩または単行車両で派遣して打ち合せを行わせ、そこで列車の運行順序と指導者を決定して指導法を実施する。適任者を派遣した駅は、適任者が帰るか対向列車が到着するまで列車を出発させてはならない。

　5時20分頃、小宮駅駅長は駅務掛（47）を拝島駅への適任者（A）に定め、「拝島駅における列車時刻表の所定の順序に従い、拝島駅から小宮駅に向けて上り1番列車となる上り第4列車（時刻表では拝島駅06：43発、小宮駅06：57発）を運転し、次に小宮駅から拝島駅に向けて下り1番列車となる下り第3列車（時刻表では小宮駅06：56発、拝島駅07：11発）を運転する」ことを拝島駅に伝えて打ち合せるように指示し、指導者の腕章を渡した。適任者（A）は暴風雨の中、徒歩で4.8km離れた拝島駅へ向けて出発した。

　5時30分頃、適任者（A）が多摩川鉄橋を渡った。同じ頃、小宮駅駅長は、駅務係（23）を八王子駅への適任者（B）とし「八王子駅における列車時刻表の所定の順序ではなく、上り第4列車（時刻表では八王子駅07：05着）を先に運転し、次に下り第3列車（時刻表では八王子駅06：48発）を運転する」ことを伝えて打ち合せるよう指示して5.1km先の八王子駅へ徒歩で向かわせた。

　6時5分、東飯能駅に行って上り第4列車を牽引してくることになる第7051単行機関車が、八王子駅から小宮駅に1時間36分遅れで到着。同機関車には、八王子駅から下り1番列車の下り第3列車を発車させるため

keyword【キーワード】：八高線　鉄橋　正面衝突　脱線　連絡ミス

国鉄八高線多摩川鉄橋で列車正面衝突

の打合票を持った伝令者兼下り第3列車指導者が乗っていた。下り第3列車指導者が先行する形で到着したということは、八王子駅が下り第3列車を同機関車に続けて発車させることを意味している。そこで、小宮駅駅長は、第7051単行機関車がこれから東飯能まで行って上り第4列車を牽引して小宮駅に戻ってくるまで少なくとも90分かかり、7時40分前後の到着が予想されることから、約50分後の6時56分に八王子駅から到着予定の下り第3列車をそのまま拝島駅まで行かせて、下り第3列車と上り第4列車の行違いを小宮駅ではなく拝島駅に変更した方がダイヤの遅れを少なくできると考えた。

小宮駅駅長は駅務係（19、女性）を拝島駅への新たな適任者（C）に定め、「第7051適任者」「第3列車指導者」「下り第3列車が第7051単行機関車に続行する」「（下り）第3列車に次いで（上り）第4列車」などのメモ書きと列車運行図表を記載した打合票を、「打合票を拝島駅駅長に提示すれば分かるはずだから」と言って渡した。駅長は「仮に拝島駅から小宮駅に向けて上り第4列車を先に発車させようとしても、この打合票と相違することになるから、拝島駅としてはその前に小宮駅と変更打合せをしなければならないはずである。従って、小宮駅から先に下り第3列車を発車することに何の差支えもないはずだ」と考えた。

6時10分、第7051単行機関車が適任者（C）を乗せて拝島駅に向けて出発。第7051単行機関車は、途中、拝島駅まで1.45kmの地点を歩いていた適任者（A）に

追いつき、同人を乗せた。

6時25分、第7051単行機関車が拝島駅に到着。適任者（A）は、拝島駅駅長代理（40）に対し、小宮駅駅長の当初の指示通りに「先ず上り第4列車を小宮駅に向けて出し、次に小宮駅からの下り第3列車を受け、次いで上り第6列車を発車させる」という運行順序を伝えた。しかし、適任者（C）が拝島駅駅長代理に渡した打合票には、列車運行順序を変更することについての打合票であることの記載がないまま「下り第3列車が第7051単行機関車に続行する」「（下り）第3列車に次いで（上り）第4列車」とだけあったことなどから、適任者（A）や拝島駅駅長代理には上り第4列車と下り第3列車の運行順序を逆にするという小宮駅駅長の意図が伝わらなかった。拝島駅駅長代理は、指導者が小宮駅に帰るまでは小宮駅からの発車はないはずであり、打合票にある第「3」列車は第「4」列車の、第「4」列車は第「3」列車の書き間違いと考えれば適任者（A）の伝達したことと合致すると判断した。

7時25分、拝島駅に上り第6列車（寄居駅

始発八王子駅行き、5両編成)が約20分遅れで到着(時刻表では07：20に小宮駅着予定)。東飯能駅で第7051機関車の蒸気の沸きが悪かったため、上り第4列車(06：12発予定)の次発の上り第6列車が先に東飯能駅を発車していた。

　最初の適任者(A)は小宮駅駅長から指導者腕章を託されている自分こそが正当な適任者であると確信し、2番目の適任者(C)が持参した打合票を無視して、列車時刻表の所定の順序に従って先発するはずだった上り第4列車の替わりに、先に到着した上り第6列車に自分を指導者として乗車させるように拝島駅駅長代理に申し出た。拝島駅駅長代理はこれを了承し、適任者(A)を上り第6列車の指導者に定めた。

　7時27分、下り第3列車(八王子駅始発、5両編成)が、機関士の到着が遅れたため、八王子駅を39分遅れで発車。小宮駅から派遣されていた適任者(B)が指導者として乗車。

　7時33分、指導者(A)が乗車した上り第6列車が小宮駅に向けて拝島駅を発車。

　7時36分、指導者(B)を乗せた下り第3列車が予定より40分遅れて小宮駅に到着。

　小宮駅駅長は、上り第6列車が先に来ることは全く想定していなかったので、指導者(B)に「拝島からの上り列車は完全に押さえてある」と告げ、そのまま指導者として下り第3列車に乗って拝島駅に行くよう指示。この結果、1つの閉塞区間(小宮駅—拝島駅間)に指導者が2人存在することとなった。

　7時37分、小宮駅駅長は、指導法の規定に反して、拝島駅から指導者が戻る前に下り第3列車を拝島駅に向けて41分遅れで発車させた。上り第6列車の機関助士は、小宮駅—拝島駅間の長さ572.14m多摩川鉄橋の手前で、右側窓から前方を確認して「異状なし」と機関士に報告。同じ頃、下り第3列車の機関助士も右側窓から前方を確認して「異状なし」と機関士に報告。

　7時40分頃、多摩川鉄橋上で、上り第6列車(時速60km)と下り第3列車(時速50km)が互いに対向列車を発見して非常ブレーキをかけたが間に合わず正面衝突。衝突音は約2kmの範囲に達した。両列車の機関車は互いに食い込んで押し潰され、下り第3列車の客車1両目は、客車2両目と棒立ちになった炭水車の下敷きになって潰され、上り第6列車の客車1両目はほとんど粉砕されて川に落下。

◆亡くなられた方等のデータ

死者104名、行方不明者20名(『「大列車衝突」の夏』による)。下り列車には復員兵が、上り列車には疎開から戻る女性・児童や通勤・通学者が多かった。

◆事故を残す、偲ぶ

●残骸等
衝突した機関車2両は復旧に際して鉄橋から川に落とされ、1988年頃まで、水位が低いときには多摩川鉄橋そばの河原に列車車台と思われる鉄骨が現れていた。また、2001年5月、多摩川中州で直径約80cmの車輪2対が発見され、2004年3月に多摩川鉄橋近くの土手の上にモニュメントとして置かれた。

国鉄八高線多摩川鉄橋で列車正面衝突

●裁判等
1945年12月24日、八王子区裁判所は、小宮駅駅長に禁固1年、拝島駅駅長代理に禁固6月の判決を言い渡した。
1947年9月22日、東京高等裁判所は、原判決を破棄し、小宮駅駅長に禁固8月、拝島駅駅長代理に禁固6月執行猶予2年の判決を言い渡した。

●慰霊碑
多摩川鉄橋下に関係者が建てたと思われる木製の地蔵と慰霊碑があった（1988年8月22日・朝日新聞）。

●出版
舟越健之輔『「大列車衝突」の夏』 毎日新聞社 1985
「責任を感じた駅長は割腹をはかった（ノンフィクション・40年目の真実 大列車衝突の夏〔13〕）」『サンデー毎日』 1985.9.1
「幻の事故? 現場には40年後の今も、慰霊碑ひとつない！（ノンフィクション・40年目の真実 大列車衝突の夏〔最終回〕）」『サンデー毎日』 1985.9.8

八高線の事故現場

宮脇俊三
『増補版
時刻表昭和史 第13章
「米坂線109列車」』より

「天皇の放送がはじまった（中略）…目まいがするような真夏の蝉しぐれの正午であった。時は止まっていたが汽車は走っていた。まもなく女子の改札係が坂町行が来ると告げた。…こんなときでも汽車が走るのか、私は信じられない思いがしていた。…いつもと同じ蒸気機関車が、動輪の間からホームに蒸気を吹きつけながら、何事もなかったかのように進入してきた。（中略）昭和二〇年八月十五日正午という、予告された歴史的時刻を無視して、日本の汽車は時刻表通りに走っていたのである。」

CASE 04 八高線高麗川駅手前カーブで列車脱線、転覆

date　1947年（昭和22年）2月25日　｜　scene　埼玉．高麗

事故の経緯

　1947年（昭和22年）2月25日、八高線の東飯能駅—高麗川駅間で、食糧買出しで大量の荷物を持ち定員の2.5〜3倍、約1,500人に膨れ上がった八王子発高崎行き列車（6両編成）が、東飯能駅を7分遅れで出発した。時速約25kmで下り勾配100分の2の急カーブ（半径250m）に差しかかった時、惰行運転に移った。

　高麗川駅南約2.5kmの急カーブ（半径500m）で、機関士（23）は、機関車に速度計はなかったので、時速50kmに達したものと判断、速度を落とそうと常用ブレーキをかけたが、連結器上に乗っていた乗客らが何らかのはずみで車両間を通るブレーキ・エアホースを破損したために作動せず、加速が止まらなかった。

　7時50分頃、高麗川駅南約1kmの下り勾配100分の1の急カーブ（半径250m、制限速度時速55km）を時速約80kmで走行中、非常ブレーキをかけたがこれも作動せず、超満員の乗客と荷物の重量で強い遠心力が働くとともに、重くなっていた3両目客車車体が台車を強く押し付けたため台車がカーブに応じて円滑に転向できなかったことなどにより、2両目と3両目の間の連結器が外れて3両目から後ろの4両が進行方向の右側に振り飛ばされ脱線、内4、5、6両目が高さ約5mの築堤下の麦畑に転落大破。機関士は高麗川駅に到着して初めて事故に気付いた。

◆亡くなられた方等のデータ
184名死亡、50名近い負傷者。戦後の列車事故最大の死者数。

◆事故を残す、偲ぶ
●裁判等
浦和地方裁判所は、「列車を運転した行為と列車の分離脱線転覆破壊との間に原因結果の関係を認めることはできない」として機関士に無罪を言い渡した。
●慰霊碑
高麗川村が事故現場に遭難者慰霊碑建立。

> **水上勉『その年の私　一九〇一年から二〇〇〇年まで』より**
>
> 「新宿の駅の東側、武蔵野館は焼けのこっていたが、その近くまで焼け野で屋台がぎっしりだった。（中略）米が一合五勺の配給が欠配つづきだと、女子供も屋台のスイトンにならぶ。神奈川県下の大学教授が配給を待って餓死したニュースがあった。誰もが食べ物をねらって生きていたので、友人の皮カバンは米やイモを入れるためのもので、人々は満員電車に見た目には書籍らしく見えもする牛皮カバンをさげて街を歩いていたのだ。」

keyword【キーワード】：八高線　カーブ　脱線

CASE 05 名鉄瀬戸線で電車脱線、横転

date　1948年（昭和23年）1月5日　｜　scene　愛知．旭

事故の経緯

1948年（昭和23年）1月5日9時50分、名古屋鉄道瀬戸線（堀川駅～瀬戸駅）で、上り第950急行列車（電動車と付随車の2両連結）が瀬戸駅を出発するに際し、担当の運転士から運転を代わるよう頼まれた車掌Aが、上司の許可を得ることなく承諾し、同列車を運転して予定より約5分遅れて瀬戸駅を出発した。Aは、1947年9月1日から運転士も兼務できることになっていたが1947年12月17日以来車掌業務に就いていた。

途中の横山駅と三郷駅で客の乗降に時間を要し、更に約2分遅れて三郷駅を出発。運転士Aは遅れを回復するため、列車速度を調節することなく加速を続けた。

10時13分頃、三郷駅－小幡駅間にある半径160mの「大森カーブ」に時速約55kmで差しかかった際、満員の乗客の重量と過大な速力に伴う遠心力などのため付随車が右カーブ外側に傾斜して下り線軌道上に横転、次いで電動車も横転。名古屋鉄道の運転取扱規則では、半径175m以下のカーブの最高時速を45kmに制限していた。

◆亡くなられた方等のデータ

死者34名。重軽傷153名。

◆事故を残す、偲ぶ

●裁判等

1950年12月8日、名古屋高等裁判所（控訴審）判決。

高見順
『高見順日記　第八巻』より

「一月二十一日　鎌倉へ散歩。…大船と鎌倉に発疹チブスが出たとのことで、駅前で注射をやっている。改札口で乗客にD・D・Tを撒布している。駐車場に町野先生がいたので注射をして貰った。（中略）書斎から見える夕暮れの空が美しい。ちょうど、樹木の上あたりの空で、黄はだ色をうすめた色である。樹木の葉がほとんど黒、しかし緑も感じられる。じっと動かない。平和である。一その樹木の姿もいい。」

keyword【キーワード】：名鉄瀬戸線　カーブ　脱線

CASE 06　近鉄奈良線花園駅で急行電車が先行電車に追突

date　1948年（昭和23年）3月31日　｜　scene　大阪

事故の経緯

　1948年（昭和23年）3月31日、近鉄奈良線生駒駅で、満員の通勤客を乗せた大阪・上本町六丁目駅行き712急行電車（3両編成）は、空気ブレーキの「直通空気管」をつなぐ車両間のエアホースが老朽化して圧縮空気が漏れてブレーキの効きが悪かったため1両分オーバーランした。駅助役が「行けるか」と尋ねたが運転士（21）は頷いてそのまま発車した。（同車両は、早朝に大阪から奈良行きとして運転していた時に額田駅でもオーバーランしていた。）

　712急行電車の空気ブレーキは、「直通空気管」と常時圧縮空気を込めた「非常管」を各車両間に引き通した「非常直通型空気制動機」（エマージェンシー・ストレート式）で、通常走行中は運転手がブレーキ弁を操作して「直通空気管」内に圧縮空気を出し入れすることによってブレーキ・シリンダーを直接動かして制輪子が車輪を押し付ける力を調節する。非常ブレーキをかける時は、ブレーキ弁を非常制動位置にして「非常管」内の圧縮空気を放出すると、各車両にある制御弁が作動してやはり各車両にある補助空気溜めから圧縮空気が「直通空気管」内に追加されブレーキがかかる。従って「直通空気管」が破断すると、非常ブレーキをかけても圧縮空気が逃げてしまい非常ブレーキがかからない。これを改良した自動空気ブレーキでは、常時圧縮空気を込めた「ブレーキ指令管」を各車両間に引き通し、運転台のブレーキ弁を操作して「ブレーキ指令管」内の圧縮空気を放出して各車両にある制御弁を作動させ、やはり各車両にある補助空気溜めの圧縮空気をブレーキ・シリンダーに送りブレーキをかける。よって、自動空気ブレーキでは、ブレーキ指令管が破損しても減圧することになるためブレーキがかかる。

　生駒トンネル（全長3,388m）は、奈良側半分は上り勾配1000分の3、大阪側半分は下り勾配1000分の25の勾配で、老朽化したエアホースが遂に破損して圧縮空気が逃げ、通常ブレーキ・非常ブレーキの両方とも効かなくなった。

　生駒トンネル出口の孔舎衛坂（くさえざか）駅先の急カーブ（半径200m、下り勾配1000分の35）で通常は時速40kmのところ速度が速すぎたため、前部のパンタグラフが架線から外れて架線を切断、後部のパンタグラフも破損した。パンタグラフは、幅の狭い生駒トンネルを通過できるよう小型に設

---

keyword【キーワード】：近鉄奈良線　カーブ　ブレーキ故障　追突

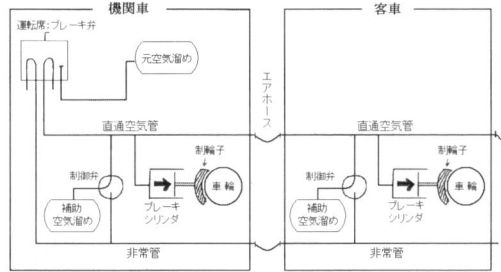

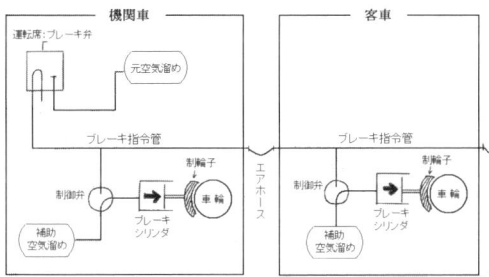

計されていたため高速でカーブを通過する際に架線から外れやすかったものとみられる。

このためモーターへの通電が途絶え、車輪に直結しているモーターに正負逆の電流を流すことによって逆負荷を与える逆ノッチブレーキも使えなくなった。

運転手は、定員100人に対し約2倍の満員の乗客の方に振り向き「申し訳ありません、車は停止しません。覚悟してください」と泣きながら頭を下げた。

先頭車の中央付近に乗っていた浪速貨物駅助役（32）は「手動ブレーキをかけよ」と叫んで後部のハンドブレーキに辿り着いて他の乗客とともにブレーキハンドルを回したが

ほとんど効果がなかった。また、先頭車両と2両目との間に貫通扉がなく2両目へ避難できなかったため、同助役は満員の乗客を出来るだけ車両の後ろの方へ集めて床に伏せさせ衝突に備えた。

運転台のすぐ後ろに乗っていた生野署巡査（27）も他の乗客とともに前部のハンドブレーキを回すとともに、前の方に残っていた乗客を後ろ向きに座らせた。さらに誰かが「ガラスが飛ぶから窓を開けろ」と叫び、窓ガラスを全開した。これは空気抵抗を増やして少しでも電車の速度を下げるためでもあった。

運転士は窓に足をかけて身を乗り出し、パンタグラフを架線に付けようとしたが風圧と

振動に妨げられ復旧させることは出来なかった。

7時48分、瓢箪山駅に運転司令室から「752（準急）を待避させろ、712が石切駅に停まらず暴走しているらしい」との鉄道電話が入った。（その後、運転司令室は花園駅を呼び出したが回線が輻輳してつながらず、連絡できたのは事故後だった）

瓢箪山駅はすぐに上り本線の信号とポイントを待避線方向に切り替え、752準急が待避線に入った後、信号とポイントを上り本線方向に戻した。

その直後、712急行電車が瓢箪山駅を時速100km以上で通過。もしこの時752準急が本線上に停車していたら更に大勢の死傷者が出た可能性がある。

712急行電車が瓢箪山駅を過ぎて平坦部に入ると、ハンドブレーキが効いて速度が落ち始めた。

7時51分、712急行電車は、花園駅を発車した直後の774普通電車（瓢箪山駅発上本町六丁目駅行き2両編成、乗客約130人）に時速70～80kmで追突、712急行電車の先頭車両が774普通電車の後部車両に食い込んだまま約85～100m進んで停止した。712急行電車の先頭車両は両側壁が吹き飛び、屋根と床だけになり長さも半分に押しつぶされた。2、3両目も大破した。

◆亡くなられた方等のデータ

死者49名（乗客48名と車掌1名）。走行中に手動でドアを開けて飛び降りた乗客が2名いたが1名は死亡。負傷者272名。

◆事故を残す、偲ぶ

●慰霊碑
1948年9月、花園駅近くの踏切の西側に光明地蔵が建てられた。

佐々淳行
『焼け跡の青春・佐々淳行 ぼくの昭和20年代史』より

「とんでもない凶悪事件が起き、動乱の昭和二十三年（一九四八年）の幕が開いた。「帝銀集団毒殺事件」がそれである。…「近くで赤痢が発生したため、予防薬をのんで下さい。進駐軍の命令です」…「進駐軍の命令」という言葉は、絶対至上だった。…一斉に薬を飲んだ十六人は、たちまち昏倒し、苦しみはじめた。（中略）日本警察第一号の目撃者によるモンタージュに似ており、…首実検目撃者が…似ていると証言したことなどから、…決定的な物的証拠がないまま、平沢貞通を…犯人と断定、起訴した。」

CASE 07 京浜東北線桜木町駅で電車炎上

date 1951年(昭和26年) 4月24日 | scene 神奈川．横浜

事故の経緯

　1951年（昭和26年）4月24日、13時26分から27分頃、京浜東北線桜木町駅の信号掛（48）は、同駅13時26分着予定の下り試運転電車が故障して、横浜駅のひとつ手前の東神奈川駅で運転打ち切りになったことをホーム駅長事務室から通知された。

　13時28分、信号掛は、下り試運転電車の到着に備えて1番線ホームに入るようポイントと信号を設定しておいたのを、次に到着予定だった下り1271B電車のために、所定の電車運行表通りに2番線ホームに到着するようポイントと信号を変更した。

　当時、横浜駅から桜木町駅に進行して来る下り電車は、下り線すなわち横浜駅から桜木町駅1番線ホームに直行する線路から「渡り線」を通って上り線すなわち桜木町駅2番線ホームから横浜駅に直行する線路に入って2番線ホームに到着し、同ホームから再び上り線を通って横浜駅に向け出発することになっていた。これに対し、試運転電車や荷物電車、混雑時における一部の下り旅客電車は、下り線を直行して1番線ホームに到着し、同ホームから「渡り線」を通って上り線に入り、横浜駅に向うことになっていた。

　13時38分頃、桜木町駅手前の場内信号機そばの「渡り線」より横浜寄りの上り線上で、高圧電力を通電したまま吊架線の碍子をサポート型からサスペンション型に交換する作業をしていた作業員2人のうち1人（42）が、吊架線と包絡線を締めつけているワイヤークリップのナットをスパナで緩め始めたところ、ナットを挟んだスパナの尾部を誤ってビームに接触させたため短絡し電気火花が発生した。スパナの尾部に絶縁テープを巻くなどの対策は講じていなかった。パンタグラフが接触するトロリー線は吊架線からハンガーで吊され、吊架線は、サポート型碍子によって、線路の両脇に立っている柱と柱の間に架けられた鉄製ビーム下部に吊されていた。吊架線とトロリー線には饋電線を通じて1,500Vの直流高圧電流が供給されていたのである。

　もう1人の作業員（37）が驚いて飛び下りた際に包絡線と碍子枠が接触して短絡火花発生、さらに、ビーム上に置いておいた別のスパナが弾みで吊架線と碍子枠等に接触しつつ落下したため短絡火花が発生し、碍子附近で上り吊架線が溶断。切れた吊架線が地上にまで垂れ下がり、それに応じて、ハンガーによって吊架線に吊られていたトロリー線も垂

keyword【キーワード】：京浜東北線　パンタグラフ　連絡ミス　電気火花　列車火災　架線工事

れ下がった。この結果、同じ高さだった上り線のトロリー線と渡り線のトロリー線との間に約30cmの高低差が生じた。

電力工手長（50）は架線の垂れた状態をみて電車の上り線進入を止めることと事故の復旧手配をすることが急務と考え、「信号扱所に連絡に行ってくるから後を頼むぞ」と言い残して205m離れた桜木町駅信号扱所に向って駆け出した。その際、電力工手長は、列車番の電力工手副長（50）達に信号旗を振って列車防護することなど具体的な指示はしなかった。

13時40分頃、桜木町駅信号扱所に着いた電力工手長は信号掛に対し、断線個所をはっきり言わないまま「やっちゃった」「架線を断線させたので上りはいけない」と報告し、すぐに保土谷配電分区に電話して復旧資材等の手配を依頼した。

信号掛が、下り電車を入れてもよいかという意味で「下りはどうか」とあいまいに尋ねたところ、電力工手長も、「下り線」は差し支えないという意味で「下りは差支えない」とあいまいに返答したため、信号掛は上り電車を出発させるのはだめだが、下り電車を下り線から渡り線を経て「上り線」に入れて桜木町駅2番線ホームに到着させるのは差支えないものと誤解した。電力工手長は連絡が完了したとして信号扱所から現場に戻った。

一方、電力副工手長は、他の作業員と共に、断線して落下した吊架線の復旧作業にあたり、電力工手長が信号扱所で上り線に電車が入らないように手配したものと思い、手旗などによる危険個所への電車進入防止の措置

はしなかった。

13時40分、下り第1271B電車（運転席の付いた電動車モハ63型ー運転台なしサハ78型ーモハ63型ーサハ78型ーモハ63型の5両編成）は横浜駅を9分遅れで出発。下り電車運転士（31）は、桜木町駅場内信号機喚呼位置附近まで時速約60kmで進行し、同箇所で場内信号機が同駅2線ホーム到着許容の注意信号を示していることを確認、その際、作業員達が隣りの上り線で作業していることに気付いた。

下り電車運転士は、時速約35kmに減速して場内信号機を通過しようとした際、隣の上り架線がたるんでいることを発見し「架線工事のためにたるんでいるんだろう」と思い、下り線から渡り線を経て上り線に進入しようと分岐ポイント付近にさしかかった時、たまたま乗務員室に同乗していた国鉄東神奈川電車掛（37）に対し、「おれの方の架線は大丈夫だろうね」と尋ねたところ、同人は「大丈夫だろう」と返答、
1）上り線の吊架線が約30cm下がっているのが運転席から良く見えなかった、
2）作業員達が電車を止めようとしていなかった、
3）場内信号機も2番線ホーム到着許容を現示していた、
　ことから判断してそのまま進行。

13時43、44分頃、下り電車が時速約32kmに減速して渡り線に進入した時、先頭車のパンタグラフの集電舟の右翼端が、垂れていた上り線の吊架線とトロリー線の間に入り込み、電車の進行に連れてハンガー数本を

順次切断し、その衝撃でパンタグラフは右回転しながら後方に強く押されて横倒しになった。このためパンタグラフの第三取付碍子が破損し絶縁機能が失われ、トロリー線と車体とが短絡して電気火花が発生した。短絡箇所は横浜変電所と鶴見饋電室の2箇所から並列給電されていたことにより、距離の近い横浜変電所の高速度回路遮断器は作動したものの、遠方の鶴見饋電室の高速度遮断器は途中の電気抵抗の関係から作動しなかった。このため、横浜変電所から連絡を受けた新橋の配電指令が鶴見饋電室に電話して回路を遮断させるまでの約4分間電気火花が発生し続け、車両の天井部に着火した。

下り電車運転士は高さ10mの高架上で電車を急停車させ、パンタグラフを降下させる操作を行った結果、先頭車以外のパンタグラフは降下した。運転士が後ろを振り向くと客室の天井が火を吹いていたため、乗客を外に逃がそうと、再びパンタグラフを上げる操作と乗降ドアを開ける操作をした。しかし、パンタグラフが上がらないため電源が入らずドアも開かなかった。

運転士と車掌は座席下の非常コックを操作して乗降ドアを開けるため1両目に入ろうとしたが火勢が強く入れなかった。2両目については貫通ドアから中に入って座席下の非常コックを操作して乗降ドアを開けて乗客を外に逃がすことができた。

1両目の63型車両の窓は中段が固定された3段式で上下段の幅が29cmしかなく乗客が脱出するのは困難だった。また座席下の非常コックを操作すれば乗降ドアを手で開けられることが乗客に分かるように明示されていなかったため、乗客が車内から乗降ドアを開けることはなかった。さらに運転士及び同乗していた電車掛は、車両の外の床下にある元締切りコック（D）を操作すれば、その車両のすべての乗降ドアを手で開けられることを知っていたが、そのことに思い至らないまま車内の非常コックを操作することしか考えなかった。車掌はDコックの存在自体を知らなかった。

このため、1両目の乗客のほとんどが車内に閉じ込められたまま死亡。1両目の63型車両の屋根は木製、天井はペンキ塗りのベニヤ板で、内部も木造部分が多かった上、5～6mの向かい風や車両前後妻側の通風口が開いていたことなどから火の回りが速く、6～7分で床を除いて木造部分をほとんど全焼した。2両目は天井すべてと1両目に最も近い側の引戸付近の客室まで延焼。

14時10分頃、鎮火。

事故の影響と対策

国鉄は63型及び同一構造の車両計約800両に対し、1951～1954年に次のような対策を実施。型式名も運転台の付いた制御電動車はモハ73型、運転台を撤去した中間電動車はモハ72型に改称した。

1）3段窓については、固定してあった中段窓を下段窓とともに上段まで上げられるようにした。

2）乗降ドアの非常コックの座席下の所在と使用方法を表示。

3）車両内のすべての乗降ドアを開けられる

ガラス蓋付非常コックを、中央の乗降ドア付近の床上約1.5mに新設。
4）車両外側床下の片側にあったDコックを両側に設置。
5）乗降ドアの外側下方に引き手設置。
6）貫通ドアを撤去して車両間を通り抜けられるようにし幌を取り付けた。
7）5両編成の中間に入る電動車の運転台を撤去して運転機器を窓の上に配置し、運転中でも車両間を通り抜けられるようにした。
8）絶縁処理した木台を屋根に設置し、それに取り付けた碍子にパンタグラフを取り付け二重に絶縁化した。さらにパンタグラフ付近の屋根に覆いをつけパンタグラフが倒れても接地しないようにした。
9）天井を鋼板にし難燃性塗料で塗装。

また、架線垂下等の故障時に送電を確実に止められるよう、短絡火花が出るなど高周波の電流が通ったときに作動する「故障選択遮断機」を設置。さらに、安全綱領、職別運転取扱心得等を制定し、危険な場合に適切に列車を止めることなどを規定。

架線作業の方法については、できるだけ電車が通らない夜間に電気を止めて行い、やむを得ず昼間に作業する場合は、原則として列車を止めて行う。簡易な作業を列車を通しながらやる場合には、事故時に列車を止められるよう作業場所の両側に見張人を置くこととした。

◆亡くなられた方等のデータ

死者106名。1両目（定員159名）の乗客150〜180名のうち98名が車内で焼死、窓からの脱出時に負傷した乗客のうち8名が後に死亡。

◆事故を残す、偲ぶ

●残骸等

63型電車（1944〜1951年）は、戦時下に兵器などの生産に従事する人員輸送力増強を目的に開発され、戦後本格的に量産されたが、桜木町電車火災後にすべて改装された。1949年の三鷹事件の先頭車だったモハ63型1台のみが、地検からの保全命令により三鷹電車区に鉄骨剥き出しの車体として保管されていたが、1963年12月に保全命令が解除されたことで廃車解体された。

●裁判等

1952年3月24日、横浜地裁は、列車防護の措置を怠ったなどとして電力工手長に禁錮1年6月、電力工手副長に禁錮1年、桜木町信号掛に禁固1年6月、最初にスパナを架線に接触させた工手には架線を断線させた過失で禁錮1年、運転士は架線の垂れた危険箇所に電車を進入させた過失で禁錮1年、桜木町駅予備助役には無罪を言い渡した。
1954年12月18日、東京高裁は、電力工手長と桜木町信号掛を禁錮10月、運転士、電力工手副長、工手の3人を禁錮6月執行猶予3年に減刑。
1960年4月22日、最高裁は上告棄却。

●慰霊碑

曹洞宗大本山總持寺（横浜市鶴見区鶴見2-1-1）に翌年1952年4月24日、当時の東京駅長と国鉄労組委員長の発起により、桜木観世音菩薩像が建立された。像は彫刻家赤堀信平氏の自発的な申し出によって制作.「桜木観世音菩薩」の名号及び遭難者氏名は、鎌倉円覚寺管長朝比奈宗源老師の揮毫。

●報告書
鉄道監督局：桜木町駅における国鉄電車火災事故調査報告書（1951.6.18）

●出版
佐々木冨泰・網谷りょういち『続・事故の鉄道史』 日本経済評論社 1995

中川浩一「桜木町事故とモハ63形のかかわり（特集 国電一世紀）」『鉄道ピクトリアル』 2005.1

伊達宗克「凋落の国鉄哀史（回想の事件史〔5〕）」『中央公論』 1986.5

高橋義孝「桜木町事故報告書と市民の立場──国電不安は解消したか」『パブリックリレーションズ』 1951.8

佐藤――（かずいち）『日本民間航空通史』より

「昭和二六年（一九五一）九月八日、米国サンフランシスコで対日平和条約が調印され、昭和二〇年（一九四五）八月二五日から日本人による日本国内での飛行が全面的に禁止されていた日本の民間航空も、約六年余りにして日の丸の翼が甦ることになった。昭和二六年八月一日、この平和条約を見越して資本金一億円、社員一五〇名で日本航空（昭和二八年一〇月一日、政府半額出資の特殊会社に改組、同日、旧日本航空は解散）が設立された。」

CASE 08 日航「もく星」号が三原山に墜落

date 1952年(昭和27年) 4月9日 ｜ scene 東京. 大島

事故の経緯

　1952年（昭和27年）4月9日7時42分、東京発大阪経由福岡行き日本航空301便、双発プロペラ機マーチン202「もく星」号は乗客33人、乗員4人を乗せて、風雨の中、羽田空港を出発した。前年に設立された日本航空はGHQにより営業のみ許可され、運航と整備はノースウエスト航空に委託。機長（36）と副操縦士（31）は米国人だった。また、航空管制はすべて埼玉にあった米空軍ジョンソン基地の航空管制センターが管轄していた。

　「もく星」号の出発に際し、米軍機約10機が付近を飛行中だったため、羽田空港の米国人管制官は、航空管制センターの指示に基づき、「館山、大島経由大阪行き、大阪までの飛行高度6,000フィート、ただし羽田離陸後館山までと館山通過後10分間は高度2,000フィートを維持せよ」と指示した。

　「もく星」号機長とノースウエスト航空の運航主任は、館山から大島まで約7分の距離である上、規定高度も4,000フィート以上なのでこの指示に抗議。これに対し羽田空港の管制官は、航空管制センターの誤指示と考え、「館山ではなく、羽田出発後10分間は

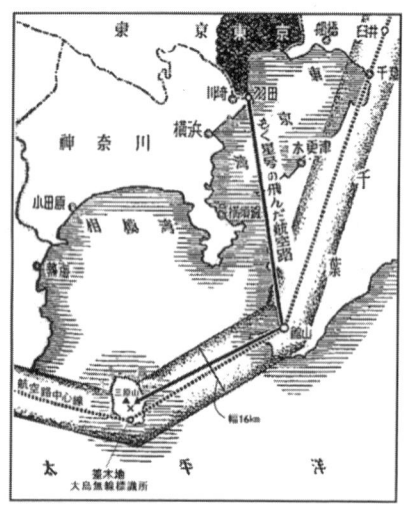

事故当日の「もく星」号の飛行ルート

高度2,000フィートを維持、その後6,000フィート」と直ちに訂正し、機長はこれを復唱して離陸した。

　7時57分、「もく星」号は「館山通過、高度6,000フィートで雲中飛行、8時7分大島上空予定」と航空管制センターに通信。

　「高度6,000フィート」を含むこの通信内容は航空管制センターが文書で提供したものだが、航空管制センターの通信を同時モニターしているジョンソン基地内の部署と推測される「東京モニター」の政府事故調査会

keyword【キーワード】：日本航空　交信ミス　三原山　墜落　プロペラ機

が入手した通信記録では「館山上空2,000フィート、計器飛行、館山南方10分間飛行高度2,000フィートを保持し、次いで上昇する」となっていた。航空管制センターは、「もく星号」が羽田管制官との間で高度の訂正を行った経緯を知らずに館山上空でも高度2,000フィートを指示した可能性があるが、同センターが記録していた交信テープを日本政府に提出しなかったため真相は不明。

館山から大島への航空ルートの中心線上には大島南端の差木地にある大島航空標識所があり、航空管制センターと交信するチェックポイントであると同時に、そこからの無線標識によって誘導されることになっていた。機長は、無線標識に従って大島航空標識所を通過すれば、高度2,000フィートでも三原山に衝突する危険はないと考えた可能性もある。しかし、「もく星」号から大島航空標識所通過の連絡はなく、消息不明となった。

8時7分頃、暴風雨と濃霧の中、「もく星」号は、何らかの理由で、幅16kmの航空ルート内の中心線から北寄りの針路を取って飛行中、政府事故調査会による記述「操縦者が航法上何らかの錯誤を起し」、高度2,000フィートで水平飛行に近い状態で巡航速度時速200マイルで飛行し伊豆大島の標高754m（2,474フィート）の三原山御神火茶屋付近に機体を擦るように接触、墜落。一時は、米軍からの情報を元に「静岡県舞阪沖で発見、乗員乗客救助」との誤報が伝えられたが、夜になって正式に否定された。

4月10日8時32分頃、捜索中の日航DC-4「てんおう星」号が三原山噴火口の東1kmの山腹で残骸を発見した。

事故の影響と対策

この事故を契機に、安全上重要な運航を外国会社に委託することに対する批判が高まり、1952年4月28日にサンフランシスコ平和条約が発効したのに伴い日本人による民間航空の運航・整備が可能になり、同年9月20日に日本航空は自主運航を開始した。

◆亡くなられた方等のデータ

八幡製鉄の三鬼隆社長、漫談家大辻司郎ら乗客33名と乗員4名全員死亡。

◆事故を残す、偲ぶ

●慰霊碑
遭難地碑、三原山裏砂漠側（N34 43'20", E139 24'31"）。バス停すぐの山上に慰霊碑
●出版
松本清張『風の息』　朝日新聞社　1974
松本清張『1952年日航機「撃墜」事件』　角川書店　1994
『炎とともに　八幡製鐵株式会社史』　新日本製鐵　1981
三鬼隆回想録編纂委員会『三鬼隆回想録』八幡製鐵　1952

中谷宇吉郎『「もく星」号の謎　中谷宇吉郎集　第六巻』より

「「もく星」号の遭難も、桜木町事件につぐ大悲惨事であった。…このマーチン機には、私は二度ばかり乗ったことがある。（中略）第一に捜査すべきところは、館山差木地間であった。ところがまごまごしているうちに、浜名湖不時着だの、舞阪沖漂流だのという不確実情報がはいってきて、すっかり滅茶苦茶にしてしまったのである。」

CASE 09 参宮線六軒駅で列車脱線、衝突

date 1956年(昭和31年)10月15日 | scene 三重

事故の経緯

1956年(昭和31年)10月15日17時52分、この日、国鉄参宮線(亀山駅〜鳥羽駅、61km、単線)は伊勢神宮大祭の影響で朝からダイヤが乱れていた中、下り快速243列車(本務機関車と補助機関車の重連＋9両、長さ220m)が、所定より11分遅れて亀山駅を出発。

17時53分頃、天王寺鉄道管理局運転部列車課列車指令室の列車指令は、六軒駅の助役で当務駅長に対し、「下り快速243列車が10分位遅れるため上り快速246列車との行違いを所定の松阪駅(下り側隣接駅)から六軒駅に変更する。下り快速243列車は上り快速246列車より少し早く六軒駅に到着するかもしれない」と指令。

18時5分頃、高茶屋駅(上り側隣接駅)の助役が下り快速243列車の閉塞を求めてきたので六軒駅助役はこれに承認を与え、折返し上り快速246列車の閉塞の承認を得た。その後間もなく松阪駅運転掛が上り快速246列車の閉塞を求めてきたので六軒駅助役はこれに承認を与え、折返し下り快速243列車の閉塞の承認を得た。この時、六軒駅助役は下り快速243列車が11分遅れて

いることを知り、下り快速243列車と上り快速246列車が六軒駅に到着する時刻は時間的に間隔が少ないものと判断し、両列車を六軒駅で一旦停車させた上で行違いさせることにし、上り下りの場内信号機を「進行」にし、その従属信号機である上り下りの遠方信号機も「進行」とした。同時に、上り下りの出発信号機は「停止」とし、それに従属する上り下りの通過信号機も「注意」とした。(参宮線は駅長(助役)または信号掛等が信号機を操作する非自動区間)

この信号扱いの前提として、転轍手らは、単線区間から駅に入る上下線を分岐する21号イと26号ロのポイントは列車の進入するホーム側に合わせて開通し、上下線と安全側線とを分岐する21号ロと26号イのポイントは安全側線側に開通していた。

18時8分頃、下り快速243列車が津駅を発車。同列車の亀山駅から松阪駅までの停車駅は津駅のみだったが、津駅は行違いが六軒駅に変更されたことを下り快速243列車に通告しなかった(列車には無線設備がなく情報連絡は停車駅などに限られていたが、この行違い変更は列車指令による運転整理としてなされたものであるため、規定により、列車を出発させる駅は列車に対して書面(運転通

keyword【キーワード】：参宮線 信号確認怠り 脱線 修学旅行生

参宮線六軒駅で列車脱線、衝突

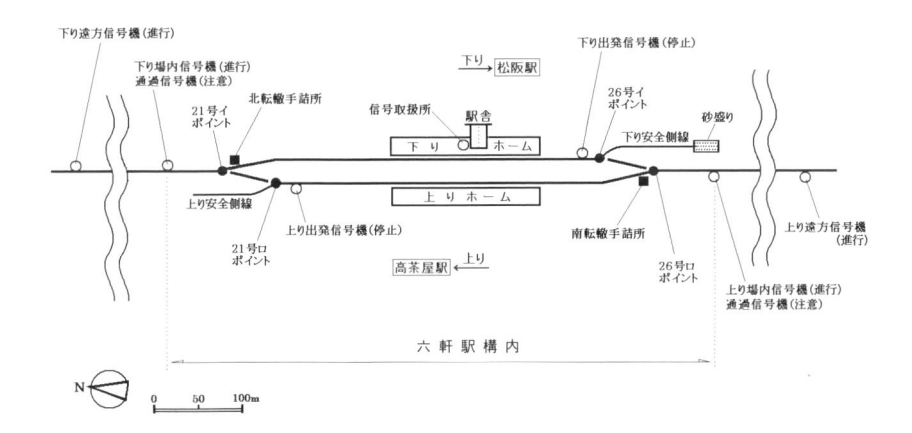

告券）によって通告する義務はなかった）。

　18時17分頃、鳥羽発名古屋行の上り快速246列車（本務機関車と補助機関車の重連＋11両）は松坂駅をほぼ定刻に発車。松阪駅は行違い駅変更を上り快速246列車に口頭で通告。

　同じく18時17分頃、高茶屋駅から六軒駅に、下り快速243列車11分遅れという通知があり、更にその直後に松阪駅から六軒駅に上り快速246列車が定時発車したという通知があつた。下り快速243列車の本務機関車の機関士は六軒駅に入駅する際、下り遠方信号機の「進行」を確認した後、遅れを回復することに気を取られて時計を見たりしていた上、六軒駅は通過予定なので下り通過信号機も「進行」であると思い込み、実際は、先にある下り出発信号機が「停止」であることを示す「注意」であることを確認することなく、時速約60kmで六軒駅を通過しようとした。機関助士も下り通過信号機の確認を怠り、機関士との間で形式的に「通過進行」と喚呼応答したまま焚火作業や通票受渡の準備作業をしていた。

　しかし六軒駅中央付近を通過直後、本務機関車の機関士は前方の下り出発信号機が「停止」であることに気付いて非常ブレーキをかけたが間に合わなかった。一方、補助機関車の機関士は、機関士席を離れて機関助士の投炭作業を指導していて下り通過信号機の確認せず、かえって六軒駅を通過するための給気運転に移った。しかし、六軒駅中央付近通過後、下り出発信号機が「停止」であることに気付き、あわてて自動制動弁によるブレーキをかけたが、重連コックを開けなかったためブレーキは作動しなかった。（重連コックが閉っていると補助機関車でブレーキをかけても列車全体にかからないようになっている）

　18時22分頃、下り快速243列車は下り安全側線の車止め用砂盛を突破、機関車2両が進行方向左の築堤東側に脱線転覆、1両目

客車は進行方向右側に脱線転覆して本線を塞いだ。本線と下り安全側線との間隔2.9mであった。

事故現場すぐ近くの南転轍手詰所にいた転轍手は、すぐに上り場内、遠方信号機を「停止」にするよう助役や信号担務者に伝えるため駅舎に電話したが全員列車受け入れに出ていて誰も出なかった。その間に上り快速246列車の前照灯が見えたので、持っていた合図灯を赤色にして同列車に向って10数m走ったが間に合わなかった。

下り快速243列車脱線の約20〜30秒後、上り快速246列車が時速約55kmで進入し、本線を塞いでいた下り快速243列車の1両目客車と衝突、上り快速246列車の機関車2両が脱線転覆。下り快速243列車1両目客車は押潰された。

事故の影響と対策

1956年10月19日、国鉄は「運転事故防止対策委員会」を設置。その後、ATSの前身となった車内警報装置の採用、信号機の自動化などの対策を実施。

◆亡くなられた方等のデータ

死者40名、負傷者96名。1、2両目に乗っていた東京教育大学付坂戸高校と土浦女子高校の修学旅行生が多数死亡。

◆事故を残す、偲ぶ

●裁判等
1963年5月15日、津地方裁判所は、下り快速列車の本務機関者機関士と機関助士の信号誤認が事故の原因であるとして、業務上過失致死罪で本務機関車機関士に禁錮2年、機関助士に禁錮1年執行猶予3年の判決を言い渡した。六軒駅の助役、信号担務者、転轍手の3人は無罪。
1970年5月29日、名古屋高等裁判所は、本務機関車機関士の実刑判決を破棄して禁固2年執行猶予5年とし、機関助士の控訴と六軒駅助役、信号担務者、転轍手の3人に対する検察官控訴を棄却。
●慰霊碑
東京教育大学関係者が六軒駅南側に慰霊碑建立。

小池滋
『じょっぱり先生の鉄道旅行』より

「…高崎というと「だるま弁当」の名が知られているが、歴史からいうと鳥めしが何といっても長老格である。(中略) 昭和三一年のものは現在とあまり変わりなかったと思う。…鳥スープで炊いたご飯の半分くらいが、鳥そぼろで覆われ、残りの半分くらいの上に海苔を敷き、さらにその上にコールドチキンがのっている (中略) 四人分の席の上に、あれこれと陳列して、次第に迫って来る山々と、利根川の清流をお供にして味わうことにした。」

CASE 10　全日空機が下田沖に墜落

date　1958年（昭和33年）8月12日　｜　scene　静岡. 下田沖

事故の経緯

　1958年（昭和33年）8月12日19時53分、全日空25便ダグラスDC-3（機長、副操縦士、スチュワーデスの乗員3人、乗客30人）が名古屋・小牧空港へ向けて羽田空港を出発。

　20時9分、館山ビーコン（無線標識）上を高度6,000フィートで通過。

　20時24分、大島ビーコン上を通過。

　その後、全日空25便は左側の第1エンジン不調でジャイロ計器が作動しなくなった。

　DC-3のジャイロ計器（水平儀、旋回計、定針儀）を作動させる真空ポンプ・システムには、A）第1、第2エンジンに直結した真空ポンプがそれぞれ独立した配管系統になっていて、通常は第1エンジンに直結した真空ポンプからジャイロ計器に接続しており、第1エンジンが停止した場合には副操縦士前の計器板下段にある切替ノブにより第2エンジンに直結した真空ポンプに切り替えるタイプと、B）第1、第2エンジンそれぞれに直結した各真空ポンプの吸出配管を1本の配管に合流させてからジャイロ計器に接続するタイプで一方のエンジンが停止しても切り替える必要はない、という2つのタイプがあり、全日空が所有するDC-3、9機のうち、全日空25便のDC-3のみがAタイプだった。

　機長は、かつてBタイプの真空ポンプ・システムを持ったDC-3で大分—大阪間を飛行中に片方のエンジンが故障した際、もう一方のエンジンによってそのままジャイロ計器が作動し、飛行できた経験があったこと、ただ1機だけにAタイプの真空システムが搭載されていることについて操縦士への周知徹底が不十分だったこと—などから、全日空25便のDC-3も真空ポンプ・システムが自動的に切り替わるものと思い込んでいた可能性がある。（あるいは、Aタイプであることは知っていて第2エンジン側の真空ポンプに切り替えようとしたが、切替ノブの位置が分からなかったため切り替えられなかったという見方もある。）

　20時36〜37分、伊豆半島南端付近で、全日空25便は「第1エンジン不調、羽田空港に引き返したい」と東京航空交通管制局に連絡し木更津まで直航したいと要求。（通信状態が悪かったため、付近を羽田空港に向けて飛行中の全日空16便の機長を介して連絡。伊豆方面と東京航空交通管制局との通信状態は時間帯や飛行高度等により非常に悪くなることがあった。）

keyword【キーワード】：全日本空輸　DC3　エンジン故障　墜落

東京航空交通管制局は全日空25便に対して、「木更津ビーコンまで許可する、大島まで直航、6,000フィートを維持せよ」という管制指示を与えた。

　20時40分、全日空25便は高度が500フィート低下しているため、高度5,500フィートの維持を要求し、その許可を得た。次いで同機は羽田空港までの直航を要求し許可を得た。

　20時43分、全日空25便は東京航空交通管制局に対し非常事態を告げ、東京航空交通管制局は直ちに全日空16便を高度5,000フィートから3,500フィートに下降させ全日空25便の航行前方を開けた。

　20時44分頃、全日空25便は全日空16便に対して「第1エンジン停止、ジャイロ・アウト。旅客は満載である、今から東京国際空港に引き返すが、もし帰れなければ木更津へ着陸する、高度は4,000フィート、東京航空交通管制局に方位を要求したが応答がない」と連絡。

　20時46分、全日空25便は東京航空交通管制局へ再び木更津ビーコン直航を要求。東京航空交通管制局は「木更津ビーコンへ到着したら羽田空港に入ってよい」と許可を与えた。

　20時48分、全日空25便は羽田管制塔との通信がつながらなかったため、再び東京航空交通管制局に連絡。東京航空交通管制は同機に対して5,500フィートを維持することが可能であるか、または、さらに低高度を要求するかについて4回にわたり尋ねたが通信状態が悪く応答がなかった。次いで現在位置や木更津ビーコンの到着予定を尋ねたがやはり応答がなかった。

　20時53〜54分頃、全日空25便は全日空16便に「第1エンジンをフェザリングにして右エンジンだけで羽田へ引き返す旨、東京に連絡してほしい」と依頼（フェザリングとは不作動エンジンのプロペラの羽根を飛行方向に平行にして抗力が最小になるようにすること）。

　20時55〜56分頃、全日空25便は東京航空交通管制局に対し羽田空港へ、DF（Direction Finding方向探知）誘導を要求。東京航空交通管制局は、「羽田管制塔にはDFの関係がないので、とりあえず羽田空港の方向に向って飛べ」と指示。しかし、全日空25便は重ねてDF誘導を要求。そこで東京航空交通管制局は厚木管制塔とDF誘導のための連絡をとるよう指示し、全日空25便もこれを了解。これが全日空25便と東京航空交通管制局との間の最後の通信となった。

　その後、全日空25便は羽田空港へ引き返す途中、恐らく、ジャイロ計器不作動により自機の姿勢を維持できなくなり海上に墜落。1958年9月2日、運輸大臣に提出された運輸省航空局の事故調査報告書では機長が手動切り替えをしなかった可能性を示唆した他、エンジンの発火、右エンジンの推力喪失、操縦装置の故障または損壊などの場合も考えられるが、機体が回収できなかったこともあり原因を特定することは困難であるとした。これに対し、全日空のパイロットらは、当夜は船舶の灯火や海岸線はよく見え、ジャイロ計器が不作動でも機の姿勢を失うような状況

ではなかったと反論。

1958年8月13日11時55分、海上自衛隊の警備艦「あさかぜ」が利島北々西約14.7kmの海上で、座席と機体の破片多数を発見。

事故の影響と対策

1958年8月26日、政府は航空安全対策懇談会を設置、9月2日に初会合を開き11月14日に答申。これに基づいて全日空に対する国庫補助を決定、また、関係省庁は救難・捜索体制を一元化することを合意。

1959年4月～1960年春、全日空は伊藤忠整備に委託してDC-3全8機の仕様を統一する改修を行った。1機あたりの改修費は700～800万円（運輸省はこれに対して1960年度に補助金5,000万円を交付）。

◆亡くなられた方等のデータ

18遺体が収容されたが、15名は不明のまま捜索は打ち切られた。

◆事故を残す、偲ぶ

●残骸等
機体は水深約600mに水没し引き揚げることはできなかった。

佐藤美知男
『鉄道物語　はじめて汽車に乗ったあの日』より

「フランスに、パリから地中海のコートダジュールへ向かう列車があり、青い色の客車だったので…ブルートレインと呼ばれた。…南アフリカにも豪華列車があってこちらも一九四六年にブルートレインと名づけられた。日本では昭和三三年（一九五八）に東京～博多間を走る夜行特急「あさかぜ」がブルーの車体に白いラインが入った新型客車に置きかわった。…「走るホテル」とか「新型デラックス車両」などと呼ばれた。この新型客車がいつしかブルートレインと呼ばれるようになった…」

CASE 11 名古屋空港で全日空機と自衛隊機衝突

date 1960年(昭和35年)3月16日 | scene 愛知. 小牧

事故の経緯

1960年(昭和35年)3月16日19時37分頃、全日空25便JA5018機(東京発名古屋行)DC-3機は、名古屋空港(小牧空港)航空交通管制塔の航空交通管制官A(29)の指示に従い、唯一の滑走路(長さ2,745m、幅45m)に南から北に向かって着陸。

管制官Aは、快晴で良好な気象状況や離着陸が少なかったことから気が緩んでいたと推定され、双眼鏡等で確認することなく、北に向かって着陸滑走中の全日空DC-3機が中央誘導路W-3の北側にあると誤認し、Uターンして誘導路へ進入するよう指示。まだ中央誘導路W-3の南側にいた全日空DC-3機の機長等は、Uターンせずに直ちに誘導路へ左折進入する方が早道であり通常のように思ったが、管制官AがUターンの指示を出したのは管制塔として何等かの必要があってのことであろうと思い、そのまま指示に従って左向きにUターンして滑走路を南に向った。

一方この時、夜間訓練飛行に出発する予定の航空自衛隊戦闘機ノースアメリカンF86Dは滑走路南端の誘導路W-1上で離陸指示を要求して待機中だった。自衛隊F86D機パイロットは全日空DC-3機が滑走して尾灯が遠ざかるのを見ていたが、恐らくは全日

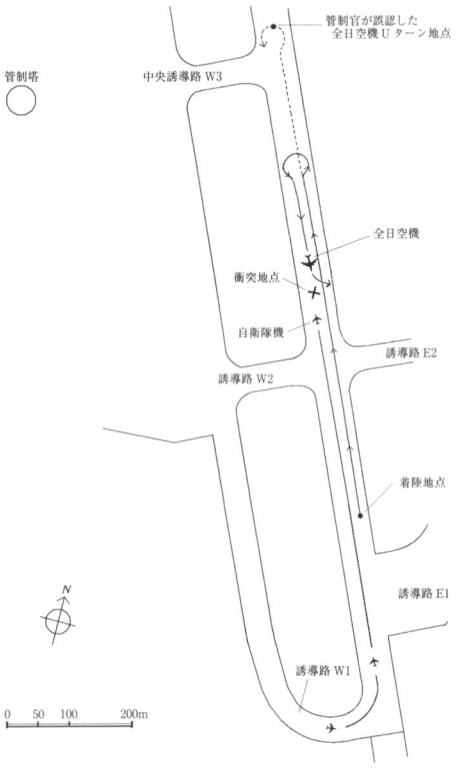

keyword【キーワード】: 全日本空輸　DC3　自衛隊機　管制ミス　衝突

空DC-3がUターンを開始して一時的に尾灯が見えなくなったので誘導路に入ったものと思った。

　管制官Aは、全日空DC-3機にUターンを指示した約21秒後、同機が中央誘導路W-3に進入し終えたか否かを確認しないまま同誘導路に進入したものと思い込み、自衛隊F86D機に離陸支障なしとの離陸許可の管制指示を与えた。しかし、Uターンを終えて滑走路を南下していた全日空DC-3機の両主翼前縁にある着陸灯等は自衛隊F86D機から容易に確認できたはずだったが、自衛隊F86Dのパイロットは、管制官Aの指示に従い離陸のための計器点検に忙殺されて全日空DC-3の動向を確認しないまま、離陸許可の約18秒後に発進。

　全日空機が誘導路W-2の入口に近づいた頃、機長と副操縦士は前方を自衛隊F86D機の灯火が高速で接近してくるのを発見したため、右エンジンの出力を最大にして左へ回避した。

　自衛隊F86D機も滑走路上に全日空DC-3機の機首を発見し、直ちに右翼を上げて左上方に自機を引上げようと方向舵及び操縦桿を操作した。

　19時39分頃、誘導路W-2北側の滑走路上で、自衛隊F86D機の空気取入口及び右翼がそれぞれ全日空DC-3機の右翼及び脚部、胴体後部に衝突し切断。自衛隊F86D機は左へ約100m進み、滑走路の西縁を出たところで炎上、全焼。

名古屋空港で全日空機と自衛隊機衝突

◆亡くなられた方等のデータ

スチュワーデス（23）が死亡した他、新婚旅行の夫婦（30、27）も死亡し世間の同情を集めた。自衛隊機パイロットは脱出して無事。重傷5名、軽傷4名。

◆事故を残す、偲ぶ

●裁判等

1960年12月13日、運輸省航空局の全航空職員労働組合は、何の処分も受けなかった自衛隊機パイロットに対し、明らかに前方不注意の過失があるとして名古屋地検に告訴（その後起訴猶予となった）。

1962年10月10日、名古屋地裁は名古屋空港の航空交通管制官に対し、衝突等による危険の発生を未然に防止すべき業務上の注意義務を怠り、全日空機の滑走路上における滑走状況を誤認し、しかも誘導路への進入を終つたか否かを確認せず同機が中央誘導路へ進入したものと妄信し、自衛隊機に対し離陸支障なしの管制指示を発した過失により、航空法違反、業務上過失致死傷の罪で禁固1年執行猶予3年の判決を言い渡した。

橋川文三
『橋川文三著作集6』より

「一九六〇年五月と六月にわたって、日本人民のなしたことは何を意味するのか？　五月二十日以降、…幾十万の市民たちが、明らかに日常的な生活感覚と行動様式の枠を乗りこえ、戦時とか、大災害とかの場合のみに見られるような大衆流動の中にひきこまれていった。…一種の「市民革命」の様相をさえおびていた。（中略）ところが…安保体制はいっそう強化され…国民運動の衝撃によって影響されたとみられるところはない。」

CASE 12 常磐線三河島駅付近で列車脱線、三重衝突事故

date　1962年(昭和37年)5月3日　｜　scene　東京．荒川

事故の経緯

　1962年（昭和37年）5月3日、21時32分、平（現・いわき）行きの第287下り貨物列車が田端操車場を出発した。蒸気機関車D51が45両を牽引していた。

　出発して数分後、三河島駅の東端で常磐貨物支線下り1番線から渡り線を経て常磐下り本線に入る予定だったが、先行の上野発松戸行き・6両編成下り第2117H電車が地震や事故の影響で遅れていたため、三河島駅の岩沼方信号扱所は、下り貨物列車を臨時停車させるため貨物支線下り1番線出発信号機2RBを「赤」にし貨物支線下り1番線から下り本線へ向かう渡り線のポイントを安全側線の方向に開通させた。ここには、長さ約42m、終端部分から先に長さ約35m、すそ巾約4m、高さ約0.33mの砂利盛りが設けられていた。

　下り貨物列車の機関助士は、下り1番線出発信号機2RBが「赤」であるのを確認して「駄目だ」と言った。機関士も赤信号を了解したはずであった。しかし実際は、機関士は出発信号機2RBをよく見なかった上に、機関助士の言葉もよく聞きとれなかった。通常の規定は、機関士は、出発信号機2RBの手前約308mの信号喚呼位置標附近で信号機の現示状態を確認して機関助士とともに喚呼応答し、信号機の手前約100m附近で信号の現示状態を再確認して汽笛を1回鳴らすというものだったが、いずれの場合も、これらの措置をしないまま、信号機もよく見ないで「青」と誤認し、下り本線に入れるものと思い運転を続けたのである。

　機関士が信号を青と誤認した原因は、

1）下り電車が遅れていたことを知らされていなかったため、時刻から考えてそろそろ信号が青に変わるはずだと予測。
2）下り貨物列車は高架の常磐本線に合流するために地上から右カーブの上り勾配を進行しており、蒸気機関車の機関士席からは下り貨物線の左側にある信号機2RBの赤信号が架線の支柱などで見え隠れしていたのに対し、下り電車を通すために「青」になっていた下り貨物線の右側にあった、常磐下り本線側の出発信号機2RA、これが先に見えた。
3）大量の貨車を牽引しているので勾配途中で停車すると起動が困難なことから停車を躊躇した。

などによると推測される。

　機関助士も喚呼応答をしないまま、むしろ

---

keyword【キーワード】：常磐線　信号見落とし　確認怠り　対応遅れ　脱線　衝突

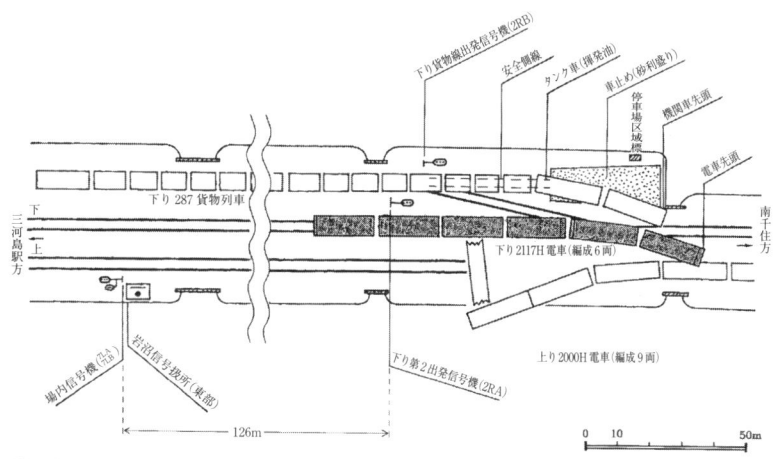

常磐線三河島駅付近で列車脱線、三重衝突事故

列車が加速していることから信号が「青」に変わったのだと思い、上り勾配のため低下した機関車の圧力を上げるため焚火作業を始めた。

２１時37分頃、下り貨物列車は出発信号機2RB（赤）を通過して下り本線につながる渡り線との分岐ポイントにさしかかったが、同ポイントは安全側線側に開通していたため、時速約25〜27kmで安全側線に突入して砂利を盛った車止めを突破した。機関士は非常制動をかけたが、先頭の蒸気機関車が脱線し下り本線上に傾斜した。

下り貨物列車の脱線でポイント破壊されたため下り本線出発信号機2RAが「青」から「赤」に変わり、下り貨物列車に並走するように時速約60kmで進行していた下り電車の運転士は非常制動をかけたが、脱線していた機関車の右側面に1両目の左側前部が接触し1、2両目が脱線して上り本線側に右傾して停車。

下り電車の車掌は下り後続電車の追突防止のため後尾前照灯を点け、三河島駅に事故を知らせるため汽笛を3回鳴らした。その後、下り貨物列車が停車していて安全と判断した左側ドアを開けた。

さらに、下り電車の車掌は、機関車のすぐ後ろに揮発油が入ったタンク車が連結されていることに気付き、機関車のボイラーの爆発や機関車の釜の火によって着火・爆発することを恐れていたところ、客の「爆発するぞ」という叫び声を聞き、脱線で信号回路が短絡して閉塞区間の信号機が自動的に赤になっているはずだから上り列車は進入して来ないと判断して上り線側の右側ドアも開けた。

下り電車の乗客は停車直後から窓やドアのガラスを破って脱出したり、桜木町電車火災後、赤塗りにして明示していた車内の非常コックを操作してドアを開け、あるいは車掌が開けたドアから外に出た。線路が高さ6〜7mの築堤上だったため乗客たちは南千住駅や三河島駅に向かって歩き出した。附近住民が用意した梯子で築堤の下に避難した乗客も

第Ⅰ部　大事故の系譜　053

いた。

　その後、下り貨物列車と下り電車の乗務員計4人は乗客の救出や誘導に専念し、信号炎管や合図灯を使用したり信号扱所に連絡するなどして上り電車を止める措置はしなかった。

　21時38分頃、三河島駅の岩沼方信号扱所の信号掛Aは事故を確認後、三河島駅助役に電話で事故を報告。

　21時40分、休憩中の信号掛Bは信号掛Aに起こされた後、隅田川駅の三ノ輪信号扱所の運転掛が電話で「下りはどうした」と問合せてきたため事故を報告。同運転掛は「(上り第2000H)電車のあと、1487(貨物列車)を出す。」と告げたが、信号掛Bは現場を確認するまでは上り列車を事故現場に進入させることは危険と思い「ちょっと待て」とあいまいに応答して電話を切り、信号掛Aには「電車のあと貨物をよこすと言ったから止めた」と報告した。同運転掛は信号掛Bの言葉を上り列車の停止要請とは受け取らず上り第2000H電車を出発させた。

　21時40分過ぎ頃、三河島駅助役は常磐線列車指令員に事故を報告した。列車指令員は、後続の下り電車が停車場間に停車することを危惧して日暮里と上野駅に下り電車の停止手配を指示した。

　21時42分頃、列車指令員は、上り線支障の恐れがあることに気付いて「上り線通知運転」の一斉指令を発したが、既に上り第2000H電車は隅田川駅を出発していた。この「通知運転」とは、駅間に列車が閉塞待ちのため長時間停止することを避けるため、閉塞方式は変更しないで駅長相互の通知連絡によって駅間に1旅客列車に限り運転させる方式で列車をすべて停止させるものではない。

　現場を確認した信号掛Bは南千住駅に上り電車の出発を見合わせるように電話したが、上り電車は出発した後だった。そこで、すぐに600m上り側の三ノ輪信号扱所に上り線の信号を赤にするよう電話したが、上り電車はすでに三ノ輪信号扱所を通過中だった。

　21時43分過ぎ、三河島駅に2分延着予定で、時速75kmで進行してきた取手発上野行き、6両編成上り第2000H電車が最初の事故現場に突っ込み、上り線上にいた乗客を次々にはねるとともに、上り線側に脱線・傾斜していた下り電車前部に衝突。上り電車と下り電車の1両目は大破、上り電車の2両目と3両目は築堤下の民家と倉庫に突っ込んだ。

事故の影響と対策

　国鉄は以下の対策を実施。

1) 列車が赤信号を通過しようとすると警報が鳴りブレーキを自動的に動作させる自動列車停止装置(ATS)を1966年4月までに全線で導入。それまでの車内警報装置の仕組みを引き継いだもので、運転士が警報を解除すると自動停止機能も解除される。

2) 「車両用信号炎管」を運転室の屋上に設置。運転士が室内のひもを引いて点火し、対向列車に緊急停止信号を送る。

3) 人間工学、心理学、生理学、精神医学などの見地から事故防止や職員の適性検査な

どの研究開発を行う「鉄道労働科学研究所」を1963年6月に設立（国鉄民営化に伴い1988年廃止）。

4）無線を利用して列車防護を行う「列車防護無線装置」を開発、常磐線に設置。乗務員が発報ボタンを押すと非常信号電波が発信され、受信した列車のブザーが鳴る。

5）「運転取扱心得」に「運転事故の発生のおそれのあるとき、または運転事故が発生して併発事故を発生するおそれのあるときは、躊躇することなく、関係列車または車両を停止させる手配をとらなければならない」という規定を追加。

◆亡くなられた方等のデータ

死者160名。重軽傷約300名。当初40名が身元不明とされたが30歳前後の男性1名を除いて身元判明。1966年にこの男性の無縁墓が慰霊碑のある浄正寺に建てられた。

◆事故を残す、偲ぶ

●裁判等

1965年5月27日、東京地裁は、第1事故は下り貨物列車機関士の信号注意義務怠りの過失と機関助士の警告義務怠りの過失が競合して引き起こされ、第2事故は下り貨物列車機関士、下り電車運転士・車掌、三河島駅助役、三河島駅信号掛2人、列車指令員（起訴されていない）の7人の列車防護義務怠りの過失が競合して引き起こされたと判断。下り貨物列車機関士と機関助士は第1事故による業務上過失往来危険罪と業務上過失致死傷罪、下り貨物列車機関士、下り電車運転士・車掌、三河島駅助役、三河島駅信号掛2人の6人は第2事故による業務上過失往来危険罪と業務上過失致死傷罪と認定。下り貨物列車機関士に禁固3年、三河島駅信号掛（事故当時当直）に禁固2年、下り貨物列車機関助士に禁固1年2月、下り電車運転士に禁固1年6月、下り電車車掌に禁固1年6月、三河島駅助役に禁固1年執行猶予3年、三河島駅信号掛（事故当時休憩中）に禁固8月執行猶予2年を言い渡し、隅田川駅三ノ輪信号所運転掛と下り貨物列車車掌は無罪とした。下り貨物列車車掌以外は被告もしくは検察が控訴。1968年10月31日、東京高裁は控訴審判決で、三河島駅信号掛については「本来の職責上尽くすべきことはほとんど果たしている」などとして一審判決の禁固2年を破棄し禁固1年執行猶予3年とした他は控訴棄却し一審判決通りとした。

実刑判決となった、下り貨物列車の機関士と機関助士、下り電車の運転士と車掌の4被告は上告したが、三河島駅助役、三河島駅信号掛2人、三ノ輪信号所運転掛の計4人は有罪確定。

1973年4月17日、最高裁は上告棄却。

●慰霊碑

遺体を安置した寺、浄正寺（荒川区荒川3-53-1）に、一周忌を機に聖観音像（八柳恭次作）が寄付され、慰霊塔が建立された。毎年の慰霊祭が行われたが国鉄の分割民営化に伴い1987年を最後に取りやめ。

●碑文：

　　　　　　　　　　　森かつえ作詞
　三河島事故の霊に捧ぐ
　安らかに眠れとは
　如何に悲しき言の葉か
　つま待つ家の帰り路を
　知るよしもなくこの惨事
　ああたれぞ知るこの惨事
　　　　　　十九世　順誉順崇峰代

●出版：

三輪和雄『空白の五分間―三河島事故　ある運転士の受難』　文藝春秋　1979

村上兵衛「三河島事件の三つの疑問　何が応急措置をためらわせたか」『朝日ジャーナル』　1962.5.27

『空白の五分間
　―三河島事故 ある運転士
　の受難』より

「…事故現場の近くの居住者のひとりは、その頃TBSテレビでファイティング原田とベビーエススピノーザとの試合を観戦していた。…第一ラウンドが終わると、テレビは観客席をうつした。当時の人気力士「豊国」が観戦していた。バアンという衝撃音が地平を伝わってくるのが聞こえたので、彼は家をとび出した。蒸気機関車が立往生しており、機関室は焔で真赤だった。黒煙が流れ、石炭の粉が目を痛めた。」

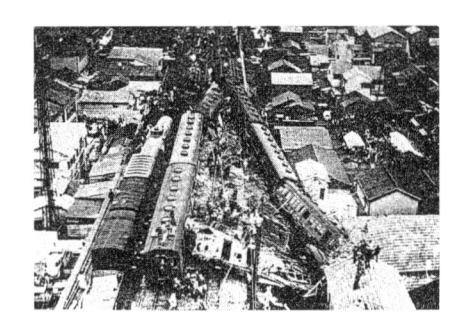

CASE 13 藤田航空機、八丈富士に墜落、炎上

date　1963年（昭和38年）8月17日　｜　scene　東京．八丈島

■事故の経緯

　1963年（昭和38年）8月17日14時24分頃、八丈島発羽田行き藤田航空のデハビランドDH-114-1Bヘロン型機が八丈島空港を離陸。緩やかな右旋回で八丈小島の南側から西側を回って高度2,600～3,000フィートに上昇。

　14時26分頃、同機は八丈運航所に羽田到着予定時刻を通告。第3エンジンに異常が発生したため、機長（44）は直ちに引き返そうと八丈小島の北側を回って八丈富士（標高854m）の南側を通過しようとした。この時、別の何らかの異常が発生したため、機長は燃料コックを閉じフラップを下ろして不時着を試みた。

　14時30分頃、同機は、八丈島北部の八丈富士9合目の北西斜面に墜落し炎上。

　なお、藤田航空は、事故直後に全日空と合併した。

◆亡くなられた方等のデータ

乗員3名（機長、副操縦士、客室乗務員）、乗客16名、計19名全員が死亡。大部分が焼死。

◆事故を残す、偲ぶ

●報告書

1963年10月14日、運輸省は事故調査報告書を公表、第3エンジンの故障及び2番目の別の異常については機体・エンジンの損傷が激しく調査不可能とした。

小松恒夫、石井和雄『週刊朝日』「クロヨン・九百万の男の記録」（『昭和30年代「週刊朝日」の昭和史』）より

「日本最後の秘境といわれた黒部峡谷のとびらは、もうほとんど開かれた。関西電力の黒部川第四発電所、通称クロヨンを建設するために、七年間の歳月と、五百億円に近い費用と、延べ九百万人に近い労力と数百万トンの資材と、日本の土木技術の粋を集めた機械力と、そして百六十余人の生命とがこの谷に注ぎ込まれた結果である。いま（昭和三十八年一月）、峡谷の底では吹雪とナダレの中で、最後の仕上げ工事が行われている。」

---

keyword【キーワード】：藤田航空　エンジン故障　墜落　プロペラ機

CASE 14 東海道線鶴見駅付近で列車脱線、三重衝突事故

date 1963年(昭和38年)11月9日 | scene 神奈川.横浜

事故の経緯

　1963年(昭和38年)11月9日21時51分、東海道本線鶴見駅・新子安駅間の下り貨物線(現在の横須賀線)を時速約60kmで走行中の下り貨物列車(45両編成)の前から43両目のワラ1型貨車(2軸4輪車、ビール麦積載)が、滝坂踏切付近のカーブ(曲線半径450m、カント＝左右レールの高低差70mm)入口付近から蛇行動が大きくなり、カーブから直線に移る付近で進行方向左側のレールに乗り上がり16.3m走行して脱線、ともに空車だった44、45両目も脱線。

　脱線した貨車はそのまま引きずられて乗り上がり地点から80m先の架線柱に衝突して列車から分離、3m離れた隣の東海道本線上り線上に倒れかかった。

　東海道本線下り線を時速92kmで走行してきた横須賀線下り電車(12両編成)の運転士は架線の異常な揺れを感じて非常ブレーキをかけた。ほぼ同時に、東海道本線上り線を走行してきた横須賀線上り電車(12両編成)の1両目が、脱線した貨車に接触し進行方向右側の東海道線下り本線側に脱線。

　脱線した上り電車の1両目は、非常ブレーキをかけて減速しながら走行してきた下り電

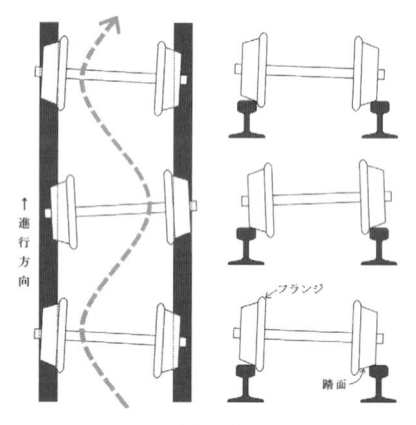

図　車軸の蛇行動

車の4両目の側面中央に突っ込んだ後、後続車両に押されて横向きになりながら下り電車の4、5両目の車体を破壊。上り電車の2、3両目は進行方向左側の貨物線側に脱線。

　車両の蛇行動は、車輪がレールと接する部分＝踏面に内側(フランジ側)から外側に向かって車輪直径が小さくなるように勾配を付けてあることに起因する。車軸が左側のレールに寄った場合、左側の車輪の回転半径が大きくなるため車軸が右向きになるとともに重力も加わって右側に戻るように動き、車軸が右側に寄ると今度は右側の車輪の回転半径が大きくなり車軸が左向きになる、といった蛇

keyword【キーワード】：東海道本線　カーブ　競合脱線　衝突

行動になる。蛇行動の波長は車輪・車軸の形により決まり、踏面勾配が大きいほど短くなる。また、波長が一定であれば走行速度が高いほど周期が短くなる。そして、ある走行速度の際の蛇行動周期が車両の固有周期と共振すると蛇行動が増幅され脱線の危険がでてくる。

ワラ1型貨車の蛇行動が脱線前に大きくなった原因は、1）ワラ1型貨車の形態や重量、車軸のばね装置等で決まる車両の固有周期が、列車速度（時速約60km）で決まる蛇行動の周期と共振したこと、2）レールの狂いや積荷の偏り、列車編成（後続の2両が空車）などが振幅を大きくしたこと、などが考えられる。

また、レールに乗り上がった原因は、蛇行動とカーブ走行時の遠心力により車輪が左側レールを押す力＝横圧が大きくなると同時に、右カーブから直線に近付いてカントが減少する過程で左車輪の輪重＝車輪からレールにかかる荷重が小さくなったためと考えられる。

事故の影響と対策

1968年4月10日、国鉄の「東海道本線鶴見列車事故技術調査委員会」（1963年11月設置）は、それまで原因不明とされてきた2軸貨車の類似脱線事故の調査研究、模型実験、東海道本線や塩釜線などの営業線を利用した実車走行試験などをもとに、「貨車の脱線の原因は車両の異常、線路の欠陥、積荷の偏りなど積載状況、運転速度・加減速など運転状態、列車編成等に単独で脱線を起こさせるような原因はなく、事故現場のカーブでこれらの要因が偶然かつ複雑に重なり合い、車両の横揺れが異常な変化を起こしたことによる競合脱線」とする報告書を国鉄総裁に提出。しかし競合脱線に至るメカニズムを完全に解明することはできなかった。

1968年5月20日、国鉄は競合脱線について未解明の点を研究し適確な事故防止対策をたてることを目的に「脱線事故技術調査委員会」を設置。北海道の根室本線新得・新内間の線路変更で廃線となった狩勝峠旧線を利用して貨物の積載状態、空貨車と積載貨車の編成具合、運転速度や加減速度など様々な条件で走行試験を実施。1972年2月、同委員会は実験線での調査研究や模型実験、シミュレーション結果などをもとに、以下のような事故防止対策を提案。国鉄はこれらの対策を1975年までに実施。

1）車輪の踏面断面中央部の勾配を水平にして蛇行動が起きにくくした。
2）車輪のフランジ角度を60度から65度に上げるとともにフランジ高さを26mmから30mmにして脱線しにくくした。
3）前後の車軸間隔を広げた。
4）複線区間で輸送量・列車回数の多い主要線区で、線路形状・カーブ・運転状況を考慮した要注意カーブに脱線防止ガードを設置（それまでは半径400m以下のカーブや分岐箇所など）。
5）偏積貨車発見のため、主要ヤードに貨車重量偏積測定装置設置。
6）併発事故防止のため事故現場から1km以内の列車を直ちに止める列車無線の開

発。
7）事故が隣接線に及んだ時に列車を止める限界支障報知装置の開発。
8）油を滴らして車輪・フランジとレールの摩擦を少なくする塗油器を貨車側とレール側（半径500m以下の要注意カーブ）に設置。

◆亡くなられた方等のデータ

死者161名（乗客160名、乗員1名）、重軽傷者120名（乗客119名、乗員1名）。

◆事故を残す、偲ぶ

●慰霊碑
事故現場には五輪供養塔があり、鶴見の總持寺に161名の物故者名が刻まれた「鶴見事故慰霊碑」がある。

●報告書
1968年4月10日、「東海道本線鶴見列車事故技術調査委員会」は報告書を国鉄総裁に提出。

●出版
「鶴見事故『ある機関士の手紙』」『月刊社会党』 1964.1
「鶴見事故をめぐる問題点 ― 国鉄を国民のものにするために」『労働調査時報』 1964.1
「鶴見事故と国鉄合理化」『社会主義』 1964.1
「鶴見事故と運転保安闘争」『労働法』 1964.4
「"二つのダイヤ"の悲劇 ― 三池爆発と鶴見事故<昭和38年>」『潮』 1965.11
「鶴見事故と三川鉱爆発（事件物語り）」『新聞研究』 1968.2
「三河島鶴見事故と国鉄の「安全神話」（科学の戦後史〔4〕）」『サンサーラ』 1996.6
「伝説の消防防災活動（2）大規模鉄道災害『国鉄鶴見事故』」『消防防災』 2003.1

安岡章太郎
『僕の昭和史Ⅲ』より

「来年のオリンピックに向けて、工事は着々と進んでいる…東京大阪間の特急鉄道、東海道新幹線の開設…（中略）十一月下旬の朝、…宇宙中継の第一回実験放送というのがうつったときには驚いた。ケネディー大統領がたったいまテキサス州ダラスで暗殺されたというニュースとともに、ブラウン管には、オープン・カーの上で手を振っていたジョン・F・ケネディーが、いきなり突っ伏したかと思うと、…自動車の行列が急に…走り去って行く有様が、そのまま写し出されていたからである。」

CASE 15 富士航空機、大分空港でオーバーラン、炎上

date　1964年(昭和39年)2月27日　｜　scene　大分．安岐

事故の経緯

　1964年（昭和39年）2月27日14時44分、鹿児島発大分経由東京行き富士航空902便コンベア240型双発旅客機は管制塔の承認をうけて鹿児島空港を離陸。同空港での点検では異常はなかった。この飛行で副操縦士（35）は機長見習として正操縦席に、機長（39）は教官として副操縦席についた。

　副操縦士は、出発前と大分空港着陸前に滑走路進入側末端付近で機首上げ操作をする時の速度（フェンス・スピード）を機長に尋ね、機長は副操縦士の着陸操作を容易にしようとの配慮から日頃の速度より多少多目の115ノット（時速約213km）を指示した。

　大分空港の滑走路は全長1,200m、幅30mで、その両端にそれぞれ接続する長さ各60mのオーバーラン帯（過走帯）があるが、運航規程では、同機が全長1,500m以下の滑走路に着陸する際の重量限界を総重量39,000ポンド（この時の同機の重量は38,850ポンド）とし、リバース（プロペラの羽のピッチ角を逆にすることによって逆推力を得る機構）に異常が生じた場合でもフット・ブレーキまたはエア・ブレーキを使用して滑走路長内で停止できるためのフェンス・スピードを104ノット（時速約193km）としていた。行政指導などにおけるフェンス・スピードの許容幅はプラス・マイナス5％程度、すなわち99〜109ノットであり115ノットはその許容幅を超過していた。副操縦士は115ノットが運航規定の基準値より大き目であることを知りながら機長の指示に従うこととした。

　同機が滑走路進入側末端付近に差し掛かると、副操縦士は機速がやや大きかったことから接地点をできるだけ手前にするため機の高度を下げ、滑走路末端上空を高度約5m、速度約115ノットで通過進入した後、機首を若干引起して接地態勢に入った。

　しかし機体が下がらず速度も落ちないので、機長、副操縦士共に機首が上るのを防ごうと操縦桿を押した。その結果機は水平に近い姿勢となり、接地点は予定よりも伸びて滑走路進入側末端から約307mの地点に約100ノット強（時速約185km）で前車輪と主車輪とが殆ど同時に接地した後、軽くバウンドして滑走路進入側末端から約381mの地点に再び右主車輪と前車輪が続いて接地して滑走に入った。

　副操縦士は前車輪が接地すると同時に減速のためプロペラのリバース操作を行った。

keyword【キーワード】：富士航空　オーバーラン　コンベア　プロペラ機　着陸

しかしこの時、右側プロペラはリバース作動せず、左側プロペラのみがリバース作動を始め、2、3秒後にはプロペラの羽のピッチ角が逆側に変化する時のフレアー音が発生。副操縦士と機長はこのフレアー音を聞き、さらに機長はリバース時に見られる回転計指針の特異な昇降変化を確認し、プロペラのピッチ角が逆側に変ったと判断した。しかし左側プロペラのみリバースした結果、機が僅かに左方に偏行し、それに気付いた機長は「真直ぐ、真直ぐ」と副操縦士に注意。しかし副操縦士は機の偏行と機長の注意に気付かなかった。

その後、左側プロペラのリバース機構も完全にリバースに入りきらないうちに故障、プロペラの羽は通常のピッチ角に戻った。接地、バウンドの際の衝撃でリバース回路のスイッチもしくはリレー類が不良となり、ショートして過電流が流れた結果サーキットブレーカーが作動してリバースしなかった可能性がある。

間もなく機の偏行は直り正常に滑走し始めたため、リバースが作動していると思い込んでいた機長はリバース・ライト点灯の有無を確認しないまま、直ちにエンジン出力を上げた。同機の操縦機構はダブル装置になっていたため副操縦席の機長側からも直接操縦に介入することができる仕組になっていた。また、リバース・ライトはプロペラのピッチ角がマイナス8度になると点灯しそれと同時に自動的に完全にリバースが達成される機構になっていた。

一方副操縦士は、リバース操作後にエンジン出力を上げたのに減速感がなく機長からも何の指示もないため不安になってリバース・ライトを見たところ未だ点灯していなかった。

そこで副操縦士はリバース作動の有無をチェックするため更にエンジン出力を上げてみたところ、逆に推力を感じたのでリバースの故障を認識。

副操縦士は直ちに「リバースが効かない。」と叫ぶと同時にリバース操作を解除。機長は、副操縦士の叫び声を聞いて直ちに「ブレーキ」と叫び、機長と副操縦士は殆ど同時に各自のフット・ブレーキペダルを踏んだが、いずれも通常の踏み応えがなかった。機長は再度フット・ブレーキペダルを踏み直したがやはり踏み応えがなかった。

同機は減速しないまま滑走路進入側末端から約900mの地点に達した。後部ジャンプ・シートに居た控操縦士が「エアブレーキ」と叫び、これに応じて副操縦士は直ちにエアブレーキノブを右手で一杯まで回して減速を図ったが、これも十分な制動効果が得られなかった。エアブレーキノブを操作すると左右主車輪に同時均等に空気圧が送られてブレーキ作動する仕組になっているが、この時少なくとも右主車輪ブレーキが直ちに作動しなかった。

同機は滑走路進入側末端から約1,100mの地点に達し、機長は滑走路末端が目前に迫りエアブレーキのみでは滑走路内で停止できないと直感したため、ブレーキペダルを踏み続けるとともに万一のリバース作動を期待して再びリバース操作をしたが作動せず、約

富士航空機、大分空港でオーバーラン、炎上

80ノット（時速約148km）で滑走路をオーバーランした。

　副操縦士は滑走路オーバーラン帯の約40m先に積まれていた材木の山が眼前に迫るのを見てステアリングハンドルを右に切ると共に、前輪を多少浮かせて材木の山の上に機の胴体を乗せるようにして停止させようと思い操縦桿を引いて機首を上げた。

　15時32分頃、同機は僅かに浮き上って材木の山に脚やプロペラを引っかけ、プロペラや機体部品を散乱させながら約130m東方の裏川堤防に左主翼を激突させ、反転して河川敷内に墜落、炎上。

●報告書
1964年3月14日、運輸省航空局は事故調査報告書を公表。プロペラのリバース機構とブレーキに不具合があって正常に機能しなかったが、操縦者がフェンス・スピードを守るか、あるいはリバース・ランプに注意して早期に不具合に気付いて非常ブレーキ操作をしていればオーバーランは防げたと指摘。

◆亡くなられた方等のデータ

乗員4名（機長、副操縦士、客室乗務員2名）のうち客室乗務員2名、乗客37名のうち18名が火傷で死亡。22名負傷。

◆事故を残す、偲ぶ

●裁判等
1974年3月20日、大分地裁は、業務上過失致死傷及び航空法違反の罪で起訴された機長と副操縦士に対し、「その操縦操作や措置については、職業的パイロットの手順として決して最高度の方法と技量によったと言えないが、刑法上の可罰対象になり得るほどの大きな不手際もなく、事故に関して犯罪の証明がない」として、無罪を言い渡した。さらに「単なる被告人らの刑事責任の追究とは別にその真の原因の発見に努め今後の戒めとしなければならないことは言うまでもない。運航規程の徹底等の指導不足、中古機材の永年使用、技量未熟パイロットの訓練方法、これに対する監督態勢の不備等々が何がしかづつ事故に影響していたのではないか」と指摘。

森まゆみ『昭和ジュークボックス』より

「…一九六四年＝昭和三十九年というのは東京にとっては大変な年で、…高速道路が日本橋の上を通り、佃大橋がかかった。そして新幹線が開業した。私は小学四年生、「今日で佃島の渡し船がさいごです」と日直で黒板にニュースを書いたのをはっきり覚えている。…二年後の冬はじめて、新幹線に乗って京都へ行った。…♪京都大原三千院　この歌が流行り、耳に聞こえるたびに私の胸はキュンとした。」

CASE 16 全日空機羽田に着陸降下中、東京湾に墜落

date　1966年（昭和41年）2月4日　｜　scene　東京．羽田沖

▌事故の経緯

　1966年（昭和41年）2月4日18時54分27秒、千歳発羽田行き全日本空輸60便ボーイング727-81が霞ヶ浦西部上空を高度16,000フィートで飛行中、羽田空港のターミナル・レーダー管制所（東京アプローチ）に計器飛行方式の許可を求めた。東京アプローチは東京無線標識所（千葉県佐倉市）を14,000フィートで通過し10,000フィートまで降下するよう指示。札幌を発った飛行機が羽田に着陸する場合、通常は計器飛行方式で千葉から真直ぐ小櫃の位置通報点に南下後、右旋回して木更津の航空無線標識を通ってから東京湾を横断する。

　18時56分28秒、全日空機は東京無線標識所通過を東京アプローチに通報。

　18時56分41秒、全日空機は高度11,000フィート通過を東京アプローチに通報。

　その後、全日空機の機長（39）は着陸順番が先の他機に先駆けて羽田へ着陸しようと、有視界飛行で千葉上空から羽田に直行するコースをとることとした。これにより飛行時間が6分短縮され燃料も節約できる。

　18時58分39秒頃、全日空機は佐倉市から千葉市上空にかけて高度10,000フィート以下で小櫃の位置通報点に向けて南下飛行中、「計器飛行方式を取り消した」と東京アプローチに通報。東京アプローチは「江戸川ポイントに向け進入しながら羽田飛行場管制所に連絡するよう」指示。

　全日空機は千葉市東南方・高度約4,000フィート以下で江戸川河口に向けて右旋回。

　その後、高度約2,000フィート以下で東京湾に差し掛かる頃、東京アプローチに指示された江戸川ポイントではなくベース・レグ（最終着陸進入コースに横から直角に入るコース）に直接向かおうとして左旋回。

　18時59分4秒頃、全日空機は「計器飛行方式を取り消し有視界飛行方式で着陸、千葉を出た、着陸指示を乞う」と東京アプローチに報告。東京アプローチは「右旋回による滑走路33Rのベース・レグに入る時に報告するよう」指示。

　19時0分9秒頃、東京アプローチが「日本航空8302便コンベア880が木更津の航空無線標識を30秒前に通過した、視認できるか」と全日空機に問い合わせた。

　19時0分20秒頃、全日空機が「視認できない、現在ロング・ベース（ベース・レグの更に遠方から最終着陸進入コースに横から直

---

keyword【キーワード】：全日本空輸　ボーイング727　失速　ダッチロール　墜落　着陸

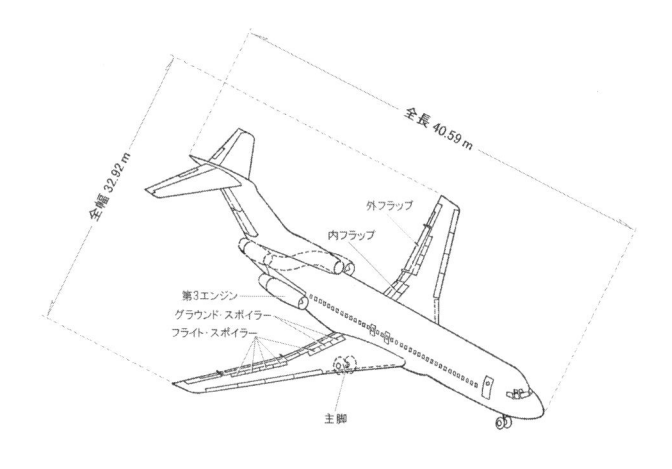

全日空機羽田に着陸降下中、東京湾に墜落

東京アプローチは全日空機に進入継続を指示し、コンベア880には滑走路変更を指示。

この直後、全日空機は羽田空港の東南東約12kmの東京湾に接水（瞬間的に火を発したのが目撃された）。

19時0分51秒頃、羽田飛行場管制所は全日空機に着陸灯点灯を指示したが応答なかった。

事故原因として運輸省の事故技術調査団は次のような結論を出した。

1）引き揚げられた機体構造、エンジン、操縦系統、油圧系統、計器系統、空調系統等に事故原因に関連する不具合を示す証拠は発見できなかった。

2）最初の接水時の速度は時速370kmをはるかに下回るものであったとは考えられない。

3）操縦者に関して、千葉上空から接水するまでの間に、a）薄明るい上空から暗い低空に降下したことに伴う高度計の誤読、b）東京湾を通過中の寒冷前線に伴う下降気流で気圧高度計が高めの高度を指示、操縦操作の誤り、c）B727の優れた降下性能（降下率が従来のジェット機の約2倍）に起因する急速な降下に操縦者が注意を怠って気付かなかった、d）何らかの原因で操縦者の正常な行動・操作が妨げられた、などによって墜落した可能性が一般的に言えるが、それを明らかにする資料は得られなかった。

これに対し、運輸省の事故技術調査団の一員だった山名正夫・東大名誉教授は、引き上げられた部品の調査や模型実験などをもとに次のような説を発表した。

1）着陸態勢に入ろうとして減速のため主翼上面のフライト・スポイラーを開いた時、それと同時あるいは少し後に、着陸後の減速に使用するグラウンド・スポイラーが、それを作動可能にするシャットオフ弁を開閉するクランクやクランク軸などの疲労破壊が起きたことにより突然開いた。フライト・スポイラーは主翼後縁の中ほどにある外フラップの内側に接して左右翼に5枚ずつあり飛行中及び着陸後にブレーキをかけると速度に応じて最大45度まで翼上に開く。グラウンド・スポイラーは主翼後縁の

翼根付近にある内フラップの内側に接して左右翼に2枚ずつあり着陸後に左主脚が機体の重さで一定程度縮むとそれに連動してシャットオフ弁が開き、その状態でブレーキをかけると高圧油が作動装置に流れて翼上に一気に45度開く。グラウンド・スポイラーを作動可能にするシャットオフ弁の操作機構は左主脚に組み込まれているため着陸時の衝撃などで繰り返し荷重を受ける。それまでにもクランクについては疲労破壊が数回起きていたため事故2日前の2月2日付けでボーイング社から強度の強いクランクへの交換が要求されていた。
2）グラウンド・スポイラーの突然の展開により主翼の翼根付近が失速（翼を持ち上げる力が下がること）したため、機体重心より前方にある同箇所の揚力が下がり機首が急に下がった。
　機首下げを感じた機長は機首を上げようと操縦桿を引いたため、今度は機首が急激に上がった。B727は機首を上げた状態では翼端から失速する性質があり、しかも翼端が機体重心より後方にある後退翼であるため揚力の落ちた翼端が下がりさらに機首が上がった。この結果主翼全体が失速した。
3）失速の結果、尾部に搭載した3基のエンジンのうち側面にある第1、第3エンジンへの気流が乱れ、同エンジン内への空気流入量が減って燃焼が停止し、未燃の可燃性ガスが空調系統を経由して機内に滞留した。B727では第1、第3エンジンから高温高圧の空気を抽気して冷却した後、外部の空気と混合して機内の暖房に使用していた。
4）機首に向かって右側の第3エンジンに溜まっていた可燃性混合ガスが何かのはずみで自然発火し爆発的異常燃焼を起こした。この時、第3エンジン前方の空気取り入れ口から爆炎が噴出、付近の窓ガラスが割れて機内に炎が入り、機内に滞留していた可燃性ガスに着火、瞬間的に燃焼した。
5）第3エンジンの爆発的異常燃焼で機首は右に振られるとともに振幅の大きいダッチロール（尻振り運動）を起こして時速約410〜450kmで接水。B727にはダッチロール防ぐため、揺れを感知して方向舵の作動角度を5度まで増加させる安定装置が設置されていたが、ダッチロールの振幅が大き過ぎると効果がなかった。
6）第3エンジンを機体に固定していた3本のボルトのうち前方上側ボルトが爆発的異常燃焼の衝撃で破断、さらなるエンジンの振動で後方ボルトも破断、残った前方下側ボルトを支点に第3エンジンは逆向きに回転。機体がダッチロールで機首を左に振りながら左横に滑りながら接水した時に胴体後部が跳ね上げられ、前方下側ボルトも破断して第3エンジンは斜め右前方に飛ばされた。

事故の影響と対策

全日空は運輸省航空局の勧告などに基づいて、1）米国連邦航空庁が出した「B727型機の降下手順と進入着陸手順の改善（降下中の高度のコールアウトと降下率の制限及び進入着陸時の高度、速度、降下率のコールアウ

ト）及び訓練項目の改善」を運航乗務員に徹底、2）東京、大阪、名古屋、札幌などの主要空港については夜間の着陸進入は原則として計器飛行方式による、3）フライトレコーダーの採用、などを実施。

　1967年7月、運輸省は航空局内に事故調査課を新設。

◆亡くなられた方等のデータ

運航乗務員4名、客室乗務員3名、乗客126名、計133名全員死亡。一部の乗客に軽度の火傷。乗客のほとんどが札幌雪祭り帰りの観光客。当時、1機単独の事故の死者数としては世界最大。1966年5月6日に最後の1遺体を発見できないまま捜索は打ち切られたが、8月9日に横須賀市の岸壁に最後の遺体（男性）が漂着。

◆事故を残す、偲ぶ

●報告書
1970年9月29日、運輸省の全日空機羽田沖事故技術調査団（団長は木村秀政・日本大学教授）が事故調査報告書を運輸大臣に提出。同報告では「夜間有視界飛行方式としては異常な低高度で東京湾上空に進入し、『現在ロングベースと』通報した後、接水するに至った事由は不明である」とした。
1972年2月25日、運輸省の事故技術調査団の一員だった山名正夫・東人名誉教授は、それまでの調査研究、実験、考察の成果をまとめた「最後の30秒 － 羽田沖全日空機墜落事故の調査と研究 －」を発行。

●出版
「事故調査と安全の哲学〔全日空機羽田沖事故〕」『展望』 1971.2
「国内航空3社の熾烈な路線権益戦争 － 成田第2期、関西、羽田沖合の3大空港プロジェクトもからんで(財界レポート・サバイバル時代に入った航空業界)」『財界』 1992.5.19
「66年 全日空機羽田沖墜落/早稲田全学スト/文化大革命/「巨人の星」(空前の大アンケート 証言「日本の黄金時代 1964-74」－各界著名人332名 衝撃の記憶)」『文藝春秋』 2003.9

加藤寛一郎
『航空機事故
次は何が起こる』より

「ボーイング727は一九六四年に就航し、第二世代のジェット旅客機を代表する傑作機である。しかし、デビューの翌年の一九六五年、米国で三度立て続けに事故を起こし、さらに翌一九六六年、全日本空輸の727が東京湾に墜落した。いずれの事故も着陸時ないしそれに至る降下時に、そして薄暮ないし宵のうちに、西行きの便で発生した。(中略) 当時はまだ目視による進入が普通で、羽田へは…木更津上空から進入した。…しかし、727は木更津まで行かず、…東京湾上から、最終進入経路に入ろうとしていた。」

CASE 17 カナダ太平洋航空機、羽田空港に着陸失敗、炎上

date 1966年(昭和41年)3月4日　scene 東京．大田

事故の経緯

　1966年（昭和41年）3月4日19時16分頃、香港発羽田経由バンクーバー行きカナダ太平洋航空（CPAL）402便ダグラスDC-8-43が、濃霧で羽田空港の視程が悪かったため、高度約14,000フィートで一旦木更津上空の待機経路へ入った。この頃、日本海に中心を持つ低気圧から東に延びる温暖前線の一部が東京湾南部を横切り小雨で濃霧が発生していた。

　19時42分、CPAL機は「あと15分待って天候が回復しなければ台北へ着陸を変更したい」と管制官に連絡。

　19時52分頃、滑走路の視程がそれまでの1,200フィートから2,400フィートまで回復したとの管制官の通報を受けて、CPAL機は高度3,000フィートまで降下して進入しようとしたが、途中で再び天候が悪化したため館山方向へ向かった。

　19時58分、CPAL機は台北に引き返すための管制承認を求め上昇開始。

　20時5分頃、管制官が羽田空港の視程が0.5マイル、滑走路視程が3,000フィートまで回復したとCPAL機に通報してきたため、CPAL機は管制官に再度進入すると告げた。機長（57）は燃料が残り少なくなったこともあり多少でも視程が好転している隙に急いで着陸してしまおうと考えたものと思われる。

　20時11分35秒、着陸誘導管制官が精測進入レーダーをモニタリングしながら誘導するGCA（Ground Control Approach、地上誘導着陸進入）開始。

　20時12分58秒頃、CPAL機は滑走路（長さ3,150m、幅60m）の規定の滑走路端から約300m内側の接地点から約5.3海里（約9.8km）手前、高度1,500フィートで滑走路へ最終着陸進入のための降下開始。

　20時14分32秒、規定の接地点の約1海里（1.85km）手前付近でCAPL機の高度がGCAの示す降下コースより約20フィート低くなったので、管制官が「20フィート低い、水平姿勢に戻れ」と警告したが応答がないままCAPL機は約20フィート低いコースのまま降下し続けた。

　この時点で、ILS（計器着陸装置）は定期検査待ちで正式運用されていなかったが電波は発射されていたので、CPAL機はILSの着陸進入コース表示も参考に飛行していた。しかし、ILSの示すコースはGCAよりやや低く、GCAより20フィート低いコースでもILSで

---

keyword【キーワード】：カナダ太平洋航空　DC8　視界不良　ゴーアラウンド

は正常表示範囲内となるため、機長は降下コースを変えなかったものと思われる。

20時14分42秒、滑走路の規定の接地点から約1.4km手前、精測進入レーダーの誘導限界を過ぎた頃、CPAL機が「滑走路灯の輝度を落とされたい」と要請、着陸誘導管制官は「了解」と返答して滑走路灯及び進入灯の輝度を下げるよう手配。

20時14分44〜50秒頃、CAPL機は急降下した後、ほぼ水平に機体を引き起こしたところで規定の接地点から2,800フィート、滑走路端から約840m手前の海面上の進入灯に右主脚を接触。機長は視程の悪い滑走路でオーバーランしないようできるだけ手前に着陸しようと考えたものの、視界不良の中で降下操作のタイミングを誤ったものと見られる（事故調査報告書の推定）。

次いでCAPL機は羽田空港護岸に前部胴体底面が衝突、滑走路の進入端付近に投げ出され大破。翼内燃料タンク（事故時の残量14,316ポンド）が破損して流出したの燃料（ASTM Jet A-1、JIS1号灯油型）に着火、炎上。

20時20分頃、空港消防機関が現場到着。

21時頃、鎮火。

事故の影響と対策

1966年7月19日、羽田空港は、滑走路での視界が0.75マイル（約1.2km）以下になった時、滑走路付近に化学消防車1台を前進待機させることにした。

◆亡くなられた方等のデータ

運航乗務員3名、客室乗務員7名（うち日本人1名）、乗客62名の計72名のうち、運航乗務員3名、客室乗務員7名、乗客54名の計64名（うち日本人5名）が死亡。死亡者の大部分の死因は火災の煙による窒息死。重傷8名。

◆事故を残す、偲ぶ

●報告書

1968年3月4日、カナダ太平洋航空機及びBOAC航空機事故技術調査団は、事故原因を「困難な気象状況下において機長が着陸進入の判断を誤ったため」と推定する航空機事故調査報告書を運輸大臣に提出。

入江徳郎
朝日新聞「天声人語」
1966.3.6より
（朝日新聞論説委員会室編『天声人語の見る戦後50年 上』）

「おどろくべき航空墜落事故の続発である。前夜のカナダ航空ダグラスDC8型…の惨事につづいて、五日午後には羽田沖でヘリコプターが墜落、さらにBOACのボーイング707型ジェット機が富士山に墜落した。…こう大事故が続いては、航空機の安全性に対する不信感が強まるだろう。さきの全日空の事故で、…予約取り消しが…一万八千人にものぼる…（中略）ジェット旅客機の安全運航のために、世界の航空界は全力をあげなければならぬ。より大型化の計画や…サービス競争などは枝葉末節である。」

CASE 18 英国海外航空機空中分解、富士山に墜落

date 1966年(昭和41年)3月5日 | scene 静岡

事故の経緯

　1966年(昭和41年)3月5日13時58分、英国海外航空(BOAC)911便ボーイング707-436が香港に向けて羽田空港を離陸した。事前の飛行計画では高度約9,450mで伊豆大島を経由して香港へ向かう予定だったが、機長(45)は富士山遊覧のため飛行コースを変更。

　この日の午後、富士山上空には非常に強い北西風が吹いており、東京航空気象台は富士山を含む関東以西の中程度の乱気流の存在や富士山付近で西寄りの秒速35〜40mの強風を予想する資料をBOACの当直運航担当者に渡していた。しかし、機長らはBOACの当直運航担当者に対して富士山経由で飛行することを伝えず、富士山方面の気象ブリーフィングを要求しなかった。

　14時15分頃、BOAC機が富士山頂の東南東約20kmの御殿場市上空、高度約4,900mで、風上の西北西方向にある富士山頂に向かって右旋回した直後乱気流に遭遇した。

　機体には設計制限風荷重を上回る7.5G程度の左向きの力が瞬時にかかり垂直尾翼が左側に倒れて左水平尾翼に衝突、破壊。主翼全体からジェット燃料を噴出しながら高度約2,000mまで落下した時点で主翼から前部と主翼以降の後部に分断して空中分解、富士山麓の太郎坊付近(標高1,320m)の森林に墜落した。前部胴体は、破損した中央胴体部燃料タンクから床下に流入したと推定されるジェット燃料により炎上。

　政府の事故技術調査団はBOAC機が遭遇したのは山岳波に伴う乱気流である可能性を指摘した。山岳波は、強風が山脈や富士山のような孤峰を越える時に風下側に下降気流と上昇気流が連なって形成される波状の定常的な気流である。これに対し元気象研究所の相馬清二氏は風洞実験や5年間にわたる乱気流の現地観測に基づき、事故当時の大気の状態からすれば山岳波は発生しておらずBOAC機が遭遇したのは非定常の乱気流であると結論付け、その平均風速を秒速約61m、最大瞬間風速を秒速約76mと推定した。

◆亡くなられた方等のデータ

乗員11名、乗客113名、計124名全員が死亡。このうち乗員1名と乗客12名が日本人、75名がアメリカ人団体観光客。乗客の多くは乱気流に遭遇した際の減速ショックにより前の座席などに頭部あるいは顔面を強打し、死亡す

keyword【キーワード】：英国海外航空　ボーイング707　乱気流　墜落

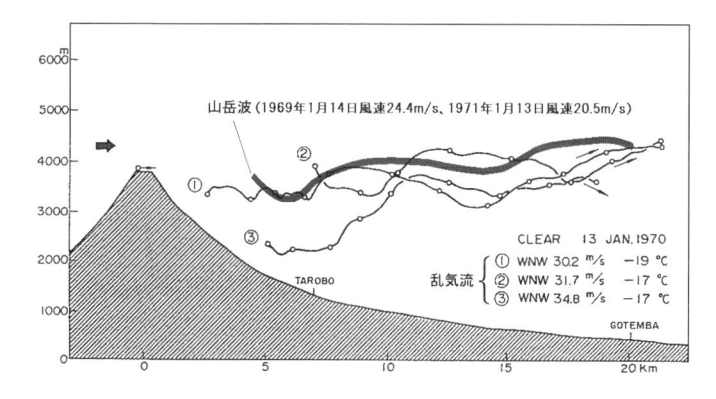

図　気流パターン（相馬清二の現地観測による）

るか致命傷を負っていたと推測された。

◆事故を残す、偲ぶ

●慰霊碑
墜落現場の御殿場口登山道沿いに黒御影石の慰霊碑がある。

●報告書
1967年6月22日、政府の事故技術調査団は事故報告書を公表。

> 遠藤周作
> 『週刊朝日』
> 「ザ・ビートルズ来日」
> （『昭和40年代「週刊朝日」の昭和史』）より

「偶然のことからビートルズの切符を数枚、手に入れた。（中略）当日、望遠鏡をもって出かけた。会場に入ると、東西南北ことごとく十七、八から二十くらいの少女少年がギッシリ詰まっていて、…私のような爺いはほとんどいない。…いよいよ本物が出現しました。あとはご存知のように叫び、泣き声、異様なわめきの渦である。（中略）私は、ビートルズは昔の宗教的祭儀の変形だと思う。…しかし、私は世間がなぜこれら少年少女たちを非難するのかわからない。いいじゃないか…」

CASE 19 全日空機、松山空港に着陸降下中、海上に墜落

date 1966年（昭和41年）11月13日　　scene 愛媛．松山沖

事故の経緯

1966年（昭和41年）11月13日20時27分23秒、大阪発松山行き全日本空輸533便YS-11が松山空港への着陸時、進入高度が通常の場合よりやや高かったため滑走路（長さ1,200m、幅45m、先端が海岸に接し陸側から海側に向かって着陸する）の陸側の端から内側約300mにある規定の接地点を約160m行き過ぎて接地。

進入高度が高めだった原因として、事故調査報告書は、
1）風防に着いた小雨の雨滴やワイパーで進入角指示灯（通常の接地点の両側にあり、その見え方によって着陸しようとする航空機に適正な進入角を示す）が見にくかった、
2）速度計の誤指示、誤読、などの可能性を指摘したが、「それを裏付けるものは得られなかった」
としている。

機長（41）は滑走路が小雨で濡れブレーキが効きにくいなどオーバーランの恐れがあったことから着陸復行を決意し接地直前にエンジン出力を上げたが、その時期がやや遅かったため、一旦地上を約170m滑走してから浮上・上昇。

20時27分37秒、全日空機は管制塔に着陸復行すると通告。滑走路の海側の端を高度約100フィートで通過。

20時27分41秒、管制塔は全日空機に、最終着陸進入コースに横から直角に入るコースベース・レグへ入る旋回時に報告するよう指示。

20時27分47秒、全日空機は管制塔に「了解、ベース・レグに入るための旋回中に報告する」と応答。この時の高度は約150～200フィートで、その後も通常より小さい角度で上昇。

20時27分53秒頃、全日空機は滑走路の海側の端から約1kmの地点で、通常よりやや低い230～330フィートの高度で左旋回。その後、高度250～350フィートに達した後、約5度の緩やかな角度で降下。

20時28分10秒頃、全日空機は左旋回のまま時速約350～370kmで滑走路の海側の端から約2.5km沖合の伊予灘に墜落。

事故の影響と対策

1967～1972年度、運輸省は第1次空港整備5ヵ年計画を策定し、主要な地方空港の滑走路を拡張。松山空港は1972年4月に2,000m滑走路の供用開始。

keyword【キーワード】：全日本空輸　YS11　ゴーアラウンド　墜落

全日空機、松山空港に着陸降下中、海上に墜落

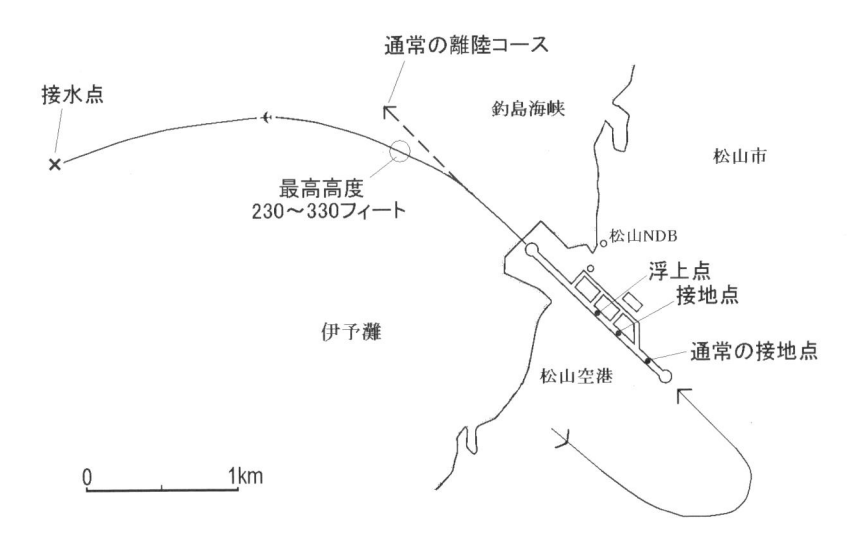

図 全日空YS11の推定航跡

◆亡くなられた方等のデータ

運航乗務員2名、客室乗務員3名、乗客45名の計50名全員が接水時の衝撃で死亡したとみられる。4遺体は未発見。乗客の約半数は新婚旅行に向かう夫婦。

◆事故を残す、偲ぶ

●報告書
1968年12月26日、政府の臨時調査団（団長・佐貫亦男・日大教授）は、「着陸復行後、高度を失い接水するに至った事由を明らかにすることはできなかった」とする航空機事故調査報告書を運輸大臣に提出。

●出版
「全日空松山沖事故訴訟──YS11型機の欠陥の有無(裁判と争点)」『法学セミナー』1970.9
「全日空YS11型機墜落事故の問題点──世界と日本」『前衛』1966.12

**汐文社編集部編
『原爆ドーム物語』より**

「戦後しばらくの間「原爆ドーム」は、…荒れるにまかされていた。 取り壊せという市民の声が強く、…取り壊しか存続かの議論が長く続いた。一九六〇年…市長は近い将来ドームを取り壊すことを明らかにした。…しかし、この発言を受けて広島市民は立ち上がった。…ドーム保存要求署名と募金を市に提出…保存要求は大きく広がっていった。…ついに…一九六五年…調査が始まった。…「補強すればドームは保存可能」…翌年七月一一日、広島市議会で「原爆ドーム」の永久保存が決議された。」

第Ⅰ部　大事故の系譜　073

CASE 20 新宿駅でタンク貨車、貨物列車と衝突、炎上

date 1967年(昭和42年)8月8日 | scene 東京．新宿

事故の経緯

1967年(昭和42年)8月8日1時43分頃、新宿駅で、米軍用ジェット燃料JP-4(ガソリン7：灯油3)積載タンク車(容量41キロリットル、タンク直径2.06m、タンク長さ12.59m)17両と車掌車1両の計18両編成の下り貨物列車が、山手貨物線から中央線に入ろうとして上り線を横断して第5ポイントに差し掛かった際、中央線の上り線を走行してきた上り貨物列車(石灰石砕石積載18両編成)がタンク列車の2両目から6両目にかけて次々に衝突した。上り貨物列車の機関車と下りタンク列車の3～6両目が脱線した。

上り貨物列車は下り貨物列車通過後の1時47分に同地点を通過する予定だったが青梅駅付近の工事の関係で約4分早く新宿に到着する臨時ダイヤになっていた。

上り貨物列車の機関士は、大久保駅南側の衝突地点手前約950mの第2閉塞信号機が赤と青の減速信号になっていたためブレーキをかけて時速50kmから40kmに減速、衝突地点手前約510m第1閉塞信号機の警戒信号(制限速度時速25km以下)に従って時速27kmに減速した。

しかしその後、衝突地点手前約250mの第1場内信号機が停止信号になっていたのを見誤ったか居眠りしていて第1場内信号通過後に非常ブレーキをかけたが間に合わなかった(警察の推定)。機関士は「第1場内信号機の赤信号のATSの警報ブザーが鳴り、ATS確認ボタンを押して手動に切り替えた。しかしブレーキ管の空気が足りずそのまま走って衝突」としている。

下り貨物列車の3両目タンク車はタンクの進行方向右側下部に幅70cm縦26cmの穴が開きジェット燃料を噴出しながら約21m進行して停車、4両目タンク車もタンクの進行方向右側に一辺約40cmの三角形の穴が開き飛ばされて横転、5両目タンク車は4両目にのしかかるように脱線して傾斜、6両目タンク車は機関車に食い込むようにして停車しタンク底部中央にある油抜き取り用分岐管と底弁が破損して約12cmの穴が開いた。破損した3両のタンク車からジェット燃料流出。

1時45分頃、流出したジェット燃料が衝突火花などにより着火、爆発音とともに30～50mの火柱が上がった。約500平方mの範囲、及び線路上の排水側溝に流入したジェット燃料が100mにわたって炎上。

keyword【キーワード】：山手貨物線　タンク貨車　ジェット燃料　衝突

4時頃、鎮火。

13時30分、残油抜き取り完了。

事故の影響と対策

国鉄は駅構内の場内信号機直下に「直下地上子」を設置し、信号機が停止表示の時に直下地上子を通過すると警報が鳴るようにした。

廣部妥・佐藤信博編
『懐かしい風景で振り返る東京都電』より

「都電はなぜ消えたのか？…都電の乗客数は…撤去計画が始まる前年度の昭和41 [1966] 年度でも、なお113万人が乗っていた。…輸送量だけを見れば、部分廃止はあっても全廃の必要はなかった。(中略) 昭和29 [1954] 年10月に都心部の軌道敷内自動車走行が解禁され…現象として残ったのは、都電までもが渋滞に巻き込まれたことと、自動車走行による軌道の急速な傷みであった。それでも世論は、都電がでかい図体でノロノロ走るから交通マヒが起きるのだという論調だった。」

アメのように曲ったレール
(『朝日新聞』、昭和42年8月8日)

CASE 21　地下鉄日比谷線六本木駅近くを回送中、車両火災

date　1968年(昭和43年)1月27日　｜　scene　東京．港

事故の経緯

　1968年（昭和43年）1月27日11時20分、東武鉄道から営団地下鉄日比谷線乗り入れの中目黒駅行き列車（6両編成）が南千住駅を発車した。出発に際し運手士は交代前の運転士から「ブレーキが甘い」との申し送りを受けた。三ノ輪駅、入谷駅の停発車の際にブレーキが甘いことと加速が遅いことを確認した運転士は主回路電流を調べたところ正常値だった。

　同列車の主回路は2両で1ユニットを構成し、主モーター計8台と抵抗器などを制御回路で直列や並列に組み替えることによりモーターの端子電圧を変えて速度制御する。

　春日部駅出発後、第2ユニット（3、4両目）の制御回路のカム軸モーターが途中で停止した。このため途中つなぎ状態のままで主回路が停止し、第2ユニットは他のユニットに引かれるトレーラー状態となった。

　運転士が茅場町駅到着前に速度制御するためノッチハンドルを操作した時、押されたり引っ張られたりするような軽いショックを1、2回受けたので、第2ユニットのモーターが空転しているのではないかと考え、11時37分、茅場町駅に停車中、点検のための検車掛員の派遣を銀座駅の運転指令所に無線電話で要請した。

　広尾駅で検車掛員2人が乗車し、第1、第3ユニットの主回路電流を点検したところ正常だったので、次に第3車両内にある第2ユニットの配電盤関係を点検したが異常はなかった。

　恵比寿駅到着時に検車掛員は下車してホームから車両床下の異臭、異音の有無を確認したが異常はなかった。

　検車掛員が再び第3車両に乗り恵比寿駅発車後、車両の異常なショックを感じたため第2ユニットのモーターが空転していると判断した。

　12時、中目黒駅到着時、検車掛員は第3車両の配電盤で第2ユニットの制御開放を行った。

　運転士は折り返し運転の前にモーターの極性を逆にする転換機を操作したが、第2ユニットは制御開放されていたため極性は転換しなかった。東武鉄道の車両は制御解放した後では転換機が作用しない仕組みになっていたが、営団の検車掛員は、制御開放に関係なく転換できる営団地下鉄の車両と同様に考えて東武車両の制御開放した。

　12時12分、折り返し中目黒発北春日部

---

keyword【キーワード】：営団地下鉄日比谷線　抵抗器　列車火災　判断ミス

行き列車が第2ユニットの制御開放したまま目黒駅を発車。第2ユニットのモーターは回転方向が逆になったため発電ブレーキ状態となった。

運転士は加速も遅く、後ろから引っ張られるような感じを受けながら運転。

12時17分、広尾駅到着。第3車両に乗っていた駅務員が第3車両のNo.6ドア床下付近で進行中何かが擦れるような音が発していたと運転士に知らせた。運転士は軌道に降りて第3軸制輪子（ブレーキシュー）に手で触わったところかなり熱くなっていたので床下の第2制御筒（ブレーキシリンダー）を開放した。この時発煙などの異常はなかった。

同列車が定時より6分遅れて広尾駅を発車。依然としてブレーキがかかっているような状態で低速走行し、定時より8〜9分遅れて六本木駅に到着。この間、途中つなぎ状態になっていた第2ユニットの主回路に発電状態になったモーターから過大電流が流れ抵抗器の一部が赤熱していた。

12時35分頃、六本木駅到着後間もなく、赤熱していた抵抗器上部の配線が燃焼。車掌が車両とホームの間から白煙が上がっているのを発見し運転士に連絡した。

運転士が第3車両の床下の、各ユニットに7基ある主抵抗器のうち2つが赤熱しているのを確認。運転士は、乗客を降ろして回送車にする旨を運転指令に連絡し、霞ヶ関駅に回送することとした。

12時35分、同列車は150〜200人の乗客を降ろして六本木駅発車。しかし途中で速度が異常に落ち、やがて車掌から車掌室に煙が入ってくると連絡してきた。

12時39分頃、霞ヶ関駅まで回送しようと運転続行していたが、上り坂で後ろに引かれるような状態になり神谷町駅の約550m手前で自然に停車。運転士は全パンタグラフを降ろすためパンタグラフ降下スイッチを押したが、回路が損傷していたためかパンタグラフが降下しなかった。

停車後、車掌から煙がひどいとの連絡があり、運転士が後方を見ると客室内の明かりに反射した煙と炎が見えたので、自力回送は無理と判断し、運転指令室に救援列車を要請した。

運転指令室は、六本木駅に到着していた列車に救援を指令。運転士は救援列車を待ち受けるため後部車掌室へ向かう途中、第3車両中央床下付近が燃えていることを認めたが、電車は燃えないと思いこみ、救援列車の防護が重要と考え、初期消火等はしなかった。

12時48分、救援列車が乗客を降ろして六本木駅を発車した。

その後六本木駅に入ってきた列車については乗客を降ろした後、さらに後続の列車の乗客を六本木駅に降ろすため、一旦神谷町方面約120mの地点に移動した。

12時54分、飯倉片町に住む消防団員が「飯倉片町郵政省そばの地下鉄通風口3箇所から煙が噴出している」と119番通報。東京消防庁司令室が関係各隊に出場指令するとともに営団地下鉄運転指令所に問い合わせたところ回送電車から煙が出ていると返答。

13時03分頃、消防隊が六本木、神谷町両駅に到着。消防隊は煙の来ていない神谷町駅

から現場に進入しようとしたが駅員からしばらく待つように言われ待機。運転指令室は抵抗器が過熱して煙が出ているだけで電車は燃えないから大したことはないと判断し、間もなく事故車両を回送できると考えて両駅に事故現場の詳しい状況を連絡していなかった。このため風下の六本木駅では段々煙がひどくなるのに状況が分からず、一方、風上の神谷町駅では煙もないためその内回送してくるだろうと考えていた。

13時05分、煙の中で救援列車と事故列車の併合作業終了。この頃、パンタグラフが上がったままの状態で第3車両の車台に火が回ったため主回路が地絡して変電所の高速遮断機が作動していた。

13時10分まで、強行送電を3回実施したが送電できなかった。

第1ユニットのパンタグラフのみを手探りで降ろした後、事故列車の乗務員は神谷町方面へ、救援列車の乗務員は後部運転室へ避難。

13時21分、運転指令から排煙車出場要請の119番。

13時30分、送電不能の知らせを受け、神谷町駅の消防隊進入開始。

14時53分、鎮火。全焼1両、半焼1両。

事故の影響と対策

全焼した車両は、1951年の国電桜木町駅列車や1956年の南海電車火災を契機に1957年に定められた車両の不燃化基準の最高ランクであるA-A様式に該当する車両であったが、車両部品や内装などには可燃性の材料が使用されていたことから、運輸省は地下鉄車両を対象として車体、内装、塗料に至るまで不燃または難燃化を規定する新しい不燃化基準（A-A基準）を1969年に制定した。

◆負傷された方のデータ

営団職員8名と消防士3名の計11名が負傷した。

◆事故を残す、偲ぶ

●残骸等
全焼した車両は車体・機器とも全て作り直され修理扱いで復帰。

ビートたけし、日高恒太朗、須藤靖貴、山崎マキコほか『60年代「燃える東京」を歩く』より

「地上三十六階、高さ百四十メートル、…そこで働く人一万五千人、総工費百五十億円。一九六八年四月十八日に完成した霞ヶ関ビルは、日本初の超高層ビルである。（中略）東京タワーと少し隔てて並び建つ霞ヶ関ビルは、東京の新名所となった。最上階三十六階の展望回廊「パノラマ36」は観光客で賑わった。…陽が沈むと、東京の町のどこからでも長四角に輝く霞ヶ関ビルの灯りが見えた。…ビルは「大きなもの」の代名詞となり、ダムなどの水量は「霞ヶ関ビル何倍分」などと単位にされた。」

CASE 22 御茶ノ水駅で中央線電車ドアに手挟まり急停車、後続車追突

date　1968年(昭和43年)7月16日　｜　scene　東京．千代田

事故の経緯

　1968年（昭和43年）7月16日22時33分頃、御茶ノ水駅で、中央線下り豊田行き電車（10両編成、乗客約800人）が発車しようとした時、酔った男性（45歳くらい）が駆け込み乗車をしようとして前から4両目の第1ドアに手を挟まれた。

　男性がドアに手を挟まれているのを見つけた駅員は電車がそのまま発車したためホームの非常警報を鳴らした。車掌が非常ブレーキをかけ、電車は約60m進行し最後尾が第3場内信号機の内方約2.3mのホーム中央付近にきたところで急停車。第3場内信号機は赤のままとなった。

　こうした場合、直ちに後続電車に対する列車防護措置をとることが運転取扱基準規定や御茶ノ水駅運転作業内規で決められており、ホームに数箇所ある赤いボタンを押せば御茶ノ水駅ホームと第2場内信号機の中間付近に設置されている線路支障放置装置の発煙筒に点火すると同時にすべての場内信号機に赤信号が表示される仕組みになっていたが、駅員らはそうした列車防護措置をしなかった。

　22時36分頃、後続の高尾行き電車（乗客約545人）が神田駅を発車。時速約65kmで走行していたが御茶ノ水駅の第1場内信号機（第2場内信号機の約196m手前）が減速を意味する青黄表示だったため第1場内信号機手前でやや減速。

　22時38分頃、運転士（31）は第2場内信号機（第3場内信号機の約214m手前）が時速45km以下への減速を示す黄色の注意信号であるのを5、60m手前で確認。しか

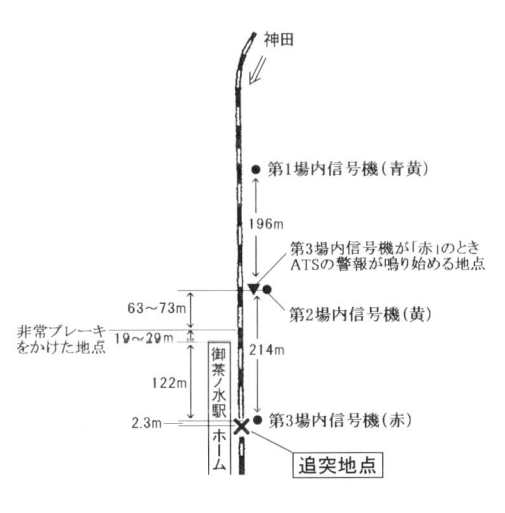

図　場内信号機位置

keyword【キーワード】：中央線　緊急停車　信号確認怠り　追突

し運転士は規定の時速45km以下に減速せず約60〜63kmで第2場内信号機を通過。

さらに3〜4秒、60〜70m走行したところで、運転士は第3場内信号機の手前約141〜151m付近（ホーム手前約19〜29m、衝突地点手前143.3〜153.3m）で第3場内信号機が赤になっているのに気付き非常ブレーキをかけたが間に合わなかった。第3場内信号機が赤だったため第2場内信号機通過時にATSの警報が鳴り、5秒以内に確認ボタンを押さないとATSによる非常ブレーキが作動することになっていたが、運転士が非常ブレーキをかけたのはその前とみられる。

後続電車は時速約50kmで先行電車に追突。約5.55m進んで第3場内信号機内方約7.85m付近で停止。

◆負傷された方のデータ

負傷者150名。

◆事故を残す、偲ぶ

●裁判等

1973年5月28日、東京地方裁判所は運転士に対し業務上過失致死傷罪で禁固1年6月執行猶予3年の判決を言い渡した。

読売新聞編集局［戦後史班］『戦後50年にっぽんの軌跡 上』より

「一九六八年(昭和四十三年)十二月十日、東京・府中市で三億円が奪われた。白バイ警官を装った犯人は、現金輸送車ごと奪取し、まんまと逃げ去った。銃器も刃物も使わず、ただ車を縦横に駆使して、かつてない巨額の現金をせしめた。(中略)…だれをも傷付けず、知恵と工夫で大金をつかんだ、というイメージが生じた。いざなぎ景気の上昇と相まって、うまく立ち回れば成功するとの発想に、社会心理的に何らかの影響を与えたことは十分考えられる…」

CASE 23 伯備線で保線作業中、触車事故

date　1969年(昭和44年)2月13日　｜　scene　鳥取．日南

事故の経緯

1969年(昭和44年)2月13日、低気圧の影響で瀬戸内海地方に濃霧発生したため、山陽線及びそれに接続する伯備線のダイヤ混乱。

伯備線上石見駅~生山駅間(上石見駅から700m~1kmの地点)で、米子保線区上石見線路分区の作業班7人は、軌道床をタイタンパーで突き固める作業を実施する予定だった。

13時50分頃、作業責任者(39、軌道掛)は、通過時刻約32分が過ぎても下り臨時普通列車943D(岡山発米子行き、4両編成ディーゼルカー)が来ないので、当日の列車見張り員A(20、軌道掛)に命じて、上石見駅の当務駅長(助役)に携帯電話で「所定ダイヤの時間だが、まだ列車が来ないがどうしたのか」と問い合わさせた。

当務駅長は「濃霧で下り臨時普通列車943Dが50分ほど遅れているため、行き違い駅を上石見駅に変更。従って、上り貨物列車494が先に来る」と返答。

これを受けて別の軌道掛が上り方向の見張りに当たり、上石見駅に問い合わせた見張り員はタイタンパー作業に就いた。

数分後、下り臨時普通列車943Dの遅れが少なくなったので、所定駅で行き違いを行うことにし、上石見駅では下り臨時普通列車943Dを上り貨物列車494が来る前に発車させることになった。

しかし、上石見駅の当務駅長は、このことを作業現場に連絡しなかった(業務規定では駅から保線要員に連絡することは義務づけられていない。また携帯電話は、作業者から駅への一方通行であり、駅側からの連絡には使用できない。さらに携帯電話を接続するジャックボックスは500mごとに電柱に設置してあって作業現場から遠いこともあり、工事中に作業者の側から再度連絡することはなかった)。

また、上石見駅の当務駅長は、下り臨時普通列車943D運転手に保線工事中であることを注意しなかった。

14時16分、下り臨時普通列車943Dが上石見駅(現場から約700m)を発車。

14時18分、タイタンパーで作業中、下り臨時普通列車943Dが29分遅れで現場に差し掛かった。

しかし、現場付近は半径300~400mのカーブの下り勾配で見通しが約80mしかなかったため、運転士は現場の手前に来て初め

keyword【キーワード】：伯備線　保線作業　触車　連絡ミス

て、作業表示標（緑十字）及びそこから約30m離れた線路上で作業していた人影に気付き、警笛を発する間もなく急ブレーキをかけた。

作業中の作業責任者（39）は、タイタンパーの音で列車接近に気付かないまま、異様な風圧を感じて振り向くと、5〜25mまで列車が接近。作業責任者は「列車だ、待避」と大声をあげて軌道から転びながら飛び出したが、他の6人は待避が遅れ、はねられ死亡。

事故の影響と対策

事故直後の国会で磯崎国鉄副総裁は以下の内容の答弁をした。
1）列車が乱れた時は、あまりきわどい芸当をせず、保線作業はやめる、やるならば線路閉鎖をしてやるという指導をもっと積極的に行う。
2）列車が乱れた時には、駅への照合を繰り返し行うなどの細かい配慮をすると同時に、絶対に安全でない限り両側に見張りをつけることを厳重にやらせる。単線区間についての即効的対策は見張りしかない。
3）列車接近警報装置を単線区間で列車回数の多いところから至急に取りつける。最終的には人力によらないで機械力によるチェックにしたい（列車接近警報装置は1968年1月に開発されたばかりだった）。

国鉄米子鉄道管理局は、当面の対策として、1）見通し不良箇所、ダイヤ混乱時に両側見張りを実施、2）ダイヤが乱れた場合、駅と保線現場との運転照合後、連絡のできないときは原則として行違い変更をしない。但し、止むを得ない時は乗務員に作業箇所と汽笛吹鳴方を通告、3）乗務員が作業表示標を認めたときは、断続的に汽笛吹鳴するよう指導。作業表示標（黄色い吹流し）を早急に整備する、4）見通し不良箇所で、作業頻度の多いところには定置式列車接近警報器の設置を促進、5）可搬式列車接近警報器については、作業責任者が必要と認めた場合に使用を励行する。なお、新型のものを早急に配備できるよう処置。

1968年2月26日、運輸省鉄管局は、国鉄総裁に対し、1）線路上での作業は列車運行に対し細心の注意を払うよう、指導する立場の管理局等が教育を徹底する、2）列車の運転と保線現場とが連絡を密にして事故が起こらないよう、見張りの方法、駅との連絡打ち合わせ（特に列車の遅延の場合、あるいは列車の運転順序の変更等の場合）などの各般の仕事のやり方について改善する、3）無線や列車警報装置などの設備改善、を通達。

労働省は、国鉄に対し、1）見張り員の配置を強化、2）自動警報装置の設置の検討、3）保線作業現場と駅、運転者等との相互の連絡を十分確保するような措置を講ずる、の3点を指示。

国鉄はこれらの通達・指示を受け、1）作業標識を作業表示盤という大きな板に形を統一し、スコッチライト（反射シート）を付けて多少暗がりでもヘッドライトで見えるようにする、2）駅と保線作業との連絡について、抽象的な応用動作でなく様々な具体例を明示する、3）列車接近警報器を、列車回数の多

い単線区間に1969年度内に整備する、4）見張りは必ず列車の運行を確かめ、作業をする前にもう一度、駅に確認する、5）ダイヤの乱れの多いときには、両側に見張りをつける、などの対策を示した。

◆亡くなられた方等のデータ

保線区員2名、臨時人夫4名、計6名が即死。

◆事故を残す、偲ぶ

●慰霊碑
伯備線上石見～生山間の線路脇の空き地に立つ「触車防止地蔵」の周辺はきれいに整地され、常に供花が絶えないという。

田原総一朗
『日本の戦後　定年を迎えた戦後民主主義　下』より

「一九六九年九月五日、…東京日比谷の野外音楽堂に全国四六大学の全共闘組織の学生たちが集まって、全国全共闘連合が結成された。このとき全共闘の学生たちやマスコミが注目したのは、会場に真っ赤なヘルメット、覆面姿の一団が登場したことであった。彼らが配るアジビラとパンフレットも真っ赤で刺激的だった。前日、葛飾公会堂に約三〇〇人が集結…結成したばかりの赤軍派であった。…赤軍派は堂々と「軍」を名乗った。」

地蔵尊の全景
http://dorosien.web.fc2.com/hakubi/h.htm

CASE 24 富士急電車がトラックと衝突、暴走、脱線

date　1971年(昭和46年)3月4日　　scene　山梨．富士吉田

事故の経緯

1971年（昭和46年）3月4日8時20分過ぎ、富士急行大月線月江寺駅の富士吉田駅方にある緑ヶ丘第2踏切で遮断機が降りて警報が鳴っていた時、踏切前の下り坂で停車していた小型トラックの運転手（19）が、突風でとばされそうになった積荷のベニヤ板を押さえようと下車した。

しかしサイドブレーキをかけ忘れたためトラックが下り坂を動き出して遮断機を突破して踏切内に進入。そこへ走行してきた河口湖発大月行き急行電車（2両編成、乗員乗客約100人）が衝突し、トラックは急行にはじかれた後、向き直って再度急行に衝突した。

急行は2両ともブレーキの空気溜めとブレーキシリンダーの間にある濾過器を破損して空気漏洩を起こした。

これにより空気ブレーキが利かなくなり下り勾配（最大40‰）を3.5〜4km暴走、運転士（29）は手動ブレーキや電気ブレーキを操作したが停止できなかった。手動ブレーキでは制動力が不足し、電気ブレーキは時速70km以下であれば制動力があるが、電気ブレーキの抵抗器が衝突で破損していたため作動しなかった可能性がある。

急行は月江寺駅〜下吉田〜葭池温泉前〜暮地駅（現寿駅）の4駅を通過して、暮地駅から三つ峠駅寄り約200mにあるカーブに時速約70kmで進入して曲がりきれず脱線。後ろの1両は線路脇の土手に激突・横転した。

◆亡くなられた方等のデータ

死者17名、重軽傷者68名。

> 疋田桂一郎
> 朝日新聞「天声人語」
> 1971.6.2より
> （『天声人語　7
> 1970.5〜1973.3』）
>
> 「調べた母親全員の母乳からDDTやBHCがでた。この母乳を飲んだ子どもが、将来どんな障害も起こさないという保証はないそうだ。…DDTやBHCで困るのは、毒物が水にとけず、脂肪にくっついて人体に残ることだ。…母乳だけではなく、私たちはみんな多かれ少なかれDDTやBHCに汚染されている。しかも年々その毒は皮下脂肪のなかでたまっていく。（中略）日本ほど大量に農薬をばらまいてきた国は世界中ほかにない。将来もし障害が現れるとすれば、まず日本の子どもからだろう…」

keyword【キーワード】：富士急行大月線　トラック　衝突　ブレーキ故障　暴走

CASE 25 東亜国内航空「ばんだい」号、横津岳に激突

date　1971年(昭和46年)7月3日　｜　scene　北海道．七飯

事故の経緯

　1971年（昭和46年）7月3日18時頃、札幌（丘珠）発函館行き東亜国内航空63便YS-11A-227型「ばんだい」号（JA8764）の機長（49）が、高度6,000フィート＝約1,830mに降下中と函館空港の函館対空通信局に通報するとともに、函館NDB（Non Directional Radio Beacon無指向性無線標識）通過予定を18時02分から18時03分に訂正して函館の気象情報を要求してきた。この飛行では機長昇格訓練中の副操縦士（米国人、49）が主に操縦し、通信は機長が担当していた。

　丘珠空港に提出された飛行計画では札幌NDB・函館NDB間の所要時間を、高度8,000フィート＝約2,440m、標準大気温度プラス5度、無風という条件で一律に24分とする東亜国内航空社内の簡易計算を踏襲していた。このため高度10,000フィート＝約3,050m、標準大気温度プラス15度、西南西の向かい風秒速12.5mという実際の条件では所要時間が飛行計画より延びた。機長（49）は函館NDB通過予定時刻を向かい風の影響を考慮して1分遅く通報したものの、それでもまだ2分遅れていた。

　18時02分40分頃、同機は高度6,000フィートに到達したと函館対空通信局に通報。

　18時04分頃、函館対空通信局は同機に計器飛行による函館空港への進入を許可、ハイコーン（ハイステーション、NDB上空の進入降下を開始する点）を通報せよと通信。

　函館NDB通過予定時刻を過ぎたため、操縦者が函館NDB通過を示すADF（Automatic Direction Finder自動方向探知機）の指針の動きを待っていたところ、ADF指針が積乱雲や帯電雲粒などで大きく振れたか、あるいは回転等があったため函館NDB通過と誤認。この時同機は函館NDB北方約5海里＝9.2kmを中心として半径約2海里＝3.7kmの山岳地域にいた。（事故調査委員会の推定）

　ADFはNDBの電波を航空機上で受信して自動的に電波の到来方向を探知する装置のことで、NDBの上空を通過すると、指針が180度反転するので直上通過を確認できる。しかし、NDBは長波または中波を使用するので気象状況によっては空中帯電による影響を受けて有効距離が小さくなったりADFに誤指示を与えたりすることがあった。

　18時05分頃、同機は函館対空通信局に対

---

keyword【キーワード】：東亜国内航空　YS11　激突　判断ミス　墜落

し、函館上空6,000フィート、函館NDBのハイステーションで報告すると最後の通信。

同機は直ちに降下に移り、通常はNDB上空を小旋回しながら往復して降下するところ、1回の旋回降下で函館NDBのハイステーションを規定の最低値の2,500フィート＝約760mで通過しようとしたため、飛行経路が西方に広がり、その間温暖前線に伴う強い南西風によって予想以上に北方に押し流され横津岳のある山岳地帯に接近した。（事故調査委員会の推定）

事故調査委員会では目撃者の証言などから、同機が一旦函館上空に到達し海上へ出た後旋回して北へ向かったとする意見もあったが、その場合の飛行経路に不自然な点が多いことや証言の信憑性への疑念などから函館には到達していないとした。

18時09分35秒〜10分頃、「ばんだい」号は函館空港の北西約15kmの横津岳（標高1,167m）西側の谷あいの急峻な山腹（標高約910m、函館空港北北西約17.6km）に激突した。

事故の影響と対策

1973年12月18日、運輸省の「東亜国内航空YS-11A型機事故調査委員会」が報告書を運輸大臣に提出し、独立した常設の事故調査委員会設置を勧告した。この勧告と、半月後に起きた雫石事故を受けて1973年に航空事故調査委員会設置法制定、1974年に同委員会が設置された。

◆亡くなられた方等のデータ

機長、副操縦士、客室乗務員2名、乗客64名の計68名全員が死亡。

◆事故を残す、偲ぶ

●裁判等
1974年9月14日、北海道警函館方面本部と函館中央署は、「パイロットの誤認あるいは判断の誤りが原因」として機長と副操縦士を被疑者死亡のまま航空法違反と業務上過失致死罪で函館地検に書類送検。函館地検は被疑者死亡のため不起訴。
●慰霊碑
1972年7月3日、横津岳の墜落現場近くに慰霊碑建立。

宇井純
『公害原論』より

「（東京大学　公開自主講座　公害原論一九七〇〜一九七一）第1回　…水の汚染が原因となって人間の命にかかわった病気が世界で起こっているのは、現在、日本が最初であります。水俣病は日本で二例続けて起こり（中略）…それからカドミウム中毒であるイタイイタイ病がやはり富山に起り、そして対馬に起ったことはほぼ確実です。…水の病気だけをとってみても、二種類の病気が二例以上出ているという形では日本が世界に冠たる先進国であるというのは否定できないはずであります。」

CASE 26 全日空機と自衛隊機空中衝突

date　1971年(昭和46年)7月30日　｜　scene　岩手．雫石

事故の経緯

1971年（昭和46年）7月30日13時28分頃、航空自衛隊第一航空団松島派遣隊の教官（31）と訓練生（22）がそれぞれ搭乗したノースアメリカンF-86F-40戦闘機2機が、同派遣隊が臨時に定めた訓練空域で訓練するため航空自衛隊松島基地を有視界飛行方式で離陸した。

松島派遣隊では横手、月山、米沢、気仙沼、相馬の5つの訓練空域を定め、ジェットルートJ11Lの両側各5海里＝約9.2km内の高度25,000～31,000フィート（約7,600～9,500m）の空域を、訓練飛行を禁止する飛行制限空域としていた。

ジェットルートJ11Lは函館NDBと松島NDB間を結ぶ民間ジェット機用の高高度管制区（24,000フィート＝7,300m以上）における飛行経路で航空路誌（AIP）に直線として図示。航空自衛隊では1970年1月26日付航空幕僚長名の「航空機の運航に関する達」の中で、ジェットルートを含む常用飛行経路及びその付近において

は、特に見張りを厳しくして、他の航空機への異常接近を防止しなければならないと定めていた。

この日の朝、松島派遣隊の各訓練飛行班に訓練空域を割り当てる際、第4航空団が行う訓練との調整上、松島派遣隊の使用できる訓

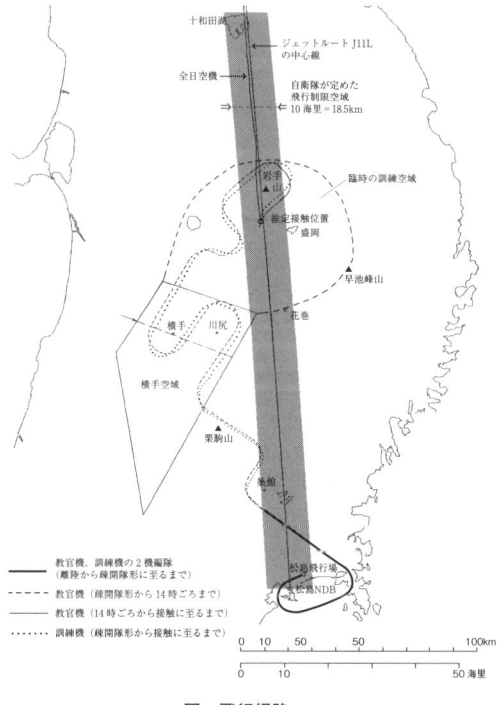

図　飛行経路

keyword【キーワード】：全日本空輸　自衛隊機　ボーイング727　訓練　空中衝突

練空域が不足したため、割当ての事務に携わっていた飛行班長補佐は、当該2機に臨時の訓練空域を設定することにし、戦闘機操縦課程の主任教官に対し、ブリーフィングルームの壁に貼ってある縮尺100万分の1の航空図上に手を置いて「ここ」と言った。その範囲は横手訓練空域の北東方で、盛岡市を中心として、北は岩手山の北側、東は早池峰山付近、西は奥羽山脈にわたる東西約80km、南北約50kmの半月形の地域だった。この航空図にはジェットルートJ11Lは記載されておらずJ11Lの飛行制限空域を含む形で訓練空域を設定してしまった。飛行班長補佐は飛行制限空域が存在することは知っていたがジェットルートJ11Lの存在は知らず、この訓練空域の設定の際には飛行制限空域のことは念頭になかった。

飛行班長補佐は飛行班長に、飛行班長は飛行隊長に、順次、航空図上を指で示して訓練空域を説明し、最終的に飛行隊長の了承を得た。

当該教官と訓練生は、スケジュールボードを見て当日の訓練空域の割り当てを知ったがその範囲について誰からも具体的な説明を受けなかった。教官は、ジェットルートJ11Lは盛岡辺りを通っていると思い訓練空域内を通っているとは考えていなかった。教官は訓練生に訓練内容や訓練時間などについては説明したが高度や飛行経路については説明しなかった。訓練生も教官機に追従すべき立場からあえて訓練空域の範囲を知ろうとしなかった。

13時33分頃、千歳発羽田行き全日本空輸58便ボーイング727-200（乗員7人、乗客155人）が千歳飛行場を離陸。函館NDB（無指向性無線標識）へ向けてジェットルートJ10Lに沿って南下。

13時46分頃、全日空機が函館NDB上空を高度22,000フィート＝約6,700mで通過し、札幌管制区管制所に松島NDB通過予定を14：11と通報。

14時02分頃、全日空機は高度28,000フィート＝約8,500mを自動操縦によりジェットルートJ11Lに沿って雫石町付近上空に達した。

14時頃、岩手山付近で旋回飛行中、教官が訓練生機の状況を確認しようと振り返ったところ、訓練生機のすぐ後方に全日空機を発見し、直ちに訓練生に無線で警告。

その直後、訓練生も自機の右後方のやや下方至近距離に全日空機が接近して来るのに気付き機体を左に傾けて左上方へ回避しようとした。

14時02分31〜39秒頃、岩手県雫石町上空28,000フィート＝約8,500mで、時速約820kmの自衛隊訓練生機の右主翼付け根付近に、右後方から約487ノット＝時速902kmで接近した全日空機の水平尾翼安定板左先端付近前縁が接触し空中衝突。両機とも墜落。日本で初めての空中衝突事故で、当時世界最悪の航空事故。接触地点はジェットルートJ11Lの保護空域の範囲内、かつ松島派遣隊の定めた飛行制限空域内だった。

事故の影響と対策

運輸省は航空路監視用長距離レーダー

(ARSR＝Air Route Surveillance Radar）の建設を進め、1991年6月には全国を16のレーダーで二重にカバーするレーダー管制システム完成。

1971年8月7日、政府の中央交通安全対策会議は、
1）自衛隊機訓練空域と民間航空路の完全分離、
2）自衛隊機・小型民間機の有視界飛行方式を低高度に制限、
3）ジェットルートを含む航空路及び航空交通管制区を横切る自衛隊専用回廊の設定、
などを内容とする航空交通安全緊急対策要綱を定めた。これを受けて運輸大臣と防衛庁長官が協定を締結し訓練空域の多くが海上に移動された。それまで自衛隊は訓練空域を海上に移すと基地からの往復の距離が長くなり訓練が制約されるなど支障が多いとしていた。

1975年7月10日、航空法改正。主な内容は、
1）航空交通管制を行う空域において操縦練習飛行、曲技飛行等の特殊な飛行を原則として禁止するとともに、一定の空域における航空機の高度変更の禁止、速度の制限等、
2）操縦者に衝突しないよう見張りすることと、異常接近が発生した場合の報告を義務づける、
3）計器飛行する航空機に姿勢・高度・位置・針路の測定装置、航空交通管制を行う空域を飛行する航空機に無線電話や航空交通管制用自動応答装置（トランスポンダー）、旅客機に気象レーダー、飛行記録装置（フライトレコーダー）、ボイスレコーダー等の装備を義務づける、
4）1）2）3）の規制を、原則として自衛隊機にも適用、
5）航空機の操縦を練習する方法に関する規制を強化する、など。

◆亡くなられた方等のデータ

運航乗務員3名（機長（41）、副操縦士（27）、航空機関士（30、米国人））、客室乗務員4名、乗客155名、計162名全員が死亡。125名が太平洋戦争戦死者の遺族会を中心とする富士市の団体客。訓練生は座席射出装置レバーに手が届かず射出脱出はできなかったが自力脱出しパラシュートで降下。

◆事故を残す、偲ぶ

●裁判等
＜刑事裁判＞
1975年3月11日、盛岡地方裁判所は、教官と訓練生の2人に注意義務違反があったとして教官に禁固4年、訓練生に禁固2年8月の実刑判決を言い渡した。
1978年5月9日、仙台高等裁判所は、教官の控訴棄却、訓練生については見張り義務も能力もなく事故の可能性を予見できなかったとして無罪を言い渡した。教官は上告。
1983年9月22日、最高裁判所は、航空自衛隊の安全性への配慮欠如と杜撰な訓練計画が真の要因で、被告が事故を回避する可能性は限られていたとして教官を禁固3年執行猶予3年に減刑。
＜民事裁判＞
1974年3月1日、東京地方裁判所は、乗客で死亡した大学助教授の妻子に対して生存していた場合の逸失利益や慰謝料など計4,823万円の損害賠償の支払いを国に命じる判決を言い渡した。国は控訴せず判決確定。

1978年9月20日、東京地方裁判所は、全日空及び損害保険会社10社と、国の双方が「衝突原因は相手側の過失」などとして互いに損害賠償を求めていた訴訟で、全日空側の責任を認め、衝突回避可能だった時間を自衛隊機30秒、全日空機20秒と認定して過失割合を自衛隊機側6割、全日空機側4割として国と、全日空及び損保10社に賠償金の支払いを命じた。双方とも控訴。

1989年5月9日、東京高等裁判所は、自衛隊幹部が臨時の訓練空域として飛行制限空域の両側にまたがる空域を漠然と設定し安全確保を怠り、自衛隊側の過失が大きいと認定、国と全日空側の責任比率を2対1として賠償金を支払うよう命じた。双方とも上告せず判決確定。

● 慰霊碑
1972年7月30日、墜落現場に慰霊碑建立。
1974年6月1日、財団法人「慰霊の森」設立。
1975年、墜落現場の「慰霊の森」に航空安全祈念塔と慰霊堂ができ、機長の肩章や救命胴衣などを展示している。
全日空は2007年1月に、機体の部品などを展示する施設「ANAグループ安全教育センター」を大田区下丸子にある研修所内に主に社員の研修用として設置した。

● 報告書
1972年7月27日、運輸省の「全日空機接触事故調査委員会」は事故調査報告書を運輸大臣に提出。事故原因を
1) 自衛隊教官が訓練空域を逸脱してジェットルートJ11Lの中に入ったことに気がつかず機動隊形の訓練飛行を続行したこと、
2) 全日空機操縦者が訓練機と接触すると予測せず接触直前まで回避操作を行わなかったこと、
3) 教官が全日空機を視認するのが遅れ、訓練生に与えた接触回避指示が間に合わなかったこと、
4) 訓練生が教官機との関係位置を維持することに専心していて全日空機を視認することが遅れたため回避操作が間に合わなかったこと、

とした。

● 出版
本所次郎『麒麟おおとりと遊ぶ（下）－若狭得治の軌跡 全日空篇』 徳間書店 2002
足立東『追突－雫石航空事故の真実』 日本評論社 1993
「雫石全日空機・自衛隊機空中衝突事件刑事上告審判決について（最判昭和58.9.22）」『ジュリスト』 1984.2.15
「自衛隊機・全日空機の衝突事故－いわゆる雫石事件－にかかわる最高裁の判断出る－上－（最判昭和58.9.22）」『時の法令』 1983.12.3
「自衛隊機・全日空機の衝突事故－いわゆる雫石事件－にかかわる最高裁の判断出る－下－（最判昭和58.9.22）」『時の法令』 1983.12.13

『週刊朝日』
「緊急増刊　円切り上げ」
『昭和40年代「週刊朝日」の昭和史』より

「(ニクソン米大統領の声明をきっかけにして、三六〇円の固定相場が廃止された)…8月27日（金）…この日、朝から、津波のようにすさまじいドル売りが殺到。ついに十二億ドルという記録的な規模に達した。日銀の買い支えも限界だ。市場閉鎖か、変動相場制への移行か。日銀、大蔵省では、緊急会議がひらかれたもよう。（中略）ロンドン市場は、円は一ドル＝三百～三百三十円、二〇％近い値上がり。ニューヨークは円の取引は停止状態。…日本の円にとって、歴史的な長い長い一日が終わった。」

CASE 27 近鉄大阪線トンネル内で特急電車同士が衝突、脱線

date 1971年(昭和46年)10月25日 | scene 三重．白山

事故の経緯

1971年（昭和46年）10月25日14時47分頃〜15時45分頃、近鉄大阪線の東青山駅構内の継電器室の外線端子盤の端子が緩んでいたため、ATSが誤作動して非常ブレーキがかかり5本の列車が緊急停止した。東青山駅の信号係らが点検調査をしたが原因がわからず、各列車への警告も十分にされていなかった。

15時45分頃、近鉄大阪線の青山トンネル（3,432.08m）内を大阪上本町発近鉄名古屋行き下り特急電車（4両編成）が走行中、同トンネル東に隣接する東青山駅の下り場内信号機が青であるのに自動列車停止装置（ATS）が誤作動して非常ブレーキがかかり同トンネル東出口手前約206mで緊急停止した。

運転士（35）はATS解除操作をしたが何らかの原因で非常ブレーキが解除できなかった。運転士は空気漏れが原因と考え、停止地点が下り33.3‰の急勾配であったため2両目後部台車右側車輪2箇所に車止めを1個ずつ挟んだ上で点検を開始した。

運転士は空気漏れを発見できず、現場に駆けつけた東青山駅助役（46）とともに運転室で再度非常ブレーキ解除操作をしたが解除できなかった。

そこで運転士は再度車外に出て全車両について、ブレーキシリンダーに圧縮空気を供給する供給空気溜めの供給締切コックを閉めた上で、供給締切コックとブレーキシリンダーの間にある濾過器の排水コックを開けてブレーキシリンダー内の圧縮空気を抜いた。しかしその後運転士は濾過器の排水コックは閉じたものの供給締切コックは開けなかったため圧縮空気がブレーキシリンダーに供給されない状態のまま、運転室のブレーキシリンダーゲージでブレーキ解除の有無を確認しようと運転室に急いで戻り再びブレーキ解除操作を行った。途中助役に出会ったがこれらのコック操作については伝えなかった。

助役は車輪の車止めが設置されたままであるのを運転士が取り外し忘れたものと誤解し、運転士に無断で車止めを外した。

15時54分頃、助役が運転席に乗り込んできて「ハンドスコッチ（車止め）を外しきた」と告げた直後、ブレーキが効かない状態の下り特急は下り勾配を走り出し、東青山駅〜滝谷トンネル（724.59m）〜溝口トンネル（931.12m）〜二川トンネル(799.24m)〜垣内西信号所を時速約80kmで通過。この

keyword【キーワード】：近鉄大阪線　ATS　正面衝突　脱線　判断ミス　ブレーキ故障

第Ⅰ部　大事故の系譜　091

間の勾配は33.3であった。

　総谷トンネル手前200mの垣内東信号所では信号は赤、ポイントも安全側線側になっていたが、下り特急は時速144kmで同ポイントを乗り越えて脱線転覆。枕木の上を走って総谷トンネル内に突入した。

　この付近の近鉄大阪線は単線だったため、二川トンネルと総谷トンネル（356.06m）の間の垣内西信号所と垣内東信号所の間1,257.34mは反対方向の列車と行き違いをするため複線となっており、下り特急は一旦安全側線で停車、上り特急が通過してから総谷トンネル手前200mの東垣内ポイントを通って総谷トンネルに進入することになっていた。

　15時58分頃、対向してきた賢島発京都、難波行き上り特急電車（7両編成）は前方の異常を察知して急ブレーキをかけたが、間に合わず総谷トンネル西口から約28mの地点で下り特急と正面衝突した。

事故の影響と対策

　近鉄は予定していた近鉄大阪線の完全複線化を前倒しして着工。事故区間を含む榊原温泉口駅～垣内信号所間に新総谷トンネル、新梶ケ広トンネルの2つの複線トンネルを先行して開通させた。

　1975年11月、青山トンネルに替わる新たな複線用トンネル（新青山トンネル）が開通し複線化完成、西青山駅・東青山駅も同時に移転した。

◆亡くなられた方等のデータ

下り乗客96名、上り乗客396名のうち25名死亡（乗務員3名）。約300名負傷。

◆事故を残す、偲ぶ

●裁判等

1975年6月30日、津地方裁判所は、運転士に対し業務上過失致死傷罪及び業務上過失往来危険罪で禁固10月執行猶予2年の判決を言い渡した（判決は確定）。

難波江和英
『恋するJポップ
**　平成における恋愛の**
**　　ディスクール』より**

「男の長髪は、一九六〇年代の学生紛争のころには、反体制のシンボルと見なされていた。それが社会現象として定着したのは、「長髪族」という言葉が流行して、東京都内の理髪店がいくつも休業に追いこまれた一九七一年以降のことである。(中略)これと並行して、若者のファッションもTシャツとジーパンが主流になり、背後から見るかぎり、男女の区別がつきにくくなった。…中性化によって、…男女の性差が、「服装」のレベルばかりでなく、自己イメージの「型」のレベルでも縮小し始めた…」

CASE 28 ニューデリー空港で日航機着陸時墜落、炎上

date　1972年(昭和47年)6月14日　｜　scene　India. New-Delhi

事故の経緯

　1972年(昭和47年)6月14日20時10分45秒(現地時間)、東京発バンコク及びニューデリー経由ロンドン行き日本航空471便DC-8-53型機が、ニューデリー・パラム空港への着陸進入のため進入管制官との交信開始、進入管制官は3,500フィート=約1,050mまでの降下を承認。

　20時12分2秒、副操縦士席で交信を担当していた機長(34)は進入管制官に高度6,500フィート=約1,981m通過を報告。進入管制官は計器着陸装置(ILS=Instrument Landing System)による着陸を許可。当時の視界は砂塵により約1.8km。

　20時14分19秒、進入管制官が「空港無線標識(VOR/DME)までの距離の報告を求め、機長は23海里=約42.6kmと返答。これが最後の交信となった。VOR/DMEは滑走路端(同機側)から12km先にあるので、同機から滑走路端までの距離は約30km。

　VOR=VHF Omni-directional Radio range beacon(超短波全方向式無線標識)は磁北を指す電波と、磁北から時計方向に回転する指向性電波を発信、機上で両電波の時間差からVORの方位を測定。一方、DME=Distance Measuring Equipment(距離測定装置)は航空機側が発信した質問信号電波に対し応答信号電波を送り返し機上で両電波の時間差からDMEまでの距離を測定。両者を併設することで航空機の計器上に当該VOR/DMEに対する方位と距離、近づいているか遠ざかっているか、コースのずれを表示。

　20時14分50秒、副操縦士(25)が脚下げ操作と同時にフラップを35度に下げた。直後に同機の高度は滑走路手前約8kmにある外側無線位置標識(アウターマーカー)通過時の規定高度である2,100フィート=約640mを切った。

　この時通常であれば水平飛行に移ってアウターマーカー通過を確認してからILSの誘導電波を捉えることになっているが、副操縦士はフラップを全部下げて更に降下。日航の運航規定では着陸にそなえるフラップの全部下げはILS誘導電波で降下経路に乗ってから10秒後に行うこととしている。

　無線位置標識(マーカー)は進入経路に沿って滑走路端から約1,000フィート=約305mにインナーマーカー、約3,500フィート=約1,067mにミドルマーカー、4

---

keyword【キーワード】：日本航空　DC8　墜落　視界不良

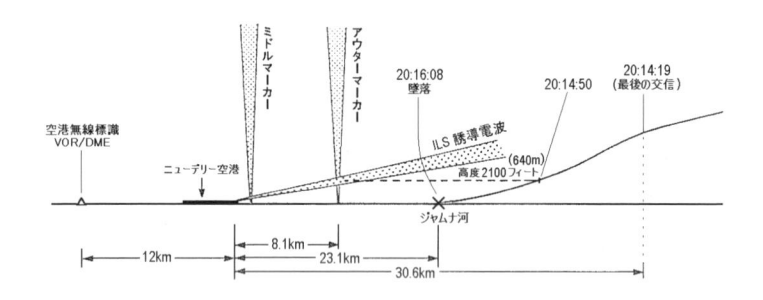

図　日航機の航跡

～8海里（約7～15km）にアウターマーカーが設置され、それぞれ上空に異なった周波数の指向性FM電波を扇形に発射、マーカー直上を通過すると操縦室内のマーカー・ライトが点灯し各周波数の変調音を聞くことができる。

20時15分56秒、高度850フィート＝約255m（対地高度65m）。着陸進入中に操縦者が進入を続行するか、着陸を断念し進入復行を行うかを決定する高度であるデシジョン・ハイトの1,068フィート＝約326m（対地高度300フィート＝約91m）を既に下回っていたが、副操縦士の任に当たっていた機長は「デシジョン・ハイト」のコール・アウト（声に出して確認すること）をしていなかった。

20時16分丁度、航空機関士が「デシジョン・ハイト」のコール・アウトを行った。

20時16分2秒、対地高度20m、機長が「パワー、パワー」叫んだ。

副操縦士あるいは機長が機首を上げようとエンジンを最大出力にしたが間に合わなかった。

20時16分8秒（日本時間23時46分）頃、同機は滑走路手前約23.4kmのジャムナ河の堤防に接触して墜落、炎上。

日本の航空会社が外国で起こした初めての墜落事故。

事故の影響と対策

日航は、電波高度計未装備のDC-8-30／50（15機）に1974年2月までに電波高度計装備。全保有機に低高度警報器装着。

◆亡くなられた方等のデータ

運航乗務員3名、客室乗務員8名、乗客78名（うち日本人10名）、計89名のうち、運航乗務員3名、客室乗務員8名、乗客75名、計86名が死亡。地上で護岸工事をしていたインド人4名が死亡。1952年10月25日の自主運航開始以来初めての死亡事故。

◆事故を残す、偲ぶ

●残骸等

機体の残骸は現地で焼却処分されたが、事故の犠牲となった医師（72）が初代院長をしていたインド・アグラ市の救ハンセン病センターで働いていた男性が鉄屑業者から部品1点を譲り受け、同医師の遺志を継ぎハンセン病患者支援を続けていた壷阪寺（奈良県高取町）が保管。2006年2月8日、同寺は「安全啓発センター」（2006年4月24日開設）への同部品の展示を希望して日航に返還。その後日航の調査で事故機のものでないことが判明。

●報告書

インド政府はニューデリー高等裁判所に事故調査を命じ、インド運輸省航空局の事故調査官が申立人、日航が被申立人となり審判の形式で事故調査が行われた。日航は事故機がILSで進入していたのは明らかとして、ニューデリー・パラム空港のILSは精度が悪かった、事故当日及びその前後においてILSの誘導電波に異常があったという証言などから、事故機がILS降下経路より下にいたのに、猛暑の影響など何らかの原因でさらに降下するよう指示する異常電波が発信されて墜落した可能性を主張。

1973年3月1日、同裁判所は事故調査報告書をインド政府に提出。ILSに機能不良はなく、事故機はILSを使わずに地上の灯火を頼りに有視界飛行で進入したとし、「滑走路を視認することなく、またあらゆる計器指示を確認しなかった運航乗務員の、定められた手順の無視」が直接原因と推定。また、機長や副操縦士が若く経験不足だったことやルートに不慣れだったことが事故に関与したと指摘。

1973年6月22日、インド政府は事故報告書を踏襲した内容の見解を発表。

伊藤忠彦編著
『横井庄一奇蹟の28年
日本人その生と死』より

「昭和四十七年一月二十四日、…グアム島タロフォフォ村…小川へエビ取りに行った帰りの村人二人が、…木の間に、生物を見た。…瞬間的に"日本兵"だとわかった。…背中をまるめ、その顔は青白かった。…横井庄一はグアム島での二十八年間の生活を終えて、日本に帰ってきた。まさに浦島太郎である。（中略）彼の行った竜宮城は、飢餓と不安の苦界であった。浦島太郎にねたみを感ずる人は、横井庄一に"憐憫"を感ずる。と同時に、苦界体験が彼自身の意思でなかったから"残酷"とも感ずる。」

CASE 29 北陸本線北陸トンネルで急行列車の食堂車火災

date 1972年(昭和47年)11月6日 | scene 福井

■事故の経緯

1972年（昭和47年）11月6日1時4分30秒、大阪発青森行き下り急行「きたぐに」（電気機関車、1〜5両目寝台車、6〜10両目普通車（自由席）、11両目食堂車、12両目普通車（指定席）、13両目グリーン車、14両目郵便車、15両目荷物車の15両編成、電気機関車以外の各車両の長さは約20m、列車全長316m）が定刻より2分遅れて敦賀駅を発車、敦賀駅発車時の乗客は761人（定員804人）。食堂車の営業は終了しており食堂車従業員は食堂で仮眠していた。

敦賀駅発車後、乗務指導掛が食堂車後部にある喫煙室を通った際には異常はなかった。

1時7分頃、「きたぐに」が敦賀駅・南今庄駅間の北陸トンネル（全長13.870km、新幹線六甲トンネルについで当時日本で2番目の長大トンネル）に時速約60kmで進入。

1時8〜9分頃、11両目食堂車に後続する12両目普通車の前部デッキにいた乗客3人が焦げくさい臭いに気付いて喫煙室の引き戸を開けたところ、室内に白煙が充満しコの字型長椅子中央下部の蹴込板の小孔から長さ20〜30cmの炎が数条吹き上げているのを発見。乗客の1人が専務車掌と乗務指導掛に喫煙室の出火を伝えた。

出火の原因は、長椅子の下の電気暖房器配線の接続不良による漏電がもとで床木材が炭化、発火したもので、電気暖房器配線の接続不良の原因は、固定状態が悪かった上、ワッシャーを使っていなかった接続端子が列車の振動で緩んだものと推定されている。

乗務指導掛は喫煙室内に消火器を2、3回放射したが煙で火源も確認できず消火作業中止。専務車掌は車掌弁を引いて非常ブレーキを作動させるともに、機関士らに列車を停止するよう無線で通報。

1時13分過ぎ頃、機関士は直ちに列車を停止。列車先頭はトンネル敦賀入口から5.325km。

1時14分過ぎ頃〜、食堂車従業員がバケツリレーで水をかけ、コック長や専務車掌が消火器を放射したが、煙で火源が確認できなかったこともあり消火できず発煙は衰えなかった。

1時17分頃、専務車掌は火源が台車下にあるのではないかと考え、台車下付近を外から点検したが炎、煙などは見えなかった。

1時20分過ぎ頃、喫煙室の火災を確認しにきていた機関士は、専務車掌から消火の見通しが不明であると聞き、火災鎮火は困難と

---

keyword【キーワード】：北陸本線　トンネル　列車火災　一酸化炭素中毒　判断ミス

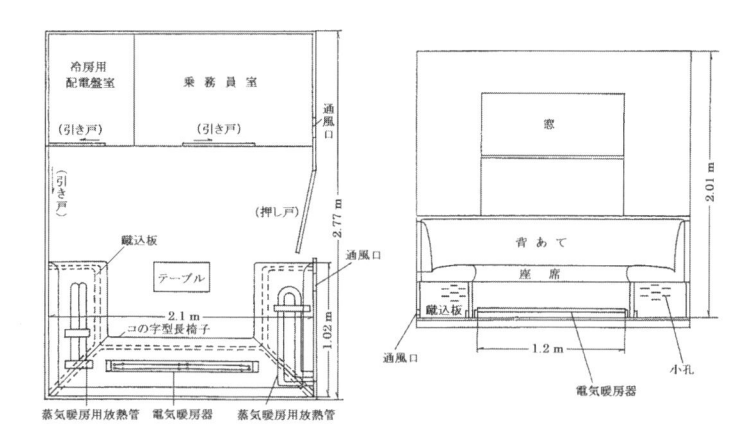

北陸本線北陸トンネルで急行列車の食堂車火災

図　喫煙室内の構造等

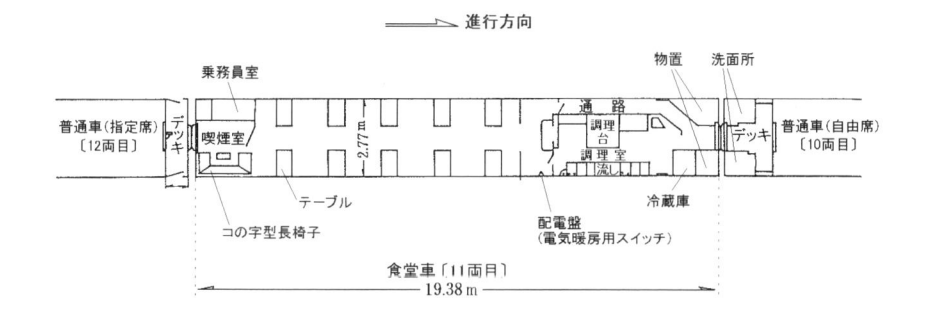

図　食堂車内部

判断。食堂車の前後の車両を切離して食堂車より前方の1〜10両目をトンネル外に走行脱出させようと考え、専務車掌に「切離しする」と告げた。

一方、専務車掌は食堂車を最後部にしてそれより前方の車両への延焼を防止すれば、列車はトンネル外まで無事走行できるのではないかと考えてこれに同調。

1時21分過ぎ、専務車掌の指示で食堂車と後続する12両目普通車との間の連結部の切離し作業開始。この頃、電気暖房器への通電が切られていたことや消火作業の効果によ

第Ⅰ部　大事故の系譜　097

り火災の進行は比較的緩慢だった。

1時28分頃、機関助士は敦賀口から約5.385kmの地点の大型待避所内の端子に携帯電話機を接続し食堂車から出火したため切離し作業中であることを、今庄駅（敦賀駅でも交信状況を傍受）に通報するとともに救援を依頼。

1時31分頃、専務車掌は上り線列車のトンネル内進入による併発事故を防止するため上り線に軌道用短絡器を装置。これにより敦賀口から7.403km入った地点（事故現場から約2km手前）の上り線木の芽場内信号機の表示が赤色になった。

1時33分、トンネル内の上り線を進行してきた上り普通急行「立山3号」の機関士らは、木の芽場内信号機の表示が赤色に変化したのを確認し停止。

1時34分頃、機関士は切離しの完了を確認。切離し作業は、経験者が2人だけだった上、1,000分の11.5という勾配や照明がないという悪条件のため10数分かかった。トンネル内には保守作業用の照明があったが、「運転する乗務員の信号確認を妨げる」という理由で点灯されていなかった。

切離し作業完了頃には、食堂車から流出する煙がトンネル内に滞留し始めていた。

専務車掌は、切離し後は前部列車をそのままトンネル外に走行脱出させるものと考えていたため、残留車両と前部列車に別れて乗務させる列車乗務員の割り振りをし、消火器などを前部列車に積み込むよう指示したりしていた。

1時39分～40分頃、機関士が携帯電話を接続したままの大型待避所の手前約3m地点まで前部列車を70数m前進させ停止。この頃には燃焼範囲、発煙量とも飛躍的に増大。

専務車掌は、走行開始した前部列車はそのままトンネル外まで走行していくものと考え残留車両の乗客の避難、誘導にあたることとした。

機関士の方は、食堂車とその前方の10両目普通車の切離し作業を開始しようとしたが、誤って9両目と10両目の連結部を切離し始めた。この頃には火炎が喫煙室内全体に充満したフラッシュオーバーの状態に達して大量の煙が車外に流出し始めていた。このため、機関士は切離し作業を途中で切り上げ、残った連結機器は列車の走行により引きちぎることにした。

1時52分頃、機関車のところに戻った機関士が指導機関士に列車を数m引き出すよう依頼した時、激しい衝撃音とともに送電停止となった。この送電停止の原因は、食堂車の炎上による火炎又は火煙を通じ、吊架線とトンネル壁面との間、あるいは火災の熱で溶け落ちた塩化ビニール製漏水防止樋と吊架線との間に起きた放電短絡によって敦賀変電所内の自動遮断機が作動したことによる。

これに対し、指導機関士が携帯電話で送電再開を要請したが、国鉄金沢鉄道管理局電力指令室は事故現場の状況を確認できないまま送電再開すると感電事故等の恐れがあると判断し、送電停止の状態は10時40分頃まで継続。

列車が走行できなくなったこともあり、乗務員らが前部列車（1～10両目）の乗客

663人を避難誘導し、約8.5km先の今庄口へ徒歩脱出を開始。うち、140人がそのまま脱出し、225人が「きたぐに」の機関車先頭部から約1.48km前方まで徐行してきた「立山3号」に救助された。

残りの乗客298人のうち269人は、明け方近くになってから今庄口や敦賀口から到着した救援列車によって救助された。

一方、専務車掌らは12両目以降の後部車両の乗客98人を約5.3km後方の敦賀口へ向けて避難誘導開始し乗客28人が脱出。しかし、濃煙のため乗客70人が徒歩脱出を断念して残留車両内に退避、3時過ぎ頃、敦賀口から約4.74km地点に到達した救援列車により救出された。照明は3時頃までにすべて点灯された。

この間、フラッシュオーバーの炎が食堂車のガラス窓から噴出し食堂車はほぼ全焼、大量の煙が発生し現場一帯に充満。

国鉄は、電化路線のトンネル内で火災は発生しないという前提で特別の換気設備や消火設備、避難設備を設置しておらず、トンネル掘削の際に仮設された2本の斜坑(敦賀口から約2.5kmの樫曲斜坑と敦賀口から約4.7kmの葉原斜坑)と1本の縦坑(敦賀口から約9.8kmの板取縦坑)が換気機能を果し、トンネル中央部の排水溝の水が消火用水として利用することが期待される程度だった。またトンネル内部には避難口などはなく、斜坑の出入口も鉄格子がはめられ施錠されていた。

事故の影響と対策

国鉄は、延長5km以上のトンネル(在来線13、新幹線7の計20箇所)を長大トンネルに指定し、次のような緊急対策を実施。1)最寄り駅と乗務員用無線の通話円滑化のためトンネル内にアンテナ設置、2)照明設備の改良(1つのスイッチで一定区間しか点滅できなかった構内作業用照明設備を、どこのスイッチからでもトンネル内全体を点滅できる一斉点灯装置設置、3)消火器の整備(北陸トンネルには30m間隔で消火器2本ずつ設置)、4)両出口に最も近い駅に防毒マスク配備、5)トンネル付近にディーゼル機関車又はモーターカー配置、6)トンネル内歩行路の整備、など。

また、1973年度から以下のような対策を施した車両を投入。主な対策は、1)内装材をアルミ化粧板に交換、2)隣接車両への延焼防止のため貫通扉の窓ガラスを網入りガラスに交換、貫通幌を難燃材料化、3)寝台車と寝台車に連結する食堂車の難燃化、4)消火器を備え付け、もしくは増備、5)寝台車に煙感知器、メガホン、車両両端部に非常用強力懐中電灯設置、6)床下にディーゼルエンジンを積んだ寝台車に自動消火装置設置、7)車内放送設備の整備と車内の非常ブザー等の使用制限を明示するステッカー貼付(乗客が火災を発見して非常ブザーを押すとトンネル内であっても列車は自動停止してしまうため)、など。

1975年8月、国鉄は、内部の「鉄道火災対策技術委員会」が車両火災実験などに基づ

いて検討した結果を踏まえ「長大トンネルにおける列車火災時のマニュアル作成要領」を策定、「運転地点、火災の発生部位、火勢等にかかわらず、そのまま運転を継続して極力トンネル外に脱出して停止させる」とした。同年10月にはこれに準じて「運転取扱基準規程」を改正。

◆亡くなられた方等のデータ

前方の1～10両目にいた乗客29名と指導機関士の計30名死亡。死因は避難の途中、食堂車の炎上によって発生した一酸化炭素等の有毒ガスによって意識を失い、煤煙吸引によって気道の窒息症状をきたしたことによる。このうち男性（24）は昏睡状態に陥ってトンネル内の下水暗渠の開いていた鉄格子の蓋から水中に落ち溺死、11月13日15時25分に発見。「きたぐに」車両は軽量化のために合板やプラスチックの内装を多用しており、それらから大量の有毒ガスが発生。負傷者714名。

◆事故を残す、偲ぶ

●裁判等

1974年、福井地検は、事故前に地元消防署が提出したトンネルの防災要望書を無視して施設の改善を怠ったとして業務上過失致死傷容疑で書類送検されていた金沢鉄道管理局長を「事故対策上の不備・欠陥は指摘できるが事故との因果関係は立証できない」などとして容疑不十分で不起訴。

1980年11月25日、金沢地方裁判所は、業務上過失致死傷罪で起訴された機関士と専務車掌に対し、「規定を遵守し最善を尽くした」などとして無罪を言い渡した。

大林宏
『報道センター発　テレビニュースの24時間』より

「連合赤軍浅間山荘事件」…突入前日の二十七日…軽井沢警察署の道場に設置された記者会見場は、人いきれと熱気に包まれていた。（中略）二十八日、…警告が流れると、轟音とともに、山荘玄関に向けて…放水がはじまった。（中略）カメラ脇に立って、玄関付近の機動隊の様子をリポートしていたそのとき、…一メートルも離れていない山肌の枯れ葉が「カサカサ」と音を立てた。…「危ない！」…「ライフルだ」の声であわてて周辺を見わたすと、みんな逃げてしまって、だれも近くにはいない…」

CASE 30 モスクワ空港で日航機離陸時失速し墜落、炎上

date 1972年(昭和47年)11月28日 | scene USSR. Moskow

事故の経緯

1972年（昭和47年）11月28日19時51分10秒頃（日本時間29日1時51分10秒）、コペンハーゲン発モスクワ経由羽田行き日本航空446便DC-8-62型機がモスクワ・シェレメチェボ空港を離陸。

19時51分15秒頃、同機はV2（機体が浮上し地上35フィート＝高度約11mで安全に離陸が続けられる速度＝失速速度の1.2倍以上）の時速154ノット＝約285kmに達した後、機長（39）が臨界迎角以上の機首上げ状態（最大14度）にした。

機長が機首上げ状態にした理由について日ソ合同調査委員会は、1）副操縦士（36）が飛行中誤ってグラウンド・スポイラーのレバーを引いて立ち上げたため揚力が低下し抗力が増大、機体が沈下したのを立て直そうとした、2）事故当時気温氷点下5℃、雪の天候下でエンジンの防氷装置のスイッチを入れずに離陸したためエンジンの空気取入口（インレット）に着氷・氷結して第1または第2エンジンへの流入空気が減少してコンプレッサー・ストール（エンジンに取り込んだ空気の圧縮不良）を起こし異常燃焼し推力が低下した、のいずれかと推定。

グラウンド・スポイラーは主翼面上方に開くことによって揚力を減殺（スポイル）するとともに抗力を増加させる操縦翼面。グラウンド・スポイラーのレバーのわきに「飛行中のスポイラー開示、厳禁」と表示してあった。

フライトレコーダーには滑走中の異常振動が記録されており昇降舵のトラブルが指摘されたが残骸調査でも裏付ける証拠は発見できなかった。

19時51分20秒、墜落までの最高速度の時速156ノット＝約298kmに達したが機首が急激に上がり始めた。

19時51分22秒、高度約113mに達した後失速して急降下。

19時51分40秒、滑走路端から約150m先に尾部から墜落、炎上。

事故の影響と対策

1973年2月28日、日航は「安全運航確保のための業務改善具体策」を決定、1973年末までに主要項目をほぼ実施。特に、同じ1972年に起きたニューデリー及びモスクワの両事故機の機長が機長に昇格するまでの飛行訓練時間や訓練着陸回数が平均の3～4倍もかかったことから、機長昇格基準及び審査方式を厳しくした。また、両事故機の機長

keyword【キーワード】：日本航空　DC8　墜落　失速　離陸

や前後して起きた3件の事故（1972年5月15日、日航DC-8機が羽田空港離陸時オーバーラン、9月7日、日航DC-8機が金浦空港で離陸時オーバーラン、9月24日、日航DC-8機がボンベイ空港誤認着陸）の機長が全員、航空大学校（1人）及び防衛庁推薦訓練生（4人）の出身だったことから、従来面接のみで事実上採用試験を行っていなかった航空大学校及び防衛庁推薦訓練生に対しても採用試験を実施。

1973年10月5日、マクダネル・ダグラス社はスポイラー装置が飛行中作動しないようにする施錠方法を指示する改修情報を出し必要な部品を無償提供するとした。

◆亡くなられた方等のデータ

運航乗務員6名、客室乗務員7名、日本航空職員1名、乗客62名（うち日本人52名）、計76名のうち、運航乗務員6名、客室乗務員2名、日本航空職員1名、乗客53名、計62名が死亡。

◆事故を残す、偲ぶ

●報告書

1972年12月28日、日ソ合同調査委員会は事故報告書を採択、1973年1月18日、日本の運輸省航空局が事故調査報告書公表。

松田米雄編
『戦後沖縄のキーワード「基地の島」の成り立ちと今』
より

「五月十五日、二七年間におよぶ米国の統治に終止符がうたれ、沖縄が日本に返還された…この日政府は…沖縄復帰記念式典を執り行った。…一方、これとは反対に沖縄県祖国復帰協議会は、日米共同声明路線に基づく復帰に反対し「沖縄処分抗議・佐藤内閣打倒」の五・一五県民総決起大会を開いた。（中略）日本の平和憲法が適用されることになったが、依然として広大な基地が残り、核に対する不安、自衛隊の配備、公用地法に基づく土地強制収用、経済格差の是正等多くの課題をかかえての出発点であった。」

CASE 31 クアラルンプールで日航機着陸時墜落、炎上

date　1977年（昭和52年）9月27日　｜　scene　Malaysia. Kuala-Lumpur

事故の経緯

　1977年（昭和52年）9月27日18時04分、羽田発クアラルンプール経由シンガポール行き日本航空715便DC-8-62がクアラルンプール空港の北北西約22kmにあるVOR無線標識（VHF Omni-directional Radio range beacon超短波全方向無線標識）上空で、同空港へ進入する先行機が数機あったため同機は管制から待機を命じられ、VOR上空約3,000フィート＝約914mで旋回待機した。

　18時37分、同機は滑走路15への着陸を許可されたが、滑走路15にはILSが設置されていないためADF（Automatic Direction Finder自動方向探知機）で無線標識通過を確認しながら同空港に進入開始。

　18時40分頃、同機は管制にVOR上空を離れ高度2,000フィート＝約610mを通過と連絡してきた。

　この頃、空港付近は激しい雷雨で視界が悪く、機長（36）は進入灯、滑走路末端灯、滑走路灯のいずれも見えない中、運航規定に反して降下限界高度の750フィート＝約230m以下まで機を降下させ続け、副操縦士（35）もそれを注意しなかった。日航の運航規定では空港周辺の山を避けるため、VORから降下した後、滑走路北端から約7.4kmの「NM」NDB（Non Directional Radio Beacon無指向性無線標識）まで降下限界高度750フィートで水平飛行を続け「NM」で進入灯、滑走路末端灯、滑走路灯のいずれかが見えれば進入継続、いずれも見えない場合は上昇、着陸復行することとしていた。雷雨の影響で長波または中波を使用するNDBが信頼できず、滑走路を目視しようと高度を下げた可能性もある。

　18時42分57秒頃、同機は脚、フラップを降ろして6度左傾した姿勢で速度139ノット＝時速約257kmでゴム園内の丘（標高92m）の標高79m付近（滑走路北端から北北西約6.8km）に墜落、炎上した。墜落地点は「NM」の南約800mで、「NM」と滑走路を結ぶ進入コースから約800m西にずれていた。

　事故発生前後にはカンタス航空、マレーシア航空など3機が豪雨で視界不良のためシンガポール空港などに着陸地を変更していた。機長が視界不良の中あえて着陸しようとしたのは、

1）着陸復行すると待機している3機の後になる、

keyword【キーワード】：日本航空　DC8　墜落　視界不良

2）シンガポールに直行してもクアラルンプールで降りる予定の乗客のためにまた戻らなければならず燃料が足りなくなるおそれがあった、

などの理由が考えられる。

事故の影響と対策

運輸省航空局はGPWS（Ground Proximity Warning System、対地接近警報装置）装備を1978年9月末までに完了するよう航空各社に通達。日航は1979年6月までに所有78機全てに装備する計画だったが、事故当時は66機が未装備だった。

1978年1月、日本航空はクアラルンプール空港滑走路15の降下限界高度を「NM」NDBまで1,150フィート=約350m、通過後750フィートと進入規定を改正。同時に、それまで「NM」NDBから滑走路15までの距離が遠いため「NM」NDBから進入し始めると降下角が浅くなりすぎるという問題があったので、降下角が3度になるよう着陸復行点を約3.5km滑走路に近付けた。

◆亡くなられた方等のデータ

乗員10名、乗客69名（うち日本人29名）、計79名のうち乗員4名、客室乗員4名、乗客26名（うち日本人1名）、計34名が死亡し、客室乗員2名と乗客40名重傷、乗客3名軽傷。樹木が衝撃をやわらげたこと、操縦者が墜落寸前に機首を上げたことなどが幸いして生存者が多かった。

◆事故を残す、偲ぶ

●報告書
1980年1月23日、マレーシア政府民間航空局に日本の運輸省航空事故調査委員会、米国国家運輸安全委員会、英国運輸省航空事故調査部が協力した共同調査による事故調査報告書公表。

大下英治
『カラオケを発明した男』
より

「昭和四十五年、（…レンタルしている8トラックのカートリッジに、歌でなく、曲だけを吹きこんで歌えるようにすれば、なんぼでも稼げる…）…腕の立つ電気屋を探し出し…木箱の中にアンプを入れて、エコーもつけた。…のちに「カラオケ」と呼ばれる商品の第一号だった。…特許の申請などは考えもしなかった。（中略）昭和五十二年は、…"第一次カラオケブーム"に火が点きはじめた年であった。…カラオケの登場で、流しの需要は、急速に減少していた。…クラブの弾き語りにも、影響が及んだ。」

CASE 32 東西線鉄橋で竜巻により列車脱線転覆

date 1978年(昭和53年)2月28日 | scene 東京．江戸川

事故の経緯

1978年(昭和53年)2月28日21時過ぎ、台風並みに発達した秋田沖の低気圧から延びた温暖前線が東京湾北部を通過。それに続く寒冷前線前面の大気の不安定域通過に伴い、21時20分頃、川崎市幸区の東海道線北側付近に直径100～200mの竜巻が発生し北東方向に時速約90kmで移動、千葉県鎌ヶ谷市付近に至る幅0.2～2km、長さ40～42kmの範囲に被害が発生した。

21時34分頃、帝都高速度交通営団(営団地下鉄)東西線で、西船橋駅発中野駅行き電車(10両編成)が時速約78kmで葛西・南砂間の荒川中川鉄橋(長さ1,236km、高さ12m)を渡り始めたた時、先頭車両が橋に約40m進入した地点で竜巻に伴う海側からの強風により山側(進行方向右側)へ傾いたため運転士が常用ブレーキをかけ減速、さらに195m走行したところで非常ブレーキをかけた。

ほぼ同時に、後ろから1、2両目が竜巻による強風で左右に揺れた後浮き上がるようにして山側に脱線して上り線上に横転。後ろから2両目の前側台車は橋下に落下、さらに後ろから3両目は後ろから2両目との連結器が切断し脱線した。

横転した車両内の乗客14人と車掌1人の計15人が重傷、乗客6人が軽傷。

脱線転覆した車両(長さ20m)の重量は後ろから1両目が27.5トン、2両目が36.0トンだったが、営団地下鉄の東西線列車災害事故対策研究委員会はこれら車両にま横から風が当たった時の転覆限界風速を、後ろから

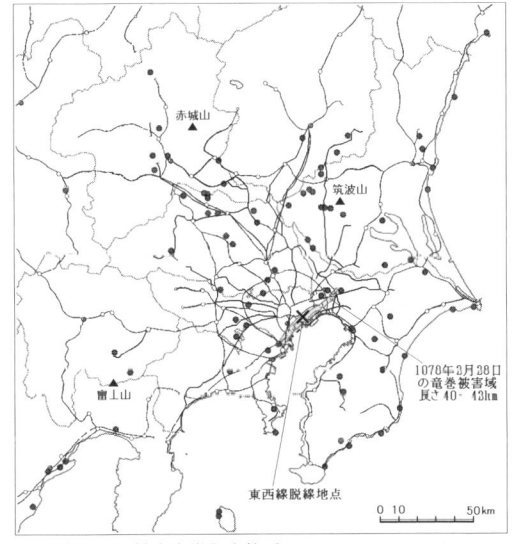

図　関東地方の被害竜巻発生箇所(1971～2005年・気象庁による)と鉄道路線

keyword【キーワード】：営団地下鉄東西線　竜巻　脱線　鉄橋

1両目は秒速約38m、2両目を秒速約44mと算定。一方、実際に車両に作用した最大瞬間風速を毎秒60～80m以上と推定した。

営団地下鉄は事故現場から約800m中野寄りの同鉄橋上に風速計を設置し、大手町司令室の風速監視装置には10秒間平均風速が表示されるとともに、風速が秒速15m以上になると警報ブザーが鳴り黄色灯が点灯、秒速25m以上になる再び警報ブザーが鳴り赤色灯が点灯する。運転指令長は秒速15m以上になると駅に連絡、秒速20m以上で列車の出発見合わせや通過列車の駅停止を指令、秒速25m以上で運転停止することになっていた。

しかし、竜巻の強風域が風速計の設置位置をそれたため風速監視装置の警報は作動しなかった（風速計の事故当時の10分間平均風速の記録は秒速2m）。

種村直樹
『種村直樹のレールウェイレビュー』より

「国鉄は一九七八年（昭和五三）十一月三日の文化の日から、新しい増収キャンペーン「いい日旅立ち」を始めた。（中略）首都圏では、この日から、「国電フリーきっぷ」と「都営フリーきっぷ」をそれぞれ一〇〇円ずつ割り引いて一枚にした「国電・都営フリーきっぷ」（八〇〇円）を発売した。（中略）テレビのスポットには山口百恵の新曲「いい日旅立ち」のメロディーが流れている。」

西船橋方からみる（第1車両）

中野方からみる（第2車両）

『東西線列車災害事故対策研究報告書』帝都高速度交通営団、昭和54年3月31日

CASE 33 東中野駅手前で停車中の電車に後続車追突

date 1980年(昭和55年)10月17日 | scene 東京．中野

事故の経緯

1980年（昭和55年）10月17日9時22分頃、総武線千葉発中野行電車（10両編成）が大久保駅を発車した。

同電車が下り第2閉塞信号機手前222mの同信号機喚呼位置標付近を時速約40kmで走行中、運転士（33）は下り第2閉塞信号機がその前方にある下り第1閉塞信号機が赤色の停止信号であることを意味する黄色の注意信号（制限時速45km以下）であるのを確認しそのまま進行した。

第2閉塞信号機手前110mの第1閉塞信号機ATS警報点で、第1閉塞信号機から東中野駅場内信号機までの閉塞区間内に先行電車がいることを知らせるATSの警報が鳴った。

運転士は直ちにブレーキをかけるとともにATS確認ボタンを押してATSを解除してブレーキ操作を手動に切り替えるという「信号確認扱い」をし、時速約25kmまで減速してからブレーキを緩めてそのまま進行した。

しかし第2閉塞信号機手前から第1閉塞信号機までの約440mは25‰の急な下り勾配だったため同電車は徐々に自然加速し第2閉塞信号機を時速約27～28kmで通過、第1閉塞信号機手前約182mの第1閉塞信号機喚呼位置標を通過する頃には再び時速約40kmに達していた。

下り第1閉塞信号機の喚呼位置標を通過す

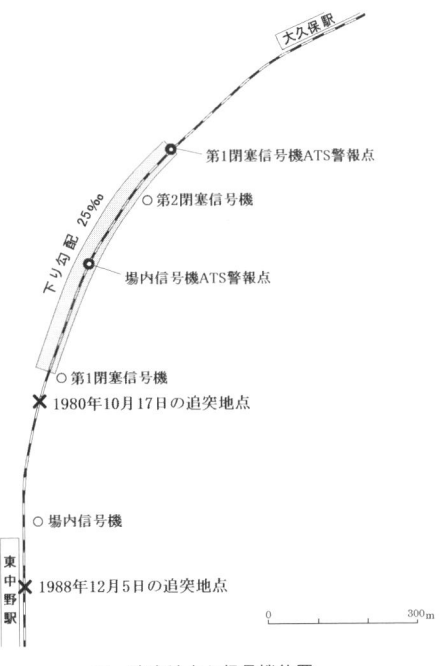

図　追突地点と信号機位置

keyword【キーワード】：中央線　総武線　追突　判断ミス

る際、運転士は第1閉塞信号機が赤信号で、かつ、その先の東中野駅場内信号機の赤信号に従って停止していた先行の中野行電車（10両編成）の最後部が下り第1閉塞信号機の先にあるのを確認した。

しかし同運転士はダイヤの遅れを少しでも取り戻そうと考え、停車中の先行電車がそのうち発車すると見込んで赤信号である第1閉塞信号機手前で停止せず、一旦ブレーキをかけて若干減速させたものの間もなくこれを緩めて時速約30km以上で進行した。

その後も同運転士は下り勾配による加速を十分に見積もらずに適切なブレーキ操作をしなかったため同電車は次第に加速、時速約35kmを超える速度で先行電車の後方約80～90mまで接近。運転士はブレーキをやや強めにかけて減速しようとしたが予期したほど減速しなかったためブレーキを強くかけ、さらに非常用ブレーキをかけたが間に合わなかった。

9時25分頃、同電車は第1閉塞信号機から約41m東中野駅寄りの地点で先行電車に追突。

事故の影響と対策

JR東日本は事故の起きた区間で、先行電車が第1閉塞信号機通過後一定距離内にある間は第2閉塞信号機が通常黄色表示になるところを赤色のままとし、先行電車がその距離を越えた時点で通常は注意信号の黄色1つ（制限時速45km以下）の表示になるところを黄色2つを表示する警戒信号（制限時速25km以下）とした。

◆負傷された方のデータ

乗客12名が負傷。

上野昂志
『戦後60年』より

「一九八〇年に、TBSが明治大正昭和の百年のわたる流行歌から一千曲を選び、全国の中学生以上の男女三千人を対象に、どれが好きか選んでもらうという調査を行った。（中略）意外なことに、その一位が「青い山脈」だったのである。ちなみに、二位以下、一〇位までを挙げると、「くちなしの花」「星影のワルツ」「北の宿から」「影を慕いて」「津軽海峡冬景色」「荒城の月」「北国の春」「瀬戸の花嫁」「赤とんぼ」（TBS「調査情報」81年3-5月号）という順になる。…多くは六〇年代以降のヒット曲である。」

CASE 34 日航機、羽田空港沖に墜落

date　1982年（昭和57年）2月9日　　scene　東京．大田

事故の経緯

　1982年（昭和57年）2月9日8時43分25秒、福岡発羽田行き日本航空350便ダグラスDC-8-61が着陸の最終進入中、副操縦士（33）が高度500フィート=152m通過のコールアウトをしたが、機長（35）はこの頃から精神に変調をきたし始め、DC-8型航空機運用規定に定められた応答をしなかった。副操縦士は機長が頷いたのを見過ごしたものと思いそのままにした。日航ではコールアウトがない場合、その者が能力を喪失したとみなして対応することを厳格に定めていなかった。

　8時43分50秒、副操縦士がデシジョン・ハイト（着陸可否決定高度）への接近について注意を喚起するため「アプローチング・ミニマム」とコールアウトしたところ、機長は今度は規定どおり「チェック」と応答した。

　8時43分59秒、航空機関士（48）が高度200フィート=61m通過のコールアウトを行い、副操縦士がデシジョン・ハイトへの到達を告げる「ミニマム」のコールアウト行った。この時幻覚妄想状態に陥り始めた機長はDC-8型航空機運用規定に定められた着陸または着陸復行のコールアウトをせず小声で「チェック」と応答した。

　8時44分01秒、対気速度約130ノットで高度約50mまで降下した時、機長は自動操縦を手動に切り替えた。

　その直後、機長は妄想型精神分裂病による精神的変調をきたし幻覚妄想状態に陥って「いね、いね」という命令的幻聴に応じて突然操縦輪を押すとともに全エンジンのパワー・レバーをフォワード推力位置から後方一杯のフォワード・アイドル位置まで引き戻して全エンジンの推力を落とした。

　8時44分02秒、エンジン回転数減少に気付いた航空機関士が「we are low」または「power low」と叫んだ。同時に、機長は、更に左内側の第2エンジンと右内側の第3エンジンのリバース・レバーを出力ゼロと最大出力の中間のリバース・アイドル位置まで引き上げてエンジンを逆噴射させた。

　これによりに機首が異常に下がったのに気付いた副操縦士が咄嗟に操縦輪を引き起こそうとしたが、機長が操縦輪を押し込んでいたため副操縦士の操縦輪は重くなかなか引き起こせなかった。しかし副操縦士の操作で深い機首下げ姿勢が僅かに浅くなり始めた。

　8時44分05秒、機長が操縦輪を強く押し続けていたため副操縦士は「キャプテン、止

keyword【キーワード】：日本航空　DC8　墜落　着陸　精神障害

めてください」と叫びながら操縦輪を引こうとしたが高度は約30mまで降下していた。

8時44分07秒、日航機は失速して羽田空港C滑走路端から510m沖の東京湾海面に墜落、150m前方に進んで水深1mの多摩川河口で停止。

<機長の病歴>

機長は1976年秋頃から精神的な変調をきたし1978年頃から異常な言動が見られた。

1979年12月に、DC-8 国内線機長、1980年5月に国際線機長に就任したが、飛行中に異常な操作や言動があったことから一旦乗務を降り、日航外部の病院で精神神経科のA医師の診療を受け鬱病あるいは心身症などと診断され向精神薬等の投薬治療を受けた。

投薬治療で一時的に症状が改善したことから、A医師は「病名は心身症、通常勤務可能な状態」とする証明書を出し、機長は1981年4月3日から国内線副操縦士として乗務に復帰。

その後、機長は1981年末まで日航運航乗員健康管理室の非常勤精神神経科のB医師の診療を受けたが、B医師は同じ医科大学出で10年先輩のA医師の診断を踏襲し鬱病あるいは心身症などと診断して向精神薬等の投薬治療を続け、同乗観察飛行を行って「機長として乗務に支障なし」とする意見書作成。両医師とも精神分裂症であることは見抜けなかった。

1981年11月、日航の運航乗務部長は、B医師の意見書や運航乗員健康管理室の常勤内科医師の意見及び技量チェック飛行の結果などから症状が改善したとして社内の運航乗務員査定委員会に報告し異論のないことを確認の上で国内線機長に復帰させた。

この間、機長の家族や友人は乗務できなくなると困るとの懸念などから異常な言動など本人に不利な情報を医師や上司に積極的に伝えることはしなかった。

投薬治療を止めた後、1982年に入ると機長の症状は再び悪化し始め、事故の前日の2月8日の飛行では離陸に際して管制官の指示を取り違えたり飛行中に異常旋回するなどの異常な言動があった。副操縦士は機長の異常操作をうっかりミスと考え航空機関士も翌日に控えた機長の技量チェック飛行のことを配慮して報告しなかった。副操縦士が同機長と乗務したのは前日に続いて2回目、機関士は3回目で機長の過去の精神的変調については知らなかった。

事故の影響と対策

1982年4月9日、日航は運輸省の改善勧告に応じて、

1）運航乗員健康管理室の常勤医師をそれまでの内科医1人から精神科医を含む3人に増員、

2）乗務員の適性をチェックする委員会の新設、

3）乗員間の意思疎通を改善するため同一乗員の組み合わせによる運航の増加、

4）パイロットOBによるカウンセラー制度新設、

などの改善策を報告。

1984年6月27日、運輸省は、航空法に基づいて航空機乗組員に対し精神面を含め従来より広範かつ厳格な航空身体検査を実施するため、非常勤医師14人で構成する財団法人「航空医学研究センター」設立。

◆亡くなられた方等のデータ

乗員8名、乗客166名、計174名のうち、乗客24名が死亡。乗員8名と乗客87名が重傷、乗客54名が軽傷。乗客1名は怪我もなく無事。

◆事故を残す、偲ぶ

●裁判等

1982年9月17日、東京地検は精神鑑定の結果精神分裂症と診断されたため「事故当時心神喪失状態で刑事責任は問えない」として機長を不起訴処分とした。
1984年11月9日、東京地検は、業務上過失致死傷容疑で送検されていた日航のDC-8運航乗員部部長、同運航乗員部副部長心得兼欧州路線室長、同運航乗員部国内・南回り欧州路線室長、運航乗員企画部長、運航乗員健康管理室内科常勤嘱託医と精神神経科非常勤嘱託医の6人について、「機長の病状について断片的な情報しか得ておらず精神分裂症を見抜くことは困難で事故の発生を予見できなかった」として不起訴処分にした。
「日航機羽田沖墜落事故遺族被災者の会」はこの不起訴処分を不服として1985年2月6日東京第一検察審査会に審査申し立てを行い、東京第一検察審査会は1985年10月28日、5人を起訴相当、1人（運航乗員部部長）を不起訴不当と議決。しかし1987年1月27日、東京地検は6人を再び不起訴とすることを東京第一検察審査会に通知。

●慰霊碑

1986年2月9日、日航は、C滑走路先の墜落現場から西へ約2kmの羽田空港内の航空公害研究センター脇の多摩川河川敷に日航機遭難者慰霊碑建立。

●報告書

1983年5月16日、運輸省航空事故調査委員会は事故調査報告書を運輸大臣に提出。

●出版

「"逆噴射"イメージ払拭か 全日空のあと追いか―意外に重大事,日航の新機種決定劇（ダイヤモンドレポート）」『ダイヤモンド』1983.9.24

「片桐清二 "逆噴射"への軌跡〔2〕遅すぎた診断―異常はなぜ見過ごされたか（衝撃のインサイド・ノンフィクション）」『現代』1984.9

「片桐清二 "逆噴射"への軌跡〔最終回〕破局―情報ギャップの5年間（衝撃のインサイド・ノンフィクション）」『現代』 1984.10

『週刊朝日』1982.2.19号
（盛田真史編著『テーマで読む現代史 1945-2005』）より

「ホテル・ニュージャパン火災…出火から約4時間半…横井英樹社長が、ホテル正面玄関に現れた。…頭の上では、まだ消化活動が行われている。新聞社のヘリが空を舞っている。…無線機が、死亡者数の増えているのを伝えている。行方不明の客がまだ十数人もいる。そんな中での記者会見だった。…月並みなおわびのあと、…調子の狂った言葉が…飛び出した。「お忙しい中を皆様にお集まりいただき、また、支援と同情をたまわり、大変ありがとうございます…9、10階ですんだのは不幸中の幸いでした」…」

CASE 35 ソ連戦闘機、大韓航空機撃墜

date 1983年(昭和58年)9月1日　　scene USSR. Sakhalin沖

事故の経緯

　1983年（昭和58年）8月31日13時（世界時、東京/ソウル時間22時）（以下同様）、ニューヨーク発アンカレッジ経由ソウル行き大韓航空KAL007便ボーイング747-230型機が、運航乗務員3名、客室乗務員20名、ソウルへ移動中の運航乗務員6名、乗客240名の計269名を乗せアンカレッジ国際空港を離陸。KAL007便は5本の北太平洋航路のうち最北の航空路R20を利用し韓国金浦空港に同日21時（東京/ソウル時間9月1日6時）に到着する予定だった。

　航空路R20はアンカレッジからアリューシャン列島北のベーリング海を経てカムチャッカ半島南東沖を通り、千島列島の南東沖から三陸沖に達する航空路で、航空路上には7箇所の義務的位置通報点（ウェイ・ポイント、順にBETHEL、NABIE、NEEVA、NIPPI、NOKKA、NOHO、NANAC）がある。各ウェイ・ポイントを通過する際、航空機はアンカレッジ又は東京の管制に対し、1）自機のコールサイン、2）現在通過中のウェイ・ポイントの名称、3）同地点の通過時刻、4）飛行高度、5）次のウェイ・ポイント名称、6）次のウェイ・ポイントまでの所要時間、7）残りの燃料、8）外気温度、9）風向・風速、10）気象状況を通報しなければならない。

　KAL007便の離陸直後、アンカレッジ管制はBETHELへ直行できるようになるまで機首を磁方位約220度に維持して高度31,000フィートまで上昇するよう指示。（磁方位角度は北が0度・360度で東90度、南180度、西270度）

　KAL007便はこの指示に従い、上昇しながら指示された機首方位に達した後、航法選択スイッチを、指定した磁方位を維持するヘディング・モードに入れ自動操縦装置に接続した。

　13時2分、アンカレッジ管制はKAL007便に対し、可能な時にBETHELへ直行するよう指示、KAL007便はBETHELに直行するジェットルートJ501に向かうため機首方位を磁方位245度に変更した。以降、機首方位は撃墜されるまで変わらなかった。

　13時10分頃〜、KAL007便はジェットルートJ501から北側へ逸れ始めた。

　13時27分、KAL007便はカイルン山電波局無線標識付近を通過し航空路監視レーダー圏外へ出た。この時すでに所定の航空路から北へ6海里＝約11km逸脱。しかしこの時点で同レーダーによるサービスは終了した

keyword【キーワード】：大韓航空　ボーイング747　撃墜　航空路逸脱

ソ連戦闘機、大韓航空機撃墜

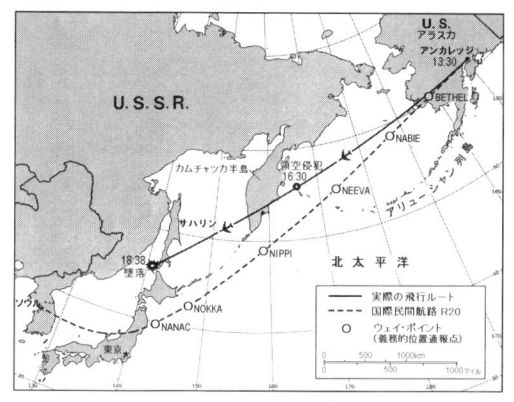

図　大韓航空機の飛行ルート

ため管制官は警告しなかった。

　13時50分、KAL007便はアンカレッジ管制に対し、「BETHELを13時49通過、NABIEの予定通過時刻は14：30」と報告。しかし、実際にはこの時点ではBETHELから北へ約12海里＝約22km離れた地点を通過していた。この時同機は米空軍レーダーの圏内を飛行していたが、同レーダーは航空管制の資格を持っておらずモニタリングも義務付けられていなかったため警告はしなかった。

　14時35分、KAL007便は後続の大韓航空015便（アンカレッジ空港をKAL007便より14分後に離陸しソウルへ向かって飛行中）を中継して「NABIEを14：32に通過し、次の位置通報点であるNEEVAの予定通過時間は15：49」とアンカレッジ管制に報告。

　14時44分、KAL007便はアンカレッジ国際対空通信局に対し「NEEVAの予定通過時間を15：53と変更する」と修正報告をした上、高度33,000フィートへの上昇許可

を求めた。

　15時22分、ソ連の防空監視レーダーが、カムチャッカ半島の北東沖を旋回飛行する機影を捕捉。ソ連側はこの地域で日常的に偵察行動や領空侵犯を行っている米軍のRC135電子偵察機と断定。

　15時51分、ソ連の防空監視レーダーが、カムチャッカ半島の北東沖を飛行する別の機影（KAL007便）を確認。これもアメリカ軍のRC135電子偵察機と判断。

　16時ちょうど、KAL007便は015便を中継して「NEEVAを予定より遅れて15：58に高度31,000フィートで通過、NIPPIの予定通過時間は17：08」とアンカレッジ管制に報告。

　16時6分、アンカレッジ管制はKAL007便に対し高度33,000フィートへの上昇を許可、KAL007便は同高度へ上昇。

　16時30分、KAL007便がソ連領空侵犯。ソ連防空司令部は要撃のため戦闘機数機を緊急発進させて追跡させたがKAL007便を発見することができず、17時6分、基地からの指示により帰投。KAL007便はカムチャッカ半島のソ連領空を侵犯しソ連戦闘機に追跡されたことに気付かなかった。

　17時9分頃、KAL007便は「NIPPIを高度33,000フィートで17：07に通過、NOKKAの予定通過時間は18：26」と東京国際対空通信局に報告。

　17時28分、KAL007便はカムチャッカ半島南部を通過、ソ連のレーダーから機影が

第Ⅰ部　大事故の系譜　113

消えた。

　ソ連防空司令部はサハリン地区の軍司令官に対し、カムチャッカ半島上空でRC135電子偵察機（実際はKAL007便）が領空侵犯した後オホーツク海上を磁方位240度でサハリン島に向けて飛行していると報告。

　17時36分、KAL007便はサハリン島に接近しソ連軍は警戒態勢に入った。

　サハリン島の地上管制は要撃のため戦闘機に緊急発進を命じ、17時42分と17時54分にスホーイSu-15TM迎撃機2機（コード番号805及び同121）が、17時46分にミグ23型戦闘機1機（コード番号163）が緊急発進。

　スホーイ805機は18時頃、ミグ163機は18時8分頃、それぞれ薄い雲越しにKAL007便を発見し（パイロットの1人は「直径2、3cmないし数cmの空飛ぶ点」と表現）、追跡を開始。暗いため機種の判別はできなかった。

　18時5分、KAL007便は同じ航空路R20を2分遅れで飛行している後続のKAL015便と通信し互いの風向風速がまったく異なっていることを知ったが航空路逸脱には気付かなかった。

　18時10分、スホーイ805機は地上管制に対し侵犯機が航法灯と衝突防止灯を点灯していることを報告。同機はKAL007便の約2,000m下を飛行していたと推定される。

　18時13分、スホーイ805機はIFF（軍用の敵味方識別装置）による呼掛けを行った。しかし、KAL007便にはIFFに応答する設備がなく応答しなかった。スホーイ805機は地上管制に対し目標が呼掛けに全く応答しないと報告。

　また、ソ連戦闘機のパイロットらは、侵犯機は米軍のRC135であるというカムチャッカ半島方面の基地からの情報により先入観を抱いていたこと、西側の民間旅客機についての知識が乏しかったこと、暗くてよく見えなかったこと——などからRC135電子偵察機とKAL007便との大きさの違いや同型旅客機の特徴的形状などに気付かず、侵犯機をRC135電子偵察機と誤認した。

　18時15分、KAL007便は東京国際対空通信局に対し、空気抵抗を減らして燃料を節約するため高度35,000フィートまで上昇することの許可を求め、18時20分、東京国際対空通信局は高度変更を許可。

　18時18分頃、ソ連防空司令部の一部にはKAL007便が民間航空機ではないかとする意見もあったが、スホーイ805機から再度侵犯機が航法灯を点灯している旨の報告があったことから、スホーイ805機に対し、侵犯機と高度を合わせて飛行しながら警告して強制着陸させるように指示。

　スホーイ805機は侵犯機に対し警告するため下方から接近、18時19分頃、自機の航法灯を点滅させたが、スホーイ805機の位置がKAL007便の操縦席から死角にあったためKAL007便の乗務員はこの警告に気付かず、スホーイ805機は「彼らは当方を見ていない。」と司令部に報告。

　18時20分頃、スホーイ805機は警告集中弾を発射するよう命じられ、KAL007便の前方を狙って右後方から機関砲で200

発以上連射したが曳光弾でなかったためKAL007便の機長らは視認できなかった。

18時20分頃、東京国際対空通信局がKAL007便に対し高度35,000フィートへの上昇及び同高度の維持を承認、KAL007便は上昇を開始。

18時22分頃、ソ連防空司令部は、警告的な機関砲の射撃にもかかわらず侵犯機が飛行を継続し、航空路R20を約500kmも逸脱してソ連領空内に侵入し、間もなくソ連領空から抜け出るような地点に達していたことから、この後侵犯機を捕捉することは困難になると判断し、侵犯機の正体の確認、国際緊急周波数による通信、曳光弾使用による警告など国際民間航空機関（ICAO＝International Civil Aviation Organization）が勧告していた国際的に承認すべき要撃手続を踏まないまま侵犯機の撃墜を命じた。

18時23分、KAL007便は高度35,000フィートに達したと東京国際対空通信局に報告。

18時25分頃、スホーイ805機は高度約35,000フィートで飛行中のKAL007便の後方8〜11kmの範囲で接触型雷管を有する赤外線誘導式ミサイルを発射し、約2秒後に接近型雷管を有するレーダー誘導式のミサイルを発射。約30秒後KAL007便の尾部に赤外線誘導式ミサイルが命中。

18時26〜27分、KAL007便は東京国際対空通信局に対し、急速な減圧及び高度10,000フィートへ緊急降下すると連絡したが雑音により途中で通信途絶。

18時38分頃、KAL007便はサハリン島西南モネロン島北方沖合の公海上に墜落、大破。

ICAOの事故調査最終報告書（1993）ではKAL007便が撃墜されるまで機首方位を変えずに航空路を逸脱した原因を次のように推定している。

1）機長らが離陸後、乱気流もしくは積乱雲回避のため一時的に自動操縦装置の運航モード・スイッチをヘディング・モードにして飛行していたところ、J501に乗ってからINSモードに切り替えるのを忘れた。INS（Inertial Navigation System・慣性航法装置）は加速度計とこの加速度計を正確な位置に保持するために高速回転するジャイロから構成され、加速度計の出力を積分して移動速度を、移動速度をさらに積分して移動距離を算定し、事前に入力した出発地点の緯度・経度をもとに航空機の現在位置、対地速度等の航法データを表示する。自動操縦装置の運航モード・スイッチをINSモードにするとINSは自動操縦装置に航法データを送り、事前に入力しておいたウェイ・ポイントの緯度・経度を自動的に経由して予定航空路を飛行するように航空機の各部を操作する。

2）あるいは、操縦席正面のパネルのほぼ中央にある航法選択スイッチをヘディング・モードからINSモードに切り替えたが、その時、所定の航空路をINSがキャプチャーする範囲（半径7.5海里＝約14km）の外を同機が飛行していたためINSが自動操縦装置に接続されなかった。この場合、機首方位や姿勢を表示するフラ

イト・ディレクターの表示パネルや自動操縦装置の表示パネルはINSモードが準備状態であることを表示するため運航乗務員はヘッディング・モードが継続したままであることに気付かなかった。

さらに、機長らは離陸直後から撃墜・墜落に至るまで、次のような航空路確認の手段があったにもかかわらず航空路逸脱に気付かなかった。

1）ウェイ・ポイントで通報義務のある項目のうち現在通過中のウェイ・ポイント名称についてINSの表示する現在位置座標を、次のウェイ・ポイントまでの所要時間についてもINSの表示数値を確認していれば所定航空路上にないことを認識できた、2）INSにセットされている水平位置指示計の偏位棒で所定航空路からのずれが認識できた、3）気象レーダーをマッピング・モードにすれば機下の海岸線や河川等を画面に表示し所定航路付近の地形であるかどうか確認できた、4）洋上飛行前半で無線標識や距離測定装置など地上の航法援助施設の電波により位置を知ることができた。

機長らがこれら航空路確認の手段を適正に行わなかった原因としては時差による疲労・眠気、洋上飛行の退屈な雰囲気などによる積極的な状況把握能力・意欲の欠如が考えられる。

事故の影響と対策

大韓航空機撃墜事件が起きた時、ICAOは米国のGPSなどを利用して航空機の位置を特定することなどを含む次世代航空保安システムの検討を始めていたが、同システムが航空路逸脱の防止に有効であることから、この事件が計画を推進するきっかけのひとつになった。1988年にはソ連も同国の衛星の利用を提案、ICAOは同年に2010年までに全世界規模の衛星利用航法システムを構築するという構想を発表。1993年には具体的な通信・航法・監視及び航空交通管理計画（CNS/ATM＝Communication, Navigation and Surveillance/Air Traffic Management）を策定。

日本でも1997年にICAOのCNS/ATM計画を踏まえた次世代航空保安システムを航空審議会が提言、システムの中核となる運輸多目的衛星MTSAT（2機）の打ち上げ、日本の空域を一元的に管理する航空交通管理センター（福岡）の設置、空域・航空路の再編などを進めている。

◆亡くなられた方等のデータ

乗員乗客269名全員死亡。国別内訳は、韓国105、米国62、日本28、台湾23、フィリピン16、香港12、カナダ8、タイ5、豪州2、英国2、ドミニカ1、インド1、イラン1、マレーシア1、スウェーデン1、ベトナム1。

◆事故を残す、偲ぶ

●家族連絡会
1983年9月8日、家族連絡会発足。
●裁判等
1997年7月16日、東京地裁は「機長らは旧ソ連領空を侵犯しないよう細心の注意を払う義務を怠った」として、犠牲者4人の遺族（2家族）に総額約1億3,600万円を支払うよう命じたが、遺族側が賠償額の算定方法などに不

ソ連戦闘機、大韓航空機撃墜

服があるとして控訴。2001年に和解成立。
●慰霊碑
1985年9月1日、事件の起きたサハリン・モネロン島沖をのぞむ稚内市宗谷岬公園に日本人遺族会が慰霊碑「祈りの塔」建立。

●報告書
1983年12月、ICAOが事故調査報告書を国連に提出。KAL007便のフライトレコーダー(飛行記録装置)及びボイスレコーダー(音声記録装置)を欠いた調査だったため、航空路逸脱については航法選択スイッチをヘディング・モードからINSモードに切替忘れたか、INSへのデータ入力ミスなどの可能性を示すに留まった。
1993年5月28日、ICAOが事故調査最終報告書を国連に提出。ソ連は、事故直後、KAL007便のフライトレコーダー(飛行記録装置)及びボイスレコーダー(音声記録装置)を回収していた。ソ連崩壊後の1993年1月8日、ロシア連邦共和国はこのフライトレコーダーとボイスレコーダーをICAOに引渡し、ICAOはこれらの解析結果をもとに事故調査の最終報告を提出した。

●出版
「対談・日本人とソ連人を考える－大韓航空機撃墜事件の深層」『潮』 1983.11
「ソ連を開放社会にする道(サンケイ社説九・一九)(大韓航空機撃墜事件の影響)」『コリア評論』 1983.11
「日米安保条約とソ連－大韓航空機撃墜事件の背後にあるもの(一九八三年・現代の危機「平和と福祉」を考える<特集>－世界戦争に脅される現代)」『労働経済旬報』 1983.10.5
「消えた遺体－大韓航空機撃墜3年目の新事実」『現代』 1986.8
「ドアが初めて開かれた－解説・ソ連はどう動いたか、組織と人間のドラマ(ソ連側重大証言!大韓航空機撃墜)」『文藝春秋』 1991.4

「航空機が航路を逸脱しソ連領空を侵犯しソ連戦闘機によって撃墜された事故につき,ワルソー条約と,被害者の本国法である日本法に基づいて損害賠償責任が認められた事例－大韓航空機撃墜事件訴訟第一審判決(東京地判平成9.7.16)」『判例時報』 1998.7.1
『大韓航空機撃墜事件について－許しがたいソ連の蛮行』 日本共産党中央委員会出版局 1983.9
米国防総省編;宮崎正弘訳『ソ連軍事戦略の秘密－大韓航空機はなぜ撃墜されたか』 ダイナミックセラーズ 1983.11
柳田邦男『撃墜－大韓航空機事件(上)(中)(下)』(講談社文庫) 講談社 1991
アンドレイ・イーレシュ・エレーナ・イーレシュ・川合瀁一訳『大韓航空機撃墜九年目の真実－ソ連側重大証言!』『文藝春秋』 1991.10
小山巌『ボイスレコーダー撃墜の証言－大韓航空機事件15年目の真実』 講談社 1998

引田惣彌
『全記録テレビ視聴率
50年戦争 そのとき
一億人が感動した』より

「テレビ放送開始三〇年目のNHK連続テレビ小説「おしん」…明治三四年、…貧しい小作農の三女として生まれたおしんは、…数々の苦労を重ね、最後は一七ものチェーン店を持つスーパーマーケットの経営者となる。(中略)「おしん」の一年間の平均視聴率は52.6%、最高視聴率は62.9%というテレビドラマ史上空前の驚異的な数字を記録し、日本中を"おしん"ブームに巻き込んでいった。…放送中から海外でも評判となり、…二〇〇三年一〇月までに「おしん」を放映した国は六〇の国と地域に上った。」

CASE 36 日航ジャンボ機墜落、炎上

date 1985年(昭和60年)8月12日 | scene 群馬. 上野

事故の経緯

1985年(昭和60年)8月12日18時12分、日本航空の羽田発大阪行き123便ボーイング747SR-100型機が羽田空港を離陸。

18時24分35秒、同機が西南西に向かって相模湾から伊豆半島南部の東岸上空に差し掛かり巡航高度24,000フィート=約7,300mに到達する直前、「ドーン」という音がして同機で後部圧力隔壁の一部約2～3平方mが開口。

この時尾部に設置された圧力開放ドアが自動的に作動したものとみられるが、隔壁開口面積が大きかったため圧力開放ドアが開いても尾部の圧力が上昇し補助動力装置(APU=Auxiliary Power Unit)防火壁及びAPU本体が破壊し尾部後部から外部に空気流出。与圧空気は垂直尾翼の主要構造部であるトルクボックス内にも点検口を通じて流入し内力上昇により垂直尾翼の半分以上破壊。同時にそばを通る4系統8本の油圧配管全てが破断。油圧配管の遮断弁は後部圧力隔壁の後方に付いていたため配管とともに破壊され作動油の漏洩遮断をすることはできなかった(注)。

圧力隔壁は高高度で飛行する際に機内の快適性を保つよう客室内を与圧するための仕切り壁で、同機の後部圧力隔壁はアルミ合金製の直径約4.56m、奥行き1.39mのお椀型で、扇状の湾曲した厚さ約0.8～0.9mmのパネルを18枚組み合わせて厚さ約2.4mmのZ型断面の放射状補強材36本と幅2.5インチ=6.35cm厚さ約1mmのリング状補強材4本などを配してリベット結合、1平方m当たり約13トンの荷重に耐えられる。下部を4系統の油圧配管が貫通している。

18時25分21秒、同機は東京管制区管制所(以後東京コントロール)に対し「異常事態が発生したため22,000フィートに降下し羽田に引き返したい」と要求。

18時25分40秒、同機は大島へのレーダー誘導を要請、東京コントロールは右旋回して針路90度で飛行せよと指示。

同機は伊豆半島南部の中央付近で針路やや右へ向けた。西北西に向かって伊豆半島を横切り駿河湾上に出た。

この頃から同機には縦揺れ±15度、周期約1分15秒の激しいフゴイド運動(機首が上下するとともに速度も変化すること)及び機首の左右振れが±40度、周期約11.5秒のダッチロール運動(機体の横回転と機首の左右振れが同時に起こること)が発生、高度

---

keyword【キーワード】: 日本航空　ボーイング747　圧力隔壁　油圧配管　修理ミス　御巣鷹山

日航ジャンボ機墜落、炎上

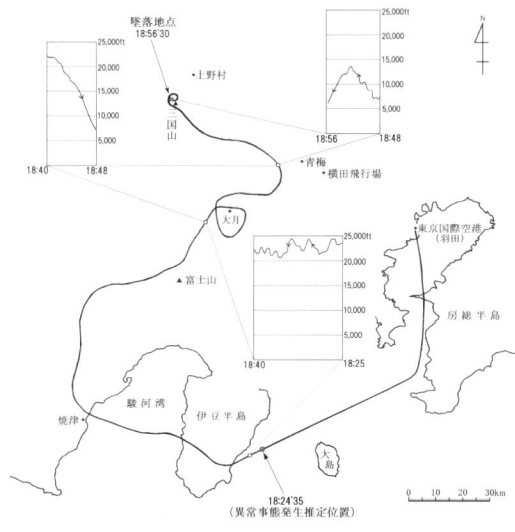

図 飛行ルート

約21,000～25,000フィートを上下し速度約200～300ノットの間を変動した。

全油圧配管が破断した後でも主翼のフラップは電動操作可能だが駆動速度が遅く効果はほとんど期待できなかった。また、エンジン出力を増減させて機首を上下させる姿勢制御は行ったものとみられるが、同機の左右エンジン出力は最後まで同じだったことからエンジンの左右推力に差を付けて方向制御することはなされなかった。同機の旋回は乗員の操作によるものではなく風の乱れなどによるものとみられる。

18時28分35秒、同機は「操縦不能」と応答。

18時26分ちょうど、機関士が操縦装置の油圧低下を報告。

18時27分7秒、東京コントロールに緊急事態を宣言。

18時28分31秒、東京コントロールは同機に対し「大島へのレーダー誘導のため針路90度で飛行せよ」と再度指示、18時28分35秒、同機は「現在操縦不能」と応答。

18時31分14秒、東京コントロールが「名古屋に降りられるか」と聞いたところ、機長は「羽田に帰りたい」と応答。この頃、同機は焼津市北方を通過し右旋回して針路を北に向けた。

18時35分頃、同機は針路を東北東に向けた。

18時40～44分頃、同機は大月市上空を右回りで一周した後、高度を下げながら東に向かった。この頃にはフゴイド運動が一旦おさまった。

18時46～48分頃、同機は左旋回して西北西に針路を向け高度7,000フィートまで降下。その後、山を避けようとエンジン出力を上げ上昇。再びフゴイド運動発生。

18時53分頃、同機は高度約13,400フィートに達した後再び降下。

18時54分25秒、同機は東京コントロールの指示で交信を切り替えた東京進入管制所に現在位置を知らせるよう要請、東京進入管制所が位置を知らせ、18時55分5秒、米軍横田基地も受入可能と伝えると同機は了解。

18時56分頃、同機は群馬県多野郡上野村の御巣鷹山の尾根（標高約1,565m）に墜落、大破炎上。

後部圧力隔壁が破断・開口するに至った経

第Ⅰ部 大事故の系譜

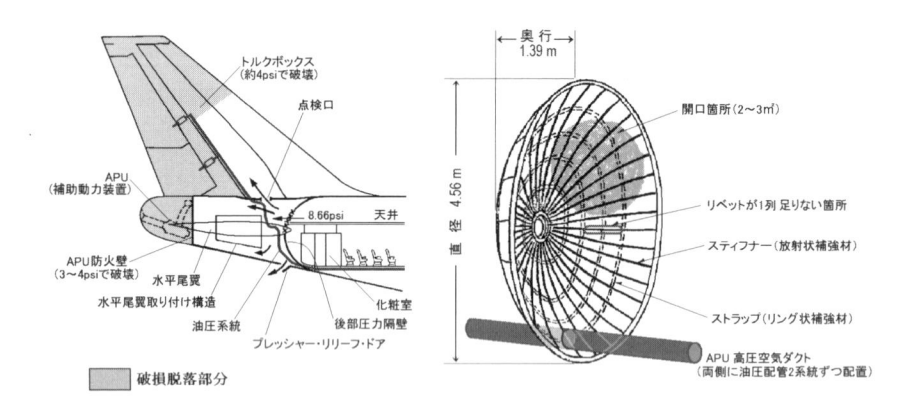

図　後部圧力隔壁と胴体後部

緯は次のようなものであった（注）。

　1978年6月2日15時1分頃、同機は大阪国際空港で着陸に失敗し、機体尾部を滑走路に接触させる「しりもち事故」を起こし機体が中破、後部圧力隔壁が損傷。

　1978年6月24日〜7月1日、米国ボーイング社の修理チーム44人が来日して東京・羽田空港で後部圧力隔壁の下半分を新品に交換する作業を進めたところ、胴体もしくは隔壁が変形していたなど何らかの原因で、隔壁の上下の接続部の一部で2列のリベット孔が1列分しか重ならなかった。そこで隔壁の上半分と下半分の間に継板を挟んでリベットを3列にして接続することにし修正指示書を作成した。ところが、作業者が幅の狭い継板を使用したため上側のリベット1列目までしか接続できなかった。上側のもう1段上の列には当て板をしてリベットを打ち、後方から見るとリベットが3列打たれているように見えるようにした。その結果、3列に分散するはずの負荷が真ん中の接合部に集中し、当該部分の強度が本来の接続方法による強度の約70％となり、金属疲労を起こしやすい接合形態となった。

　修理時及び修理後の修理チーム検査員、日航、航空局による目視検査では、前方から見ても継板と当て板の隙間をシール材で埋めていたこともあり、この欠陥修理部分を発見できなかった。

　修理後事故までに、約3,000時間ごとに行われた7回の詳細な整備（C整備）でも隔壁全体についての腐食発見を主とした後方からの一般的な目視検査は行われたが隔壁の接続部を特別に点検することはなかった。

　この間、欠陥修理部のリベット孔縁には修理後12,319回の飛行発着のたびにかかる胴体内圧の繰り返し荷重による金属疲労亀裂が進展し1984年11〜12月の最後のC整備にはリベット両側に最大約1cmの亀裂が発生していたが目視で発見できなかった。

事故当日に至り、高度24,000フィートを飛行中に胴体与圧と外気圧との差圧約8.66psi＝約59,700Pa＝約6.33トン/平方mにより欠陥接合部分から破断が隔壁全体に及び開口した。

（注）運輸省事故調査委員会による推定

事故の影響と対策

1990年5月11日、米連邦航空局は、急減圧対策として旅客機の設計段階の耐空性基準改正。1）尾翼部分など非与圧部分を急減圧に耐える機体構造にする、2）油圧など操縦系統が同時に破壊されないようにする、などとした。これを受けて運輸省も耐空性審査要領を改正。

ボーイング社は以下のような対策を実施。1）油圧配管4系統のうちブレーキにも使用できる第4系統に後部圧力隔壁の後ろの垂直安定板に入る上流側に自動遮断弁装着、2）後部圧力隔壁の中央下部にあるAPU高圧空気ダクトの両側に2系統ずつ配置してある油圧配管のうち第2系統を前方から見て左へ約25cm移動、3）隔壁のストラップ＝リング状補強材を幅2.5インチ4本の内側から1本目から2本目の間と3本目と4本目の間に幅4.5インチのストラップを追加、4）APU高圧空気ダクト貫通部周囲と隔壁中央部に補強板設置、5）尾部胴体から垂直尾翼に通じる点検口（57×38cm）に蓋設置、6）長距離飛行用747LR型旅客機の後部圧力隔壁について2,000飛行回数ごとに後方から目視検査と、20,000飛行回数以後4,000回ごとに渦電流、超音波、X線よる非破壊探傷検査を、短距離用747SR型は2,400飛行回数ごとに後方から目視検査と、24,000回数以後4,800回ごとに渦電流、超音波、X線よる非破壊探傷検査を実施するよう航空会社に要請。

日航はB747の整備方式を次のように改善。それまで定期修理の他に機数の20％分をサンプリングして重要部位を検査するH整備（Hospitalized Maintenance）を必要に応じて行っていたが、これに替えて4〜5年ごとのM整備（Major Maintenance）を新設。M整備では与圧胴体内部構造について使用年数20年、国際線20,000回飛行、国内線24,000回飛行に達するまでに全機を100％検査するほか亀裂や腐食の発見・除去、防錆剤の塗布、機体の再塗装、大型部品交換などを行う。実施間隔は経年劣化に備えて国際線は1、2回目5年ごと、3、4回目4.5年ごと、5回目以降4年ごと、国内線は1、2回目4.5年ごと、3回目以降4年ごとと整備間隔を短縮。

さらに担当の整備士が専従で点検、整備する「機付き整備士」制度新設。しかし整備チームの人員は次第に削減され、2003年に廃止。

運輸省は航空局に各航空会社の整備業務の監督などを行う整備審査官を東京と大阪の各航空局に計7人配置。

遺族らのはたらきかけにより航空振興財団が人体への衝撃を和らげる「後ろ向き座席」と「肩掛け式座席ベルト」を5年かけて試作開発したが実用化されていない。

◆亡くなられた方等のデータ

運航乗務員3名、客室乗務員12名、乗客509名、計524名のうち、重傷の乗客4名を除く520名が死亡（0-9歳48名、10-19歳42名、20-29歳105名、30-39歳108名、40-49歳124名、50-59歳78名、60-69歳13名、70-79歳1名、80-89歳1名）。単独機としては世界最悪の航空事故。

◆事故を残す、偲ぶ

●残骸等

2006年4月24日、日本航空の社内研修施設「安全啓発センター」が羽田空港整備地区の日本航空のビルの一室（床面積約620平方m）にオープン。修理ミスのあった後部圧力隔壁、破壊された垂直尾翼、原型をとどめないほどに壊れた座席、ボイスレコーダー、乗員・乗客が書き残した遺書やメモなどを展示。日航は当初、後部圧力隔壁などの主要部品を除いて廃棄する予定だったが、2005年に運航トラブルや整備ミスが相次いだことの反省や外部有識者による「安全アドバイザリーグループ」の提言（2005年12月）などにより施設を新設して保存・展示することにした。

●家族連絡会

1985年12月7日、遺族連絡会「8・12連絡会」発足。

●裁判等

1986年4月12日、遺族で組織する「8・12連絡会」ら159家族583人が日航、ボーイング社、運輸省の各幹部計12人を業務上過失致死傷罪及び航空危険罪違反で東京地検に告訴。以後8月12日までに計5回にわたり計697人が告訴。

1986年7月26日、乗客48人の遺族131人が日航とボーイング社に対し158億円の損害賠償を求めて米国ワシントン州キング郡裁判所に提訴。

1987年7月24日、同裁判所はボーイング社による修理の欠陥と事故の因果関係を認定したものの損害賠償額は日本の裁判所で決定すべきとの判決を下し、1987年9月4日、原告側の不服申し立てを却下し判決確定。原告側は上告。1990年8月2日、ワシントン州最高裁は上告を却下。

1988年1月30日、「日航JA8119事故の正当な賠償を求める会」の遺族150人が米裁判所の決定を受け、ボーイング社に対し約158億7,000万円の損害賠償を求めて東京地裁に提訴。1991年3月26日、和解。その他の遺族が起こしていたものを含め国内21件米国12件の損害賠償訴訟は1993年4月2日までにすべて和解。

1988年12月1日、群馬県警が日航役職員12人、ボーイング社作業員4人、運輸省の航空機検査官ら4人の計20人を業務上過失致死傷の疑いで前橋地検に書類送検。

1989年11月22日、前橋地検は送検された20人全員を不起訴。ボーイング社修理作業員については事情聴取ができず修理状況をつかめなかったことなどから過失を特定できなかった。日航や運輸省については、高水準の修理技術が信頼されていたボーイング社の修理に対し竣工検査や後の点検でミスを発見することは事実上困難とした。

1989年12月19日、遺族らは前橋検察審議会に不起訴不当の審査申し立て、1990年4月25日、前橋検察審議会は日航職員2人、ボーイング社作業員2人の不起訴は不当、他は不起訴相当と決定。1990年7月12日、前橋地検は再捜査の結果4人を不起訴。8月12日、公訴時効成立。

●慰霊碑

1986年7月30日、遺族、日航、上野村がつくる財団法人「慰霊の園」が群馬県上野村にある「慰霊の園」に慰霊塔と納骨堂建設。

1986年8月1日、財団法人「慰霊の園」が事故現場の御巣鷹の尾根に「昇魂之碑」建立。裏面に「昭和60年8月12日此所に日航機墜落し、520名の御霊昇天せらる」と刻まれた。

1988年7月31日、遺族有志が事故現場に「日

航123便事故記念碑」建立。
● **報告書**
1987年6月19日、運輸省事故調査委員会は運輸大臣に報告書を提出。
● **追悼文集**
1986年7月31日、遺族連絡会は文集「茜雲」発刊。その後毎年発刊され、2005年7月15日、20冊目として「茜集総集編」発刊。
● **出版**
「御巣鷹山に地獄を見た(第一線自衛隊員座談会・語られざる日航機事故の秘話)」『現代』1985.11
「あなたが利用する「ジャンボ機」に重大欠陥あり─このままでは"御巣鷹山の惨事"再び」『現代』 1989.9
「日航機墜落事故は不起訴処分、安全運航に一層の努力を願う(時の話題)」『実業界』1990.2
「御巣鷹山の閃光ドラマはその瞬間に終わり、また始まった─日航機事故から丸5年。改めて犠牲者の生きざま、遺族のその後に迫る(特集・戦後45年の日本人)」『プレジデント』1990.8
「安全工学から見た御巣鷹山事故──事故防止方法の一般化の試み」『安全工学』1994.12
「再び発生した圧力隔壁疲労破壊の証明すること(日航ジャンボ機御巣鷹山墜落事故)」『技術と人間』 1999.1、1999.2
「日航の事故体質はどのようにして創成されたか(日航ジャンボ機御巣鷹山墜落事故〔14〕)」『技術と人間』 2000.6
「特別レポート JAL123便 御巣鷹山15年目の真実─「隔壁破壊」はなかった」『新潮45』2000.8
井上赳夫『航空大事故の予測』 大陸書房 1985
吉原公一郎『いま飛行機は安全か』 三省堂 1985
朝日新聞社会部『日航ジャンボ機墜落 朝日新聞の24時』 朝日新聞社 1985

群馬県医師会『日航123便事故と医師会の活動』 群馬県医師会 1986
『日本航空連続事故 内部からの提言 安全飛行への道はあるか』 日航機事故真相追及プロジェクトチーム 1986
『日航123便墜落事故対策の記録』 群馬県 1986
吉岡忍『墜落の夏 日航123便事故全記録』 新潮社 1986
加藤寛一郎『墜落 ハイテク旅客機がなぜ落ちるのか』 講談社 1990
尾崎一馬『現代人災黒書』 三一書房 1992
角田四郎『疑惑 JAL123便墜落事故』 早稲田出版 1993
内藤一郎『真説 日本航空機事故簿』 亜紀書房 1994
藤田日出男『隠された証言 日航123便墜落事故』 新潮社 2003

『週刊朝日』
「日航ジャンボ機墜落事故」
(『昭和50〜60年「週刊朝日」の昭和史』)より

「…午後七時…救命胴衣をつけた乗客たちは必死で、両手で自分の足首をつかみ、頭をひざの間に入れる安全姿勢をとった。(中略)「やがてかなりの急降下で降ト(真っ逆さまという感じ)しだした。間もなく三回ほど強い衝撃があり、周りのイス、クッション、そのほかが飛んだ。自分の上にはイスがかぶさり、身動きができない状態だった…」助かった落合由美さん。(中略)…もし昼間の事故だったら、もっといい場所を選んで不時着していたはずで、そうすれば半分くらいの人は助かったかもしれない…」

CASE 37 山陰線余部鉄橋で突風により列車脱線、転落

date 1986年（昭和61年）12月28日　｜　scene 兵庫．香住

事故の経緯

＜余部鉄橋の強風警戒体制＞

1912年（大正元年）3月1日に完成した余部鉄橋（長さ310.59m）は日本海海岸から約70mの地点にあり、北北西に開いた急峻なV字谷に鉄材をやぐら状に組んだ高さ41.45mの橋脚11基の上に橋桁をかけた高架橋である。冬季などには日本海からの強風が谷で収斂して橋に吹きつける。

橋に設置した2台の風速計のいずれかで瞬間風速が秒速25m以上になると橋から140m上り側及び234m下り側に設置された特殊信号発光機が作動し、運転士はそれに従って列車を停止させていた。さらに、最も近い有人駅の鎧駅には風速記録計が置かれ駅長や駅員が様子を見ながら列車停止の判断をしていた。

しかし、1970年（昭和45年）12月に余部鉄橋から98.4km離れた福知山鉄道管理局本局内にCTC（列車集中制御装置）センターが発足すると、風速計と特殊信号発光機の連動をやめるとともに、同時期に無人駅となった鎧駅にあった風速記録計を橋から5km離れた2つ手前の香住駅に移設。そのかわりCTCセンターに風速計に連動した強風警報装置を設置し、風速計で瞬間風速が秒速15m以上になると橙黄色灯が点灯し秒速25m以上になると赤色灯が点灯し警報ブザーが鳴る仕組みとした。警報ブザーが鳴ると列車指令は直ちに遠隔操作で鎧駅－久谷駅間に対する出発信号機と特殊信号発光機を停止信号とすることがCTC運転取扱基準規程で定められた。

しかし、実際にはCTCセンターの指令長を含む指令員の多くは警報ブザーが鳴っても直ちに列車停止の措置をとらず、香住駅に風の状態を問い合わせてから判断することが慣例になっていた。このためCTCセンター発足までは瞬間風速が秒速25mを超えるたび年に数回程度列車を停止させていたのに対し、今回の転落事故までの16年間にCTCセンターが列車を停止させたのは1971年11月29日の1回だけだった。

＜転落事故＞

1986年12月27日18時20分、豊岡測候所が強風波浪注意報発表。

12月28日、余部鉄橋に設置した風速計記録では午前零時から8時頃までは風が弱かったが、以降秒速12mを超え、12時から13時の最大瞬間風速は秒速17mであった。

13時10分頃、余部鉄橋に設置した風速計

keyword【キーワード】：山陰本線　鉄橋　突風　脱線　転落

山陰線余部鉄橋で突風により列車脱線、転落

http://www.alternative-tourism.com/Japan/Photo/bridges/bridges.html

の風速が秒速25mを超えたため福知山鉄道管理局のCTCセンターの強風警報装置の赤色灯が点灯して警報ブザーが鳴った。CTCの指令員が香住駅に問い合わせたところ「風速は15～20m前後で異常なし」との回答だったため様子を見ることにし、橋を通過予定の列車もないことから特殊信号発光機は点灯しなかった。

13時15分、CTCセンターの指令長は指令員に指示して約7～8km東の香住駅に停車中だったお座敷列車「みやび」の下り回送列車（ディーゼル機関車1両と客車7両）を発車させた。

13時23分、「みやび」が鎧駅通過。

13時25分頃、「みやび」が鉄橋から約1km東の鎧駅を通過直後、鎧駅から約1.4kmの特殊信号発光機のある地点を「みやび」が通過する1分46秒前、再びCTCセンターの強風警報装置の警報ブザーが鳴ったため、指令員が再度香住駅に問い合わせたところ「瞬間風速25m、現在は20m前後」との返事。

しかしこの時、「みやび」は橋手前の鎧駅を2分前に通過していたため指令員は既に橋を通過したものと判断し特殊信号発光機を作動させなかった。もし2回目のブザーが鳴った直後に直ちに特殊信号発光機を作動させていれば、運転士がこれに気付いて列車が停止していた可能性がある。

13時25分頃、「みやび」が余部鉄橋を時速約55kmで走行中、機関車が橋の中央部に差し掛かった時、日本海からの突風にあおられて鉄橋端から約25m地点で脱線、客車の台車3つと機関車を残して高さ約41.5mの鉄橋から山側に転落し真下にあった木造平屋建てカニ加工場「鎌清商店余部工場」と民家の上に落下。

機関士は橋中央付近で急ブレーキがかかったようなショックを感じて餘部駅手前約30mで停車。後ろを見たところ連結していた客車がなく転落に気付いた。

香住駅の風速記録計では事故発生までの最大瞬間風速は秒速33m。国鉄（鉄道総合技術研究所）の「余部事故技術調査委員会」は瞬間風速を秒速35～45m、車両の転覆限界風速を秒速約32mと推定された。

事故原因に関しては、網谷りょういち氏は著書『続事故の鉄道史』の中で余部鉄橋の改

第Ⅰ部 大事故の系譜 | 125

修で橋脚の水平材をH型鋼に変えたことで橋脚の縦横の強度がアンバランスになり、強風により鉄橋が異常振動を起こして2号橋脚と1号橋脚（長さが2号橋脚の4割）との間で発生した機関車の蛇行動により風上側に線路が曲げられ、その結果列車後部の軽い2号車あるいは3号車が脱線し強風によって軽い中央部の客車から転落したとの説を展開した。余部鉄橋は1968〜1975年に1、11号橋脚以外の9基の橋脚の縦の主柱以外の全二次部材を交換。改修後、付近の鉄道職員や住民から列車通過時の振動が大きくなったようだとの声があったため、福知山鉄道管理局が振動試験を実施した結果、振幅の増加が確認された。しかし同一の列車荷重によるデータが得られず明確な結論は出なかった。

事故の影響と対策

国鉄は風速計を3台に増やし、周辺駅の各種信号機とも連動させた。CTCセンターには平均風速値などを表示する風速監視装置を導入。

1988年、JR西日本は、鉄橋上走行の停止基準となる風速を秒速25mから20mに変更。規定通りに基準を適用した結果、強風による列車の運休や遅れは年間100〜400本に急増した。

余部鉄橋については老朽化や、厳しくなった運行基準下で続出している列車の運休や遅れに対処するためコンクリート橋への架け替え工事を2006〜2010年度に実施することとなった。

◆亡くなられた方等のデータ

カニ加工場でカニの身出し作業をしていたパート主婦8名のうち5名と2両目に乗っていた車掌の計6名が死亡、パート主婦3名と4両目に乗っていた日本食堂従業員3名の計6名が重傷。

1987年1月2日、機関士の上司である福知山鉄道管理局豊岡運転区区長（50）自殺。現地の復旧対策本部に泊り込み復旧作業を陣頭指揮。

1987年1月20日、風速計関係担当の福知山鉄道管理局工務部電気課担当係長（45）自殺。復旧工事や強風警報装置の改善対策担当。

◆事故を残す、偲ぶ

● 裁判等

1993年5月12日、神戸地裁は、業務上過失致死傷、同往来妨害の罪に問われた当時の国鉄福知山鉄道管理局CTCセンターの指令ら3人に対し「危険を認識しながら見過ごした」として元指令長（50）に禁固2年4月、同センター元副指令長（44）に禁固2年、同センター元指令員（44）に禁固2年6月、執行猶予3年を言い渡した。旧国鉄側の責任については「余部鉄橋の事故防止設備に不備、欠陥があり、CTC指令員に強風警報が列車の脱線を含む危険を知らせるものであるという具体的な指導を欠き、多くの指令員が規程に反して安全性を欠く誤った取り扱いをしてきた。幹部がその状況を放置してきたことも落ち度がなかったとはいえない」とした。

検察、被告ともに控訴せず有罪判決確定。

● 慰霊碑

1988年10月23日、遺族らが橋下に慰霊碑と聖観世音菩薩像建立。

● 報告書

1988年2月5日、国鉄から事故調査を引き継いだ鉄道総合技術研究所の「余部事故技術調査委員会」は報告書を運輸省に提出。

●文学
1993年9月、東京芸術座が事故を題材にした戯曲「列車が空から降ってきた」を上演。
●出版
「事故当時風速計の片方は故障していた―山陰線・余部鉄橋事故で分かった新事実(NEWS INTERFACE)」『朝日ジャーナル』　1987.2.20
「空から列車が降ってきた――余部鉄橋事故はなぜ起きたか」『月刊社会党』　1987.5
「安全性を控除した黒字決算（ルポルタージュ・国鉄処分―1年後の風景〔下〕）」『世界』　1988.6
国労ルポ集団編『いまJRで何がおこっているか―現場からの告発』　教育史料出版会　1988
島田守家『暴風・台風びっくり小事典―目には見えないスーパー・パワー』　講談社　1992
安全工学会編『事故・災害事例とその対策―再発防止のための処方箋』　養賢堂　2005

> 七沢潔
> 『原発事故を問う　チェルノブイリから、もんじゅへ』より

「一九八六年四月二十六日…ソ連・ウクライナ共和国（当時）にあるチェルノブイリ原発四号炉で起こった事故は、大量の放射能を大気中に放出…一部はジェット気流にのって…日本やアメリカにも降り注いだ。…風向きや降雨の有無など自然条件によって死の灰が襲来してくるというまったく新たな体験に、世界は震撼した。…翌年、…日本でも茶や椎茸からセシウム137が検出され、またヨーロッパからの輸入食品から許容基準値を超える放射能が見つかり、…次々と返送された。」

CASE 38 伊方原発近くに米軍ヘリコプター墜落、炎上

date 1988年(昭和63年)6月25日 ｜ scene 愛媛．伊方

事故の経緯

　1988年（昭和63年）6月25日、沖縄県の米軍普天間基地所属、第462海兵重ヘリコプター中隊の輸送ヘリコプター「シコルスキーCH53Dシースタリオン」（乗員7人）が、普天間基地に帰還するため、9時54分に山口県岩国基地を離陸。濃霧の中を有視界飛行で低空飛行中、10時10分頃、山の斜面に衝突、バウンドして山頂を飛び越え、山頂から南側約100mのみかん畑に墜落、炎上。四国電力伊方原子力発電所の南東約1kmの地点であった。愛媛県内は、梅雨前線の影響で濃霧注意報が発令されており、視界は5～10mだった。

事故の影響と対策

　1988年6月30日、日米地位協定の実施に関する協議機関である日米合同委員会で、米国側代表が「原子力施設付近の上空の飛行については、在日米軍は従来から日本側の規則を遵守してきたが改めて徹底するよう措置する」と発言。
　1988年7月1日、原子力施設が立地する14道府県が結成する原子力発電関係団体協議会は、

1）原発周辺上空の飛行禁止について関係法令を改正して明文化すること、
2）軍用機の原発周辺上空飛行禁止を米国に強く要請すること、

の2点を求める要望書を、科学技術庁、外務省、運輸省、通産省、防衛庁の関係5省庁に提出。
　1988年7月21日、原子力安全委員会は、日本原燃産業から出されていた青森県・六ヶ所村のウラン濃縮工場の事業許可申請（1987年5月26日）についての安全審査で、本格的な原子力施設として初めて軍用機の墜落事故を想定した解析を行った。
　航空機墜落の影響を評価する施設は、ウラン濃縮建屋のうちの発回均質棟、カスケード棟及びウラン貯蔵建屋のうちウラン貯蔵庫の3施設とし、三沢基地に最も多く配備されている航空機として航空自衛隊のF1及び米軍のF16戦闘機（ともに爆弾は非搭載、重量16トン）が、約4立方mの保有燃料油全量を積んでエンジン故障等によりコースを外れ対象施設まで滑空し時速540kmで建屋に激突すると想定。屋根及び壁のコンクリートの厚90cmの発回均質棟についてはコンクリートを貫通せず、カスケード棟についてはウラン保有量が少ないため共にウラン漏洩の

keyword【キーワード】：米軍　ヘリコプター　墜落　濃霧　原子力発電所

伊方原発近くに米軍ヘリコプター墜落、炎上

影響はないとした。コンクリート壁の厚さ20cmのウラン貯蔵建屋については壁が崩れ、機体の一部が建物内に飛び込み、濃縮ウランの金属製収納容器を破壊し火災が6分間継続。火災にあぶられたシリンダー内の濃縮ウラン約0.3キュリー分が漏洩する可能性があるとした。その場合の一般公衆に対する被曝線量は、施設と外部との境界の最も線量が高いところで0.06レムになるが、一般公衆の一人当たりの許容被曝線量である毎年0.5レム以下であることから「安全は確保しうる」と判定した。

1988年8月10日、内閣総理大臣は、原燃産業が六ケ所ウラン濃縮工場の建設のため「核原料物質、核燃料物質及び原子炉の規制に関する法律」13条に基づいて出した核燃料物質加工事業許可申請を許可。

1989～1991年、伊方原発をはじめ全国各地の原子力発電所に「特別航空障害灯」設置。1.5秒に1回点滅する黄色の閃光灯(白色20万カンデラの光源に黄色フィルターを装着したもの)で視程1.5kmから確認できる。しかし、その後、2000年3月22日と7月4日に、宮城県女川原発から約9km及び5kmの地点に自衛隊機が相次いで墜落したことから、再び航空機墜落に対する原発の安全性が問題となり、自衛隊は飛行経路の見直しなどの対策を実施した。

一方、原子力安全・保安院は2002年7月に原子炉への航空機落下確率の評価基準を制定し、既許可の原子炉57基について原子炉設置者に評価・報告させた。その結果、航空機落下確率は、3.4～8.8×(10のマイナス8乗)(回／炉・年)であり、いずれも、判断基準の10のマイナス7乗(回／炉・年)を下回っており、原子炉設計上航空機落下について考慮する必要はないとした。

◆亡くなられた方等のデータ
死者7名(米海兵隊員)。
◆事故を残す、偲ぶ
●裁判等
2000年12月15日、松山地裁は、伊方発電所原子炉設置変更(二号炉増設)許可(1977年3月30日)の取消を請求した行政訴訟に対し、安全審査などに不合理な点があると認めることはできないとして請求を棄却。原告側は、米軍ヘリ墜落事故などを例に挙げ、安全審査で航空機墜落を想定した対策についての調査審議が行われていないのは誤りであると主張していた。

2002年3月15日、青森地裁は、上空を米軍機が飛行するなど危険が大きいのに安全審査がずさんだったなどとして六ケ所ウラン濃縮工場核燃料物質加工事業の許可取り消しを求めた行政訴訟(1989年7月13日)に対し、安全審査に看過し難い過誤、欠落はないとして請求を棄却。

けいてつ協會編著
『知られざる鉄道
リニアモーターカーから
トロッコまで200選』より

「日本最長の鉄道トンネルである青函トンネルは、…昭和63年(1988)に開業した。通常、トンネル内で列車火災等の災害が発生した場合には、列車を…トンネル外へ退避させるよう運行法規で定められている。しかし、青函トンネルは全長53.4kmと距離が長いため、本州、北海道側にそれぞれ一ヵ所ずつ避難用海底駅を設け、工事の際に掘られた斜坑を通って地上に出られるようになっている。…」

第Ⅰ部 大事故の系譜　129

CASE 39 東中野駅に停車中の電車に後続電車追突

date　1988年（昭和63年）12月5日　｜　scene　東京．中野

事故の経緯

1988年（昭和63年）12月5日9時36分頃、総武線津田沼発中野行き下り各駅停車（10両編成）が約4分遅れで東中野駅下り1番線に到着。東中野駅ホーム東端の27m手前にある場内信号機は赤色表示となった。

後続の千葉発中野行き下り各駅停車（10両編成）が時速約60kmで大久保駅から東中野駅に向かって走行中、赤色表示の場内信号機の約500m手前でATSが作動して運転席のATS警報が鳴り、運転士（28）はATS確認ボタンを押してATSを解除してブレーキ操作を手動に切り替えるという「信号確認扱い」をした。

ATS警報が鳴った地点付近から運転士は東中野駅構内の先行電車を視認できたはずであるが、やや減速しただけで黄色表示（制限時速45km以下）の第1閉塞信号機を通過。その後運転士は何かに気をとられるなどして赤色表示の場内信号機の手前で停止せず同信号機を通過。運転取扱心得の補助的指導書の「動力車乗務員執務標準」では赤信号の50m手前で停止するように規定。

この時場内信号機のすぐ手前の直下地上子通過によりATS警報が鳴ったはずだが運転士は減速しなかった。

9時38分頃、運転士は停車中の先行電車に気付いて非常ブレーキをかけたが約3秒後に時速45〜50kmで追突。先行電車の9、10両目と後続電車の4両が脱線。後続電車の先頭部が先行電車の最後部に食い込んだ。

事故の影響と対策

JR東日本は事故前に、許容速度を超えると自動的にブレーキをかけて停止信号手前で列車が止まるようにしたATS-Pを1991年度までに首都圏の主要線区に導入することを決定していたが、この事故を契機に導入時期を繰り上げるとともに導入線区を拡大した。

1989年12月、JR東日本は場内信号機、出発信号機、入替信号機など進入が許されない絶対信号機の信号機の直前に置いた地上子（直下地上子）を通過すると、運転士の操作にかかわらず強制的に非常ブレーキを作動させるATS-SN型の導入を開始した。

1990年5月2日、JR東日本は、事故が起きた区間を含む総武線各駅停車の千葉駅―中野駅間でATS-P型の使用を開始した。

keyword【キーワード】：中央線　総武線　追突　判断ミス　信号確認怠り

◆亡くなられた方等のデータ

後続電車の運転士は運転席に挟まれ救出後死亡、3両目前部に乗っていた男性乗客(31)は左足が車両連結部に挟まれ救出作業中死亡。

◆事故を残す、偲ぶ

●裁判等

1989年6月7日、警視庁捜査一課と中野署捜査本部は追突電車の運転士を被疑者死亡のまま業務上過失致死傷、業務上過失往来危険の容疑で東京地検に書類送検し不起訴となった。

●出版

「東中野の大事故はなぜ起きたのか―連続する列車事故の原因と背景」『技術と人間』 1989.1

「JR東京・東中野駅事故の背景(世界と日本)」『前衛』 1989.2

「政治家センセイに「辞任」を迫られたJR東日本『住田社長』の"ホンネ"—東中野駅列車事故を機に非難集中」『実業界』 1989.3

「現場が警告する「JRはこんなに危ない」―いつでも重大事故が!」『現代』 1989.4

JR東中野駅列車事故にみる救急活動上の問題の検討(集団災害<特集>)——集団災害事例から)」『救急医学』 1991.12

川副詔三著・ぶなの木出版編『東中野事故調査報告―構造的事故体質と国労の課題』 ぶなの木出版 1989

図 追突地点と信号機位置

佐々木幹郎
『新潮』1988.11・12月号
「昭和終焉序曲」
(加藤典洋編『日本の名随筆 昭和2』)より

「…ソウル・オリンピックが九月十七日に始まってから、…テレビを昼間から見る習慣が出来てしまった。…九月十九日の深夜、突然、天皇重体情報が流れた。(中略) …この一ヵ月間、迷走台風のように天皇の病状報告がテレビの上を流れ続けた。天皇の病気平癒祈願のための一般記帳が始まったのは九月二十二日から…一時は一日十万人以上の人々が、皇居の坂下門に設けられた記帳所に詰めかけた。日曜日になるとピクニックに出かけるような格好で、…皇居前広場に集まってくる…」

CASE 40 信楽高原鉄道で列車正面衝突

date　1991年（平成3年）5月14日　　scene　滋賀．信楽

事故の経緯

＜衝突事故の要因となった設備等の導入経緯＞

1990年（平成2年）4月頃～、信楽高原鉄道とJR西日本は、滋賀県信楽町で開催予定の世界陶芸祭の来場者の輸送に備えて、1）信楽高原鉄道の1編成で1日15.5往復運転を、JR西日本線から直通乗入れする快速列車1編成8往復を加えた2編成で1日26往復運転とすること、2）そのため貴生川駅～信楽駅間に小野谷信号場(無人)を設置して上下列車を行き違いさせること、3）2編成の上下列車運行時の閉塞を確保するため、信号設備を一部自動化した特殊自動閉塞方式を採用することを決定。

特殊自動閉塞方式は、閉塞区間の両端の駅に設置した列車検知装置で閉塞区間内に列車がいると検知された場合は、他の列車がその閉塞区間に進入できないよう自動的に信号機を赤色にする。出発信号が赤色にもかかわらず列車が誤って駅を出発すると「誤出発検知装置」が作動して閉塞区間の反対側の駅の出発信号を強制的に赤色にして対向列車の出発を防ぐ。信楽高原鉄道では新設する小野谷信号場を境に、貴生川駅との間及び信楽駅との間をそれぞれ1つの閉塞区間とし、貴生川駅、小野谷信号場、信楽駅の3箇所に列車検知装置を設置。

さらに、小野谷信号場には自動進路制御装置（ARC＝Automatic Route Control）を設置。ARCは、列車が小野谷信号場に入ると、その先の閉塞区間に対向列車がいなければ青信号を、いれば赤信号を自動的に表示する。つまり、小野谷信号場に先着した列車の運転方向を優先的に確保して、信号表示に従って進行すれば安全が確保されるようにしたシステムである。

1990年9月13日、JR西日本と信楽高原鉄道の信号設備に関する打合せで、JR西日本は小野谷信号場の上り出発信号機をJR西日本側で抑止したいと要望。これは、JR西日本の下り直通列車の貴生川駅発車が遅れて上り列車が小野谷信号場に先着した場合、ARCが作動して小野谷信号場の上り出発信号機が青色になって貴生川駅までの運行方向が上りに設定されてしまうため、貴生川駅から下り列車が発車できずに遅れが拡大し、JR草津線の運行にも影響するからであった。

しかし信楽高原鉄道は自己の設備をJR西日本が制御することに反発、両者は小野谷信号場の上り出発信号機の抑止梃子を信楽高原鉄道の信楽駅に設置することと、JR西日本

---

keyword【キーワード】：信楽高原鉄道　信号無視　正面衝突　判断ミス

信楽高原鉄道で列車正面衝突

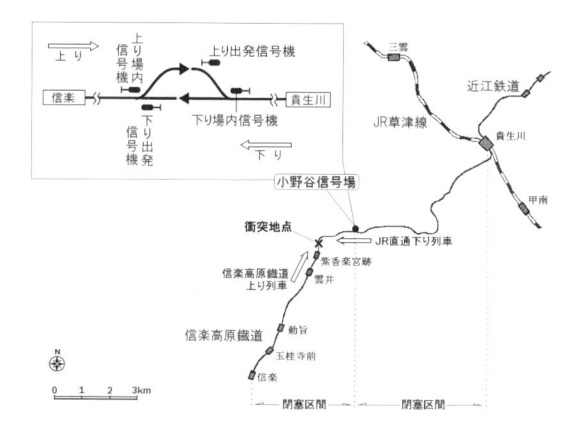

の亀山CTC（Central Train Control）と信楽駅の間に連絡用の直通電話を設置することで合意した。

1990年9月26日頃、JR西日本は、9月13日の信楽高原鉄道との合意にもかかわらず、小野谷信号場の上り出発信号機を強制的に赤色に固定して、貴生川駅～小野谷信号場間の運転方向を下り方向に固定する「方向優先梃子」をJR西日本側に設置することを決定。しかしJR西日本はこのことを信楽高原鉄道に連絡しなかった。

1991年（平成3年）2月25日、JR西日本は、関西本線と草津線の列車運行を集中管理する亀山CTCに方向優先梃子を設置。

1991年3月4、5日、小野谷信号場及び特殊自動閉塞方式についての説明会で、運転士から「小野谷信号場の下り場内信号機の制御時期が接近制御点通過時では遅すぎるので、もう少し早くして貰いたい」との要望が出された。これは、小野谷信号場の下り場内信号機及び下り出発信号機は、手前にある接近制御子を列車が踏むことによって制御されるようになっていたが、下り場内信号機の赤色が先に見えるため一旦速度を落とし、その後に接近制御子を踏むことで下り場内信号機が緑色になって今度は速度を上げるという運転操作を強いられたためであった。

この要望を受けて、信楽高原鉄道から信号設備工事を委託されていた信栄電業は、小野谷信号場下り場内信号機の制御を接近制御点ではなく貴生川駅の出発信号表示による制御とする変更工事を下請け業者に行わせた。この変更工事のことはJR西日本に連絡されなかった。

＜衝突事故前の類似トラブル＞

1991年5月3日、亀山CTC指令員が、下り531D列車が9時44分に貴生川駅を発車した後、後続の貴生川駅10時16分発予定の京都発JR線直通下り501D快速列車の遅れを防ぐために方向優先梃子を作動させ、これにより、小野谷信号場の上り出発信号機が赤色に固定された。

一方、小野谷信号場の下り場内信号機は、運転士の要望を受けて行われた変更工事により、下り531D列車が貴生川駅を発車した時点で黄色になっていたが、方向優先梃子の操作で上り出発信号機が赤色に固定されたことにより黄色または青色の表示しかできないように固定された。

その後、下り531D列車が小野谷信号場

第Ⅰ部 大事故の系譜 | 133

に近付いて接近制御子を踏んだ時点で下り場内信号機及び下り出発信号機は、小野谷信号場～信楽駅間に列車がいなかったためともに青色となり、同時に、信楽駅の上り出発信号機は赤色となった。

さらに、下り531D列車が小野谷信号場を通過した後、本来であれば下り出発信号機は赤色に戻るはずであるが、下り出発信号機は、その手前にある下り場内信号機が黄色または青色である限り青色に固定される関係（反位片鎖錠）にあったため、方向優先梃子の影響で黄色または青色の表示しかできないように固定された下り場内信号機に連動して青色のまま固定。そして信楽駅では、小野谷信号場の下り出発信号機が青色に固定されたため、それに連動する上り出発信号機が赤色のまま固定すると同時に、小野谷信号場から信楽駅に列車が進行していることを示す下り運転方向表示灯が点灯した。

反位片鎖錠とは、黄色または青色の場内信号機から短距離にある出発信号機が何らかの原因で急に赤色に変わると、列車が間に合わずに出発信号機を過走してその先の転轍器で脱線する恐れのため、これを防ぐ目的で場内信号機が黄色または青色である限り出発信号機を青色のままに固定する仕組みである。

10時8分、下り531D列車が信楽駅到着。

10時11分頃、信楽駅当務駅長は、折り返し10時14分発上り534D列車を出発させようと、上り出発信号機を青色するため制御盤の信号梃子を操作したが、上り出発信号機は赤色のままだった。

さらに、下り運転方向表示灯が点灯しているのに気付いたが、ダイヤ上は小野谷信号場から信楽駅に向かっている列車はないはずであることから、下り運転方向表示灯の異常点灯により上り出発信号機が青色にならない信号故障と判断した。

信楽駅当務駅長から報告を受けた上司の業務課長（54）は上り534D列車を代用閉塞方式（指導通信式）で発車することを決定。

代用閉塞方式は、1）小野谷信号場は無人であるため、信楽駅または貴生川駅の駅長は先ず小野谷信号場に駅長役を派遣、2）閉塞区間の両端の駅長は閉塞専用電話機で打合せて列車の運行順序を決め、適任者を選んで徒歩等の手段により閉塞区間内に列車ないことを確認（区間開通確認）、3）出発駅の駅長は相手方の駅長と打合せて指導者を1人選定、4）相手方の駅長は、列車を到着させる条件が整っていれば、出発駅に対して閉塞の承認を通知、5）出発駅の駅長は、運転通告券によって代用閉塞方式実施を運転士と車掌に通告し、指導者腕章を着けた指導者を同乗させて代用手信号で発車、という手順で実施する規定になっていた。

業務課長は、区間開通確認のため小野谷信号場に行くよう施設課長（56）に指示、施設課長は自動車で出発。さらに非番の運転士に対して、指導者として上り534D列車に乗務するように指示し、自らも同列車に乗り込んだ。

その後、業務課長は、小野谷信号場までの区間開通確認が終わっていないのにかかわらず、列車を出発させれば誤出発検知装置が作動して小野谷信号場の下り出発信号機が赤色

になり下り列車が停止するだろうと考え、当務駅長に上り534Dの発車を命じた。

10時24分頃、上り534D列車は、上り出発信号機が赤色のまま、当務駅長の手信号により発車した。この時、誤出発検知装置が作動して電流が遮断され小野谷信号場の下り出発信号機は強制的に赤色となった。

10時28分頃、貴生川駅を定刻10時16分に発車した下り501D快速列車は、ダイヤ上は小野谷信号場を通過のはずだったが、信楽駅の誤出発検知装置の作動により赤色になっていた下り出発信号機手前で停車した。

10時31分頃、上り534D列車が小野谷信号場に到着。

上り534D列車から降車した指導者が下り501D快速列車に乗車し、信楽駅の出発信号が赤色のまま変わらないこと、自分が指導者であることを運転士に説明。

業務課長は、小野谷信号場には信楽高原鉄道を走行している全車両が来ていることから区間開通確認は必要ないと考え、信楽駅～小野谷信号場間の区間開通確認や運転通告券の交付等の定められた手続きを省略し、上り出発信号機が赤色のまま手信号で下り501D快速列車を発車させた。

その後、11時43分に信楽駅の上り出発信号機が回復するまで、信楽高原鉄道の業務課長らは、区間開通確認や運転通告券交付等の定められた手続きを省略して代用閉塞による運行を行った。

その後、業務課長、施設課長、信号設備会社社員らは原因を協議したが、設備の不具合が発見できなかったことから当務駅長の制御盤操作ミスという結論になった。

＜衝突事故＞

1991年（平成3年）5月14日9時42分頃、亀山CTCの運転指令員は、貴生川駅9時44分発下り531D列車の出発信号ボタンを押すと同時に、途中の大津駅で5分の遅れを出して貴生川駅発も遅れる恐れがある京都発信楽行きJR線直通下り501D快速列車（10時16分発予定）の進路を確保するため、小野谷信号場上り出発信号機を赤色に固定する方向優先梃子を操作。

9時46分、下り531D列車が2分遅れで貴生川駅を発車。この時、小野谷信号場の下り場内信号機が黄色となった。

9時50分頃、下り531D列車が小野谷信号場手前の接近制御点を通過、その先の小野谷信号場～信楽駅間には列車がいなかったため小野谷信号場の下り場内信号機及び下り出発信号機が青色となった。

下り531D列車が小野谷信号場を通過した後も、5月3日の場合と同様、信楽駅の上り出発信号機が赤色のまま固定すると同時に、小野谷信号場から信楽駅に列車が進行の下り運転方向表示灯が点灯した。

10時10～11分頃、下り列車531Dが3分遅れで信楽駅に到着。

10時14分頃、信楽駅当務駅長は、折り返し10：14発上り534D列車を出発させようと、上り出発信号機を青色するため制御盤の信号梃子を操作したが、上り出発信号機は赤色のままだった。

当務駅長は下り運転方向表示灯が点灯しているのに気付いたが、ダイヤ上は小野谷信号

第Ⅰ部 大事故の系譜　135

場から信楽駅に向かっている列車はないはずであることから、信号機の故障と判断。信楽駅当務駅長から報告を受けた業務課長は信号設備会社社員に点検・修理の依頼を指示。

10時15分頃、信号設備会社社員は、信号機を制御する継電連動室（駅構内）で施設課長とともに点検修理を開始した。規定では継電連動装置の点検修理は信号の使用を停止して行うことになっていたが、信号設備の保安担当者であった施設課長はそのまま信号設備会社社員に点検修理を開始させた。

10時18分頃、下り501D快速列車が、約2分遅れて貴生川駅を出発。

10時22分過ぎ、業務課長は、間もなく近畿運輸局の係官が安全対策等の査察のために来駅することもあり、当務駅長に対し「早よ出さんかい、何をもたもたしとんのや、代閉でいこう。腕章出せ。」と怒鳴った。業務課長は非番の運転士を指導者に指定して腕章を渡した。

10時25分頃、業務課長は、小野谷信号場への駅長役の派遣や信楽駅〜小野谷信号場間の区間開通確認等の定められた手順を省略し、5月3日の類似トラブルの時と同様に誤出発検知装置の作動を想定して、上り出発信号機が赤色のまま当務駅長の手信号で上り534D列車を約11分遅れで出発させた。

この頃、継電連動室で点検修理をしていた電気通信会社社員は、試行錯誤の末、4月12日に貴生川駅出発信号機が赤色に固定した時、貴生川駅継電連動室の閉塞用電源の電圧設定が低かったことに気付いて本来の電圧まで上げたところトラブルが回復した経験から、今度も小野谷信号場継電連動室の方向回線にかかる電圧を上げれば回復すると考え、通常の回線とは別の回線からも電圧がかかるよう、ジャンパー線で必要な端子同士を接続した。

この結果、上り534D列車の発車に伴い誤出発検知装置が作動して小野谷信号場の下り出発信号機に対する通常の回線からの電圧が遮断された際、ジャンパー線でつないだ別の回線から電圧がかかり続けたため、下り出発信号機を強制的に赤色にする機能が作動しなかった。

10時30分頃、下り501D列車が小野谷信号場手前の接近制御子を通過したため、下り場内信号機及び下り出発信号機が青色となり同列車は場内に進入。この時、ダイヤ上は行き違うことになっていた上り534D列車は上り待避線に到着していなかったが、下り501D列車の運転士は下り出発信号機が青色であることから、上り列車は何らかの原因で信楽駅を発車していないのだろうと思い、そのまま小野谷信号場を通過。

10時35分頃、小野谷信号場と紫香楽宮跡駅間の見通しの悪いカーブで上り534D列車と下り501D快速列車が正面衝突。下り先頭車両（鋼鉄製・39トン）が、信楽高原鉄道上り先頭車両（29トン）の上に押し潰すようにして乗り上げた。上り列車の車両はバスの部品を流用してコストを抑えた「レールバス」と呼ばれる軽量車両だった。

注：
【単線特殊自動閉塞式信号保安システム】
「貴生川駅〜小野谷信号場間」と「小野谷

信号場〜信楽駅間」を、それぞれ1つの閉塞区間とし、貴生川駅、小野谷信号場（無人、ARC）、信楽駅の3箇所に「列車検知装置（軌道回路）」を設置。同装置により、閉塞区間内の列車の有無を自動的に検知、閉塞区間内に列車が存在する場合は他の列車が当該閉塞区間に進入できないよう、信号機を赤とする。

列車が、出発信号が赤にもかかわらず誤って駅を出発すると、「誤出発検知」が作動、反対側駅の出発信号も赤になり出発を防ぐ。

閉鎖区間の両端に信号回路があり、途中のレールには信号電流は流れない。

【ARC（Automatic Route Contorol）】
列車が場内にいないときは常に赤信号を表示。列車が信号場に進入した時、その先の閉塞区間に対向列車がいなければ青、いれば赤の信号を自動的に出す。

【方向優先梃子】
JRからの乗り入れ線（下り列車）が遅れた時に、上り列車が小野谷信号場に入ると、ARCにより、先の閉塞区間、すなわち、小野谷信号場〜貴生川駅間に列車がいないため、信号場は青信号を出し、上り列車が、小野谷信号場〜貴生川駅間を先に通行することになる。その結果、上り列車が貴生川駅に到着するまで、JRの下り列車は同駅を出発できず、遅れが増すことになる。貴生川駅は草津線上にあるため、同線のダイヤにも遅れが生じる。

このような遅れを防ぐため、JRは、小野谷信号場の上り出発信号機を強制的に赤にして、貴生川駅－小野谷信号場間の方向回線を下り方向に固定する「方向優先梃子」を亀山

CTCセンターに設置し、上り列車を信号場に停車させることができるようにした。

【代用閉塞方式（指導通信式）】
閉塞区間の信号は無効なものとし、閉塞区間両端の駅長が打合せをして指導者を定め、その指導者が乗った列車だけが運転できるようにする。信楽駅〜小野谷信号場間を代用閉塞にするためには、無人の小野谷信号場に職員を派遣し、到着後に打合せをする。

事故の影響と対策

1995年12月18日、信楽高原鉄道は、先頭下部に油圧ダンパーを付けて耐衝撃性を高め、戸袋部分の窓を廃止するなどして車体強度を増した300型1両運行開始。

2000年4月18日、「鉄道安全推進会議」のはたらきかけなどにより航空・鉄道事故調査委員会設置法成立。

2001年10月1日、国土交通省内に「航空・鉄道事故調査委員会」発足。

◆亡くなられた方等のデータ

下りJR乗客30名、上り信楽高原鉄道乗客7名・乗員5名死亡。

◆事故を残す、偲ぶ

●残骸等
1997年4月30日、信楽駅舎に事故資料館「セーフティーしがらき」オープン。事故車両のヘッドマークや行き先表示板、運転台の計器類、無線機、料金箱など15点と、鉄道安全宣言の町としての宣言文を陶板にして展示。
JRの臨時快速と衝突した信楽高原鉄道の普通列車4両のうち先頭と2両目は損壊したが、3、4両目は事故後も走行していた。しかし

老朽化が進んだため、3両目は1991年11月に、4両目は2002年9月に運行を休止し、信楽駅のホーム裏に保管されている。
●家族連絡会
1991年7月21日、遺族会結成。
1993年8月8日、遺族らが、他の鉄道事故の遺族・被害者、国、地方公共団体、鉄道会社の労使、学識経験者、弁護士、ジャーナリストにも呼びかけ、鉄道の安全を市民的な立場から監視すること及び政府に鉄道事故調査のための第三者機関（監督官庁である国土交通省から独立した事故調査機関）を設置させることを目的に「鉄道安全推進会議」を結成。
●裁判等
1999年3月、大阪地裁は、9遺族23人が信楽高原鉄道とJR西日本を相手に計約11億3,600万円の損害賠償を求めた訴訟で、協議を十分行っていれば事故を予見でき事故発生を回避すべき注意義務に違反したとして両社に計約5億円の支払いを命じる判決を下した。
2000年3月24日、大津地方裁判所は、業務上過失致死傷などの罪で、信楽高原鉄道の元運転主任に禁固2年6月執行猶予3年、元施設課長に禁固2年2月執行猶予3年、元信号保安設備会社社員に禁固2年執行猶予3年の判決を言い渡した。判決では、事故は3被告の過失の競合により発生したとした上で、JR西日本と信楽高原鉄道とが協議・連絡していれば事故は回避できたはずでそれに両社の危機管理体制のずさんさも加わって3被告の過失が誘発されたとして刑の執行を猶予した。
2002年12月26日、大阪高裁は損害賠償訴訟の控訴を棄却、犠牲者1人についてのみ賠償額を約1,000万円増額するよう命じた。判決ではJR西日本がトラブルの報告体制を確立していれば事故発生は防げたとし、一審判決で責任を問われなかった同社の鉄道本部長らの過失を認定。
●慰霊碑
1993年5月14日、事故現場脇に遺族、信楽高原鉄道、JR西日本が慰霊碑建立。6月にはそれまで現場脇にあった慰霊堂を現場から約300m離れた不動寺に移設。
●報告書
1992年12月18日、運輸省鉄道局は「信楽高原鉄道列車衝突事故の原因調査結果について」を運輸大臣に報告。
●出版
「信楽高原鉄道事故安全追究リポート」『いのちと健康』 1991.5
「信楽高原鉄道事故の原因徹底究明を(ニュース 社会)」『労働運動』 1991.7
「ドキュメント「信楽高原鉄道事故」―死者42人を出した大惨事の明かされざる謎に迫る」『プレジデント』 1991.10
「信楽高原鉄道事故「一年後の真実」―42名の死者を出した大惨事から早くも1年。事故原因の究明もいよいよ大詰めに」『プレジデント』 1992.6
「鉄道事故調査機関の設置を望む―信楽高原鉄道の事故調査から」『月刊社会党』 1994.1
網谷りょういち『信楽高原鐵道事故』 日本経済評論社 1997

鎌田慧『自立する家族』より

「…すでに六〇年代から、大企業では職場の機械化に合わせて賃金体系が変更され、年功序列制はつき崩された。(中略)会社は家庭を犠牲にしろ、とはいわない。家族のためにがんばれ、というだけだ。過労死にいたるまではたらいて手もとに残ったものは、土地の高騰だった。(中略)はたらきすぎは、世界一の債権国としての地位を確立した。が、円高をまねき、こんどはその解消のために浪費が国をあげての方針となり、…いまバブルがはじけてみれば、公共料金の値上げと増税が当面の課題である。」

CASE 41 JR福知山線踏切で大型トラックが立往生、電車衝突

date　1991年(平成3年)6月25日　｜　scene　京都．福知山

事故の経緯

　1991年（平成3年）6月25日8時13～14分頃、パワーショベルを積んだ土木建築会社「米田組」の大型トラックがJR福知山線の福知山駅から上り方向約1.2kmにある岡踏切を渡ろうとして高さ制限を示す踏切注意標の鉄枠にパワーショベルのアーム先端の爪を引っ掛けた。アーム先端に長さ約2mの削岩機を取り付けていたパワーショベルの高さは3.68m、トラック荷台高さと合わせると地上からの高さが4.88mとなり踏切注意標の鉄枠の高さ4.62mを上回っていた。また、道路法に基づく車両制限令では地上からの積荷高さ3.8mを超える車両の通行には道路管理者の許可が必要だがこのトラックは通行許可を得ていなかった。

　トラックは後続車のためバックできず運転手（49）がパワーショベルに乗り移り標識に引っかかったアームを外そうとしたが外れなかった。

　トラブルに気付いた住民が発炎筒をたいて列車の来る上り方向に走った。さらに踏切の警報機が鳴り出し、トラックには道路運送車両法の保安基準で定められた非常信号用具（発煙筒など）を装備していなかったため運転手は踏切備え付けの発煙筒を探したが見つからず電車が来る方向に数メートル走り手を振ったが間に合わなかった。

　JR西日本ではいたずらや盗難を防ぐため緊急用発炎筒と赤旗を踏切近くの住民に預け「非常の時は列車を止める手配をして下さい。発炎筒は矢印の方向の家にあります」と書いた標識板を踏切に設置していた。

　8時16分頃、大阪発城崎行き下り普通電車（3両編成、乗客約400人・定員の約1.2倍）の運転士（32）が踏切の手前約190mでトラックを発見、あるいは人が大きく手を振っているのが見えたのでブレーキをかけたが間に合わず衝突。

　電車はパワーショベルを引きずって約50m進み、先頭車両は脱線して約2m下の右側斜面に突っ込んだ。

事故の影響と対策

　1991年7月3日、JR西日本福知山支社は岡踏切に踏切支障報知装置を設置し稼働させた。踏切両側にある非常ボタンを押すと、大阪側463mの間に4ヶ所、福知山側315mの間に2ヶ所新設した特殊信号発光機が点滅し、大阪側690m、福知山側1,100mにある信号が赤になる。

keyword【キーワード】：福知山線　踏切　トラック　積載違反　衝突　脱線

1991年7月18日、JR西日本は1995年度までに踏切約6,689ヶ所のうち自動車の通行可能な踏切6,361ヶ所すべてに特殊信号機や信号機に連動する障害物検知装置や踏切支障報知装置を設置すると発表した。
　運輸省も全国約39,000ヶ所の踏切のうち踏切支障報知装置未設置の踏切約27,000ヶ所への同装置設置促進を鉄道事業者に指示した。

◆負傷された方等のデータ

通勤通学の乗客ら300名以上が重軽傷を負った。

◆事故を残す、偲ぶ

●裁判等

1991年9月7日、福知山簡裁はトラック運転手の雇用主で道路法違反（車両制限令違反）などの罪で略式起訴された建設業「米田組」に罰金30万円、同社の現場監督に同15万円、安全運転管理者に同5万円の略式命令を出した。

1993年2月24日、京都地裁はトラック運転手に対し業務上過失傷害罪及び過失往来妨害罪で禁固2年6ヶ月、執行猶予4年の判決を言い渡した。

毎日新聞社
『「毎日」の3世紀—新聞が見つめた激流130年　下巻』より

「1991（平成3）6月4日毎日朝刊「長崎県雲仙・普賢岳で3日午後4時過ぎ、大規模な火砕流が発生、先端はふもとの同県島原市上木場地区にまで達し、警戒に当たっていた地元消防団員や警察官らが巻き込まれた。…20人が全身やけど…警察官、消防団員、報道関係者ら31人の行方がつかめていない。」（中略）亡くなった報道関係者は、火口から直線距離で約4キロの所にある…高台に陣取っていた。…普賢岳を一望でき、かつ高台ということで万一火砕流や土石流が…到達しても安全だと思われていた…」

CASE 42 関東鉄道常総線でディーゼル列車暴走、駅ビルに突入

date　1992年(平成4年)6月2日　｜　scene　茨城．取手

事故の経緯

　1992年（平成4年）6月2日7時57分頃、関東鉄道常総線で取手行きディーゼル列車（4両編成、乗客約900人）が西取手駅を出発する際、何らかの原因で保安ブレーキ装置が作動しブレーキがかかったままの状態になったため、運転士（22）は車外に出て各車両床下の保安ブレーキ締切コックをすべて閉じた。同コックを閉じると同コックから制御弁～ブレーキシリンダー内の圧縮空気は同コックの側穴から排出され保安ブレーキ装置が作動しない状態になった。

　その結果列車はブレーキがかかっていない状態となり後ろ向きに坂を下り始めたため、最後部車両の後部車掌室にいた車掌（45）は非常用の車掌弁レバーを引いて常用ブレーキを作動させ列車を停止させた。

＜列車ブレーキ＞

　通常の「常用ブレーキ」と予備の「保安ブレーキ」の2系統がある。常用ブレーキは、運転席のブレーキレバーで作動させるが、非常時には車掌席の車掌弁（非常用ブレーキ）でも作動できる。

　保安ブレーキ装置は、常用ブレーキが作動しない場合に保安ブレーキスイッチを押すこ

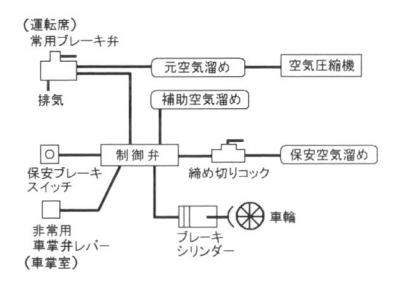

図　空気ブレーキの仕組み

とにより、常用ブレーキとは別経路でブレーキシリンダーに圧縮空気を送りブレーキをかける装置。

　その後、運転士は保安ブレーキ装置が使用できなくても常用ブレーキが使用できれば大丈夫と考え各車両の保安ブレーキ締切コックを「開」の状態に戻さなかった。車掌もこれまで車掌弁レバーを引いて常用ブレーキを作動させた経験がなく慌てたことや車掌弁レバーを引いた後の処置をよく知らなかったことなどから車掌弁レバーを元の状態に戻さなかった。更に車掌室の保安ブレーキスイッチのボタンが何らかの原因で押されてONの状態（ブレーキ作動）となったが車掌はこれに気付かなかった。

　しかし、保安ブレーキ締切コックが「閉」

keyword【キーワード】：関東鉄道常総線　ブレーキ故障　暴走　駅ビル　判断ミス

の状態では同コックの側穴が開いたままとなるため、車掌弁レバーが引かれた状態であるとともに保安ブレーキスイッチが「ON」であることから、常用ブレーキ系内と保安ブレーキ系の圧縮空気が制御弁を経由して同側穴から次第に抜けていき常用ブレーキと保安ブレーキが共に全く作動しない状態となった。

8時10分頃、運転士は発車が約13分間遅れて急いでいたことから、運転室内の元空気溜めの圧力計が規定値より低い約5kg/平方cmにしか上昇していないことには気付いたものの運転取扱心得及び鉄道運転士作業基準に定められた応急処置後のブレーキ試験を実施しないまま、車掌の出発合図に従い、西取手駅を発車。車掌も列車の遅れに気をとられ、運転士と連携してブレーキ試験を実施しないまま出発合図を出した。

取手駅手前の下り勾配で、運転士は減速しようとしたがブレーキがかからず、車掌も車掌弁を引いたがブレーキがかからなかった。運転士が「ブレーキが利きません」と車内放送し満員の乗客が一斉に後方に押し寄せた。

8時13分頃、列車は取手駅8番線車止め（高さ1.2m、幅1.4m）を乗り越え6階建て駅ビル「ボックスヒル」の2階の壁を突き破って先頭車両の4分の3（約15m）を突っ込んで止まった。

◆亡くなられた方等のデータ

男性乗客（40）が脳挫傷で死亡（7月1日、茨城県警発表）。約250名負傷。

◆事故を残す、偲ぶ

●裁判等

1995年3月29日、水戸地検は業務上過失致死傷罪と業務上過失往来危険罪で運転士と車掌を水戸地裁に起訴した。また、事故以前にあった同様のブレーキ故障の原因究明を怠り、運転士や車掌にトラブル時の適切な対応について十分な教育をせず、西取手駅で保安ブレーキ装置がかかったままになった時、適切な指導をしなかったとして書類送検されていた教育担当の水海道鉄道車両区乗務区長（事故後一時失踪し自殺未遂）については不起訴であった。

1996年2月26日、水戸地裁は業務上過失致死傷罪と業務上過失往来危険罪で、運転士（26）に禁固2年6月執行猶予4年、車掌（49）に禁固1年6月執行猶予3年の有罪判決を言い渡した。

1997年5月12日、水戸地裁は、事故で重傷を負った男性（53）が関東鉄道に対し逸失利益や後遺症への慰謝料など総額約2,700万円の損害賠償を求めた訴訟の判決で、後遺症を認定するなど男性の請求を一部認め、関東鉄道に約384万円の支払いを命じた。関東鉄道は控訴せず判決確定した。

原口隆行
『読む・知る・愉しむ
新幹線がわかる事典』より

「JR東海は…1992（平成4）年3月14日の時刻改正で、東京〜新大阪間を最高速度270km/h、所要時間2時間30分で走破する画期的な新列車を誕生させた。この列車は公募により「のぞみ」と命名された。（中略）「のぞみ301号」は、新横浜に停車したあと、ノンストップで新大阪まで走るという異色の列車だった。」

CASE 43 名古屋空港で中華航空機が着陸に失敗、炎上

date 1994年(平成6年)4月26日　scene 愛知. 豊山

事故の経緯

＜着陸復行モードのまま機体降下・約1分間＞

1994年（平成6年）4月26日20時14分5秒（高度約1,070フィート）、名古屋空港のILS（計器着陸装置）の指示する降下経路を飛行中の中華航空140便（台北国際空港－名古屋空港）エアバスA300B4-622R型機で、操縦を担当していた副操縦士（26）が、エンジン出力操作を自動（オートスロットル）から手動に変えようとした際、機を着陸復行（Go Around＝GA）モードにするゴーレバーを誤って作動させた。スラストレバーに付いているオートスロットル解除ボタンを押そうとしたか、あるいはスラストレバーを手動操作しようとした際、スラストレバーのすぐ下にあるゴーレバーに誤って触れた可能性がある。

ゴーレバー作動によりオートスロットルがスラストレバーを最大出力位置にまで自動的に押し込み推力が増加した。

20時14分8秒頃、副操縦士はスラストレバーを引いて増加したエンジン出力を抑えた。しかし、速度増加とともに機首が上がり、所定の降下経路から上方にそれ始めた。

副操縦士は所定の降下経路に戻そうと操縦輪を押して機首下げ操作を行ったが十分でなく、また、スラストレバーを十分に引かなかったため高度約1,040フィートでほぼ水平飛行となった。

20時14分18秒、副操縦士は、GAモードから着陸モードに戻そうと着陸モードのスイッチを押すとともにオートパイロット（自動操縦装置）の補助を得て所定の降下経路に戻ろうとしてオートパイロットを作動させた。しかし、GAモードは着陸モードのスイッチを押しても解除もできない仕組みになっていたため、作動したオートパイロットも自動的にGAモードとなった。

この後も機長（42）は2度にわたってGAモードの解除を指示したが副操縦士は着陸モードのスイッチを押すのみで最後までGAモードを解除できなかった。

20時14分20秒頃、GAモードとなったオートパイロットは機体を上昇させるため水平尾翼前部の水平安定板と後部の昇降舵を機首上げ方向に作動させようとしたが、昇降舵の制御については操縦者による操縦輪操作が優先されるため機首下げ方向のまま継続し、水平安定板のみがオートパイロットにより機首上げ方向へ動き始めた。

この段階では、副操縦士による昇降舵の機

---

keyword【キーワード】：中華航空　エアバスA300　操縦ミス　着陸　墜落

第Ⅰ部　大事故の系譜　143

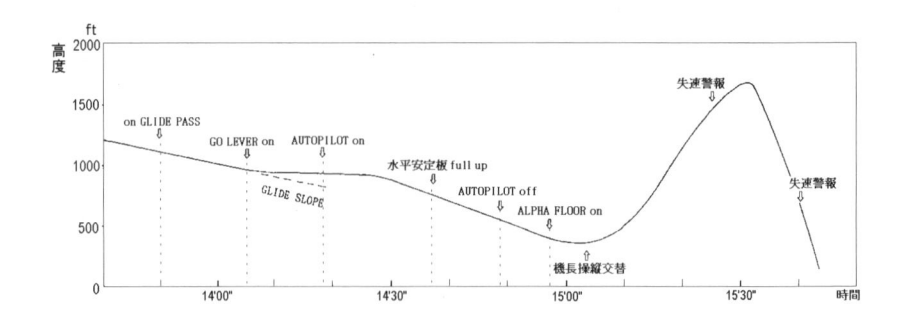

首下げ効果とオートパイロットによる水平安定板の機首上げ効果が相殺され、水平飛行状態継続。

　20時14分24〜31秒頃、副操縦士はスラストレバーを引きエンジン出力を減少させた。このため、同機は、機首上げ傾向が減少し、操縦輪操作による昇降舵の機首下げ効果も相まって、機体は降下し始めた。このため、操縦者は機首下げの操舵が効いていると思って操縦輪を押し続けた。しかし、依然として所定の降下経路に対しては高度が高かった。

　20時14分30秒、オートパイロットが操舵する水平安定板は操縦者が操舵する昇降舵の倍の面積があり効率が上だったため、水平安定板による機首上げ効果が昇降舵による機首下げ効果を上回り始め、一旦減少した機首上げ傾向が再び上がり始めた。機体が降下している時に機首が上がり始めたことで迎え角（飛行機の進行方向と翼弦線＝翼の前縁と後縁を結んだ直線、とがなす角）も増加し始めた。

　20時14分37秒頃（高度約880フィート）、オートパイロットによる水平安定板の舵角は機首上げ一杯の角度にまで達した（20時15分11秒まで継続）。

　20時14分49秒（高度約700フィート）、副操縦士は、オートパイロット作動後、所定の降下経路に戻ろうと操舵したが、正常な姿勢や速度が維持できないためオートパイロットを解除。水平安定板は機首上げ一杯の角度のままで固定された。

　20時14分57秒（高度約570フィート）、速度が減少し続けるうち、迎え角が、この時のスラット（翼の前縁にあり前下方に押し出すことで翼の揚力を上げる）とフラップ（翼の後縁にあり下方に折り曲げることで翼の揚力を上げる）の状態に対応する検知角を超えたため、アルファフロアプロテクション機能（迎え角が検知角を超えると失速を防止するためにスラストレバーを最大出力位置まで自動的に押し込む）が作動し推力急増。

　この時、機体は前後方向のバランス（ピッチトリム）を崩した状態だったため、機首上げ姿勢下での推力上昇によって機首をさらに持ち上げる方向に力が作用した。着陸復行モードになった後、副操縦士はピッチトリム

コントロールスイッチを頻繁に押してピッチトリムをとろうとしたがオートパイロット作動中は同スイッチが利かないためピッチトリムがとれないでいた。

これまでにも操縦者とオートパイロットが互いに相反する操舵をしてピッチトリムを取れない状態になったインシデントが発生していたため、エアバス社は1993年からの新規製造機について全てのモードで、高度400フィート以上で操縦輪に機体の前後方向に15kg以上の力を加えるとオートパイロットが解除されるよう改修、既存機に対しても同様の改修を推奨した。中華航空はこの改修を緊急性はないと判断して飛行制御コンピューターの修理時に併せて行うこととしたため事故機は未改修だった。

＜機体上昇から失速・約30秒間＞

20時15分3秒（高度約510フィート）、機長は、異常事態に対処するため、副操縦士と操縦を交替した。この時エンジン出力は、アルファフロアプロテクション機能により最大出力に達した。

20時15分4秒（高度約500フィート）機長は、操縦輪を限界一杯まで押し機首上げを抑えるため一旦スラストレバーを引いて出力を下げた。

しかし、機首上げが抑えられなかった上、所定の着陸高度まで戻れなかったため、機長は着陸を断念して着陸復行を決断。この頃、同機は増加した出力により速度と機首上げ傾向が増加して降下から上昇に転じた。

20時15分11秒（高度約600フィート）、機長はGAモードにするためゴーレバーを入れ一旦絞ったエンジン出力はほぼ最大となった。いまだピッチトリムがとれていない状態で出力が急増したため、さらに機首上げ方向に力が働き速度はかえって減り始めた。

20時15分19秒、機長がピッチトリムコントロールスイッチを操作したことなどにより、機首上げ方向の最大位置にあった水平安定板の角度がやや戻った。しかし、それでもピッチトリムは回復せず、最大となったエンジン出力により機体が急上昇するとともに迎え角が増加、それに伴い速度がさらに減少した。

20時15分20秒、機長が急劇な機首上げを抑えようとスラストレバーを引いてエンジン出力を下げたため速度の減少に拍車がかかった。

20時15分21秒、機長が「これでは失速する」と叫んだ。

20時15分25秒、失速警報。

20時15分26秒、機首の地面に対する角度が最大の52.6度になった。

20時15分27秒、機長または副操縦士はエンジン出力を上げようとスラストレバーを最大出力位置まで戻した。

20時15分31秒、同機は高度約1,730フィート（最高点）に達した後、機首を大きく左右に振りながら急降下。

20時15分35秒、機長は急降下に対処するため操縦輪による機首上げ操作を行った。

20時15分40秒〜、失速警報。

20時15分45秒頃、同機は名古屋空港の誘導路E1付近の着陸帯内に尾翼から墜落、大破、炎上。

注：

【トリム（trim）操作】

機体に作用する空気力やエンジン出力などを調整し、前後、左右、上下の3軸に関して重心まわりのモーメントをゼロにし機体を安定させること。トリム操作により、操縦士は操縦輪を絶え間なく動かさなくても、その飛行状態を維持することができる。

左右軸に関する縦方向（ピッチ）のトリム操作（ピッチ・トリム）は、操縦輪の先端にあるピッチ・トリム・コントロール・スイッチや、両操縦席の中間にあるセンタペデスタル両側面にあるマニュアル・ピッチ・トリム・コントロール・ホイールによって、THS（水平安定板）を操作することによって行われる。

ピッチ・トリム・コントロール・スイッチによるトリム操作（エレクトリック・トリム）は、手動操縦時とAP（オートパイロット）がCWS（Control Wheel Steering）モードの時に作動するが、APがCMD（コマンド）モードに接続されている時は作動しない。APがCMDモードの時と、CWSモードでピッチ・トリム・コントロール・スイッチを操作していない時には、オート・トリムが作動。

エレクトリック・トリムとオート・トリムは、マニュアル・ピッチ・トリム・コントロール・ホイールによりオーバーライドできる。

【スラットとフラップ（SLATS/FLAPS）】

低高度を低速で飛行する離着陸時に、主翼の前縁及び後縁に設置されたスラット（翼前縁の一部を前方に押し出すことにより翼本体との間に隙間を作り、この隙間からの圧力の高い空気を翼上面に導くことによって翼上面に沿って流れる気流の剥れを防ぎ、失速を起こすときの迎え角を大きくするとともに揚力を増大させる）とフラップ（翼の前縁あるいは後縁の一部を下方に折り曲げることにより揚力を増大させる）が連動して主翼を補助し、より高い揚力を発生させる。スラットとフラップを操作するSLATS/FLAPSレバーは、0／0、15／0、15／15、15／20、30／40の5段階があり、1段階ずつ揚力を上げていく。

【迎え角】

AOA=Angle of Attack。主翼に当たる気流（飛行方向）と主翼のなす角度。低速飛行時、揚力を増加させるため迎え角を大きくするが、迎え角がある角度以上になると翼の上面に沿って流れる気流が翼表面から剥れて揚力が逆に減少するとともに抗力が増大して失速を起こす。

【自動飛行システム】

AFS=Automatic Flight System。飛行制御コンピューター（FCC=Flight Control Computer）の制御するオート・パイロット（AP）／フライト・ディレクター（FD）・システム、推力制御コンピューター（TCC=Thrust Control Computer）の制御するオート・スロットル・システム（ATS=Auto-Throttle System）、飛行増強コンピューター（FAC=Flight Augmentation Computer）の制御するオート・トリム及び安全装置等からなる。

APのモードには、CMD（コマンド）とCWS（Control Wheel Steering）があり、

CMDに接続すると、選択されたフライト・モード（ランド・モード、ゴー・アラウンド・モードなど）に従って自動制御される。CWSに接続すると、その時のピッチ姿勢とバンク角を保持するが、操縦輪に規定値以上の力を加える事により、ピッチ姿勢とバンク角（機体の左右軸と水平面がなす角度）を変更できる。

【ランド（着陸）・モード】
ILSビームに沿って進入飛行経路を維持し、航空機を滑走路中心線上に導き、着陸のため機首を上げて機体をフレアさせる。電波高度計が４００フィートを超え、ILS周波数および滑走路方位がILSコントロール・パネルで選択されている時、ランド・ボタンを押すことにより接続される。

【ゴー・アラウンド（着陸復行）・モード】
進入を中止して上昇するための命令を与える。機体にLongitudinal（縦方向）とLateral（横方向）のガイダンスを与えて行うコモン・モード。

事故の影響と対策

　１９９４年８月１７日、フランス民間航空総局がA300-600型機の耐空性改善命令を出した。

　１９９４年１２月１３日、エアバス社は既発行の技術通報SBA300-22-6021（GAモードにおいても、対地高度400フィート以上で、操縦輪に縦方向へ15kg以上の力を加えた場合、オートパイロットが解除されるようにする）の適用について「推奨」から「義務」に改訂。

　１９９７年１月８日付け、エアバス社は、すべてのモードと高度で、操縦輪に縦方向へ15kg以上の力を加えた場合、オートパイロットが解除されるようにするとする技術通報の修正版を発行。

◆亡くなられた方等のデータ

乗員15名全員、乗客256名中249名死亡。

◆事故を残す、偲ぶ

●家族連絡会
1994年8月28日、日本の5遺族会と台湾の2遺族会の連絡組織「中華航空事故遺族会連絡会」発足。

●裁判等
2003年12月26日、名古屋地裁は、「合同原告団」（犠牲者87人と生存者1人の国内4遺族会と台湾の遺族らが結成、原告236人）が1995年11月に、「事故は機長らの操縦ミスとエアバスの機体設計上の欠陥が重なって起きた」として、中華航空とエアバス社に対し総額約200億円の損害賠償を求めた訴訟（原告数、請求額とも国内の航空事故訴訟で最大）で、中華航空に総額約50億3,200万円の支払いを命じる判決を言い渡した。

判決では、1）副操縦士は機体を進入経路に戻すことのみを優先し、墜落の危険があることを認識しつつ、あえて操縦輪を強く押し続けて進入を継続したもので、改正ワルソー条約25条（無謀行為があった場合に航空機事故の補償額の上限規定を外す特例）にいう「無謀行為」に該当、2）操縦に関する最低限の基本的知識及び技能を有する者であれば対処することが可能だった上、訓練や運航マニュアル等により墜落など重大な結果を防止することも可能であり、重い操縦輪を長時間継続して操作するという極めて例外的な場合を考慮せず、操縦輪に力を加えればあらゆるモー

ドでオートパイロットを解除できるようにしていなかったからといって、エアバス社による機体の設計に合理性がないとは言えず欠陥であるとも言えない、などとした。

●慰霊碑

1998年4月、遺族会は、名古屋空港内の事故発生地に遺留品と事故機の一部を埋設し事故メモリアル石碑「空へ」を設置するとともに、空港南東側隣接地に慰霊施設「やすらぎの園」を建立。「やすらぎの園」には犠牲者数と同じ264個の石が円形に配置され、その中心線が墜落現場の方向を指し示している。

●報告書

運輸省航空事故調査委員会：航空事故調査報告書（1996.7.19）

1996年7月19日、運輸省航空事故調査委員会は事故調査報告書を提出。中華航空に対しては乗員の教育・訓練体制の強化など、エアバス社に対しては自動飛行システム関係の改善などを関係当局を通じて勧告するとともに、ハイテク機の自動飛行システムの仕様標準化や空港の消火救難体制の充実を運輸大臣に建議。

●出版

「ハイテクと人間のあいだに―中華航空機事故取材報告（前線記者）」『新聞研究』1994.6

「中華航空機墜落事故の教訓（論点）」『月刊自由民主』 1994.6

「中華航空機の"失速"を推理する（最先端科学技術帳〔4〕）」『中央公論』 1994.7

「航空機事故調査のあり方を問う（世界と日本）」『前衛』 1994.7

「中華航空事故に学ぶハイテクの罠（核心インタビュー）」『現代』 1994.7

「ハイテク航空機はなぜ墜ちたか」『潮』1994.7

「中華航空機墜落炎上、そしてアナは舞い上った。（清水ちなみ＆秘密結社ペンだこんのテレビ非常事態宣言〔1〕）」『マルコポーロ』1994.7

「失速した明日 中華航空機事故がもたらしたある企業グループの危機―長野県飯田市の宮井製材協力会は大黒柱22人が犠牲に。苦悩しつつも、残された家族は」『プレジデント』1994.7

「エアバスは何故墜ちたか(特集・現代社会の「責任」の所在)」『技術と人間』 1996.10

『名古屋空港における中華航空機事故と医師会活動』 愛知県医師会（名古屋） 1994

『空へ―この悲しみを繰り返さないために 遺族たちの三六五〇日』 名古屋空港中華航空機事故遺族会（岡崎） 2004

黒田清『平成を撃つ』より

「関西新空港が開港した。なぜか心がワクワクする。…海の上に土砂を積み上げて、陸地を造った。…科学を父親として、…関西の知恵を母胎として、生まれた空港なのだ。(中略) しかし、…一本の滑走路だけで、大阪湾特有の西風に耐えうるか。…初年度からの年間五百億円の赤字経営は…だがいたずらに心配することはない。飛び立てば、そこに空がある。空は空（くう）だ。まさに空（くう）からの出発、ええこっちゃんけ。関西新空港は、一極集中が問題となっている日本列島に、大きな風穴を開けるチャンスである。」

CASE 44 東海道新幹線三島駅で高校生ひきずられ死亡

date　1995年(平成7年)12月27日　｜　scene　静岡. 三島

事故の経緯

　1995年（平成7年）12月27日18時34分00秒頃、東海道新幹線三島駅に停車中の東京発名古屋行き下り「こだま475号A」（16両編成、全長約400m）10号車付近で、輸送主任（49）が同列車の発車予告ベルのボタンを押し列車の出発を放送。

　この頃、静岡県富士宮市の実家に帰るため7号車に乗車していた男子高校生（17）が、三島駅での3分間の停車時間にホームの売店北側の上り線側に設置されていた公衆電話で自宅と連絡していたが、発車予告ベルが鳴り始めたため急いで電話を切り、約6m離れた6号車後部ドアに駆け寄った。

　輸送主任は前方の8～9号車付近の黄線の外側で4、5人が立ち話をしているのを発見したが黄線の内側に移動させて更に前方の列車ドア付近の乗降客の有無を確認しようとはしなかった。また、売店付近に客がいないかどうかも確認しなかった。

　18時34分40秒頃、輸送主任は客扱終了ブザーを鳴らしてから戸閉表示灯を点灯させ、最後部の16号車にいる車掌に合図灯を振って客扱い終了の合図をした。車掌は11号車付近から後方の手前側を中心に列車とホームの安全を確認。

　18時34分42秒頃、発車予告ベルが鳴り終わる直前、車掌が列車の車掌スイッチを「閉」に操作。

　18時34分44秒頃、ドアが閉まりかけ、高校生が再び乗車しようとしてドアとその戸当たり部分との間に手をかけたところ、左手の人差指、中指、薬指、小指の4本の第二関節あたりまで挟まれ抜けなくなった。高校生は車内の乗客らに合図をしたり、周囲を見回したり、右手を後方（東京方向）に振ってドアを開けるよう頼むなどした。

　高速運転の新幹線では、トンネル進入時やすれ違い時などに車内の気圧が急激に変化して旅客が耳に不快感を感じることから、ドアが閉じた直後にドア押さえ装置でドアを外側へ押し付けて密閉し気圧変化を少なくする構造にしていた。当該列車（0系車両）の場合、ドアが閉まり始めてから3、4秒でドア押さえ装置が作動し圧力約290kgで押さえつける。0系の後に製造された100系や300系などの車両では戸締め保安システム（列車走行時に車掌スイッチを扱ってもドアが開かないシステム）が機能する時速5km（発車後約4秒経過後）に達してからドア押さえ装置が作動する。

keyword【キーワード】：東海道新幹線　高校生　挟まれ事故

また、当該列車では、ドアが閉まった後、ドア上部のセンサー部分の間隔が3.5mm以下になると各車両の車体側部にある車側灯が消え、列車の全ての車側灯が消えると運転台の戸閉表示灯が点灯する。しかし、高校生の指先の幅がドア端のゴム部分の収縮幅約7mmに吸収されたためか、あるいは指先がドアと車体との間に挟まれたため、センサーはドアが閉まったと検知。

18時34分47秒頃、輸送主任は全ての車両の車側灯が消えたことを確認。

18時34分50秒頃（定時から20秒遅れ）、運転士は、運転台の戸閉表示灯が点灯したためドアが閉まっているとして発車。

高校生は左手指を挟まれたまま列車に引かれて歩き出し、ドアのガラス窓を叩いたり手を振ったりして助けを求めた。

列車が2～3mほど進行したところで、輸送主任は5、6号車付近のホーム上の黄線外側に入って列車にかなり接近して歩いている人影を発見したが、見送り客だろうと思って何もしないまま後方に視線を向けた。

同列車は次第に加速し、高校生は走り出したが乗車しようとした位置から新大阪方向へ93.6mの地点（発車後約23秒経過後）で進行方向に背を向けて転倒しホーム上を引きずられた。

輸送主任は、再度新大阪方向を振り返ったが、8～9号車付近にいた4、5人の集団に遮られるなどして引きずられている高校生を確認できなかった。輸送主任は車側灯も消えたのだから「さっきの人影は多分見送り客で、もう列車から離れただろう」などと思い安全確認のための行動はとらなかった。

輸送主任は列車の後部が本線に進入するのを確認、車掌も開き窓から顔を出したままホーム通過終了時まで列車側方前方を注視し続けたが高校生の姿には気付かなかった。

また、車内にいた車掌長（51）は、小田原駅で発生した10号車のドア故障に、緊急性がなかったにもかかわらず対処しようとして同ドアへ行く途中、乗客から接続時間等を尋ねられ対応をしていた最中に三島駅を発車。このため、車掌長は、列車が発車する際には乗務員室開き窓から顔を出して出発監視をするよう指導されていたが、開き窓からの出発監視はできなかった。もし8号車にある乗務員室開き窓から顔を出して監視していれば、高校生が手を挟まれた6号車後部のドアまでは約28.65mしか離れていなかったため高校生を発見できた可能性がある。

高校生は発車後約30秒間、ホーム上を約156.5m引きずられた後、ホーム西端から軌道敷内に転落して列車に轢かれ、頭蓋骨粉砕骨折、頸部轢断により即死。新幹線開業以来、初めての乗客死亡事故。

注：
【列車防護スイッチ】

駅構内と駅から一定の範囲内（三島駅では上下3km以内）の全列車の車内信号現示装置に停止信号を送り強制的に停車させることができる。新幹線ホームの柱に約50m間隔で設置。無用なダイヤの乱れを防ぐため取扱いを原則として社員に限定。

事故の影響と対策

JR東海は東海道新幹線全16駅のうち列車監視モニターのなかった三島駅を含む6駅にモニターを配備するとともにモニター総数も120台に倍増した。

1996年度、JR東海は0系車両について時速30kmに達した後（発車後約23秒経過後）にドア押さえ装置が作動するよう改造。

1997年4月～2000年春、1）JR東海は新幹線全車両のドアの戸閉め圧力を30kgから13kgに下げ、2）0系以外の車両のドア押さえ装置の作動を時速15kmまたは25kmに達した後に変更。

めた訴訟で、JR東海については「事故の可能性は予見でき、潜在的危険性を回避し事故発生を防止するために可能な限りの安全対策を実施する注意義務があった」「車掌長に対し発車時の列車監視義務の重要性を指導せず、接客業務を優先させ監視を省略する実情を放置し、三島駅にホームを監視するテレビモニターを設置することを怠った」と過失を認めた一方、高校生も「列車のドアが閉じかかっているのに乗車を断念せず、ドアに手をかけた点で、旅客に要求される注意義務を欠いている」とし、双方の過失割合をJR東海6割、高校生4割とみなして4,868万円の支払いを命じた。JR東海と両親はともに控訴。

11月26日、東京高裁において、JR東海側が6,000万円を両親に支払うなどとする内容の和解成立。

◆亡くなられた方のデータ

男子高校生1名死亡。

◆事故を残す、偲ぶ

●裁判等

1998年7月17日、静岡地検沼津支部は、業務上過失致死容疑で書類送検されていた輸送主任と車掌長のうち、輸送主任については乗客監視を怠ったため被害者の発見が遅れたなどとして三島簡易裁判所に略式起訴（21日、同簡裁は罰金50万円の略式命令を出した）。車掌長については組織的な指導に従っているとして不起訴処分とした。

被害者の両親から業務上過失致死容疑で刑事告訴されていたJR東海社長と新幹線鉄道事業本部長については「輸送主任の過失と被害者の駆け込み乗車という個別的偶発的状況が重なったことによる事故」として過失責任を問うことは困難として不起訴処分とした。

2001年3月7日、静岡地裁沼津支部は、両親がJR東海に約1億6,906万円の損害賠償を求

小林信彦
『定年なし、打つ手なし』
より
（『室内』一九九五年六月号）

「…家族の一人が地下鉄で霞ヶ関駅に通っており、危うくサリン事件をまぬがれた…（中略）今から三十年ほど前に人気があったTV番組（「ナポレオン・ソロ」）…世界を支配しようとしている組織と戦う話しだが…使うメカがやたら漫画的…オウム真理教の中の武闘派から見る世界は、正しくこのようなものだったのだろう。（中略）こうした六〇年代大衆文化（それもつまらない部分）程度のものが現実に存在し、…生命をおびやかしてくるやりきれなさに、いいかげん、うんざりしているのである。」

CASE 45 ガルーダ・インドネシア航空機、滑走路オーバーラン、炎上

date 1996年(平成8年)6月13日 | scene 福岡．福岡

事故の経緯

1996年（平成8年）6月13日12時7分3秒、バリ島国際空港へ向け福岡空港を離陸しようとしていたガルーダ・インドネシア航空のDC10-30型機（乗員14人、通訳1人、乗客260人）が離陸滑走開始。

12時7分38秒、副操縦士（31）がV1（149ノット＝時速約276km）をコール（計器表示を声に出して確認）。V1は一般には「離陸中止するか否かを決断する速度」と説明されることが多いが、米連邦航空局FAAでは「離陸滑走開始後、外側のエンジン1基が故障した場合に減速操作によって離陸中止可能な速度の上限」と定義しており、ガルーダ・インドネシア航空の運航規定でも離陸中断の決断は速度がV1に達する前に限るとしていた。

12時7分40秒頃、副操縦士（31）がVR（機体引き起こし速度157ノット＝時速約291km）をコール。

12時7分41秒、機体浮揚開始。DC10-30型機は両主翼と尾部にエンジンが3基あるが、そのうち右主翼の第3エンジンの高圧タービンの第1段ブレード（回転羽根）80枚（ニッケル合金製、幅約4cm、長さ約5cm）のうちの1枚のブレード翼が根元付近から破断。これに伴うエンジン内部損傷により異常燃焼とコンプレッサー・ストール（エンジンに取り入れた空気の圧縮不良）発生。

12時7分43秒、第3エンジン出力低下。機長（38）は離陸を中断しようと機首下げ操作開始、その2秒後にエンジン推力を絞った。この頃、高度は5.4フィート＝約1.6mで速度が164ノット＝時速約304kmに達していた。

12時7分46秒、同機は滑走路に接地。機長は直ちにブレーキ・ペダルを一杯に踏み、逆噴射装置を一杯に作動させ、グラウンド・

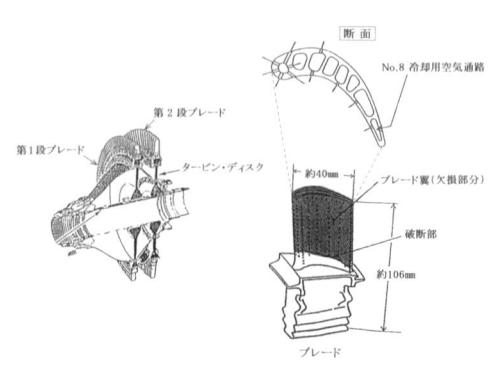

図 高圧タービン・ブレード

---

keyword【キーワード】：DC10 オーバーラン タービンブレード 金属疲労 離陸中止 ガルーダ・インドネシア航空

ガルーダ・インドネシア航空機、滑走路オーバーラン、炎上

スポイラーを展開。グラウンド・スポイラーは主翼面上方に開くことによって揚力を減殺（スポイル）するとともに抗力を増加させる操縦翼面。

12時7分54秒、同機は滑走路先にあるジェット・バリア右側の制動チェーンを乗り越えて草地に進入。ジェット・バリアは小型航空機用制動装置で、管制塔でスイッチを入れると両側の制動チェーンが引かれて立ち上がる仕組みになっている。

12時7分56秒、滑走路端から約320m南にある県道のコンクリート法面にエンジン下部と車輪が衝突し、エンジン部品やタイヤ等が脱落。同機はエンジン部品等を脱落させながら胴体下部で緩衝緑地内を約300m滑走して停止、炎上。

ブレード翼破断の原因は、ブレード翼内に開けられた冷却用空気通路孔8つのうち1つの内壁に発生した粒界酸化（金属の結晶の粒界が酸化腐食し、粒界に沿って内部へ腐食が進行していく現象）による金属疲労で亀裂が発生したことによる。

DC10のエンジン・ブレードの破壊によってエンジン推力喪失に至った不具合が1990年以来全世界で発生していた。1994年、エンジン製造会社のGEは各航空会社に対しブレードの冷却用空気通路孔内壁に粒界酸化防止用コーティングを施した改良型ブレードを紹介するとともに、ブレード破壊が総使用サイクル4,400～6,500(1サイクルは離陸から着陸まで)で起きていたことから、総使用サイクル6,000を目安にブレードを廃棄する管理方式を推奨。

事故機に搭載されていたエンジンのブレード翼は改良型ではなかったが、1994年12月にエンジンに組み込まれた時の総使用サイクルは4,894だった。1995年7月31日、ガルーダ・インドネシア航空からDC10のエンジンの工場整備作業を委託されていたKLMオランダ航空はエンジン組み込み時の総使用サイクルが6,000未満であれば当該ブレードを廃棄せずに継続使用する方針を決定。従って使用中に総使用サイクルが6,000を超す可能性があった。

1996年5月26日には当該ブレードの内視鏡検査を行ったが、表面検査であるため冷却空気通路孔内壁から進行していた疲労亀裂を発見できなかった。事故当時の総使用時間30,913時間、総使用サイクルは6,182でGEが推奨する廃棄の期限を過ぎていた。

◆亡くなられた方等のデータ

乗客男性3名死亡。乗客16名と乗員2名重傷。乗客151名と乗員1名軽傷。消火救難要員84名が航空燃料付着により皮膚に炎症。

◆事故を残す、偲ぶ
●裁判等
2000年3月24日、福岡地検は、業務上過失致死傷などの疑いで1998年2月10日に福岡県警から書類送検されていたインドネシア人機長を嫌疑不十分で不起訴。1）第3エンジンが故障しても残るエンジン2基で飛行できたのにV1を超えた段階で機長が離陸を中止したことが事故の直接原因だが、エンジン故障発生から離陸中断操作までの2秒間に故障したのが第3エンジンだけと瞬時に見極めることは困難だった、2）ガルーダ・インドネシア

第Ⅰ部 大事故の系譜 | 153

航空が非常時には安全のためには「離陸中断の決断は速度がV1に達する前に限る」としている運航規定を機長の裁量で逸脱できるとしていること、などから、「時間的余裕のない状況下では機長の裁量の範囲を逸脱したとは言えず、V1超過後に機長が離陸を中止したことが直ちに刑法上の過失とは言えない」と判断。また、ガルーダ・インドネシア航空の定期操縦訓練手順書にはV1超過後にエンジンが故障した場合に離陸継続するという操縦実技訓練項目はなかったが過失責任まで認められないとした。

エンジン故障の原因となった高圧タービンのブレードの金属疲労については通常の点検で発見するのは極めて難しいとして整備担当者の刑事責任追及を見送った。

●報告書
1997年11月17日、運輸省の航空事故調査委員会は事故調査報告書を運輸大臣に提出。事故原因を「速度がV1を大幅に超え既に浮揚していたにもかかわらず離陸を中断したため」とし離陸中断したことは「機長のエンジン故障の際の状況判断が的確でなかったことによる」と推定。

またブレードの破損可能性の情報を提供する必要やエンジン故障を想定した訓練の必要があるとし整備・運航などの関係部門間の連携の欠如を指摘。

●出版
「福岡空港ガルーダ・インドネシア航空機炎上火災概要（速報 福岡空港インドネシア航空機炎上事故）」『近代消防』 1996.8
「ガルーダインドネシア航空機火災における消防活動」『月刊消防』 1996.10
「ガルーダ・インドネシア航空所属PK-GIE航空事故調査報告書（一部抜粋）」『航空技術』 1998.2

猪瀬直樹
『瀕死のジャーナリスト』より
（『週刊文春』1996.2.29掲載）

「衛星放送…視聴世帯が一千万を突破した…完全に一般化したのである。…パラボラでなくケーブルで受信するCATVの受信契約世帯も二百万を越えた。…多チャンネル化の流れが加速しつつあるところに、五十チャンネルのデジタル放送（パーフェクTV）が新規参入するというのだ。（中略）最新のデータによれば、日本人の平均テレビ視聴時間は平日が三時間三十二分、…新聞が一日平均で二十三分、書籍が九分、雑誌・漫画は八分、などと較べたら、現代人は圧倒的にテレビ族なのである。」

CASE 46 日航機が志摩半島上空を降下中に大揺れ

date 1997年（平成9年）6月8日 | scene 三重

事故の経緯

1997年（平成9年）6月8日19時34分頃、香港発名古屋行き日本航空706便ダグラスMD-11型機（乗員11名、乗客169名）が高度8,800mから9,000フィート＝約2,700mに向けて自動操縦で降下開始。

19時45分～46分頃、機長（46）は小さな揺れを感じ、客室内のシートベルト着用サインを点灯させ、客室乗務員がシートベルトを装着するようアナウンスした。

その後、同機は三重県志摩半島上空高度約17,500フィート＝約5,300m付近から風速・風向が高度変化に沿って急変するウインドシアに遭遇。同機は自動操縦で対気速度を時速350ノット＝約648kmに設定していたにもかかわらず速度が急増。

19時48分15秒頃～、自動操縦装置が減速のため右内側昇降舵を機首上げ方向へ段階的に作動させた。自動操縦時には左右の水平尾翼後部に2枚ずつある昇降舵のうち右または左内側の昇降舵を、2系統ある飛行制御コンピューターのうちの1系統が制御し、機械的に連結されている他の3枚の昇降舵がそれに追従する。

19時48分21秒頃、機長はスピード・ブレーキ・レバーを操作して主翼上面にある補助翼（スポイラー）を展開開始、25秒頃までに全開。

19時48分23.5秒頃～、同機は、強い上昇気流とスポイラー展開の相乗効果に関係するとみられる急激な機首上げ状態となった。

19時48分24.5秒頃、急激な機首上げによって、縦方向の姿勢角度（ピッチ角）上昇が、自動操縦装置の機首上げ操舵によるピッチ角上昇予定値を上回ったため、自動操縦装置は右内側昇降舵を機首下げ方向へ作動させた。

19時48分25秒後半～26秒後半、操縦輪に機首上げ方向へのオーバーライド操作（自動操縦中に手動で操縦輪を操作すること）が行われた。この時、飛行制御コンピューターが指示した水平尾翼の舵角とオーバーライド操作の影響を受けた実際の舵角の差×時間が制限値を超えたか、あるいは操縦輪に50ポンド＝22.7kg以上の力が1秒以上加えられたため、ECRM（Elevator Command Response Monitor）が作動して自動操縦装置が解除された。

オーバーライド操作の原因については、1）機長がピッチ角を上昇させて減速効果を得ようとして操縦輪を強く引いた、2）機体に衝撃（揺れ）があり、はずみで機長の手が操縦

keyword【キーワード】：日本航空　MD11　ウインドシア　フライト・スポイラー

輪に大きな力を加えてしまった、などの可能性がある。

19時48分26秒〜41秒、機体が3秒周期で上下に5回激しく揺れた。この間、垂直加速度の最大値は約2.8G、最小値は−0.5Gになった。

この異常振動の原因については、
1) 水平尾翼が展開したスポイラーの後方乱流を出入りすることで振動発生。すなわち、LSAS（Longitudinal Stability Augmentation System＝縦安定増強装置）のPitch Rate Damper機能がピッチ角の上昇を抑えよう昇降舵を機首下げ側に作動させると、昇降舵が、展開したスポイラーの後方乱流に入ったため操舵力が減殺されて機首上げが進む。しかし、その結果機体尾部が下がって昇降舵が後方乱流の下に出たため再び操舵力が回復して機首下げとなる。これを繰り返した、
2) スポイラー展開により翼面の後ろ半分近くの揚力が減殺されて、揚力中心点と重心が接近して機体の縦方向の操舵鋭敏性が増大し、LSASのPitch Rate Damper機能が過大に作用するとともに、LSASの操舵指令と操縦系統による昇降舵の反応との間の時間的ずれによって振動発生。
3) 操縦桿と昇降舵の駆動装置を結ぶ操縦系統には、機体の姿勢変化を緩和する方向に作動するよう部品重量がアンバランスになっているが、急激な機首上げによって姿勢制御効果が過大となり自励を起こした—などの可能性が指摘されている。

19時48分38秒〜39秒、機長がスポイラーを閉じ、機体は徐々に安定した。

19時48分41秒頃、機長が自動操縦装置をONにした。

20時14分、同機は予定より15分遅れて名古屋空港に到着。

備　考

1) 後方CG（Center of Gravity）コントロール

MD-11型機は、巡航中は主翼内の燃料の一部を水平尾翼内の燃料タンクに移して重心を主翼に発生する揚力の中心の直前付近に移動させる。この結果、梃子の原理によって、縦方向の釣り合いを取るために水平尾翼を使って発生させる下向きの力が小さくてすむようになり、水平尾翼の面積をDC-10型機より30％小さくすることができ、同時に、同じ力をより小さい舵角で得ることができるようになった。これによって水平尾翼の抵抗が減少し燃料効率が向上した。しかし、機体の縦方向の姿勢は水平尾翼の操舵や気流の乱れに敏感に反応することになる。

自動操縦時には、飛行制御コンピューターが昇降舵を操舵して後方CGコントロールに起因する縦方向の不安定性を補うが、手動操縦時には、操縦輪に2ポンド＝約0.9kg以上の力を加えていない時、LSAS（Longitudinal Stability Augmentation System＝縦安定増強装置）が昇降舵を動かし、その時点の縦方向の機体姿勢を維持したり、ある程度以上の姿勢にならないように保つなどする。また、LSASには高度15,000フィート＝約4,570m以上で、機体姿勢の変化に伴う垂直加速度を減らすように昇降舵

を最大5度動かして安定を保つPRD(Pitch Rate Damper)機能が付加されている。
2）ECRM（Elevator Command Response Monitor）による自動操縦の解除

ECRMは、飛行制御コンピューターが指示した水平尾翼の舵角と実際の舵角の差×時間（秒）が4を超えた場合、あるいは50ポンド以上の力で1秒以上操縦輪を操作した場合などに自動操縦を解除する。舵角差が生じる原因としては、飛行制御コンピューターや昇降舵の駆動装置の不具合、操縦輪の手動操作によるオーバーライド、などがある。

事故の影響と対策

1999年6～12月、ボーイング社は自動操縦時に手動で操縦輪を操作すると機体が不意な応答をすること、その場合操縦輪から手を離して機体を落ち着かせることという内容の警告をFCOM＝Flight Crew Operating Manualに追加。

◆亡くなられた方等のデータ

乗員1名、乗客3名、計4名が重傷、乗員4名、乗客4名、計8名が軽傷。負傷者のうちシートベルトを着用していたのは軽傷の1名のみ。1999年2月、事故の1年0カ月後、重傷の客室乗務員（事故当時33）が、意識を回復することなく死亡。

◆事故を残す、偲ぶ

●裁判等
2004年7月30日、名古屋地裁は「手動操縦に切り替わったことにより機首の大きな上下動の繰り返しが生じ、さらに人身事故に結び付く可能性があるとまで予見できなかった、日航の航空機運用規程でも低高度（24,000フィート＝約7,300m以下）でこうした操作を禁止していなかった」などとして業務上過失致死傷罪で起訴された機長に無罪を言い渡した。また、運輸省航空事故調査委員会の事故調査報告書の公表部分は鑑定書に準ずるとして証拠として採用。検察側が控訴。

2007年1月9日、名古屋高裁は、一審判決とは異なり、自動操縦の解除と機首上げの因果関係を不明とした上で、業務上過失致死傷罪に問われた機長に対し「意図的に操縦輪に大きな力を加えたとは認められない」として無罪を言い渡した。

●報告書
1999年12月17日、運輸省航空事故調査委員会は、1）自動操縦装置の不適切な設計、2）メーカーのボーイング社や日航が操縦士らに、MD11型機の操縦特性などを操縦マニュアルや教育・訓練で十分徹底させなかった、3）機長の理解不足と不適切な操作一などが原因とする報告書を運輸相に提出。

落合恵子
『サボテンとハリネズミ　トゲトゲ日記』より

「一九九七年七月…旅先の宿の朝、時計がわりにテレビをつける。ワイドショーをやっている。神戸の小学生殺害事件の容疑者と言われている少年について、…ここまで語っていいのだろうか。…無罪推定の約束など、廊下のゴミ箱に捨ててしまったかのようなコメントの羅列。…雪崩のように押し寄せる情報に、「ほんと？」ともう一度疑ってかかる抵抗力を身につけていたい。…自民党は、少年法や刑法を検討する機関を発足させるという。…」

CASE 47 JR中央線大月駅で特急と回送電車衝突

date 1997年(平成9年)10月12日　｜　scene 山梨．大月

事故の経緯

1997年（平成9年）10月12日19時55分、東京発河口湖行き「中央特快」（10両編成）が定刻に大月駅4番ホーム（待避線）に到着。同運転士はすぐに列車を回送列車となる前6両と河口湖行きの後4両に切り離した。前6両の回送列車は下り本線に一旦出て河口湖行きの後4両が出発してから待避線に戻る予定だった。

運転士（24）はこの入れ替え作業を一人でするのは初めてで手順が分からず不安を感じ「乗務行路表」を見直したが、自分が運転する列車の運行計画や入れ替え作業開始時刻は示してあったが、入れ替え作業方法についての具体的な記載はなかった。また、他の列車の通過時刻は掲載されていなかった。

20時02分頃、混乱した運転士は待避線前方右側の入替信号機が停止を示していたのを見落とした上、待避線左側の下り本線にある信号の青表示を入替信号機の出発合図と錯覚して、回送列車を予定より6分早く出発させ、待避線から下り本線へ時速24kmで進入。入替信号機手前には通過すると自動的に非常ブレーキがかかるよう信号を送るATS（SN型）の地上子が2箇所あったが運転士がATSの電源スイッチを切っていたためATSによる非常ブレーキはかからなかった。JR東日本の運行規定では最終列車が通過後に駅構内で車両を留置する場合や車両同士を連結させたり車両が故障した場合などには例外としてATSの電源スイッチを切ることができると定めているが通常の入れ替え作業は対象外だった。

新宿発松本行き特急「スーパーあずさ13号」が予定より2分遅れて、時速97kmで大月駅を通過中、引き込み線から下り本線に入線してきた回送電車が、「スーパーあずさ13号」の右側面に衝突した。

「スーパーあずさ13号」は先頭から4〜8両目までの5両が脱線し、5両目の側面は衝突でえぐれ、車輪が台車ごと外れて横転。回送列車も先頭2両が脱線した。

注：
【信号機】
本線信号機と入替信号機のついたポールは線路を挟んで位置し、その距離は約5m。入替信号は、3個の白色灯で表示する型であり、本線信号は赤・青・黄の3色で表示する型で形状も表示方法も異なる。回送電車が発進可能なのは、本線信号が赤の時のみ。2本のポー

keyword【キーワード】：中央本線　衝突　入替作業

ルにはそれぞれ入れ替え用と本線用の両信号機がついている。

事故の影響と対策

JR東日本は1998年度中に運転台のついた約3,600両について運転士が運転時に欠かせないブレーキハンドルを抜かない限りATSのスイッチが切れないよう改修。またATSスイッチを切って行わざるを得ないような入れ替え作業を同年度中に廃止した。

◆負傷された方のデータ

判決によると乗客62名が全治4日から6カ月のけが。

◆事故を残す、偲ぶ

●裁判等
1999年1月28日、甲府地裁は、回送電車の運転士（25）に対し業務上過失傷害罪及び業務上過失往来危険罪で禁固2年執行猶予4年の判決を言い渡した。JR東日本の安全管理体制については乗務表に作業の具体的な記載がなかったことが「被告の混乱に拍車をかけたことは認められ、同情すべき点ではある」と一定の理解を示しが、「信号を守るという初歩的な注意を阻害させるほどの影響ではない」と直接の責任を問わなかった。被告側は控訴せず判決が確定した。

春原昭彦
『日本新聞通史』より

「「北朝鮮亡命工作員証言『20年前、13歳少女拉致』新潟の失踪事件と酷似　韓国から情報」（産経二月三日）…産経新聞は十七年前にも「アベック3組ナゾの蒸発…外国情報機関が関与？」と大きく報道しているが、横田めぐみさんという名前を出したこの特報は日本各界に大きな衝撃を与えた。…北朝鮮への帰国者問題を一九九一年から追跡し放映してきた大阪の朝日放送でも…横田めぐみさんは拉致された可能性が高い、拉致被害者は二十人以上に上ると実証したドキュメンタリー番組を…放送した。」

CASE 48 地下鉄日比谷線、中目黒駅構内で脱線、衝突

date 2000年(平成12年)3月8日　　scene 東京．目黒

事故の経緯

　地下鉄日比谷線の、下り電車（8：14北千住発－菊名行き8両編成、乗客約100名、アルミ製）が、中目黒駅の手前約230mでトンネルを出た。80m先の信号機が、時速40km以内での走行を指示、さらに76m先の信号機が時速25km以内を指示。運転士はこれらに従い減速、半径160.1mの左カーブに右カーブが続く緩い勾配のS字カーブを上っていった。

　先頭車両が1つ目の信号を過ぎ、時速12～13km前後にまで減速した状態で推定では惰性走行中、最後尾8両目車両（長さ約18m）の前側台車の二対の車輪がレールから外れ脱線、対向する上り線路側に約30cmはみ出した。

1）脱線箇所は左カーブが右カーブに切り替わる地点でレールの緩やかなねじれがあり、12～13km/hの低速走行(ダイヤ通り走行より小)とカーブのカントの存在で、車輪をレールに押さえつける遠心力の影響が小さくなった。
2）レールの潤滑油は塗油器から外軌が1時間30分と内軌が2時間間隔で自動的に吐出されるが、レール温度の上昇とラッシュ時で列車本数が増えてきたため、潤滑油粘度低下・乾燥。
3）レール潤滑油粘度低下・乾燥によりレールと車輪の間の摩擦係数が上昇。
4）定期点検で確認されていた軌道ゆがみが放置されていた上、軌道の平面性にも狂いがあった。
5）1）、4）に加え、台車軸ばねの上下ばね定数が大きめ、かつ車両重量が小さめだったため、軌道面がねじれているところでは外軌側車輪の輪重が減少する傾向。
6）5）と、静止輪重アンバランスが大きかった（製造時に静止輪重アンバランスがあり、事故後の同型車両の測定でも大きなアンバ

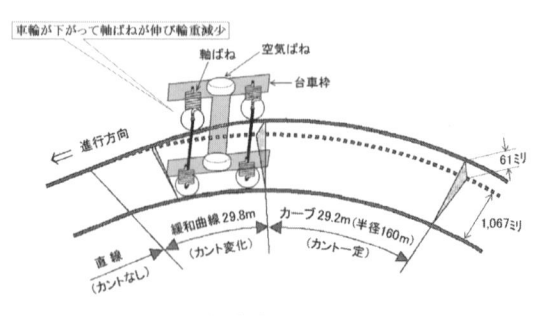

図　緩和曲線での輪重減少

keyword【キーワード】：営団地下鉄日比谷線　カーブ　乗り上がり　脱線　衝突

地下鉄日比谷線、中目黒駅構内で脱線、衝突

ランスがあった）ことから、内軌側車輪の輪重が増大。

7）レール研削(やや斜めに0.2mm程度削る)工事発注時に、研削深さや機械の種類を確認しなかったため、業者がレールの内側を斜めに最大1mm研削。

8）3）、6）、7）と、空気ばねの台車転向（ロール）に対する剛性が高めだったことの影響から、カーブ通過時に外軌側車輪の横圧が増加。

9）事故車両の車輪踏面は将来全面採用予定の円弧状だったが、レール頭頂面が既存の円錐踏面車輪の影響で磨耗するため円弧車輪の滑走が多発。そこで事故車両についても円弧踏面に変更した結果フランジ角度が70度から60度に減り脱線係数限界値が低下していた。また、研削したレールは、新品レールに比べ若干少ない浮き上がり量でも、車輪フランジ先端部がレールに乗りあがるような形状になっていた。

10）8）、9）から、乗り上がりが発生。

最後尾車両に乗っていた車掌は脱線した際、「ガタガタ」という音に気づき、非常ブレーキをかけたが、保守用車両の引き込み線と合流する「横取り装置」を通過する際、前7両は通過したが、脱線した8両目の車輪は、線路の間にある斜めの引き込みレールに乗り上げ、車体が上り線側に約1m振られた。

9時01分、下り列車8両目は、その時ちょうど反対側から走ってきた上り列車（8：59中目黒発－竹ノ塚行き8両編成、ステンレス製、乗客約1,000名）の4、5両目の側壁にこするように接触した後、6両目に衝突。下り8両目右側壁のほぼ全面がえぐり取られ、長さ約3mの筒形のアルミのかたまりとなって上り6両目車内に飛び込んだ。上り6両目は進行方向最前部の連結部分から隣のドアまでの右側壁3分の1程度が大破。

下り列車は衝突の後、道路の上をレールが横切る「別所架道橋」の橋げたに接触し、下り線側に戻った。下り列車はさらに約30m暴走して停止。

1941年の営団設立以来、事故で死者が出たのは初めてだった。

事故の影響と対策

2000年（平成12年）10月26日、運輸省の事故調査検討会が「輪重減少と横圧増加を引き起こす複数の因子の影響が複合した結果により最終的に脱線に至った」と推定する調査報告書発表。再発防止策として1）静止輪重比を10％以内に抑える、2）軌道の平面性を基準値に従って管理する、3）急カーブ外側のレールの肩部を斜めに研削することを避ける、4）車輪のフランジの角度60度を65～70度にする、5）推定脱線係数比1.2未満のカーブについて脱線防止ガードを設置する、を提言。同日、運輸省は推定脱線係数比が1.2未満の場所に脱線防止ガードを設置するとともに、2000年末までに再発防止計画を提出するよう指示。

脱線係数＝横圧／輪重で、輪重が減るほど、また横圧が増えるほど大きくなる。運輸省は脱線係数の上限の目安値を0.8（フランジ角度が約60度の場合）及び1.1（同70度の場合）としていた。この目安値は1963年の鶴

見脱線事故後の調査研究の過程で導出されたといわれている。

これまで鉄道事業者は、新型車両の導入、新線開業、スピードアップ等に際して、予定している運転速度を前提に、先頭車両第1軸を中心に輪重・横圧測定試験を実施して脱線係数を求め目安値と比較していた。日比谷線でも事故車両が営業運転を開始する直前の1988年6月、事故現場付近の脱線係数を測定し0.8以下だった。しかし、この数値は予定の運転速度35〜40kmで測定したものであり時速10km程度の低速走行時の脱線係数ではなかった。

これに対し推定脱線係数比は、時速10km程度の低速でカーブを走行する際の乗り上がり脱線の危険性を実測しなくても評価できるよう事故調査検討会が提案したもので、対象とするカーブと走行する車両の特性に応じて乗り上がり起きる限界の脱線係数の理論値と、実際の走行時の脱線係数の推定値の比率。

2001年2月21日、営団地下鉄は全8路線1,628か所のカーブについて推定脱線係数比を算出した結果、1.2未満の地点が37か所あったと発表。2002年4月末までに脱線防止ガードを設置するとした。

2002年3月31日、運輸省は、事故調査会が解決しきれなかった課題を検討するために2001年2月に設置した「急曲線における低速域での乗り上がり脱線等の防止に関する検討会」が報告書を発表。鉄道総合研究所内専用試験線での走行試験やシミュレーションなどの結果、推定脱線係数比による安全性評価を妥当とした上で、輪重減少を抑えることのできる非線形特性の軸ばね、走行安全性からみたカーブ形態の参考値、磨耗が進んだレールの研削に対して乗り上がり脱線に対する安全の余裕度が新品断面と同程度以上の研削断面などを提案。

注：
【カント】
　鉄道線路の曲線部における外側のレールと内側のレールとの高さの差。外側は内側より高い。

◆亡くなられた方等のデータ

脱線列車8両目乗客6名軽傷、被衝突列車6両目で死者5名、重傷5名。

◆事故を残す、偲ぶ

●裁判等

2001年3月27日、警視庁捜査一課と目黒署の特捜本部は、レールの削り過ぎなどが事故の一因になったとして、保守管理を担当していた事故当時の営団工務部の工務部工務事務所長（54）、同軌道第一課長（47）、同機械工務区長（55）、日比谷線工務区長（57）、同工務区中目黒分室助役（61）の5人を業務上過失致死傷と業務上過失往来危険の疑いで東京地検に書類送検。車両部門関係者については、輪重比のデータがない上、事故当時、国や営団内部に輪重比の統一安全基準もなかったことから、刑事責任の追及は困難だとして送検は見送った。事故現場に脱線防止ガードが未設置だった問題についても、統一した設置基準がなかったことから立件を見送った。2002年10月4日、東京地検は、業務上過失致死傷と業務上過失往来危険の疑いで書類送検されていた事故当時のレール保守管理担当者5人を、嫌疑不十分で不起訴処分にした。レールの研削や軌道のゆがみが整備基準の範囲内

だったと認定、直前まで他の電車は安全に走行していることから事前に脱線を予見することは不可能とした。

●慰霊碑

2001年3月8日、営団地下鉄が中目黒駅北側の事故現場の線路わきに慰霊碑と「安全の誓いの碑」を建立。犠牲者5人のうち遺族の同意が得られた2人の名前のみが慰霊碑に刻まれた。

●報告書

運輸省事故調査検討会：帝都高速度交通営団日比谷線中目黒駅構内列車脱線衝突事故に関する調査報告書（2000.10.26）

急曲線における低速域での乗り上がり脱線等の防止に関する検討会：急曲線における低速域での乗り上がり脱線等の防止に関する検討会報告書　国土交通省鉄道局技術企画課、鉄道総合技術研究所（2004.3）

●出版

「"安全と技術"はもはや日本のウリではなくなった（ニュースブロック）」『実業界』 2000.5

「<世界の潮>日比谷線脱線事故——残された課題」『世界』 2000.5

「「規制緩和」の責任問われる営団事故（論点）」『前衛』 2000.5

「地下鉄日比谷線事故　人為ミスか競合脱線か　魔のカーブで起きた1千万分の1の確率」『諸君！』 2000.5

「安全神話（月夜の独り言）」『婦人公論』 2000.5.7

「日比谷線事故と信楽判決（RAILWAY REVIEW）」『鉄道ジャーナル』 2000.6

「現場は語る「技術劣化」の事件ファイル（5）日比谷線脱線事故で露呈した「営団」の危険な"手抜き"」『ビジネス・インテリジェンス』 2000.7

「事故は語る　日比谷線脱線事故——主因は輪重のアンバランス」『日経メカニカル』 2000.8

「事故報告　地下鉄日比谷線脱線事故の原因調査」『土木学会誌』 2000.10

「鉄道事故と原因調査——日比谷線脱線事故中間報告から」『予防時報』 2000.10

「技術資料　営団日比谷線脱線事故とトライボロジー」『トライボロジスト』 2001

「鉄道総研だより　営団日比谷線脱線事故調査（最終報告）の概要」『新線路』 2001.3

「営団日比谷線脱線事故調査報告の概要（その1）」『日本鉄道施設協会誌』 2001.3

「営団日比谷線脱線事故調査報告の概要（その2）」『日本鉄道施設協会誌』 2001.4

「事故は語る　日比谷線脱線衝突事故——最終報告が指摘しなかった"問題"」『日経メカニカル』 2001.7

立川正憲『17歳のテンカウント—日比谷線脱線衝突事故で逝った麻布高生・富久信介の生涯』　亘香通商・日刊スポーツ出版社 2001

中野翠
『くすだま日記』より

「三月八日。地下鉄日比谷線で脱線事故があった。ラジオのニュースで事故のことを知った瞬間、ハッと髪の毛が逆立つような気分になった。前夜、映画好きの女友達が…「明日、朝十時からの早朝試写に行く」と言っていたのを反射的に思い出したからだ。(中略) 取り越し苦労ですんだけれど、済まなかった人もおおぜいいた…こういう事故が起きるたび、たった一秒の違い、たった一センチの違いという「偶然」の大きさを思い知らされ、呆然となる。「偶然」のうらめしさとありがたさと。」

CASE 49 焼津上空で日航機ニアミス事故

date 2001年(平成13年)1月31日 | scene 静岡. 焼津上空

事故の経緯

2001年（平成13年）1月31日15時54分15秒、東京航空交通管制部の「関東南C」管制区域のレーダー画面に羽田発那覇行き日航907便ボーイング747-400（乗員16人・乗客411人）と釜山発成田行き日航958便DC-10（乗員13人・乗客237人）の接近を警告する異常接近警報装置（CNF=Conflict Alarm）の表示点灯。2機は約1分後に13km先で交差すると予測された。CNFは直進する航空機同士が3分後に水平距離5海里＝9.25km未満、高度差1,600フィート＝約480m未満（飛行高度29,000フィート＝約8,700m以上）あるいは高度差700フィート＝約210m（飛行高度29000フィート未満）になると予測された場合に作動し、画面上に「CNF」の赤い文字が点滅表示する。2機はほぼ平行な航路を西と東の反対方向に向かって飛行していたため、907便が焼津市上空で南に進路を変え、2機の進路が交差する形となって初めてコンピューターが計算を始め交差の約1分前にCNFが作動。

管制は、実務訓練中の航空管制官A（26）と訓練監督者の航空管制官B（32、管制官歴10年）の2人が担当していたが、他の管制業務や訓練に集中していたことなどからCNF作動時まで958便の存在を忘れており、さらに交差まで約1分しかなかったため心理的に動揺。

15時54分25秒、管制官Aは上昇中の907便の下方を巡航中の958便に通過させようとして、958便に降下を指示するつもりが便名を間違えて907便に降下を指示。この時管制官Bもこの間違いに気付かなかった。

15時54分29秒、958便の機長（45）らが907便の接近を視認。

15時54分33秒、一方907便の機長（40）は上昇中なのに降下指示は奇妙と感じつつ管制官Aの指示を便名とともに復唱。しかし管制官AとBは二人ともこれを958便からの復唱と誤認。

15時54分38秒、両機のTCAS（Traffic alert & Collision Avoidance System、接近警報及び衝突回避装置）が同時に作動、接近警報（TA=Traffic Advisory）を出した。

TCASは自機から電波を発信し周囲の航空機に反射して戻ってきた電波をもとに相手機との距離、高度差、速度、上昇率、降下率、接近率を計算。高高度では衝突の予想される

---

keyword【キーワード】：日本航空　管制ミス　ニアミス　ボーイング747　DC10

約48秒前にTA、約35秒前に衝突回避指示（RA=Resolution Advisory）を「descend（降下せよ）」あるいは「climb（上昇せよ）」などといった音声を出すとともに操縦室の表示画面に相手機の方向、高度、上昇しているか降下しているかの矢印が表示される。双方がTCASを搭載していれば回避方向が同一にならないよう互いに調整し、RAで一方の航空機に「上昇」を指示すれば他方には「下降」を指示する。日本では2001年1月から旅客機に搭載が義務付けられた。

15時54分38秒～41秒、管制官Aは958便が降下していないため水平方向に間隔をとらせようと右旋回を指示したが機内の切迫した状況や警報音に紛れるなどして機長らに伝わらず958便からの応答はなく飛行に変化はなかった。

15時54分45秒、両機のTCASがRAを出し、907便に「上昇」、958便に「降下」の回避操作を音声と表示で出した。

管制官とTCASの指示が相反する結果となった907便では、機長は、1）すでに降下を始めており無理に上昇すれば失速の恐れがある（事故調査委員会はRAに従って上昇に転じても失速のおそれは少ないと指摘）、2）自機の方が高度が低いこと、などから管制官の指示を優先して降下を続け、結果として両機はともに降下しながら接近。

日航の運航規程では「機長がRAに従って操作することが危険と判断した場合を除きRAに直ちに従う」と機長の裁量を認めていたうえ、管制指示とTCASが異なる場合の優先順位も定めていなかった。

15時55分03秒、衝突する危険を感じた907便の機長は、再度降下して回避しようと決断。機首を一気に下げ、1分あたり3,000mの降下率で数秒間急降下した。958便は、TCASの指示に従って降下していたが、907便が機首を下げてほぼ同じ高度を降下しているのを見たため急きょ降下を中止し上昇した。

15時55分10秒、907便は958便の下をかすめるように交差。両機の最接近距離は約135m、最接近時高度差は約40m（事故調査委員会による推定）。

907便の急降下時に−0.55Gの重力加速度がかかり、シートベルト着用サインが消灯し機内サービスが開始直後だった

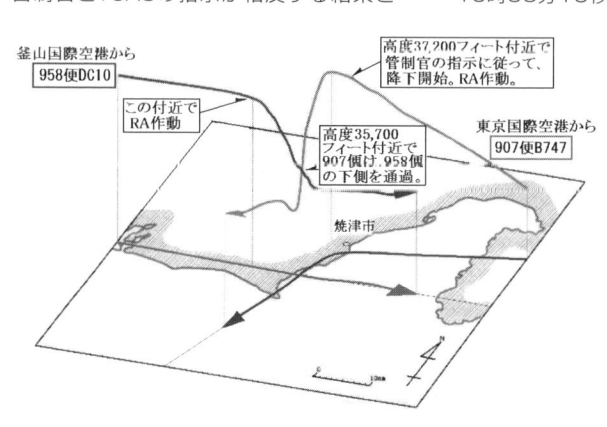

図　ニアミスの状況（航空事故調査委員会による）

第Ⅰ部　大事故の系譜　｜　165

ため、飲み物のワゴンや多数の乗客乗員が浮き上がり天井に叩きつけられた。その直後、急降下から機体姿勢を回復させた際には+1.6Gの力がかかって、逆に床に叩きつけられた。

注：
【CNF】
　航空機同士が、3分後に水平距離5海里（9.25ｋｍ）未満、高度差1600フィート（約480m）未満（飛行高度29000フィート（約8700m）以上の場合。それ未満では高度差700フィート）になると予測計算された場合に作動し、画面上に文字が点滅して管制官に警告する。
【TCAS（Traffic alert and Collision Avoidance System）】
　発信した電波を対象物に反射させて戻ってきた電波を受信し、相手機との距離や高度、速度、上昇率や降下率、接近率を計算して音声や画面で操縦室に危険を知らせる装置。危険度に応じてTA（接近警報）、RA（緊急警報、衝突回避指示）の2段階の指示を出し、RAでは「上昇」か「降下」の最適な衝突回避操作をそれぞれの機に音声で指示する。1990年代から搭載が始まり、日本では2001年1月から全航空機に搭載が義務付けられた。

事故の影響と対策

　2002年7月31日、国土交通省は「航空機衝突防止装置が作動した際の運用の指針」を定め、「RAが発生した場合、原則としてRAに従って回避操作を実施すること。管制指示とRAが相反する場合であっても、原則としてRAに従うこと」とし、RAに従わないことが許容されるのは1）RAがより緊急な警報（失速警報、ウィンドシアー警報、対地接近警報）と相反する時、2）TCASが明らかに故障している時、3）進入中等、目視によりRAの原因となった相手機を明確に確認し安全間隔を確保できる時、と規定。同内容の航空情報サーキュラーを発行。

　これを受けて航空各社はRAと管制指示が食い違う場合はRAに従うよう運航規定を改訂。

　2002年7～8月、各航空交通管制部において航空路管制用レーダー画面上でのCNF作動時機を航空機の飛行経路が直線ではなく針路を変えて接近するような場合においても3分前に他の航空機との異常接近を検出し警報を出すことができるよう機能を追加。

　2003年9月4日、国際民間航空機関（ICAO）は管制官の指示とTCASの指示が異なった場合はTCASに従うべきだとするICAO規程の改訂を行い、この日までに各国に通知。

　2003年11月20日、国土交通省は従来のSSR（Secondary Surveillance Radar・二次監視レーダー、航空機はSSRが発する質問電波を受信すると機上の自動応答装置から各機固有の応答信号を発射し地上のレーダー表示画面上に航空機の識別、高度等を表示）に地上と機上間でデータ通信を行える機能を持たせたSSRモードSを羽田と成田をカバーする山田航空路監視レーダーで運用開始。これによりRAが出ると同時に航空路管制用レーダー画面にも表示するシステムを世

界で初めて運用開始。以後順次RA情報の表示が可能となる空域を拡大。

◆負傷された方等のデータ

907便の乗員12名と乗客88名負傷。シートベルトを着用していなかった乗客67名のうち35名（52％）負傷、着用していた乗客344名のうち53名（15％）負傷。

◆事故を残す、偲ぶ

●裁判等

2004年3月30日、東京地検は、誤った指示を出してニアミスを引き起こし乗客らにけがをさせたとして、国土交通省東京航空交通管制部の管制官2人を業務上過失致傷罪で在宅起訴。ニアミス事故をめぐり管制官が起訴されたのは初めて。TCASが上昇回避の指示を出していたにもかかわらず管制官の下降指示に従って両機を接近させ、衝突回避のためさらに急降下して乗客乗員に重軽傷を負わせたとして業務上過失傷害容疑で書類送検されていた機長については「過失があったとは言えない」として嫌疑不十分で不起訴。

2006年3月20日、東京地裁は「誤った指示が不適切だったのは明らかだが、事故の予見可能性はなく指示ミスだけではニアミスを招く実質的危険性はなく事故との直接の因果関係もなかった」「管制官や機長の個人の刑事責任を追及するのは相当でない」として管制官2人に無罪を言い渡した。また、当時の航空管制システムや制度では、1) 空中衝突防止警報装置（TCAS）がRAを出す時期や内容を管制官は認識できない、2) 管制指示とRAの内容が異なった場合の優先順位が明確でない—などの不備があったと指摘。3月31日、東京地検が控訴。

●報告書

2002年7月12日、国土交通省航空・鉄道事故調査委員会は国交相に調査報告書提出。

素樹文生
『ゆるゆる日記』より

「昨日、会社が裁判所に「民事再生法」の適用申請を出した。とりあえず今日、社員の半数以上が解雇された。僕もその一人。まあ、わかっていたことだけど、でも不安。でも平気。では、混乱と貧乏の生活を楽しむことにしようと思う。カンケーないけど、Appleが新しいPowerBookを発表したぞ。三十万かあ、ベリー高い。」

CASE 50 訓練中のヘリコプターとセスナ機が空中衝突

date 2001年（平成13年）5月19日 ｜ scene 三重．桑名

事故の経緯

2001年（平成13年）5月19日10時5分頃、名古屋空港事務所の航空管制情報官は、中日本航空のヘリコプターの訓練生から、11時10分から12時10分の間に民間訓練／試験空域の中部近畿訓練空域「CK1−1」を高度2,000フィートで使用したい旨の連絡を受けた際、グライダーが同空域の北側を2,000フィート以下で7時40分から日没まで使用中であると伝えた。

11時頃、同情報官は、中日本航空のセスナ機の操縦教官から、11時15分から11時45分の間に同空域を2,000フィートで使用したい旨連絡があった際、グライダー及び同社のヘリコプターが同訓練空域で訓練中であることを伝えた。

セスナ機の機長は出発前のブリーフィングで、運航担当者からヘリコプターについて知らされたが、先行したヘリコプターの機長は訓練空域の使用に関するセスナ機の情報は得ていなかった。中日本航空の訓練空域に関する社内規定には、同一訓練空域で複数の自社機が同時に訓練する場合、機長相互間で事前調整等を行うこととするなどの訓練空域の使用に関する要領の規定はなかった。また、同社では機長名や離着陸の予定時間、目的地などを記した書類を張り出した運航ボードを、ヘリと小型機で分けて掲示し、機長が飛行前に両方の運航ボードを確認して磁石を置くことになっているが、訓練空域のどの高度でどのような訓練を行うかなどの項目はなかった。

名古屋空港を離陸し、北から南に飛行していたヘリコプター（全長18.7m）に、約10分遅れて同空港を離陸し、東から西へ飛行中のセスナ機（全長8.21m）が左後方から接近。

両機がそれぞれ別の方角から桑名市内の東名阪自動車道インターチェンジを目印に飛行したため、衝突約1分前から、お互いの相対位置が変化せずに止まっているように錯覚する「コリジョン（衝突）コース」の位置関係になり、動いている物は見つけやすいが止まっているものには気付きにくいという人間の目の特性により、接近する相手機を発見しにくくなっていた（推定）。

ヘリコプターでは、教官が訓練生の操縦の監視に集中し、他機に対する見張りが疎かになった（推定）。また、訓練生も、訓練に集中していた上、自機のドアフレームのつくる死角や、訓練で計器に集中するため着用して

---

keyword【キーワード】：中日本航空　ヘリコプター　セスナ機　訓練　空中衝突

いた可能性のあるフードが邪魔をして、セスナ機を発見しにくかった。

　セスナ機では、胴体上の主翼による死角（左右真横の上方）や窓枠がつくる死角により、外部の見張りが充分でなかった（推定）。さらに、教官役の機長（51）が右側操縦席にいて、左側「機長席」の飛行クラブ元会員の男性（52）の指導にあたっていたため、左側から接近したヘリコプターに気づくのが遅れた（推定）。さらに、ヘリコプターの存在について事前に知らされていたが、その位置が常に飛行経路上後方だったため発見しにくかった。

　中日本航空では、訓練飛行について社内規定で訓練実施要領を定めていた。訓練中の見張りについての四周の安全確認（クリアリング）等の注意については規定されていたが、衝突コースの危険性、翼を傾けて旋回するクリアリングターンなどの死角を考慮した見張りの方法、操縦を行う者が見張り義務を有すること、訓練生が操縦を行う場合における機長である教官としての見張りの役割りと指導方法について規定していなかった。

　11時31分頃、左後方からすぐ近くまで接近したヘリコプターに気付いたセスナ機は、急上昇して衝突回避しようとしたが、両機は高度約640mで空中衝突。

　セスナ機は駐車場に落下、ヘリは民家の庭先に落ち炎上し民家など2棟全焼。

事故の影響と対策

　2001年7月、国土交通省名古屋空港事務所は事故のあった空域を3分割し、航空機やヘリの訓練について1空域に1機しか入れないようにした。1回のフライトは原則2時間以内、共通周波数の無線やストロボライトの使用などの安全対策を指導。

　2001年7月16日、中日本航空は国土交通省の事業改善命令（2001年6月27日）に対する改善措置を報告。内容は、運航管理担当者を28人から35人に増員、飛行状況を綿密に把握できるよう無線機2台を設置、航空機の死角を図面化した印刷物を機内に張る、搭乗者名簿作製を厳格化、ヘリと飛行機の各運航部を隣接配置し毎朝の合同ミーティングで所属機の運航状況を相互にチェック、など。

　2001年10月、名古屋空港にある中日本航空の運航管理室に、ヘリと飛行機の運航ダイヤを一覧にし時間帯や空域が重なっていないか点検するボードと、赤い磁石などで航空機の位置を確認する訓練空域図のボードを新設、操縦士と運航管理担当職員が出発前に確認してサインする。飛行中は共通周波数無線を使って相互に連絡を取り合う。

　2002年9月5日、国土交通省航空局は全国の民間訓練試験空域の管理運用体制を変更。概要は、1）全国の民間訓練試験空域47を119カ所に細分化し、1空域に1機しか入れないようにする、2）全国の民間訓練試験空域使用予定、使用状況等の情報を航空交通流管理センター（福岡市）を中心として管理するとともに関係機関間でデータ交換し、付近を飛ぶ航空機に情報を提供し接近を防ぐ、3）これまで原則的には訓練空域を飛行できなかった計器飛行方式の民間定期便な

どが、訓練飛行の空き時間に通過できるようにする、など。

◆亡くなられた方等のデータ

ヘリコプター乗員2名、セスナ乗員4名の計6名死亡。地上の男性（37）が右足首骨折全治8週間。

◆事故を残す、偲ぶ

●裁判等

2003年7月17日、墜落した事故を目撃した住民の男性（74）が、「ショックでPTSD（心的外傷後ストレス障害）になった」などとして、中日本航空に約493万円の損害賠償を求めて津地裁四日市支部に提訴。

●報告書

2002年11月7日、国土交通省の航空・鉄道事故調査委員会は、両機の見張りが不十分だったことが事故の原因とする報告書を国交相に提出。

> 井上ひさし
> 『井上ひさしコレクション 日本の巻』より
>
> 「ハイジャックされた旅客機が二機、つづけざまに世界貿易センターのツインビルへ激突（中略）ブッシュ大統領はテロリストたちに宣戦を布告…「アメリカと共に戦わない者は敵とみなす」という発言にひっかかった（中略）国連のパキスタンからアフガニスタンへの難民帰還再定住計画を担っている…日本の義人たち…イスラム世界と欧米との対話を仲介できるのは日本だけなのだ。にもかかわらず、この国の政治家たちはひたすら独歩主義アメリカの腰巾着よろしく行動しようとしている。…」

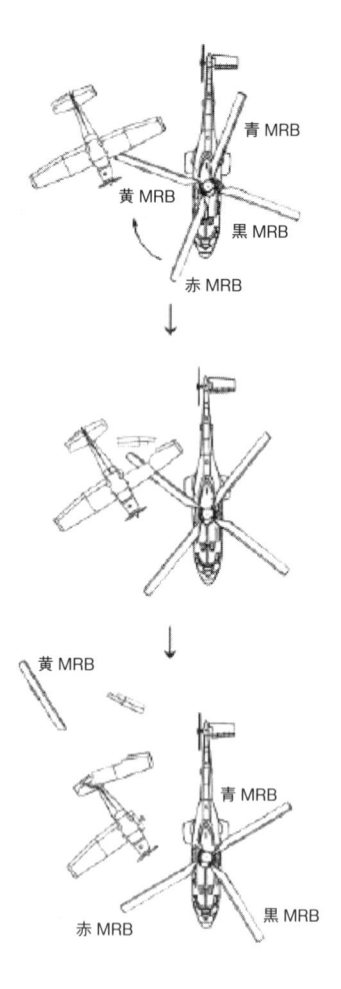

青 MRB
黄 MRB
黒 MRB
赤 MRB

↓

↓

黄 MRB

青 MRB
赤 MRB
黒 MRB

http://www.mlit.go.jp/araic/

CASE 51 鹿児島線で緊急停車した列車に快速列車追突

date 2002年(平成14年)2月22日 | scene 福岡. 宗像

事故の経緯

　2002年（平成14年）2月22日21時22分頃、乗客約120人を乗せた7両編成、門司港発荒尾行き下り普通列車が、城山トンネルを抜けた直後に始まる約1kmの閉塞区間を約750m進んだところでイノシシをはね、異常音がしたため点検のため緊急停車。

　21時25分、普通列車が次の区間に入っていないため、後方の閉塞信号機は赤のまま。このため、ATS（自動列車停止装置）作動、後続の快速列車（5両編成・門司港発荒木行き・乗客約180人）の運転席で警告ブザーが鳴った。

　21時27分、運転士は福岡市の博多総合指令センターに「異音を感じたので、停止させた」と無線で連絡、列車を降りて点検。250m前方にある次の閉塞信号機は普通列車が通過していないため、青のままだった。

　快速列車は信号の前で一旦停止した。車両の大半はトンネルの中であった。運転士（48）は1分以上赤が続いたため、規定通り時速15km以下の徐行運転で発車。約500m徐行した地点で、現在走行中の区間の1つ先の閉塞区間の状況を示す主信号（青）を予告する中継信号が「進行可」になっているのを見て、現区間でも通常の速度での走行が可能と勘違いして、時速約45kmの通常速度にまで加速。中継信号の約100m先に停車していた普通列車に気付いて非常ブレーキ

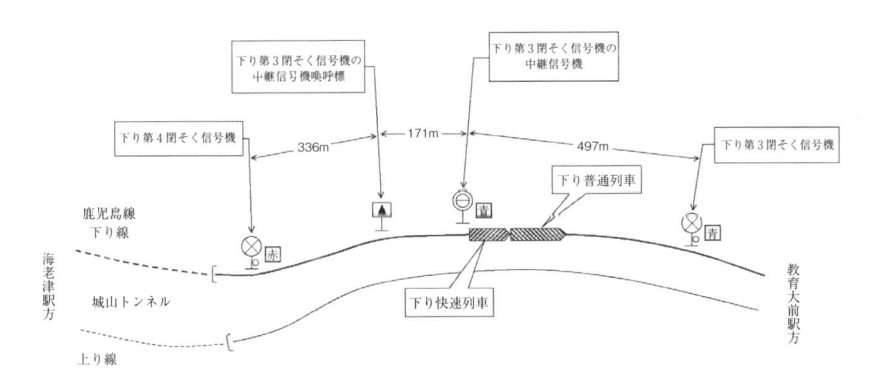

keyword【キーワード】：鹿児島本線　追突　判断ミス　イノシシ

をかけたが間に合わず、21時35分頃、停車していた普通列車に時速約40kmで追突、普通列車の後部車両に約30cmめり込み座席まで乗り上げた。快速列車の前から3両目の後部では座席から火の手が上がり、煙が充満、乗客が備え付けの消火器で消火。

23日15時10分、約18時間ぶり全面復旧。

備　考

JR鹿児島線は閉塞区間（数百m～約1km）に区切られており、閉塞信号機によって1区間に1編成しか列車が入らないよう自動列車停止装置（ATS-SK）で制御。区間内に先行列車がいると、区間手前の信号が赤となりATSが作動。後続列車の運転席の警報ブザーが鳴り、列車を一旦その場に手動で停止させることになっている。赤信号を無視して運転を続けると自動的にブレーキがかかる。

ただし、「鉄道営業法に基づく鉄道運転規則」では、信号故障の場合に長時間停止を余儀なくされることを防ぐための例外規定として、赤信号が1分以上続く場合は、運転士がATSの確認ボタンを押して警報ブザーを解除（ブザーは注意音のチャイムに変わる）し、次の信号が青と確認できるまでは徐行運転（時速15km以下）で進入してもよいこととしている。JR九州の社内規則「運転取扱心得」でも同様の規定を設けている。現場は約1kmの閉塞区間で両側に閉塞信号機が設置され、見通しが悪い右カーブで次の区間に入れるかどうかを示す信号が見えにくいため、信号の手前に信号と連動する補助的な「中継信号機」が設置されていた。閉塞信号は赤、青、黄の3色だが、中継信号は黄の単色球が9つ並ぶ。

新型のATS-Pは、閉塞信号機からの電波を後続車両が感知して、前方の車両までの距離を知ることができ、2つの列車が一定距離内に近づくと後続の列車には自動的にブレーキがかかる。また、閉塞区間手前の信号が赤なら、区間内には進入できない。JR東日本と西日本が首都圏などで導入。JR九州ではATS-Pはコストが高く、ATS-SKを前提に最善の事故防止策を考えるとしている。

事故の影響と対策

4月1日、JR九州は、カーブなどで見通しが悪いため正規の信号が見えにくい場所に補助的な信号機が設置されている約170区間を対象に、ATS作動後に運転を再開する前に列車運行を管理する「福岡総合指令」に連絡して許可を得るように運転内規を改正・実施。これに伴い指令所と列車を結ぶ列車無線を使用できる区間を拡大する予定。

◆**負傷された方のデータ**

乗客11名負傷。乗客120名、乗務員3名軽傷。

◆**事故を残す、偲ぶ**

●**裁判等**

2003年10月10日、快速列車の運転士（49）を業務上過失傷害と業務上過失往来危険の疑いで福岡地検に書類送検。
2005年12月14日、福岡地検は快速列車の元運転士（52）を業務上過失傷害と業務上過失往来危険の罪で在宅起訴。

2006年3月3日、福岡地裁でJR九州社員の元運転士・村田文明被告（52）の初公判。信号表示の意味を誤解し時速15キロ以下で運転すべき場所を、時速約50キロに加速させて運転、停車していた普通列車に追突。起訴事実認める。

●報告書
航空・鉄道事故調査委員会：鉄道事故調査報告書（2003.8.29）

櫻井寛
『日本の鉄道紀行　日本列島ローカル線紀行』より

「全国の都道府県の中で、唯一、鉄道のなかった沖縄にモノレールが開業した。平成14（2002年）8月1日のことである。厳密には"鉄の道"ではないけれど、それまで陸上交通といえば自動車以外にはなかったのだから、「祝！開業」まことに慶賀の至りである。けれども…第二次世界大戦までは沖縄本島に全長46.8キロメートルの沖縄県営鉄道があり、那覇市内には路面電車も走っていた。壮絶な沖縄地上戦によって、すべてが破壊したのである。」

CASE 52 JR東海道線で救急隊員死傷事故

date 2002年(平成14年)11月6日 　scene 大阪．大阪

事故の経緯

　2002年(平成14年)11月6日19時00分頃～、JR東海道線塚本―尼崎間の線路(複々線、フェンスに面した下り外側線を特急と新快速が走行)付近で遊んでいた中学生10人のうち2人が、石垣(高さ2.21m)の上のフェンス(高さ1.06m)を乗り越え線路敷地内に侵入。

　19時11分頃、大阪発姫路行きの下り「新快速」(8両編成)が、下り外側線を時速約105kmで走行中、前方に人影を発見して非常ブレーキをかけたが間に合わず中学2年男子(14)をはね、約322m先に停車(第1事故)。

　19時12分、「新快速」運転士は第1事故発生をJR西日本新大阪総合指令所に無線で連絡。

　指令員Mが「新快速」運転士に停車位置を確認し「新快速」車掌に事故現場を確認に行くよう指示。現場に着いた「新快速」車掌は、倒れている男子中学生とそばにいた友人を見付け動かないよう指示。

　「新快速」後方を走行中だった新大阪発豊岡行き下り特急「北近畿17号」(4両編成)は、列車無線傍受により事故発生を知り、停止信号と人影を見て事故現場の約35m手前に停車。さらに、後続の京都発鳥取行き下り特急列車「スーパーはくと11号」(5両編成)は大阪駅に停車して待機。

　19時17分、「新快速」車掌は一旦列車に戻り新大阪総合指令所の指令員Cに事故現場地点、負傷者の状況等を報告し救急車の手配を依頼。

　この頃、総括指令長Aは、事故を起こした「新快速」に続いて2本の「新快速」が大阪駅を発車することを確認したので、負傷者らが近くにいる外側下り線を運行停止にし、2本の後続列車は内側下り線を走行するよう指示し、「スーパーはくと」については大阪駅に止めるよう指示。

　その後、総括指令長Aは滋賀県で起きた架線事故の処理をするため、策定した輸送計画を具体的に実行するための指示を行っていた(14時過ぎ頃、琵琶湖線の安土駅と近江八幡駅の間の高川踏切でアーム付きトラックがアームを上げたまま踏切内に侵入して架線にアームを引っ掛け架線を切断する事故が発生。そのため琵琶湖線を中心に列車ダイヤが大幅に乱れ、指令所は鉄道他社による振替輸送やバスによる代行輸送など対応する輸送計画の策定に追われていた)。

---

keyword【キーワード】：東海道本線　救急隊員　連絡ミス　対応混乱

19時20分頃、指令員Pは尼崎駅に連絡して駅員が携帯電話を持って事故現場に行くよう指示。

指令員Pは次に塚本駅に第1次事故の発生を伝え、救急車の手配を依頼するとともに現場に行って救急隊を案内するよう指示。指令員Pは次に加島駅に連絡して事故現場に駅員を行かせるよう指示。

19時22分、指令員Pの指示により、尼崎駅員Eは駅員Fとともに、尼崎駅の携帯電話を持って同駅発の普通列車で事故現場へ向かった。

19時29分、指令員Cは、「新快速」車掌に現場に到着した駅員に引き継ぎを行った上で運転再開するよう指示。

19時30分頃、事故現場に到着した尼崎駅員Eは、負傷者や事故現場の様子を指令所に連絡しようとしたが、指令所の電話番号が登録されておらず分からなかったため着信履歴からかけようとしたが扱いに不慣れだったためつながらなかった。尼崎駅員Eは、そのまま待っていれば指令所の方から連絡があるだろうと考え自分から指令所に連絡を入れることはあきらめた。

「新快速」車掌は尼崎駅員Eに第1次事故の概要を説明するとともに事故処理を託した。

19時31分、指令員Uが「新快速」運転士と無線で交信し「運行再開可能か」と尋ねたところ「新快速」運転士が可能と答えたので運転再開を許可。

19時33分、指令員Cは、「北近畿」運転士に対し「新快速」が運転再開することを無線で伝え、「現場を十分注意して運転し、支障の有無を指令まで報告願います」と「北近畿」の運転再開を許可。

「北近畿」運転士は再度事故現場に行き、尼崎駅員Eに「北近畿」が間もなく出発するが接触等がないように注意し「徐行なら通れるか」と尋ねた。この時、尼崎駅員Eは、最徐行であれば通過できると返答。

19時35分頃、「新快速」が運転再開。尼崎駅員Eは「新快速」が運転を再開したことを連絡するため指令所へ電話しようとしたが、携帯電話をうまく操作することができず連絡できなかった。

19時36分頃、「北近畿」が運転再開し、時速7〜8kmの最徐行で事故現場の側を通過。

尼崎駅員Eは「北近畿」の通過を指令所に伝えようと携帯電話を操作したが、やはり連絡できなかった。

19時37分、「北近畿」運転士は、現場通過後、先に指令員Cから支障の有無を報告するよう指示されていたため、無線で指令員D（26）に「北近畿」の運転再開を報告するとともに、「第2閉塞50m手前に駅係員がいるので最徐行でお願いします」と連絡。

それに対し、指令員Dは、「下りの第2閉塞信号機の50m手前に監視係員がおるということですね」と復唱したが「最徐行でお願いします」という部分については聞き落として復唱せず、最徐行要請は指令所に伝わらなかった。

指令員Cは、「北近畿」と交信していた指令員Dに運転支障の有無を聞くよう指示。そこで、指令員Dが「北近畿」運転士に「運転

の方は特に支障はないか」と尋ねたところ、「北近畿」運転士は他列車に対する最徐行の要請は既にしていたので、自列車の走行に対する質問と思い「特に支障ありません」と返答。指令員Dは、この言葉を、「下り外側線での後続列車の通常スピード運転には支障がない」ことだと誤解、後続列車に注意喚起すると「北近畿」運転士に伝え、交信を終了。

指令員Dは、指令員Cに、「支障なしと言ってます。注意喚起をして下さい」などと依頼。

19時38分、指令員Cは一斉無線で「塚本尼崎間下り第2閉塞付近、先程人身事故によりけがした方がまだ線路脇にいる。現場に充分注意して運転願います」と連絡（この連絡は徐行を要請したものではない）。

19時40分、指令員Cは再び同様の内容の一斉無線で伝えた。

「北近畿」運転士はこれらの一斉無線を聞き、最徐行要請の意味が通じていると思った。

19時37分、副総括指令長Rが第1次事故の情報を収集するため副総括指令長Bの携帯電話を借りて、尼崎駅員Eの携帯電話に電話。尼崎駅員Eは「北近畿」が事故現場を通過したことを伝えるとともに次は何が来るか尋ねた。副総括指令長Rは、「次は「スーパーはくと」になる。大阪駅に止まっているのであと5分くらいはない」と答えた。

尼崎駅員Eは「それじゃあ、下り外側は1本運転するんやなあ。それで、新快速は」と尋ね、副総括指令長Rは「内側に振っている」などと答えた。指令員と現場の駅員との連絡はこの1回のみだった。

尼崎駅員Eからの報告を受けた副総括指令長Rは「駅員2人が現場に到着し少年を保護した」と一斉無線で連絡。

19時37分頃、警察官2人が事故現場に到着。警察官の1人が下り外側線を指差して「ここ電車大丈夫ですか」と尼崎駅員Eに尋ねたところ、尼崎駅員Eは大丈夫と答え、警官は下り外側線は運転停止中と誤解。

副総括指令長Bは副所長が「スーパーはくと」は出せないかと言ったのを受け、「北近畿」が運転を再開し尼崎駅手前まで走行していたことなどを確認し「スーパーはくと」の運転再開を指示。

19時42分、「スーパーはくと」が大阪駅を19分遅れて出発。進路予告機の表示は外側線だったが、運転士は負傷者が既に線路外に退避しているのだと思った。

同じ頃、消防隊員4人と救急隊員3人が事故現場に到着。既に駅員と警官がいて、警官が手招きしたため、消防隊員らは運行停止中で安全は確保されていると思い列車の運転状況は尋ねなかった。駅員や警官も運転再開していることを消防隊員に伝えなかった。尼崎駅員Eも消防隊員が警察官と話をしているのを見て、消防隊員は運行再開の状況を知らされた思い運転再開を消防隊員には伝えなかった。

尼崎駅員Eは救助活動の開始を指令所に伝えようとしたが携帯電話をうまく操作できず連絡できなかった。

19時45分頃、指令員Cは、線路脇に負傷者がいるので注意するよう「スーパーはくと」の運転士に連絡しようと何度も無線で呼びかけたが、応答はなかった。

尼崎駅員Eは、過去の経験から「スーパーはくと」が運転を再開する際には輸送指令から当然に連絡が入ると思っていた上、「北近畿」運転士を介して輸送指令に最徐行要請をしたつもりになっていたので列車は最徐行で来るものと思い、見張りは立てず現場から3〜4m大阪寄りで左右を見ていた。

「スーパーはくと」運転士が塚本駅の場内信号機を喚呼した付近で、指令員Cが再度「スーパーはくと」に対し呼びかけたところ、「スーパーはくと」運転士が初めて自分が呼ばれていることに気付き応答。指令員Cは「塚本尼崎間下りの第2閉塞付近、けが人がおられるかもしれません、充分注意して運転願いします」と伝えた。

ちょうどその時、事故現場の下り外側線を「スーパーはくと」が時速約100kmで通過し、前屈みになって作業をしていた消防隊員（28）が進行方向前方に跳ね飛ばされ、その前方にいた救急隊員（29）に衝突しその衝撃で後方に跳ね飛ばされて線路脇の鉄製の柵に激突し即死、救急隊員は前方の地面にたたき付けられ重傷。（人物イニシャルは判決文による）

備　考

近鉄や南海電鉄では、人身事故が起きた時には、運転指令が運行中の全列車に、現場の様子を伝え、「徐行」「停車」などを指示。最寄り駅から駆けつけた電鉄会社の現場の責任者が運転指令と連絡を取り合い、近くの列車が完全に停車したことを確認してからしか、救急隊員や警察官の立ち入りを許可しない。

さらに、近鉄では、別の駅員が「列車監視員」として手信号器やハンドマイクを持って現場の数百m手前に立ち、万が一の列車接近に備えることがマニュアルで定められている。

JR東日本では、現場に行った安全責任者が線路内に人がいないことを最終確認してから、運転再開を判断することになっている。

指令員は事故でダイヤが乱れた際は、安全を確保したうえで、ダイヤを元通りに戻すのが最大の任務。すべてを止めると乗客に迷惑をかけるし、列車を止めるには勇気がいる。現場の状況を手に取るように知りたいのはやまやまだが、限られた時間で素早く決断するためには、断片的な情報でも運転再開する。

事故の影響と対策

2002年12月17日、JR西日本は、新たに定めた人身事故対処マニュアル（鉄道人身事故対処要領及び鉄道人身事故対処標準）を実施。主な内容は、

1）必要な線路については負傷者が救出されるまで運転を再開しないなど運転再開基準を明確化、2）現地情報、運行情報の確実な伝達を行うため、指令には「指令情報統括者」（事故1件につき1人）を指定し、現地では事故列車乗務員などを「現地連絡責任者」に指定、それぞれチェックリストを使用し、指示・連絡・手配を確実に行う。連絡手段として、前者には専用NTT回線を、後者には連絡専用携帯電話を配備、3）事故発生時には、防護無線を発報して半径1km以内のすべての電車に警報音を流して周辺の列車を停止させる。また防護無線を発報した旨を総合指令所

に速報し、総合指令所の指示により運転再開する、4）「最徐行」「注意して運転」といったあいまいな表現を改める、など。

この人身事故対処マニュアル導入後、人身事故の発生から運転再開までの平均時間は事故以前の平均約30分から、2002年12月〜2003年3月には1時間を超えた。しかし、その後は次第に減少し再び30〜40分程度となった。

2003年1月〜、JR西日本は、東海道線京都—神戸間で、線路への進入を防ぐ防護柵を約13.5km設置。

2003年2月19日、全国消防長会近畿支部（大阪市、神戸市など9消防機関が所属）と、鉄道事業者（JR西日本、関西の私鉄7社、大阪市交通局）でつくる「鉄道事故安全対策調整委員会」が、事故時の情報連絡や相互協力体制、共同定期訓練などを定めた「鉄道事故時の安全対策に関する覚書」を作成。

◆亡くなられた方等のデータ

中学2年男子（14）頭がい骨骨折の重傷。消防隊員（28）が全身打撲で死亡、消防隊員（29）が重傷。

◆事故を残す、偲ぶ

●裁判等

2005年1月20日、大阪地裁は、業務上過失致死傷罪に問われたJR西日本の新大阪総合指令所総括指令長、副総括指令長、指令員2人、尼崎駅員の計5人のうち、別の事故の処理にあたっていた総括指令長と、事故現場からの状況報告を直接聞いていなかった指令員1人に過失責任は問えないとして無罪を、他の3人に執行猶予付き有罪を言い渡した。大阪地検が控訴。

JR西日本の責任については「事故発生時の管理体制が不十分なまま、ダイヤの正常化に関心を傾けすぎて運用していた」「事故発生時に現場に派遣される駅員に対する教育不十分」と指摘。

2006年4月12日、大阪高裁控訴審判決で裁判長は一審の無罪判決を支持し検察側の控訴を棄却。

2006年4月26日、一、二審で無罪を言い渡されたJR西日本の総括指令長と指令員両被告について、大阪高検は上告を断念。2人の無罪確定。

●報告書

2003年9月12日、国土交通省航空・鉄道事故調査委員会は調査報告書を国交相に提出。

郷土出版編集部編
『地方出版（秘）社内日記
日本列島ひとっ飛び』より

「2002年11月…経費節減のため、出入りの業者さんたちに価格の交渉をするのも総務の仕事のひとつ。このデフレ経済を反映して、ほとんど据え置きか、数年前より低価格になっているが、…とりわけ競争が激しいのが宅急便業界。…大量にY社で出したりすると、翌日には"値を下げるから、ぜひうちで扱いたい"とS社が。…トラック便の事故が頻発している昨今、過重なドライバーの存在や、…危険性を考えると、安いだけがベストではないと思ってしまいます。」

CASE 53　JR福知山線、脱線転覆

date　2005年(平成17年)4月25日　｜　scene　兵庫. 尼崎

事故の経緯

＜事故当日の最初のトラブル＞

2005年(平成17年)4月25日8時31分00秒頃、JR西日本福知山線(尼崎～宝塚)で宝塚駅に向かう下り回送列車が宝塚駅手前を加速走行中、同駅の下り出発信号機が赤信号だったため、ホーム端から168m手前のATS(SW型)の地上子を通過した時、運転室に赤色灯が点き警報が鳴った。運転士(23)は常用ブレーキをかけたが確認ボタンを押さなかったため、8時54分43秒頃、ATSにより非常ブレーキが作動しホーム端直前で停止。ATS(SW型)では警報が鳴ってから5秒以内に確認ボタンを押さないと非常ブレーキが作動する。

その後、運転士は列車を再出発させ、ホーム半ばの停止位置目標に止めようとしたが、8時56分12秒頃、停止位置目標手前のATS(SW型)誤出発防止用地上子を通過したところで再びATSによる非常ブレーキが作動し、8時56分14秒頃、定刻よりも約44秒遅れて停止位置目標付近に停止。

宝塚駅に到着の後、運転士は輸送指令員に連絡しないままATSを解除させた。確認ボタンを押さずにATSによって非常ブレーキが作動した場合、規定では、輸送指令員に連絡し指示を受けてからATS解除を行うこととされている。

＜事故当日の2番目のトラブル＞

9時04分00秒頃、下り回送列車は上り快速列車となり、宝塚駅を定刻より約15秒遅れて出発。

9時13分39秒頃、上り快速列車が伊丹駅の手前を時速約113kmで走行中、ATS(P型)の停車ボイス機能による「停車です、停車です」という音声が発せられたが、運転士はそのまま惰行を続けた。このため続いてATS(P型)の停車駅通過防止警報機能による「停車、停車」という音声と警報音が同時に発せられ始めた。

運転士は常用ブレーキをかけたが時速約80kmでホームに進入し、停止位置目標を約44m過ぎた地点で車掌(42)が非常ブレーキを入れ、そのすぐ後に運転士が直通予備ブレーキを入れた。直通予備ブレーキは他のブレーキが故障した時など緊急の場合のみに使用するブレーキで、JR西日本は減速・停止のために使用することを禁止していた。

上り快速列車は停止位置目標を約72mオーバーランして停止した後、停止位置を戻し、伊丹駅に定刻より約1分8秒遅れて9時

keyword【キーワード】：福知山線　カーブ　スピードオーバー　脱線

15分43秒頃到着。

運転士は2004年6月8日にも片町線下狛駅で約100mのオーバーランを起こして訓告処分を受けるとともに乗務員指導要領に基づいて13日間の再教育を受けていた。この再教育では指導担当者から事故原因や注意点などについて繰り返し質問を受け、報告書や反省文などを計19回書かされていた。伊丹駅におけるオーバーラン（50m以上）も平均10日弱の再教育がされる事故に相当した。

＜事故現場カーブでのブレーキ遅れ＞

9時16分10秒頃、上り快速列車は定刻より約1分20秒遅れて伊丹駅を出発。

発車後、運転士が「（行き過ぎた距離を）まけてくれへんか」と車掌に依頼。

9時18分22秒頃、上り快速列車は尼崎駅の1つ手前の塚口駅を定刻より約1分12秒遅れて通過。

9時17分〜19分頃、車掌は、上り快速列車が伊丹駅到着時に停止位置目標を「8m」行き過ぎ、それにより遅れていると新大阪総合指令所へオーバーランの距離を短くして報告。この間、運転士は運転操作を全くしておらず、車掌と輸送指令の列車無線を傍受していて、それに気を取られてブレーキ操作を怠った可能性がある。

上り快速列車は速度を落とすことなく事故現場のカーブ（半径304m、制限速度70km）に時速約116kmで進入。カーブを約22m進んだところで、運転士は初めて常用ブレーキを一杯にかけたが間に合わなかった。このカーブには、制限速度を超えないようにブレーキを作動させる速度照査機能を持ったATS（P型）を設置する計画になっていたが、工事設計、委託、着工の遅れなどから使用開始が事故直後の2005年6月になってしまった。

9時18分54秒頃、上り快速列車は時速約100kmで1両目が左へ転倒するように脱線。1、2両目が脱線地点から約57m先の線路左側にあるマンション（鉄筋コンクリート9階建て、47世帯）1階に突っ込んだ。3、4、5両目も脱線し4両目は対向の下り線にはみ出した。

車掌は列車無線で大阪総合指令所を呼び出そうとしたが通じず、防護無線機のボタンを押しても作動を示す警報音が鳴らなかった。これは車掌室にある列車無線機と防護無線機（発報スイッチを押し込むと、半径約1km内の列車の防護無線機に信号を送信）の電源切換スイッチを「常用」位置から「緊急」位置にして予備電源に切り替えなかったためである。

また、車掌は車両用信号炎管、携帯用信号炎管、軌道回路短絡器（左右のレールを電気的に短絡することにより、その区間に進行する列車に停止信号を現示させる）などを使用した列車防護をしなかった。

9時20分25秒頃、事故現場の尼崎駅側にある第一新横枕踏切で踏切支障報知装置のボタンが押され、同踏切手前の特殊信号発光機が発光。事故現場の手前約300mを走行していた対向列車の尼崎発下り特急列車「北近畿3号」（4両、乗客約150人）の運転士はこれに気付いて非常ブレーキをかけ「北近畿

3号」を停止。特殊信号発光機が発光していることを連絡しようと列車無線で輸送指令員を呼び出した時、脱線車両を発見し連絡。

9時23分頃、輸送指令員の指示により「北近畿3号」運転士が防護無線機の発報ボタンを押した。

脱線した上り快速列車の後続の篠山口発大阪行き上り快速（6両、乗客約800人）は前方に上り快速列車の最後部が見えてきた時に、「北近畿3号」からの防護無線の信号を受け、現場の手前約300mで緊急停止。

＜救急医療＞

9時40～45分頃、尼崎市消防局の要請で、兵庫県の広域災害・救急医療情報システムの「緊急搬送要請モード」稼働。阪神地域の158病院のアラームを鳴らし、負傷者の受け入れ可能人数の入力を呼び掛けた。

午前中に入力した病院は約6割、最終的に約8割。兵庫県内と大阪府の49病院が467人（7人は搬送後に死亡）を受け入れた。

隣接市の西宮市立中央病院では、医事課（当時職員6人がいた）に設置した専用パソコン（2003年6月に県から貸与）を「緊急搬送入力モード」に設定していなかったためアラームが鳴らず、受け入れ準備が遅れた。事故直後に市民が患者4人を搬送してきたほか、さらに兵庫県警のバスで数十人が到着するなど一時的に患者が集中、20人以上が転送された。

事故の影響と対策

2005年5月31日、JR西日本は「安全性向上計画」を発表。主な内容は、1）線区の速度と曲線通過時の制限速度の差が時速30km以上のカーブ1,234か所について速度照査機能の付いたATS（SW型）を整備、2）停車時分・余裕時分を実態に合わせて設定し運転に余裕を持たせたダイヤ改正、3）再教育に関して標準を設け、事故原因等に応じてシミュレータ訓練、現車訓練、添乗指導などの実践的な内容を充実させる、など。

2006年10月1日、「運輸の安全性の向上のための鉄道事業法等の一部を改正する法律」施行。

鉄道事業者は、1）安全確保のための事業の運営方針、事業の実施及びその管理の体制・方法を定めた「安全管理規程」を作成し国土交通大臣に届け出る、2）「安全管理規程」を実行するための「安全統括管理者」（役員級）と「運転管理者」（部長等の管理職級）を選任し国土交通大臣に届け出る、3）安全管理規定の実施状況、事故・インシデント、再発防止措置等を記載した「安全報告書」を作成、公表する。

国土交通大臣は、事故やインシデント等の発生状況、鉄道事業者の安全に関わる取り組み状況、事業改善命令や保安監査に基づく勧告の内容などを公表する。

運転士に関しては、国の基準に従って鉄道事業者が設置している指定養成所（全国32箇所）の立ち入り検査を強化し、基準通りの試験や教育が行われていなければ改善命令を出すなど監督を強化。各事業者は乗務員の育成、資質の保持等を行う「乗務員指導管理者」を置き、再教育方法を定めた「運転士管理規定」を作成し、運転士の資質管理状況を4半

期毎に国に報告。

◆亡くなられた方等のデータ

乗客106名（男性58名・女性48名）、運転士男性1名死亡。555名負傷。
4月30日、事故発生後、約15時間ぶりに救助され入院していた女性（46）死亡。

◆事故を残す、偲ぶ

●残骸等
JR西日本は大阪府吹田市の社員研修センター内に事故車両の一部や遺族の手記などの関連資料を保存・展示する「事故資料館（仮称）」を2007年3月に開設予定。

●報告書
2005年9月6日、国土交通省航空・鉄道事故調査委員会は事故調査の経過報告を公表。1）ATS等の機能向上、2）列車防護の確実な実行、3）列車走行状況等を記録する装置の設置と活用などをを国土交通大臣に建議。
2006年12月20日、国土交通省航空・鉄道事故調査委員会は、これまでの調査で判明した「事実調査に関する報告書の案」を公表。

●出版
「JR福知山線事故はなぜ起きたのか——企業の病根を検証する」『予防時報』 2005.8
「JR西日本列車脱線事故—沸き起こる批判、積み上がる献花、見落とされる、視点」『論座』 2005.7
「事故調が触れていない重大原因（JR福知山線事故から二ヶ月）」『中央公論』 2005.8
「時の視点 JR福知山線・脱線転覆事故（2）問われる企業風土」『近代消防』 2005.8
「緊急ルポ 福知山線の脱線事故から二ヶ月 JR西日本はどう変わったのか？」『実業界』 2005.8
「「西日本旅客鉄道株式会社福知山線列車脱線事故に係る鉄道事故調査について（経過報告）」から」『鉄道車両と技術』 2005.9
「JR福知山線脱線事故車両に乗り合わせて」『放送文化』 2005.秋
「特集 JR福知山線脱線事故と企業責任」『労働法律旬報』 2005.12.上旬
「活動報告 JR福知山線列車事故より1年を迎えて」『月刊地域医学』 2006.9
川島令三『なぜ福知山線脱線事故は起こったのか』 草思社 2005
内藤友子『JR脱線事故からの生還—キャリア・カウンセラーが綴った再生の記録』 本の泉社 2006
畑村洋太郎『失敗学実践講義—だから失敗は繰り返される』 講談社 2006
齋藤典雄『車掌に裁かれるJR—事故続発の原因と背景を現役車掌がえぐる』 アストラ 2006
吉田恭一『福知山線5418M 一両目の真実』 エクスナレッジ 2006

佐野眞一
『響きと怒り 事件の風景・事故の死角』より

「JR史上最悪の大惨事となった福知山線脱線事故（中略）取材中、JR西日本の体質を示す…貴重な資料を入手できた。「JR西の天皇」といわれる井手正敬の発言やエッセイをまとめた…大判の豪華本である。…スピード化に努力してきたと自画自賛するインタビューには、安全の二文字は一ヵ所も見当たらなかった。(中略) 今回の事故に際してJR西日本がとった…非人間的な対応を見ていると、…もう絶対に一人の鉄道事故遺族も出さないという強い決意は感じられず…今後もつづくのではないか。」

第Ⅱ部
鉄道・航空機事故一覧
―― 明治・大正・昭和・平成

明治5年(1872年)〜

0001 鉄道開業式当日、傷害事故
明治5年10月14日　東京府

10月14日、新橋駅で鉄道開業式当日、線路に立ち入った見物人が灰落しピットに転落。上がろうとして機関車にひかれる。
●指切断

0002 蒸気機関車火の粉、沿線火災
明治6年1月27日　東京府北蒲田村他

1月27日、蒸気機関車の火の粉による沿線火災。
●2戸焼失

0003 新橋駅構内ポイントで脱線
明治7年10月11日　東京府

10月11日、新橋駅構内で横浜からの列車が到着する際、ポイント通過時に機関車と貨車1両が脱線し転覆。
●負傷者なし、機関車と貨車が脱線し転覆

0004 住吉駅東方で正面衝突
明治10年10月1日　兵庫県神戸市

10月1日、阪神間鉄道の住吉駅東方で上り定期列車と下り回送列車が正面衝突。
●死者3名、重傷者2名

0005 大森駅臨時列車脱線
明治18年10月1日　東京府

10月1日、東海道線大森駅で臨時列車の折り返しのため14両編成の客車を下り線から上り線に転線する作業中、分岐器上で客車1両が脱線転覆。
●死者1名

0006 東海道線山科駅列車脱線転覆
明治28年7月20日　京都府

7月20日、東海道線馬場・京都間で貨車25両牽引の下り列車が補助機関車を連結し山科駅に到着の際、脱線転覆。
●───

0007 復旧作業列車転落
明治30年10月3日　静岡県

10月3日、山北・小山間で降雨による築堤破壊の線路修理のため建築列車運転中、機関車及び土運車6両が崖下に転落。
●死者8名、負傷者17名

0008 蒸気機関車ボイラー破裂
明治31年4月8日　福岡県小竹

4月8日、幸袋線幸袋駅で入換作業中の小型蒸気機関車のボイラーが破裂。
●死者3名、通行人ら負傷

0009 東海道線堤防下に列車落下
明治32年6月30日　愛知県

6月30日、東海道線御油・蒲郡間で猛烈な旋風により11両編成下り列車が堤防下に落下、これに続いた無蓋貨車が線路上に転覆、脱線。
●負傷者25名

0010 箒川鉄橋列車転落
明治32年10月7日　栃木県大田原

10月7日、東北線矢板－野崎間で列車が台風により箒川橋梁から河中に転落。
●死者19名、負傷者38名

0011 東海道線列車脱線
明治33年8月4日　大阪府

8月4日、東海道線高槻駅で下り旅客列車脱

線、転覆。
●死者1名、負傷者2名

0012 信越線機関車蒸気噴出
明治34年7月13日　長野県

7月13日、信越線下り混合列車で熊ノ平・軽井沢間運転中、機関車煙箱付近から蒸気噴出。
●死者2名、負傷者2名

0013 日本初航空犠牲者事故
大正2年3月28日　埼玉県松井村

3月28日、青山練兵場から所沢飛行場に向かったブレリオ機が突風のため墜落。飛行機事故の初の犠牲者出る。
●死者2名

0014 日本初民間航空犠牲者事故
大正2年5月4日　京都府

5月4日、前日初の民間飛行に成功したばかりの武石浩玻が深草練兵場で墜落死。
●死者1名

0015 北陸本線列車正面衝突
大正2年10月17日　富山県富山

10月17日、北陸本線東岩瀬駅付近で停止位置を越えて停止中の貨物列車に臨時列車が正面衝突。
●死者26名、負傷者104名

0016 陸軍機着陸失敗炎上
大正3年4月26日　埼玉県所沢

4月26日、ベテランパイロット操縦の陸軍機が所沢飛行場に着陸失敗、炎上。
●死者1名、航空機1機墜落

0017 民間飛行家試験飛行中墜落
大正4年1月3日　日本

1月3日、大阪－東京間初飛行をめざす民間飛行家萩田常三郎ら2人が試験飛行中に墜落死。
●死者2名、航空機1機墜落

0018 海軍飛行機墜落
大正4年3月6日　神奈川県横須賀

3月6日、海軍機が初の事故。
●死者3名、航空機1機墜落

0019 東北本線列車正面衝突
大正5年11月29日　青森県下田

11月29日、東北本線下田－古間木間で、下り臨時旅客列車と上り貨物列車が正面衝突。
●死者29名、負傷者171名

0020 岩越線列車雪崩埋没
大正6年1月23日　福島県・新潟県

1月23日、旧・岩越線（磐越西線）で雪崩により列車埋没。救援中に再度の雪崩。
●――

0021 岩越線列車雪崩埋没
大正6年3月3日　福島県・新潟県

3月6日、旧・岩越線（磐越西線）で雪崩により列車埋没。再度の雪崩で救援列車にも被害。
●――

0022 信越線列車暴走転覆
大正7年3月7日　群馬県

3月7日、信越線で貨物列車が、碓氷峠の急勾配を退行し10箇所のトンネルを通過暴走して熊ノ平駅の引込線に突っ込み、転覆大破。
●死者4名、負傷者6名

大正7年(1918年)〜

0023 爆薬爆発、下関駅寝台列車巻き添え
大正7年7月2日　山口県下関港

7月2日、はしけに爆薬積み込み中爆発。下関付近で寝台列車が爆風を受け、窓硝子飛び散り乗客54名負傷。
● 死者27名、負傷者66名

0024 山手線踏切で荷車と電車衝突、爆発
大正7年8月5日　東京府

8月5日、恵比寿駅南方の踏切でダイナマイトを積んだ荷車が脱輪、電車と衝突して爆発。
● 死者1名、負傷者38名

0025 北陸線列車雪崩埋没
大正11年2月3日　新潟県青梅

2月3日、北陸線で除雪作業中雪崩。列車埋没、大破。
● 死者90名、重軽傷者40名

0026 中島式5型機墜落
大正12年1月9日　静岡県

1月9日、東西定期航空会の中島式5型機が三島練兵場で離陸直後に墜落。機長8月24日死亡、わが国民間航空輸送史上初の犠牲者。
● 死者1名、重傷者1名

0027 白戸式25型機箱根山岳衝突
大正12年2月22日　神奈川県

2月22日、東西定期航空会の白戸式25型機が箱根で山に激突。
● 死者1名、航空機1機墜落

0028 参宮線工事区間急行列車脱線転覆
大正12年4月16日　三重県津

4月16日、参宮線下庄－一身田間でレールを外した工事区間に急行列車が突っ込み脱線、転覆。
● 死者15名、負傷者約200名

0029 大震災山崩れ・熱海線列車巻き込まれ
大正12年9月1日　神奈川県小田原

9月1日、関東地震で大項山崩れ、根府川で土石流発生。根府川駅の客車が海中に転落。
● 死者112名、負傷者13名

0030 豊肥本線機関車ボイラー破裂
大正13年3月10日　大分県朝地

3月10日、豊肥本線朝地駅で蒸気機関車のボイラーが破裂。機関車前輪脱線、駅の待合室を吹き飛ばす。
● 負傷2名

0031 飛行船爆発墜落
大正13年3月19日　茨城県相馬郡

3月19日、横須賀で係留訓練を終えた飛行船が霞ケ浦に帰航途中爆発。炎上し墜落。
● 死者5名、飛行船1機墜落

0032 サルムソン2A2型機墜落
大正13年7月5日　東京府

7月5日、東西定期航空会のサルムソン2A2型機が立川で試験飛行中墜落。
● 死者2名、航空機1機墜落

0033 飛行場、陸軍機墜落
大正13年9月24日　岐阜県各務原

9月24日、飛行場で陸軍機墜落。
● 死者2名、航空機1機墜落

0034 霞ケ浦上空、海軍機同士衝突
大正13年12月19日　茨城県

12月19日、霞ケ浦上空で海軍機同士衝突。

●死者3名、航空機1機墜落

0035 ニューポール81E型機、墜落
大正14年6月23日　東京府

6月23日、陸軍払い下げのニューポール81E型機が宣伝ビラまき中故障し、二重橋前の皇居の濠に墜落。
●負傷2名

0036 日本航空輸送研究所横廠式ロ号甲型機、空中火災
大正15年4月6日　兵庫県

4月6日、日本航空輸送研究所横廠式ロ号甲型機で空中火災、神戸沖に墜落。乗員乗客各1名死亡、わが国で旅客の死亡を伴う最初の航空事故。
●死者2名、航空機1機墜落

0037 祝賀会場、飛行機墜落
大正15年4月18日　奈良県王寺

4月18日、町制記念祝賀会場に飛行機墜落。
●死者2名、航空機1機墜落

0038 山陽本線特急列車脱線転覆
大正15年9月23日　広島県広島

9月23日、山陽本線安芸中野～海田市間で豪雨により地盤緩み下り特急列車が脱線、転覆。
●死者34名、負傷者39名

0039 ハンザ型機、滑走中転覆
大正15年10月31日　大阪府

日本航空輸送研究所のハンザ型機が堺で滑走中転覆。
●死者1名、航空機1機墜落

0040 偵察機改装型機墜落
大正15年12月22日　東京府

12月22日、立川飛行場で試験飛行中の東西定期航空会10年式偵察機改装型機が墜落。操縦士死亡。
●死者1名、航空機1機墜落

0041 山陽線特急列車・貨物列車衝突
昭和2年1月9日　兵庫県神戸市

1月9日夜、山陽線の特急列車と貨物列車が神戸駅構内で衝突、1名が軽傷を負った。
●軽傷者1名

0042 伊勢電鉄線電車衝突
昭和2年1月11日　三重県

1月11日、伊勢電鉄の満員電車が駅構内に突入し、乗員、乗客40名が負傷した。
●負傷者40名

0043 東海道線旅客列車転落
昭和2年1月18日　岐阜県

1月18日、東海道線の旅客列車が関ヶ原の付近で線路脇に転落したが、乗務員や乗客らは全員無事だった。
●車両転落

0044 北陸線列車転覆
昭和2年1月28日　新潟県西頸城郡能生町

1月28日、北陸線の列車が能生駅構内で竜巻に吹き飛ばされ、転覆した。
●車両転覆

0045 筑豊線貨物列車・火薬運搬馬車衝突
昭和2年1月30日　福岡県

1月30日、筑豊線の貨物列車と荷馬車が植木駅近くの踏切で衝突し、荷馬車に積んであっ

昭和2年(1927年)～

た火薬が爆発、貨車11両が転覆した。
●貨車11両転覆

0046 陸羽線列車転覆
昭和2年2月3日　山形県

2月3日、陸羽線で列車が転覆し、乗客ら17名が死傷した。
●死傷者17名、車両転覆

0047 郵便輸送機墜落
昭和2年2月4日　大分県大分市沖

2月4日、日本航空研究所の郵便輸送機が大分市の沖合に墜落した。
●航空機1機墜落

0048 航空機墜落
昭和2年4月1日　大阪府大阪市

4月1日、大阪市の木津川飛行場の敷地内に航空機が墜落、乗員2名が死亡した。
●死者2名、航空機1機墜落

0049 陸軍飛行隊機墜落
昭和2年4月10日　三重県

4月10日、陸軍大刀洗飛行隊機が明野ヶ原に墜落し、乗員1名が死亡した。
●死者1名、航空機1機墜落

0050 陸軍飛行学校練習機墜落
昭和2年4月27日

4月27日、陸軍所沢飛行学校の練習機が操縦訓練中に墜落、同校の生徒2名が重傷を負った。
●重傷者2名、航空機1機墜落

0051 陸軍飛行隊機墜落
昭和2年7月28日　埼玉県所沢町

7月28日、陸軍飛行隊機が埼玉県所沢町に墜落し、乗員1名が死亡した。
●死者1名、航空機1機墜落

0052 海軍航空隊機墜落
昭和2年9月28日　長崎県佐世保市

9月28日、海軍佐世保航空隊機が夜間基本演習中に墜落、乗員3名が死亡した。
●死者3名、航空機1機墜落

0053 京浜線電車三重衝突
昭和2年10月28日　東京府北豊島郡

10月23日、王子駅の付近で、京浜線の電車が三重衝突し、乗客ら9名が重軽傷を負った。
●重軽傷者9名、車両衝突

0054 曲芸飛行機墜落
昭和2年11月3日　京都府

11月3日、航空機1機が京都府の安井飛行場で開催された曲芸飛行大会に参加した際、誤って観客席に突っ込み、10数名が死傷した。
●死傷者10数名

0055 海軍航空隊機・漁船衝突
昭和2年11月11日

11月11日、海軍追浜航空隊機が夜間訓練中、漁船に衝突、乗員ら2名が即死した。
●死者2名

0056 陸軍演習機墜落
昭和2年11月15日　愛知県名古屋市付近

11月15日、名古屋市の付近で、演習中の陸軍機3機が墜落、乗員1名が死亡した。
●死者1名、航空機3機墜落

~昭和3年（1928年）

0057 海軍航空隊機墜落
昭和2年11月16日　岐阜県各務原町

11月16日、岐阜県各務原町で、横須賀・大村間を往復飛行中の海軍航空隊機が墜落、乗員2名が重傷を負った。
●重傷者2名、航空機1機墜落

0058 陸軍飛行隊機墜落
昭和2年11月18日

11月18日、陸軍宇都宮飛行隊機が第14師団の機動演習中に墜落、乗員1名が死亡した。
●死者1名、航空機1機墜落

0059 練習機墜落
昭和2年12月18日　静岡県

12月18日、静岡県三方原にある日本中央飛行学校の練習機が訓練中に墜落、生徒1名が死亡した。
●死者1名、航空機1機墜落

0060 京成電鉄線電車追突
昭和2年12月19日　千葉県

12月19日、京成電鉄線の電車が追突し、乗客20名が負傷した。
●負傷者20名、車両衝突

0061 海軍航空隊偵察機墜落
昭和3年1月19日　茨城県

1月19日、海軍霞ヶ浦航空隊の艦上偵察機が墜落し、操縦者が重傷を負った。
●重傷者1名、航空機1機墜落

0062 国鉄線急行列車転覆
昭和3年1月25日　新潟県

1月25日、国鉄線の急行列車が転覆したが、乗務員や乗客は全員無事だった。
●車両転覆

0063 北陸線機関車転落
昭和3年1月31日　滋賀県東浅井郡

1月31日、北陸線の機関車が虎姫駅構内で安全側線を突破し、転落した。
●機関車1両転落

0064 常磐線貨物列車転落
昭和3年3月3日　千葉県

3月3日、常磐線の貨物列車14両が鉄橋から転落した。
●車両14両転落

0065 乗用車・目蒲電鉄電車衝突
昭和3年3月28日　東京府駒込町

3月28日、東京府駒込町の目蒲電鉄線の踏切で、乗用車と電車が衝突、2人が死亡、6人が重傷を負った。
●死者2名、重傷者6名

0066 陸軍飛行隊機墜落
昭和3年4月14日

4月14日、陸軍立川飛行隊機が墜落し、操縦者が死亡した。
●死者1名、航空機1機墜落

0067 日本製旅客機爆発
昭和3年5月4日　群馬県

5月4日、群馬県の中島飛行機制作所で作られた旅客機が試験飛行中にガソリンタンクの爆発により墜落、搭乗員8人全員が死亡した。
●死者8名

昭和3年(1928年)〜

0068 郵便輸送機墜落
昭和3年5月30日　兵庫県明石市

5月30日、大阪府堺市の定期郵便輸送機が兵庫県明石市の海岸に墜落、大破したが、乗員は無事だった。
●航空機1機墜落

0069 山陰線臨時列車転覆
昭和3年6月2日　島根県益田町

6月2日、山陰線の臨時列車が益田駅の付近で脱線、転覆し、乗務員や乗客22名が死傷した。
●死傷者22名、車両転覆

0070 陸軍試験機墜落
昭和3年6月13日　埼玉県所沢町

6月13日、所沢飛行場で、操縦試験中の陸軍機が墜落、操縦者はパラシュートで脱出して無事だった。
●航空機1機墜落

0071 大村航空隊機墜落
昭和3年6月22日

6月22日、海軍大村航空隊の2機が墜落し、双方の操縦者が死亡した。
●死者2名、航空機2機墜落

0072 市電衝突
昭和3年7月3日　東京府東京市小石川区

7月3日午前9時6分、東京牛込区の大曲分岐点で満員の市電の側面にブレーキの故障した回送車が衝突、回送車の運転手が死亡したほか、33人が重軽傷を負った。
●死者1名、負傷者33名

0073 海軍F5型飛行艇沈没
昭和3年7月5日

7月5日、海軍のF5型飛行艇が着水に失敗し沈没、乗員4名が即死した。
●死者4名、飛行艇1隻沈没

0074 東海道線貨物列車脱線
昭和3年7月19日　滋賀県・京都府

7月19日、東海道線の貨物列車のうち4両が大津、山科両駅間で脱線。このため、同区間は約4時間にわたり不通になった。
●車両4両脱線

0075 信越線列車転落
昭和3年8月5日　群馬県碓氷郡

8月5日、信越線の列車のうち機関車1両と客車2両が、横川駅から約180m離れた地点で転落し、乗務員や乗客3名が負傷した。
●負傷者3名、車両3両転落

0076 阪急電鉄神戸線人身事故
昭和3年8月6日　兵庫県園田村

8月6日午後9時30分頃、阪急電鉄神戸線の電車が塚口駅付近を通過した際、園田村の住民4名が電車にひかれて死亡した。事故直後、怒った同村民が線路を占拠したため、同線は一時運転を取りやめた。
●死者4名

0077 陸軍飛行隊機墜落
昭和3年8月22日　東京府立川町

8月22日、陸軍立川飛行隊機が操縦訓練中に、立川飛行場の敷地内に墜落したが、操縦者はパラシュートで脱出して無事だった。
●航空機1機墜落

0078 陸軍機墜落
昭和3年9月11日

9月11日、陸軍機が墜落し、乗員2名が死亡した。
●死者2名、航空機1機墜落

0079 省線電車脱線
昭和3年9月13日　東京府東京市代々木

9月13日、省線電車が代々木駅の構内で脱線し、乗客ら7名が死傷した。
●死傷者7名、電車脱線

0080 海軍機墜落
昭和3年9月19日

9月19日、海軍機が墜落し、乗員2名が重傷を負った。
●重傷者2名、航空機1機墜落

0081 東北本線急行列車・軍用自動車衝突
昭和3年9月25日　岩手県金ヶ崎町

9月25日、東北本線上り急行列車と陸軍立川飛行連隊の兵員輸送車が、金ヶ崎駅近くの本宮踏切で衝突、急行列車は機関車の前輪が脱線、輸送車は大破した。この事故で、陸軍特別大演習に参加する兵士のうち2名が死亡、8名が重軽傷を負った。
●死者2名、重軽傷者8名、自動車1台大破、機関車1両脱線

0082 羽越線貨物列車転覆
昭和3年11月3日　秋田県秋田市

11月3日、羽越線の貨物列車のうち貨車1両が牛島駅構内で、おりからの暴風に吹き飛ばされて転覆した。
●車両1両転覆

0083 信越線列車・除雪車衝突
昭和4年2月1日　新潟県

2月1日、信越線の青森発大阪行き列車と除雪車が直江津駅近くの荒川鉄橋で正面衝突。除雪車が荒川へ転落し、乗務員や乗客ら4名が死亡、10数名が重傷を負った。
●死者4名、重傷者10数名、車両転落

0084 東海道線貨物列車脱線
昭和4年3月3日　神奈川県川崎市

3月3日、東海道線の貨物列車が川崎駅の構内で脱線した。
●車両脱線

0085 山陽線急行列車転覆
昭和4年3月16日　姥石トンネル付近

3月16日、山陽線の急行列車が姥石トンネルの付近で転覆し、乗客ら9名が死傷した。
●死傷者9名、車両転覆

0086 東海道線旅客列車衝突
昭和4年4月11日　神奈川県足柄上郡山北町

4月11日、東海道線の旅客列車が山北駅構内で衝突し、乗客ら36名が負傷した。
●負傷者36名、車両衝突

0087 大村航空隊機遭難
昭和4年5月9日

5月9日、海軍大村航空隊の2機が行方不明になった（うち1機は翌日発見）。
●行方不明機2機

0088 国鉄線旅客列車脱線
昭和4年8月1日　東京府東京市

8月1日、国鉄線の旅客列車が上野駅構内で脱線した。

昭和4年(1929年)～

●車両脱線

0089 省線電車衝突
昭和4年8月2日　東京府東京市

8月2日、省線電車が神田駅の構内で衝突した。
●車両衝突

0090 遊覧機墜落
昭和4年8月11日　三重県白子町

8月11日、安藤飛行機研究所の遊覧機が三重県白子町の鼓ヶ浦海水浴場に墜落し、操縦士が即死、同乗者2名が重傷を負った。
●死者1名、重傷者2名、航空機1機墜落

0091 陸軍機分解墜落
昭和4年8月13日

8月13日、陸軍明野ヶ原飛行隊機の訓練中に、1機の機体が突然分解、墜落した。
●航空機1機墜落

0092 国鉄線貨物列車転覆
昭和4年8月18日　北海道

8月18日、北海道で、国鉄線の貨物列車が転覆、貨車27両が壊れた。
●貨車27両転覆

0093 陸軍飛行隊機炎上
昭和4年8月24日　茨城県

8月24日、陸軍霞ヶ浦飛行隊で火災があり、同隊機を全焼した。
●──

0094 目蒲電鉄線電車衝突
昭和4年8月26日　東京府

8月26日、目蒲電鉄線の電車が衝突し、双方の乗客ら30名が負傷した。
●負傷者30名、電車衝突

0095 陸軍飛行学校機墜落
昭和4年9月4日

9月4日、陸軍明野飛行学校機が射撃演習中に墜落、操縦者の教官1名が即死した。
●死者1名、航空機1機墜落

0096 海軍機墜落
昭和4年9月9日　鹿児島県

9月9日、海軍機が鹿児島県内に墜落した。
●航空機1機墜落

0097 海軍実験機墜落
昭和4年10月9日　神奈川県

10月9日、海軍横須賀工廠の実験機が操縦実験中に墜落、操縦者が死亡した。
●死者1名、航空機1機墜落

0098 横浜市電衝突
昭和5年1月14日　神奈川県横浜市

1月14日、横浜市電が衝突し、乗客ら20名が負傷した。
●負傷者20名、電車衝突

0099 艦載機墜落
昭和5年1月26日　北海道厚岸郡厚岸町

1月26日午前10時20分頃、特務艦能登呂の艦載機7号が北海道厚岸町で白鳥2羽と衝突。同機はプロペラを破損し、厚岸湖に緊急着水した直後、炎上したが、操縦者は脱出して無事だった。
●航空機1機焼失

~昭和5年（1930年）

0100 水上機墜落
昭和5年3月30日　大阪府大阪市南区

3月30日午前10時30分、日本航空輸送研究所（堺市）のアヴロ型水上機が、大阪市の繁華街へ映画宣伝用チラシを配布した際、エンジンの故障から道頓堀川に墜落。操縦士は無事だったが、近くの橋にいた作業員1名が負傷した。
● 負傷者1名、航空機1機墜落

0101 艦載機墜落
昭和5年4月18日　台湾海峡

4月18日、台湾海峡で、空母加賀の艦載機1機が行方不明になった潜水艦呂61号の艦長捜索中、操縦者ら3名とともに行方不明となり、翌日、同海峡で機体が見つかったが、乗員全員が台湾船に救助されて無事であることがわかった。
● 行方不明者3名、航空機1機漂流

0102 サザンプトン型飛行艇墜落
昭和5年4月19日　広島県安芸郡下蒲刈島沖

4月19日、サザンプトン式大型飛行艇が操縦試験中に、エンジンの故障から広島県下蒲刈島の沖合に墜落、炎上したが、操縦者らは全員救助されて無事だった。
● 飛行艇1隻墜落、被害額16万円

0103 帝国飛行協会機不時着
昭和5年6月15日　青森県下北郡東通村

6月15日、帝国飛行協会のサハリン東京縦断試験機オイローパ号が豊原から東京へ向かう際、濃霧と大雨のため青森県東通村の小田野沢海岸に不時着。同機の翼と車輪が壊れたが、操縦士らは全員無事だった。
● 航空機1機損壊

0104 土砂崩れ
昭和5年6月28日　山口県

6月28日、美祢線の旅客列車が土砂の下敷きになり埋没した。
● 車両埋没

0105 陸軍飛行隊機墜落
昭和5年7月9日　三重県

7月9日、陸軍明野ヶ原飛行隊機が同隊付近に墜落し、操縦者が死亡した。
● 死者1名、航空機1機墜落

0106 艦載機墜落
昭和5年7月31日　千葉県館山湾

7月31日、特務艦能登呂の艦載機1号が訓練中、エンジンの故障から館山湾の付近に墜落、操縦者ら3名が行方不明になった（後に遺体発見）。
● 死者3名、航空機1機墜落

0107 森林鉄道事故
昭和5年8月13日　青森県北津軽郡喜良市村

8月13日、青森県喜良市村の森林鉄道で列車事故があった。
● ───

0108 陸軍飛行隊機墜落
昭和5年8月21日　滋賀県

8月21日、陸軍八日市飛行第3連隊の戦闘機が編隊訓練中、同僚機と接触して墜落し、操縦者が死亡した。
● 死者1名、航空機1機墜落

0109 阪和電鉄線電車追突
昭和5年8月23日　大阪府

8月23日、阪和電鉄線の電車が追突し、乗

昭和5年（1930年）～

務員や乗客ら47名が負傷した。
●負傷者47名

0110 五戸電鉄線電車事故
昭和5年9月13日　青森県三戸郡

9月13日、五戸電鉄線の電車事故が発生した。
●──

0111 省線電車追突
昭和5年9月13日　東京府東京市

9月13日、省線電車が有楽町駅の構内で追突し、乗客ら100名が負傷した。
●負傷者100名、車両衝突

0112 海軍航空隊機不時着水
昭和5年9月18日　鹿児島県甑列島沖

9月18日、海軍大村航空隊の攻撃機3機が訓練に向かう際、甑列島の沖合に不時着水、漂流したが、乗員7名は駆逐艦夕月などの艦艇数隻に救助されて無事だった。
●航空機3機漂流

0113 伯備線列車・貨物列車衝突
昭和5年9月24日　鳥取県日野郡

9月24日、伯備線の列車と貨物列車が生山駅構内で衝突し、乗務員や乗客ら21名が重軽傷を負った。
●重軽傷者21名

0114 陸軍飛行隊機衝突
昭和5年10月22日　岐阜県

10月22日午後6時30分頃、陸軍各務原飛行第1連隊の甲式4型機2機が編隊訓練中、高度800mで衝突し、墜落、操縦者1人がパラシュートによる脱出に失敗、死亡した。
●死者1名、航空機2機墜落

0115 鹿児島本線列車・乗用車衝突
昭和5年10月頃　熊本県熊本市

10月頃、鹿児島本線の列車と乗用車が熊本市本妙寺下踏切で衝突し、乗用車に乗っていた愛媛県農事視察員ら7名が死亡した。
●死傷者7名

0116 北陸本線急行列車脱線
昭和5年11月6日　新潟県

11月6日午前1時39分、新潟県の北陸本線市振・親不知間で大阪発青森行きの急行列車が脱線、1人が死亡、33人が重軽傷を負った。
●死者1名、負傷者33名

0117 東海道線貨物列車脱線
昭和5年12月23日　神奈川県中郡大磯

12月23日、神奈川県中郡の大磯駅付近で東海道線の急行貨物列車が脱線、転覆した。
●車両転覆

0118 山陰線列車脱線
昭和6年1月14日　兵庫県城崎郡

1月14日、山陰線の列車が鎧・香住両駅間で脱線した。
●車両脱線

0119 山陰線列車火災
昭和6年1月23日　鳥取県気高郡

1月23日夜、山陰線の列車が浜村駅構内を通過する際、火災が発生し、乗客の遊覧客ら2名が重傷、多数が軽傷を負い、車両2両を全焼した。
●重傷者5名、軽傷者多数、車両2両全焼

0120 山陰線旅客列車脱線
昭和6年2月15日

2月15日、山陰線の旅客列車が脱線、転覆した。
●車両転覆

0121 横浜臨港鉄道線列車・乗用車衝突
昭和6年2月17日　神奈川県横浜市

2月17日、横浜臨港鉄道線の列車と乗用車が衝突し、鉄道省職員10名が負傷した。
●負傷者10名、車両2台衝突

0122 艦載機転落
昭和6年2月26日

2月26日、空母赤城の艦上攻撃機が甲板から転落、乗員2名が死亡した。
●死者2名、航空機1機転落

0123 高層観測機墜落
昭和6年3月4日

3月4日、高層観測用飛行機が墜落し、操縦士が重傷を負った。
●重傷者1名、航空機1機墜落

0124 海軍航空隊機墜落
昭和6年5月6日

海軍館山航空隊機が海上に墜落し、操縦者が溺死した。
●死者1名、航空機1機墜落

0125 陸軍飛行隊機墜落
昭和6年6月13日

6月13日、陸軍各務原飛行隊の偵察機が演習中に墜落、炎上し、乗員2名が焼死した。
●死者2名、航空機1機墜落

0126 艦載機衝突
昭和6年6月17日　伊勢湾

6月17日、第1艦隊の艦載機2機が演習中に伊勢湾で衝突し、墜落、操縦者1名が即死した。
●死者1名、航空機2機墜落

0127 陸軍機墜落
昭和6年6月20日　北海道室蘭市付近

6月20日、陸軍機が千葉県の下志津飛行場からサハリンへ向かう際、北海道室蘭市の付近で墜落し、操縦者が即死した。
●死者1名、航空機1機墜落

0128 日本空輸旅客機墜落
昭和6年6月22日　福岡県

6月22日、福岡県の冷水峠付近に日本空輸旅客機が墜落、乗員、乗客合わせて3名が死亡した。
●死者3名、航空機1機墜落

0129 陸軍飛行学校機墜落
昭和6年7月2日

7月2日、陸軍所沢飛行学校機が訓練中に墜落、操縦者の同校生徒1名が死亡した。
●死者1名、航空機1機墜落

0130 海軍航空隊機墜落
昭和6年7月3日　長崎県北高来郡

7月3日朝、海軍大村航空隊の戦闘機が長崎県諫早町郊外の畑に墜落し、操縦者が死亡した。
●死者1名、航空機1機墜落

0131 艦載機墜落
昭和6年7月8日

7月8日、空母鳳翔の艦載機が墜落し、操縦者が即死した。

昭和6年(1931年)〜

●死者1名、航空機1機墜落

0132 西武線電車転覆
昭和6年8月4日　埼玉県

8月4日、西武線の電車が埼玉県内で転覆し、乗客の川越中学校の野球部員1名が死亡、2名が重傷を負った。
●死者1名、重傷者2名

0133 大阪電軌線電車衝突
昭和6年11月　奈良県富雄村

11月、大阪電軌線の電車が奈良県富雄村の付近で衝突した。
●車両衝突

0134 艦載機墜落
昭和6年12月1日

12月1日、空母鳳翔の3式艦上機2機が戦闘演習中に追浜飛行場の上空で衝突し墜落、操縦者1名が即死、1名はパラシュートで脱出したが、海に落ちたまま行方不明になった。
●死者1名、行方不明者1名、航空機2機墜落

0135 東武線電車衝突
昭和6年12月5日　栃木県足利郡

12月5日、東武鉄道線の上り電車が山辺駅に停車した際、下り電車が突っ込み、正面衝突。乗客が衝撃で将棋倒しになり、9名が重傷、20名が軽傷を負い、双方の客車2両ずつが壊れた。
●重傷者9名、軽傷者20名、客車4両大破

0136 青梅線電車・五日市線貨物列車衝突
昭和6年12月16日　東京府

12月16日、青梅鉄道線の下り電車が拝島駅に到着直前、五日市鉄道線の貨物列車と正面衝突し、同電車が大破、乗客13名が重軽傷を負った。
●重軽傷者13名、車両大破

0137 陸軍飛行学校機衝突
昭和7年2月8日　三重県

2月8日、陸軍の所沢、明野両飛行学校機が三重県上空で衝突し、墜落、双方の操縦者3名が死亡した。
●死者3名、航空機2機墜落

0138 遊覧機乗客転落
昭和7年2月11日　静岡県

2月11日、浜松飛行機製作所のニューポール機が遊覧飛行で旋回した際、乗客のカフェー女性店員が機外に転落、死亡した。原因は乗客が泥酔していたためとみられる。
●死者1名

0139 飛行機墜落
昭和7年2月27日　福岡県八幡市

2月27日、大阪の木津川飛行場を飛び立った日本航空のワールの1機白鳩号が、福岡県八幡市郊外の山腹に墜落した。
●5名死亡

0140 鹿児島本線急行貨物列車転落
昭和7年4月28日　福岡県

4月28日、鹿児島本線の急行貨物列車が折尾・遠賀川両駅間にある曲川橋梁の手前で突然脱線し、27両が転覆、機関車と貨車13両が曲川に転落、機関士もけがをした。原因はレール継目板の破壊による計画的な妨害。
●負傷者1名、車両4両転落、車両27両転覆

0141 陸軍飛行隊機墜落
昭和7年5月1日　岐阜県

5月1日、陸軍各務原飛行第2連隊の乙式1型

~昭和7年（1932年）

偵察機が同連隊の創立記念日における祝賀飛行中に墜落、操縦者が死亡した。
●死者1名、航空機1機墜落

0142　航空機追突
昭和7年5月14日　大阪府大阪市

5月14日、西田飛行機研究所の2機が大阪市の木津川飛行場を離陸する直前、滑走路で追突、炎上し、追突されたほうの同乗者1名が死亡、追突したほうの操縦士が重傷を負った。両機は、堺市の学童飛行機命名式に向かうところだった。
●死者1名、重傷者1名、航空機2機衝突

0143　陸軍飛行隊機墜落
昭和7年6月28日　岐阜県加茂郡久田見村

6月28日午後9時30分頃、陸軍各務原飛行第2連隊の乙式1型偵察機が夜間訓練中に岐阜県久田見村に墜落、炎上し、乗員2名が死亡した。
●死者2名、航空機1機墜落

0144　鹿児島本線列車転覆
昭和7年7月　鹿児島県薩摩郡

7月、鹿児島本線の列車が西方、草道両駅間を通過した際、トンネルの土砂が大雨で崩れ、列車が転覆、埋没した。
●車両転覆

0145　海軍航空隊機墜落
昭和7年7月14日　長崎県佐世保市

7月14日、海軍佐世保航空隊の14式偵察機が濃霧のため長崎県佐世保市の山林に衝突し、墜落、乗員3名が重軽傷を負った。
●重軽傷者3名、航空機1機墜落

0146　陸軍飛行学校機墜落
昭和7年7月19日　千葉県千葉市付近

7月19日、陸軍下志津飛行学校機が夜間防空演習中に千葉鉄道連隊の敷地内にある調理施設に墜落、同乗者が即死、操縦者が重傷を負った。原因は照空燈の光による操縦ミス。
●死者1名、重傷者1名、航空機1機墜落

0147　陸軍飛行学校機衝突
昭和7年7月22日　三重県

7月22日、陸軍明野飛行学校の甲式4型戦闘機2機が演習中に衝突、1機が墜落、操縦者も即死したが、別の1機は大破したものの墜落をまぬがれて着陸した。
●死者1名、航空機1機墜落、航空機1機大破

0148　陸軍飛行隊機墜落
昭和7年7月23日　神奈川県足柄下郡小田原町

7月23日、陸軍立川飛行隊機が神奈川県小田原町の上空で分解、墜落し、操縦者は即死したが、同乗者1名はパラシュートで脱出して無事だった。
●死者1名、航空機1機墜落

0149　航空機不時着
昭和7年7月25日　福岡県粕屋郡

7月25日、日本学生航空連盟のフィアット機が満州国を親善訪問した帰途、福岡市郊外の西戸崎に不時着、機体の一部を破損したが、操縦者らは無事だった。
●航空機1機破損

0150　陸軍飛行隊機墜落
昭和7年8月13日　岐阜県稲葉郡蘇原村

8月13日、陸軍各務原飛行第1連隊の甲式4型戦闘機2機が岐阜県蘇原村の寺前地区の上空で衝突し、墜落、双方の操縦者が死亡した。

第Ⅱ部　鉄道・航空機事故一覧　｜　197

●死者2名、航空機2機墜落

0151 東亜飛行専門学校機墜落
昭和7年8月14日　千葉県津田沼町

8月14日昼、千葉県津田沼町で、羽田から離陸した東亜飛行専門学校のニューポール24型機が、津田沼飛行場への着陸態勢に入った直後、雷雨の影響を受けて、高度約100mでバランスを崩し、同町本郷の住宅地に墜落、大破し、機体の破片で住民7名が重軽傷を負い、操縦士が負傷、住宅2棟の屋根などが壊れた。
●重軽傷者8名、航空機1機墜落、住宅2棟半壊

0152 名古屋飛行学校機墜落
昭和7年9月2日　愛知県東春日井郡

9月2日、名古屋飛行学校のアヴロ型練習機が、名古屋市郊外にある小幡ヶ原飛行場の敷地内に500m上空から墜落し、操縦者が死亡、同乗者も重傷を負った。
●死者1名、重傷者1名、航空機1機墜落

0153 海軍航空隊機墜落
昭和7年9月3日

9月3日、海軍霞ヶ浦航空隊長の操縦する13式練習機が高度約70mから墜落し、操縦者と同乗の広島文理科大学教授が重傷を負った（両者とも直後に死亡）。
●死者2名、航空機1機墜落

0154 陸軍飛行連隊機墜落
昭和7年10月4日　福岡県三井郡大刀洗町

10月4日、陸軍大刀洗飛行連隊の甲式4型戦闘機が、同隊飛行場の上空での機上射撃訓練中に、高度200mから墜落し、操縦者が即死した。
●死者1名、航空機1機墜落

0155 日本軽飛行機倶楽部機墜落
昭和7年10月13日　千葉県津田沼町

10月13日、千葉県津田沼町の日本軽飛行機倶楽部のニューポール型機が同町上空での操縦練習中に300m上空から干潟に墜落し、操縦者が即死した。
●死者1名、航空機1機墜落

0156 陸軍偵察機墜落
昭和7年10月27日　和歌山県荒崎沖

10月27日、陸軍の偵察機が陸海軍連合演習中、和歌山県の大崎近くにある荒崎の沖合に不時着、機体は沈没したが、乗員2名は近くの漁船に救助された。
●機体沈没

0157 海軍航空隊機墜落
昭和7年11月17日　神奈川県金沢町

11月17日、海軍横須賀航空隊の戦闘機報国石川号が、神奈川県金沢町の上空での機関銃の射撃演習中に、故障のため炎上、同町野島に墜落した。操縦者はパラシュートで脱出して無事だったが、戦闘機が墜落した付近で、住民の親子2名が事故の巻き添えとなり、1人が死亡、1人が負傷した。
●死者1名、負傷者1名、機体全焼

0158 中島飛行機試験機墜落
昭和7年11月26日　群馬県太田町付近

11月26日、中島飛行機の製造した海軍機が操縦試験中にエンジンの故障から群馬県太田町の付近に墜落。機体が約2m地面にめり込み、操縦していた会社専属のパイロットが死亡した。
●死者1名、航空機1機墜落

~昭和8年（1933年）

0159 東海道線貨客列車衝突
昭和7年12月19日　京都府京都市

12月19日、東海道線の貨客列車が京都駅の東方で衝突し、1名が死亡した。
●死者1名、車両衝突

0160 艦載機着艦ミス
昭和8年2月25日　豊後水道付近

2月25日、空母鳳翔の艦載機が訓練後、豊後水道の付近で着艦する際に誤って船体に衝突、操縦者が即死した。
●死者1名、航空機1機衝突

0161 陸軍飛行隊偵察機墜落
昭和8年3月1日

3月1日、陸軍大刀洗飛行隊の偵察機70号が操縦訓練中、機械類の故障のため墜落、乗員2名が死亡した。
●死者2名、航空機1機墜落

0162 艦載機行方不明
昭和8年3月4日　高知県室戸岬沖

3月4日、高知県室戸岬の沖合で、空母愛宕の艦載機が訓練中に豪雨にみまわれ操縦者とともに行方不明になった。
●行方不明者1名、航空機1機行方不明

0163 東武線列車衝突
昭和8年3月16日　埼玉県

3月16日、東武線の列車と電車が粕壁駅構内で正面衝突し、乗客ら23名が重軽傷を負った。
●重軽傷者23名、車両損壊

0164 中島飛行機新造機墜落
昭和8年4月8日　群馬県太田町

4月8日、群馬県太田町で、海軍の横須賀航空隊員が中島飛行機製作所で製造された戦闘機の操縦試験中、エンジンの故障により墜落、同隊員は死亡した。
●死者1名

0165 海軍航空隊機墜落
昭和8年4月21日　千葉県安房郡館山町

4月21日、海軍館山航空隊の戦闘機報国21埼玉号が千葉県の館山飛行場に墜落、大破した。
●航空機1機大破

0166 海軍水上偵察機墜落
昭和8年4月21日　千葉県館山湾

4月21日、海軍館山航空隊の90式水上偵察機152号が訓練中に約500m上空から館山湾内の鷹ノ島の沖合に墜落、乗員2名が死亡した。
●死者2名、航空機1機墜落

0167 陸軍偵察機墜落
昭和8年5月1日　福岡県三井郡大刀洗町

5月1日、陸軍大刀洗飛行隊の88式偵察機596号が同隊の創立記念日の祝賀飛行中に故障、約400m上空から墜落し、乗員2名が死亡した。
●死者2名、航空機1機墜落

0168 海軍航空隊戦闘機墜落
昭和8年6月2日　千葉県館山湾

6月2日、海軍館山航空隊の戦闘機が操縦訓練中に千葉県館山湾内の雀島の沖合に墜落、操縦者が行方不明になった。
●死者1名、航空機1機沈没

昭和8年(1933年)〜

0169 陸軍軽爆撃機墜落
昭和8年6月13日

6月13日、陸軍立川航空本部の技術部員らの乗った軽爆撃機が訓練中に墜落、同部員を含めて乗員2名が死亡した。
●死者2名、航空機1機墜落

0170 陸軍飛行学校戦闘機墜落
昭和8年6月16日　三重県八木戸海岸

6月16日、陸軍明野飛行学校の戦闘機が三重県の八木戸海岸での射撃訓練中に標的の吹き流しが機体にからまり墜落、乗員1名が死亡した。
●死者1名、航空機1機墜落

0171 陸軍飛行隊重爆撃機墜落
昭和8年6月16日　静岡県浜名郡吉野村

6月16日、陸軍浜松飛行隊の87式重爆撃機が爆撃訓練中に静岡県吉野村の付近に墜落、乗員2名が死亡、3名が重傷を負った。
●死者2名、重傷者3名

0172 陸軍飛行隊機炎上
昭和8年6月24日　岐阜県稲葉郡各務原町

6月24日夜、陸軍各務原飛行第1連隊機が夜間訓練を終えて同隊の飛行場に着陸する際、燃料に引火、炎上したが、操縦者は脱出して無事だった。
●航空機1機全焼

0173 陸軍飛行学校機衝突
昭和8年7月

7月、陸軍明野飛行学校機2機が訓練中に衝突して、墜落、一方の操縦者が死亡した。
●死者1名、航空機2機衝突

0174 日満飛行学校教官転落死
昭和8年7月3日　千葉県船橋町

7月3日、千葉県船橋町にある日満飛行学校の教官と第一飛行学校の練習生の乗ったアブロ504K型機が同町上空での操縦練習中に教官が機外に転落、死亡した。
●死者1名

0175 海軍航空隊員転落死
昭和8年7月20日　山口県余田村

7月20日、山口県余田村の上空で、急降下中の海軍呉航空隊の14式偵察機27号から、乗員1名が機外に転落、死亡した。
●死者1名

0176 陸軍飛行隊機墜落
昭和8年9月27日

9月27日、陸軍立川飛行隊の91式戦闘機が訓練中に故障、墜落したが、操縦者はパラシュートで脱出して無事だった。
●航空機1機墜落

0177 艦載機墜落
昭和8年10月10日

10月10日、空母龍驤の艦載戦闘機が訓練中に、エンジンの故障から墜落したが、操縦者はパラシュートで脱出して無事だった。
●航空機1機墜落

0178 東海道線貨物列車追突
昭和8年12月5日　京都府

12月5日午前5時30分頃、京都府の東海道線山崎駅で貨物積み込み中の貨物列車に信号を誤認した貨物列車が追突し6両が脱線、追突された貨車も転覆して大破した。この事故で2人が死亡した。
●死者2名

~昭和9年（1934年）

0179　信越線列車転落
昭和8年12月19日　新潟県中頸城郡

12月19日、信越線の列車が柿崎・青海川駅間を通過する際、機関車が線路下に転落し、乗務員らが死傷した。
●死傷者、車両転落

0180　艦載機墜落
昭和8年12月21日　静岡県伊豆半島沖

12月21日、空母龍驤の艦載戦闘機が訓練中、伊豆半島の付近で乱気流に巻き込まれ、操縦者が機外へ転落、艦載機は墜落したが、操縦者は途中でパラシュートを開いたため無事だった。
●航空機1機墜落

0181　飛越線機関車転覆
昭和9年1月4日　富山県

1月4日、飛越線の機関車が立往生した旅客列車の救援に向かう際、富山県の栗木鉄橋の付近で転覆し、乗務員2名が重傷を負った。
●重傷者2名、車両1両転覆

0182　日本航空輸送機墜落
昭和9年1月6日　大阪府大阪市

1月6日午後2時40分、日本航空輸送の郵便機が操縦訓練後、木津川飛行場に着陸する直前、同飛行場の近くにある中山製鋼所の煙突に接触、墜落し、操縦士か重傷を負った。
●重傷者1名、航空機1機墜落

0183　北陸線急行列車埋没
昭和9年1月24日～28日　福井県

1月24日から28日にかけて、北陸線の急行列車や除雪車などが敦賀、武生両駅間で大雪に埋まり、同線が一時不通になった。
●車両埋没

0184　陸羽西線貨物列車転覆
昭和9年2月　山形県

2月、陸羽西線の貨物列車が山形県内で雪崩のため転覆した。
●車両転覆

0185　陸軍機衝突
昭和9年2月16日　愛知県扶桑村

2月16日、愛知県扶桑村上空で各務原飛行第一連隊の戦闘機と八日市飛行第三連隊の偵察機が衝突して墜落、2人が死亡した。
●死者2名、軍用機2機墜落

0186　クラークGA403型旅客機墜落
昭和9年2月18日　東京府羽田飛行場

2月18日、クラークGA403型旅客機が羽田飛行場近くでの操縦試験中にエンジンの不調から高度が下がり、飛行場敷地内の塀に激突、機体は二つに折れたたものの、乗員は全員無事だった。同機は中島飛行機が満州航空のために代理で買い入れたもので、当時、世界的な優秀機とみられていた。
●機体両断

0187　陸軍飛行隊戦闘機墜落
昭和9年2月22日

2月22日、陸軍立川飛行第5連隊の戦闘機10機が立川、大刀洗間約1,700kmの往復訓練をおこなった帰途、1機が海上に墜落した。
●戦闘機1機墜落

0188　海軍航空隊練習機墜落
昭和9年2月26日

2月26日、海軍霞ヶ浦航空隊の3式練習機が試験飛行中に墜落したが、操縦者の同隊教官は約1,000mの上空からパラシュートで脱出して無事だった。

第Ⅱ部　鉄道・航空機事故一覧　201

昭和9年(1934年)〜

●航空機1機墜落

0189 陸軍飛行学校偵察機墜落
昭和9年3月1日　大分県日田郡

3月1日、陸軍下志津飛行学校の88式偵察機が、朝鮮半島への往復飛行中に大分県日田郡の上空で燃料切れのため墜落したが、乗員2名はパラシュートで脱出して無事だった。
●航空機1機墜落

0190 海軍航空隊機墜落
昭和9年3月6日　宮崎県細島沖

3月6日午後0時、海軍大村航空隊の389号機が訓練中、宮崎県の細島の沖合に墜落、操縦者は死亡したが、同乗者2名は潜水艦に救助されて無事だった。
●死者1名、航空機1機墜落

0191 陸軍飛行隊機不時着
昭和9年3月11日　福島県小名浜沖

3月11日午前10時40分頃、陸軍各務原飛行第2連隊の偵察機36号が仙台から各務原に向かう際、福島県の小名浜の付近で操縦者が脳震盪を起こして不時着、乗員2名が軽傷を負い、機体の一部が破損した。
●軽傷者2名、航空機1機破損

0192 海軍第1航空戦隊戦闘機墜落
昭和9年3月15日

3月15日、海軍第1航空戦隊の戦闘機が右翼を折り、墜落したが、操縦者はパラシュートで脱出して無事だった。
●航空機1機墜落

0193 陸軍飛行隊戦闘機墜落
昭和9年3月23日

3月23日、陸軍大刀洗飛行隊の92式戦闘機が故障のため墜落したが、操縦者は約300m上空からパラシュートで脱出して無事だった。
●航空機1機墜落

0194 陸軍飛行隊機墜落
昭和9年3月30日

3月30日、陸軍各務原飛行隊の91式戦闘機が訓練中、エンジンの故障から墜落したが、操縦者はパラシュートで脱出したため無事だった。
●航空機1機墜落

0195 陸軍飛行隊戦闘機墜落
昭和9年4月15日　奈良県

4月15日、陸軍立川航空第5連隊の91式戦闘機と88式偵察機の合計20機が立川、ソウル(韓国)間の往復訓練をおこなった帰途、91式戦闘機のうち1機が密雲で視界が利かなくなり、奈良県内に墜落したが、操縦者はパラシュートで脱出して無事だった。
●戦闘機1機墜落

0196 水郡線貨物列車転覆
昭和9年4月26日　福島県東白川郡

4月26日、水郡線の貨物列車が棚倉駅の付近で転覆し、乗務員ら10名余りが死傷した。
●死傷者10名余り

0197 陸軍戦闘機墜落
昭和9年5月1日

5月1日、陸軍立川航空本部の甲式4型戦闘機が試験飛行中、約1km上空からキリもみ状態で墜落したが、操縦者は高度約200mからパラシュートで脱出、軽傷を負っただけで助かった。
●軽傷者1名、航空機1機墜落

~昭和9年（1934年）

0198 陸軍飛行学校教官機外転落
昭和9年5月19日　静岡県安倍郡

　5月19日、陸軍浜松飛行学校の教官が、命名式直後の愛国号を操縦して東京府の立川飛行場から浜松へ帰る際、静岡県安倍郡の上空でエアポケットに突っ込み、機外に転落、死亡した。
●死者1名

0199 両毛線列車横断者衝突
昭和9年6月16日　群馬県前橋市

　6月16日、両毛線の列車が前橋市天川町の踏切で横断者と衝突し、4名が死亡した。
●死者4名

0200 海軍飛行艇墜落
昭和9年7月　新潟県佐渡島付近

　7月、新潟県の佐渡島の付近で、海軍の飛行艇ヨ13号が防空演習中に墜落した。
●飛行艇1隻墜落

0201 艦載機墜落
昭和9年8月4日

　8月4日午後10時10分頃、空母赤城の艦上攻撃機が海上に墜落し、同乗者1名が死亡、操縦者ら2名が軽傷を負った。
●死者1名、軽傷者2名、航空機1機墜落

0202 陸軍飛行隊機墜落
昭和9年8月18日　長崎県大村湾

　8月18日、陸軍大刀洗飛行第4連隊機が訓練中、エンジンの故障から長崎県の大村湾に墜落、操縦者が死亡した。
●死者1名、航空機1機墜落

0203 艦載機墜落
昭和9年9月17日　宮崎県

　9月17日午前9時10分、空母鳳翔の艦上戦闘機が訓練中エンジンの故障から宮崎県の高富飛行場北方の住宅に墜落、操縦者が死亡、機体と家屋2棟を全焼した。
●死者1名、航空機1機墜落、全焼家屋2棟

0204 東海道線急行列車転覆
昭和9年9月21日　滋賀県

　9月21日、東海道線の急行列車が室戸台風により大津市郊外の瀬田川鉄橋の付近で転覆、175名の死傷者がでた。
●死傷者175名、車両転覆

0205 山手線・京浜線電車衝突
昭和9年11月15日　東京府東京市

　11月15日午後10時15分、上野駅で、桜木町駅発の京浜線電車のパンタグラフが故障して架線を切断、同電車は信号を越えた地点で脱線し、進入してきた3両編成の山手線内回り電車と衝突、乗客ら30名が重軽傷を負い、車両も壊れた。
●重軽傷者30名あまり、車両衝突

0206 海軍航空隊機衝突
昭和9年11月20日　茨城県

　11月20日午前10時40分、海軍霞ヶ浦航空隊の13式艦上戦闘機と13式艦上攻撃機が離着陸訓練中に正面衝突、戦闘機の操縦者が重傷を負い（後に死亡）、双方の機体が大破した。
●死者1名、航空機2機大破

0207 海軍航空隊機接触
昭和9年11月22日　茨城県

　11月22日午前9時40分、海軍霞ヶ浦航空隊の13式水上練習機と14式水上機が訓練中

に、同隊の約300m上空で接触、練習機が墜落し、操縦者が重傷を負った（後に死亡）。
●死者1名、航空機1機墜落

0208 バス・小田急線電車衝突
昭和9年12月30日　神奈川県大和村

12月30日、神奈川県大和村の小田急線の踏切で乗り合いバスと電車が衝突、バスが大破し3人が死亡した。
●死者3名

0209 海軍航空隊機墜落
昭和10年2月5日　東京府大島

2月5日、海軍横須賀航空隊の90式水上偵察機が訓練中に、機体の故障から伊豆大島の三原山神社の近くに墜落、操縦者が死亡したほか、同乗者も重傷を負った。
●死者1名、重傷者1名、航空機1機墜落

0210 陸軍飛行学校機墜落
昭和10年2月7日　三重県多気郡

2月7日午前9時、陸軍明野飛行学校の88式偵察機が訓練中に、三重県西外城田村の上空300mで突然分解し、墜落、乗員2名が死亡した。
●死者2名、航空機1機墜落

0211 海軍航空隊機墜落
昭和10年2月10日　福岡県野北村

2月10日、呉海軍航空隊機が、演習中に濃霧のため福岡県野北村に墜落、3人が死亡した。
●死者3名、海軍機1機墜落

0212 飛行学校機墜落
昭和10年2月18日　東京府東京市州崎

2月18日、亜細亜飛行学校のアブロ型機が曲技飛行練習中に、高度約200mから東京市の州崎飛行場の近くに墜落、操縦者の同校教官が重傷を負った（翌日死亡）。
●死者1名、航空機1機墜落

0213 艦載機墜落
昭和10年3月6日　鹿児島県肝属郡鹿屋町沖

3月6日、空母鳳翔の艦上機が訓練中に、鹿児島県鹿屋町の高須港の沖合に墜落し、操縦者が行方不明になった。
●行方不明者1名、航空機1機墜落

0214 陸軍飛行隊機接触
昭和10年3月20日　愛知県東春日井郡

3月20日午前7時10分頃、陸軍各務原飛行第1連隊の91式戦闘機2機が訓練中、愛知県高蔵寺町の上空4kmで接触、一方が同郡の上志段味小学校の近くに墜落したが、操縦者はパラシュートで脱出したため無事だった。
●航空機1機墜落

0215 航空機転覆
昭和10年5月19日　和歌山県西牟婁郡白浜町

5月19日午後2時40分頃、日本航空輸送研究所の14式水上機が、エンジンの故障で和歌山県白浜町の付近に不時着水しようとして、石垣にフロート部分が接触して転覆、大破し、乗客4名が重傷を負った。
●重軽傷者4名、航空機1機大破

0216 航空機防波堤衝突
昭和10年5月19日　大分県別府市

5月19日午前10時50分、日本航空輸送研究所のフォックス・モス型機が、エンジンの故障で大分県別府市の付近に不時着水しようとして、テニスコートの柵に接触後、防波堤に激突し、同乗者の別府警察署員2名が即死、操縦士が重傷を負った。
●死者2名、重傷者1名、航空機1機損壊

~昭和10年(1935年)

0217 航空機墜落
昭和10年6月8日　青森県鮫町

6月8日午前8時40分、皇国飛行協会八戸支部の飛行大会が青森県鮫町の天女ヶ窪競馬場で開かれた際、参加した偵察機が観客席に突っ込み、プロペラにはねとばされた2名が死亡、2名が重傷を負った。
●死者2名、重傷者2名

0218 日本航空輸送機墜落
昭和10年6月22日　岐阜県羽島郡竹鼻町

6月22日午後0時30分過ぎ、日本航空輸送の中島式R1型郵便機が大阪から東京へ向かう際、岐阜県竹鼻町の付近で低空旋回したところ、翼が立木に触れて近くの住宅に墜落、炎上し、操縦士が死亡、機体と家屋6戸を半全焼した。
●死者1名、航空機1機墜落、全半焼家屋6戸

0219 陸軍飛行隊機墜落
昭和10年6月26日　新潟県高田市

6月26日、新潟県高田市で、訓練中の陸軍各務原飛行第2連隊機が墜落、2名が死亡した。
●死者2名、航空機1機墜落

0220 陸軍飛行隊機墜落
昭和10年6月26日　岐阜県稲葉郡各務原町

6月26日、陸軍各務原飛行第2連隊機と大刀洗飛行隊機が岐阜県各務原町で衝突し、双方の操縦者ら3名が死亡した。
●死者3名、航空機2機墜落

0221 豊肥線列車脱線
昭和10年7月4日　熊本県

7月4日、豊肥線の列車が熊本県内で脱線、転覆した。
●車両脱線・転覆

0222 艦載機不時着水
昭和10年7月13日　高知県沖

7月13日午後9時30分、高知県の沖合にて、演習中の空母赤城の艦上機がエンジンの故障で不時着水、機体が大破し、乗員1名が行方不明となった。
●行方不明者1名、航空機1機大破

0223 陸軍飛行隊機墜落
昭和10年7月15日　東京府立川町

7月15日午前10時20分頃、陸軍立川飛行第5連隊の88式偵察機が演習中にエンジンが故障、東京府立川町にある組合製糸工場の南東400m付近の送電線に車輪を引っかけ、多摩川河原に転覆、大破し、乗員1名が死亡、1名が重傷を負った（後に死亡）。
●死者2名、航空機1機墜落

0224 陸軍飛行学校機墜落
昭和10年8月9日　東京府北多摩郡大和村

8月9日午前10時50分頃、陸軍所沢飛行学校の偵察機が演習中、エンジンの故障で東京府大和村の蔵敷地区の松林に墜落し、操縦者が死亡、機体も大破した。
●死者1名、航空機1機大破

0225 陸軍飛行隊機墜落
昭和10年8月13日　三重県阿山郡柘植村

8月13日、陸軍半壊飛行連隊機か三重県柘植村の河原に墜落し、見物人20名余りが大やけどを負った。
●負傷者20名余り、航空機1機墜落

0226 有田鉄道列車衝突
昭和10年8月18日　和歌山県有田郡

8月18日、和歌山県の有田鉄道線のガソリン機関車が正面衝突し、乗客ら76名が重軽傷

第Ⅱ部　鉄道・航空機事故一覧　205

昭和10年(1935年)〜

を負った。
●重軽傷者76名

0227 陸軍飛行隊機墜落
昭和10年8月28日　福島県石城郡夏井村

8月28日午後2時30分頃、陸軍浜松飛行連隊の93式軽爆撃機が訓練中に、エンジンの故障から福島県夏井村の紫崎海岸に墜落、乗員2名が死亡した。
●死者2名、航空機1機墜落

0228 海軍航空隊機衝突
昭和10年10月10日　香川県三豊郡荘内村沖

10月10日午後0時10分、香川県荘内村の大浜小峰の沖合で、訓練中の海軍佐世保航空隊の偵察機2機が衝突、双方の操縦者ら3名が死亡した。
●死者3名、航空機2機墜落

0229 グライダー墜落
昭和10年10月20日　愛知県東春日井郡守山町

10月20日午後4時過ぎ、小幡ヶ原飛行学校の初級用グライダーが、愛知県守山町にある同校の飛行場で高度10mから墜落し、操縦士が即死、見物人が負傷した。
●死者1名、グライダー1機墜落

0230 陸軍飛行学校機衝突
昭和10年12月3日　埼玉県所沢町

12月3日午前10時10分頃、陸軍所沢飛行学校の93式軽爆撃機61号と514号が離陸直後、旋回した際、埼玉県所沢町の同校の上空約200mで正面衝突、大破し、双方の操縦者ら3名が死亡した。
●死者3名、航空機2機大破

0231 海軍偵察機墜落
昭和10年12月10日　滋賀県高島郡川月村

12月10日午前10時40分頃、海軍舞鶴要港部の94式複葉水上偵察機が、滋賀県川月村の深清水地区の山林に墜落し、乗員3名が死亡した。
●死者3名、航空機1機墜落

0232 水上機墜落
昭和11年1月　愛知県宝飯郡三谷町

1月、静岡県北庄内村にある東海空輸研究所の13式改装水上機が、強風にあおられて愛知県三谷町の沖合に墜落し、操縦士が行方不明になった。
●行方不明者1名、航空機1機墜落

0233 五能線列車脱線
昭和11年1月6日　青森県

1月6日、五能線の列車が突風のため脱線、転覆し、乗客数十名が負傷した。
●負傷者数十名、車両転覆

0234 北陸線列車火災
昭和11年1月13日　福井県福井市

1月13日、北陸線の列車が福井駅の北方を通過する際、車両から出火し、乗客の女子学生4名が焼死した。
●死者4名、車両火災

0235 奥羽本線除雪車脱線
昭和11年1月17日　山形県・福島県

1月17日、奥羽本線の除雪車が赤岩・板谷両駅間にある板谷峠(標高760m)で猛吹雪のため脱線した。
●車両脱線

~昭和11年（1936年）

0236 仙山西線連絡列車転落
昭和11年1月28日　宮城県・山形県

1月28日午前0時頃、仙山西線の森岡鉄橋が雪崩のため崩壊、同線の建設現場へ向かう列車が楓川に転落し、1名が死亡、50名が重軽傷を負った。
●死者1名、重軽傷者50名

0237 トンネル工事用列車転落
昭和11年1月28日　山形県

1月28日、山形県の仙山線山寺駅付近の橋梁で、トンネル工事用列車が雪崩に巻き込まれ川に転落、60人が死亡した。
●死者60名

0238 陸軍飛行隊機墜落
昭和11年2月4日　奈良県生駒郡

2月4日、陸軍大刀洗飛行連隊の94式偵察機715号が明野ヶ原から大刀洗へ戻る際、奈良県生駒郡の四条村に墜落し、乗員2名が死亡した（6日朝、機体と遺体を発見）。
●死者2名、航空機1機墜落

0239 旅客機墜落
昭和11年2月10日　福岡県遠賀郡上津役村

2月10日午前10時30分頃、日本航空輸送の旅客機が福岡県上津役村に墜落し、操縦士が即死、乗員1名と乗客2名が重傷を負った。
●死者1名、重傷者3名、航空機1機墜落

0240 阪神線電車・消防車衝突
昭和11年2月10日　兵庫県本山村

2月10日、阪神線の電車と消防車が兵庫県本山村で衝突し、消防士17名が即死した。
●死者17名、車両2台衝突

0241 海軍航空隊機墜落
昭和11年2月13日　神奈川県鎌倉郡本郷村

2月13日、海軍横須賀航空隊の艦上攻撃機が訓練中に、神奈川県本郷村の上野地区にある大平山に墜落、操縦者が死亡した。
●死者1名、航空機1機墜落

0242 艦載機墜落
昭和11年2月14日　高知県宿毛湾

2月14日午後9時45分頃、第1艦隊の空母扶桑と同榛名の艦載機が訓練中に、高知県の宿毛湾上空で正面衝突し、扶桑機の乗員2名が死亡、榛名機の乗員は救助された。
●死者2名、航空機2機墜落

0243 海軍航空隊機墜落
昭和11年2月19日　大分県佐伯湾

2月19日朝、海軍佐伯航空隊の艦上攻撃機2機が訓練中に、大分県の佐伯湾上空で接触、双方の乗員5名が死亡した。
●死者5名、航空機2機墜落

0244 海軍航空隊機墜落
昭和11年3月2日

3月2日、海軍大村航空隊の艦上攻撃機が訓練中に墜落、乗員3名が死亡した。
●死者3名、航空機1機墜落

0245 海軍航空隊機墜落
昭和11年3月4日　大分県佐伯湾

3月4日、海軍佐伯航空隊の艦上攻撃機2機が訓練中、吹雪のため遭難し墜落、両機の乗員5名が死亡した。
●死者5名、航空機2機墜落

昭和11年(1936年)〜

0246 陸軍飛行隊機墜落
昭和11年3月4日　玄海灘

3月4日、陸軍浜松飛行連隊の重爆撃機が訓練中に玄海灘に墜落、操縦者ら全員が死亡した。
●死者1名以上、航空機1機墜落

0247 軍艦神威艦載水上機転覆
昭和11年3月9日

3月9日、軍艦神威の艦載水上機が着水に失敗し転覆、操縦者が死亡した。
●死者1名、航空機1機転覆

0248 海軍航空隊機墜落
昭和11年3月10日　茨城県

3月10日、海軍霞ヶ浦航空隊の艦上攻撃機が訓練中に、茨城県内に墜落、乗員2名が死亡した。
●死者2名、航空機1機墜落

0249 海軍航空隊機墜落
昭和11年3月12日　千葉県

3月12日、海軍霞ヶ浦航空隊の艦上練習機が操縦訓練中に千葉県内に墜落、操縦者が死亡した。
●死者1名、航空機1機墜落

0250 海軍航空隊機墜落
昭和11年3月12日

3月12日、海軍呉航空隊機が訓練中に墜落、乗員1名が重傷、2名が軽傷を負った。
●重傷者1名、軽傷者2名、航空機1機墜落

0251 海軍航空隊機墜落
昭和11年3月18日　福岡県久留米市

3月18日、海軍大村航空隊の練習機が操縦訓練中に福岡県久留米市に墜落、乗員2名と機体の下敷きになった児童1名が死亡した。
●死者3名、航空機1機墜落

0252 艦載機墜落
昭和11年3月20日　長崎県佐世保港

3月20日、軍艦羽黒の艦載機が訓練中に長崎県の佐世保港に墜落、操縦者が死亡した。
●死者1名、航空機1機墜落

0253 陸軍飛行隊機墜落
昭和11年3月25日　大阪府

3月25日、訓練中の陸軍八日市飛行連隊の偵察機が濃霧のため墜落、乗員2名が死亡した。
●死者2名、航空機1機墜落

0254 海軍航空隊機衝突
昭和11年3月31日

3月31日、海軍館山航空隊機2機が訓練中に衝突、双方の操縦者が死亡した。
●死者2名、航空機1機墜落

0255 艦載機墜落
昭和11年4月4日　鹿児島県肝属郡高須町沖

4月4日、第1航空戦隊の空母龍驤の艦載戦闘機2機が訓練中に鹿児島県高須町の沖合で衝突、双方の操縦者が死亡した。
●死者2名、航空機2機墜落

0256 住友忠隈炭鉱人車転落
昭和11年4月15日　福岡県嘉穂郡穂波村

4月15日、福岡県嘉穂郡の住友忠隈炭鉱で、人車が抗底に転落、50人が死亡した。原因は人車が故障していたことを知らずに運転していたため。
●死者50名

~昭和11年（1936年）

0257 陸軍飛行隊機衝突
昭和11年5月1日　東京府立川町

5月1日、陸軍立川飛行連隊の戦闘機2機が訓練中に、東京府立川町の上空で衝突、一方の操縦者が死亡したが、もう一方の操縦者はパラシュートで脱出して無事だった。
●死者1名、航空機2機墜落

0258 海軍航空隊機衝突
昭和11年5月13日　茨城県霞ヶ浦

5月13日、海軍霞ヶ浦航空隊の艦上攻撃機と水上練習機が訓練中に茨城県の霞ヶ浦上空で衝突、水上機は墜落、操縦者が死亡したが、攻撃機は緊急着陸して無事だった。
●死者1名、航空機1機墜落

0259 海軍航空隊機墜落
昭和11年5月22日　大分県佐伯湾

5月22日、海軍佐伯航空隊の艦上攻撃機が訓練中に大分県の佐伯湾に墜落、乗員2名が死亡した。
●死者2名、航空機1機墜落

0260 陸軍飛行学校機墜落
昭和11年5月23日　神奈川県足柄下郡元箱根村付近

5月23日、陸軍所沢飛行学校の偵察機2機が各務原から所沢に戻る際、神奈川県元箱根村の付近に墜落し、乗員2名が死亡した。
●死者2名、航空機1機墜落

0261 乗用車・中越線列車衝突
昭和11年6月　富山県

6月、中越線の列車と乗用車が富山県の高宮踏切で激突し、金沢市の第7連隊の5名が即死した。
●死者5名

0262 海軍機墜落
昭和11年6月　茨城県那珂郡湊町

6月、茨城県湊町で訓練中の海軍機2機が高圧線に接触し墜落、乗員1名が死亡した。
●死者1名、航空機2機墜落

0263 陸上機墜落
昭和11年6月1日

6月1日、千葉県津田沼町にある日本軽飛行倶楽部の陸上機が墜落し、乗員1名が死亡、1名が重傷を負った。
●死者1名、重傷者1名、航空機1機墜落

0264 京浜線・山手線電車追突
昭和11年6月2日　東京府東京市

6月2日午後8時頃、秋葉原駅の付近で、京浜線の電車が山手線の電車に追突、乗客ら53名が重軽傷を負った。
●重軽傷者53名、電車衝突

0265 海軍航空隊機墜落
昭和11年6月5日

6月5日、海軍大村航空隊の戦闘機が訓練中に墜落、操縦者が死亡した。
●死者1名、航空機1機墜落

0266 陸軍試験機墜落
昭和11年6月15日

6月15日、陸軍航空廠立川支廠の新造偵察機が操縦試験中ほかの航空機と接触したため墜落、テストパイロットが死亡した。
●死者1名、航空機1機墜落

0267 試験機墜落
昭和11年6月17日

6月17日、川西航空機の新造機が操縦試験

中にエンジンの故障で墜落、テストパイロットが死亡した。
●死者1名、航空機1機墜落

0268 読売新聞社機墜落
昭和11年6月19日　宮城県栗原郡栗原村

6月19日、読売新聞社のスチムソン・リライアント機が北海道から東京へ日食写真を空輸する際、宮城県栗原村に墜落し、操縦士が重傷を負った。
●重傷者1名、航空機1機墜落

0269 海軍航空隊機墜落
昭和11年6月26日　千葉県

6月26日、海軍館山航空隊の艦上攻撃機が訓練中に千葉県内の山林に墜落、乗員3名が死亡した。
●航空機1機墜落

0270 海軍航空隊飛行艇墜落
昭和11年6月30日　和歌山県西牟婁郡和深村

6月30日、海軍佐伯航空隊の飛行艇が訓練中に和歌山県和深村に墜落、乗員3名が死亡した。
●死者3名、飛行艇1隻墜落

0271 海軍航空隊機墜落
昭和11年7月3日　長崎県北高来郡小野村

7月3日、海軍大村航空隊の艦上攻撃機が訓練中に長崎県小野村に墜落、乗員2名が死亡した。
●死者2名、航空機1機墜落

0272 海軍航空隊機墜落
昭和11年7月8日　茨城県新治郡東村

7月8日、海軍霞ヶ浦航空隊の93式練習機が訓練中、茨城県東村の大岩田地区の上空300mで発火、墜落し、操縦者が重傷を負った。
●重傷者1名、航空機1機墜落

0273 北鉄列車転落
昭和11年7月9日　佐賀県東松浦郡相知町

7月9日、北鉄線のガソリン機関車が長崎県相知町の松浦川に転落し、乗客ら10名が死亡、11名が負傷した。
●死者10名、負傷者11名、車両転落

0274 京成線電車追突
昭和11年7月19日　東京府東京市

7月19日午後7時30分頃、京成電鉄線の青砥発上野行き電車が千葉発上野行き金波号に日暮里、上野両駅間で追突し、乗客ら27名が負傷した。
●負傷者27名、車両2両衝突

0275 京浜線電車・銀バス衝突
昭和11年8月8日　神奈川県川崎市

8月8日午前9時30分、京浜線の電車と三井埠頭行き銀バスが、川崎市古川通の踏切で衝突し、乗客ら18名が死傷した。
●死傷者18名、車両2台衝突

0276 毎日新聞機墜落
昭和11年8月27日　大阪府大阪市郊外

8月27日、大阪毎日新聞社の13式陸上練習機大毎28号が、ゲッピンゲン1型グライダー大毎29号を曳航して大阪市の郊外にある楯津飛行場を離陸直後、250m上空で曳航用ロープがはずれ墜落、乗員2名が死亡したが、グライダーの乗員と機体は無事だった。両機は、同新聞社と日本帆走飛行連盟が共催したグライダー講習会に参加していた。
●死者2名

0277	陸軍飛行隊機行方不明
	昭和11年9月3日　静岡県

9月3日、陸軍浜松飛行連隊機が夜間訓練中に、乗員とともに静岡県内で行方不明になった。
●航空機1機行方不明

0278	海軍航空隊機墜落
	昭和11年10月4日　静岡県伊豆半島東岸

10月4日、海軍木更津航空隊の大型陸上機が訓練中に、伊豆半島の東海岸に墜落、乗員8名が死亡した。
●死者8名、航空機1機墜落

0279	海軍航空隊機墜落
	昭和11年10月4日　伊豆沖

10月4日午前7時50分頃、伊豆沖で木更津海軍航空隊機が墜落、5人が死亡、3人が行方不明となった。
●死者5名、行方不明者3名

0280	海軍機墜落
	昭和11年10月8日　福島県双葉郡竜田村

10月8日、海軍機が福島県竜田村に墜落した。
●航空機1機墜落

0281	遊覧バス・東武線電車衝突
	昭和11年11月21日　群馬県

11月21日、東武線の電車と遊覧バスが群馬県内で衝突し、乗客ら22名が重軽傷を負った。
●重軽傷者22名

0282	相模鉄道線ガソリンカー・横浜市電バス衝突
	昭和11年12月27日　神奈川県横浜市西平沼町

12月27日午後6時、相模鉄道線の上星川発横浜行きガソリンカーと横浜市電の横浜公園経由保土ヶ谷行きバスが、横浜市西平沼町の水天宮前第1踏切で衝突し、乗客ら1名が即死、11名が重軽傷を負った。
●死者1名、重軽傷者11名、車両2台衝突

0283	バス・近江鉄道線電車衝突
	昭和12年2月6日　滋賀県甲賀郡水口町

2月6日、近江鉄道線の電車とバスが、滋賀県水口町で衝突し、乗客ら14名が死傷した。
●死傷者14名、車両衝突

0284	旅客機墜落
	昭和12年3月18日　新潟県中頸城郡春日村

3月18日、定期旅客機が新潟県春日村に墜落し、操縦士ら乗員2名が即死した。
●死者2名、航空機1機墜落

0285	井笠鉄道線機関車三重衝突
	昭和12年4月1日　岡山県小田郡笠岡町

4月1日、井笠鉄道線の機関車が岡山県笠岡町で三重衝突し、乗客ら30数名が負傷した。
●負傷者30数名、車両3両衝突

0286	東海道線貨物列車転覆
	昭和12年4月13日　岐阜県岐阜市

4月13日、東海道線の貨物列車が岐阜駅の付近を通過する際、車両16両が転覆した。
●車両16両転覆

0287	陸軍士官学校機墜落
	昭和12年5月　岐阜県不破郡

5月、訓練中の陸軍士官学校生の操縦機が、岐阜県不破郡の岩出山に墜落した（8月13日、機体を発見）。
●航空機1機墜落

昭和12年(1937年)〜

0288 奥羽線列車・乗合馬車衝突
昭和12年5月5日　青森県弘前市

5月5日、奥羽線の列車と乗合馬車が弘前駅の付近で衝突し、乗客ら12名が死傷した。
●死傷者12名

0289 航空機不時着
昭和12年5月25日　高知県

5月25日、フランス人飛行家2名の操縦機が東京、パリ間100時間以内懸賞飛行に参加した際、悪天候のため高知県内に不時着し、機体が大破した。
●航空機1機大破

0290 日本飛行機新型機空中分解
昭和12年6月16日　東京府東京市深川区

6月16日午後2時5分、横浜市にある日本飛行機のひばり1号機が操縦練習中、東京市深川区の洲崎飛行場の上空で突然分解し墜落、操縦士が死亡、機体が大破した。
●死者1名、航空機1機墜落

0291 陸軍飛行学校機不時着
昭和12年7月9日　福島県伊達郡大木戸村

7月9日、陸軍熊谷飛行学校機が訓練中、福島県大木戸村に不時着、乗員1名が重傷を負った。
●重傷者1名、航空機1機損壊

0292 武蔵野鉄道線貨車埋没
昭和12年7月15日　埼玉県

7月15日、武蔵野鉄道線の貨車44両が埼玉県内で土砂に埋まった。
●車両44両埋没

0293 山陽本線急行列車・特急追突
昭和12年7月29日　岡山県

7月29日、山陽本線岡山駅で、信号手のミスから停車中の特急富士に急行列車が追突、死傷者32人の事故となった。
●死傷者32名

0294 長距離実験機破損
昭和12年7月31日

7月31日、東京帝国大学航空研究所の長距離実験機が着陸した際に、翼や車輪など機体の一部を破損した。
●機体一部破損

0295 旅客機離陸失敗
昭和12年8月5日　東京府東京市羽田

8月5日、羽田・満州間の連絡特急旅客機が離陸に失敗、羽田飛行場の待合室に突っ込み、同機は大破した。
●機体大破

0296 軍用列車歓送客轢死
昭和12年10月27日　神奈川県

10月27日、横浜の東神奈川駅付近で、軍用列車の歓送中に人波に押し出された国防婦人会員ら25人が列車にはねられ死亡した。
●死者25名

0297 東海道線急行列車火災
昭和12年12月17日　静岡県

12月17日午前5時50分頃、東海道線の神戸発東京行き急行列車が丹那トンネル西側の函南駅を通過した直後、寝台車から出火した。同列車はそのままトンネルを抜けて、熱海駅で消火作業をおこなったが、その際、警官と消防士の2名が重傷を負った。
●重傷者2名、車両1両焼失

212

0298 宣伝機墜落
昭和12年12月27日　東京府東京市

12月27日、サムルソン2A2型機が都心上空での宣伝飛行中に、エンジンの故障から皇居外濠に墜落、操縦士が重傷を負ったが、機関助手は無事だった。
●重傷者1名、航空機1機墜落

0299 鹿児島本線準急列車火災
昭和12年12月27日　福岡県小倉市日明

12月27日午後4時55分頃、鹿児島本線の鹿児島発門司行き準急列車が、福岡県小倉市日明にある小倉化学工業の工場裏を通過する際、客車から出火し、乗客8名が死亡、33名が重軽傷を負った。原因はタバコの火のセルロイド製玩具への引火。
●死者8名、重軽傷者33名

0300 東海道線列車見送り客接触事故
昭和13年1月　愛知県西春日井郡西枇杷島町

1月、愛知県西枇杷島町で、出征兵士を見送ろうとした客が国鉄枇杷島駅近くの線路脇に集まった際、東海道線の列車にはねられて30名余りが死傷した。
●死傷者30名余り

0301 名古屋飛行学校機墜落
昭和13年1月9日　滋賀県坂田郡

1月9日、名古屋飛行学校生の乗ったサムルソン乙式11年型機が操縦訓練中に、滋賀県坂田郡の琵琶湖岸に墜落、操縦者が死亡した。
●死者1名、航空機1機墜落

0302 陸軍飛行学校機墜落
昭和13年2月18日　新潟県

2月18日、陸軍熊谷飛行学校の練習機が訓練中に群馬、新潟両県境に墜落、操縦者ら6名が死亡した（3月16日、片貝沢で機体発見）。
●死者6名、航空機1機墜落

0303 航空機墜落
昭和13年3月10日　福岡県福岡市

3月10日、海軍省嘱託を兼任していた大阪朝日新聞社の航空部の操縦士と通信士が、福岡飛行場で事故のため死亡した。
●死者2名

0304 飯山鉄道線列車転落
昭和13年3月31日　長野県

3月31日、飯山鉄道線の列車が長野県内の信濃川に転落し、乗客ら10名が死傷した。
●死傷者10名、車両転落

0305 東北本線列車・バス衝突
昭和13年4月10日　福島県伊達郡

4月10日、東北本線の列車とバスが藤田駅の付近で衝突し、乗客ら2名が即死、17名が重軽傷を負った。
●死者2名、重軽傷者17名

0306 航空機墜落
昭和13年4月10日　東京府東京市

4月10日、ドイツ人飛行家の操縦するビュッカー機が羽田飛行場で購入記念飛行をおこなった際、故障のため墜落、飛行家が即死した。
●死者1名、航空機1機墜落

0307 グライダー墜落
昭和13年4月21日　新潟県新潟市

4月21日、新潟県嘱託のグライダー操縦士の乗った初級用練習機が、新潟商業学校の校庭を離陸して滑空に移った直後、約20m上空から墜落、操縦士は重傷を負い、同日死亡した。
●死者1名、グライダー1機墜落

昭和13年(1938年)～

0308 東海道線貨物列車人身事故
昭和13年4月29日　愛知県名古屋市西区日比津町

4月29日午前11時5分、臨時列車の見送り客が、東海道線の庄内川鉄橋脇に集まった際、白鳥発稲沢行き貨物列車に轢かれて、5名が即死、30名が重軽傷を負った。
●死者5名、重軽傷者30名

0309 山陽本線列車脱線
昭和13年6月15日　熊本県

6月15日午前4時頃、山陽本線熊本・和気駅間で下関発京都行き上り列車が、前日の豪雨で線路の道床の一部が流失しているのに気がつかずに進行したために脱線、転覆した。その直後京都発の下り列車が同じ場所で脱線、転覆、両列車合わせて、21人が死亡、60人が重軽傷を負った。
●死者21名、重軽傷者60名

0310 軍用トラック・阪神線電車衝突
昭和13年7月21日　兵庫県芦屋町

7月21日、阪神電鉄線の電車が兵庫県芦屋町の打出踏切を通過する際、芦屋川復旧作業に当たっていた軍用トラックと衝突し、7名が死傷した。
●死傷者7名

0311 京成線電車転落
昭和13年8月　千葉県

8月、京成電鉄線の電車が千葉県内で線路脇に転落し、乗客ら17名が死傷した。
●死傷者17名、車両転落

0312 航空機墜落
昭和13年8月24日　東京府東京市

8月24日午前9時頃、東京大森上空で民間機同士が接触し墜落、1機は工場の庭先に落ち爆発炎上、もう1機も民家横の空き地に墜落、130人が死傷。
●航空機2機墜落、死者85名、負傷者45名

0313 神有線電車衝突
昭和13年8月29日　兵庫県神戸市付近

8月29日、神戸電鉄神有線の電車どうしが神戸市の付近で衝突し、双方の乗務員と乗客100名余りが死傷した。
●死傷者100名余り、車両衝突

0314 京浜線電車追突
昭和13年8月31日　神奈川県

8月31日、京浜電鉄線の電車が大雨のため神奈川県内で別の電車に追突し、乗客ら30名余りが重軽傷を負った。
●重軽傷者30名余り

0315 京浜電鉄電車衝突
昭和13年9月15日　神奈川県

9月15日、京浜電鉄横浜戸部駅付近で普通電車に急行電車が追突、110名が重軽傷った。灯火管制中の暗闇での事故だった。
●負傷者110名

0316 練習機墜落
昭和13年10月28日　宮城県

10月28日、宮城県で、練習機が操縦訓練の際に墜落、操縦者が死亡した。
●死者1名、航空機1機墜落

0317 東北線急行列車・バス衝突
昭和13年11月5日　青森県青森市堤町

11月5日、東北線の青森発上野行き急行列車と十和田行きバスが、青森市堤町踏切で衝突し、乗客ら15名が死傷した。
●死傷者15名、車両衝突

~昭和14年（1939年）

0318 韓国訪問機飛行家転落死
昭和13年11月26日　大阪府大阪港付近

11月26日、韓国人飛行家の操縦するサムルソン機が郷土訪問のため木津川飛行場から離陸直後、大阪港の関門付近で機体が突然激しく揺れ、同乗の韓国人飛行家が機外へ転落、死亡した。
●死者1名

0319 旅客機不時着
昭和13年12月8日　沖縄県久場島沖

12月8日午前9時頃、沖縄久場島沖に大日本航空の旅客機が不時着、10人が死亡した。
●負傷者10名

0320 市電三重衝突
昭和13年12月16日　兵庫県神戸市

12月16日、神戸市で市電が三重衝突し、乗客ら10数名が負傷した。
●負傷者10数名、車両衝突

0321 根室本線旅客列車転覆
昭和14年1月　北海道河西郡芽室町

1月、根室本線の旅客列車が芽室駅の付近で転覆し、乗務員や乗客多数が重軽傷を負った。
●重軽傷者多数、車両転覆

0322 東海道線列車見送り客接触
昭和14年1月　静岡県志太郡焼津町

1月、静岡県焼津町で、出征兵士のための見送り客が国鉄焼津駅に集まっていた際、東海道線の列車にひかれて3名が死亡した。
●死者3名

0323 羽越本線列車脱線
昭和14年1月8日　山形県東田川郡藤島町

1月8日、羽越本線の列車が藤島駅を通過する際、同駅構内で脱線、転覆した。
●車両転覆

0324 京王線電車・乗用車三重衝突
昭和14年1月10日　東京府東京市渋谷区幡ヶ谷原町

1月10日、京王電鉄線の上下各電車と乗用車が、渋谷区幡ヶ谷原町の踏切で衝突し、乗用車の子爵夫妻ら3名が死亡、車体は大破した。
●死者3名、乗用車1台大破

0325 東海道線特急列車・トラック衝突
昭和14年2月18日　岐阜県岐阜市本庄守屋

2月18日、東海道線の特急つばめとトラックが、岐阜市の本庄守屋踏切で衝突し、トラックは運転手ら3名が即死、車体もこなごなに壊れた。
●死者3名

0326 旅客機墜落
昭和14年4月21日　大分県大熊山

4月21日午後2時頃、大分県大熊山に日本航空輸送研究所の旅客機が墜落、乗員3人が死亡した。
●死者3名

0327 東京市電・トラック三重衝突
昭和14年5月1日　東京府東京市京橋区

5月1日、東京市電と築地卸売市場から帰る鮮魚商のトラックが、銀座で衝突した直後、反対側から別の市電が突っ込み、トラックに同乗していた鮮魚商13名と市電の乗客2名、乗務員1名が重軽傷を負った。
●重軽傷者16名

0328 播丹鉄道線気動車・貨物列車衝突
昭和14年5月6日　兵庫県加東郡

5月6日、播丹鉄道線の気動車と貨物列車が兵庫県加東郡で正面衝突し、乗務員や乗客2名が死亡、60名が重軽傷を負った。
●死者2名、重軽傷者60名

0329 小田急線電車・乗用車衝突
昭和14年5月28日　神奈川県川上郡上秦野村

5月28日、小田急線の新宿行き電車と乗用車が、神奈川県上秦野村の踏切で衝突し、乗用車の3名が即死、2名が重傷を負った。
●死者3名、重傷者2名、車両衝突

0330 森林列車転落
昭和14年6月4日　高知県北川村

6月4日、高知県北川村で山火事消火のため急行していた森林列車が谷間に転落、乗っていた80人のうち14人が死亡した。
●死者14名

0331 飯山鉄道線列車衝突
昭和14年7月　長野県

7月、飯山鉄道線のガソリンカーと機関車が正面衝突し、乗務員や乗客17名が死傷した。
●死傷者17名、車両損壊

0332 バス・足尾線列車衝突
昭和14年7月12日　群馬県山田郡大間々町

7月12日、足尾線の列車とバスが大間々駅近くの踏切で衝突し、乗客ら8名が即死、9名が重傷を負った。
●死者8名、重傷者9名

0333 東海道線準急列車・見送り客接触
昭和14年7月26日　神奈川県横浜市

7月26日、横浜市にある日本光学矢部分工場の従業員約500名が、戸塚駅近くの線路脇で軍用列車を見送った直後、側を通過した東海道線の沼津行き準急列車に接触、5名が即死したほか10数名が重軽傷を負った（その後3名死亡）。
●死者8名、重軽傷者10数名

0334 大日本航空機不時着
昭和14年9月14日　福岡県波多湾

9月14日朝、大日本航空のフォッカー・ユニヴァーサル旅客機が、乗務員2名と乗客4名を乗せて大刀洗に向けて福岡飛行場を離陸直後、エンジンの故障により同飛行場の南約3kmの波多湾に不時着し、6名全員が負傷した。
●負傷者6名

0335 グライダー墜落
昭和14年9月17日　東京府多摩川

9月17日、帝国飛行協会の主催するグライダー競技会が多摩川丸子滑空場で開かれた際、参加した中級機が墜落し、操縦者が死亡した。
●死者1名、グライダー1機墜落

0336 神風号不時着
昭和14年10月6日　台湾鵞鑾鼻東海岸付近

10月6日午後、東京朝日新聞社の神風号が、台北から福岡へ向かう際、強風を受けて台湾南端にある鵞鑾鼻の東海岸付近の海上に不時着し、操縦士が負傷、機関士は行方不明になった。
●負傷者1名、行方不明者1名、航空機1機不時着

~昭和15年（1940年）

0337　東武鉄道日光線電車脱線
昭和14年10月12日　栃木県日光町

10月12日午後7時頃、栃木県日光町で東武鉄道日光線電車が下り勾配で脱線し河原に転落、死者18人、重軽傷者87人となった。
●死者18名、重軽傷者87名

0338　中勢鉄道線列車転覆
昭和14年11月1日　三重県

11月1日、中勢鉄道線のガソリンカーが転覆し、乗客の女子学生2名が死亡、50名が重軽傷を負った。
●死者2名、重軽傷者50名、車両転覆

0339　高崎線列車衝突
昭和14年12月8日　群馬県多野郡新町

12月8日、高崎線の列車が新町駅構内で衝突し、乗務員や乗客13名が死傷した。
●死傷者13名、車両衝突

0340　相模線列車衝突
昭和14年12月23日　神奈川県

12月23日朝、相模線の茅ヶ崎行きガソリンカーと茅ヶ崎発八王子行き直通ガソリンカーが、下溝駅の付近で正面衝突し、乗務員や通学客の女子学生ら42名が重軽傷を負った。原因は茅ヶ崎行きガソリンカーのブレーキ系統の故障。
●重軽傷者42名、車両衝突

0341　燃料タンク爆発
昭和15年1月29日　大阪府

第Ⅰ部　解説参照（p.24）。
●死者191名

0342　バス・山陽電鉄線電車衝突
昭和15年1月29日　兵庫県加古郡尾上村

1月29日、山陽電鉄線の電車と神姫バスが兵庫県尾上村の踏切で衝突し、乗客7名が重軽傷を負った。
●重軽傷者7名

0343　根室本線列車馬群突入
昭和15年6月　北海道白糠郡白糠町

6月、根室本線の列車が白糠駅付近を通過する際、放牧馬の群れに突っ込み、うち36頭が轢死した。
●馬匹36頭死亡

0344　奈良バス・大阪電軌線電車衝突
昭和15年6月17日　奈良県奈良市

6月17日、大阪電気軌道線の電車と奈良バスが奈良市油坂町の踏切で衝突した。
●車両衝突

0345　常磐線電車・貨物列車追突
昭和15年7月5日　東京府東京市

7月5日午後1時30分頃、常磐線の青森行き貨物列車が、北千住駅構内で貨物の入換作業をおこなった際、松戸発上野行き電車が同列車に追突し、乗員、乗客約70名が重軽傷を負い、電車は転覆、貨車7両も脱線した。
●重軽傷者約70名、車両7両脱線

0346　グライダー墜落
昭和15年7月19日　大阪府大阪市

7月19日、神戸市にある福田軽飛行機の女性社員が、大阪第3飛行場で中級用グライダーに試乗した際、突風に流されて同飛行場の敷地内にある格納庫の屋根に激突し、操縦者が重傷を負った。
●重傷者1名、グライダー1機墜落

第Ⅱ部　鉄道・航空機事故一覧　217

昭和15年(1940年)～

0347 東北本線急行列車衝突
昭和15年11月3日　岩手県和賀郡

11月3日早朝、東北本線の急行列車が黒沢尻駅構内で衝突した。
●車両衝突

0348 駿豆鉄道電車脱線
昭和16年3月13日　静岡県駿東郡

3月13日午前5時過ぎ、静岡県駿東郡の黄瀬川橋で駿豆鉄道の電車が脱線、5m下の川に転落、乗客23名が重軽傷を負った。原因はスピードの出し過ぎによるもの。
●負傷者23名

0349 東北本線貨物列車脱線
昭和16年3月20日　青森県上北郡

3月20日、東北本線の貨物列車が乙供駅構内を通過する際、貨車15両と機関車が脱線、転覆し、機関士と助手が軽傷を負った。原因は子供のいたずら。
●軽傷者2名、車両16両転覆

0350 東海道本線列車・電車三重衝突
昭和16年3月26日　大阪府大阪市

3月26日、東海道本線の旅客列車と貨物列車、電車が塚本駅の西方で三重衝突した。
●車両損壊

0351 総武本線列車転覆
昭和16年8月14日　千葉県印旛郡

8月14日、総武本線の列車が物井駅の西方で転覆した。
●車両転覆

0352 バス・越後線機関車衝突
昭和16年8月16日　新潟県新潟市

8月16日、越後線の機関車とバスが新潟臨港踏切で衝突し、乗客ら10数名が負傷した。
●負傷者10数名、車両衝突

0353 常磐線列車追突
昭和16年11月19日　東京府

11月19日、常磐線の列車が濃霧のため北千住駅で停車した際、別の上野行き列車が追突し、乗務員や乗客6名が死亡、41名が重軽傷を負った。
●死者6名、重軽傷者41名

0354 常磐線列車転覆
昭和16年11月21日　東京府

11月21日、常磐線の列車が金町駅構内を通過する際、車両14両が脱線、転覆し、車掌1名が負傷した。原因は同駅の転轍係の操作ミス。
●負傷者1名、車両14両転覆

0355 電車炎上
昭和16年11月28日　石川県

11月28日、石川県で温泉電気軌道線の電車から出火し、車両13両を全焼した。
●車両13両全焼

0356 信越線列車転覆
昭和16年12月2日　長野県埴科郡

12月2日、信越線の列車が戸倉、板城両駅間の千曲川沿いの地点を通過する際、機関車が横転。後続車両も脱線、転覆し、乗務員や乗客9名が重軽傷を負い、機関車を除いて車両が大破した。
●重軽傷者9名、車両大破

~昭和18年（1943年）

0357 島原鉄道線列車正面衝突
昭和17年3月27日　長崎県黒沢町

3月27日、島原鉄道線の上下列車が森山、小野村両駅間の黒沢町の付近で正面衝突し、乗務員や乗客ら3名が死亡、約50名が重軽傷を負った。
●死者3名、重軽傷者約50名

0358 バス・越後線機関車衝突
昭和17年4月10日　新潟県新潟市

4月10日、越後線の機関車とバスが新潟臨港踏切で衝突し、乗客ら12名が負傷した。
●負傷者12名、車両衝突

0359 名鉄常滑線電車追突
昭和17年5月2日　愛知県

5月2日、名鉄常滑線の電車が大江、大同両駅間にある大江鉄橋の付近で故障、停車した直後、別の電車が追突し、乗務員や乗客ら1名が死亡、7名が重傷、130名が軽傷を負った。
●死者1名、重傷者7名、軽傷者130名

0360 バス・牟岐線列車衝突
昭和17年5月13日　徳島県徳島市

5月13日、牟岐線の列車と徳島市営バスが徳島駅近くの踏切で衝突し、乗客ら22名が重軽傷を負った。
●重軽傷者22名、車両衝突

0361 ケーブルカー墜落
昭和17年7月21日　東京府浅川町

7月21日午後0時30分頃、高尾山登山鉄道のケーブルカーがケーブルの切断により墜落し、乗客3名が死亡（うち1名即死）、26名が重傷、39名が軽傷を負った。
●死者3名、重傷者26名、軽傷者39名、車両墜落

0362 ケーブルカー衝突
昭和17年10月20日　神奈川県足柄下郡

10月20日午前10時5分、箱根早雲山のケーブルカー2台が終点駅で激突し、乗客ら14名が重軽傷を負った。原因は運転装置の故障。
●重軽傷者14名、車両衝突

0363 バス・東急帝都線電車衝突
昭和17年10月23日　東京府東京市杉並区

10月23日午後0時50分、東京急行電鉄帝都線の井の頭行き電車と日本無線電信電話会社のバスが久我山駅構内の踏切で衝突し、乗客ら5名が即死、11名が重軽傷を負った。
●死者5名、重軽傷者11名、車両衝突

0364 草軽電鉄線電車脱線
昭和17年10月24日　群馬県吾妻郡

10月24日、草軽電鉄線の電車が群馬県側で脱線、転覆し、乗客ら33名が死傷した。
●死傷者33名、車両転覆

0365 別大電鉄線電車衝突
昭和17年11月6日　大分県大分市

11月6日午前5時30分頃、別大電鉄線の電車同士が別府、大分両駅間の仏崎カーブで正面衝突し、乗客ら1名が死亡、53名が重軽傷を負った。
●死者1名、重軽傷者53名、車両衝突

0366 根室線列車脱線
昭和18年2月11日　北海道白糠郡白糠

2月11日午後4時42分、根室線の上り列車が白糠駅の付近で脱線、3m下の線路脇に転落し、乗客ら3名が死亡、24名が重軽傷を負った。
●死者3名、重軽傷者24名、車両転覆

昭和18年（1943年）〜

0367　トラック・別大電鉄線電車衝突
昭和18年5月13日　大分県大分市

5月13日午後4時頃、別大電鉄線の電車とガソリン運搬トラックが大分駅近くの田室町踏切で衝突、トラックの2名が焼死、乗客12名が重軽傷を負った。
●死者2名、重軽傷者12名、車両衝突

0368　脱線貨車、客車衝突
昭和18年10月26日　茨城県土浦市

第Ⅰ部　解説参照（p.26）。
●死者110名

0369　神有電鉄線電車脱線
昭和19年2月12日　兵庫県神戸市付近

2月12日、神有電鉄線の電車が神戸市の付近で脱線、転覆した。
●車両転覆

0370　山陽線列車追突
昭和19年11月19日　兵庫県赤穂郡上郡町

11月19日午前1時56分、兵庫県赤穂郡上郡町にある山陽線上郡駅の近くで京都発大牟田行きの列車が京都発宇野行きの列車に追突、追突された列車の後部3両が脱線して大破、追突した列車も前部の車両が大破した。この事故で34人が死亡、15人が重傷、9人が軽傷を負った。
●死者34名、重傷者15人、軽傷者9人

0371　八高線列車衝突
昭和20年8月24日　東京都

第Ⅰ部　解説参照（p.28）。
●死者104名

0372　阪急電鉄宝塚線電車追突
昭和22年1月30日　大阪府豊中市

1月30日、阪急電鉄宝塚線の三国駅構内で、電車同士の追突があり、乗客ら約100名が負傷した。
●負傷者約100名、車両追突

0373　八高線列車脱線
昭和22年2月25日　埼玉県入間郡日高

第Ⅰ部　解説参照（p.32）。
●死者184名

0374　室蘭本線列車衝突
昭和22年3月31日　北海道山越郡長万部町

3月31日、室蘭本線の静狩駅近くのトンネル内で、列車同士が正面衝突し、乗客ら4名が死亡、12名が重傷、39名が軽傷を負った。
●死者4名、重傷者12名、軽傷者39名、車両衝突

0375　近鉄奈良線トンネル内火災
昭和22年4月19日　大阪府・奈良県

4月19日、近畿日本鉄道奈良線の生駒駅近くの生駒山トンネル内で、通過中の列車が車両火災を起こし、乗客ら30名が死亡、37名が重傷を負った。
●死者30名、重傷者37名、車両火災

0376　山陽本線列車脱線
昭和22年7月1日　山口県徳山市付近

7月1日、山陽本線の下松・櫛ヶ浜駅間で列車が脱線転覆し、乗務員や乗客の引揚げ者15名が死亡、53名が重軽傷を負った。
●死者15名、重軽傷者53名、車両転覆

~昭和24年（1949年）

0377　八高線貨物列車・航空機拝島・小宮駅間衝突
昭和22年7月16日　東京都八王子市付近

7月16日、八高線の拝島・小宮駅間の多摩川鉄橋を通過中の貨物列車に航空機が衝突、列車は車両が脱線して3名が死亡、4名が負傷、航空機は機体を全焼したが、乗員は無事救出された。
- 死者3名、負傷者4名、車両脱線、航空機1機全焼

0378　名古屋鉄道瀬戸線電車脱線転覆
昭和23年1月5日　愛知県東春日井郡旭町付近

第Ⅰ部　解説参照（p.33）。
- 死者34名、重軽傷者153名

0379　近鉄奈良線電車追突
昭和23年3月31日　大阪府

第Ⅰ部　解説参照（p.34）。
- 死者49名、負傷者272名

0380　貨物列車脱線転落
昭和23年4月24日　青森県青森市付近

4月24日、青森県青森市の東北本線野内駅付近の野内川鉄橋で、23両編成の貨物列車の全車両が脱線、さらに機関車1両と貨車20両は野内川に転落し、乗務員2名が即死、1名が重傷を負った。
- 死者2名、重傷者1名、車両23両脱線

0381　貨物列車脱線転覆
昭和23年5月3日　神奈川県横浜市鶴見区

5月3日、横浜市鶴見区の東海道本線鶴見駅付近で、貨物列車が脱線、後部の貨車10両が転覆したところへ、名古屋発上り東京行き旅客列車が通りかかって事故車両に接触、旅客列車の機関車1両と客車3両を破損した。この事故の影響で、同線は一時不通になった。
- 車両10両転覆、車両4両破損

0382　旅客列車脱線転覆
昭和23年6月28日　福井県福井市

6月28日午後5時15分頃、福井県福井市の北陸本線福井・森田駅間で、旅客列車が福井地震に遭遇、脱線転覆した。
- 車両転覆

0383　大雄山電鉄線電車脱線
昭和23年10月7日　神奈川県足柄下郡箱根町

10月7日、大雄山電鉄線の小田原行き電車が神奈川県箱根町付近の鉄橋で脱線し、乗客ら2名が重体、6名が重傷、45名が軽傷を負った。
- 重体者2名、重傷者6名、軽傷者45名、車両脱線

0384　南海電鉄線電車追突
昭和23年10月30日　大阪府

10月30日、南海電鉄線の茶屋駅構内で、停車中の電車に後続の電車が追突し、乗客ら8名が重傷、32名が軽傷を負った。
- 重傷者8名、軽傷者32名、車両追突

0385　電車火災
昭和24年1月4日　名古屋鉄道線

1月4日、名古屋鉄道線の電車が発火、炎上した。
- 車両火災

0386　貨物列車待合室突入
昭和24年1月14日　奈良県吉野郡五條町

1月14日、奈良県五條町の和歌山線五條駅で、貨物列車が車止めを破って待合室に突っ込み、乗務員や列車待ちの乗客8名が死亡、20名余りが重軽傷を負った。
- 死者8名、負傷者20名余り、車両突入

第Ⅱ部　鉄道・航空機事故一覧

昭和24年（1949年）〜

0387 箱根登山鉄道線電車衝突
昭和24年2月14日　神奈川県足柄下郡箱根町

2月14日、神奈川県箱根町の箱根登山鉄道で、電車が衝突し、乗務員や乗客18名が死傷した。
● 死傷者18名、車両衝突

0388 近鉄山田線電車火災
昭和24年3月8日　三重県松坂市

3月8日、三重県松坂市の近畿日本鉄道山田線松坂駅構内で、電車が発火して炎上し、乗務員や乗客8名が死亡、7名が重傷、21名が軽傷を負った。
● 死者8名、重傷者7名、軽傷者21名、車両全焼

0389 準急列車脱線
昭和24年5月9日　愛媛県

5月9日、愛媛県で、予讃線の準急列車が脱線した。
● 車両脱線

0390 東海道本線旅客列車追突
昭和24年5月25日　静岡県志太郡焼津町付近

5月25日、静岡県内の東海道本線用宗・焼津間で、旅客列車が先行列車に追突し、乗務員や乗客25名が負傷した。
● 負傷者25名、車両追突

0391 急行電車追突
昭和24年6月20日　阪神電鉄本線

6月20日、阪神電鉄本線の千舟・姫島駅間で、神戸発大阪行き急行電車が先行列車に追突し、乗務員や乗客17名が重傷、99名が軽傷を負った。
● 重傷者17名、軽傷者99名、車両追突

0392 電車暴走〔三鷹事件〕
昭和24年7月15日　東京都北多摩郡三鷹町

7月15日午後9時23分頃、中央線三鷹駅構内で、無人の回送電車（7両編成）が車庫から停止標識を突破して暴走し脱線、さらに駅前の道路から隣接の住宅に突っ込んだ。このため、同駅の乗降客ら通行人6名が死亡、10数名が重軽傷を負った。原因は、故意にパンタグラフを操作したためと見られる。
● 死者6名、重軽傷者10数名

0393 貨物列車転覆〔松川事件〕
昭和24年8月17日　福島県信夫郡金谷川村

8月17日午前3時9分（夏時間）、東北本線金谷川・松川駅間のカーブで、青森発奥羽線経由上野行き旅客列車（14両編成）の機関車と荷物車2両が脱線転覆し、後続の郵便車1両と客車3両も脱線、転覆した車両の下敷きとなって機関士1名と助手2名が死亡した。計画的な列車妨害と見られるが、真犯人は不明。占領下に起きた代表的な謀略事件の一つ。
● 死者3名、車両転覆

0394 京阪電鉄本線準急電車火災
昭和24年9月27日　大阪府北河内郡

9月27日、大阪府内の京阪電鉄本線香里園駅付近で、京阪三条発天満橋行き準急電車（3両編成）が車両火災を起こし、乗務員や乗客32名が重傷、85名が軽傷を負った。
● 重傷者32名、軽傷者85名、車両火災

0395 京浜東北線・山手線電車追突
昭和24年9月29日　東京都港区

9月29日、東京都港区の国電浜松町駅で、故障点検中の大宮発鶴見行き京浜東北線電車に山手線の電車が追突し、乗務員や乗客5名が重傷、24名が軽傷を負った。
● 重傷者5名、軽傷者24名、車両追突

0396 東北本線列車追突
昭和25年1月30日　埼玉県南埼玉郡蓮田町

1月30日、埼玉県蓮田町の東北本線蓮田駅で、停車中の日光発上野行き旅客列車に宇都宮発臨時貨物列車が追突、2名が重傷、10数名が軽傷を負い、貨車12両も脱線した。
●重傷者2名、軽傷者10数名、車両12両脱線

0397 貨物列車脱線転覆
昭和25年3月1日　福島県安達郡

3月1日、福島県の東北本線杉田駅構内で、大宮発盛岡行き貨物列車（17両編成）が脱線転覆し、貨車7両が大破した。
●車両7両大破

0398 東海道線貨物列車脱線
昭和25年3月27日　静岡県清水市

3月27日、東海道線の清水駅付近で、上り貨物列車が脱線した。
●車両脱線

0399 貨物列車脱線
昭和25年4月4日　静岡県清水市

4月4日、東海道本線の清水駅付近で、貨物列車が脱線した。
●車両脱線

0400 赤石森林鉄道線ガソリンカー転落
昭和25年4月18日　長野県下伊那郡木沢村

4月18日、長野県木沢村の赤石国有林森林鉄道線で、ガソリンカーが木製橋から谷底へ転落し、乗客ら4名が死亡、5名が重傷を負った。
●死者4名、重傷者5名、車両転落

0401 米軍大型輸送機墜落
昭和25年4月21日　神奈川県愛甲郡

4月21日午後7時30分過ぎ、米軍のC54型輸送機がフィリピンから那覇を経て立川へ向かう途中、消息を絶ち、関係者による捜索の結果、2日後の23日に神奈川県愛甲郡の丹沢山（標高1,507m）の山頂付近で、墜落した機体と乗員8名乗客27名全員の遺体が発見された。
●死者35名、飛行機1機墜落

0402 中央西線貨物列車武並・大井駅間脱線
昭和25年6月24日　岐阜県恵那郡武並町

6月24日、岐阜県武並町の中央西線武並・大井駅間で、稲沢発塩尻行き貨物列車の機関車1両と後続の貨車23両が脱線、機関士1名が負傷した。
●負傷者1名、車両24両脱線

0403 奥羽本線貨物列車駅舎突入
昭和25年7月11日　秋田県雄勝郡

7月11日、秋田県雄勝郡の奥羽線三関駅で、横手発新庄行き貨物列車が車止めを破壊して同駅事務室に突っ込み、機関助手や宿直の駅員ら3名が重傷を負った。原因は元保線作業員が転轍器を故意に切り換えたため。
●重傷者3名

0404 乗用車・電車衝突
昭和25年7月28日　東京都板橋区

7月28日、東武鉄道東上線の大山・ト板橋駅間の踏切で、志木発池袋行き電車と乗用車が衝突、電車1両が全焼し、1名が死亡、1名が重傷を負った。
●死者1名、重傷者1名、車両1両全焼

昭和25年(1950年)〜

0405 東海道本線貨物列車脱線
昭和25年7月30日　神奈川県茅ヶ崎市

7月30日、東海道本線の茅ヶ崎・平塚駅間で、汐留発吹田行き急行貨物列車の貨車27両が脱線、転覆した。
●車両27両転覆

0406 室蘭本線鉄橋崩壊・旅客列車転落
昭和25年8月1日　北海道

8月1日、室蘭本線の錦多峰・社台駅間のオコップ川鉄橋が大雨により崩壊し、通りかかった岩見沢発室蘭行き旅客列車（11両編成）の機関車および貨車1両ずつと客車3両が脱線転覆。乗務員乗客約600名のうち25名が死亡、51名が重軽傷を負った。転覆した貨車が川に落ちて大破したほか、貨物の中の現金約800万円も回収できなかった。
●死者16名、重軽傷者34名、行方不明者数名、車両5台転落

0407 室蘭本線事故救援列車脱線
昭和25年8月1日　北海道

8月1日、室蘭本線の錦多峰・社台駅間のオコップ川鉄橋で脱線転覆した岩見沢発室蘭行き旅客列車の救援に向かった列車が、苫小牧駅の西方で脱線した。
●車両脱線

0408 バス・列車衝突
昭和25年11月19日　福岡県直方市

11月19日、筑豊線の植木・直方駅間の新入踏切で列車とバスが衝突し、乗務員乗客3名が死亡、17名が重軽傷を負った。
●死者3名、重軽傷者17名、車両衝突

0409 急行列車脱線
昭和25年12月14日　岩手県・宮城県

12月14日午後0時7分、東北本線の有壁・花泉駅間の清水信号所で、青森発上野行き常磐線経由の急行列車みちのくが安全線に突っ込み、機関車、小荷物車、郵便車、1等寝台車が脱線転覆、2等車2両も脱線し、列車の荷物係と郵便係、および1等乗客34名が重傷を負った。原因は連動標識の操作ミスと見られる。
●重傷者36名、車両4両転覆、車両1両脱線

0410 東武バス・列車衝突
昭和25年12月18日　埼玉県大宮市

12月18日、東北本線土呂駅付近の原市街道で、踏切を渡ろうとした大宮発の東武鉄道バス（乗客15名）が上野行き列車の側面に激突。この事故でバスは約200m引きずられて大破し、乗務員乗客13名が即死、2名が重傷、2名が軽傷を負った。
●死者13名、重傷者2名、軽傷者2名、車両1台大破

0411 駿豆バス・小田急線電車衝突
昭和25年12月20日　神奈川県小田原

12月20日、小田急電鉄線の足柄・小田原駅間の久野川踏切で、電車が駿豆バスの後部に衝突。バスは約50m引きずられて大破し、乗務員乗客50名余りのうち3名が即死、12名が重傷、25名が軽傷を負った。
●死者3名、重傷者12名、軽傷者25名、車両1台大破

0412 都営バス・電車衝突
昭和26年4月11日　東京都板橋区

4月11日、東武鉄道東上線の下板橋駅構内の金井窪踏切で、上り電車と都営バス（乗客40名）が衝突。バスは大破し、3名が死亡、15名が重傷、23名が軽傷を負った。

~昭和26年（1951年）

●死者3名、重傷者15名、軽傷者23名、車両1台大破

0413 京浜東北線電車火災
昭和26年4月24日　神奈川県横浜市中区

第Ⅰ部　解説参照（p.37）。
●死者106名

0414 米空軍ジェット戦闘機煙突衝突
昭和26年5月11日　福岡県福岡市

5月11日午後8時5分、福岡市吉塚二股瀬で、板付基地を離陸した米空軍のジェット戦闘機が高圧線に接触、さらに近くの醤油製造工場の煙突に衝突して墜落した。この事故で同機は大破炎上し、乗員ら10名が焼死、1名が軽傷を負った。
●死者10名、軽傷者1名、航空機1機全焼

0415 京浜急行準急電車火災
昭和26年6月22日　神奈川県横浜市金沢区

6月22日午前6時48分、京浜急行電鉄本線富岡駅付近の湘南富岡第2トンネルの手前約120mの地点で、追浜発品川行き準急電車の先頭車両が突然燃えだし、6名が重傷、64名が軽傷を負った。老朽化した車両のモーターの発火が原因。
●重傷者6名、軽傷者64名、車両火災

0416 山陽本線電車火災
昭和26年8月2日　兵庫県神戸市

8月2日、山陽本線の鷹取発住吉行きの電車（3両編成）が神戸駅に到着した際、最後尾の車両のパンタグラフが突然発火、事故による停電でドアが開かず、車内に閉じ込められた超満員の乗客のうち51名が重軽傷を負った。同車両は旧式の42型で、非常コックも混乱で役に立たなかった。
●重軽傷者51名

0417 森林鉄道木材運搬列車転落
昭和26年8月29日　北海道空知郡三笠町

8月29日、岩見沢営林署所有の森林鉄道で、幾春別発稲荷沢行き木材運搬列車（15両編成、乗客24名）が幾春別駅から約3km離れた橋の上で脱線、1両目と2両目が橋から転落して7名が即死、14名が重軽傷を負った。
●死者7名、重軽傷者14名、車両2両脱線

0418 国電乗降用扉脱落
昭和26年9月20日　東京都

9月20日、国電中央線で、電車の乗降用扉が突然脱落し、乗客4名が車両から転落した。
●転落者4名

0419 連続列車妨害
昭和26年10月4日　東京都

10月4日、青梅線で、1時間のうちに4件の列車妨害があった。
●──

0420 観光バス・貨物列車衝突
昭和26年10月13日　栃木県佐野市

10月13日、両毛線の富田・佐野駅間の富田沢踏切で、貨物列車と観光バスが衝突。バスは大破し、日光旅行の観光客ら7名が死亡、33名が重軽傷を負った。
●死者7名、重軽傷者33名、車両1台大破

0421 観光バス・列車衝突
昭和26年10月13日　群馬県碓氷郡

10月13日、群馬県碓氷郡の踏切で、信越本線の列車と観光バスが衝突し、7名が死亡、29名が重傷を負った。
●死者7名、重傷者29名、車両衝突

第Ⅱ部　鉄道・航空機事故一覧　｜　225

昭和26年(1951年)～

0422 常磐線電車火災
昭和26年10月30日　千葉県

10月30日夕、千葉県の常磐線馬橋駅で、取手発上り63型電車が到着と同時に、最後部のモーターとパンタグラフから火災を起こし、電車の屋根の一部を焼いた。負傷者はなかった。
●車両一部焼失

0423 バス・電車衝突
昭和26年11月3日　千葉県船橋市

11月3日、千葉県船橋市の船橋駅付近の成田街道踏切で、総武線電車と京成電鉄バスが衝突。バスは畑に転落して大破し、5名が即死、20名が重軽傷を負った。
●死者5名、重軽傷者20名、車両1台大破

0424 山陽本線貨物列車追突
昭和26年11月8日　山口県宇部市

11月8日、山口県宇部市の山陽本線西宇部駅構内で、停車中の貨物列車に連合国軍用貨物列車が追突し、乗務員1名が死亡、2名が重傷を負い、機関車や貨車7両が転覆大破した。
●死者1名、重傷者2名、車両7両転覆・大破

0425 米空軍 B29 戦略爆撃機墜落
昭和26年11月18日　東京都北多摩郡砂川村

11月18日、米空軍のB29型戦略爆撃機が横田飛行場近くの東京都横田村に墜落。乗員は無事だったが、住民7名が死亡、10名が重軽傷を負い、住宅百数十戸を損壊した。
●死者7名、重軽傷者10名、損壊家屋百数十戸、航空機1機墜落

0426 トラック・列車衝突
昭和26年12月9日　徳島県美馬郡穴吹町

12月9日、徳島本線の穴吹駅東方にある穴吹川鉄橋付近の踏切で、小松島発下り列車とトラックが衝突。トラックは大破し、運転手ら2名が死亡、列車の乗務員や乗客13名が負傷し、機関車と客車1台ずつが脱線した。
●死者2名、負傷者13名、車両1台大破

0427 バス・列車衝突
昭和27年2月5日　神奈川県横浜市鶴見区

2月5日、横浜市鶴見区の鶴見線の引込線内で列車とバスが衝突し、29名が重軽傷を負った。
●重軽傷者29名、車両衝突

0428 米空軍 B29 戦略爆撃機墜落
昭和27年2月7日　埼玉県入間郡金子村

2月7日、米空軍のB29型戦略爆撃機が埼玉県金子村に墜落し、乗員13名と住民4名が死亡、住宅7戸(14棟)を全焼、50戸を損壊した。
●死者17名、全焼家屋7戸、損壊家屋50戸、航空機1機墜落

0429 米空軍 B29 戦略爆撃機墜落
昭和27年3月31日　東京都青梅市

3月31日、訓練中の米空軍のB29型戦略爆撃機が東京都青梅市に墜落、炎上して付近の山林を類焼、乗員2名が重傷を負った。
●重傷者2名、航空機1機全焼、山林火災

0430 日本航空旅客機墜落
昭和27年4月9日　東京都大島町

第Ⅰ部　解説参照（p.42）。
●死者37名

0431 東武鉄道線電車火災
昭和27年5月12日　東京都

5月12日、東武鉄道線の電車で火災があり、7名が軽傷を負った。
●軽傷者7名、車両全焼

0432 日暮里駅構内乗客転落死
昭和27年6月18日　東京都荒川区

6月18日午前7時45分、国鉄日暮里駅構内で、南跨線橋の羽目板がラッシュ時で混雑する乗客に押されて破れ、乗客数十名が約7m下の線路に転落、ちょうど通りかかった京浜東北線浦和行きの電車にはねられて8名が死亡、5名が重軽傷を負った。事故の原因は昭和3年に建設された跨線橋が老朽化していたことと、当日未明に上野駅構内で信号所火災があり、その影響で東北本線の上り列車が同駅に臨時停車した結果ラッシュ時の混雑が通常の倍程度になっていたためと見られる。
●死者8名、重軽傷者5名

0433 トラック2台・電車衝突
昭和27年7月21日　東京都大田区

7月21日午後8時、東京都大田区にある京浜東北線蒲田駅構内の第1踏切で、鶴見行き電車と、相模鉄道のトラック、および砂利運搬トラックが三重衝突し、トラックは2台とも大破してガソリンに引火し炎上、電車も脱線して炎上した。この事故で、トラックに乗っていた1名が即死、12名が重軽傷を負い、電車の乗客15名にも重軽傷者が出た。
●死者1名、重軽傷者27名、車両火災

0434 小田急線電車追突
昭和27年8月22日　東京都世田谷区

8月22日、小田急電鉄線代々出駅付近の鎌倉踏切で、故障停車中の電車に後続の電車が追突し、124名が重軽傷を負った。
●重軽傷者124名、車両追突

0435 オート三輪・列車衝突
昭和27年10月8日　埼玉県日勝寺村

10月8日、東北本線白岡駅北方の踏切で、下り列車わたらせ号と日光帰りの観光客10数名を乗せたオート三輪が衝突し、9名が死亡、2名が重軽傷を負った。
●死者9名、重軽傷者2名、車両衝突

0436 トラック・電車衝突
昭和27年10月18日　山口県宇部市

10月18日、山口県内を走る宇部線の真締川鉄橋付近の踏切で、西宇部行き電車とトラックが衝突し、乗客ら3名が死亡、22名が重軽傷を負った。
●死者3名、重軽傷者22名、車両衝突

0437 セメント専用列車脱線転落
昭和27年11月9日　滋賀県坂田郡春照村

11月9日、滋賀県春照村の東海道本線近江長岡駅構内で、大阪窯業セメントの専用列車（14両編成）が車止めを突破して脱線、さらに転覆して近くの川へ転落した。この事故で、乗務員ら6名が死亡、20名が重軽傷を負った。ブレーキの故障が原因。
●死者6名、重軽傷者20名、車両転落

0438 城平スキー場スキーリフト落下
昭和28年1月3日　新潟県南魚沼郡湯沢村

1月3日、新潟県湯沢村の城平スキー場で、スキーリフトの回転装置の支針が折れてリフトが支柱と地面に激突し、乗客2名が死亡、12名が重軽傷を負った。原因は定員超過。
●死者2名、重軽傷者12名

0439 おおとり会プロペラ機墜落
昭和28年1月19日　東京都港区

1月19日、操縦訓練のため館山から月島飛行場に向かう途中のおおとり会のJA3021型新潟号が、プロペラの損壊により東京都港区芝海岸通の米軍補給本廠前の東京湾に墜落し、同乗者していた航空局館山標識所技術課長が死亡、操縦者ら2名が軽傷を負った。

●死者1名、軽傷者2名、航空機1機墜落

0440 南薩鉄道知覧線列車火災
昭和28年2月12日　鹿児島県川辺郡

2月12日、鹿児島県知覧町の南薩鉄道知覧線知覧駅付近で、通過中の上り列車の車掌室付近から出火、同車両は全焼し、1名が死亡、6名が重軽傷を負った。
●死者1名、重軽傷者6名、車両全焼

0441 おおとり会軽飛行機墜落
昭和28年3月12日　広島県安芸郡熊野跡村

3月12日、広島県熊野跡村の上空で宣伝用ビラを散布中のおおとり会のオースター・エーグレット型軽飛行機が、操縦を誤って同村の海上山に激突、乗員2名が死亡した。
●死者2名、航空機1機墜落

0442 修学旅行バス・列車衝突
昭和28年5月21日　栃木県安蘇郡葛生町

5月21日、栃木県葛生町の東武鉄道佐野線葛生駅近くの踏切で、列車と中学校の修学旅行バスが衝突し、生徒1名が死亡、50名が重軽傷を負った。
●死者1名、重軽傷者50名、車両衝突

0443 観光バス・機関車衝突
昭和28年5月30日　愛知県知多郡大高町

5月30日、東海道本線の大高・共和駅間の山ノ神踏切で、機関車と名古屋観光バスが衝突。バスは大破し、乗務員乗客4名が死亡、32名が重軽傷を負った。
●死者4名、重軽傷者32名、車両衝突

0444 タクシー・貨物列車衝突
昭和28年6月10日　東京都武蔵野市

6月10日、中央本線の吉祥寺・三鷹駅間の八丁踏切で、立川発新宿行き貨物列車とタクシーが衝突、タクシーの乗客4名が重傷を負った。
●重傷者4名

0445 米空軍大型輸送機墜落
昭和28年6月18日　東京都北多摩郡小平町

6月18日午後4時34分、立川基地を飛び立った米空軍のグローブマスターC124型輸送機が、離陸直後に東京都小平町小川の畑に墜落し、乗員7名と乗っていた兵士122名全員が即死、墜落地点の近くにいた地元の農業関係者1名が負傷、家屋14戸が損壊、田畑約4haが被災した。
●死者129名、負傷者1名、損壊家屋14戸、被災田畑約4ha、航空機1機墜落

0446 米空軍大型輸送機墜落
昭和28年6月23日　山口県豊浦郡沖

6月23日、福岡市の板付基地を離陸した米空軍の大型双胴輸送機が、山口県豊浦郡角島の西16kmの沖合に墜落、乗員7名が行方不明になった。
●行方不明者7名、航空機1機墜落

0447 西鉄宮地岳線電車衝突
昭和28年7月8日　福岡県粕屋郡新宮村

7月8日、西日本鉄道宮地岳線の新宮・三苫駅間で、単線運転中の電車同士が衝突、乗務員乗客3名が死亡、39名が負傷した。単線運転は、現場付近の線路が冠水したために行われていたもの。
●死者3名、負傷者39名、車両衝突

0448 セスナ機不時着
昭和28年7月25日　和歌山県日高郡竜神村

7月25日、水難地域への救援物資を運ぶため阪神飛行場を離陸した青木航空のセスナ機

〜昭和29年（1954年）

が、和歌山県竜神村小森の山奥に不時着し、操縦士ら乗員が軽傷を負った。
●軽傷者数名、航空機1機墜落

0449　海上保安庁ヘリコプター墜落
昭和28年8月9日　神奈川県鎌倉市

8月9日、海上保安庁のヘリコプターが相模湾に臨む神奈川県鎌倉市の由比ヶ浜海岸に墜落し、乗員や海水浴客2名が死亡、13名が重軽傷を負った。
●死者2名、重軽傷者13名、ヘリコプター1機墜落

0450　トラック・列車衝突
昭和28年9月2日　大分県大分郡阿南村

9月2日、大分県阿南村の久大本線の踏切で、列車と有田興業のトラックが衝突、双方合わせて3名が即死、15名が重軽傷を負った。
●死者3名、重軽傷者15名、車両衝突

0451　航空機着陸失敗
昭和28年10月15日　神奈川県藤沢市

10月15日、神奈川県の藤沢飛行場で、民間航空のFD25A型機が着陸に失敗して斜面に激突、大破して乗員2名が重傷を負った。
●重傷者2名、航空機1機大破

0452　北陸搬空ヘリコプター墜落
昭和28年10月24日　福岡県門司市

10月24日、福岡県門司市の上空で宣伝用のビラを散布中の北陸搬空のヘリコプターヒラー号が、電線に触れて墜落、乗員2名が死亡、1名が重傷を負った。
●死者2名、重傷者1名、ヘリコプター1機墜落

0453　東急観光バス・東急砧線電車衝突
昭和28年10月27日　東京都世田谷区

10月27日、東京都世田谷区玉川町の東急電鉄砧線の踏切で、電車と東急観光バスが衝突し、双方の乗客ら41名が重軽傷を負った。
●重軽傷者41名、車両衝突

0454　鹿児島本線急行列車脱線
昭和28年12月16日　福岡県宗像郡赤間町

12月16日、福岡県赤間町の鹿児島本線海老津・赤間駅間の線路で、長崎発東京行き急行雲仙が線路内に落ちた駐留軍のトラックに乗り上げて脱線転覆し、乗客ら10名余りが重軽傷を負った。
●重軽傷者10名余り、車両脱線

0455　京成電鉄貨物電車積荷滑落
昭和28年12月17日　千葉県印旛郡臼井町

12月17日、千葉県臼井町の京成電鉄本線臼井駅付近のカーブで、貨物電車の積荷のレールが線路脇の鉄柱に触れて横滑りし転落、このため近くにいた1名が死亡、10名が重軽傷を負った。
●死者1名、重軽傷者10名、積荷滑落

0456　米空軍輸送機墜落
昭和29年2月1日　北海道苫小牧市南方沖

2月1日、米空軍のC46型双発輸送機が、北海道苫小牧市の南方約40kmの海上に墜落、乗員35名全員が死亡した。
●死者35名、航空機1機墜落

0457　トラック・電車衝突
昭和29年2月2日　大阪府豊能郡庄内町

2月2日、大阪府庄内町にある阪急電鉄宝塚線の踏切で、故障のため停車した梅田行き電車にトラックが突っ込み、2名が即死、45名が

第Ⅱ部　鉄道・航空機事故一覧　229

昭和29年（1954年）〜

重軽傷を負い、電車2両が脱線した。
●死者2名、重軽傷者45名、車両衝突

0458 遊覧飛行機墜落
昭和29年2月21日　大阪府中河内郡矢田村

2月21日、遊覧飛行中の極東航空のオスターオートカー号が、大阪府矢田村の上空で胴体から発火して大和川の右岸水田に墜落、機体は全焼、乗客1名が焼死、乗員2名が重傷を負った。原因は乗客が自殺を図ったため。
●死者1名、重傷者2名、航空機1機墜落

0459 品鶴線貨物列車脱線転落
昭和29年3月8日　東京都品川区

3月8日、東京都品川区西品川にある品鶴線の目黒川鉄橋付近で貨物列車が脱線、さらに機関車1両と貨車1両が線路から約10m下に転落し、乗務員2名が重傷を負った。
●重傷者2名、車両2両転落

0460 国際観光バス・電車衝突
昭和29年3月14日　神奈川県横浜市鶴見区

3月14日、横浜市鶴見区の京浜急行電鉄本線生麦駅近くの滝坂踏切で、電車と区内の岸谷小学校の生徒50名余りを乗せた国際観光バスが衝突し、児童1名が即死、16名が重軽傷を負った。
●死者1名、重軽傷者16名、車両衝突

0461 常磐線電車発火
昭和29年3月21日　東京都足立区

3月21日、常磐線の北千住・綾瀬駅間で、上野発松戸行き電車（6両編成）の前から2両目の車両が爆発音とともに火を噴き、近くにいた乗客30名が混乱のため重軽傷を負った。
●重軽傷者30名、車両火災

0462 観光バス・電車衝突
昭和29年4月10日　京都府久世郡淀町

4月10日、京阪電鉄本線の淀駅南方の踏切で、花見客の乗った京都観光バスが電車と衝突し、2名が死亡、33名が重軽傷を負った。
●死者2名、重軽傷者33名、車両衝突

0463 オート三輪・貨物列車衝突
昭和29年4月17日　福島県信夫郡金谷川村

4月17日、福島県金谷川村の東北本線金谷川駅近くの踏切で、貨物列車とオート三輪が衝突し、機関車2両と貨車8両が脱線転覆して、乗務員ら4名が死傷した。
●死傷者4名、車両10両転覆

0464 トラック・貨物列車衝突
昭和29年4月17日　福島県石城郡久之浜町

4月17日、福島県久之浜町の常磐線久ノ浜駅近くの北田踏切で、貨物列車とトラックが衝突し、貨車11両が脱線転覆して、乗務員ら6名が死傷した。
●死傷者6名、車両11両転覆

0465 東武大師線電車脱線
昭和29年5月8日　東京都足立区

5月8日、東京都足立区の東武鉄道大師線大師前駅の構内踏切で、千住発大師前行きの2両編成電車が脱線して線路脇の住宅に突っ込み、住宅の居住者や電車の乗務員ら7名が重軽傷を負った。
●重軽傷者7名、車両2両脱線

0466 参議院選挙宣伝機墜落
昭和29年6月1日　和歌山県

6月1日、和歌山県内で、参議院地方区補欠選挙の棄権防止ビラを配布中の飛行機が、木材運搬用ケーブルに翼を引っかけて墜落、乗員6

～昭和30年（1955年）

名が負傷した。原因は超低空飛行を行った際の操縦ミスと見られる。
●負傷者6名、航空機1機墜落

0467 トラック・市電衝突
昭和29年6月24日　神奈川県横浜市

6月24日、横浜市神奈川区の第一京浜国道で、横浜市電と日本興業のトラックが衝突し、乗客ら15名が死傷した。
●死傷者15名、車両衝突

0468 パラシュート降下訓練墜落死
昭和29年8月22日　神奈川県藤沢市沖

8月22日、神奈川県藤沢市の辻堂演習場付近で、パラシュートの降下訓練をおこなっていた青木航空の乗務員が誤って海に墜落、死亡した。
●死者1名

0469 読売新聞社機不時着
昭和29年8月24日　東京都大田区羽田沖

8月24日、読売新聞社の専用機が羽田飛行場の滑走路南の沖合に不時着水したが、乗員5名は全員救助された。
●航空機1機不時着

0470 ビーチクラフト機墜落
昭和29年9月25日　福島県南会津郡楢原村

9月25日、羽田から北海道へ向かう途中の青木航空のビーチクラフト双発機が、乗員6名を乗せたまま消息を絶ち、捜索の結果、10月9日になって福島県楢原村の結能峠で、大破した機体と全員の遺体が発見された。
●死者6名、航空機1機墜落

0471 森林鉄道列車脱線転覆
昭和29年10月2日　秋田県北秋田郡上小阿仁村

10月2日、秋田県上小阿仁村で、七座営林署森林鉄道の列車が脱線転覆し、乗っていた11名が死傷した。
●死傷者11名、車両転覆

0472 草津軽便電鉄線電車転覆
昭和29年10月3日　群馬県吾妻郡草津町

10月3日、草津軽便電鉄線の群馬県草津町三野沢の急カーブで、電車が雨のため脱線転覆し、乗務員乗客44名が重軽傷を負った。
●重軽傷者44名、車両転覆

0473 阪神電鉄本線電車追突
昭和29年12月20日　大阪府大阪市福島区

12月20日、阪神電鉄本線の大阪市福島区海老江新町の踏切で、踏切内に人影を認めて急停止した電車に、後から走ってきた電車が追突し、乗務員乗客87名が重軽傷を負った。
●重軽傷者87名、車両追突

0474 機帆船三重丸・米軍用船衝突
昭和30年1月17日　山口県宇部市沖

1月17日、山口県宇部市の宇部岬の沖合で、三重県熊野市の機帆船三重丸（180t）と米軍用船が衝突し、乗組員1名が死亡、4名が行方不明になった。
●死者1名、行方不明者4名、船舶2隻衝突

0475 飯田線電車土砂崩れ転落
昭和30年1月20日　長野県下伊那郡泰阜村

1月20日、飯田線の田本・門島駅間の明島川鉄橋付近で、下り電車（2両編成・乗客30名）が崩れた土砂に乗り上げて脱線、約20m下の天竜川に転落し、乗客乗務員5名が死亡、31名が重軽傷を負った。

第Ⅱ部　鉄道・航空機事故一覧　｜　231

昭和30年(1955年)〜

●死者5名、重軽傷者31名、車両転落

0476	国籍不明機墜落
	昭和30年1月30日　広島県

1月30日、国籍不明の航空機が広島県に墜落した。
●航空機1機墜落

0477	観光バス・準急列車衝突
	昭和30年2月6日　群馬県碓氷郡松井田町

2月6日、群馬県松井田町の信越本線横川・松井田駅間の中仙道15号踏切で、上野行き準急列車と東日本観光の観光バスが衝突、バスは約100m引きずられて大破し、乗務員や軽井沢からのスケート帰りの乗客5名が重傷、17名が軽傷を負った。
●重傷者5名、軽傷者17名、車両1台大破

0478	米空軍ジェット機墜落
	昭和30年3月24日　埼玉県入間郡名細村

3月24日、米空軍のジェット機が埼玉県名細村に墜落して発火し、墜落地点の住宅6棟を全焼、乗員ら2名が焼死、5名が重傷を負った。
●死者2名、重傷者5名、全焼家屋6棟、航空機1機墜落

0479	ジェットヘリコプター試験機墜落
	昭和30年4月5日　東京都三鷹市

4月5日、東京都三鷹市新川町の運輸技術研究所三鷹分室の広場で行われた自由航空研究所のジェットヘリコプター第1号機の浮揚試験で、試験機は浮揚したとたんに仰向けにひっくり返って墜落大破し、乗っていた操縦士が負傷した。
●負傷者1名、ヘリコプター1機墜落

0480	駐留軍トレーラー・団体列車衝突
	昭和30年5月17日　静岡県駿東郡原町

5月17日、東海道本線の東田子の浦・原駅間の植田踏切で、故障のため停車中の駐留軍富士ミドルキャンプのトレーラーに東京行き団体臨時列車が衝突、トレーラーの積荷の発火性塗料に引火して、客車5両が全焼、機関車など2両が半焼し、列車の乗務員や乗客の修学旅行生2名が重傷、31名が軽傷を負った。
●重傷者2名、軽傷者31名、車両5両全焼、車両2両半焼

0481	常磐線貨物列車脱線
	昭和30年5月20日　常磐線

5月20日、常磐線で貨物列車の貨車10両が脱線するという事故があった。
●車両10両脱線

0482	タクシー・電車衝突
	昭和30年5月22日　東京都江戸川区

5月22日、総武線の小岩駅付近の踏切で、電車とタクシーが衝突、客車2両が脱線した。
●車両2両脱線

0483	日本青年飛行連盟練習機墜落
	昭和30年6月12日　神奈川県藤沢市

6月12日、神奈川県藤沢市の藤沢飛行場を離陸した日本青年飛行連盟の練習機が、離陸直後にエンジン故障を起こして同市明島の畑に墜落し、操縦士と同乗者が死亡した。
●死者2名、航空機1機墜落

0484	踏切横断者死傷
	昭和30年6月26日　東京都足立区伊興町

6月26日、東京都足立区伊興町の東武鉄道伊勢崎線竹ノ塚駅構内の踏切で、横断中の母子3名が通りかかった電車に跳ねられて全員が即

死、助けようとした駅員1名も重傷を負った。
●死者3名、重傷者1名

0485	海上自衛隊機墜落
	昭和30年7月8日　鹿児島県鹿屋市

7月8日、鹿児島県鹿屋市で、海上自衛隊機がエンジン故障を起こして墜落し、乗っていた6名のうち5名が死亡、1名が重傷を負った。
●死者5名、重傷者1名、航空機1機墜落

0486	駿豆鉄道線電車正面衝突
	昭和30年7月23日　静岡県沼津市

7月23日、静岡県沼津市の木瀬川付近で、駿豆鉄道の上下線電車が正面衝突し、乗務員や乗客42名が重軽傷を負った。
●重軽傷者42名、車両衝突

0487	航空自衛隊練習機墜落
	昭和30年8月8日　京都府乙訓郡向日町

8月8日、航空自衛隊浜松操縦学校の単発練習機が、京都府向日町で操縦者の家族宛の通信筒を投下直後、同町に墜落し、乗員2名が即死した。
●死者2名、航空機1機墜落

0488	オート三輪・貨物列車衝突
	昭和30年8月20日　埼玉県北埼玉郡高柳村

8月20日、埼玉県高柳村の東北本線栗橋・東鷲宮駅間の佐間踏切で、新橋発青森行き貨物列車と17名を乗せた同村のオート三輪が衝突し、オート三輪の11名が死亡、4名が重傷、1名が軽傷を負った。
●死者11名、重傷者4名、軽傷者1名、車両衝突

0489	大和航空チャーター機墜落
	昭和30年8月29日　北海道紋別郡滝上町

8月29日、北見営林局がチャーターした大和航空のビーバDHC2型飛行機が航空自衛隊遠軽飛行場を離陸した後消息を絶ち、捜索の結果、北海道滝上町の山腹に墜落している機体が発見され、乗員の操縦士と整備士の死亡も確認された。
●死者2名、航空機1機墜落

0490	遊覧バス・名古屋市電衝突
	昭和30年9月18日　愛知県名古屋市中区

9月18日、名古屋市中区新栄町で、名古屋市電と遠州鉄道の遊覧バスが衝突して双方の車両が大破、3名が重傷、26名が軽傷を負った。
●重傷者3名、軽傷者26名、車両2台大破

0491	米空軍機墜落
	昭和30年10月9日　東京都北多摩郡日野町

10月9日、米空軍機が東京都日野町に墜落し、家屋5棟を全焼した。
●航空機1機墜落、全焼家屋5棟

0492	貨物列車・市電衝突
	昭和30年10月16日　愛知県名古屋市港区

10月16日、名古屋市港区の交差点で、国鉄臨港線の貨物列車と市電が衝突。市電は脱線して横転し、乗務員や乗客17名が重傷を負った。
●重傷者17名、車両衝突

0493	三峰山ケーブル補助鋼索切断
	昭和30年10月17日　神奈川県愛甲郡清川村

10月17日、神奈川県清川村の三峰山ケーブルの補助鋼索が切れた。
●──

昭和30年(1955年)～

0494	京成電鉄押上線電車追突
	昭和30年11月21日　東京都墨田区

11月21日、東京都墨田区の京成電鉄押上線荒川駅構内の上り線で、濃霧のため出発を遅らせていた電車に後続の電車が追突し、乗務員や乗客24名が重軽傷を負った。
● 重軽傷者24名、車両追突

0495	トラック・ガソリンカー衝突
	昭和30年11月24日　茨城県行方郡玉造町

11月24日、鹿島鉄道線の玉造町駅付近の踏切で、ガソリンカーとトラックが衝突し、23名が重軽傷を負った。
● 重軽傷者23名、車両衝突

0496	市内電車火災
	昭和31年1月3日　福岡県福岡市

1月3日、福岡県庁付近を通過中の博多発姪浜行き福岡市内線電車が、後部運転台の自動遮断機付近から発火して燃え出し、乗務員や乗客24名が重軽傷を負った。
● 重軽傷者24名、車両火災

0497	横浜市営バス・京浜急行線電車三重衝突
	昭和31年1月8日　神奈川県横浜市鶴見区

1月8日、横浜市鶴見区の京浜急行電鉄本線鶴見駅付近の踏切で、子安発品川行き電車と横浜市営バス2台が衝突し、バスの乗客4名が即死、9名が重傷、10名が軽傷を負った。
● 死者4名、重傷者9名、軽傷者10名、車両衝突

0498	東海道本線特急列車追突
	昭和31年1月29日　岐阜県岐阜市

1月29日、東海道本線の岐阜駅で、佐世保発東京行き特急西海が構内に停車していた貨車に追突、乗客約1,000名が将棋倒しとなった

が、幸い打撲程度で重傷者はなかった。
● 車両追突

0499	貨物列車トンネル内脱線
	昭和31年1月29日　静岡県熱海市

1月29日、東海道本線の函南・熱海駅間の丹那トンネルで、呉発東京行き貨物列車が脱線した。
● 車両脱線

0500	米空軍ジェット機墜落
	昭和31年2月3日　東京都葛飾区

2月3日、米空軍のジェット機が東京都葛飾区下小松町に墜落し、墜落地点の住民4名が負傷、家屋5棟（231㎡）を焼いた。
● 負傷者4名、全半焼家屋5棟、焼失面積231m^2、航空機1機墜落

0501	山陽本線貨物列車追突
	昭和31年2月3日　山口県防府市

2月3日午前3時55分、山陽本線の大道・四辻駅間で、駐留米軍用急行貨物列車が貨物列車に追突。双方の機関車および貨車8両が脱線、転覆し、乗務員3名が死傷した。
● 死傷者3名、車両8両転覆

0502	貨客列車脱線転落
	昭和31年3月5日　北海道標津郡中標津町

3月5日、北海道標津郡中標津町の標津線中標津駅から約3.6km離れた地点で、上り貨客列車の機関車の後ろの車両が脱線、さらに客車2両と貨車3両が線路から約5m下へ転落し、乗客23名が重軽傷を負った。
● 重軽傷者23名、車両5両転落

～昭和31年（1956年）

0503 自衛隊富士学校練習機墜落
昭和31年3月5日　静岡県駿東郡須走村

3月5日、飛行訓練中の自衛隊富士学校航空班の練習機が、高度約20mから静岡県須走村の三味線林付近に墜落し、操縦者と同乗者1名が即死した。
●死者2名、航空機1機墜落

0504 中日新聞社機墜落
昭和31年3月23日　長野県

3月23日午前10時25分頃、乗鞍岳剣ヶ峰北方の摩利支天岳の頂上にある東京天文台附属コロナ観測所付近で、南極観測隊の訓練を撮影していた中日新聞社のデハビランドビーバー2型単発機若鷹号が、乱気流に巻き込まれて約500m南の雪渓に墜落、機体を大破し、操縦士やカメラマンら乗員4名が即死した。
●死者4名、航空機1機墜落

0505 陸上自衛隊機墜落
昭和31年4月23日　群馬県碓氷郡松井田町

4月23日、陸上自衛隊霞ヶ浦航空隊のL50型機が、群馬・長野県境の碓氷峠に墜落、操縦者と同乗していた宇都宮特科連隊長が即死した。
●死者2名、航空機1機墜落

0506 トラック・貨物列車衝突
昭和31年4月24日　福島県須賀川市

4月24日、福島県須賀川市の東北本線須賀川駅構内の踏切で、貨物列車とトラックが衝突し、トラックは大破、列車も脱線し、3名が死傷した。
●死傷者3名、車両衝突

0507 南海電鉄急行電車火災
昭和31年5月7日　和歌山県伊都郡高野町

5月7日、和歌山県高野町の南海電鉄高野線神谷・細川駅間の神谷18号トンネル（長さ約180m）内で、極楽寺発難波行き急行電車（3両編成）が先頭車両のブレーキから発火して全焼し、1名が死亡、5名が重傷、35名が軽傷を負った。
●死者1名、重傷者5名、軽傷者35名、車両3両全焼

0508 航空自衛隊練習機空中衝突
昭和31年6月26日　宮城県登米郡迫町

6月26日午前8時30分頃、宮城県迫町の上空で、空自衛隊第2操縦学校のT6型複座練習機2機が訓練中に衝突、炎上しながら墜落し、双方の教官2名が即死した。空中衝突は、航空自衛隊創設後初めて。
●死者2名、航空機2機衝突

0509 丸太運搬用貨車・ディーゼル列車衝突
昭和31年7月3日　北海道河東郡上士幌町

7月3日午前7時11分、士幌線の上士幌駅で丸太運搬用貨車が入換え作業中に突然動き出し、同駅の南約5kmの地点で、走ってきたディーゼル列車に衝突した。この事故で、ディーゼル列車の乗客乗務員3名が死亡、19名が重傷、43名が軽傷を負った。
●死者3名、重傷者19名、軽傷者43名、車両衝突

0510 航空自衛隊セスナ機墜落
昭和31年7月19日　大分県別府市

7月19日、訓練中の航空自衛隊第4航空隊所属のセスナ改造型複座単発機が、大分県別府市の東山（通称前山）山頂に墜落し、操縦者と同乗の整備士1名が即死した。
●死者2名、航空機1機墜落

昭和31年(1956年)〜

0511 阪神電車正面衝突
昭和31年9月4日　兵庫県

9月4日、阪神電鉄本線の新在家駅で、故障したため西側の入換線へ移動中の3両編成の電車と、ちょうど構内に入ってきた5両編成の下り急行電車が正面衝突。双方の電車が脱線し、急行電車の乗務員乗客1名が死亡、6名が重傷、43名が軽傷を負った。
●死者1名、重傷者6名、軽傷者43名、車両7両脱線

0512 通勤列車脱線転落
昭和31年9月27日　三重県鈴鹿郡関町

9月27日午前7時20分頃、関西本線の関・加太駅間で、通勤列車が台風15号による土砂崩れのため脱線、客車1両（乗客21名）が加太川に転落し、18名が溺死した。
●死者18名、車両1両転落

0513 航空自衛隊機墜落
昭和31年9月29日　埼玉県本庄市

9月29日、航空自衛隊機が埼玉県本庄市に墜落、乗員4名が死傷した。
●死傷者4名、航空機1機墜落

0514 快速列車脱線・追突
昭和31年10月15日　三重県一志郡三雲村

第Ⅰ部　解説参照（p.44）。
●死者40名、負傷者96名

0515 旅客列車追突
昭和31年11月8日　鹿児島本線

11月8日、鹿児島本線で、旅客列車が追突した。
●車両追突

0516 オート三輪・電車衝突・追突
昭和31年12月2日　東京都目黒区

12月2日、東京都目黒区内の東急電鉄東横線祐天寺駅付近の上目黒第1踏切で、田園調布発渋谷行き電車とオート三輪が衝突、さらに事故直後、注意信号を無視して現場へ進入して来た後続の桜木町発渋谷行き電車が追突した。この事故で、オート三輪は約10m引きずられ、電車の乗客ら14名が重傷、54名が軽傷を負った。
●重傷者14名、軽傷者54名、車両追突

0517 急行列車脱線転覆
昭和31年12月21日　北陸本線

12月21日、北陸本線で、急行列車日本海が脱線転覆した。
●車両転覆

0518 米空軍気象観測機墜落
昭和31年12月28日　埼玉県飯能市

12月28日、米空軍横田基地所属のWB50型気象観測機が埼玉県飯能市高山に墜落、乗員9名と住民1名が死亡、乗員2名が重傷を負った。
●死者10名、重傷者2名、航空機1機墜落

0519 航空自衛隊ジェット戦闘機接触墜落
昭和32年1月9日　静岡県磐田郡竜洋町付近

1月9日、航空自衛隊浜松基地所属のF86F型ジェット戦闘機2機が、訓練中に静岡県竜洋町の天竜川の河口上空で接触、墜落したが、乗員はパラシュートで脱出して無事だった。
●航空機2機接触

0520 乗用車・東急玉川線電車衝突
昭和32年1月12日　東京都世田谷区

1月12日、東急電鉄玉川線の三軒茶屋・池

尻大橋駅間の三宿町踏切で、電車と乗用車が衝突、乗用車を運転していた元読売巨人軍のヴィクトル・スタルヒン投手（40歳）が死亡した。
● 死者1名、車両追突

0521 米空軍ジェット戦闘機墜落
昭和32年2月26日　福岡県

2月26日、訓練中の米空軍ジェット戦闘機1機が、福岡県の住宅に墜落した。
● 航空機1機墜落

0522 函館本線貨物列車・旅客列車渡島大野駅追突
昭和32年3月7日　北海道亀田郡大野町

3月7日午前10時頃、函館本線の渡島大野駅で、構内に停車中の上り貨物列車に旅客列車が追突し、乗務員乗客20名余りが重軽傷を負い、客車2両と貨車1両が大破した。
● 重軽傷者20名余り、車両3両大破

0523 米空軍ジェット戦闘機不時着
昭和32年3月9日　愛媛県新居浜市

3月9日、訓練中の米空軍のジェット戦闘機1機が、愛媛県新居浜市に不時着した。
● 航空機1機不時着

0524 西日本新聞社チャーター機墜落
昭和32年4月23日　鹿児島県出水郡東町

4月23日、南極観測船宗谷の帰還を取材しく、鴨池飛行場から堆栗飛行場へ向かう途中の西日本新聞社のチャーター機が、鹿児島県東町の瀬戸海岸で電話線に接触して墜落し、乗員2名が死亡した。
● 死者2名、航空機1機墜落

0525 羽越本線土砂崩れ不通
昭和32年4月27日　山形県西田川郡温海町

4月27日、山形県温海町の羽越本線五十川・小波渡駅間で土砂崩れがあり、約1万8,000m³の土砂が線路を塞いだため、同線は長期にわたって不通となった。
● 土砂約1万8,000m³崩壊

0526 長野電鉄線電車死傷事故
昭和32年5月2日　長野県

5月2日、長野電鉄線の電車事故で6名が死傷した。
● 死傷者6名

0527 米軍トラック・電車衝突
昭和32年5月14日　神奈川県逗子市

5月14日午後5時20分、横須賀線逗子・東逗子駅間の池子踏切で、久里浜発東京行き電車と米軍第8憲兵隊所属のトラックが衝突。トラックは約15m引きずられて大破、乗っていた兵士2名が重傷を負い、電車も1両目が転覆、2両目が脱線し、運転士乗客15名が軽傷を負った。原因はトラック側の無謀運転。
● 重傷者2名、軽傷者16名、車両1台大破、車両2両脱線

0528 急行列車脱線
昭和32年5月17日　福島県双葉郡双葉町

5月17日夜、常磐線の大野・長塚駅間の前田川陸橋で、上野発青森行き急行列車北上の機関車1両と客車5両が線路脇の水田に脱線転落し、乗務員2名と乗客1名が即死、43名が重軽傷を負った。原因は、事故直前に同陸橋下の国道を通過したトラックの荷台に積んでいた砕石機が3.6m上の陸橋に触れ、線路がずれたため。
● 死者3名、重軽傷者43名、車両6両転落

0529 航空自衛隊練習機不時着
昭和32年5月23日　福島県白河市

5月23日、宮城県矢本町にある航空自衛隊第二操縦学校所属のF6G型高等練習機が、飛

昭和32年（1957年）〜

行中に突然エンジンが停止して福島県白河市に不時着、大破し、乗員1名が負傷した。
●負傷者1名、航空機1機大破

0530 北陸本線旅客列車・貨物列車衝突
昭和32年5月30日　石川県金沢市付近

5月30日午後8時20分、北陸本線森本駅構内の引込み線で、貨車の入換え作業を行っていた直江津行き貨物列車が、進入してきた青森発大阪行き旅客列車の側面に誤って衝突。旅客列車の9両目と10両目が脱線、11両目が転覆して乗客6名が重傷、24名が軽傷を負った。
●重傷者6名、軽傷者24名、車両転覆

0531 航空自衛隊ジェット戦闘機墜落
昭和32年6月4日　静岡県浜松市

6月4日、静岡県浜松市で、航空自衛隊のジェット戦闘機が墜落した。
●航空機1機墜落

0532 航空自衛隊ジェット戦闘機墜落
昭和32年6月13日　北海道苫小牧市付近

6月13日、航空自衛隊千歳分遣隊所属のジェット戦闘機が、北海道苫小牧市の北東約10kmのウトナイト沼付近に墜落し、操縦者が死亡した。
●死者1名、航空機1機墜落

0533 トラック・回送列車衝突
昭和32年6月13日　静岡県吉原市

6月13日午前5時40分、東海道本線の吉原駅東側の踏切で、12両編成の下り臨時回送列車とトラックが衝突。トラックは約300m引きずられて大破、乗務員1名が即死、1名が重傷を負い、列車も機関車が転覆、後続の客車3両が脱線した。原因は警手による遮断機操作の遅れと見られる。
●死者1名、重傷者1名、車両1台大破、車両

3両脱線

0534 航空自衛隊ジェット戦闘機墜落
昭和32年6月19日　遠州灘

6月19日、航空自衛隊第一航空団所属のF86F型ジェット戦闘機が、浜松基地を離陸後、天竜川河口沖の遠州灘に墜落、操縦者はパラシュートで脱出したが洋上で溺死した。
●死者1名、航空機1機墜落

0535 極東航空機不時着
昭和32年8月1日　大阪府泉北郡浜寺町

8月1日、極東航空のオースター・オートカー型機が、大阪府浜寺町の海水浴場の水際から約10mの海上に不時着し、操縦士ら乗員3名が即死した。
●死者3名、航空機1機不時着

0536 航空自衛隊練習機墜落
昭和32年9月30日　福岡県築上郡築城町沖

9月30日、航空自衛隊築城臨時派遣隊所属のT33型練習機が、福岡県の築城飛行場に着陸する直前、発火して海上に墜落、操縦者ら2名が即死した。
●死者2名、航空機1機墜落

0537 日本航空DC4型旅客機不時着
昭和32年9月30日　大阪府豊中市

9月30日夜、日本航空の伊丹発羽田行きDC4型旅客機雲仙号（乗員4名・乗客51名）が、伊丹空港を離陸直後に給油系統に故障を起こして大阪府豊中市服部の水田に胴体着陸、機体を全焼した。この事故で、3名が重傷、4名が軽傷を負った。
●重傷者3名、軽傷者4名、航空機1機全焼

~昭和33年(1958年)

0538 航空自衛隊ジェット戦闘機連続墜落
昭和32年10月～33年5月　全国

10月から翌33年5月にかけて、航空自衛隊のジェット戦闘機が訓練中にあいついで墜落事故を起こし、問題になった。
●戦闘機墜落

0539 旅客列車脱線
昭和32年10月6日　千葉県

10月6日、千葉県の房総西線で、旅客列車が大雨による土砂崩れのため脱線し、2名が死亡した。
●死者2名、車両脱線

0540 鹿児島本線急行列車脱線
昭和32年10月9日　鹿児島県鹿児島郡谷山町

10月9日午前5時30分頃、鹿児島本線の上伊集院・西鹿児島駅間の鹿児島県谷山町岡別府のカーブで、通過中の東京発鹿児島行き急行さつまの機関車が転覆し、荷物車、郵便車、寝台車脱線した。原因はコンクリートブロック5個を使った列車妨害。
●車両脱線・転覆

0541 トラック・急行電車衝突
昭和32年10月22日　大阪府豊中市

10月22日午前7時頃、阪急電鉄宝塚線の曽根駅付近の大阪府豊中市岡町北8丁目の踏切で、大阪行き急行電車と建設業者のトラックが衝突。トラックは約50m引きずられて大破し、運転手ら6名全員が死亡した。
●死者6名、車両1台大破

0542 航空自衛隊ジェット戦闘機墜落
昭和32年11月21日　静岡県浜名郡新居町沖

11月21日、静岡県新居町の浜名湖の沖合で、訓練中の航空自衛隊第一航空団所属のF81F型戦闘機が発火して海に墜落、操縦者が即死した。このため同航空団では浜松基地での訓練を一時中止した。
●死者2名、航空機1機墜落

0543 三重交通北勢線通学電車転覆
昭和32年11月25日　三重県員弁郡員弁町

11月25日午前8時10分、三重県員弁町上笠田の三重交通北勢線の傾斜カーブで、満員の通勤・通学客約400名を乗せた阿下喜発京橋行き電車（3両編成）が脱線転覆し、高校生3名が即死、167名が重軽傷を負った。原因は速度制限のオーバーと見られる。
●死者3名、重軽傷者167名、車両3両転覆

0544 トラック・貨物列車衝突
昭和32年12月13日　静岡県沼津市付近

12月13日午後5時50分、東海道本線の沼津・原駅間の踏切で、下り貨物列車（51両編成）とトラックが衝突。トラックは大破、炎上し、列車は約150m先の原駅構内で機関車が脱線、貨車4両が転覆したが、死傷者はなかった。原因は無免許運転のトラックが踏切で立ち往生したため。
●車両1台大破、車両5両脱線

0545 富士航空セスナ機墜落
昭和33年2月3日　三重県志摩郡大王町

2月3日、富士航空のセスナ機が三重県大王町の船越小・中学校の人文字を高度200mから写真撮影する際、突然失速し、近くの船越神社の境内に墜落。機体は大破し、乗員4名が即死した。
●死者4名、航空機1機大破

0546 地下鉄電車脱線
昭和33年2月27日　東京都港区

2月27日、帝都高速度交通営団銀座線の青

第Ⅱ部　鉄道・航空機事故一覧　239

昭和33年(1958年)〜

山一丁目・赤坂見附駅間で、上野駅へ向かう途中の回送電車（3両連結）が脱線、後続の電車204本が9時間にわたって運休した。原因は後部車両の車軸が折れたためで、同線が全線開通（14年9月）してから初めての事故となった。
●車両1両脱線

0547 駅ホーム転落死亡
昭和33年4月11日　大阪府大阪市北区

4月11日、国鉄大阪駅のホームで、修学旅行中の東京都豊島区巣鴨の私立十文字高等学校の3年生女子生徒が、背後から押されて線路内に転落、列車にひかれて死亡した。
●死者1名

0548 航空自衛隊戦闘機接触
昭和33年5月21日　熊野灘

5月21日、熊野灘の上空で、訓練中の航空自衛隊浜松基地所属のF86F型戦闘機2機が接触して墜落、双方の操縦者が行方不明になった。
●行方不明者2名、航空機2機墜落

0549 大和航空単発ビーバー機墜落
昭和33年5月21日　宮崎県東臼杵郡北川村

5月21日、大和航空の単発ビーバー機が測量のため大阪府八尾空港から大分経由で鹿児島に向かう途中、大分空港を離陸後、乗員4名とともに消息を絶った。捜索の結果、宮崎県北川村の大崩山（1,643m）付近で墜落機体と乗員の焼死体が発見された。
●死者4名、航空機1機墜落

0550 登別温泉観光ケーブルカー落下
昭和33年5月26日　北海道幌別町

5月26日、北海道幌別町で登別温泉と四方嶺山頂とを連絡する観光ケーブルカーが約25m下の谷底に落ち、乗客2名が死亡した。
●死者2名、車両1台落下

0551 京都交通バス・列車衝突
昭和33年6月10日　京都府亀岡市

6月10日午後3時28分、山陰本線の八木・千代川駅間の川関踏切で園部発京都行き普通列車と京都交通バスが衝突。バスは麦畑に転落、大破し、乗客の亀岡小学校の5年生91名や引率教諭、乗務員のうち児童4名が死亡、38名が重傷、50名が軽傷を負い、列車側も機関車と炭水車が転覆、客車2両が脱線した。原因はバス側の不注意。
●死者4名、重傷者38名、軽傷者50名、車両1台大破、車両4両脱線

0552 米空軍ジェット爆撃機墜落
昭和33年7月25日　埼玉県狭山市

7月25日、米空軍のB57型ジェット爆撃機が着陸直前、故障でジョンソン基地に近い埼玉県狭山市の住宅地に墜落し、住宅5戸を全焼、乗員1名と住民1名が即死、10名が重軽傷を負った。
●死者2名、重軽傷者10名、全焼家屋5戸、航空機1機墜落

0553 全日本空輸旅客機墜落
昭和33年8月12日　静岡県賀茂郡下田町沖

第Ⅰ部　解説参照（p.47）。
●死者33名

0554 神戸市営バス・快速電車衝突
昭和33年8月12日　兵庫県神戸市灘区

8月12日、東海道本線の六甲道駅東側の灘区永手町の八幡踏切で、安土発神戸行き快速電車と神戸市営バスの神戸外国語大学発三宮行きバス（乗客20名）が衝突。バスは線路脇の鉄柱に激突して大破し、乗客乗務員4名が即死、7名が重傷、5名が軽傷を負った。
●死者4名、重傷者7名、軽傷者5名、車両1台大破

~昭和33年（1958年）

0555 米軍トレーラー・特急列車衝突
昭和33年8月14日　山口県岩国市

8月14日午後2時3分、山陽本線の南岩国・岩国駅間の愛岩小学校前の菊地踏切で、博多発京都行き特急かもめ（10両編成）と米海兵隊岩国基地輸送班のトレーラーが衝突。トレーラーは約50m引きずられて大破、特急も機関車、炭水車、後続の客車3両が脱線転覆し、乗務員乗客43名が重軽傷を負った。原因はトレーラーの警報無視。
●重軽傷者43名、車両3両転覆、車両2両脱線、車両1台大破

0556 トラック・急行列車衝突
昭和33年8月15日　茨城県古河市

8月15日、東北本線古河駅付近の茨城県古河市原町の踏切で上り急行津軽と無免許運転のトラックが衝突。トラックは大破し、乗っていた2名が重傷を負った。
●重傷者2名、車両1台大破

0557 トラック・列車衝突
昭和33年8月19日　北海道瀬棚郡北檜山町

8月19日、瀬棚線の丹羽駅付近の踏切で下り列車（2両編成）と永森建設大成出張所のトラックが衝突。トラックは大破、列車も2両とも脱線横転し、乗務員乗客60名が重軽傷を負った。
●重軽傷者60名、車両2両横転

0558 山陰本線貨物列車転覆
昭和33年8月29日　島根県八束郡東出雲町

8月29日、山陰本線の上り貨物列車が揖屋駅構内で脱線、転覆した。原因は転轍器の操作ミス。
●車両転覆

0559 米軍輸送機墜落
昭和33年9月9日　神奈川県愛甲郡清川村

9月9日、米軍の輸送機が神奈川県清川村の丹沢山に墜落し、乗員8名が死亡した。
●死者8名、航空機1機墜落

0560 タクシー・電車衝突
昭和33年10月15日　東京都大田区

10月15日、京浜急行電鉄線六郷土手駅付近の東京都大田区西六郷の踏切で、電車とタクシーが衝突。タクシーは大破し、運転手と乗客の4名が死亡した。原因はタクシーの踏切不注意。
●死者4名、車両1台大破

0561 全日本空輸旅客機着陸失敗
昭和33年10月16日　大分県大分空港

10月16日、全日本空輸の大阪発大分行きDC3型旅客機が、大分空港に着陸直後、突風を受けて滑走路から隣接の畑へ突っ込んだが、死傷者はなかった。
●──

0562 転落トラック急行列車直撃
昭和33年10月18日　静岡県庵原郡蒲原町

10月18日、東海道本線の蒲原・岩淵駅間を通過中の上り急行あかつきに、日本急送の大型トラックが雨でスリップして国道1号線の五見坂から約5m下の同線路内に転落し激突。トラックの直撃を受けた急行の8両目から13両目までの窓ガラスが壊れ、乗客25名が重軽傷を負った。
●重軽傷者25名、車両6両破損

0563 北紋バス・貨物列車衝突
昭和33年11月16日　北海道紋別郡湧別町

11月16日、湧網線の湧別・中湧別駅間の7

第Ⅱ部　鉄道・航空機事故一覧　241

昭和33年（1958年）～

号線踏切で、下り貨物列車と北紋バスが衝突し、バスの乗客のうち17名が軽傷を負った。
●重軽傷者17名、車両衝突

0564 市内電車火災
昭和33年11月18日　北海道函館市

11月18日、北海道函館市亀田町で市内電車の運転台から出火し、満員の乗客が窓ガラスを壊して飛び出すなど混乱に陥り、乗務員乗客13名が重軽傷を負った。
●重軽傷者13名、車両火災

0565 オート三輪・特急電車衝突
昭和33年11月24日　愛知県刈谷市

11月24日、名鉄名古屋本線の一ツ木駅の構内踏切で、特急電車と塗料を満載したオート三輪が衝突。オート三輪は大破し、電車も炎上して運転士ら乗務員3名が即死、乗客29名が火傷で重軽傷を負った。
●死者3名、重軽傷者29名、車両全焼・大破

0566 オート三輪・電車衝突
昭和33年12月6日　静岡県吉原市

12月6日、東海道本線吉原駅付近の静岡県吉原市大野町の田ノ浦踏切で、上り沼津行き電車とオート三輪が衝突し、オート三輪は大破、線路脇の電柱も倒れた。
●車両1台大破

0567 ヘリコプター墜落
昭和33年12月17日　富山県中新川郡立山町

12月17日、関西電力のチャーターしたヘリコプターが、富山県立山町の黒部川第4発電所建設現場の付近に墜落、操縦士ら乗員2名が死亡した。
●死者2名、ヘリコプター1機墜落

0568 相模鉄道線電車追突
昭和34年1月1日　神奈川県横浜市西区

1月1日、横浜市西区の相模鉄道線平沼橋駅構内で、大和発横浜行きの普通電車（2両編成）に後続の海老名発横浜行きの準急電車（2両編成）が追突、双方の電車の車体が壊れ、乗務員や乗客19名が重軽傷を負った。
●重軽傷者19名、車両破損

0569 乗用車・東武東上線急行電車衝突
昭和34年1月1日　東京都板橋区

1月1日、東京都板橋区大山金井町にある東武鉄道東上線下板橋・大山駅間の12号踏切で、池袋発成増行き急行電車と乗用車が衝突。乗用車は大破し、乗っていた4名が即死、3名が重傷を負った。
●死者4名、重傷者3名、車両1台大破

0570 大阪市営バス・阪急電車二重衝突
昭和34年1月3日　大阪府大阪市東淀川区

1月3日、阪急電鉄京都線の上新庄駅の北約100mの島頭1番踏切で、京都発梅田行き急行電車と江口橋行き大阪市営バスが衝突。この現場へ、さらに梅田発京都行き急行電車が突っ込んだ。このため、バスは電車の下敷きになって大破し、乗客運転士7名が即死、梅田行き急行電車の乗客13名も重軽傷を負った。
●死者7名、重軽傷者13名、車両1台大破

0571 列車脱線転覆
昭和34年1月8日　岐阜県本巣郡北方町

1月8日、岐阜県北方町の樽見線本巣北方駅で、列車が脱線転覆し、乗務員や乗客18名が負傷した。
●負傷者18名、車両転覆

~昭和34年（1959年）

0572 トラック・気動車衝突
昭和34年1月15日　千葉県夷隅郡夷隅町

1月15日、千葉県夷隅町の木原線国吉駅付近の小苅谷踏切で、大原発の小型気動車と、千葉県天津小湊町の西川運送の大型トラックが衝突。トラックは大破、気動車も脱線転覆し、乗客30名が重軽傷を負った。
●重軽傷者30名、車両1台大破

0573 トラック・電車衝突
昭和34年1月17日　群馬県太田市

1月17日、東武鉄道伊勢崎線の太田駅付近の踏切で、4両編成の浅草行き電車と青森県弘前市のトラックが衝突、トラックは大破して運転手ら2名が即死、電車も全車両が脱線、うち1両が転覆して乗客25名が軽傷を負った。
●死者2名、軽傷者25名、車両1台大破

0574 乗用車・貨物列車衝突
昭和34年3月15日　茨城県北茨城市

3月15日、常磐線磯原駅付近の関南町踏切で、上り貨物列車と小型乗用車が衝突、乗用車に乗っていた4名が即死した。
●死者4名、車両衝突

0575 旅客機乗客放火未遂
昭和34年3月24日　大阪府泉南郡沖

3月24日、徳島空港を離陸した日東航空の徳島発堺行きビーバー水上旅客機あさあけ号が、大阪府泉南郡の多奈川河口の沖約1kmを飛行中、乗客が機内にガソリン約3.6ℓをまいて放火を図ったが、隣席の乗客に止められ未遂に終わった。
●――

0576 回送列車転覆
昭和34年4月6日　兵庫県神崎郡大河内町

4月6日午前4時42分、播但線長谷・生野駅間の真名谷トンネル西口で、豊岡駅から溝口駅へ団体客を乗せるため回送中の臨時旅客列車（7両編成）が脱線、前3両が転覆大破し、機関士と助手が下敷きになって即死した。老朽トンネル内での排煙不良が原因と見られる。
●死者2名、車両3両転覆

0577 航空自衛隊ジェット戦闘機墜落
昭和34年4月22日　宮崎県南方沖

4月22日、宮崎県の南方沖で、航空自衛隊新田原基地所属のジェット機が墜落、乗員2名は漂流しているところを50時間後に無事救出された。
●航空機1機墜落

0578 急行列車がけ崩れ脱線
昭和34年4月23日　神奈川県足柄下郡真鶴町

4月23日、東海道本線の真鶴・根府川駅間の江之浦トンネルで、上り急行明星ががけ崩れの土砂に乗り上げて脱線、乗客5名が負傷した。
●負傷者5名、車両脱線

0579 貨物列車脱線・衝突
昭和34年5月15日　神奈川県茅ヶ崎市

5月15日、東海道本線で、鶴見操車場発吹田行き下り貨物列車が茅ヶ崎駅を通過直後に後部の12両が脱線、うち9両が転覆したところへ、伊東発東京行き上り湘南電車が突っ込んで最前部の2両が脱線、乗務員乗客59名が重軽傷を負った。脱線した車両には、千葉県柏市の柏第一中学校の生徒171名が乗っていた。原因は貨物列車の車軸が折れたため。
●重軽傷者59名、車両転覆・衝突

昭和34年(1959年)〜

0580 航空自衛隊ジェット戦闘機墜落
昭和34年5月20日　北海道

5月20日午後、北海道で、飛行訓練中の航空自衛隊のジェット戦闘機が墜落したが、乗員は脱出して無事だった。
●航空機1機墜落

0581 航空自衛隊ジェット戦闘機墜落
昭和34年5月20日　九州

5月20日午後、九州で、飛行訓練中の航空自衛隊のジェット戦闘機が墜落したが、乗員は脱出して無事だった。
●航空機1機墜落

0582 米軍輸送機墜落
昭和34年5月20日　福岡県遠賀郡芦屋町

5月20日、福岡県芦屋町で、米軍の輸送機が墜落、乗員が死傷した。
●航空機1機墜落

0583 日光線踏切事故
昭和34年5月21日　栃木県日光市

5月21日、日光線日光駅付近の踏切で衝突事故があり、脱線した電車に乗っていた観光客ら29名が重軽傷を負った。
●重軽傷者29名、車両衝突脱線

0584 米海軍双発ジェット機墜落
昭和34年5月28日　山口県岩国市沖

5月28日夜、山口県岩国市の沖合で、米海軍の双発ジェット機が墜落、乗員が死傷した。
●航空機1機墜落

0585 ヘリコプター墜落
昭和34年5月30日　群馬県前橋市

5月30日、前橋市南曲輪町の桃井小学校校庭を雷雨をついて離陸した朝日ヘリコプターのベル47G型機が、南へ旋回しようとして機体の後部を電線に引っかけ電柱に激突して墜落した。同機には、参議院選挙の遊説を終えて帰京する社会党の鈴木茂三郎委員長らが乗っていたが、委員長と操縦士が軽傷、他の1名が重傷を負った。
●重傷者1名、軽傷者2名、ヘリコプター1機墜落

0586 トラック・ガソリンカー衝突
昭和34年6月9日　兵庫県加古川市

6月9日、別府鉄道線の兵庫県加古川市の踏切で、同線のガソリンカーとトラックが衝突し、22名が重軽傷を負った。
●重軽傷者22名、車両衝突

0587 トラック・電車衝突
昭和34年6月13日　埼玉県浦和市

6月13日、東武鉄道線の浦和市の踏切で、電車と砂利運搬トラックが衝突し、トラックの運転手ら16名が負傷した。原因はトラックの居眠り運転と見られる。
●負傷者16名、車両衝突

0588 阪急電鉄神戸線電車衝突
昭和34年6月17日　兵庫県西宮市

6月17日、阪急電鉄神戸線の西宮北口駅で、電車同士が衝突し、乗客の学生ら44名が重軽傷を負った。
●重軽傷者44名、車両衝突

0589 米空軍ジェット戦闘機墜落
昭和34年6月30日　沖縄石川市

6月30日昼頃、沖縄石川市で、米空軍のF100型ジェット戦闘機が宮森小学校の校舎に接触して墜落、炎上し、同校の2棟(3教室)が全壊、職員室とコンクリート建築の校舎、幼

稚園、住宅30棟を全焼、給食を食べていた児童ら25名が死亡、121名が重軽傷を負った。
●死者25名、重軽傷者121名、全焼家屋30棟、半焼校舎10棟、航空機1機墜落

0590 産業経済新聞社新聞輸送機墜落
昭和34年9月27日　和歌山県田辺市沖

9月27日、和歌山県田辺市の田辺高等学校グラウンドへ号外の投下に向かった産業経済新聞社の新聞輸送機おおとり号が、故障のため同市磯間浦の三壺崎の西約500m沖合に左側翼から墜落、乗員2名が死亡した。
●死者2名、航空機1機墜落

0591 航空自衛隊ジェット戦闘機墜落
昭和34年10月5日　青森県三沢市沖

10月5日、航空自衛隊第2航空団所属のF86型ジェット戦闘機2機が、青森県三沢市の三沢基地の東方沖で射撃訓練中に空中接触して墜落、双方の操縦者が死亡した。
●死者2名、航空機2機墜落

0592 富山地方鉄道立山線列車衝突
昭和34年10月8日　富山県富山市

10月8日、富山地方鉄道立山線の南富山駅で、構内側線から上り線に入ろうとした3両編成の富山行き列車の先頭車両側面に、入換作業のため進入してきた別の客車が衝突。双方の車両が転覆して、通勤の乗客ら62名が重軽傷を負った。
●重軽傷者62名、車両2両破損

0593 オート三輪・特急電車衝突
昭和34年10月11日　愛知県稲沢市

10月11日、名古屋鉄道名古屋本線の大里駅付近の八神踏切で、豊橋発新岐阜行き特急電車とオート三輪が衝突。電車の先頭車両が線路脇の水田に落ち、後続の4両が脱線、オート三輪

も大破し、7名が即死、10名が重傷、120名が軽傷を負った。
●死者7名、重傷者10名、軽傷者120名、車両衝突

0594 大型トレーラー・電車衝突
昭和34年10月30日　東京都葛飾区

10月30日、常磐線亀有駅構内の踏切で、取手行き電車と大型トレーラーが衝突、3両が脱線して、うち1両が転覆し、5名が重傷、18名が軽傷を負った。
●重傷者5名、軽傷者18名、車両1両転覆、車両2両脱線

0595 日東航空機乗客飛降り自殺
昭和34年10月31日　大阪府

10月31日、大阪・和歌山間の上空を通過中の日東航空の旅客機から、乗客1名が乗降用扉を開けて飛降り自殺した。
●死者1名

0596 トラック・特急電車衝突
昭和34年11月7日　神奈川県横浜市鶴見区

11月7日、京浜急行電鉄本線生麦駅北方の花月園第3踏切で、品川発浦賀行き特急電車と東京都江東区の砂町運輸の資材運搬用トラックが衝突。トラックは大破し、5名が死亡、11名が重傷、22名が軽傷を負った。原因は、トラックが後輪を線路脇の溝に落として立往生したため。
●死者5名、重傷者11名、軽傷者22名、車両衝突

0597 日本航空旅客機ウェーク島不時着
昭和34年11月14日　米領ウェーク島

11月14日、日本航空の国際線旅客機が、東京とミッドウェイ島の中間地点で火を噴き、米領ウェーク島に緊急着陸したが、乗員乗客は全

員無事だった。
●航空機1機不時着

0598 トラック・電車衝突
昭和34年11月20日　岐阜県羽島郡

11月20日、名古屋鉄道竹鼻線の竹鼻駅付近の踏切で、電車とトラックが衝突、2名が死亡、26名が負傷した。
●死者2名、負傷者26名、車両衝突

0599 交通ストライキ混乱
昭和34年12月10日　東京都・神奈川県

12月10日朝、国鉄労働組合のストライキによる影響で、通勤客が京浜東北・横浜両線の各駅に殺到し、この混乱で1名が心臓麻痺のため死亡、数名が重軽傷を負い、電車の窓ガラスなどが壊れた。
●死者1名、重軽傷者数名、車両破損

0600 火薬運搬トラック・名鉄電車衝突
昭和34年12月18日　愛知県豊川市

12月18日午前7時25分、名鉄名古屋本線の国府駅付近の国道1号線白鳥町踏切で、豊橋行き急行電車（6両編成）と日本トラック定期運送のトラックが衝突し、電車の前4両が脱線して先頭車両が大破、トラックも約100m引きずられて大破し、双方の乗務員や電車の乗客ら4名が重傷、15名が軽傷を負った。トラックに積んであった採掘用のTNT火薬585kgは無事だった。原因はトラック側の遮断機無視。
●重傷者4名、軽傷者15名、車両大破・脱線

0601 東海道本線準急電車・横須賀線電車追突
昭和35年1月1日　東京都千代田区有楽町

1月1日、東京都千代田区有楽町の有楽町駅北側で車両故障のため停車していた横須賀線の上り電車（12両連結）に、東海道本線の浜松発東京行き準急はまな（15両連結）が追突し、乗務員乗客27名が重軽傷を負った。
●重軽傷者27名、車両衝突

0602 トラック・特急電車衝突
昭和35年2月3日　東京都

2月3日、京浜急行電鉄線の踏切で、特急電車とトラックが衝突、15名が重軽傷を負った。
●重軽傷者15名、車両衝突

0603 海上保安庁ヘリコプター墜落
昭和35年2月24日　北海道亀田郡銭亀沢村

2月24日、訓練飛行中の海上保安庁函館航空基地所属のシコルスキーS55型ヘリコプターが、北海道亀田郡銭亀沢村志海苔の宇賀小学校グラウンドに墜落、乗員4名全員が死亡した。
●死者4名、ヘリコプター1機墜落

0604 航空自衛隊ジェット戦闘機・全日本空輸旅客機衝突
昭和35年3月16日　愛知県小牧市付近

第Ⅰ部　解説参照（p.50）。
●死者3名、重軽傷者9名

0605 常磐線旅客列車脱線
昭和35年3月26日　福島県磐城郡久之浜町

3月26日、常磐線久之浜駅付近のトンネル入口で、旅客列車が崩れた土砂に乗り上げ、機関車と炭水車が脱線転覆し、後続の客車1両も脱線した。
●車両3両脱線

0606 毎日新聞社双発機墜落
昭和35年4月1日　兵庫県川西市

4月1日、第32回選抜高等学校野球大会開会式取材のため阪神甲子園球場へ向かう途中の毎日新聞社のパイパーアパッチ23型双発機暁星号（乗員4名）が、大阪空港を離陸後、兵庫県川西市加茂猪名の住宅に墜落して炎上、乗員

3名と住民1名が死亡、2名が重軽傷を負った。墜落の原因はエンジン気化器が凍結したためと見られる。
●死者4名、重軽傷者2名、航空機1機墜落

0607 ダンプカー・電車衝突
昭和35年5月3日　愛知県岡崎市

5月3日、名古屋鉄道名古屋本線の岡崎公園駅付近の2号踏切で、乗客250名を乗せた須ヶ口発本宿行きの2両編成の電車と矢野建設のダンプカーが衝突。この衝突で、電車の運転台が発火し先頭車両を全焼、1名が死亡、20名余りが負傷した。
●死者1名、負傷者20名余り、車両1両全焼

0608 田町駅構内線路歩行乗客死傷
昭和35年6月14日　東京都港区

6月14日、東京都港区の国電田町駅構内で、レール破損のため立往生した京浜東北線桜木町行き電車から車掌の誘導で乗客の一部が線路に降りて構内を横断中、現場を通り掛かった横須賀線の東京行き電車にはねられ、4名が即死、5名が重傷を負った。
●死者4名、重傷者5名

0609 奥羽本線列車土砂崩れ転覆
昭和35年8月3日　青森県南津軽郡碇ヶ関村

8月3日、大雨のため奥羽本線の碇ヶ関駅付近で待避中の青森発大阪行き列車（9両編成）に土砂崩れがあり、7・8両目が転覆して乗務員乗客2名が死亡、64名が重軽傷を負った。
●死者2名、重軽傷者64名、車両2両転覆

0610 山陽本線急行貨物列車脱線転覆
昭和35年8月18日　広島県尾道市

8月18日、山陽本線の尾道・松永駅間の広島県尾道市山波町で、大阪へ鮮魚を運ぶ途中の幡生発の急行貨物列車（18両編成）が脱線、14両が転覆した。原因は13歳の少年による置き石。
●車両14両転覆

0611 貨車・電車衝突
昭和35年8月22日　滋賀県彦根市

8月22日、近江鉄道本線の彦根口駅付近で、貨車が無人のまま暴走し、米原発貴生川行きの3両編成の電車と正面衝突、41名が重軽傷を負った。原因は機関士が制動機をかけ忘れたため。
●重軽傷者41名、車両衝突

0612 ダンプカー・電車衝突
昭和35年8月25日　大阪府泉大津市

8月25日、南海電鉄本線の北助松駅付近の踏切で、電車（5両編成）とダンプカーが衝突、ダンプカーは両断されて炎上し、電車も前部を大破、ダンプカーの運転手など2名が死亡、33名が重軽傷を負った。
●死者2名、重軽傷者33名、車両1台全焼、車両大破

0613 東武東上線電車逆走衝突
昭和35年9月1日　東京都板橋区

9月1日、東武鉄道東上線の中板橋駅を通過した池袋発志木行き電車が、乗客約400名を乗せたまま突然逆方向へ走り出し、同駅に停車中の池袋発寄居行き電車に激突、双方の乗客98名が重軽傷を負った。逆走した電車には、運転士や車掌が乗っていなかった。
●重軽傷者98名、車両衝突

0614 米軍気象観測機墜落
昭和35年9月8日　福島県石川郡石川

9月8日、米軍横田基地所属のボーイングWB50型気象観測機が福島県石川町板橋の共有林に墜落し、乗員11名全員が死亡した。

昭和35年（1960年）〜

●死者11名、航空機1機墜落

0615 函館本線急行列車爆破
昭和35年9月10日　北海道茅部郡鹿部町

9月10日、函館本線の鹿部・銚子口駅間で爆発があり、通りかかった札幌発函館行き急行列車石狩の機関車と客車が爆風で壊れた。原因は、元陸上自衛隊員による爆破だった。
●車両損壊

0616 京浜急行特急・急行電車追突
昭和35年9月12日　神奈川県横浜市神奈川区

9月12日、京浜急行電鉄本線の京急神奈川・横浜駅間で、臨時停車していた浦賀行き特急電車に逗子行き急行電車が追突、乗務員乗客4名が重傷、44名が軽傷を負った。
●重傷者4名、軽傷者44名、車両追突

0617 トラック・ディーゼルカー衝突
昭和35年9月12日　茨城県下館市

9月12日、国鉄水戸線の川島駅の構内踏切で、小山発茂木行きディーゼルカーと砂利運搬トラックが衝突、2両編成のディーゼルカーは前の1両が脱線して転覆し、運転手や乗客ら8名が重傷、30名余りが軽傷を負った。
●重傷者8名、軽傷者30名余り、車両1両転覆

0618 南極観測用ヘリコプター横転
昭和35年9月16日　愛知県小牧市

9月16日、南極観測用ヘリコプターが名古屋空港に着陸した際、誤って横転、大破した。
●ヘリコプター1機大破

0619 全日本空輸小型単葉連絡機墜落
昭和35年11月16日　北海道上川郡新得町

11月16日、札幌市の丘珠空港から帯広へ向かう途中の、全日本空輸のオースター・オートカー近距離用小型単葉連絡機の左翼支柱が折れ、同機は北海道新得町広内の採草地に墜落、同社専務ら4名が即死した。
●死者4名、航空機1機墜落

0620 京浜東北線機関車・三菱電機バス衝突
昭和35年12月2日　神奈川県横浜市神奈川区

12月2日、京浜東北線の鶴見・新子安駅間の滝坂踏切で、平塚行き機関車が架線試験の作業中に三菱電機大船製作所の宣伝用マイクロバスと衝突。バスは大破し、乗務員乗客9名が即死、8名が重傷、1名が軽傷を負った。
●死者9名、重傷者8名、軽傷者1名、車両1台大破

0621 特急はつかり連続事故
昭和35年12月10日〜36年7月15日　東北本線

12月10日、わが国初のディーゼル特急として注目された東北本線のはつかりで構造的な欠陥が原因と見られる事故があり、以後8か月間に計13回の事故を起こした。のち国鉄当局は、調査の結果に基づいて動力構造の部分的な設計変更を決めた。
●──

0622 バス・旅客列車衝突
昭和35年12月12日　岡山県真庭郡落合町

12月12日午前8時20分頃、姫新線の美作落合駅付近の下河内無人踏切で、姫路発広島行き旅客列車と河内発勝山行き中国鉄道バスが衝突し、バスの乗客10名が死亡、58名が重軽傷を負った。
●死者10名、重軽傷者58名、車両衝突

0623 谷川岳ロープウェイ・ゴンドラ落下
昭和35年12月18日　群馬県利根郡水上町

12月18日、群馬県水上町の国設谷川岳スキー場で、土合口乗降場から天神平へ向かう

248

~昭和36年(1961年)

ロープウェイの鋼索が猛吹雪のため外れ、ゴンドラ1台（事務員1名・乗客5名）が約15m下の西黒沢と田尻沢の合流点付近に落下、3名が重傷、3名が軽傷を負った。
●重傷者3名、軽傷者3名、車両1台転落

0624 ダンプカー・東海道本線電車・横須賀線電車二重衝突
昭和36年1月13日　神奈川県横浜市戸塚区

1月13日、戸塚・保土ヶ谷駅間の秋葉踏切で、久保田組のダンプカーと東海道本線の伊東発東京行き電車（15両編成）が衝突し、電車の先頭車両がダンプカーを約50m引きずって脱線。さらに横須賀線の東京発久里浜行き電車が現場を通過する際、傾斜した脱線車両に衝突し、乗客ら9名が死亡、13名が重傷を、83名が軽傷を負った。ダンプカーは無免許運転だった。
●死者9名、重傷者13名、軽傷者83名、車両衝突

0625 ダンプカー・小田急電車衝突
昭和36年1月17日　東京都北多摩郡狛江町

1月17日、東京都北多摩郡狛江町の小田急電鉄小田原線和泉多摩川・登戸駅間の多摩川堤防踏切で、金子建材店のダンプカーが新宿発向ヶ丘遊園行き電車（4両編成）と衝突。ダンプカーは大破して炎上、運転手が即死、電車の前2両も約8m下の河原に転落して、乗客ら21名が重軽傷を負った。
●死者1名、重軽傷者21名、車両2両転落

0626 一畑電鉄立久恵線ガソリンカー転落
昭和36年2月3日　島根県出雲市

2月3日、島根県出雲市の一畑電鉄立久恵線飲水トンネル付近で、ガソリンカーが脱線して1両が神戸川に落ち、1名が死亡、24名が重軽傷を負った。
●死者1名、重軽傷者24名、車両1両転落

0627 海上自衛隊ヘリコプター墜落
昭和36年3月8日　青森県青森市

3月8日、青森県むつ市の沖合で、急病患者を運ぶ途中の海上自衛隊の救難ヘリコプターが墜落、乗員ら3名が死亡した。
●死者3名、ヘリコプター1機墜落

0628 航空自衛隊戦闘機暴風雪墜落
昭和36年4月6日　青森県

4月6日、航空自衛隊第2航空団のF86型ジェット戦闘機が訓練中、猛吹雪のため2機が接触し、青森県三沢市淋代と同県東通村小田野沢の沖合に墜落、乗員4名が死亡した。
●死者4名、航空機4機墜落

0629 米軍ジェット機墜落
昭和36年4月21日　神奈川県藤沢市

4月21日、神奈川県藤沢市で、訓練中の米軍厚木基地所属のジェット戦闘機が同市中高倉の住宅に墜落し、住民1名と戦闘機の操縦士が死亡、住宅2戸が全焼した。
●死者2名、航空機1機墜落、全焼家屋2戸

0630 日航ジェット旅客機オーバーラン
昭和36年4月24日　東京都大田区

4月24日、東京の羽田空港で、A滑走路に着陸した日本航空のサンフランシスコ発ジェット旅客機箱根号が同滑走路の北端を約30mオーバーランして深さ約2m、幅約2.5mの排水溝に突っ込み、機首や左側翼の一部、胴体下部、前部車輪を壊したが、乗員11名と乗客109名は全員無事だった。
●航空機1機損壊、被害額約2億円

0631 長野電鉄線特急列車・貨物列車衝突
昭和36年6月2日　長野県長野市

6月2日、長野電鉄線長野・錦町駅間の入換

第Ⅱ部　鉄道・航空機事故一覧　249

昭和36年（1961年）〜

線で、長野行き特急しらねが貨物列車と正面衝突し、乗務員・乗客ら3名が重傷、31名が軽傷を負った。
●重傷者3名、軽傷者31名、車両衝突

0632 航空自衛隊戦闘機墜落
昭和36年6月2日

6月2日、航空自衛隊小牧基地所属のF86D型戦闘機が墜落した。
●航空機1機墜落

0633 エア・キャリア・サービス社水陸両用遊覧機墜落
昭和36年6月19日　滋賀県大津市沖

6月19日、大津市唐崎町沖の琵琶湖で、エア・キャリア・サービス社日本代理店のレイクLA4型単発水陸両用遊覧機が、操縦試験中に、エンジンが故障、同湖に墜落、沈没し、乗員ら4名が死亡した。
●死者4名、航空機1機墜落

0634 航空自衛隊戦闘機墜落
昭和36年7月5日

7月5日、航空自衛隊浜松基地所属のF86F型戦闘機2機が墜落した。
●航空機2機墜落

0635 航空自衛隊戦闘機墜落
昭和36年7月6日

7月6日、航空自衛隊新田原基地所属のT33型戦闘機が墜落、操縦士ら2名が死亡した。
●死者2名、航空機2機墜落

0636 大分交通別大線列車埋没
昭和36年10月26日　大分県大分市

10月26日午後、大分交通別大線の白木・田ノ浦駅間で大分発別府行き列車が仏崎トンネルから海岸沿いへ出た直後に、大雨により長さ約

30m、幅約30mのがけ崩れが発生。車両が埋没し、下校する児童や生徒ら乗客31名が死亡、乗務員2名と乗客34名が重軽傷を負った。
●死者31名、重軽傷者36名、車両埋没（運輸省調べ）

0637 関西航空水陸両用機墜落
昭和36年11月8日　滋賀県

11月8日、琵琶湖で、関西航空のレイクLA4型単発水陸両用機が宣伝飛行を終えて同湖に着水直後、操縦を誤って沈没し、乗員2名が負傷した。
●負傷者2名、航空機1機墜落

0638 米空軍ジェット戦闘機墜落
昭和36年12月7日　福岡県福岡市

12月7日、福岡市香椎堀川で、墜落した米空軍板付基地所属のF100型ジェット戦闘機の燃料タンクが爆発し、住宅5棟を全半焼、乗員や住民、4名が死亡した。
●死者4名、全半焼家屋5棟、航空機1機墜落

0639 常磐線急行列車脱線
昭和36年12月29日　茨城県那珂郡東海村

12月29日、常磐線の青森発上野行き急行いわて（13両編成）が東海駅構内の転轍器付近を通過直後、前8両が脱線、うち機関車が横転し、乗客1名が死亡、5名が重軽傷を負った。
●死者1名、重軽傷者5名、車両8両脱線

0640 山陽本線特急列車・準急列車追突
昭和36年12月29日　山口県小野田市

12月29日、西宇部・小野田駅間の有帆川鉄橋の東約1kmの地点で、山陽本線の山口発博多行きディーゼル準急あきよしが東京発長崎行き特急さくらに追突し、準急の4両目と特急の13両目が脱線、乗客ら5名が重傷を、27名が軽傷を負った。原因は準急の運転士の前方不注

意。
●重傷者5名、軽傷者27名、車両2両脱線

0641 海上自衛隊対潜哨戒機墜落
昭和37年2月6日　青森県八戸市沖

2月6日、青森県八戸市鮫角燈台の約9km沖合で、海上自衛隊八戸航空隊のP2V7型双発対潜哨戒機が墜落し、乗員10名が死亡、1名が重傷を負った。
●死者10名、重傷者1名、航空機1機墜落

0642 海上自衛隊機墜落
昭和37年2月6日　鹿児島県鹿児島市沖

2月6日、鹿児島市の沖合で、海上自衛隊機が墜落し、操縦者が死亡した。
●死者1名、航空機1機墜落

0643 東海道本線貨物列車衝突
昭和37年2月15日　静岡県田方郡函南町

2月15日、東海道本線の丹那トンネルで、新鶴見発吹田行き貨物列車が積んでいた牛1頭が転落した直後に轢殺、函南駅構内の待避線付近で貨車13両が脱線、うち10両が転覆。さらに待避線にいた別の貨物列車に衝突し、待避線側の後部3両が脱線、うち2両が転覆した。
●車両16両脱線（うち12両転覆）

0644 東西航空機墜落
昭和37年2月23日　山口県防府市付近

2月23日、山口県防府市で、東西航空のデハビランドヘロン型機が山林に墜落、乗員3名が死亡した。
●死者3名、航空機1機墜落

0645 東海道本線貨物列車脱線
昭和37年2月25日　静岡県浜名郡湖西町

2月25日、東海道本線の鷲津駅構内で、通過中の上り貨物列車（49両編成）の貨車9両が脱線、うち6両が転覆、タンク車の濃硫酸が近くの浜名湖に流れ込み、養殖の黒海苔約40万枚が全滅した。
●魚介類被害、車両9両脱線（うち6両転覆）

0646 オート三輪車・準急列車衝突
昭和37年2月27日　静岡県磐田市

2月27日、静岡県磐田市の東海道本線袋井・磐田駅間の踏切で、オート三輪車と準急列車東海2号が衝突、車両1両が脱線、乗客ら2名が死亡、5名が重軽傷を負った。
●死者2名、重軽傷者5名、車両1両脱線

0647 航空自衛隊戦闘機墜落
昭和37年3月17日　神奈川県足柄下郡・神奈川県小田原市

3月17日、埼玉県入間町の米空軍基地で、航空自衛隊第7航空団のF86F型ジェット戦闘機2機が着陸する直前に乱気流に巻き込まれ、神奈川県小田原市と同県橘町前羽に墜落、炎上し、住宅5棟を全焼した。
●航空機1機墜落、全焼家屋5棟

0648 オート三輪車・ディーゼルカー衝突
昭和37年3月24日　岡山県

3月24日、岡山県井原市と同県笠岡市を結ぶ井笠鉄道線の踏切で、オート三輪車とディーゼルカーが衝突、乗客ら2名が死亡、11名が重軽傷を負った。
●死者2名、重軽傷者11名、車両衝突

0649 鹿児島本線貨物列車脱線
昭和37年4月4日　佐賀県三養基郡基山町

4月4日、鹿児島本線の基山駅構内で貨物列車が脱線し、乗務員3名が死傷、機関車および貨車21両が脱線した。
●死傷者3名、車両21両脱線

昭和37年（1962年）〜

0650 自衛隊機墜落
昭和37年4月11日　北海道

4月11日、北海道で、自衛隊機が墜落した。
●航空機1機墜落

0651 自衛隊機墜落
昭和37年4月11日　福岡県

4月11日、福岡県で、自衛隊機が墜落した。
●航空機1機墜落

0652 東北本線貨物列車追突
昭和37年5月3日　茨城県古河市

5月3日朝、東北本線古河駅構内で、貨物列車が旅客列車に追突し、乗客ら40名が重軽傷を負った。
●重軽傷者40名、車両追突

0653 常磐線貨物列車・電車二重衝突
昭和37年5月3日　東京都荒川区

第Ⅰ部　解説参照（p.52）。
●死者160名、重軽傷者300名

0654 遠州鉄道ロープウェイ故障
昭和37年6月3日　静岡県浜松市

6月3日、静岡県浜松市の浜名湖で、遠州鉄道観光開発の舘山寺遊園地・大草山展望台間のロープウェイが突然停止し、ゴンドラ2台が宙づり状態になったが、乗客71名に死傷者はなかった。
●──

0655 航空自衛隊戦闘機離陸失敗
昭和37年6月24日　宮城県宮城郡松島町

6月24日、航空自衛隊松島基地で、第4航空団第7飛行隊のT33型ジェット戦闘機が離陸後約10m飛んだところで同基地の敷地内に墜落し、

操縦していた整備員が負傷した。
●負傷者1名

0656 鹿児島本線旅客列車・快速列車追突
昭和37年7月20日　佐賀県鳥栖市

7月20日、佐賀県鳥栖市の鹿児島本線肥前旭駅構内で、通過待ちをしていた大分行き旅客列車に久留米行き快速列車が追突し、双方の乗客ら66名が重軽傷を負った。
●重軽傷者66名、車両追突

0657 トラック・南武線電車二重衝突
昭和37年8月7日　神奈川県川崎市

8月7日夕方、南武線の津田山・久地駅間の下作延無人踏切で、トラック（積載量2t）と川崎発登戸行き電車（4両編成）が衝突して脱線。直後に上り電車が突っ込み、乗客ら3名が死亡、154名が重軽傷を負った。
●死者3名、重軽傷者154名、車両衝突（運輸省調べ）

0658 海上自衛隊対潜哨戒機墜落
昭和37年9月3日　鹿児島県名瀬市

9月3日、鹿児島県名瀬市の大島実業高等学校の校庭で、緊急輸血用血液を運んできた海上自衛隊第1航空群のP2V7型対潜哨戒機が、積荷を投下する直前に左翼を松の大木に接触、付近の住宅に墜落して炎上し、31棟を全焼、全乗員12名と住民1名が死亡、12名が重軽傷を負った。
●死者13名、重軽傷者12名、航空機1機墜落、全焼家屋31棟

0659 全日本空輸旅客機墜落
昭和37年10月19日　愛知県西加茂郡猿投町

10月19日、愛知県猿投町で、操縦士養成訓練中の全日本空輸のバイカウント828型4発ターボプロップ旅客機が失速して山林に墜落

～昭和38年（1963年）

し、乗員4名が死亡した。
●死者4名、航空機1機墜落

0660　海上自衛隊対潜哨戒機墜落
昭和37年11月8日　和歌山県・徳島県

11月8日、紀伊水道で、訓練中の海上自衛隊第3航空群のS2F型対潜哨戒機が墜落し、乗員4名全員が死亡した。
●死者4名、航空機1機遭難

0661　トラック・奥羽本線貨物列車衝突
昭和37年11月14日　青森県南津軽郡大鰐町

11月14日夕方、奥羽本線大鰐駅付近の虹貝無人踏切で、作業員30名の乗ったトラックと上り貨物列車が衝突し、9名が死亡、24名が重軽傷を負った。原因はトラックの無謀運転。
●死者9名、重軽傷者24名、車両衝突

0662　航空自衛隊戦闘機墜落
昭和37年11月14日　宮崎県児湯郡木城町付近

11月14日、宮崎県で、航空自衛隊第10航空隊のF86F型ジェット戦闘機2機が総合防空演習で新田原基地を離陸、迎撃訓練中に接触し、宮崎県木城・川南・都農町境の上面木山の山頂付近に墜落、操縦者2名が死亡した。
●死者2名、航空機2機墜落

0663　羽越本線貨物列車・蒸気機関車衝突
昭和37年11月29日　秋田県本荘市

11月29日夜、羽越本線の羽後本荘・羽後岩谷駅間で、青森発大阪行き急行貨物列車が大宮から弘前へ回送される蒸気機関車と正面衝突し、機関車が全焼、貨車4両が脱線転覆、双方の乗務員2名が即死、9名が重軽傷を負った。
●死者2名、重軽傷者9名、車両4両転覆、車両1両全焼

0664　ダンプカー・京都電鉄伏見線電車衝突
昭和38年1月19日　京都府京都市

1月19日、京都電鉄伏見線の竹田出塚・竹田久保町駅間で、ダンプカーと電車が衝突し、乗客ら4名が死亡、58名が負傷した。
●死者4名、負傷者58名、車両衝突（運輸省調べ）

0665　国鉄線旅客列車脱線
昭和38年2月6日　広島県広島市

2月6日、国鉄広島駅構内で普通旅客列車が脱線、転覆し、乗客ら15名が負傷した。
●負傷者15名、車両脱線・転覆

0666　海上自衛隊ヘリコプター墜落
昭和38年2月11日　青森県むつ市

2月11日、海上自衛隊大湊基地で、航空隊のHSS1シコルスキー58型対潜捜索用ヘリコプターが操縦練習のため離陸した直後にエンジンが爆発して基地の敷地内に墜落、炎上し、乗員6名が即死、1名が重傷を負った（後に死亡）。
●死者7名、ヘリコプター1機墜落

0667　信越本線貨物列車脱線
昭和38年2月28日　新潟県三島郡越路町

2月28日、信越本線の越後岩塚駅構内で、貨物列車（42両編成）が待避線の車止めを突破し、機関車と貨車35両が脱線、うち17両が転覆、機関士と機関助士が負傷した。原因は機関士が同駅近くのトンネルで排煙に巻かれて意識を失ったため。
●負傷者2名、車両脱線、被害額1億3,000万円

0668　自家用機墜落
昭和38年3月4日　静岡県田方郡中伊豆町

3月4日、静岡県で、自家用のセスナ172型

第Ⅱ部　鉄道・航空機事故一覧　253

機が天城山に激突、墜落し、操縦者の米国人ブレイクニー夫妻が死亡した。ブレイクニー氏は極東軍事裁判で、弁護人として活躍した。
●死者2名、航空機1機墜落

0669	ダンプカー・越美南線貨物列車衝突
	昭和38年3月7日　岐阜県美濃市

3月7日、越美南線の須原駅近くの踏切で、ダンプカーが貨物列車と衝突し、機関車と貨車7両が脱線、転覆した。
●車両8両脱線

0670	山崩れ
	昭和38年3月16日　新潟県西頸城郡能生町

3月16日、新潟県能生町小泊の尾山で幅約50m、厚さ10mの山崩れが発生し、家屋37棟が全半壊、住民4名が死亡、20名が重軽傷を負い、直後に北陸本線の敦賀発直江津行き普通列車が能生・筒石駅間の白山トンネル東側で崩れた土砂に乗り上げ、機関車が転覆、客車1両が脱線したが、死傷者はなかった。
●死者4名、重軽傷者20名、全半壊家屋37棟、車両2両脱線

0671	航空自衛隊ヘリコプター墜落
	昭和38年3月16日　香川県三豊郡詫間町

3月16日、香川県詫間町の三崎半島で、雪害地救援から戻る途中の航空自衛隊救難分遣隊のバートH21B型大型ヘリコプターが半島の突端に衝突、炎上し、乗員10名全員が焼死した。
●死者10名、ヘリコプター1機墜落

0672	大洋航空測量機墜落
	昭和38年3月29日　京都府久世郡城陽町

3月29日、京都府城陽町で、測量作業中の大洋航空の双発機が同町の大亀谷山に墜落し、乗員3名が即死した。
●死者3名、航空機1機墜落

0673	常磐線電車・貨物列車衝突
	昭和38年4月6日　千葉県東葛飾郡我孫子町

4月6日、常磐線の我孫子・取手駅間で、電車と貨物列車が衝突し、電車1両が脱線、車掌1名と乗客2名が負傷した。
●負傷者3名、車両1両脱線

0674	航空自衛隊戦闘機墜落
	昭和38年4月10日　北海道千歳市

4月10日、北海道千歳市で、航空自衛隊第2航空団のF104DJ型ジェット戦闘機が迎撃訓練のため千歳基地を離陸した直後、加速弁の故障で同基地の滑走路南端付近の畑に墜落し、操縦者が即死した。
●死者1名、航空機1機墜落

0675	河北新報社チャーター機墜落
	昭和38年4月28日　宮城県刈田郡蔵王町

4月28日、宮城県蔵王町で、蔵王エコーライン取材中の河北新報社のチャーター機が墜落し、乗員4名が重軽傷を負った。
●重軽傷者4名、航空機1機墜落

0676	日東航空旅客機墜落
	昭和38年5月1日　兵庫県三原郡南淡町

5月1日、兵庫県南淡町灘で、日東航空の大阪発徳島行きデハビランドDHC3ビーバー型水陸両用旅客機つばめ号が濃霧により諭鶴羽山の南側斜面に墜落、炎上し、乗客9名が全員死亡、操縦士ら乗員2名が重傷を負った。
●死者9名、重傷者2名、航空機1機墜落

0677	全日本空輸機離陸失敗
	昭和38年5月10日　宮城県仙台市

5月10日、仙台空港で、全日本空輸の航空

~昭和38年（1963年）

0678 近鉄南大阪線急行・普通電車衝突
昭和38年5月15日　大阪府大阪市阿倍野区

機が離陸に失敗し、機体を大破、乗客ら7名が重軽傷を負った。
●重軽傷者7名、航空機1機大破

5月15日、近畿日本鉄道南大阪線の阿倍野橋駅付近で、急行電車と普通電車が正面衝突し、双方の乗客ら106名が重軽傷を負った。
●重軽傷者106名、車両衝突（運輸省調べ）

0679 米空軍軽爆撃機墜落
昭和38年5月16日　埼玉県入間郡毛呂山町

5月16日、埼玉県毛呂山町で、米第5空軍第3爆撃連隊のB57B型双発ジェット戦術軽爆撃機が同町本郷の毛呂病院の敷地内に墜落、炎上し、看護婦宿舎3棟（1,700㎡）を全焼、院長宿舎が半焼、患者1名が焼死、看護婦ら23名が重軽傷を負った。
●死者1名、重軽傷者23名、航空機1機墜落、全焼施設3棟、半壊家屋1棟、焼失面積1,700㎡

0680 航空自衛隊ジェット練習機墜落
昭和38年5月28日　宮城県

5月28日、宮城県内で、訓練飛行中の航空自衛隊松島基地所属のジェット練習機が墜落、乗員1名が死亡した。
●死者1名、航空機1機墜落

0681 鹿児島本線急行列車土砂崩れ脱線
昭和38年5月31日　鹿児島県阿久根市付近

5月31日、鹿児島県内の鹿児島本線薩摩大川・西方駅間で、急行さつまが土砂崩れのため脱線、乗客4名が負傷した。
●負傷者4名、車両脱線

0682 予讃本線ディーゼルカー土砂崩れ脱線
昭和38年6月6日　香川県仲多度郡多度津町

6月6日、香川県内の予讃本線海岸寺駅付近で、ディーゼルカーが大雨で崩れた土砂に乗り上げて脱線、乗客ら17名が重軽傷を負った。
●重軽傷者17名、車両脱線

0683 ジープ・大湊線気動車衝突
昭和38年6月9日　青森県むつ市

6月9日、大湊線の赤川・金谷沢駅間の無人踏切で、小中学生を乗せたジープが気動車と衝突し、ジープの運転手と助手、同乗者の生徒ら5名が即死、児童1名が重傷を負った（後に死亡）。
●死者8名、車両衝突

0684 米軍ヘリコプター墜落
昭和38年7月19日　神奈川県厚木市付近

7月19日、神奈川県厚木市の付近で、米軍のヘリコプターが墜落し、乗員3名が死亡した。
●死者3名、ヘリコプター1機墜落

0685 ロープウェイ落下
昭和38年8月3日　山形県山形市

8月3日、山形市の蔵王温泉ロープウェイで、稼動中のゴンドラが落下し、乗客3名が重傷を負った。
●重傷者3名、ゴンドラ転落

0686 ダンプカー・筑肥線ディーゼルカー衝突
昭和38年8月7日　福岡県福岡市

8月7日、筑肥線の姪浜・今宿駅間の生の松原踏切で、ダンプカーとディーゼルカーが衝突。ディーゼルカーは脱線、転覆し、乗客1名が死亡、60名が重軽傷を負った。
●死者1名、重軽傷者60名、車両脱線

昭和38年(1963年)〜

0687	藤田航空旅客機墜落
	昭和38年8月17日　東京都八丈町

第Ⅰ部　解説参照（p.57）。
●死者19名

0688	航空自衛隊戦闘機墜落
	昭和38年8月26日　愛知県小牧市

8月26日、愛知県の航空自衛隊小牧基地で、訓練中のF86D型戦闘機が同基地の敷地内に墜落した。
●航空機1機墜落

0689	航空大学校機墜落
	昭和38年9月4日　宮崎県宮崎市

9月4日、宮崎空港で、航空大学校のKM型単発機がエンジン点検のため離陸した直後に同空港付近に墜落し、教官や整備員ら乗員4名が即死した。
●死者4名、航空機1機墜落

0690	営団地下鉄銀座線電車京橋駅爆破
	昭和38年9月5日　東京都中央区

9月5日、帝都高速交通営団銀座線の京橋駅で、到着直後の電車の車内で時限爆弾が爆発し、乗降客ら10名が重軽傷を負った。
●重軽傷者10名

0691	コンテナ車・総武線電車衝突
	昭和38年9月9日　千葉県市川市

9月9日、千葉県市川市の総武線本八幡・市川駅間の平田町無人踏切で、日本通運東京支店のコンテナ車と千葉発中野行き電車が衝突、コンテナ車の運転手と助手が死亡、同乗の1名が重傷を負い、電車も3両が脱線、乗客11名が重軽傷を負った。
●死者2名、重軽傷者12名、車両3両脱線

0692	インド航空旅客機墜落
	昭和38年9月11日

9月11日、インド航空の旅客機が墜落し、日本人3名を含む18名が死亡した。
●死者18名

0693	ダンプカー・鹿児島本線快速電車・ディーゼルカー二重衝突
	昭和38年9月20日　福岡県福岡市

9月20日、鹿児島本線の箱崎・香椎駅間の警報機付き10号踏切で、エンジン停止していたダンプカーに久留米発門司港行き快速電車（4両編成）が衝突し、前部2両が脱線。直後に反対から来た西戸崎発博多行きディーゼルカーが現場へ突っ込み、乗客ら9名が死亡、108名が重軽傷を負った。
●死者9名、重軽傷者108名、車両横転（運輸省調べ）

0694	トラック・土讃本線旅客列車衝突
	昭和38年10月5日　香川県善通寺市

10月5日朝、土讃本線の善通寺駅付近の踏切で、トラックと旅客列車が衝突、客車が脱線し、乗客ら4名が負傷した。
●負傷者4名、車両脱線

0695	奥羽本線貨物列車転覆
	昭和38年10月14日　秋田県能代市

10月14日、奥羽本線の東能代・北金岡駅間で、通過中の下り貨物列車の3両目の鋼鉄製の車輪が割れて後続の16両が脱線、転覆したが、死傷者はなかった。
●車両16両転覆

0696	東海道本線貨物列車・横須賀線電車二重衝突
	昭和38年11月9日　神奈川県横浜市鶴見区

第Ⅰ部　解説参照（p.58）。
●死者161名、重軽傷者120名

~昭和39年（1964年）

0697　山陽本線特急列車追突
昭和38年11月11日　山口県

11月11日、山陽本線の特急あさかぜが先発の特急みずほに追突した。
● 車両追突

0698　海上自衛隊対潜哨戒機墜落
昭和38年11月22日　静岡県榛原郡御前崎町沖

11月22日、静岡県御前崎町の遠州灘で、徳島県松茂町の基地から離陸した海上自衛隊第3航空群のS2F1型対潜哨戒機が墜落し、乗員5名全員が死亡した。
● 死者5名、航空機1機墜落

0699　総武線電車・貨物列車衝突
昭和38年12月10日　東京都葛飾区

12月10日、新小岩駅付近で、発車直後の総武線の下り電車が同駅構内の専用支線から本線に入ってきた貨物列車と衝突し、双方の車両6両が脱線、乗客ら5名が重軽傷を負った。
● 重軽傷者5名、車両6両脱線

0700　函館本線貨物列車転落
昭和38年12月16日　北海道函館市

12月16日、函館本線の函館駅付近で、貨物列車の機関車と貨車が海に落ち、乗務員1名が死亡した。
● 死者1名、車両転落

0701　青梅線電車・ガソリンタンク車衝突
昭和39年1月4日　東京都立川市

1月4日午前7時6分頃、青梅線の立川駅で、無人のまま西立川駅から暴走してきた米軍専用ガソリンタンク車が停車中の青梅行き電車（5両編成）に激突し、衝撃で満載のガソリン18tが発火、タンク車と電車4両、駅舎の一部と同駅周辺の立川市曙町の布団店など10棟（約1,600㎡）を全焼、乗客や店員ら5名が負傷した。原因は連結作業員による急勾配でのタンク車のブレーキの操作ミス。
● 負傷者5名、車両5両全焼、全焼店舗10棟、半焼施設1棟、焼失面積約1,600㎡

0702　京福電鉄鞍馬線電車衝突
昭和39年1月5日　京都府京都市左京区

1月5日、京福電鉄鞍馬線（単線）の二ノ瀬・貴船口駅間で、鞍馬行き電車（2両編成）と出町柳行き臨時電車（1両編成）が正面衝突後、切れた架線の火花により双方の車両2両を全焼、乗客ら69名が重軽傷を負った。原因は鞍馬行き側の運転士による通標の確認ミス。
● 重軽傷者69名、車両2両全焼（運輸省調べ）

0703　総武線電車追突
昭和39年1月14日　東京都新宿区

1月14日午前9時58分頃、総武線の東中野・大久保駅間で、下り電車が信号待ちをしているところに後続の電車が追突し、車両2両が脱線、双方の乗客ら7名が負傷した。原因は後続側のブレーキの誤操作。
● 負傷者7名、車両2両脱線

0704　ダンプカー・名鉄本線特急電車衝突
昭和39年1月16日　愛知県名古屋市南区

1月16日午前10時43分頃、名古屋鉄道本線の本星崎・本笠寺駅間の警報機付き粕畠町踏切で、岐阜県各務原市のダンプカーと特急電車が衝突し、ダンプカーの同乗者が即死、運転手が重体、電車の乗客7名が重傷、42名が軽傷を負った。
● 死者1名、重体者1名、重傷者7名、軽傷者42名、車両衝突

第Ⅱ部　鉄道・航空機事故一覧

昭和39年（1964年）〜

0705 米軍機墜落
昭和39年1月16日　神奈川県相模原市付近

1月16日、神奈川県相模原市相模台で、米軍ジェット機が訓練中に墜落、炎上し、住宅14戸を焼燬、乗員や住民ら4名が死亡、29名が負傷した。
●死者4名、負傷者29名、航空機1機墜落、全半焼家屋14戸

0706 トラック・東海道本線特急列車衝突
昭和39年2月6日　愛知県知多郡大府町

2月6日、東海道本線の大府・共和駅間の踏切で、トラックと特急第2つばめが衝突した。
●車両衝突

0707 東海道本線貨物列車脱線
昭和39年2月6日　神奈川県足柄下郡湯河原町

2月6日、湯河原・熱海駅間の伊豆トンネルで、東海道本線の貨物列車（52両編成）の後部12両が脱線、転覆し、同線が約16時間不通になった。
●車両12両脱線・転覆

0708 トラック・準急列車衝突
昭和39年2月10日　兵庫県加古川市

2月10日、兵庫県加古川市の山陽本線加古川・宝殿駅間の踏切で、トラックと準急列車が衝突し、乗客ら2名が死亡、24名が重軽傷を負った。
●死者2名、重軽傷者24名、車両衝突

0709 日東航空旅客機墜落
昭和39年2月18日　兵庫県伊丹市

2月18日午前8時22分頃、兵庫県伊丹市で、大阪空港を離陸した直後の日東航空の徳島行きグラマンG73マラード型水陸両用旅客機おしお号が、故障により水田に墜落、炎上し、乗客ら2名が即死、8名が重軽傷を負った。原因は気化器の結氷。
●死者2名、重軽傷者8名、航空機1機墜落

0710 富士航空旅客機墜落
昭和39年2月27日　大分県大分市

第Ⅰ部　解説参照（p.61）。
●死者20名、負傷者22名

0711 自衛隊機墜落
昭和39年3月3日　大分県別府市

3月3日、大分県別府市の由布岳で、自衛隊のジェット機が山頂に墜落し、乗員2名が死亡した。
●死者2名、航空機1機墜落

0712 オート三輪車・東武伊勢崎線準急電車衝突
昭和39年3月12日　埼玉県草加市

3月12日午後6時30分頃、東武鉄道伊勢崎線の新田駅の構内踏切で、オート三輪車と上り準急電車が衝突し、オート三輪の6名が即死、1名が重傷を負い、電車の運転士が負傷した。
●死者6名、負傷者2名、車両衝突

0713 富士航空旅客機破損
昭和39年3月16日　鹿児島県姶良郡隼人町

3月16日、鹿児島空港で、富士航空の定期便ビーチクラフト型旅客機が離陸直前に強い横風を受けて滑走路東側の草地に突っ込み、機体を破損、乗客5名が重軽傷を負った。
●重軽傷者5名、航空機1機破損

0714 名鉄線特急電車追突
昭和39年3月29日　愛知県名古屋市中村区

3月29日、名古屋鉄道線の新名古屋駅の地下ホームで、豊橋発新鵜沼行き臨時特急電車（4両編成）が先発の大野町発新木曽川行き急行電

~昭和39年（1964年）

車（4両編成）に追突し、特急の前部2両と急行の後部2両が脱線、運転士1名と乗客225名が重軽傷を負った。
●重軽傷者226名、車両4両脱線（運輸省調べ）

0715 米海軍機墜落
昭和39年4月5日　東京都町田市

4月5日午後4時30分頃、東京都町田市で、米海軍のF8U型ジェット艦上戦闘機が、厚木基地への着陸直前に同市原町田の洋裁店付近に墜落、炎上し、同店など25棟を損壊、乗員は脱出して無事だったが、同店の店員ら4名が死亡、38名が重軽傷を負った。
●死者4名、重軽傷者38名、損壊家屋25棟、航空機1機墜落

0716 ダンプカー・東海道本線特急列車衝突
昭和39年4月24日　静岡県静岡市

4月24日午前10時7分頃、東海道本線の草薙・静岡駅間の池田踏切で、静岡市のダンプカーと下り特急第1富士が衝突し、車両6両が脱線、ダンプカーの運転手が即死、特急の乗客ら9名が重軽傷を負った。原因はダンプカー側の制止警告の無視。
●死者1名、重軽傷者9名、車両6両脱線

0717 伊藤忠航空機墜落
昭和39年5月3日　富山県砺波市

5月3日、富山県砺波市で、小西六写真工業の宣伝業務中の伊藤忠航空のセスナ122B型機が高圧線に接触し、観衆多数の目前に墜落し、乗員3名が死亡した。
●死者3名、航空機1機墜落

0718 トラック・名鉄広見線電車衝突
昭和39年5月13日　岐阜県可児郡可児町

5月13日午前8時30分頃、名古屋鉄道広見線の今渡・ライン駅間の土田踏切で、トラックと電車が衝突し、乗客ら2名が死亡、42名が重軽傷を負った。
●死者2名、重軽傷者42名、車両衝突

0719 東北本線旅客列車脱線
昭和39年8月2日　福島県郡山市

8月2日午後7時25分頃、東北本線の郡山駅構内のポイントで、旅客列車の機関車が転覆、後続の客車など4両が脱線し、乗客ら7名が負傷した。原因は同ポイントの故障。
●負傷者7名、車両1両転覆、車両4両脱線

0720 米軍給油機墜落
昭和39年8月13日　岩手県

8月13日、岩手県刈屋地区で、米軍のボーイング給油機が墜落し、乗員7名が死亡した。
●死者7名、航空機1機墜落

0721 京福電鉄越前線電車・貨物電車衝突
昭和39年8月22日　福井県勝山市

8月22日、京福電鉄越前線の保田・発坂駅間で、電車と貨物電車が衝突し、乗客ら55名が負傷した。
●負傷者55名、車両衝突（運輸省調べ）

0722 東海道新幹線試運転車妨害
昭和39年8月27日　静岡県浜松市

8月27日、東海道新幹線の浜松駅付近で、専用車か試運転中、線路内の妨害物により最前部のスカートが壊れた。
●車両1両破損

0723 東海道新幹線試運転車妨害
昭和39年8月28日　愛知県豊橋市

8月28日、東海道新幹線の豊橋駅付近で、専用車が試運転中、線路内の妨害物により最前部のスカートが壊れた。

第Ⅱ部　鉄道・航空機事故一覧　｜　259

●車両1両破損

0724 米海軍艦載機墜落
昭和39年9月8日　神奈川県大和市

9月8日午前10時56分頃、神奈川県大和市で、航空母艦ボノムリチャードから発進した米海軍第7艦隊のF8U型ジェット艦載機が同市上草柳の館野鉄工所に墜落、炎上。工場と住宅1棟を全焼、工場3棟が全壊、隣接の住宅2棟が半壊、鉄工所経営者の家族4名と従業員1名が死亡、住民4名と乗員1名が重軽傷を負った。
●死者5名、重軽傷者5名、全焼工場ほか2棟、全壊工場3棟、半壊住宅2棟、航空機1機墜落

0725 米軍戦闘爆撃機墜落
昭和39年9月8日　神奈川県厚木市

9月8日午前10時10分頃、神奈川県厚木市旭町で、米軍のF105型ジェット戦闘爆撃機が訓練のため厚木基地を離陸した直後、同町の相模川河原に墜落、炎上し、乗員2名が死亡した。
●死者2名、航空機1機墜落

0726 航空自衛隊ヘリコプター墜落
昭和39年9月10日　福岡県粕屋郡粕屋町

9月10日午前9時50分頃、福岡県粕屋町の上空で、山口県萩市の見島レーダー基地へ向かう途中の航空自衛隊芦屋基地の救難分遣隊のバートルH21型ヘリコプターの回転翼の1枚が折れて機体が分解。同機は水田に墜落、炎上し、機長ら乗員8名が死亡、1名が重傷を負った。
●死者8名、重傷者1名、ヘリコプター1機墜落

0727 航空自衛隊戦闘機接触・墜落
昭和39年9月10日　愛知県犬山市

9月10日午後3時10分頃、愛知県犬山市の入鹿池付近の上空で、航空自衛隊第3航空団のF86D型ジェット戦闘機どうしが接触し、墜落、炎上、両機の操縦者が死亡した。
●死者2名、航空機2機墜落

0728 航空自衛隊ヘリコプター墜落
昭和39年9月15日　埼玉県岩槻市

9月15日午後3時30分頃、埼玉県岩槻市で、同11日の同隊墜落機の犠牲者の葬儀から戻る途中の航空自衛隊入間基地の救難分遣隊のシコルスキーH19型ヘリコプターが墜落、炎上し、救難群司令ら乗員6名が死亡した。
●死者6名、ヘリコプター1機墜落

0729 東海道新幹線試運転車妨害
昭和39年9月18日　愛知県名古屋市南区

9月18日、東海道新幹線の名古屋駅付近で、専用車が試運転中、約700mの範囲においてあった角材や丸太など線路上の妨害物をはね飛ばしたが、車両に被害はなかった。
●――

0730 日豊本線貨物列車・急行列車衝突
昭和39年9月26日　大分県宇佐市

9月26日午前3時過ぎ、日豊本線の豊前善光寺駅構内の安全側線で、上り貨物列車が脱線した直後に下り急行ぶんごが現場に突っ込み、機関士2名が死傷した。原因は信号の誤認。
●死傷者2名、車両脱線

0731 米軍ヘリコプター墜落
昭和39年10月6日　神奈川県横浜市金沢区

10月6日、横浜市金沢区で、訓練中の米軍のヘリコプターが山林に墜落し、乗員6名が死亡した。
●死者6名、ヘリコプター1機墜落

~昭和39年（1964年）

0732　日豊本線旅客列車追突
昭和39年10月9日　大分県津久見市

10月9日、日豊本線の日代駅で、団体旅客列車が先発の貨物列車に追突し、車両2両が転覆、1両が脱線、乗客ら36名が負傷した。
●負傷者36名、車両3両脱線・転覆

0733　京浜急行本線急行電車追突
昭和39年10月10日　神奈川県横浜市西区

10月10日午前6時47分、京浜急行電鉄本線の横浜駅で、品川発浦賀行き急行電車が横浜発浦賀行き特急電車に追突、乗客70名が負傷した。
●負傷者70名、車両追突（運輸省調べ）

0734　東海道新幹線保線作業員事故死
昭和39年10月12日　神奈川県川崎市

10月12日、東海道新幹線の東京・新横浜駅間で、線路内にいた保線作業員がひかり4号にはねられ、1名が死亡した。
●死者1名

0735　バス・定山渓鉄道線電車衝突
昭和39年10月25日　北海道札幌市

10月25日午前9時20分頃、札幌市豊平の定山渓鉄道線の無人踏切で、バスと電車が衝突し、バスの乗客ら39名が重軽傷を負った。
●重軽傷者39名、車両衝突

0736　水郡線気動車追突
昭和39年10月26日　茨城県那珂郡那珂町

10月26日午後、水郡線の下菅谷駅構内で、水戸発郡山行き気動車（4両編成）が先発の水戸発常陸太田行き気動車（3両編成）に追突し、双方の乗務員や乗客約950名のうち高校生ら6名が重傷、101名が軽傷を負った。原因は同駅の予備助役による信号の操作ミス。
●重傷者6名、軽傷者101名、車両追突

0737　米軍ジェット機墜落
昭和39年10月30日　長野県諏訪郡原村

10月30日、長野県原村で、訓練中の米軍のジェット機が農家に墜落、炎上し、同家を全焼した。
●航空機1機墜落、全焼家屋1棟

0738　陸上自衛隊ヘリコプター衝突
昭和39年11月4日　宮城県仙台市

11月4日、仙台市南小泉の霞ノ目飛行場で、陸上自衛隊のベルH13型ヘリコプターどうしが訓練中に衝突、敷地内に墜落し、1機が炎上、1機が大破、乗員2名が焼死、2名が重傷を負った。
●死者2名、重傷者2名、ヘリコプター2機墜落

0739　東海道新幹線保線作業員事故死
昭和39年11月23日　静岡県磐田市

11月23日午前7時32分頃、静岡県磐田市西貝塚の東海道新幹線の線路内で、砂利固めをしていた三鈴建設の保線作業員10名が静岡発新大阪行きこだま207号にはねられ、班長ら5名が即死、1名が重傷、4名が軽傷を負った。原因は見張担当者の不注意。
●死者5名、重傷者1名、軽傷者4名

0740　清掃車・函館本線気動車・旅客列車二重衝突
昭和39年11月27日　北海道札幌市

11月27日午後5時20分頃、函館本線の琴似駅近くの警報機付き発寒踏切で、立往生していた清掃車に富良野発小樽行き気動車（6両編成）が衝突し、乗客2名が死亡、63名が重軽傷を負い、先頭車両が脱線、線路脇の雪原に転覆した。その直後に反対方向から普通旅客列車（7両編成）が現場に突っ込み、機関車と客車1両が脱線した。原因は清掃車の少年（16歳）の無免許運転。

第Ⅱ部　鉄道・航空機事故一覧

昭和39年（1964年）〜

●死者2名、重軽傷者63名、車両3両脱線・転覆

0741 米空軍ジェット機墜落
昭和39年12月8日　神奈川県愛甲郡清川村

12月8日、神奈川県清川村で、米空軍厚木基地のジェット機が墜落、炎上し、農家2棟を全焼、2棟を半焼した。
●全焼家屋2棟、半焼家屋2棟、航空機1機墜落

0742 タンクローリー・大阪市電衝突
昭和39年12月17日　大阪府大阪市西成区

12月17日、西成区で、タンクローリーが大阪市電と衝突し、市電の乗客ら5名が死亡、25名が負傷した。
●死者5名、負傷者25名、車両衝突

0743 東海道新幹線架線切断
昭和39年12月18日　神奈川県小田原市付近

12月18日、東海道新幹線の小田原駅付近で同線の架線が切れ、開業以来初めて上下線とも一時不通になった。
●――

0744 津軽鉄道線気動車・機関車衝突
昭和39年12月24日　青森県北津軽郡金木町

12月24日、津軽鉄道線の金木駅構内の入換線付近で、五所川原発津軽中里行き気動車（2両編成）が濃霧による視界不良のため貨物用の機関車と正面衝突し、乗客ら19名が重傷、82名が軽傷を負った。原因は同駅の駅長らによる信号機や発煙筒の操作ミス。
●重傷者19名、軽傷者82名、車両衝突

0745 米空軍機墜落
昭和40年1月18日　青森県三沢市沖

1月18日、青森県三沢市の沖合で、訓練中の米空軍三沢基地のF102型機が墜落したが、乗員は脱出して無事だった。
●航空機1機墜落（防衛庁調べ）

0746 航空自衛隊戦闘機不時着
昭和40年1月21日　宮崎県児湯郡新富町

1月21日、宮崎県新富町の新田原基地で、訓練中の航空自衛隊第5航空団のF104DJ型戦闘機が、故障により胴体着陸して炎上、機体を全焼したが、乗員に負傷者はなかった。
●航空機1機全焼（防衛庁調べ）

0747 米空軍機墜落
昭和40年2月2日　埼玉県入間郡西武町

2月2日、埼玉県西武町で、訓練中の米空軍横田基地のT33型機が墜落し、操縦者ら乗員2名が死亡、現場付近の畑や山林などに被害があった。
●死者2名、航空機1機墜落、畑・山林被害（防衛庁調べ）

0748 日立電鉄線電車衝突
昭和40年2月3日　茨城県日立市

2月3日、日立電鉄線の久慈浜駅で、電車どうしが衝突し、乗客ら20名が負傷した。原因はブレーキの操作ミス。
●負傷者20名、車両衝突

0749 バス・相模鉄道線電車衝突
昭和40年2月3日　神奈川県

2月3日、神奈川県でバスと相模鉄道線の電車が衝突し、乗客ら数名が死亡した。
●死者数名、車両衝突

~昭和40年（1965年）

0750 ダンプカー・京浜急行線電車衝突
昭和40年2月3日　東京都・神奈川県

2月3日、神奈川県でバスと京浜急行電鉄線の電車が衝突し、乗客ら数名が死亡した。
●死者数名、車両衝突

0751 航空自衛隊機墜落
昭和40年2月10日　福岡県遠賀郡芦屋町沖

2月10日、福岡県芦屋町の沖合で、訓練中の航空自衛隊第13飛行教育団のT1A型機が墜落し、操縦者ら乗員2名が死亡した。
●死者2名、航空機1機墜落（防衛庁調べ）

0752 全日本空輸貨物機行方不明
昭和40年2月14日　愛知県知多郡美浜町付近

2月14日午前4時25分過ぎ、愛知県美浜町付近で、同3時50分に伊丹空港を離陸した全日本空輸の羽田行きDC3型貨物輸送機が乗員2名とともに消息を絶った。同機にはアルフレッド・ハウゼ楽団の器材も積み込んであった。
●行方不明者2名、航空機1機行方不明（運輸省調べ）

0753 米空軍機墜落
昭和40年2月16日　東京都青梅市

2月16日、東京都青梅市で、訓練中の米空軍横田基地のF105F型機が同市新町の第4小学校裏に墜落し、乗員1名が負傷、現場付近の野菜畑などに被害があった。
●負傷者1名、航空機1機墜落、畑被害（防衛庁調べ）

0754 米空軍機墜落
昭和40年2月18日　佐賀県三養基郡基山町

2月18日、佐賀県基山町で、訓練中の米空軍三沢基地のF100型機が山林に墜落、現場付近の畑などに被害があったが、乗員に負傷者はなかった。
●航空機1機墜落、畑被害（防衛庁調べ）

0755 日本航空訓練機墜落
昭和40年2月27日　長崎県壱岐郡石田町

2月27日、長崎県石田町の壱岐空港で、離着陸訓練中の日本航空のコンベア型旅客機が墜落、炎上し、乗員2名が負傷した。
●負傷者2名、航空機1機火災（運輸省調べ）

0756 米空軍機墜落
昭和40年2月27日　山口県徳山市沖

2月27日、山口県の徳山港口付近で、訓練中の米空軍岩国基地のT33型機が墜落、船舶に衝突し、1名が死亡、1名が負傷した。
●死者1名、負傷者1名、航空機・船舶衝突（防衛庁調べ）

0757 陸上自衛隊トラック・御殿場線気動車衝突
昭和40年3月24日　静岡県御殿場市

3月24日午後8時頃、御殿場線の富士岡・岩波駅間の大坂踏切で、陸上自衛隊第1空挺団のトラックと下り気動車が衝突し、同隊員5名が死亡、隊員7名と乗客ら4名が重軽傷を負い、車両3両が脱線、3両が転覆した。原因は濃霧とトラックの踏切無視。
●死者5名、重軽傷者11名、車両6両脱線・転覆

0758 航空自衛隊機墜落
昭和40年3月25日　宮崎県児湯郡新富町

3月25日、宮崎県新富町の新田原基地で、訓練中の航空自衛隊第5航空団のT33型機が墜落、操縦者1名が負傷した。
●負傷者1名、航空機1機墜落（防衛庁調べ）

第Ⅱ部　鉄道・航空機事故一覧

昭和40年（1965年）〜

0759 毎日新聞社ヘリコプター墜落
昭和40年3月26日　兵庫県西宮市

3月26日、兵庫県西宮市で、毎日新聞社のベル47G型ヘリコプターが同社主催の全国選抜高等学校野球大会の開会式練習取材中に線路内に墜落し、写真部員1名が死亡、1名が負傷、送電線が切れた。
●死者1名、負傷者1名、ヘリコプター1機墜落（運輸省調べ）

0760 航空自衛隊戦闘機墜落
昭和40年3月29日　愛知県西春日井郡豊山町

3月29日、愛知県豊山町の小牧基地で、訓練中の航空自衛隊第3航空団のF86D型戦闘機が墜落し、乗員1名が死亡、1名が負傷した。
●死者1名、負傷者1名、航空機1機墜落（防衛庁調べ）

0761 全日本空輸ヘリコプター墜落
昭和40年4月4日　青森県青森市付近

4月4日、青森市で、映画撮影中の全日本空輸のベル47G型ヘリコプターが八甲田山付近に墜落したが、操縦士や撮影班員らに負傷者はなかった。
●ヘリコプター1機墜落（運輸省調べ）

0762 横浜市電火災
昭和40年4月11日　神奈川県横浜市中区

4月11日午後7時15分頃、長者町停留所を通過中の横浜市電の後部モーター付近から発火し、乗客ら28名が負傷、車両1両を全焼した。原因は電気回線の不良。
●負傷者28名、車両1両全焼

0763 航空自衛隊戦闘機墜落
昭和40年4月15日　石川県石川郡美川町沖

4月15日、石川県美川町の沖合で、訓練中の航空自衛隊第6航空団のF104J型戦闘機が墜落、操縦者1名が死亡した。
●死者1名、航空機1機墜落（防衛庁調べ）

0764 瀬戸内海航空ヘリコプター墜落
昭和40年4月16日　高知県高知市

4月16日、高知市南金田町で、農薬散布作業中の瀬戸内海航空のベル47G型ヘリコプターが墜落、操縦士が負傷した。
●負傷者1名、ヘリコプター1機墜落（運輸省調べ）

0765 横浜市電火災
昭和40年4月18日　神奈川県横浜市神奈川区

4月18日午後5時20分頃、神奈川区鶴屋町で、走行中の横浜市電（9両編成）の車内でヒューズが飛んで発火、3両でボヤになった。原因は東急電鉄東横線の高圧線が切れて市電の架線に接触したため。
●車両3両火災

0766 米空軍戦闘機墜落
昭和40年5月5日　神奈川県相模原市

5月5日、神奈川県相模原市で、夜間訓練を終えて着陸しようとした米軍横田基地のF105F型戦闘機が鉄橋に脚を引っかけて操縦不能に陥り、米軍相模原ハイツに墜落。このため敷地内の住宅4戸が全半壊、隣接の地元民の住宅7戸が破損、幼児2名が死亡、21名が重軽傷を負い、乗用車10台が全焼した。
●死者2名、負傷者21名、航空機1機墜落（防衛庁調べ）、全半壊家屋4戸、破損家屋7戸、全焼車両10台

0767 朝日新聞社機墜落
昭和40年5月16日　広島県広島市

5月16日、広島市で、日本体操祭広島中央大会を取材中の朝日新聞社のビーチH35型機

春風号が天満川に墜落し、乗員3名が死亡した。
●死者3名、航空機1機墜落（運輸省調べ）

0768 陸上自衛隊機墜落
昭和40年5月24日　三重県伊勢市

5月24日、三重県伊勢市で、訓練中の陸上自衛隊明野航空学校のH13型機が宮川に墜落したが、乗員に負傷者はなかった。
●航空機1機墜落（防衛庁調べ）

0769 大阪エアウェーズヘリコプター墜落
昭和40年5月24日　広島県豊田郡沖

5月24日、広島県豊田郡の大崎上島の沖合で、農薬散布作業中の大阪エアウェーズのベル47G型ヘリコプターが墜落し、操縦士が死亡した。
●死者1名、ヘリコプター1機墜落（運輸省調べ）

0770 航空自衛隊戦闘機墜落
昭和40年5月27日　愛知県西春日井郡豊山町付近

5月27日、愛知県豊山町で、訓練中の航空自衛隊第3航空団のF86D型戦闘機が小牧基地の東方に墜落したが、乗員に負傷者はなかった。
●航空機1機墜落（防衛庁調べ）

0771 海上自衛隊対潜哨戒機不時着
昭和40年6月1日　千葉県

6月1日、千葉県で、訓練中の海上自衛隊第4航空群のP2V7型対潜哨戒機が下総基地に胴体着陸し、機体が壊れたが、乗員に負傷者はなかった。
●航空機1機破損（防衛庁調べ）

0772 日農ヘリコプターヘリコプター墜落
昭和40年6月3日　広島県賀茂郡高屋町

6月3日、広島県高屋町で、農薬散布作業中の日農ヘリコプターのベル47G型ヘリコプターが墜落し、操縦士が重傷を負った。
●重傷者1名、ヘリコプター1機墜落（運輸省調べ）

0773 米海軍戦闘爆撃機墜落
昭和40年6月15日　神奈川県中郡大磯町沖

6月15日、神奈川県大磯町の沖合で、訓練中の米海軍厚木海兵隊のF4B型ジェット戦闘爆撃機が墜落し、乗員1名が死亡、3名が行方不明になった。
●死者1名、行方不明者3名、航空機1機墜落（防衛庁調べ）

0774 ダンプカー・北陸本線貨物列車衝突
昭和40年6月23日　富山県射水郡大島村

6月23日、北陸本線越中大門駅付近の野田踏切で、ダンプカーと貨物列車が衝突し、ダンプカーの運転手が即死、機関車や貨車など10両が脱線、転覆した。
●死者1名、車両10両脱線・転覆

0775 北陸鉄道線列車脱線
昭和40年6月24日　石川県金沢市

6月24日、北陸鉄道線の兼六公園駅で、列車が脱線し、乗客1名が死亡、24名が重軽傷を負った。原因はブレーキ系統の故障。
●死者1名、重軽傷者24名、車両脱線

0776 海上自衛隊機墜落
昭和40年7月13日　山口県

7月13日、山口県の狼山で、訓練中の海上自衛隊小月教育航空群のKM2型機が墜落、乗員2名が死亡した。
●死者2名、航空機1機墜落（防衛庁調べ）

昭和40年（1965年）〜

0777 関西本線旅客列車・貨物列車衝突
昭和40年7月16日　三重県桑名市

7月16日、関西本線の桑名駅で、上り旅客列車が下り貨物列車と衝突し、乗客ら10名が負傷した。
●負傷者10名、車両衝突

0778 海上自衛隊対潜哨戒機墜落
昭和40年7月17日　千葉県銚子市沖

7月17日、千葉県銚子市の約80km沖合で、照明弾の投下訓練中の海上自衛隊第4航空群のP2V7型対潜哨戒機が墜落し、乗員11名が死亡した。
●死者11名、航空機1機墜落（防衛庁調べ）

0779 バス・阪急神戸線電車衝突
昭和40年7月26日　兵庫県西宮市

7月26日、阪急電鉄神戸線の西宮北口・夙川駅間の寿町南郷山踏切で、立往生していたバスに三宮行き特急電車が衝突、大破し、双方の乗客ら2名が死亡、23名が重軽傷を負った。
●死者2名、重軽傷者23名、車両大破

0780 海上自衛隊救難機墜落
昭和40年7月29日　北海道幌泉郡襟裳町

7月29日、北海道襟裳町の豊似岳で、海上自衛隊佐世保地方隊大村航空基地のUF2型救難用水陸両用機が訓練中に墜落、乗員7名が死亡した。
●死者7名、航空機1機墜落（防衛庁調べ）

0781 山手線電車・回送電車衝突
昭和40年7月31日　東京都港区

7月31日、品川駅付近で、山手線の回送電車が別の電車と衝突し、乗客ら15名が重軽傷を負い、車両2両が脱線した。原因は回送電車の信号無視。

●重軽傷者15名、車両2両脱線

0782 西日本空輸ヘリコプター墜落
昭和40年8月16日　熊本県阿蘇郡阿蘇町

8月16日、熊本県阿蘇町小池で、農薬散布作業中の西日本空輸のベル47G型ヘリコプターが墜落し、乗員3名が死亡した。
●死者3名、ヘリコプター1機墜落（運輸省調べ）

0783 川崎航空ヘリコプター墜落
昭和40年9月4日　岐阜県本巣郡真正町

9月4日、岐阜県真正町で、建築測量作業中の川崎航空のバートル型ヘリコプターが墜落、操縦士1名が負傷した。
●負傷者1名、ヘリコプター1機墜落（運輸省調べ）

0784 日本国内航空遊覧機墜落
昭和40年9月5日　大阪府八尾市

9月5日、大阪府の八尾飛行場で、日本国内航空のセスナ型遊覧機が着陸に失敗して墜落、操縦士が死亡した。
●死者1名、航空機1機墜落（運輸省調べ）

0785 山陽本線特急列車脱線
昭和40年9月14日　兵庫県明石市

9月14日、山陽本線の舞子・明石駅間で、上り特急つばめが脱線したが、乗務員や乗客に負傷者はなかった。
●車両脱線

0786 航空自衛隊機墜落
昭和40年9月22日　長野県北佐久郡佐久町

9月22日、長野県佐久町で、訓練中の航空自衛隊浜松救難教育隊のT6型機が墜落、乗員2名が死亡した。

~昭和40年（1965年）

●死者2名、航空機1機墜落（防衛庁調べ）

0787 航空自衛隊機接触
昭和40年9月28日　福岡県遠賀郡芦屋町

9月28日、福岡県芦屋町の上空で、航空自衛隊第13飛行教育団のT1B型機が訓練中に同僚機と接触したが、両機の乗員に負傷者はなかった。
●航空機2機接触（防衛庁調べ）

0788 三ツ矢航空遊覧機墜落
昭和40年9月29日　岩手県

9月29日、岩手県で、三ツ矢航空のセスナ型遊覧機が操縦試験中に北上川に墜落、乗員4名が死亡した。
●死者4名、航空機1機墜落（運輸省調べ）

0789 航空自衛隊戦闘機墜落
昭和40年10月12日　福岡県遠賀郡芦屋町

10月12日、福岡県芦屋町で、航空自衛隊第82航空隊のF86F型戦闘機が訓練中に同隊射爆場の敷地内に墜落、操縦士が死亡した。
●死者1名、航空機1機墜落（防衛庁調べ）

0790 航空自衛隊戦闘機・米軍機接触
昭和40年10月19日　北海道幌泉郡襟裳町沖

10月19日、北海道襟裳町の沖合で、航空自衛隊第2航空団のF104J型戦闘機が訓練中に米軍機と接触したが、両機の乗員に負傷者はなかった。
●航空機2機接触（防衛庁調べ）

0791 ダンプカー・函館本線旅客列車衝突
昭和40年10月23日　北海道札幌郡手稲町

10月23日朝、函館本線の手稲・琴似駅間の無人踏切で、ダンプカーと上り旅客列車が衝突し、乗客ら6名が負傷、車両1両が横転、4両が脱線した。
●負傷者6名、車両5両脱線・横転

0792 日本国内航空遊覧機墜落
昭和40年10月24日　千葉県館山市付近

10月24日、千葉県館山市付近の房総半島南岸で、定期遊覧業務中の日本国内航空のYS11型機が墜落、乗客ら14名が負傷した。
●負傷者14名、航空機1機墜落（運輸省調べ）

0793 観光用リフト落下
昭和40年10月31日　鳥取県西伯郡大山町

10月31日、鳥取県大山町の大山隠岐国立公園で、大山観光用リフトが落下し、乗客1名が死亡、11名が重軽傷を負った。
●死者1名、重軽傷者11名

0794 ミキサー車・信越本線急行列車衝突
昭和40年11月1日　新潟県三島郡越路町

11月1日、信越本線前川・来迎寺駅間の警報機付き信濃川第1踏切で、新潟県長岡市の柏崎運送のコンクリートミキサー車と新潟発名古屋行きディーゼル急行赤倉が衝突し、前3両が線路下に転落、後続の7両が脱線し、乗客1名が死亡、2名が重傷、21名が軽傷を負った。
●死者1名、重傷者2名、軽傷者21名、車両3両転落、車両7両脱線

0795 乗用車・東急池上線電車衝突
昭和40年11月13日　東京都品川区

11月13日、東急電鉄池上線の旗の台・長原駅間の踏切で、乗用車と電車が衝突し、乗用車が大破、4名が死亡、1名が負傷した。
●死者4名、負傷者1名、車両1台大破

昭和40年(1965年)〜

0796 トラック・山陽電鉄線普通電車衝突
昭和40年11月24日　兵庫県高砂市

11月24日、山陽電鉄線の荒井・伊保駅間の警報機付き荒井町神戸製鋼前踏切で、姫路発神戸行き普通電車（2両編成）の側面に兵庫県高砂市の三輪貨物の大型トラックが衝突し、電車が大破、トラックの運転手が即死、満員の通勤、通学客ら約300名のうち38名が重軽傷を負った。
●死者1名、重軽傷者38名、車両大破

0797 航空自衛隊機墜落
昭和40年11月24日　静岡県浜松市

11月24日、静岡県浜松市湖東町で、訓練中の航空自衛隊第1航空団のF86F型機が墜落し、操縦士が死亡、現場付近の山林に被害があった。操縦士はオリンピック東京大会で開会式の曲技飛行に参加した経歴があった。
●死者1名、航空機1機墜落、山林被害（防衛庁調べ）

0798 トラック・西鉄甘木線電車衝突
昭和40年12月13日　福岡県甘木市

12月13日、西日本鉄道甘木線の東甘木駅近くの踏切で、トラックと電車が衝突し、トラックは大破、電車の乗客ら2名が死亡、3名が負傷した。
●死者2名、負傷者3名、車両1台大破

0799 西日本鉄道バス・鹿児島本線準急列車衝突
昭和40年12月21日　福岡県大牟田市

12月21日、鹿児島本線の大牟田・荒尾駅間の警報機付き踏切で、西日本鉄道の四ツ山発三池中町行きバスと門司港発人吉行き準急列車が衝突。バスは道路から約2m下の田に落ちて大破、乗客5名が死亡、列車の1名を含む22名が重軽傷を負った。
●死者4名、負傷者22名、車両衝突

0800 北陸本線貨物列車接触
昭和40年12月26日　富山県小矢部市

12月26日、北陸本線の倶利加羅・石動駅間の倶利加羅トンネル付近で、上下貨物列車が接触し、双方の車両合わせて8両が転覆、8両が脱線した。原因は路床の崩壊。
●車両16両脱線・転覆

0801 日本航空協会グライダー電線接触
昭和41年1月6日　大阪府八尾市

1月6日、大阪府八尾市の高安山で、日本航空協会のグライダーが電線に接触し、操縦士が死亡した。
●死者1名、グライダー1機接触（運輸省調べ）

0802 ダンプカー・長野電鉄長野線電車衝突
昭和41年1月10日　長野県長野市

1月10日、長野電鉄長野線の村山・柳原駅間の踏切で、ダンプカーと電車が衝突、乗客ら18名が負傷した。
●負傷者18名（運輸省調べ）、車両衝突

0803 航空自衛隊戦闘機墜落
昭和41年1月18日　宮崎県児湯郡都農町沖

1月18日、宮崎県都農町の燈台の沖合で、訓練中の航空自衛隊第5航空団のF104J型戦闘機が墜落し、操縦士が死亡した。
●死者1名、航空機1機墜落（防衛庁調べ）

0804 米軍機墜落
昭和41年1月28日　鹿児島県枕崎市沖

1月28日、鹿児島県枕崎市の南方沖で、訓練中の米軍沖縄基地のT33型機が墜落したが、乗員は緊急脱出して無事だった。
●航空機1機墜落（防衛庁調べ）

~昭和41年（1966年）

0805 全日本空輸旅客機墜落
昭和41年3月4日　東京都大田区沖

第Ⅰ部　解説参照（p.64）。
● 死者133名

0806 ダンプカー・徳島本線ディーゼルカー衝突
昭和41年2月16日　徳島県麻植郡鴨島町付近

2月16日、徳島本線の牛島駅付近の踏切で、ダンプカーとディーゼルカーが衝突、乗客ら13名が負傷した。原因はダンプカーの警報無視。
● 負傷者13名（運輸省調べ）、車両衝突

0807 マイクロバス・東海道本線列車衝突
昭和41年2月16日　愛知県刈谷市

2月16日、東海道本線の刈谷・安城駅間の踏切で、マイクロバスと下り列車が衝突、乗客ら12名が負傷した。
● 負傷者12名（運輸省調べ）、車両衝突

0808 カナダ太平洋航空旅客機墜落
昭和41年3月4日　東京都大田区

第Ⅰ部　解説参照（p.68）。
● 死者64名、重傷者8名

0809 英国海外航空旅客機墜落
昭和41年3月5日　静岡県御殿場市

第Ⅰ部　解説参照（p.70）。
● 死者124名

0810 海上保安庁ヘリコプター墜落
昭和41年3月5日　東京都大田区沖

3月5日、羽田空港の沖合で、海上保安庁羽田航空基地のシコルスキーS58型ヘリコプターが全日本空輸の墜落機の遺体捜索中に墜落し、乗員3名が死亡した。

● 死者3名、ヘリコプター1機墜落

0811 米軍輸送機暴走
昭和41年3月6日　東京都立川市

3月6日、東京都立川市の米軍立川基地で、同基地のC130型輸送機が離陸に失敗、隣接地の畑に突っ込んだが、乗員らに死傷者はなかった。
● 航空機1機暴走（防衛庁調べ）

0812 航空自衛隊戦闘機墜落
昭和41年3月10日　青森県下北郡川内町沖

3月10日、青森県川内町の陸奥湾で、訓練中の航空自衛隊第81航空隊のF86F型ジェット戦闘機が墜落し、操縦士が死亡した。
● 死者1名、航空機1機墜落（防衛庁調べ）

0813 奥羽本線貨物列車脱線
昭和41年4月8日　秋田県山本郡

4月8日午前2時20分頃、奥羽本線の前山・二ツ井駅間の第3小繋トンネルで、川部発新潟行き貨物列車（47両編成）が、6両目から37両目までの貨車が脱線して転覆した。原因不明。
● 車両32両脱線・転覆

0814 航空自衛隊戦闘機墜落
昭和41年4月8日　石川県輪島市沖

4月8日、石川県輪島市の沖合で、訓練中の航空自衛隊第6航空団のF104J型戦闘機が墜落し、操縦士が死亡した。
● 死者1名、航空機1機墜落（防衛庁調べ）

0815 ダンプカー・近鉄山田線電車衝突
昭和41年4月18日　三重県松坂市

4月18日、近畿日本鉄道山田線の櫛田・漕代駅間の踏切で、ダンプカーと電車が衝突し、電車が脱線、乗客1名が死亡、16名が負傷した。

第Ⅱ部　鉄道・航空機事故一覧　269

●死者1名、負傷者16名（運輸省調べ）、車両脱線

0816 東海道新幹線保線作業員事故死
昭和41年4月26日　神奈川県足柄下郡橘町

4月26日午前0時10分頃、東海道新幹線の小田原駅近くの神奈川県橘町小船で、保線作業員10名が臨時試験車（4両編成）にはねられ、4名が即死、6名が重軽傷を負った。
●死者4名、重軽傷者6名（運輸省調べ）

0817 米軍機墜落
昭和41年4月27日　広島県佐伯郡宮島町沖

4月27日、広島県宮島町の沖合で、訓練中の米軍岩国基地のF4B型機が墜落したが、乗員は緊急脱出して無事だった。
●航空機1機墜落（防衛庁調べ）

0818 山陽電鉄線電車脱線
昭和41年5月3日　兵庫県姫路市

5月3日、山陽電鉄線の姫路駅構内で、電車が脱線し、乗客ら11名が負傷した。原因は運転士の誤制動。
●負傷者11名（運輸省調べ）、車両脱線

0819 航空自衛隊戦闘機墜落
昭和41年5月6日　愛知県丹羽郡岩倉町

5月6日、愛知県岩倉町で、訓練中の航空自衛隊第3航空団のF86D型戦闘機が農家に墜落、家屋3棟を全焼したが、乗員に死傷者はなかった。
●全焼家屋3棟、航空機1機墜落（防衛庁調べ）

0820 航空自衛隊戦闘機爆発
昭和41年5月17日　青森県三沢市

5月17日、青森県三沢市の三沢射爆場の上空で、ロケット発射訓練中の航空自衛隊第4航空団のF86F型戦闘機が突然爆発し、操縦士が即死した。
●死者1名、航空機1機爆発（防衛庁調べ）

0821 航空自衛隊戦闘機墜落
昭和41年5月19日　長崎県長崎市沖

5月19日、長崎市の西方沖で、訓練中の航空自衛隊第8航空団のF86F型戦闘機が墜落し、操縦士が死亡した。
●死者1名、航空機1機墜落（防衛庁調べ）

0822 松前線旅客列車・貨物列車衝突
昭和41年6月7日　北海道上磯郡知内町

6月7日、北海道上磯郡知内町の松前線湯ノ里駅構内の引込線で、旅客列車と貨物列車が衝突、乗務員や乗客13名が負傷した。原因は転轍器の操作ミスと見られる。
●負傷者13名（運輸省調べ）、車両衝突

0823 米軍機墜落
昭和41年6月14日　愛知県名古屋市

6月14日、名古屋市北方の山中に、訓練中の米軍三沢基地所属のRF101型機が墜落したが、乗員は緊急脱出して無事だった。
●航空機1機墜落（防衛庁調べ）

0824 米軍機墜落
昭和41年6月29日　相模灘

6月29日、相模灘で、訓練中の米軍厚木基地のF8型機が墜落し、操縦士が行方不明になった。
●行方不明者1名、航空機1機墜落（防衛庁調べ）

0825 バス・富山港線列車衝突
昭和41年7月1日　富山県富山市

7月1日、富山港線の富山口駅付近の踏切で、

バスと列車が衝突し、乗客ら28名が負傷した。原因は遮断機の操作ミス。
●負傷者28名（運輸省調べ）、車両衝突

0826 米軍機墜落
昭和41年7月13日　青森県三沢市沖

7月13日、青森県三沢市の米軍三沢基地の沖合で、同基地のHH43B型機が訓練中に墜落し、操縦士が行方不明になった。
●行方不明者1名、航空機1機墜落（防衛庁調べ）

0827 東京飛行クラブセスナ機墜落
昭和41年7月15日　東京都大島町

7月15日、伊豆大島の三原山で、東京飛行クラブのセスナ150型機が濃霧により墜落し、米国人の操縦士が死亡した（同19日に機体と遺体を発見）。
●死者1名、航空機1機墜落（運輸省調べ）

0828 中日本航空ヘリコプター不時着
昭和41年7月17日　長野県上高井郡若穂町

7月17日、長野県若穂町で、中日本航空のベル47G型ヘリコプターが作業中に不時着し、操縦士が負傷した。
●負傷者1名、ヘリコプター1機不時着（運輸省調べ）

0829 名鉄常滑線特急電車・臨時電車衝突
昭和41年7月29日　愛知県名古屋市南区

7月29日、名古屋鉄道常滑線の大江駅構内で、上り線の河和発犬山行き特急電車（4両編成）が待避線から下り線に入る神宮前発河和行き臨時電車知多水練号（4両編成）と正面衝突し、乗客ら32名が重軽傷を負った。原因は特急側の信号無視。
●重軽傷者32名（運輸省調べ）、車両衝突

0830 ダンプカー・南海電車衝突
昭和41年7月29日

7月29日、南海電鉄線の踏切でダンプカーと特急電車が衝突し、乗客ら12名が負傷した。
●負傷者12名、車両衝突

0831 日本国内航空セスナ機墜落
昭和41年7月31日　静岡県駿東郡裾野町

7月31日、静岡県裾野町で、名古屋空港を離陸した日本国内航空のセスナ172E型機が箱根山付近に墜落し、乗員2名が死亡した（翌日機体発見）。
●死者2名、航空機1機墜落（運輸省調べ）

0832 京阪電鉄本線急行電車衝突
昭和41年8月3日　大阪府大阪市城東区

8月3日、京阪電鉄本線の野江駅構内で、京阪三条発淀屋橋行き急行電車（5両編成）が先発の同区間運転の普通電車（3両編成）の側面に衝突、脱線し、乗客ら8名が重傷、43名が軽傷を負った。原因は急行側の信号無視。
●重傷者8名、軽傷者43名（運輸省調べ）、車両脱線

0833 航空自衛隊練習機不時着水
昭和41年8月18日　福岡県遠賀郡芦屋町沖

8月18日、福岡県芦屋町の沖合で、訓練中の航空自衛隊第13教育団のT1B型練習機が不時着水し、乗員1名が死亡した。
●死者1名、航空機1機不時着水（防衛庁調べ）

0834 日本航空訓練機火災
昭和41年8月26日　東京都大田区

8月26日、羽田空港C滑走路で、操縦訓練中の日本航空のコンベアCV880M型旅客機が離陸に失敗し、同滑走路脇に突っ込んで炎上、乗員5名が死亡した。

昭和41年(1966年)〜

●死者5名、航空機1機火災（運輸省調べ）

0835 横浜盲訓学院セスナ機火災
昭和41年9月7日　北海道川上郡弟子屈町

9月7日午後3時25分頃、北海道弟子屈町の町営飛行場付近の上空で、阿寒湖周辺を遊覧中の横浜盲訓学院のセスナ175型機が発火し、乗客2名が死亡、操縦士が重傷を負い、機体も着陸後に全焼した。原因はガスライターによる失火。
●死者2名、重傷者1名、航空機1機全焼（運輸省調べ）

0836 日豊本線貨物列車脱線
昭和41年9月7日　宮崎県臼杵郡北川町

9月7日、日豊本線の市棚・宗太郎駅間の第3鐙川鉄橋で、通過中の貨物列車の連結器が解除になって貨車20両が脱線し、鐙川に転落した。
●車両20両脱線

0837 陸上自衛隊機墜落
昭和41年9月12日　鹿児島県指宿市沖

9月12日、鹿児島県指宿市の沖合で、訓練中の陸上自衛隊第1空軍のS55A型機が墜落したが、乗員に死傷者はなかった。
●航空機1機墜落（防衛庁調べ）

0838 米軍輸送機離陸失敗
昭和41年9月12日　東京都立川市

9月12日、東京都立川市の立川飛行場で、米軍立川基地のDC7型輸送機が離陸に失敗し、乗員3名が負傷した。
●負傷者3名（防衛庁調べ）

0839 全日本空輸旅客機墜落
昭和41年9月18日　鹿児島県鹿児島市沖

9月18日、鹿児島空港で、全日本空輸の回送旅客機が着陸に失敗、同空港付近の海に墜落したが、乗員に死傷者はなかった。
●航空機1機墜落

0840 陸上自衛隊機墜落
昭和41年9月21日　山口県徳山市

9月21日、山口県徳山市の牧崎山で、訓練中の陸上自衛隊中部第13飛行隊のL19型機が墜落し、乗員1名が死亡、1名が負傷した。
●死者1名、負傷者1名、航空機1機墜落（防衛庁調べ）

0841 バス・東武伊勢崎線特急電車衝突
昭和41年9月22日　埼玉県越谷市

9月22日午後6時25分、東武鉄道伊勢崎線の越谷駅構内の遮断機付きの通称赤山街道踏切で、東武定期バスと日光発浅草行き特急第2けごん（6両編成）が衝突。電車は前部5両が脱線、バスは大破し、乗客3名と通行人1名が死亡、乗客ら3名が重傷、13名が軽傷を負った。原因はバスの車掌による誘導ミス。
●死者4名、重傷者3名、軽傷者13名（運輸省調べ）、車両5両脱線、車両1台大破

0842 陸上自衛隊機墜落
昭和41年10月12日　宮城県白石市

10月12日、宮城県白石市の弥太郎山で、訓練中の陸上自衛隊東部飛行隊のL19型機が墜落し、乗員2名が負傷した。
●負傷者2名、航空機1機墜落（防衛庁調べ）

0843 米軍戦闘機墜落
昭和41年11月9日　青森県三沢市

11月9日、青森県三沢市淋代で、訓練中の

米軍三沢基地のF100型戦闘機が墜落し、操縦士が負傷した。
●負傷者1名、航空機1機墜落（防衛庁調べ）

0844 トラック・近鉄電車連続衝突
昭和41年11月11日　奈良県宇陀郡室生村

11月11日午前と午後の2回、奈良県宇陀郡室生村の近畿日本鉄道大阪三本松駅付近の無警報機踏切で、トラックと急行電車が衝突、乗客ら3名が死亡、15名が重軽傷を負った。
●死者3名、重軽傷者15名、車両衝突

0845 近鉄大阪線特急電車追突
昭和41年11月12日　大阪府柏原市

11月12日、近畿日本鉄道大阪線の河内国分駅構内で、特急電車が通過待ちの準急電車に追突し、乗客1名が死亡、178名が重軽傷を負った。原因は特急の信号無視。
●死者1名、重軽傷者178名、車両追突

0846 全日本空輸旅客機墜落
昭和41年11月13日　愛媛県松山市沖

第Ⅰ部　解説参照（p.72）。
●死者50名

0847 大阪府警察・全日本空輸ヘリコプター衝突
昭和41年11月16日　愛媛県松山市沖

11月16日、松山市の沖合で、大阪府警察のベル47G型ヘリコプターと全日本空輸のベル47D型ヘリコプターが墜落機捜索中に正面衝突、墜落し、両機の乗員4名が即死した。
●死者4名、ヘリコプター2機墜落（運輸省調べ）

0848 東北本線貨物列車脱線
昭和41年11月18日　宮城県登米郡迫町

11月18日、東北本線の新田駅で、長町行き貨物列車の貨車18両が脱線、転覆した。

●車両18両脱線・転覆

0849 航空自衛隊戦闘機墜落
昭和41年11月28日　青森県三沢市

11月28日、青森県三沢市天ヶ森の射爆場で、訓練中の航空自衛隊第4航空団のF86F型戦闘機が墜落し、操縦士が死亡した。
●死者1名、航空機1機墜落（防衛庁調べ）

0850 航空自衛隊戦闘機接触
昭和41年12月13日　福岡県築上郡築城町

12月13日、福岡県築城町の上空で、訓練中の航空自衛隊第8航空団のF86F型戦闘機どうしが接触したが、乗員に死傷者はなかった。
●航空機2機接触（防衛庁調べ）

0851 東武大師線電車・営団地下鉄電車衝突
昭和41年12月15日　東京都足立区

12月15日、東武鉄道大師線の西新井駅付近で、同線の電車が脱線し、隣の線路を走っていた相互乗り入れの帝都高速度交通営団日比谷線の竹の塚行き電車と衝突、乗客7名が死亡、18名が重軽傷を負った。脱線の原因は現場付近のレールの摩滅とみられる。
●死者7名、重軽傷者18名（運輸省調べ）、車両脱線

0852 京浜東北線電車暴走
昭和41年12月18日　東京都大田区

12月18日、蒲田電車区で、京浜東北線の電車（10両編成）が点検作業中に引込線を暴走、約30m離れた東京都大田区道塚町の住宅に突っ込んだが、住民らに負傷者はなかった。
●損壊家屋1棟

昭和41年(1966年)～

0853 ダンプカー・近鉄大阪線急行電車衝突
昭和41年12月19日　大阪府羽曳野市

12月19日、近畿日本鉄道大阪線の古市・駒ヶ谷駅間の石川鉄橋東詰の踏切で、ダンプカーと吉野発阿倍野橋行き急行電車（3両編成）が衝突。ダンプカーは約120m引きずられて大破し、運転手が死亡、急行も傾斜して脱線し、乗客ら19名が軽重傷を負った。
●死者1名、重軽傷者19名、車両1台大破

0854 海上自衛隊対潜哨戒機・ヘリコプター衝突
昭和42年1月16日　徳島県徳島市沖

1月16日、徳島市沖洲町の東約11kmの海上で、合同訓練から戻る途中の海上自衛隊第3航空群のグラマンS2F1型対潜哨戒機と同第21航空群のシコルスキーHSS2型ヘリコプターが衝突、墜落し、双方の乗員10名全員が死亡した。
●死者10名、航空機2機墜落（防衛庁調べ）

0855 全日本空輸旅客機故障
昭和42年1月20日　兵庫県伊丹市

1月20日午前7時50分頃、大阪空港で、全日本空輸の大阪発大分行きYS11型旅客機オリンピア号が離陸直後に右車輪の故障により緊急着陸したが、乗員5名と乗客10名に負傷者はなかった。原因は脚受部分の不備。
●航空機1機故障

0856 日本国内航空旅客機破損
昭和42年1月22日　北海道函館市

1月22日午前11時40分頃、北海道の函館空港で、日本国内航空のYS11型旅客機黒耀号が離陸に失敗し、滑走路端から約200m先の畑で停止。このため乗客ら4名が軽傷を負い、機体も破損した。原因は操縦系統の故障。
●軽傷者4名、航空機1機破損（運輸省調べ）

0857 ミキサー車・豊橋鉄道渥美線電車衝突
昭和42年1月27日　愛知県渥美郡田原町

1月27日、豊橋鉄道渥美線の杉山・豊島駅間の警報機のない小池踏切で、コンクリートミキサー車と新豊橋発三河田原行き普通電車（4両編成）が衝突して電車の先頭車両が転覆、後続の2両が脱線し、乗客ら60名が軽重傷を負った。
●重軽傷者60名、車両1両転覆、車両2両脱線（運輸省調べ）

0858 航空自衛隊練習機墜落
昭和42年2月1日　愛知県春日井市

2月1日、愛知県春日井市で、航空自衛隊第3航空団のT33A型ジェット練習機が名古屋鉄道小牧線の線路内に墜落したが、電車の通過直後だったため、死傷者はなかった。
●航空機1機墜落（防衛庁調べ）

0859 米空軍戦闘爆撃機墜落
昭和42年2月1日　東京都府中市

2月1日、東京都府中市で、訓練中の米空軍横田基地のF105D型戦闘爆撃機が多摩川に墜落したが、死傷者はなかった。
●航空機1機墜落（防衛庁調べ）

0860 航空自衛隊機墜落
昭和42年2月2日　茨城県

2月2日、茨城県行方・鹿島郡境の北浦で、航空自衛隊第7航空団のH19型機が墜落したが、死傷者はなかった。
●航空機1機墜落（防衛庁調べ）

0861 日本国内航空旅客機破損
昭和42年2月9日　静岡県浜松市

2月9日午後4時53分頃、静岡県浜松市の上空約3000mで、日本国内航空の徳島行きコン

274

～昭和42年（1967年）

ベア240型旅客機の操縦席の前方と左の窓ガラスが突然吹き飛んだ。このため操縦士が左胸を強打したが、約1分間後に意識を回復し、名古屋空港に緊急着陸。乗客28名に死傷者はなかった。
●重傷者1名、航空機1機破損（運輸省調べ）

0862	海上自衛隊対潜哨戒機不時着
	昭和42年2月10日　千葉県東葛飾郡鎌ヶ谷町

2月10日、千葉県鎌ヶ谷町で、海上自衛隊下総基地のS2F型対潜哨戒機が不時着し、乗員ら4名が負傷した。
●負傷者4名、航空機1機不時着（防衛庁調べ）

0863	トラック・静岡鉄道駿遠線電車衝突
	昭和42年2月11日　静岡県引佐郡細江町

2月11日、静岡鉄道駿遠線の細江・静波駅間の踏切で、トラックと電車が衝突し、乗客ら12名が負傷した。
●負傷者12名、車両衝突（運輸省調べ）

0864	オート三輪・草津線列車衝突
	昭和42年3月25日　滋賀県甲賀郡

3月25日、草津線の三雲・石部駅間の踏切で、オート三輪と列車が衝突し、列車の乗客ら12名が負傷、気動車1両が脱線した。原因はオート三輪側の警報無視。
●負傷者12名、車両1両脱線（運輸省調べ）

0865	ダンプカー・南海電鉄木線電車衝突
	昭和42年4月1日　大阪府泉南郡泉南町

4月1日、南海電鉄本線の樽井・尾崎駅間の踏切で、エンジン系統の不良により立往生していたダンプカーに難波発和歌山市行き急行電車（5両編成）が衝突し、前部の2両が脱線して鉄橋から河原へ転落、後続の1両が宙づりになり、乗客5名が死亡、186名が重軽傷を負った。原因は急行の運転士が同乗させた子供（3歳）

に気を取られ、ダンプカーの発見が遅れたため。
●死者5名、重軽傷者186名、車両2両転落（運輸省調べ）

0866	日本国内航空ヘリコプター墜落
	昭和42年4月1日　神奈川県足柄下郡南足柄町

4月1日、神奈川県南足柄町で、日本国内航空のシコルスキー62A型ヘリコプターが墜落、炎上したが、死傷者はなかった。
●ヘリコプター1機墜落（運輸省調べ）

0867	ダンプカー・宮原線列車衝突
	昭和42年4月7日　熊本県阿蘇郡小国町

4月7日、宮原線の北里・肥後小国駅間の踏切で、ダンプカーと列車が衝突、列車の乗客ら37名が重軽傷を負い、気動車1両が脱線した。原因はダンプカーの直前横断。
●重軽傷者37名、車両1両脱線（運輸省調べ）

0868	日本農林ヘリコプター故障
	昭和42年4月17日　宮崎県西都市

4月17日、宮崎県西都市で、農薬散布中の日本農林のベル47G2A型ヘリコプターが故障したが、死傷者はなかった。
●ヘリコプター1機故障（運輸省調べ）

0869	東京航空セスナ機離陸失敗
	昭和42年4月22日　東京都江東区

4月22日、東京都江東区の東雲飛行場で、東京航空のセスナ170B型機が離陸に失敗し、操縦士ら3名が負傷した。
●負傷者3名、航空機1機墜落（運輸省調べ）

0870	中日本航空ヘリコプター墜落
	昭和42年4月23日　静岡県榛原郡中川根町

4月23日、静岡県中川根町で、中日本航空のKH4型ヘリコプターが墜落し、乗員1名が

第Ⅱ部　鉄道・航空機事故一覧

昭和42年(1967年)〜

死亡した。
●死者1名、ヘリコプター1機墜落（運輸省調べ）

0871 航空自衛隊戦闘機・練習機衝突
昭和42年4月26日　北海道

4月26日、北海道増毛・雨竜郡境の暑寒別岳付近の上空で、航空自衛隊第2航空団のF104型ジェット戦闘機とT33型練習機が衝突したが、死傷者はなかった。
●航空機衝突（防衛庁調べ）

0872 米海軍哨戒機墜落
昭和42年4月28日　対馬海峡

4月28日、対馬海峡で、米海軍岩国基地の哨戒機が墜落し、乗員12名が死亡した。
●死者12名、航空機1機墜落（防衛庁調べ）

0873 航空自衛隊戦闘機不時着
昭和42年5月1日　宮城県宮城郡松島町

5月1日、宮城県松島町の松島基地で、航空自衛隊第4航空団のF86F型ジェット戦闘機が不時着。機体は大破したが、死傷者はなかった。
●航空機大破（防衛庁調べ）

0874 日本飛行連盟機墜落
昭和42年5月3日　大分県大分市

5月3日、大分市津守で、日本航空連盟のパイパー型機が墜落し、操縦士ら2名が負傷した。
●負傷者2名、航空機1機墜落（運輸省調べ）

0875 航空自衛隊戦闘機墜落
昭和42年5月9日　北海道

5月9日、北海道の長渡沼付近で、航空自衛隊第2航空団のF104J型ジェット戦闘機が墜落したが、死傷者はなかった。
●航空機1機墜落（防衛庁調べ）

0876 米空軍輸送機火災
昭和42年5月13日　東京都西多摩郡福生町

5月13日、東京都福生町の米空軍横田基地内で、同基地のボーイング707型輸送機が発火、炎上し、6名が負傷した。
●負傷者6名、航空機火災（防衛庁調べ）

0877 航空自衛隊戦闘機墜落
昭和42年5月17日　茨城県東茨城郡美野里町

5月17日、茨城県美野里町で、航空自衛隊第7航空団のF104J型ジェット戦闘機が墜落したが、死傷者はなかった。
●航空機1機墜落（防衛庁調べ）

0878 トラック・東武伊勢崎線電車衝突
昭和42年5月20日　東京都足立区

5月20日、東武鉄道伊勢崎線の北千住・小菅駅間の荒川放水路堤防踏切で、トラックと電車が衝突した。
●車両衝突

0879 竹の丸訓盲学院セスナ機墜落
昭和42年5月30日　岩手県二戸郡安代町

5月30日、岩手県安代町で、観光業務で札幌へ向かう途中の横浜市中区の竹の丸訓盲学院航空事業部のセスナ310B型双発機が、乱気流に巻き込まれて田代山8合目に墜落し、乗員5名が死亡した。
●死者5名、航空機1機墜落（運輸省調べ）

0880 東急田園都市線電車火災
昭和42年6月6日　東京都品川区

6月6日、東京急行電鉄田園都市線の荏原町・旗の台駅間で、大井町発長津田行き電車（4両編成）がブレーキ系統の緊急点検作業のため停止した直後、モーター回路から出火、3回爆発し、乗客ら16名が軽重傷を負い、車両の下部

276

が焦げた。
●重軽傷者16名、車両半焼（運輸省調べ）

0881 日本国内航空ヘリコプター墜落
昭和42年6月11日　広島県庄原市

6月11日、広島県庄原市で、農薬散布中の日本国内航空のベル47G2型ヘリコプターが墜落し、1名が負傷した。
●負傷者1名、ヘリコプター1機墜落（運輸省調べ）

0882 山陽電鉄線電車爆破
昭和42年6月18日　兵庫県神戸市垂水区

6月18日、山陽電鉄線の塩屋駅で、到着した姫路行き電車（2両編成）の後部車両の網棚に仕掛けてあった時限式爆発物が爆発し、乗客の女性2名が死亡、29名が重軽傷を負った。
●死者2名、重軽傷者29名、車両損壊

0883 室蘭本線貨物列車脱線
昭和42年6月25日　北海道虻田郡豊浦町

6月25日、室蘭本線の豊浦・大岸駅間で、通過中の貨物列車の貨車19両が脱線した。
●車両19両脱線（運輸省調べ）

0884 ダンプカー・近江鉄道本線電車衝突
昭和42年6月29日　滋賀県犬上郡甲良町

6月29日、近江鉄道本線の甲良・多賀宮駅間の南踏切で、ダンプカーと愛知川発米原行き電車（2両編成）が衝突し、現場から約20m先の犬上鉄橋から約5m下の河原に転落し、ダンプの運転手が即死、電車の乗客ら7名が重軽傷を負った。
●死者1名、重軽傷者7名、車両2両転落

0885 日本航空訓練機不時着
昭和42年7月2日　宮城県名取市

7月2日、宮城県名取市の仙台空港で、乗員訓練中の日本航空のビーチクインエア型機が不時着し、4名が負傷した。
●負傷者4名、航空機1機破損（運輸省調べ）

0886 大阪エアウエーズヘリコプター墜落
昭和42年7月2日　鹿児島県曽於郡末吉町

7月2日、鹿児島県末吉町で、農薬散布中の大阪エアウエーズのKH4型ヘリコプターが墜落し、1名が負傷した。
●負傷者1名、ヘリコプター1機墜落（運輸省調べ）

0887 ヘリコプター墜落
昭和42年7月3日　埼玉県所沢市

7月3日、埼玉県所沢市住吉町で、農薬散布中の朝日ヘリコプターのKH4型ヘリコプターが墜落し、2名が負傷した。
●負傷者2名、ヘリコプター1機墜落（運輸省調べ）

0888 航空自衛隊輸送機不時着水
昭和42年7月5日　沖縄嘉手納村付近

7月5日、沖縄の嘉手納村付近の海域で、航空自衛隊輸送航空団のC46型輸送機が不時着水したが、死傷者はなかった。
●航空機1機不時着水（防衛庁調べ）

0889 日本農林ヘリコプター墜落
昭和42年7月5日　長野県下伊那郡高森町

7月5日、長野県高森町で、農薬散布中の日本農林のベル47G2型ヘリコプターが墜落し、1名が負傷した。
●負傷者1名、ヘリコプター1機墜落（運輸省調べ）

昭和42年（1967年）〜

0890 都電江戸川線電車衝突
昭和42年7月8日　東京都新宿区

7月8日、東京都交通局江戸川線の早稲田車庫前停留所で、電車が衝突し、乗客ら15名が負傷した。原因は転轍器の操作ミスと運転士の信号無視。
●負傷者15名、車両衝突（運輸省調べ）

0891 中央本線電車脱線
昭和42年7月9日　愛知県春日井市

7月9日午後11時過ぎ、中央本線の高蔵寺駅の東約1kmの地点で、名古屋発瑞浪行き普通電車（10両編成）がコンクリート製の側壁片に乗り上げ、前部の7両が脱線、乗客19名が重軽傷を負った。同側壁は大雨で崩壊していた。
●重軽傷者19名、車両7両脱線（運輸省調べ）

0892 大阪エアウエーズヘリコプター墜落
昭和42年7月11日　熊本県阿蘇郡阿蘇町

7月11日、熊本県阿蘇町で、農薬散布中の大阪エアウエーズのベル47G2型ヘリコプターが墜落し、1名が負傷した。
●負傷者1名、ヘリコプター1機墜落（運輸省調べ）

0893 京王線電車衝突
昭和42年7月22日　東京都新宿区

7月22日、新宿駅で、京王帝都電鉄京王線の京王多摩川発新宿行き電車（6両編成）が車止めに激突し、乗客ら74名が重軽傷を負った。原因はブレーキの操作ミス。
●重軽傷者74名、車両損壊（運輸省調べ）

0894 南海電鉄本線急行電車・貨物列車衝突
昭和42年7月24日　大阪府泉南郡阪南町

7月24日、南海電鉄本線の箱作駅構内で、難波発和歌山市行き急行電車（4両編成）と和歌山市発堺行き貨物列車が正面衝突。急行電車は前部2両が傾斜、脱線し、貨物列車は機関車と貨車1両が転覆し、乗客ら95名が重軽傷を負った。原因は急行側の信号無視。
●重軽傷者95名、車両衝突（運輸省調べ）

0895 都電砂町線電車衝突
昭和42年7月31日　東京都江東区

7月31日、東京都交通局砂町線の堅川通り・水神森停留所間で、電車が衝突し、乗客ら12名が負傷した。原因は速度超過。
●負傷者12名、車両衝突（運輸省調べ）

0896 中央本線貨物列車衝突
昭和42年8月8日　東京都新宿区

第Ⅰ部　解説参照（p.74）。
●車両破損

0897 阪急航空ヘリコプター墜落
昭和42年8月8日　長野県茅野市

8月8日、長野県茅野市で、農薬散布中の阪急航空のベル47G2型ヘリコプターが墜落し、1名が負傷した。
●負傷者1名、ヘリコプター1機墜落（運輸省調べ）

0898 日本農林ヘリコプター墜落
昭和42年8月10日　新潟県中頸城郡三和村

8月10日、新潟県三和村で、農薬散布中の日本農林のベル47G2型ヘリコプターが墜落し、1名が負傷した。
●負傷者1名、ヘリコプター1機墜落（運輸省調べ）

0899 中日新聞社機墜落
昭和42年8月13日　長野県塩尻市

8月13日、長野県塩尻市で、松本空港から

~昭和42年（1967年）

グライダーを牽引して離陸した中日新聞社のパイパー式スーパーカブJA3082型機こまどり号が葡萄畑に墜落、炎上し、乗員2名が死亡した。
●死者2名、航空機1機墜落

0900 西日本空輸ヘリコプター墜落
昭和42年8月17日　滋賀県甲賀郡信楽町

8月17日、滋賀県信楽町で、農薬散布中の西日本空輸のベル47G2型ヘリコプターが墜落し、1名が負傷した。
●負傷者1名、ヘリコプター1機墜落（運輸省調べ）

0901 ヘリコプター墜落
昭和42年8月18日　秋田県茅野市

8月18日、秋田県本荘市で、農薬散布中の朝日ヘリコプターのベル47G2型ヘリコプターが墜落し、1名が死亡した。
●死者1名、ヘリコプター1機墜落（運輸省調べ）

0902 瀬戸内海航空ヘリコプター墜落
昭和42年8月18日　京都府綴喜郡井手町

8月18日、京都府井手町で、農薬散布中の瀬戸内海航空のベル47G4型ヘリコプターが墜落し、1名が負傷した。
●負傷者1名、ヘリコプター1機墜落（運輸省調べ）

0903 常磐線貨物列車脱線
昭和42年8月27日　千葉県柏市

8月27日、常磐線の柏・我孫子駅間で、通過中の貨物列車（33両編成）の先頭から4両目の有蓋貨車と後続の9両が脱線した。
●車両10両脱線（運輸省調べ）

0904 大韓航空機発煙
昭和42年9月1日　兵庫県伊丹市付近

9月1日、大阪空港で、大韓航空のソウル発大阪行きDC9型ジェット旅客機が着陸直前に右側エンジンから煙を出したが、乗員9名と乗客63名に死傷者はなかった。
●航空機1機発煙

0905 阪急宝塚線電車発火
昭和42年9月5日　大阪府大阪市東淀川区

9月5日、京阪神急行電鉄の十三駅で、発車した電車（6両編成）の後から2両目の車両の下部から発火し、煙が車内に充満したが、死傷者はなかった。
●車両1台発火

0906 中日本航空・日本国内航空セスナ機衝突
昭和42年9月10日　愛知県

9月10日、愛知県尾西市西五城付近の上空で、宣伝行なっていた中日本航空のセスナ172B型機が日本国内航空のセスナ172C型機と衝突して約2km離れた一宮市萩原町の水田に墜落、大破し、操縦士が死亡。日本国内航空機は右側翼の先端部（約1m）を破損したが、約7分後名古屋空港に緊急着陸した。
●死者1名、航空機1機墜落（運輸省調べ）

0907 東海道新幹線列車持込み薬瓶爆発
昭和42年9月19日

9月19日、東海道新幹線の列車内で乗客の持ち込んだ薬瓶が突然爆発した。
●―

0908 航空自衛隊練習機墜落
昭和42年9月21日　群馬県利根郡片品村

9月21日、群馬県片品村の武尊山の南東約1kmの地点で、千歳空港を離陸した航空自衛

昭和42年(1967年)〜

隊保安管制気象団のT33A型練習機が墜落、大破し、乗員2名が死亡した（同23日に機体発見）。
●死者2名、航空機1機大破（防衛庁調べ）

0909 東北本線貨物列車脱線
昭和42年9月24日　青森県上北郡六戸町

9月24日午後11時55分、東北本線の三沢・向山駅間の犬落瀬付近で、青森発大宮行き急行貨物列車（38両編成）の機関車と貨車合わせて12両が脱線、6両が転覆した（翌日午後4時52分に復旧）。原因は長雨による築堤の崩壊。
●車両12両脱線（運輸省調べ）

0910 トラック・東海道本線特急列車衝突
昭和42年9月30日　愛知県安城市

9月30日、東海道本線の安城駅付近の踏切で、トラックと特急あさかぜが衝突し、機関車が脱線、機関士が死亡した。
●死者1名、車両脱線

0911 バス・富山地方鉄道富山軌道線電車衝突
昭和42年9月30日　富山県富山市

9月30日、富山地方鉄道富山軌道線の荒町・西町駅間で、バスと電車が衝突し、乗客ら10名が負傷した。原因は運転士の前方不注意。
●負傷者10名、車両衝突（運輸省調べ）

0912 大阪市営地下鉄電車衝突
昭和42年10月1日　大阪府大阪市西区

10月1日午前7時過ぎ、大阪市営地下鉄4号線の本町駅構内で、電車（2両編成）がコンクリート製車止めに激突し、乗客ら27名が重軽傷を負った。後に、自動停止装置が作動しなかった点が指摘された。
●重軽傷者27名、車両損壊（運輸省調べ）

0913 日本航空訓練機墜落
昭和42年10月5日　山形県村山市

10月5日、山形県村山市で、訓練中の日本航空のビーチクラフトH18型双発練習機が墜落し、乗員4名が死亡した。
●死者4名、航空機1機墜落（運輸省調べ）

0914 航空自衛隊戦闘機墜落
昭和42年10月21日　愛知県春日井市

10月21日、愛知県春日井市宮町で、試験飛行中の航空自衛隊第2航空団のF104型ジェット戦闘機が水田に墜落し、操縦していた三菱重工業のテストパイロットが即死。同機は同県小牧市の三菱重工業小牧工場で修理を終えたばかりだった。
●死者1名、航空機1機墜落

0915 飯田線急行列車脱線
昭和42年10月28日　長野県下伊那郡泰阜村

10月28日、飯田線の金野・唐笠駅間の第7トンネル付近で、急行列車が台風34号の影響による落石に乗り上げ、前部の3両が脱線した。
●車両3両脱線

0916 航空自衛隊戦闘機墜落
昭和42年10月29日　茨城県東茨城郡小川町付近

10月29日、茨城県小川町の百里基地付近で、航空自衛隊第7航空団のF104J型戦闘機が墜落し、乗員1名が死亡した。
●死者1名、航空機1機墜落（防衛庁調べ）

0917 横浜訓盲学院セスナ機不時着
昭和42年10月29日　群馬県館林市

10月29日、群馬県館林市で、横浜訓盲学院のセスナ172B型機が不時着したが、死傷者はなかった。
●航空機1機破損（運輸省調べ）

~昭和43年（1968年）

0918　東海道本線急行列車発火
昭和42年11月15日　愛知県蒲郡市

11月15日午前1時40分頃、東海道本線の蒲郡駅付近で、東京発広島行き急行安芸の食堂車から出火し、同車を全焼、隣の2等寝台車を半焼、食堂車の休憩室で寝ていた従業員2名が焼死した。原因は旧型の調理用石炭レンジの過熱とみられる。
●死者2名、車両1両全焼、車両1両半焼

0919　航空自衛隊戦闘機破損
昭和42年12月12日　石川県小松市

12月12日、石川県小松市で、航空自衛隊航空団のF104J型戦闘機が落雷を受け、機体を破損したが、死傷者はなかった。
●航空機1機破損（防衛庁調べ）

0920　海上自衛隊対潜哨戒ヘリコプター墜落
昭和42年12月13日　鹿児島県鹿屋市

12月13日、鹿児島県鹿屋市で、海上自衛隊第1航空群のS55A型対潜哨戒ヘリコプターが墜落し、操縦士ら4名が即死した。
●死者4名、ヘリコプター1機墜落（防衛庁調べ）

0921　ダンプカー・京成電鉄本線電車衝突
昭和42年12月15日　千葉県佐倉市

12月15日、京成電鉄本線の京成佐倉・大佐倉駅間の踏切で、ダンプカーと電車が衝突。車両が脱線し、乗客ら10名が負傷した。
●負傷者10名、車両脱線（運輸省調べ）

0922　陸上自衛隊軽戦闘機墜落
昭和42年12月22日　青森県上北郡七戸町

12月22日、青森県七戸町の上空で、陸上自衛隊第9飛行隊のL19型軽戦闘機と米軍機が接触。自衛隊機が墜落し、乗員1名が死亡した。
●死者1名、航空機1機墜落（防衛庁調べ）

0923　米空軍戦闘機墜落
昭和42年12月28日　東京都三宅村沖

12月22日、東京都三宅村の三宅島の沖合で、米空軍横田基地のF4C型戦闘機が墜落したが、死傷者はなかった。
●航空機1機墜落（防衛庁調べ）

0924　日本航空協会機不時着
昭和43年1月7日　福岡県北九州市小倉区

1月7日、北九州市小倉区の小倉空港に、日本航空協会のH23C型機が不時着、乗員2名が負傷した。
●負傷者2名、航空機1機不時着（運輸省調べ）

0925　米海軍輸送機衝突
昭和43年1月16日　愛媛県西条市

1月16日、愛媛県西条市の石鎚山に米海軍岩国基地のP3A型輸送機が衝突し、乗員12名が死亡した。
●死者12名、航空機1機衝突（防衛庁調べ）

0926　航空自衛隊戦闘機墜落
昭和43年1月17日　宮城県玉造郡鳴子町

1月17日、宮城県鳴子町に、航空自衛隊第4航空団のF86F型戦闘機が訓練中に墜落し、乗員1名が死亡した。
●死者1名、航空機1機墜落（防衛庁調べ）

0927　南海電鉄本線急行電車・回送電車衝突
昭和43年1月18日　大阪府大阪市西成区

1月18日、南海電鉄本線の天下茶屋駅で、春木発難波行き臨時急行電車（5両編成）が同駅発堺東行き回送電車（2両編成）と正面衝突し、急行側の前2両と回送側の前1両が脱線、双方の1両ずつが傾斜、乗務員や乗客約1,000名のうち239名が重軽傷を負った。原因は運

第Ⅱ部　鉄道・航空機事故一覧

昭和43年（1968年）～

転士による信号無視とブレーキの操作ミス。
●重軽傷者239名、車両3両脱線（運輸省調べ）

0928 ダンプカー・高松琴平電鉄志度線電車衝突
昭和43年1月19日　香川県高松市

1月19日、高松市の琴平電鉄志度線春日川・潟元駅間の踏切でダンプカーと電車が衝突し、乗客ら21名が負傷した。原因はダンプカーの警報無視と見られる。
●負傷者21名、車両衝突（運輸省調べ）

0929 グライダー分解
昭和43年1月21日　静岡県

1月21日、静岡県の上空でグライダーが突然分解し、操縦者ら2名が死亡した。
●死者2名、航空機1機墜落

0930 日本フライングクラブ機墜落
昭和43年1月21日　神奈川県三浦市

1月21日、神奈川県三浦市初音町和田矢作に、日本フライングクラブのN62型小型単発機が墜落、爆発炎上し、操縦者の日本航空機長が重傷を負った。原因はエンジンの不調。
●重傷者1名、航空機1機墜落（運輸省調べ）

0931 沼津グライダークラブ機墜落
昭和43年1月21日　静岡県富士宮市

1月21日、静岡県富士宮市に沼津グライダークラブのH22型機が墜落し、乗員2名が死亡した。
●死者2名、グライダー1機墜落（運輸省調べ）

0932 営団地下鉄日比谷線電車火災
昭和43年1月27日　東京都港区

第Ⅰ部　解説参照（p.76）。
●車両破損

0933 東急世田谷線電車急停止
昭和43年1月30日　東京都世田谷区

1月30日、東京急行電鉄世田谷線山下駅で電車が急停止し、乗客ら18名が負傷した。原因はブレーキの操作ミスによる制動距離不足。
●負傷者18名（運輸省調べ）

0934 瀬戸内航空ヘリコプター接触
昭和43年1月31日　徳島県三好郡三野町

1月31日、徳島県三野町で、瀬戸内航空のベル47G2型ヘリコプターが送電線に接触し、乗員3名が負傷した。
●負傷者3名、航空機1機接触（運輸省調べ）

0935 陸上自衛隊ヘリコプター墜落
昭和43年2月2日　愛媛県温泉郡重信町

2月2日午後2時35分、愛媛県重信町西岡の小野駐屯地で、陸上自衛隊西部方面隊のHU1B型ヘリコプターが着陸直前に失速して近くの桑畑に墜落、炎上し、乗員のうち7名が死亡、1名が重傷を負った。原因はエンジンの過熱。
●死者7名、重傷者1名、ヘリコプター1機墜落（防衛庁調べ）

0936 航空自衛隊練習機墜落
昭和43年2月7日　福岡県豊前市

2月7日、福岡県豊前市の液化石油ガス工場に航空自衛隊築城基地のT34A型練習機が墜落、炎上し、乗員2名が即死した。
●死者2名、航空機1機墜落（防衛庁調べ）

0937 日本飛行連盟機不時着
昭和43年2月11日　千葉県八千代市

2月11日、千葉県八千代市に日本飛行連盟のエアロンカ型機が機体の凍結により不時着したが、乗員に死傷者はなかった。

●航空機1機不時着（運輸省調べ）

0938　全日本空輸機墜落
昭和43年2月12日　神奈川県足柄下郡南足柄町

2月12日、神奈川県南足柄町で、全日本空輸の204B型機が立木に接触、墜落し、乗員2名が死亡、1名が負傷した。
●死者2名、負傷者1名、航空機1機墜落（運輸省調べ）

0939　東海道本線電車・貨物列車衝突
昭和43年2月15日　滋賀県坂田郡米原町

2月15日、東海道本線の米原駅で電車と貨物列車が衝突し、客車や貨車12両が脱線したが、乗務員や乗客に死傷者はなかった。
●車両12両脱線（日本国有鉄道調べ）

0940　トラック・名鉄線電車衝突
昭和43年2月19日　愛知県

2月19日、名古屋鉄道線市田・諏訪新道駅間の踏切で小型トラックと電車が衝突し、1名が死亡、5名が負傷した。原因はトラックの直前横断。
●死者1名、負傷者5名、車両衝突（運輸省調べ）

0941　乗用車・京成電鉄本線電車衝突
昭和43年2月23日　千葉県習志野市

2月23日、京成電鉄本線京成大久保・実籾駅間の踏切で乗用車と電車が衝突し、1名が死亡、7名が負傷した。原因は踏切警手による遮断機の操作ミス。
●死者1名、負傷者7名、車両衝突（運輸省調べ）

0942　ダンプカー・青梅線電車衝突
昭和43年2月26日　東京都西多摩郡羽村町

2月26日、青梅線小作駅付近の踏切でダンプカーと電車が衝突、車両1両が脱線し、乗客ら8名が負傷した。
●負傷者8名、車両1両脱線（日本国有鉄道調べ）

0943　トラック・名古屋市営電車衝突
昭和43年2月27日　愛知県名古屋市昭和区

2月27日、名古屋市交通局鶴舞公園・東郊通1丁目停留所間で、トラックと電車が衝突し、乗客ら15名が負傷した。原因はトラックの不注意。
●負傷者15名、車両衝突（運輸省調べ）

0944　米海軍機不時着水
昭和43年3月14日　東京湾

3月14日、東京湾に米海軍厚木基地のRA5C型機が不時着水したが、乗員に死傷者はなかった。
●航空機1機不時着水（防衛庁調べ）

0945　乗用車・大阪市営電車接触
昭和43年3月24日　大阪府大阪市北区

3月24日、大阪市交通局の十三・中津沢通停留所間で、乗用車と電車が接触し、乗客ら9名が負傷した。原因は乗用車の前方不注意。
●負傷者9名、車両接触（運輸省調べ）

0946　ダンプカー・関東鉄道筑波線ディーゼルカー衝突
昭和43年3月26日　茨城県土浦市

3月26日、関東鉄道筑波線土浦・真鍋駅間の無人踏切で大型ダンプカーとディーゼルカーが衝突、ダンプカーは横転、大破し、乗客ら32名が重軽傷を負った。原因はダンプカーの直前横断。
●重軽傷者32名、車両衝突（運輸省調べ）

0947　広島電鉄線電車追突
昭和43年3月27日　広島県広島市

3月27日、広島電鉄線福島町・己斐駅間で、

後発電車が先発電車に追突し、乗客ら7名が負傷した。原因は後発側のブレーキの操作ミス。
●負傷者7名、車両追突（運輸省調べ）

0948 民間飛行クラブ機連続着陸失敗・破損
昭和43年4月～5月　東京都大田区

4月から5月にかけて、羽田空港で、民間の飛行クラブの所属機が着陸に失敗したり、脚を折損したりする事故3件が連続。原因は操縦者の技術不足や機体の未整備とみられる。
●航空機3機破損

0949 北海道航空セスナ機墜落
昭和43年4月4日　北海道上川郡上川町

4月4日、北海道上川町の音更山に、積雪写真撮影のため丘珠空港を離陸した北海道航空のセスナ172H型機（北海道大学理学部のチャーター機）が激突、同山北側に墜落し、操縦者と同学部助手2名が死亡した（同8日に機体発見）。
●死者3名、航空機1機墜落（運輸省調べ）

0950 京都市営電車追突
昭和43年4月14日　京都府京都市

4月14日、京都市交通局の五条坂・馬町停留所間で、後発電車が先発電車に追突し、乗客ら10名が負傷した。原因は追従運転による車間距離不足。
●負傷者10名、車両追突（運輸省調べ）

0951 エアリフトヘリコプター墜落
昭和43年4月16日　岐阜県各務原市

4月16日、岐阜県各務原市蘇原三柿野町で、エアリフトのKD107Ⅱ型大型ヘリコプターが、川崎航空機工業岐阜製作所の敷地内にあるヘリポートから離陸した直後に墜落、乗員1名が死亡、4名が重傷を負った。
●死者1名、重傷者4名、ヘリコプター1機墜落（運輸省調べ）

0952 トラック・土佐電鉄線電車衝突
昭和43年4月19日　高知県高知市

4月19日、土佐電鉄線知寄町車庫前・葛島町西詰停留所間で、トラックと電車が衝突、脱線し、乗客ら6名が負傷した。原因はトラックの無謀横断。
●負傷者6名、車両脱線（運輸省調べ）

0953 上越線電車・貨物列車衝突
昭和43年4月19日　群馬県前橋市

4月19日、上越線の群馬総社駅で、普通電車が停車していた貨物列車と衝突、客車1両と貨車4両が脱線し、乗客ら69名が負傷した。原因は構内係による運転順序の誤認。
●負傷者69名、車両5両脱線（日本国有鉄道調べ）

0954 新日本ヘリコプターヘリコプター墜落
昭和43年5月9日　東京都府中市

5月9日、東京都府中市東芝町の東芝グラウンドに、新日本ヘリコプターのベルKH4型ヘリコプター（東京電力のチャーター）が高圧送電線の監視業務中に墜落し、乗員2名が重軽傷を負った。
●重軽傷者2名、ヘリコプター1機墜落（運輸省調べ）

0955 京都市営電車追突
昭和43年5月11日　京都府京都市南区

5月11日、京都市交通局の東九条下り坂で、東福寺方面へ向かって九条車庫を出発した電車が、架線修理作業車と衝突、制動不能になり約400m先で先発電車に追突し、乗客ら11名が重軽傷を負った。原因は制限速度の超過。
●負傷者11名、車両衝突（運輸省調べ）

～昭和43年（1968年）

0956 京王線電車破損
昭和43年5月14日　東京都調布市

5月14日、京王帝都電鉄線の柴崎・国領駅間を電車が通過する際に、車両の軸箱蓋が緩み、対向電車に破片が飛び込み、乗客3名が負傷した。
●負傷者3名、車両破損（運輸省調べ）

0957 瀬戸内航空ヘリコプター墜落
昭和43年5月14日　香川県三豊郡仁尾町

5月14日、香川県仁尾町に、瀬戸内航空のKH4型ヘリコプターが農薬散布作業中に墜落し、乗員1名が負傷した。
●負傷者1名、ヘリコプター1機墜落（運輸省調べ）

0958 鹿児島本線貨物列車脱線
昭和43年5月17日　福岡県宗像郡宗像町

5月17日、鹿児島本線の東郷駅構内を貨物列車（36両編成）が通過する際、貨車16両が脱線、14両が転覆（うち5両は線路下に転落、現場付近の住宅に突入）、乗務員が負傷した。原因は乗務員の不注意による制限速度の超過。
●負傷者1名、車両26両脱線（日本国有鉄道調べ）

0959 バス・東急東横線電車衝突
昭和43年5月22日　東京都目黒区

5月22日、東京急行電鉄東横線中目黒・祐天寺駅間の踏切で、はとバスの回送車と電車が衝突し、電車の先頭車両が脱線、バスが大破、現場付近の商店が損壊、踏切待ちの通行人2名が死亡、8名が負傷した。原因はバスの踏切内での故障。
●死者2名、負傷者8名、車両1両脱線、車両1台大破（運輸省調べ）

0960 米空軍戦闘偵察機墜落
昭和43年6月2日　福岡県福岡市

6月2日夜、福岡市の板付で、米空軍板付基地のRF4C型ファントムジェット戦闘偵察機が基地への着陸直前、九州大学工学部構内の電子計算機センター建設現場に墜落し、6階建の同センター屋上など一部が損壊、機体が炎上、乗員2名が軽傷を負った。
●航空機1機墜落（防衛庁調べ）、軽傷者2名、損壊校舎1棟

0961 乗用車・東武伊勢崎線電車衝突
昭和43年6月4日　東京都墨田区

6月4日、東武鉄道伊勢崎線業平橋駅の構内踏切で、乗用車と電車が衝突し、乗客ら3名が死亡、1名が負傷した。原因は踏切警手による遮断機の操作ミス。
●死者3名、負傷者1名、車両衝突（運輸省調べ）

0962 乗用車・名寄線貨物列車衝突
昭和43年6月4日　北海道紋別郡興部町

6月4日、名寄線宇津・興部駅間の踏切で乗用車と貨物列車が衝突、貨車4両が脱線し、乗務員ら4名が負傷した。
●負傷者4名、車両4両脱線（日本国有鉄道調べ）

0963 阪急甲陽線電車暴走
昭和43年6月5日　兵庫県西宮市

6月5日、京阪神急行電鉄甲陽線の夙川駅で、甲陽園発夙川行き普通電車（2両編成）が駅構内の車止めを突破し脱線、約5m先の同神戸線ホームに激突し、通勤客ら18名と現場付近にいた乗客約7名が重軽傷を負った。原因はブレーキの操作ミス。
●重軽傷者18名、車両脱線（運輸省調べ）

第Ⅱ部　鉄道・航空機事故一覧　285

昭和43年（1968年）〜

0964 阪急航空ヘリコプター墜落
昭和43年6月11日　三重県桑名郡多度町

6月11日、三重県多度町で、農薬散布作業中の阪急航空のKH4型ヘリコプターが墜落し、乗員1名が負傷した。
●負傷者1名、ヘリコプター1機墜落（運輸省調べ）

0965 東洋棉花機墜落
昭和43年6月12日　神奈川県横浜市金沢区

6月12日、横浜市金沢区で、東洋棉花のヒューズ26B型機が操縦試験中に墜落し、乗員1名が負傷した。
●負傷者1名、航空機1機墜落（運輸省調べ）

0966 国際航空輸送セスナ機墜落
昭和43年6月13日　岩手県江刺市

6月13日、岩手県江刺市愛宕皀角で、国際航空輸送のセスナ310G型双発機が建設省国土地理院の依頼による国土基本図作成用の測量業務中に水田に墜落し、乗員1名が死亡、1名が重傷を負った（後に死亡）。原因はエンジン故障。
●死者2名、航空機1機墜落（運輸省調べ）

0967 横須賀線電車爆破
昭和43年6月15日　神奈川県鎌倉市

6月15日、横須賀線大船駅付近で横須賀発東京行き電車（10両編成）の6両目の網棚にあった紙袋が突然爆発し、1名が死亡、6名が重傷を、24名が軽傷を負った。爆発物は無煙火薬とタイマーを組み合わせた自家製の時限式爆弾（11月9日に犯人逮捕）。
●死者1名、重傷者6名、軽傷者24名

0968 伊豆急行線電車構内接触
昭和43年6月18日　静岡県伊東市

6月18日、伊豆急行電鉄線の川奈駅で、下田発伊東行き電車が誤って同駅を通過した直後に構内で熱海発下田行き対向電車の最後部に接触し、伊東行きの先頭車両が脱線、乗客ら2名が重傷を、48名が軽傷を負った。原因は伊東行きの運転士の居眠り運転。
●重傷者2名、軽傷者48名、車両1両脱線（運輸省調べ）

0969 東武野田線電車脱線
昭和43年6月19日　千葉県柏市

6月19日、東武鉄道野田線柏・増尾駅間で電車が脱線し、乗客ら18名が負傷した。原因は局地的豪雨による路床の土砂流失。
●負傷者18名、車両脱線（運輸省調べ）

0970 東北産業航空ヘリコプター墜落
昭和43年6月21日　長野県飯田市

6月21日、長野県飯田市で、東北産業航空のKH4型ヘリコプターが農薬散布作業中に墜落したが、乗員には死傷者はなかった。
●ヘリコプター1機墜落（運輸省調べ）

0971 ヘリコプター墜落
昭和43年6月21日　茨城県新治郡千代田村

6月21日、茨城県千代田村で、朝日ヘリコプターのKH4型ヘリコプターが農薬散布作業中に墜落し、乗員1名が負傷した。
●負傷者1名、ヘリコプター1機墜落（運輸省調べ）

0972 日本学生連盟機不時着
昭和43年6月22日　鳥取県鳥取市

6月22日、鳥取市の鳥取空港に日本学生連盟のポシアン1D型機が不時着し、乗員2名が

負傷した。
- 負傷者2名、航空機1機不時着（運輸省調べ）

0973 東京都営電車接触
昭和43年6月24日　東京都港区

6月24日、東京都交通局の権田原・北青山1丁目停留所間で、電車が対向電車に接触し、乗客ら5名が負傷した。原因は運転士の信号未確認。
- 負傷者5名、車両接触（運輸省調べ）

0974 京成電鉄本線電車追突
昭和43年6月26日　東京都台東区

6月26日、京成電鉄本線日暮里・博物館動物園駅間のトンネルで、後発電車が先発電車に追突、さらに先行の電車に追突し、乗客ら19名が重軽傷を負った。原因は運転士の信号無視。
- 重軽傷者19名、車両追突（運輸省調べ）

0975 東海道本線貨物列車脱線・衝突
昭和43年6月27日　滋賀県大津市

6月27日、東海道本線の膳所駅で貨物列車（41両編成）の機関車と貨車19両が脱線、貨車7両が横転、3両が隣の京阪電鉄石坂線の線路内に転落し、うち1両が全焼。直後に別の貨物列車（39両編成）が現場に進入、衝突し、機関車が大破、貨車2両が脱線したが、死傷者はなかった。原因は乗務員の居眠り運転による制限速度の超過。
- 車両33両脱線（日本国有鉄道調べ）

0976 山陰本線急行列車脱線
昭和43年6月28日　鳥取県鳥取市

6月28日、山陰本線の湖山駅で大阪発大社行き急行おきが駅構内を通過する際、機関車が横転、1等寝台車など6両が脱線し、1名が負傷した。原因は機関車の推進軸の折損。
- 負傷者1名、車両7両脱線（日本国有鉄道調べ）

0977 ヘリコプター墜落
昭和43年7月10日　北海道山越郡八雲町

7月10日、北海道八雲町にで、朝日ヘリコプターのKH4型ヘリコプターが農薬散布作業中に墜落し、乗員1名が負傷した。
- 負傷者1名、ヘリコプター1機墜落（運輸省調べ）

0978 マイクロバス・山陽電鉄網干線電車衝突
昭和43年7月14日　兵庫県姫路市

7月14日、山陽電鉄網干線夢前川・広畑駅間の富士製鉄中門前踏切で、建設業森川組のマイクロバスと電車が衝突、バスは電車に押されて約1.5m下の水田に落ち、作業員7名が死亡、12名が重軽傷を負った。原因はバスの警報無視。
- 死者7名、重軽傷者12名、車両衝突（運輸省調べ）

0979 航空自衛隊戦闘機接触
昭和43年7月15日　愛知県西春日井郡豊山町

7月15日、愛知県豊山町の小牧空港で、航空自衛隊第3航空団のF86F型戦闘機2機が着陸した直後に接触したが、乗員に死傷者はなかった。
- 航空機2機接触（防衛庁調べ）

0980 中央本線電車追突
昭和43年7月16日　東京都千代田区

第Ⅰ部　解説参照（p.79）。
- 負傷者150名

0981 バス・阪神電鉄本線電車衝突
昭和43年7月18日　兵庫県芦屋市

7月18日、阪神電鉄本線打出・南ノ宮駅間の踏切で、バスと電車が衝突し、1名が死亡、8名が負傷した。原因はバスの現場踏切内での

昭和43年(1968年)〜

エンジン停止。
●死者1名、負傷者8名、車両衝突（運輸省調べ）

0982 航空自衛隊練習機墜落
昭和43年8月1日　福岡県遠賀郡芦屋町沖

8月1日、福岡県築城町の航空自衛隊基地の北西約43kmの玄海灘の上空で、航空自衛隊第8航空団のT33型ジェット練習機が射撃場付近の天候調査からの帰途、発火し、墜落、乗員2名が死亡した。
●死者2名、航空機1機墜落（防衛庁調べ）

0983 陸上自衛隊連絡機衝突
昭和43年8月1日　香川県小豆郡

8月1日、香川県の小豆島の寒霞渓で、陸上自衛隊西部方面隊のLM1型連絡機が大阪府八尾市へ向かって熊本飛行場を離陸した直後に衝突、炎上し、乗員3名が死亡した（同16日午後に全員の遺体発見）。
●死者3名、航空機1機衝突（防衛庁調べ）

0984 高松琴平電鉄琴平線電車暴走
昭和43年8月1日　香川県高松市

8月1日、高松琴平電鉄琴平線の瓦町駅構内で、電車が制動不能になり、乗客ら6名が負傷した。原因はブレーキの故障。
●負傷者6名（運輸省調べ）

0985 インペリアル航空ヘリコプター墜落
昭和43年8月2日　福島県耶麻郡塩川町

8月2日、福島県塩川町で、インペリアル航空のKH4型ヘリコプターが農薬散布作業中に墜落し、乗員1名が負傷した。
●負傷者1名、ヘリコプター1機墜落（運輸省調べ）

0986 乗用車・南海阪堺線電車衝突
昭和43年8月5日　大阪府大阪市

8月5日、南海電鉄阪堺線恵美須・南霞町駅間の踏切で、乗用車と電車が衝突し、乗客ら2名が負傷した。原因は踏切警手による遮断機の操作ミス。
●負傷者2名、車両衝突（運輸省調べ）

0987 陸上自衛隊捜索機不時着
昭和43年8月7日　奈良県吉野郡東吉野村

8月7日、奈良県東吉野村の高見山で、陸上自衛隊中部方面隊のLM1型連絡機が同西部方面隊の遭難機捜索中に不時着し、機体が大破、乗員2名が軽傷を負った。
●軽傷者2名、航空機1機大破（防衛庁調べ）

0988 トロリーバス・北陸鉄道石川線電車衝突
昭和43年8月9日　石川県石川郡鳥越村

8月9日、北陸鉄道石川線釜清水・下吉谷駅間で、トロリーバスと電車が衝突し、乗客ら6名が負傷した。原因はトロリーバスによる線路の無断使用。
●負傷者6名、車両衝突（運輸省調べ）

0989 西武池袋線電車・貨物列車衝突
昭和43年8月9日　埼玉県所沢市

8月9日、西武鉄道池袋線の西所沢駅構内の入換線付近で、電車と貨物列車が衝突し、乗客ら6名が負傷した。原因は電車側の信号無視。
●負傷者6名、車両衝突（運輸省調べ）

0990 ヘリコプター墜落
昭和43年8月11日　新潟県新井市

8月11日、新潟県新井市で、日本農林ヘリコプターのKH4型ヘリコプターが農薬散布作業中に墜落し、乗員1名が負傷した。
●負傷者1名、ヘリコプター1機墜落（運輸省

0991 自家用セスナ機衝突
昭和43年8月13日　北海道

8月13日、北海道苫小牧、千歳市境の樽前山に自家用のセスナ150E型機が衝突し、同乗者1名と操縦者が負傷した。
●負傷者2名、航空機1機衝突（運輸省調べ）

0992 相模鉄道本線電車・貨物機関車衝突
昭和43年8月17日　神奈川県横浜市戸塚区

8月17日、相模鉄道本線の瀬谷駅付近の踏切で、電車と貨物機関車が正面衝突し、乗客ら94名が重軽傷を負った。機関車は貨車の入換作業をしており、原因は電車の運転士の居眠りによる信号無視。
●重軽傷者94名、車両衝突（運輸省調べ）

0993 東海道本線電車脱線
昭和43年8月18日　神奈川県鎌倉市

8月18日、東海道本線の大船駅で、電車が停止した直後に逆戻りし、電車2両が脱線、乗客ら2名が負傷した。原因は運転士の不注意による信号無視。
●負傷者2名、車両2両脱線（日本国有鉄道調べ）

0994 日本航空旅客機乱気流突入
昭和43年8月24日　米国領ミッドウェー島付近

8月24日、国際日付変更線の東側にある米国領ミッドウェー島付近の上空で、日本航空のDC8型旅客機が乱気流に突入し、乗客ら5名が負傷した。
●負傷者5名（運輸省調べ）

0995 東海道本線急行列車脱線
昭和43年8月26日　静岡県田方郡函南町

8月26日、東海道本線函南・三島駅間で、上り急行東海（12両編成）が台風10号により崩れた土砂に乗り上げ、先頭車両の前部が脱線した。
●車両1両脱線

0996 豊橋鉄道渥美線電車・貨車衝突
昭和43年8月26日　愛知県豊橋市

8月26日、豊橋鉄道渥美線の老津駅構内の入換線で、電車が止めてあった貨車に衝突し、乗客ら58名が負傷した。原因は転轍器の操作ミス。
●負傷者58名、車両脱線（運輸省調べ）

0997 国鉄冷蔵貨車爆発
昭和43年8月31日　青森県青森市

8月31日、国鉄線の青森駅構内の引込線で、冷蔵貨車が青函連絡船への輸送直前、突然爆発、全壊したが、死傷者はなかった。
●車両1両全壊

0998 東北電力ヘリコプター墜落
昭和43年9月2日　岩手県和賀郡東和町

9月2日、岩手県東和町で、東北電力のKH4型ヘリコプターが送電線の監視作業中に墜落し、乗員3名が負傷した。
●負傷者3名、ヘリコプター1機墜落（運輸省調べ）

0999 札幌市営電車追突
昭和43年9月16日　北海道札幌市

9月16日、札幌市交通局の北大正門前・北大病院前停留所間で、後発電車が先発電車に追突し、乗客ら40名が負傷した。原因は追従運転による車間距離不足。

●負傷者40名、車両追突（運輸省調べ）

1000 北陸航空セスナ機墜落
昭和43年9月16日　富山県魚津市

9月16日、富山県魚津市で、北陸航空のセスナ172H型機が富山県魚津市の依頼によるパンフレット用写真撮影中に、同市住吉の約200m上空から水田に墜落、同県都市計画課長と職員、撮影者、操縦士の4名が死亡した。原因はエンジンの不調による失速。
●死者4名、航空機1機墜落（運輸省調べ）

1001 阪急京都線電車発火
昭和43年9月17日　大阪府高槻市

9月17日、阪急電鉄京都線の高槻市・富田駅間で、普通電車が桜ヶ丘北町の女瀬川鉄橋を渡る直前に、最後部の車両床下から発火。急停止後、乗客が線路に飛び降りる際、4名が負傷した。
●負傷者4名

1002 名古屋市営電車衝突
昭和43年9月18日　愛知県名古屋市

9月18日、名古屋市交通局の明徳橋・惟信高校前停留所間で、電車が対向電車と衝突し、乗客ら8名が負傷した。原因はすれ違い指定停留所で対向側の通過待ちを怠ったため。
●負傷者8名、車両衝突（運輸省調べ）

1003 中日新聞ヘリコプター接触
昭和43年9月20日　静岡県大河内村

9月20日、静岡県大河内村で、中日新聞社のKH4型ヘリコプターが送電線に接触し、乗員1名が負傷した。
●負傷者1名、ヘリコプター1機接触（運輸省調べ）

1004 ダンプカー・田沢湖線急行列車衝突
昭和43年9月21日　岩手県岩手郡雫石町

9月21日、田沢湖線春木場駅付近の踏切で、小型ダンプカーとディーゼル急行が衝突し、先頭車両が線路脇の水田に転落、後続の2両が脱線、転覆、1名が死亡、13名が負傷した。
●死者1名、負傷者13名、車両3両脱線・転覆（日本国有鉄道調べ）

1005 海上自衛隊対潜哨戒機墜落
昭和43年9月22日　秋田県男鹿市沖

9月22日、秋田県男鹿市の沖合で、海上自衛隊大湊航空隊のHSS2型対潜哨戒機が訓練中に墜落し、乗員2名が死亡した。
●死者2名、航空機1機墜落（防衛庁調べ）

1006 東海道新幹線列車・作業員接触
昭和43年9月24日　静岡県三島市

9月24日、東海道新幹線の三島駅建設地付近で、ひかり50号が保線作業員12名と接触し、うち3名が即死、9名が重傷を負った。作業員は現場付近で構内分岐器を移設していた。
●死者3名、重傷者9名（日本国有鉄道調べ）

1007 土佐電鉄線電車追突
昭和43年9月27日　高知県高知市

9月27日、土佐電鉄線の枝川学校前・咥内停留所間で、後発電車が先発電車に追突し、乗客ら21名が負傷した。原因は先発側の急停止。
●負傷者21名、車両追突（運輸省調べ）

1008 富良野線貨客列車転落
昭和43年10月1日　北海道空知郡中富良野町

10月1日朝、富良野線富良野・中富良野駅間の第1富良野川鉄橋で、貨物列車が鉄橋とともに富良野川へ落ち、乗務員3名が水死、3名が負傷した。原因は現場付近の河川工事による

土砂の流失と同橋基礎の緩み。
- 死者3名、負傷者3名、車両3両転落（日本国有鉄道調べ）

1009 奥羽本線特急列車故障
昭和43年10月1日　山形県・福島県

10月1日、奥羽本線の山形駅で、特急やまばとが出発直前に、車両が故障。特急は56分遅れで同駅を出発後、福島駅で再び電気系統の故障により、さらに2時間6分遅れて同駅を出た。
- 車両故障（日本国有鉄道調べ）

1010 トラック・山陽電鉄線特急電車衝突
昭和43年10月3日　兵庫県姫路市

10月3日、山陽電鉄線手柄・姫路駅間で、トラックと特急電車が衝突、脱線し、乗客ら10名が負傷した。原因はトラックの現場踏切内での落輪による立往生。
- 負傷者10名、車両脱線（運輸省調べ）

1011 航空自衛隊戦闘機墜落
昭和43年10月3日　宮崎県児湯郡新富町

10月3日、宮崎県新富町で、航空自衛隊第5航空団のF104J型戦闘機が訓練中に墜落、乗員1名が死亡した。
- 死者1名、航空機1機墜落（防衛庁調べ）

1012 全日本空輸旅客機事故
昭和43年10月8日　熊本県菊池郡菊陽町

10月8日、熊本県菊陽町の熊本空港の誘導路付近で、全日本空輸のフレンドシップ27型旅客機が事故を起こし、1名が負傷した。
- 負傷者1名、航空機1機事故（運輸省調べ）

1013 ダンプカー・函館本線急行列車衝突
昭和43年10月12日　北海道空知郡

10月12日、函館本線奈井江駅構内の遮断機付き踏切で、ダンプカーとディーゼル急行が衝突し、乗客ら29名が重軽傷を負った。原因は急行の運転士が運行表を未確認のまま停車駅を通過したため。
- 重軽傷者29名、車両衝突（日本国有鉄道調べ）

1014 全日本空輸ヘリコプター不時着
昭和43年10月16日　宮城県栗原郡栗駒町

10月16日、宮城県栗駒町の駒ノ湯温泉付近に全日本空輸のKH4型ヘリコプターが不時着し、乗員1名が負傷した。
- 負傷者1名、ヘリコプター1機不時着（運輸省調べ）

1015 陸上自衛隊機接触
昭和43年10月29日　北海道空知郡

10月29日、北海道上富良野町で、陸上自衛隊第2飛行隊のH13型機が送電線に接触し、乗員2名が負傷した。
- 負傷者2名、航空機1機接触（防衛庁調べ）

1016 航空自衛隊戦闘機不時着水
昭和43年11月4日　青森県八戸市沖

11月4日、青森県八戸市の沖合で、航空自衛隊第2航空団のF104J型戦闘機が故障、不時着水したが、乗員に死傷者はなかった。
- 航空機1機不時着水（防衛庁調べ）

1017 米空軍戦闘機墜落
昭和43年11月14日　福岡県小郡町

11月14日、福岡県小郡町井上で、米空軍板付基地のRF104G型戦闘機が墜落し、乗員1名が負傷、付近の住宅も損壊した。
- 負傷者1名、航空機1機墜落（防衛庁調べ）、家屋損壊

昭和43年(1968年)～

1018 ダンプカー・山陽本線電車衝突
昭和43年11月16日　兵庫県姫路市

11月16日、山陽本線の網干・英賀保駅間の踏切で、姫路行き普通電車とダンプカーが衝突し、ダンプカーが炎上、電車の2、3両目の一部も引火、焼失した。
●車両一部焼失

1019 国内産業航空セスナ機墜落
昭和43年11月17日　青森県北津軽郡鶴田町

11月17日、青森県鶴田町で、操縦訓練のため秋田空港を離陸したセスナ177型機が猛吹雪により墜落、機長と同乗者2名が死亡した。原因は悪天候による下げ翼の破損。
●死者3名、航空機1機墜落（運輸省調べ）

1020 米空軍爆撃機墜落
昭和43年11月19日　沖縄嘉手納村

11月19日未明、沖縄の嘉手納基地で、米空軍のB52型戦略爆撃機が同基地から離陸した直後に、敷地内に墜落、爆発し、乗員ら2名が死亡、住民5名が負傷、同基地周辺の住宅293戸の窓ガラスなどが破損した。
●死者2名、負傷者5名、破損家屋293戸、航空機1機墜落（防衛庁調べ）

1021 京阪京津線急行電車脱線
昭和43年11月22日　京都府京都市東山区

11月22日、京阪電鉄京津線の神宮道・蹴上駅間の国道1号線で、急行電車が浮いた敷石に乗り上げて脱線、約30m先のガードレールを破壊し、現場付近の住宅の玄関に突っ込んだ。
●車両脱線、損壊家屋1棟

1022 山陽電鉄線電車衝突
昭和43年11月23日　兵庫県明石市

11月23日午後、山陽電鉄線の中八木駅で、普通電車が誤って同駅を約700m通過、戻ろうとしたところに後発の電車が衝突し、後発の運転士が即死、行楽客ら乗客83名が重軽傷を負った。
●死者1名、重軽傷者83名、車両衝突

1023 高崎線電車脱線
昭和43年11月23日　埼玉県熊谷市

11月23日、高崎線の籠原駅で、電車が入換線の信号を無視して脱線した。
●車両脱線（日本国有鉄道調べ）

1024 高崎線貨物列車脱線
昭和43年12月20日　埼玉県深谷市

12月20日、高崎線の深谷駅付近の清心寺前萱場踏切で、貨物列車（43両編成）のタンク車など4両が脱線し、現場から約1.2kmの地点で転覆した。
●車両4両脱線

1025 北陸本線貨物列車土砂崩れ脱線
昭和44年1月5日　新潟県西頸城郡能生町

1月5日、北陸本線の筒石・名立駅間で、貨物列車が雪混じりの崩れた土砂に突っ込み、機関車2両と貨車7両が脱線、うち4両が線路下の国道に転落した。
●車両4両転落、車両5両脱線

1026 航空自衛隊練習機墜落
昭和44年1月6日　北海道石狩郡石狩町沖

1月6日、北海道石狩町の沖合で、航空自衛隊第2航空団のT33型練習機が墜落し、乗員2名が死亡した。
●死者2名、航空機1機墜落（防衛庁調べ）

~昭和44年（1969年）

1027 米空軍機墜落
昭和44年1月12日　埼玉県入間市

1月12日、埼玉県入間市元狭山の丘に米空軍横田基地のF4C型機が激突、墜落し、乗員2名が死亡した。
●死者2名、航空機1機墜落（防衛庁調べ）

1028 日本国内航空旅客機滑走路外着陸
昭和44年1月14日　北海道札幌市

1月14日、札幌市の丘珠空港で、日本国内航空のYS11型旅客機が積雪により目標をそれて滑走路外の空地へ着陸したが、乗員や乗客に死傷者はなかった。
●――

1029 八高線気動車・貨車衝突
昭和44年1月19日　埼玉県入間郡

1月19日、八高線毛呂・高麗川駅間で、貨物列車に連結されていた貨車が脱線により分離、直後に別の気動車が衝突、乗客1名が負傷した。
●負傷者1名、車両衝突（日本国有鉄道調べ）

1030 紀勢西線ディーゼル機関車転覆
昭和44年1月24日　和歌山県西牟婁郡日置川町

1月24日、日置駅付近で、紀勢西線のディーゼル機関車が脱線、転覆し、機関士ら数名が重傷を負った。
●重傷者数名、車両転覆

1031 航空自衛隊輸送機墜落
昭和44年2月

2月、航空自衛隊のC46型輸送機が両翼に薄く積もった雪を除去しないで離陸し、墜落した。原因は機体の老朽化。
●航空機1機墜落

1032 常磐線貨物列車転覆
昭和44年2月6日　東京都葛飾区

2月6日、常磐線の金町駅構内で、貨物列車（37両編成）が競合脱線し、貨車19両が脱線、転覆したが、乗務員に死傷者はなかった。
●車両19両脱線・転覆（日本国有鉄道調べ）

1033 マイクロバス・新京成電鉄線電車衝突
昭和44年2月7日　千葉県東葛飾郡鎌ヶ谷町

2月7日、新京成電鉄線鎌ヶ谷大仏・初富駅間で、マイクロバスと電車が衝突し、1名が死亡、12名が負傷した。原因はマイクロバスの警報無視。
●死者1名、負傷者12名、車両衝突（運輸省調べ）

1034 漁船・米軍捜索機遭難
昭和44年2月7日　青森県八戸市沖

2月7日、青森県八戸市の沖合で漁船14隻が悪天候により遭難。米軍の捜索救援機も同海域で墜落し、漁船の乗組員と捜索機の乗員合わせて111名が死亡または行方不明になった。
●死亡・行方不明者111名、船舶14隻遭難

1035 航空自衛隊戦闘機墜落
昭和44年2月8日　石川県金沢市

2月8日午後0時8分、石川県金沢市で、航空自衛隊第6航空団のF104J型ジェット戦闘機が小松基地への着陸直前、落雷により操縦不能に陥り金沢市泉の道路に墜落、全壊。操縦者はパラシュートで脱出して軽傷ですんだが、墜落現場付近の家族4名が死亡、6名が重傷を、13名が軽傷を負い、住宅31戸が全壊、4戸が半壊、129戸が破損した。
●死者4名、重傷者6名、軽傷者13名、全壊家屋31戸、半壊家屋4戸、破損家屋129戸、航空機1機全壊（防衛庁調べ）

第Ⅱ部　鉄道・航空機事故一覧

昭和44年(1969年)〜

1036 伯備線列車・保線係員接触
昭和44年2月13日　鳥取県日野郡日南町

第Ⅰ部　解説参照（p.81）。
●死者6名

1037 航空自衛隊輸送機不時着
昭和44年2月14日　宮城県宮城郡松島町

2月14日、宮城県松島町の松島基地で、航空自衛隊輸送航空団のC46型輸送機が離陸した直後に、滑走路端の水田に不時着、乗員6名が負傷した。原因は翼への着雪。
●負傷者6名、航空機1機不時着（防衛庁調べ）

1038 房総西線気動車発火
昭和44年3月10日　千葉県安房郡江見町

3月10日、房総西線の安房鴨川・太海駅間の八岡トンネル付近で、気動車の2両目の閉塞器から発火し同車両を全焼、現場付近の枕木や芝なども燃えたが、乗客70名は窓から脱出して死傷者はなかった。
●車両1両全焼

1039 トラック・西武新宿線電車衝突
昭和44年3月13日　埼玉県川越市

3月13日、西武鉄道新宿線本川越駅付近にある脇田町踏切で、大型トラックと電車が衝突し、電車の最前部が転覆、トラックは大破、乗客ら48名が重軽傷を負った。原因はトラックの警報無視と現場踏切内でのエンジン故障。
●重軽傷者48名（警察庁調べ）、車両1両転覆、車両1台大破

1040 房総西線快速電車脱線
昭和44年3月27日　千葉県市原市

3月27日、房総西線姉ヶ崎・長浦駅間で、快速電車の8両目が脱線し、乗客20名が重軽傷を負った。原因はレールの歪み。

●重軽傷者20名、車両1両脱線（日本国有鉄道調べ）

1041 乗用車・山陰本線急行列車衝突
昭和44年4月3日　鳥取県

4月3日、鳥取県で、乗用車と山陰本線の急行列車が衝突し、乗用車に乗っていた5名が即死した。
●死者5名、車両衝突

1042 日本航空旅客機着陸失敗
昭和44年4月4日　兵庫県伊丹市

4月4日、兵庫県伊丹市の大阪国際空港で、日本航空の香港発コンベア880型旅客機が着陸直後、雨により滑走路端から飛び出し、乗員や乗客92名のうち2名が負傷した。
●負傷者2名（運輸省調べ）

1043 第2鉄鋼ビルゴンドラ落下
昭和44年4月13日　東京都中央区

4月13日、東京都中央区八重洲の第2鉄鋼ビルでゴンドラが落下し、作業員3名が死亡した。
●死者3名（労働省調べ）

1044 中央航空セスナ機墜落
昭和44年4月17日　千葉県船橋市

4月17日、千葉県船橋市の船橋ヘルスセンターで、中央航空のセスナ177型遊覧機が同センターの飛行場から離陸直後に、写真部施設に墜落、炎上し、操縦士と乗員1名が即死、2名が重傷を負った（うち1名は後に死亡）。
●死者3名、重傷者1名、航空機1機墜落（運輸省調べ）

1045 米空軍機離陸失敗
昭和44年4月22日　福岡県福岡市

4月22日、福岡市の米空軍板付基地で、同

基地のRF101型戦闘偵察機が本国への引揚直前、1機が離陸に失敗。機体は炎上したが、乗員に死傷者はなかった。
●航空機1機火災（防衛庁調べ）

1046 西武百貨店ゴンドラ落下
昭和44年4月24日　東京都渋谷区

4月24日、東京都渋谷区の西武百貨店渋谷店でB館東側8階から外壁清掃用の鉄製ゴンドラが約30m下の歩道に落ち、窓拭き作業員1名と偶然通りかかった世田谷小学校の児童82名のうち2名が死亡した。原因は昇降機の歯車の構造的欠陥と整備不良。
●死者3名

1047 東武東上線電車硝酸飛散
昭和44年5月2日　埼玉県入間郡坂戸町

5月2日、東武鉄道東上線坂戸町・高坂駅間で、乗客が車内に持ち込んだ硝酸入り容器が壊れて薬品が飛散し、乗客ら15名が負傷した。
●負傷者15名（運輸省調べ）

1048 乗用車・山陰本線気動車衝突
昭和44年5月7日　島根県安来市

5月7日、山陰本線荒島・揖屋駅間の踏切で、乗用車と気動車が衝突し、5名が死亡した。原因は乗用車の警報無視。
●死者5名、車両衝突（日本国有鉄道調べ）

1049 航空自衛隊戦闘機墜落
昭和44年5月11日　島根県平田市

5月11日午後0時過ぎ、島根県平田市久多見の城床山に、航空自衛隊第8航空団のF86F型ジェット戦闘機4機編隊が基地開設記念のため低空で築城基地から美保基地へ向かう途中に激突、墜落し、操縦者3名が即死した。
●死者3名、航空機3機墜落（防衛庁調べ）

1050 東海道本線貨物列車脱線
昭和44年5月17日　静岡県三島市

5月17日、東海道本線三島・函南駅間の谷田トンネル南側口から約200m離れた左カーブ下り坂で、新鶴見発沼津行き貨物列車（42両編成）の30、31両目が競合脱線、転覆し、現場付近の枕木170本が折損、後続の貨車も連結器の解除により立往生した。
●車両2両脱線

1051 ダンプカー・名鉄名古屋本線電車衝突
昭和44年5月24日　愛知県名古屋市緑区

5月24日、名古屋鉄道名古屋本線中央競馬場前・有松駅間の境松乙の踏切で、大型ダンプカーと電車が衝突し、乗客ら35名が負傷した。原因はダンプカーの警報無視。
●負傷者35名、車両衝突（警察庁調べ）

1052 東京航空機着陸失敗
昭和44年5月28日　東京都江東区

5月28日、東京都江東区の東雲飛行場で、滑走路端から飛び出した乗員1名が、東京航空のFA200型機に接触、負傷した。
●負傷者1名（運輸省調べ）

1053 山陽本線貨物列車脱線
昭和44年6月7日　山口県熊毛郡大和町

6月7日、山陽本線岩田・島田駅間で、貨物列車が競合脱線した。
●車両脱線

1054 東海道本線貨物列車脱線
昭和44年6月8日　静岡県三島市

6月8日、東海道本線三島・函南駅間の観音松トンネル入口付近で、新鶴見発沼津行き貨物列車（49両編成）が競合脱線し、貨車22両が脱線、うち13両は築堤から約10m下の水田

昭和44年(1969年)〜

に転落。同区間では5月17日に貨車の競合脱線があったばかりだった。
●車両22両脱線（日本国有鉄道調べ）

1055 根室本線貨物列車脱線
昭和44年6月16日　北海道白糠郡白糠町

6月16日、根室本線白糠・西庶路駅間のカーブ出口付近で、岩見沢発釧路操車場行き貨物列車（19両編成）の後部5両が約830mのあいだに競合脱線し、うち2両が転覆した。
●車両5両脱線

1056 東海道本線貨物列車脱線
昭和44年6月19日　神奈川県横浜市保土ヶ谷区

6月19日、東海道本線の保土ヶ谷・戸塚駅間のトンネル内で、貨物列車が競合脱線し、2両が脱線した。
●車両2両脱線

1057 山手貨物線貨物列車脱線
昭和44年6月22日　東京都渋谷区

6月22日、山手貨物線の渋谷駅構内で、川崎塩浜発大宮行き貨物列車（26両編成）の重油や軽油、揮発油、灯油などを運ぶタンク車10両をはじめ12両が脱線した。原因は転轍器付近のレール破損。
●車両12両脱線（日本国有鉄道調べ）

1058 山陽本線寝台特急列車火災
昭和44年6月24日　山口県防府市

6月24日、山陽本線富海・防府駅間の内田付近で、下り寝台特急富士の3両目、普通寝台車の床下から発火、同車両は切離後に全焼したが、乗務員や乗客に死傷者はなかった。
●車両1両全焼（日本国有鉄道調べ）

1059 南紀航空セスナ機墜落
昭和44年6月25日　広島県豊田郡安浦町

6月25日、広島県安浦町の膳棚山に、機体整備を終えて南紀白浜から大阪を経て広島空港に着陸直前の南紀航空のセスナP206C型機が、激突、墜落し、機長や同航空専務ら4名が死亡、同乗者の新明和工業の技術員1名が重傷を負った（同28日に機体発見）。
●死者4名、重傷者1名、航空機1機墜落（運輸省調べ）

1060 航空自衛隊戦闘機墜落
昭和44年7月1日　青森県三沢市沖

7月1日、青森県三沢市の沖合で、航空自衛隊第81航空隊のF86F型戦闘機が訓練中に墜落し、操縦者が死亡した。
●死者1名、航空機1機墜落（防衛庁調べ）

1061 乗用車・高徳本線列車衝突
昭和44年7月14日　香川県高松市

7月14日、高徳本線屋島・栗林駅間の踏切で乗用車と列車が衝突し、4名が死亡、2名が負傷した。原因は乗用車の警報無視。
●死者4名、負傷者2名、車両衝突（日本国有鉄道調べ）

1062 ヘリコプター墜落
昭和44年7月19日　岐阜県益田郡金山町

7月19日、岐阜県金山町で、朝日ヘリコプターのKH4型機が部品を空輸中に電線に接触し、墜落、乗員2名が負傷した。
●負傷者2名、ヘリコプター1機墜落（運輸省調べ）

1063 東北本線貨物列車脱線
昭和44年7月19日　宮城県宮城郡利府町

7月19日、東北本線の松島・塩釜駅間

で、長者町行き貨物列車（25両編成）の最後尾から4両目が競合脱線し、現場付近の約700mでコンクリート製枕木1,100本を損壊。このため後続の旅客、貨物列車など35本が全面または区間運休し、特急と急行9本が30分から1時間前後遅れた。
●車両1両脱線

1064　京成電鉄本線急行電車追突
昭和44年7月27日　千葉県船橋市

7月27日、京成電鉄本線船橋・大神宮下駅間の海老川鉄橋付近で、急行電車が先発の快速電車に追突し、海水浴帰りの乗客ら10名が重傷を、179名が軽傷を負った。原因は係員による線路閉塞の取扱ミスと両駅間の連絡不徹底。
●重傷者10名、軽傷者179名、車両追突（運輸省調べ）

1065　近鉄大阪線特急電車転覆
昭和44年8月5日　三重県一志郡嬉野町

8月5日、近畿日本鉄道大阪線の伊勢中川駅構内で、上本町発宇治山田行き特急電車（4両編成）が脱線し、先頭車両が転覆、後続の2両が線路から約4m下の畑に落ちて傾斜、4両目が前輪を脱線、乗客ら70名が重軽傷を負った。
●重軽傷者70名、車両転覆（運輸省調べ）

1066　中央本線列車脱線
昭和44年8月5日　長野県木曽郡南木曽町

8月5日、中央本線十二兼・南木曽駅間で、列車が流出木材に乗り上げ、うち機関車が脱線したが、乗務員や乗客に死傷者はなかった。
●車両1両脱線（日本国有鉄道調べ）

1067　航空自衛隊戦闘機墜落
昭和44年8月6日　茨城県那珂湊市沖

8月6日、茨城県那珂湊市の北東約5kmの沖合で、航空自衛隊第7航空団のF104型戦闘機が射撃訓練から百里基地への帰途に、墜落し、操縦者が死亡した。
●死者1名、航空機1機墜落（防衛庁調べ）

1068　海上自衛隊対潜哨戒機墜落
昭和44年8月20日　千葉県安房郡白浜町沖

8月20日、千葉県白浜町の野島崎の沖合で、海上自衛隊第3航空群のS2F型対潜哨戒機が訓練中、墜落し、乗員のうち4名が死亡、1名が負傷した。
●死者4名、負傷者1名、航空機1機墜落（防衛庁調べ）

1069　トラック・都電高橋線電車衝突
昭和44年8月25日　東京都江東区

8月25日、東京都交通局高橋線森下町・千歳3丁目停留所間で、トラックと電車が衝突、脱線し、乗客ら29名が負傷した。原因はトラックのわき見運転。
●負傷者29名、車両衝突（運輸省調べ）

1070　東海道本線貨物列車脱線
昭和44年8月27日　静岡県庵原郡蒲原町

8月27日、東海道本線岩淵・新蒲原駅間で、貨物列車が競合脱線し、貨車3両が脱線、転覆した。
●車両3両脱線

1071　航空自衛隊練習機墜落
昭和44年8月27日　青森県八戸市

8月27日、青森県の八戸市の海上自衛隊八戸基地で、米空軍三沢基地から離陸した航空自衛隊第81航空隊のT33型ジェット練習機が、墜落し、乗員2名が死亡した。原因は両基地間の連絡不徹底と誘導ミス。
●死者2名、航空機1機墜落（防衛庁調べ）

昭和44年（1969年）～

1072 ホンダエアポート機不時着水
昭和44年9月1日　広島県広島市沖

　9月1日、広島市沖で、ホンダエアポートのPA28型機が広島空港を離陸後、エンジンの不調により不時着水し、乗員1名が負傷した。
●負傷者1名、、航空機1機不時着水（運輸省調べ）

1073 全日本空輸訓練機離陸失敗
昭和44年9月10日　高知県高知市

　9月10日、高知県南国市の高知空港で、全日本空輸のビーチクラフトH18型訓練機が離陸に失敗、滑走路端から飛び出し、乗員1名が負傷した。
●負傷者1名（運輸省調べ）

1074 北陸本線急行列車急停止
昭和44年9月10日　富山県下新川郡朝日町

　9月10日、北陸本線の泊駅で、上野発金沢行き急行北陸（13両編成）が出発直後に、駅員からの緊急連絡を受けたため、非常ブレーキをかけて急停止した。その際に、後部に接続してあった寝台車4両の乗客のうち東京都の池袋駅旅行友の会の団体客の28名が衝撃で寝台から床へ落ちるなどして重軽傷を、一般の乗客2名も打撲傷を負った。原因は乗客のひとりが乗降扉の窓から身を乗り出しているのを駅員が発見したため。
●重軽傷者30名

1075 乗用車・常磐線列車衝突
昭和44年9月26日　茨城県北茨城市

　9月26日、常磐線大津港・磯原駅間の踏切で、乗用車と列車が衝突し、4名が死亡、1名が負傷した。原因は乗用車の警報無視。
●死者4名、負傷者1名、車両衝突（日本国有鉄道調べ）

1076 東京航空セスナ機・クレーン車衝突
昭和44年9月28日　東京都江東区

　9月28日、東京都江東区の東雲飛行場で、東京航空のセスナ177型機が離陸直後に、クレーン車に衝突し、乗客ら4名が負傷した。
●負傷者4名、航空機・車両衝突（運輸省調べ）

1077 岳南鉄道線電車・貨物列車衝突
昭和44年9月30日　静岡県富士市

　9月30日、岳南鉄道線吉原・左富士駅間で、通勤電車と貨車が正面衝突し、乗客ら206名が重軽傷を負った。原因は入換作業の取扱ミス。
●重軽傷者206名

1078 工学院大学機霧ヶ峰墜落
昭和44年10月9日　長野県諏訪市付近

　10月9日、長野県諏訪市付近の霧ヶ峰で、工学院大学の萩原式H23C型機が着陸直前に失速、墜落し、操縦ら2名が負傷した。
●負傷者2名、航空機1機墜落（運輸省調べ）

1079 全日本空輸旅客機着陸失敗
昭和44年10月20日　宮崎県宮崎市

　10月20日、宮崎空港で、全日本空輸の鹿児島発宮崎行きYS11型旅客機が着陸に失敗、滑走路端を越えて約200m前方の山内川の土手に激突し、機首と右翼を大破、新婚者ら乗客45名のうち39名と乗員4名が重軽傷を負った。原因は着陸時の操縦ミス。
●重軽傷者43名、航空機1機大破（警察庁調べ）

1080 京都市電今出川線電車接触
昭和44年10月28日　京都府京都市上京区

　10月28日、上京区の河原町今出川交差点で、京都市交通局今出川線の電車が右方向からきた別の電車と接触し、乗客ら33名が負傷した。原因は前者の信号確認ミス。

～昭和44年（1969年）

●負傷者33名、車両衝突（運輸省調べ）

1081 ショベルカー・総武線電車接触
昭和44年10月30日　千葉県船橋市

10月30日、総武線船橋・津田沼駅間で、電車が作業中のショベルカーと接触し、車両1両が脱線、乗客ら18名が負傷した。
●負傷者18名、車両接触（日本国有鉄道調べ）

1082 ダンプカー・東武日光線特急電車衝突
昭和44年11月8日　栃木県下都賀郡藤岡町

11月8日、東武鉄道日光線柳生・藤岡駅間の無警報機踏切で、埼玉県上尾市の大型ダンプカーと浅草発日光行きロマンス特急なんたい（2両編成）が衝突、約50m走って1両目が脱線し、乗客21名と運転士、ダンプカーの運転手が重軽傷を負った。原因はダンプカーの直前横断。
●重軽傷者23名、車両衝突（運輸省調べ）

1083 日本産業航空セスナ機墜落
昭和44年11月17日　大阪府柏原市

11月17日、大阪府柏原市大平寺の高尾山に、放送宣伝業務のため八尾空港を離陸した日本産業航空のセスナ172E型機が、視界不良の天候下で激突、炎上し、乗員3名が焼死した。原因はエンジンの不調。
●死者3名、航空機1機墜落（運輸省調べ）

1084 山陰本線機関車脱線
昭和44年11月18日　鳥取県東伯郡赤碕町

11月18日、山陰本線赤碕・中山口駅間で、DD54型機関車が推進軸を折損、脱線したが、死傷者はなかった。
●車両1両脱線（日本国有鉄道調べ）

1085 草津線列車落石脱線
昭和44年11月29日　滋賀県甲賀郡石部町

11月29日、草津線石部・手原駅間で、ディーゼル旅客列車が線路付近の土砂採取場からの落石を受け、うち2両が脱線、転覆し、運転士が即死、乗客20名が重軽傷を負った。
●死者1名、重軽傷者20名、車両2両脱線・転覆（日本国有鉄道調べ）

1086 寝台特急北陸トンネル列車火災
昭和44年12月6日　福井県

12月6日、青森発大阪行き寝台特急「日本海」が北陸本線敦賀～今庄間の北陸トンネル通過中に最前部電源車から火災が発生。機関士はトンネルを脱出、停車させてから消防車の協力を得て消火作業を行い、無事鎮火させた。
●車両破損

1087 クレーン車・東武伊勢崎線準急電車衝突
昭和44年12月9日　群馬県館林市

12月9日、東武鉄道伊勢崎線館林・多々良駅間の警報機付き成島高根踏切で、東京都江東区の越智運送の大型クレーン車と伊勢崎発浅草行き準急電車（6両編成）が衝突。このため先頭車両が前面を大破、2両目が屈曲、3両目が脱線、クレーン車や通過待ちの群馬県笠懸村のトラックなど5台が損壊し、電車の運転士と乗客2名、クレーン車の2名、トラックの2名が死亡、142名が重軽傷を負った。原因はクレーン車の警報無視。
●死者7名、重軽傷者142名、車両5台損壊（運輸省調べ）

1088 全日本空輸旅客機・読売新聞社機接触
昭和44年12月14日　兵庫県津名郡淡路町

12月14日、兵庫県淡路町岩屋の上空約3,150mで、全日本空輸の大阪発松山行きYS11型旅客機と大阪読売新聞社のビーチク

第Ⅱ部　鉄道・航空機事故一覧

昭和44年(1969年)〜

ラフトC50型ツインボナンザ機が接触し、全日空機が主翼の先端2.73mと左側プロペラの一部を破損、読売機が左右プロペラの一部を折損、機底部を長さ約4m、幅5cmにわたって損傷したが、乗員や乗客に死傷者はなかった。原因は双方の不注意。
●航空機2機破損

1089 スカイダイビング訓練者墜落死
昭和44年12月15日　埼玉県熊谷市

12月15日、女子大学生がスカイダイビングの実地訓練でパラシュートの故障により埼玉県熊谷市に墜落、死亡した。
●死者1名

1090 ダンプカー・徳島本線急行列車衝突
昭和44年12月19日　徳島県名西郡石井町

12月19日、徳島本線下浦駅構内の警報機付き踏切で、徳島県阿波町のダンプカーと阿波池田発小松島港行き急行よしの川（2両編成）が衝突、1両目が脱線して線路沿いの食料品店に突っ込み、運転助士が死亡、乗客ら23名が重軽傷を負った。
●死者1名、重軽傷者23名、車両脱線

1091 蔵王スキー場リフト落下
昭和44年12月29日　山形県山形市

12月29日、山形市の蔵王スキー場でリフトの鋼索がはずれてリフトが落ち、乗客6名が重傷を負った。
●重傷者6名

1092 東海道新幹線列車発火
昭和45年1月5日　滋賀県彦根市

1月5日、米原駅付近の滋賀県彦根市のトンネル内で、東海道新幹線の列車が発火、急停止し、乗客が車内に約2時間閉じ込められた。
●車両火災

1093 ダンプカー・日高本線列車衝突
昭和45年1月15日　北海道苫小牧市

1月15日、日高本線勇払・苫小牧駅間の踏切で、ダンプカーと列車が衝突、気動車1両が脱線し、1名が死亡、18名が負傷した。
●死者1名、負傷者18名、車両1両脱線（運輸省調べ）

1094 トラック・京成電鉄本線電車衝突
昭和45年1月20日　千葉県市川市

1月20日朝、京成電鉄本線京成八幡・鬼越駅間の遮断機付き踏切で、千葉県松戸市の農業用トラックと成田発上野行き電車（4両編成）が衝突し、先頭車両が脱線、トラックが炎上、運転していた兄と同乗者の妹が即死、電車の乗客3名が負傷した。原因は踏切警手の酒酔いによる居眠り。
●死者2名、負傷者3名、車両衝突（運輸省調べ）

1095 乗用車・名鉄西尾線電車衝突
昭和45年1月28日　愛知県安城市

1月28日、名古屋鉄道西尾線南安城・北安城駅間の踏切で、乗用車が電車側面に突っ込み、乗客ら4名が死亡、1名が負傷した。
●死者4名、負傷者1名、車両衝突（運輸省調べ）

1096 東京航空取材機沈没
昭和45年2月10日　千葉県銚子市沖

2月10日、千葉県銚子市の犬吠崎の南約26km沖合で、東京航空のFA200型エアロスバル機がフジテレビによる鉱石運搬船かりふぉるにあ丸の取材中に、現場付近で燃料が切れて不時着水、沈没し、乗員3名が死亡した。
●死者3名、航空機1機沈没（運輸省調べ）

~昭和45年（1970年）

1097 国鉄線電車爆破
昭和45年2月15日　大阪府大阪市

2月15日、大阪市内で、国鉄線の電車の車内で爆発物が爆発、乗客が負傷した。
●負傷者数名

1098 乗用車・阪急京都線電車衝突
昭和45年2月23日　京都府乙訓郡向日町

2月23日、阪急電鉄京都線西向日町・東向日町駅間の踏切で乗用車と電車が衝突、脱線し、乗客ら5名が即死した。原因は乗用車の直前横断。
●死者5名、車両脱線（運輸省調べ）

1099 日本大学生衝突
昭和45年2月25日　東京都府中市

2月25日、東京都府中市の京王電鉄武蔵野台駅のプラットフォームで、日本大学の全共闘、体育会両派の学生が乱闘し、逃げ出した全共闘派の1名が同駅付近の踏切で電車にはねられて重傷を負った（3月2日に死亡）。
●死者1名

1100 マイクロバス・房総東線気動車衝突
昭和45年3月1日　千葉県

3月1日、房総東線の気動車とマイクロバスが衝突し、乗客ら5名が即死、3名が重傷を負った。
●死者5名、重傷者3名、車両衝突

1101 加越能鉄道新湊線列車衝突
昭和45年3月2日　富山県新湊市

3月2日、加越能鉄道新湊線中新湊・新町口駅間の単線区間で、列車が対向列車と衝突し、乗客ら36名が負傷した。原因はタブレット無携帯運転。
●負傷者36名、車両衝突（運輸省調べ）

1102 陸上自衛隊員墜落死
昭和45年3月3日　千葉県習志野市

3月3日、千葉県習志野市の習志野演習場に、陸上自衛隊第1空挺団によるC46型輸送機からの降下訓練中の同特科大隊の隊員（19歳）のパラシュートが開かなくなり、約340m上空から墜落、激突死した。
●死者1名

1103 米軍機墜落
昭和45年3月4日　広島県佐伯郡湯来町

3月4日、広島県湯来町に、訓練中の米軍岩国基地のA6イントルーダー型機が、機体の故障により、墜落、乗員2名が負傷した。
●負傷者2名、航空機1機墜落（運輸省調べ）

1104 海上自衛隊機不時着水
昭和45年3月12日　青森県むつ市沖

3月12日、青森県むつ市の陸奥湾に、海上自衛隊大湊航空隊のHSS2型機が不時着水し、操縦者が負傷した。
●死者1名、航空機1機不時着水（運輸省調べ）

1105 トラック・函館本線列車衝突
昭和45年3月14日　北海道山越郡八雲町

3月14日、函館本線山崎駅付近の踏切で、トラックと列車が衝突し、1名が死亡、9名が負傷した。
●死者1名、負傷者9名、車両衝突（運輸省調べ）

1106 マイクロバス・房総西線列車衝突
昭和45年3月18日　千葉県夷隅郡大原町

3月18日、房総西線大原駅付近の踏切で、マイクロバスと列車が衝突、気動車1両が脱線し、乗客ら5名が死亡、3名が負傷した。
●死者5名、負傷者3名、車両1両脱線（運輸省調べ）

昭和45年（1970年）〜

1107 マイクロバス・篠栗線気動車衝突
昭和45年3月20日　福岡県粕屋郡篠栗町

3月20日、篠栗線篠栗・原町駅間の踏切でマイクロバスと気動車が衝突し、1名が死亡、9名が負傷した。
●死者1名、負傷者9名、車両衝突（運輸省調べ）

1108 ミキサー車・山陰本線旅客列車衝突
昭和45年3月30日　山口県豊浦郡豊浦町

3月30日、山陰本線川棚温泉・小串駅間の川棚高砂踏切で、山口県下関市の青池組のコンクリートミキサー車と下関発京都行き普通列車（7両編成）が衝突、連結器がはずれて機関車が約30m走行、後続の客車2両が脱線、転覆し、ミキサー車の運転手と乗客4名が死亡、30名が重軽傷を負った。原因はミキサー車の無謀運転と警報無視。
●死者5名、重軽傷者30名、車両2両脱線（運輸省調べ）

1109 本田航空機墜落
昭和45年4月3日　福島県郡山市

4月3日、福島県郡山市の安達太良山で、岩手県の花巻空港へ向けて出発した埼玉県桶川町の本田航空のパイパーPA28型単発機が、猛吹雪により同山の南斜面に激突、大破し、乗員3名が死亡した（翌日に機体発見）。
●死者3名、航空機1機大破（運輸省調べ）

1110 ダンプカー・東武日光線電車衝突
昭和45年4月21日　栃木県鹿沼市

4月21日、東武鉄道日光線板荷・下小代駅間の警報機付き踏切で、浅草発日光行き快速電車（6両編成）が栃木県鹿沼市のダンプカーに右側面から衝突され、前部2両が線路から約5m下に転落、3両が脱線し、乗客ら55名が重軽傷を負った。原因はトラックの警報無視。
●重軽傷者55名、車両5両脱線・転覆（運輸省調べ）

1111 国際航空大学練習機墜落
昭和45年4月29日　茨城県稲敷郡河内村

4月29日、茨城県河内村生板で、東京都調布市の国際航空大学のFA200型エアロスバル単発練習機が曲技訓練のため茨城県竜ヶ崎市の飛行場から離陸後、失速し、キリもみ状態に陥って墜落、教官と生徒2名が死亡した。
●死者2名、航空機1機墜落（運輸省調べ）

1112 ダンプカー・京浜急行空港線電車衝突
昭和45年5月10日　東京都大田区

5月10日、京浜急行電鉄空港線蒲田・糀谷駅間の警報機付き蒲田第1踏切で、蒲田発羽田空港行き電車（3両編成）の先頭車両の側面に横浜市鶴見区の金本建材のダンプカーが激突し、同車両が脱線して車体部が傾斜、乗客ら15名とダンプカーの運転手ら2名が割れた窓ガラスや衝撃などにより負傷した。原因はダンプカーの居眠り運転。
●負傷者17名、車両1両損壊（運輸省調べ）

1113 航空自衛隊戦闘機墜落
昭和45年5月12日　北海道檜山郡厚沢部町

5月12日、航空自衛隊第2航空団のF104J型ジェット戦闘機が北海道厚沢部町の清水川上流の山腹に激突し、操縦者が死亡した。
●死者1名、航空機1機墜落（運輸省調べ）

1114 鹿児島市交通局上町線電車衝突
昭和45年5月17日　鹿児島県鹿児島市

5月17日、鹿児島市交通局上町線の岩崎谷・長田停留所間で、電車が対向電車と正面衝突し、乗客ら26名が負傷した。原因は工事による臨時の単線区間での信号無視。
●負傷者26名、車両衝突（運輸省調べ）

~昭和45年（1970年）

1115 　東北本線列車爆発物爆発
昭和45年5月18日

5月18日、東北本線の列車で紙袋に入っていた爆発物が爆発した。
●

1116 　総武線電車暴走
昭和45年5月18日　千葉県

5月18日朝、総武線の千葉発三鷹行き普通電車（10両編成）が津田沼駅に到着直前、全車両の向かって右側の扉が突然開き、車掌が扉の開閉器や非常コックを、運転士が数種類のブレーキをそれぞれ操作したが、どれも作動せず、電車は津田沼、船橋、西船橋駅を素通りして下総中山駅を通過後、故障地点から約8kmの付近でパンタグラフを下げて電流を切ったため停止し、乗務員や約700名の乗客に死傷者はなかった。原因は連結器とブレーキ管に鉄片が突き刺さっていたため。
●

1117 　根岸線電車土砂崩れ脱線
昭和45年5月20日　神奈川県横浜市磯子区

5月20日、洋光台駅付近で、根岸線の電車が土砂崩れに巻き込まれ、うち3両が脱線した。
●車両3両脱線

1118 　中華航空旅客機・作業用車両接触
昭和45年5月23日　東京都大田区

5月23日、東京国際空港で、中華航空のB727型旅客機が着陸時に、滑走路の付近にいた作業用車両と接触し、運転手の航空局技官が死亡した。原因は同空港管制官の指示ミス。
●死者1名、航空機・車両接触（運輸省調べ）

1119 　東北産業ヘリコプター大破
昭和45年6月14日　茨城県稲敷郡牛久町

6月14日、茨城県牛久町で、東北産業の川崎ベル式ヘリコプターが農薬散布作業中に高圧線に誤って接触、大破し、操縦士が死亡した。
●死者1名、ヘリコプター1機大破（運輸省調べ）

1120 　宮津線列車脱線
昭和45年6月15日　京都府宮津市

6月15日、宮津線栗田・丹後由良駅間で梅雨前線の大雨により土砂崩れを起こした現場にディーゼル列車（2両編成）が突っ込み、気動車1両が脱線、乗客ら35名が重軽傷を負った。
●重軽傷者35名、車両1両脱線（運輸省調べ）

1121 　米軍機墜落
昭和45年6月17日　神奈川県秦野市

6月17日、神奈川県秦野市で、米軍岩国基地のF4C型機が計器飛行で誤って同市の山腹に激突し、乗員2名が死亡した。
●死者2名、航空機1機墜落（運輸省調べ）

1122 　房総西線電車がけ崩れ脱線
昭和45年7月1日　千葉県君津郡富津町

7月1日午前9時3分頃、房総西線浜金谷・保田駅間で大雨によりがけ崩れを起こした地点に館山発千葉行き電車（7両編成）が突っ込み、先頭車両が横転、後続の2両が脱線し、乗客3名が軽傷を負った。
●軽傷者3名、車両2両脱線、車両1両横転

1123 　室蘭本線気動車衝突
昭和45年7月2日　北海道勇払郡追分町

7月2日、室蘭本線の追分駅構内で、気動車が別の気動車に衝突し、乗客ら10名が負傷した。原因は連結時のブレーキの操作ミス。
●負傷者10名、車両衝突（運輸省調べ）

第Ⅱ部　鉄道・航空機事故一覧　303

昭和45年（1970年）〜

1124 神戸電鉄有馬線急行電車・普通電車追突
昭和45年7月22日　兵庫県神戸市長田区

7月22日、神戸電鉄有馬線の丸山駅プラットフォームで、粟生発新開地行き普通電車（2両編成）が先発の急行電車に追突し、乗客ら79名が重軽傷を負った。原因は急行電車のブレーキ故障による臨時停止。
●重軽傷者79名、車両追突（運輸省調べ）

1125 ダンプカー・日高本線列車衝突
昭和45年7月24日　北海道苫小牧市

7月24日、日高本線苫小牧操車場付近の警報機付き踏切で、ダンプカーと旅客列車が衝突し、乗客ら39名が重軽傷を負った。
●重軽傷者39名、車両衝突（運輸省調べ）

1126 読売新聞社ヘリコプター墜落
昭和45年7月26日　長野県

7月26日、長野県大町市、北安曇村村境の槍ヶ岳で、読売新聞社のヒューズ369型ヘリコプターが写真取材中に、頂上付近で失速して同岳山荘の東側に墜落、炎上し、操縦士と整備士が死亡、同乗者の写真部員が重傷を、登山者2名が軽傷を負った。
●死者2名、重傷者1名、軽傷者2名、ヘリコプター1機墜落（運輸省調べ）

1127 諏訪市グライダークラブ機墜落
昭和45年7月26日　長野県諏訪市付近

7月26日、長野県諏訪市付近の霧ヶ峰で、諏訪市グライダークラブの萩原式23C型機が乗用車に引っぱられ離陸、直後に失速し、墜落、1名が死亡、1名が負傷した。
●死者1名、負傷者1名、グライダー1機墜落（運輸省調べ）

1128 日本国内航空ヘリコプター墜落
昭和45年7月26日　新潟県西頸城郡能生町

7月26日、新潟県能生町で、日本国内航空の川崎ベル式47G型ヘリコプターが農薬散布作業中に高圧線に誤って接触、墜落し、操縦士が死亡した。
●死者1名、ヘリコプター1機墜落（運輸省調べ）

1129 ダンプカー・豊肥本線気動車衝突
昭和45年8月5日　大分県大分市

8月5日、豊肥本線中判田・滝尾駅間の敷戸無人踏切で、大分県別府市の後藤商事のダンプカーと別府発後竹田行き気動車祖母（4両編成）が衝突し、先頭車両が脱線、トラックの運転手が即死、乗客ら72名が重軽傷を負った。原因はダンプカーの直前横断。
●死者1名、重軽傷者72名、車両1両脱線（運輸省調べ）

1130 長崎航空セスナ機墜落
昭和45年8月9日　長崎県東彼杵郡東彼杵町

8月9日、長崎県東彼杵町の陸上自衛隊大野原演習場で、長崎航空のセスナ172E型機が着陸直前、失速して同滑走路から約100m離れた地点に墜落し、機長が死亡、訓練生2名が重傷を負った。
●死者1名、重傷者2名、航空機1機墜落（運輸省調べ）

1131 富士重工業機墜落
昭和45年8月10日　広島県高田郡白木町

8月10日、広島県白木町で、富士重工業のFA200型エアロスバル機が悪天候と夜間飛行により誤って同町の白木山に激突、大破し、機長と乗客の親娘が即死した。原因は位置確認で高度を下げた操縦ミス（翌日に機体発見）。
●死者3名、航空機1機大破（運輸省調べ）

~昭和45年（1970年）

1132	東北本線特急列車転覆
	昭和45年8月12日　青森県八戸市

8月12日、東北本線の尻内駅で、下り特急はつかり2号（13両編成）が駅構内を通過する際、転轍器の誤作動により車両4両が脱線、2両が転覆し、乗務員や帰省客のうち32名が負傷した。原因はケーブルの腐食による回路異常。
●負傷者32名、車両2両転覆、車両4両脱線（運輸省調べ）

1133	陸上自衛隊員墜落死
	昭和45年8月27日　宮城県黒川郡大衡村

8月27日、宮城県大衡村の同隊王城寺演習場で、陸上自衛隊第1空挺団によるスカイダイビング訓練中に、隊員1名のパラシュートが開かなくなり墜落、激突死した。
●死者1名

1134	国鉄線列車発火
	昭和45年8月29日　広島県広島市

8月29日、国鉄線の広島駅で列車が発火し、車両1両が全焼した。
●車両1両全焼

1135	日本航空旅客機乱気流突入
	昭和45年8月30日　愛知県名古屋市付近

8月30日、名古屋市の北東約15kmの上空で、日本航空の札幌発大阪行きB727型旅客機利根号が台風11号の影響による乱気流に突っ込み、機体が上下に2回、約130m揺れ、乗員6名、乗客128名のうちスチュワーデス3名と乗客13名が重軽傷を負った。
●重軽傷者16名（運輸省調べ）

1136	航空自衛隊機墜落
	昭和45年9月2日　滋賀県彦根市

9月2日午後2時10分、滋賀県彦根市金剛寺町で、航空自衛隊新田原救難隊のMU2型機が航法訓練のため小松飛行場へ向けて八尾飛行場を離陸後に、失速、墜落し、乗員4名が死亡、住宅1戸（301㎡）を全焼した。原因はエンジン系統の故障。
●死者4名、航空機1機墜落、全焼家屋1戸、焼失面積301㎡、被害額1億8,700万円（運輸省・消防庁調べ）

1137	ダンプカー・唐津線列車衝突
	昭和45年9月2日　佐賀県小城郡三日月町

9月2日、唐津線久保田・小城駅間の無警報踏切で、ダンプカーと列車が衝突し、車両1両が脱線、1名が死亡、11名が負傷した。原因はダンプカーの踏切不注意。
●死者1名、負傷者11名、車両1両脱線（運輸省調べ）

1138	大阪電気通信大学機墜落
	昭和45年9月21日　福井県坂井郡春江町

9月21日、福井空港で、大阪電気通信大学の三田式3型機が着陸直前に、キリもみ状態に陥って同空港の敷地内に墜落し、1名が死亡、1名が負傷した。
●死者1名、負傷者1名、航空機1機墜落（運輸省調べ）

1139	陸上自衛隊機墜落
	昭和45年10月7日　北海道川上郡弟子屈町

10月7日、北海道弟子屈町の牧草地に、演習から帰途中の陸上自衛隊第7飛行隊のL19型機が、墜落し、乗員2名が死亡した。
●死者2名、航空機1機墜落（運輸省調べ）

第Ⅱ部　鉄道・航空機事故一覧

昭和45年(1970年)〜

1140 片町線電車発火
昭和45年10月7日　大阪府東大阪市

10月7日、鴻池新田駅構内で、片町線の片町発四条畷行き電車（5両編成）の4両目の後部モーターが発火して枕木12本を焼き、煙に驚いた乗客1,000名が窓から逃げようとして混乱に陥り、うち11名が負傷した。原因はモーター回路の接触不良による過熱。
●負傷者11名、車両発火

1141 ダンプカー・東武伊勢崎線電車衝突
昭和45年10月9日　埼玉県加須市

10月9日、東武鉄道伊勢崎線花崎・鷲宮駅間の南篠崎無人踏切で、東京都江東区の東洋商事の大型ダンプカーと浅草発伊勢崎行き準急電車（6両編成）が衝突、前部4両が脱線して線路脇の田畑などに転落、残る2両の窓ガラスが割れ、ダンプカーの運転手と乗客4名が死亡、237名が重軽傷を負った。原因はダンプカーの警報機無視。
●死者5名、重軽傷者237名、車両4両転落（運輸省調べ）

1142 パンアメリカン航空旅客機タイヤ破損
昭和45年10月10日　東京都大田区

10月10日、東京都大田区の東京国際空港で、パンアメリカン航空のジャンボ旅客機のタイヤ8本が着陸直後にパンクし、同空港の離着陸が約2時間混乱した。
●航空機1機破損

1143 航空自衛隊戦闘機墜落
昭和45年10月14日　青森県八戸市沖

10月14日、青森県八戸市の約20km沖合で、航空自衛隊第81航空隊のF86F型戦闘機が、墜落し、操縦者が死亡。原因はエンジンの故障とみられる。

●死者1名、航空機1機墜落（運輸省調べ）

1144 レッカー車・加越能鉄道高岡線列車衝突
昭和45年10月22日　富山県高岡市

10月22日、加越能鉄道高岡線能町口・米島口駅間の踏切でレッカー車と列車が衝突、脱線し、乗客ら76名が負傷した。
●負傷者76名、車両脱線（運輸省調べ）

1145 日本航空旅客機乱気流突入
昭和45年11月2日　千葉県夷隅郡御宿町沖

11月2日、千葉県御宿町の南東約54kmの沖合で、日本航空のニューヨーク発羽田行きDC8型ジェット旅客機ひだか号が着陸態勢に入る直前、乱気流に巻き込まれて機体が上下に激しく揺れ、乗員15名、乗客200名のうちスチュワーデス4名と乗客4名が重軽傷を負った。
●重軽傷者8名（運輸省調べ）

1146 軽乗用車・京阪坂本線電車衝突
昭和45年11月8日　滋賀県大津市

11月8日、京阪電鉄坂本線三井寺・別所駅間の無警報踏切で、軽乗用車と電車が衝突し、1名が死亡、4名が負傷した。
●死者1名、負傷者4名、車両衝突（運輸省調べ）

1147 バス・仙石線列車衝突
昭和45年11月11日　宮城県塩竈市

11月11日、仙石線本塩釜駅付近の踏切でバスと列車が衝突し、乗客ら17名が負傷した。
●負傷者17名、車両衝突（運輸省調べ）

1148 湯前線貨車・ディーゼル列車衝突
昭和45年11月15日　熊本県球磨郡多良木町

11月15日、湯前線東免田・多良木駅間で、木材運搬用の無蓋貨車2両が信号待ちをしてい

た八代発湯前行きディーゼル列車（3両編成）に時速約80kmで激突、乗務員や乗客ら75名が重軽傷を負った。原因は入換作業での連結ミス。
●重軽傷者75名、車両衝突（運輸省調べ）

1149 ダンプカー・日豊本線急行列車衝突
昭和45年11月24日　鹿児島県鹿児島市

11月24日、鹿児島市城南町市稲荷町で、大型ダンプカーが誤って道路から約6m下の日豊本線の線路内に転落。直後に同線の宮崎発山川行き急行列車錦江（5両編成）が現場に突っ込み、前部2両が脱線、乗客251名のうち2名が死亡、33名が重軽傷を負った。
●死者2名、重軽傷者33名、車両1台転落、車両2両脱線（運輸省調べ）

1150 ショベルカー・名鉄小牧線列車接触
昭和45年11月24日　愛知県小牧市

11月24日、名古屋鉄道小牧線小牧・楽田駅間の上新町踏切付近で、ショベルカーと上飯田発犬山行き普通電車（2両編成）が接触、先頭車両が脱線して線路沿いの住宅に突っ込み、ショベルカーの運転手や乗客ら53名が重軽傷を負った。原因はショベルカーが作業現場の国道155号線から線路に寄りすぎたため。
●重軽傷者53名、車両1両脱線、損壊家屋1棟（運輸省調べ）

1151 東海道本線貨物列車脱線
昭和45年11月26日　神奈川県茅ヶ崎市

11月26日夜、東海道本線の茅ヶ崎・平塚駅間を通過中の貨物列車の貨車15両が脱線した。
●車両15両脱線

1152 ヘリコプター墜落
昭和45年12月3日　新潟県糸魚川市

12月3日、新潟県糸魚川市大野満土島で、朝日ヘリコプターの川崎ベル式47G型機が富山へ向かう途中、高圧送電線に接触して姫川の中州に墜落、大破し、乗員2名が負傷した（直後に死亡）。
●負傷者2名、ヘリコプター1機大破（運輸省調べ）

1153 西鉄福岡市内線列車追突
昭和45年12月12日　福岡県福岡市

12月12日、西日本鉄道福岡市内線の平和台駅で、列車が誤って先発の列車に追突し、乗客ら13名が負傷した。原因は速度超過とブレーキの操作ミス。
●負傷者13名、車両追突（運輸省調べ）

1154 東海道本線貨物列車発火
昭和45年12月18日　愛知県額田郡幸田町

12月18日、幸田駅付近で、東海道本線の東静岡発米原行き貨物列車（35両編成）が突然逆走して後発の小荷物専用列車と正面衝突、後部3両が脱線、うち2両が転覆、乗務員1名が負傷。原因は貨物列車の運転士の居眠り運転で、同線は翌日夕方まで混乱が続いた。
●負傷者11名、車両発火

1155 乗用車・近鉄名古屋線特急電車衝突
昭和46年1月1日　三重県鈴鹿市

1月1日、近畿日本鉄道名古屋線伊勢若松駅付近の北堀江町踏切で特急電車が乗用車に衝突され、電車は脱線、乗用車は大破し、運転者、同乗者ら5名が死亡、1名が負傷した。
●死者5名、負傷者1名、車両1台大破（警察庁調べ）

昭和46年(1971年)〜

1156	ダンプカー・城端線気動車衝突
	昭和46年1月16日　富山県東礪波郡福野町

1月16日、城端線福野・東石黒駅間の踏切でダンプカーと気動車が衝突し、乗員、乗客ら23名が負傷した。
●負傷者23名、車両衝突（運輸省調べ）

1157	トラック・東武小泉線列車衝突
	昭和46年1月17日　群馬県館林市

1月17日、東武鉄道小泉線館林・成島駅間の踏切で小型トラックと列車が衝突し、乗員、乗客ら3名が死亡、7名が負傷した。原因はトラックの同踏切への直前進入。
●死者3名、負傷者7名、車両衝突（運輸省調べ）

1158	陸上自衛隊ヘリコプター不時着
	昭和46年1月21日　佐賀県鳥栖市

1月21日、陸上自衛隊西部方面隊のKH4型ヘリコプターが整備教育のおり佐賀県鳥栖市の南方に不時着。操縦者、同乗者11名が負傷した。
●負傷者11名、ヘリコプター1機不時着（防衛庁調べ）

1159	東北本線急行旅客列車・貨物列車衝突
	昭和46年2月11日　栃木県那須郡西那須野町

2月11日、東北本線野崎・西那須野駅間の上り勾配で急行旅客列車あづま・ばんだいが逆方向へ走り、後続の貨物列車に衝突。乗員、乗客ら40名が重軽傷を負った。原因は旅客側の機関士の飲酒居眠り運転。
●重軽傷者40名、車両衝突（運輸省調べ）

1160	マイクロバス・高山本線列車衝突
	昭和46年2月24日　岐阜県各務原市

2月24日、高山本線各務ヶ原・鵜沼駅間の踏切でマイクロバスと列車が衝突し、乗員、乗客ら3名が死亡、19名が負傷した。

●死者3名、負傷者19名、車両衝突（運輸省調べ）

1161	陸上自衛隊ヘリコプター墜落
	昭和46年3月1日　千葉県木更津市沖

3月1日、陸上自衛隊第1ヘリコプター団のV107型ヘリコプターが編成訓練のおり千葉県木更津市の約1km沖合に墜落。操縦者、同乗者2名が死亡した。
●死者2名、ヘリコプター1機墜落（防衛庁調べ）

1162	トラック・富士急大月線電車衝突
	昭和46年3月4日　山梨県富士吉田市

第Ⅰ部　解説参照（p.84）。
●死者17名、重軽傷者68名

1163	ダンプカー・近鉄名古屋線列車衝突
	昭和46年3月14日　愛知県名古屋市中川区

3月14日、近畿日本鉄道名古屋線伏屋・八田駅間の踏切でダンプカーと列車が衝突し、乗員、乗客のうち1名が死亡、11名が負傷した。原因はダンプカーによる遮断機の突破。
●死者1名、負傷者11名、車両衝突（運輸省調べ）

1164	航空自衛隊練習機離陸失敗
	昭和46年3月22日　宮崎県児湯郡新富町

3月22日、航空自衛隊第12教育団のT34型初級練習機が航法訓練の直前、宮崎県新富町の新田原基地で滑走後、離陸に失敗し、非隊員の訓練士1名が死亡した。
●死者1名、航空機1機墜落（防衛庁調べ）

1165	中央航空セスナ機墜落
	昭和46年4月5日　栃木県那須郡那須町付近

4月5日、中央航空のセスナ150D型機が操縦訓練のおり栃木県那須町の付近で失速、那須

岳に墜落し、操縦者が死亡した。
●死者1名、航空機1機墜落（運輸省調べ）

1166 ダンプカー・加越能鉄道加越線列車衝突
昭和46年4月24日　富山県高岡市

4月24日、加越能鉄道加越線四日町・藪波駅間の踏切でダンプカーと列車が衝突し、乗員、乗客ら22名が負傷した。原因はダンプカーによる同踏切への直前進入。
●負傷者22名、車両衝突（運輸省調べ）

1167 九州航空取材機墜落
昭和46年4月30日　佐賀県三養基郡中原町

4月30日夕方、西日本新聞社のチャーターした九州航空のセスナ177型機が取材業務のおり、佐賀県中原町山田の脊振山地の山に激突し、墜落。操縦者や同乗の記者ら4名が死亡した。
●死者4名、航空機1機墜落（運輸省調べ）

1168 ダンプカー・京福電鉄三国芦原線急行列車衝突
昭和46年5月3日　福井県坂井郡三国町

5月3日、京福電鉄三国芦原線水居駅構内の踏切で大型ダンプカーと急行電車が衝突し、ダンプカーは大破、電車は1両が脱線し、横転。乗員、乗客ら77名が重軽傷を負った。ダンプカーの運転手は無免許運転だった。
●重軽傷者77名、車両1台大破、車両1両脱線（運輸省調べ）

1169 土佐電鉄伊野線電車衝突
昭和46年5月5日　高知県高知市

5月5日、土佐電鉄伊野線の上下電車が鏡川橋、鴨部停留場間の単線区間で正面衝突し、制動不能に陥り、現場付近の上り勾配から約120m後退して大型トラックに衝突、乗員、乗客ら70名が重軽傷を負った。原因は上り側運転士によるすれ違い地点の確認ミス。

●重軽傷者70名、車両衝突（警察庁調べ）

1170 陸上自衛隊ヘリコプター墜落
昭和46年5月17日　北海道静内郡静内町

5月17日、陸上自衛隊北部ヘリコプター隊のHU1B型ヘリコプターが北海道静内町のナメワッカ岳の頂上付近に墜落。操縦者や同乗者4名が死亡した（同20日に機体と遺体を発見）。墜落機は十勝支庁の救助要請で患者の輸送に当たっていた。
●死者4名、ヘリコプター1機墜落（防衛庁調べ）

1171 神戸電鉄粟生線準急電車急停止
昭和46年5月24日　兵庫県三木市

5月24日、神戸電鉄粟生線緑ヶ丘・広野ゴルフ場前駅間で準急電車が突然停止し、乗員、乗客ら22名が負傷した。原因はパンタグラフの故障。
●負傷者22名、車両故障（運輸省調べ）

1172 航空自衛隊練習機着陸失敗
昭和46年5月24日　石川県小松市

5月24日、航空自衛隊第6航空団のF104型練習機が極地訓練で、石川県小松市の小松基地で着陸に失敗し、操縦者が死亡した。
●死者1名、航空機1機墜落（防衛庁調べ）

1173 ミキサー車・米坂線列車衝突
昭和46年6月7日　新潟県岩船郡荒川町

6月7日午前8時43分、米坂線越後大島・花立駅間の第2成沢踏切で米沢発坂町行きディーゼル旅客列車（4両編成）がコンクリートミキサー車に衝突され、前2両が脱線、横転し、乗員、乗客ら21名が重軽傷を負った。原因はミキサー車の運転者による警報機無視。
●重軽傷者21名、車両2両脱線（運輸省調べ）

昭和46年（1971年）〜

1174 函館本線気動車・急行列車衝突
昭和46年6月14日　北海道雨竜郡妹背牛町

6月14日、函館本線の急行列車が妹背牛駅構内で入換作業用の気動車と衝突し、乗員、乗客ら14名が負傷した。
●負傷者14名、車両衝突（運輸省調べ）

1175 クレーン車・西鉄北九州線列車衝突
昭和46年6月14日　福岡県北九州市門司区

6月14日、西日本鉄道北九州線市立門司病院前・大里東口駅間の自動車併用の線路内で列車がクレーン車と衝突し、乗員、乗客ら14名が負傷した。
●負傷者14名、車両衝突（運輸省調べ）

1176 ノースウェスト航空旅客機離陸失敗
昭和46年6月20日　東京都大田区

6月20日、ノースウェスト航空のボーイング747型旅客機が東京国際空港で離陸直前、左側主脚が折れ、滑走路端を通り過ぎて横の芝生へ突っ込んだが、乗員、乗客ら218名に死傷者はなかった。
●航空機1機破損（運輸省調べ）

1177 航空自衛隊戦闘機墜落
昭和46年6月25日　岩手県岩手郡滝沢村

6月25日、航空自衛隊第81航空隊のF86F型戦闘機が天候偵察実務のおり岩手県滝沢村に墜落し、操縦者が死亡した。
●死者1名、航空機1機墜落（防衛庁調べ）

1178 東亜国内航空旅客機墜落
昭和46年7月3日　北海道亀田郡七飯町

第Ⅰ部　解説参照（p.85）。
●死者68名

1179 東亜国内航空旅客機着陸失敗
昭和46年7月9日　北海道函館市

7月9日、東亜国内航空のYS11型旅客機が北海道函館市の函館空港で着陸に失敗して滑走路を通過、芝生に突っ込み、滑走路端から約60mの地点で停止したが、乗員や乗客に死傷者はなかった。
●──

1180 海上自衛隊対潜哨戒機墜落
昭和46年7月16日　千葉県銚子市沖

7月16日、海上自衛隊第4航空群のP2V型対潜哨戒機が千葉県銚子市の下総基地への着陸直前、松の木に接触して同基地の沖合に墜落し、操縦者や同乗者のうち2名が死亡、9名が行方不明になった（捜索の結果、全員死亡と断定）。
●死者11名、航空機1機墜落（防衛庁調べ）

1181 日本航空旅客機損壊
昭和46年7月19日　茨城県筑波郡

7月19日、日本航空の札幌行きDC8型旅客機が茨城県筑波郡の上空を通過するおり、落雷と降雹によりレーダーを含む機首の一部が吹き飛び、同機は羽田空港に緊急着陸したが、乗務員や乗客に死傷者はなかった。
●航空機1機破損（運輸省調べ）

1182 マイクロバス・関西本線急行列車衝突
昭和46年7月24日　愛知県名古屋市中川区

7月24日、関西本線富田駅構内の踏切でマイクロバスと急行列車が衝突し、乗員、乗客のうち1名が死亡、8名が負傷した。原因は同踏切の保安係による遮断機の操作遅延。
●死者1名、負傷者8名、車両衝突（運輸省調べ）

~昭和46年（1971年）

1183	航空自衛隊練習機離陸失敗
	昭和46年7月26日　宮崎県児湯郡新富町

　7月26日、航空自衛隊第5航空団のF104型機が宮崎県新富町の新田原基地で滑走後、離陸に失敗し、操縦者が死亡した。
●死者1名、航空機1機墜落（防衛庁調べ）

1184	全日空旅客機・航空自衛隊機衝突（雫石事故）
	昭和46年7月30日　岩手県岩手郡雫石町

　第Ⅰ部　解説参照（p.87）。
●死者162名

1185	軽三輪車・予讃本線列車衝突
	昭和46年8月2日　香川県仲多度郡多度津町付近

　8月2日、予讃本線海岸寺・詫間駅間の踏切で軽三輪車と列車が衝突し、乗員、乗客ら3名が死亡、5名が負傷した。
●死者3名、負傷者5名、車両衝突（運輸省調べ）

1186	東亜国内航空訓練機離陸失敗
	昭和46年8月3日　広島県広島市

　8月3日午後1時20分頃、東亜国内航空のYS11型旅客機おき号が操縦訓練の直前、広島市観音新町の広島空港で離陸に失敗し、滑走路端から約60m先の砂地に機首を突っ込んで停止したが、死傷者はなかった。
●

1187	トレーラー・東急目蒲線電車接触
	昭和46年8月11日　東京都大田区

　8月11日、東急電鉄目蒲線矢口渡・蒲田駅間の踏切で電車が大型トレーラーに積んであった杭打ち機と接触し、電車1両が脱線、乗員、乗客ら21名が負傷した。原因はトレーラーが現場付近で方向を転じ、杭打ち機の一部が線路内に突っ込んでいたため。
●負傷者21名、車両1両脱線（運輸省調べ）

1188	米軍戦闘機墜落
	昭和46年8月24日　神奈川県横浜市

　8月24日、米軍のジェット戦闘機が横浜市のひかりが丘団地に隣接する雑木林に墜落し、乗員はパラシュートで脱出したが、現場付近の住宅が機体の破片で壊れた。
●住宅損壊、航空機1機墜落

1189	全日空旅客機着陸失敗
	昭和46年8月29日　宮城県名取市

　8月29日、全日本空輸のYS11型旅客機が仙台空港B滑走路で着陸に失敗し、前輪と脚部を故障。このため同機は急停止し、乗客64名のうち5名が軽傷を負った。
●負傷者5名、航空機1機故障（運輸省調べ）

1190	トラック・名鉄犬山線特急電車衝突
	昭和46年9月1日　愛知県西春日井郡西枇杷島町

　9月1日、名古屋鉄道犬山線西枇杷島駅付近の小田井踏切で菱大運輸の小型トラックが河和発新岐阜行き特急電車（4両編成）と衝突した際、トラックの積荷のシンナーが発火。特急はトラックを引きずったまま約300m走り、トラックの助手が即死、特急も前部2両を全焼、うち1両が脱線し、乗員、乗客ら11名が重軽傷を負った。
●死者1名、重軽傷者11名、車両1両脱線

1191	東亜国内航空ヘリコプター墜落
	昭和46年9月11日　三重県熊野市

　9月11日、東亜国内航空の川崎ヒューズ型ヘリコプターが取材業務中に、三重県熊野市に墜落し、操縦者や同乗者のうち1名が死亡、3名が負傷した。
●死者1名、負傷者3名、ヘリコプター1機墜落（運輸省調べ）

第Ⅱ部　鉄道・航空機事故一覧

昭和46年(1971年)〜

1192 ダンプカー・福井鉄道福武線列車衝突
昭和46年9月28日　福井県福井市

9月28日、福井鉄道福武線浅水・江端駅間の踏切でダンプカーと列車が衝突し、列車は脱線、乗員、乗客ら24名が負傷した。
●負傷者24名、車両衝突（運輸省調べ）

1193 スイス航空旅客機墜落
昭和46年10月4日　千葉県沖

10月4日、スイス航空のDC8型旅客機が東京国際空港への着陸前、乱気流に巻き込まれて千葉県の房総半島の沖合に墜落し、乗員、乗客ら2名が負傷した。
●負傷者2名、航空機1機墜落（運輸省調べ）

1194 山陽本線急行列車火災
昭和46年10月6日　岡山県笠岡市

10月6日、山陽本線の京都発長崎行き夜間急行雲仙（13両編成）が笠岡駅を通過の際、金ヶ崎トンネルの近くで10号車の洗面所付近から出火。このため急行は停止して乗務員が消火に当たったが、火元の1両を全焼、前後の1両ずつを半焼、乗客1名が死亡、4名が停止の際負傷した。
●死者1名、負傷者4名、車両1両全焼、車両2両半焼（運輸省調べ）

1195 トラック・福知山線列車衝突
昭和46年10月12日　兵庫県氷上郡氷上町

10月12日、福知山線石生駅付近の踏切で列車がトラックに衝突され、乗員、乗客のうち1名が死亡、7名が負傷した。原因はトラックによる遮断機の突破。
●死者1名、負傷者7名、車両衝突（運輸省調べ）

1196 西日本空輸ヘリコプター墜落
昭和46年10月13日　佐賀県三養基郡基山町

10月13日午前10時20分、西日本空輸の三菱シコルスキーS62A型ヘリコプターが資材運搬作業の際、佐賀県基山町園部の上空で故障、山林に墜落し、操縦者ら8名が重軽傷を負った。
●重軽傷者8名、ヘリコプター1機墜落（運輸省調べ）

1197 ダンプカー・久留里線列車衝突
昭和46年10月19日　千葉県君津郡袖ヶ浦町

10月19日、久留里線東横田駅付近の踏切でダンプカーと列車が衝突し、乗員、乗客ら11名が負傷した。
●負傷者11名、車両衝突（運輸省調べ）

1198 全日空ヘリコプター墜落
昭和46年10月19日　八ヶ岳

10月19日、全日本空輸の富士ベル204B型ヘリコプターが生コンクリート輸送作業の際、山梨、長野県境の八ヶ岳に激突、墜落し、操縦者と同乗者の2名が死亡した。
●死者2名、ヘリコプター1機墜落（運輸省調べ）

1199 近鉄大阪線特急電車衝突
昭和46年10月25日　三重県一志郡白山町

第Ⅰ部　解説参照（p.91）。
●死者25名、負傷者300名

1200 ダンプカー・鹿児島本線特急列車衝突
昭和46年11月10日　福岡県久留米市

11月10日、鹿児島本線久留米・荒木駅間の津福町踏切で大型ダンプカーが門司港発西鹿児島行き特急有明（12両編成）と衝突し、ダンプカーは約150m引きずられて大破、運転者が死亡し、列車も前7両が脱線、乗客17名が

負傷した。
●死者1名、負傷者17名、車両脱線（運輸省調べ）

1201 陸上自衛隊ヘリコプター墜落
昭和46年11月12日　熊本県球磨郡山江村

11月12日、陸上自衛隊第1ヘリコプター団のV107型ヘリコプターが演習中に、回転翼が飛び散り、熊本県山江村に墜落。操縦者、同乗者3名が死亡した。
●死者3名、ヘリコプター1機墜落（防衛庁調べ）

1202 トラック・越後交通栃尾線電車衝突
昭和46年11月19日　新潟県長岡市

11月19日、越後交通栃尾線東栄駅付近の踏切で砂利運搬トラック（積載可能2t）が栃尾発悠久山行き電車（3両編成）と衝突し、トラックは大破、運転者が即死し、電車も先頭の1両が脱線し、横転。乗務員や通勤客のうち6名が重傷を、100名が軽傷を負った。
●死者1名、重軽傷者106名、車両1台大破、車両1両脱線（警察庁・運輸省調べ）

1203 阪和線急行列車破損
昭和46年11月29日　和歌山県和歌山市

11月29日午後1時55分、阪和線山中渓・紀伊駅間の第1湯谷トンネルで天王寺発新宮行き急行列車きのくに（紀勢線直通）の制輪部分が焼損し、鉄製の破片が線路付近に飛び散り発火、現場付近の山林（約10ha）を全焼した。和歌山県警察によれば、原因はブレーキの故障。
●焼失面積約10ha（消防庁調べ）

1204 ダンプカー・秩父鉄道線電車衝突
昭和46年12月7日　埼玉県行田市

12月7日、秩父鉄道線持田駅付近の踏切でダンプカーと電車が衝突し、乗員、乗客ら53名が負傷した。原因は同踏切の保安係による遮断機の操作ミスとダンプの運転者による不注意。
●負傷者53名、車両衝突（警察庁・運輸省調べ）

1205 トラック・京浜急行本線特急電車衝突
昭和46年12月7日　神奈川県横浜市金沢区

12月7日、京浜急行電鉄本線金沢八景・追浜駅間の無人踏切で特急電車が小型トラックに衝突され、乗員、乗客ら2名が死亡、2名が負傷した。
●死者2名、負傷者2名、車両衝突（運輸省調べ）

1206 ダンプカー・東武伊勢崎線電車衝突
昭和46年12月7日　埼玉県

12月7日、東武鉄道伊勢崎線の電車が埼玉県内の踏切でダンプカーと衝突し、乗員、乗客ら53名が重軽傷を負った。
●重軽傷者53名、車両衝突

1207 全日空旅客機放火
昭和46年12月19日　千葉県

12月19日、全日本空輸の福井発羽田行きフレンドシップ型旅客機が東京国際空港への着陸直前、千葉県の房総半島の上空で乗客の男性がトイレに放火、機長にけがを負わせて自殺し、機長以外にも乗務員と乗客の2名が負傷したが、機体は無事だった。放火犯は神経症患者だった。
●死者1名、負傷者3名、航空機1機火災（運輸省調べ）

1208 米海兵隊ヘリコプター墜落
昭和46年12月20日　東京都西多摩郡瑞穂町

12月20日、米合衆国海兵隊の厚木基地所属のCH46型ヘリコプターが東京都瑞穂町の横田基地で回転翼の飛散により失速し、墜落。操縦者、同乗者7名が死亡した。

昭和46年（1971年）〜

●死者7名、ヘリコプター1機墜落（防衛庁調べ）

1209 高山本線旅客列車・貨物列車追突
昭和46年12月21日　岐阜県岐阜市

12月21日、高山本線の岐阜発都上八幡行き列車（11両編成）が出発直前、岐阜駅構内で入換えをしていた貨物列車（36両編成）に追突され、乗務員や乗客のうち1名が重傷を、151名が軽傷を負った。
●重傷者1名、軽傷者151名、車両追突（運輸省調べ）

1210 乗用車・小田急江ノ島線電車衝突
昭和47年1月22日　神奈川県藤沢市

1月22日、小田急電鉄江ノ島線六会駅付近の亀井野六会踏切で乗用車と電車が衝突し、乗客ら5名が死亡した。原因は乗用車を運転していた日本大学の学生による警報機無視。
●死者5名、車両衝突（警察庁調べ）

1211 航空自衛隊練習機墜落
昭和47年2月9日　静岡県浜松市

2月9日、航空自衛隊第1航空団のT33型ジェット練習機が訓練開始後、エンジンの故障により静岡県浜松市に墜落し、操縦者が死亡した。
●死者1名、航空機1機墜落（防衛庁調べ）

1212 ライトバン・東北本線貨物列車衝突
昭和47年2月9日　栃木県下都賀郡野木町

2月9日、東北本線野木駅付近の踏切で貨物列車が自家用ライトバンと衝突し、運転者や同乗者ら4名が死亡した。原因はライトバンの警報機無視。
●死者4名、車両衝突

1213 広島電鉄線電車追突
昭和47年2月12日　広島県広島市

2月12日、広島電鉄線の電車が稲荷町停留場付近の交差点で先発の電車に追突し、乗員、乗客ら14名が負傷した。原因は後続側の機関士が現場付近の乗用車などの動きに注意を払っていたための前方不注意。
●負傷者14名、車両追突（運輸省調べ）

1214 山田線気動車脱線
昭和47年2月14日　岩手県宮古市

2月14日、山田線花原市・千徳駅間で気動車が発生した土砂崩れに突っ込んで脱線。乗員、乗客ら10名が負傷した。
●負傷者10名、車両脱線（運輸省調べ）

1215 航空自衛隊機墜落
昭和47年2月16日　福岡県築上郡築城町沖

2月16日、航空自衛隊偵察航空隊のF86F型ジェット戦闘機とRF86F型ジェット偵察機が福岡県築城町の周防灘上空で接触し、墜落。両機の操縦者が死亡した。
●死者2名、航空機2機墜落（防衛庁調べ）

1216 富山地方電鉄本線電車脱線
昭和47年2月20日　富山県中新川郡上市町

2月20日、富山地方電鉄本線新宮川・上市駅間のカーブ付近で電車が脱線し、乗員、乗客ら19名が負傷した。原因は機関士による制限速度超過。
●負傷者19名、車両脱線（運輸省調べ）

1217 広島電鉄線電車追突
昭和47年2月23日　広島県広島市

2月23日、広島電鉄線の電車が西観音停留場で出発直前の先発電車に追突し、乗員、乗客ら23名が負傷した。原因は後続側の機関士に

~昭和47年（1972年）

よるブレーキの誤操作。
●負傷者23名、車両追突（運輸省調べ）

1218 トラック・北陸本線気動車衝突
昭和47年2月25日　富山県高岡市

2月25日、北陸本線福岡・西高岡駅間の踏切でトラックと気動車が衝突し、乗員、乗客ら15名が負傷した。
●負傷者15名、車両衝突（運輸省調べ）

1219 ライトバン・総武本線気動車衝突
昭和47年2月25日　千葉県八日市場市

2月25日、総武本線八日市場・干潟駅間の上谷中踏切で気動車がライトバンと衝突し、運転者や同乗者ら4名が死亡、1名が重傷を負った。原因はライトバンの警報機無視。
●死者4名、重傷者1名、車両衝突

1220 ダンプカー・近鉄南大阪線電車衝突
昭和47年3月5日　大阪府南河内郡太子町付近

3月5日、近畿日本鉄道南大阪線上太子・二上山駅間の踏切でダンプカーと電車が衝突し、脱線。乗員、乗客ら12名が負傷した。原因はダンプカーの運転者による警報機無視。
●負傷者12名、車両脱線（運輸省調べ）

1221 ダンプカー・久留里線気動車衝突
昭和47年3月23日　千葉県君津郡袖ヶ浦町

3月23日、久留里線東横田・馬来田駅間の踏切で大型ダンプカーと上総亀山発木更津行き気動車（3両編成）が衝突、脱線して線路脇の雑貨店に突っ込んだ。乗員、乗客ら14名が負傷した。
●負傷者14名、車両衝突（運輸省調べ）

1222 総武線電車追突
昭和47年3月28日　千葉県船橋市

3月28日午前7時20分頃、総武線の千葉発中野行き電車（10両編成）が船橋駅を出発直前、後続の津田沼発三鷹行き電車（10両編成）が追突して約5m進み、後続側の6両目が脱線、双方の乗務員や乗客のうち通勤客ら18名が重傷を、740名が軽傷を負った。原因は後続側の機関士が自動列車停止装置（ATS）の警報に気をとられたための信号不注意。
●重傷者18名、軽傷者740名、車両1両脱線（運輸省調べ）

1223 西鉄北九州線電車追突
昭和47年3月30日　福岡県北九州市

3月30日、西日本鉄道北九州線の電車が浅生停留場で出発直前の先発電車に追突し、乗員、乗客ら23名が負傷した。原因は後続側の機関士によるブレーキの誤操作。
●負傷者23名、車両追突（運輸省調べ）

1224 山陽本線急行列車火災
昭和47年4月13日　岡山県和気郡吉永町

4月13日、山陽本線の名古屋発熊本行き急行阿蘇（14両編成）が三石駅を通過後、2両目の郵便車の床から出火し、次の吉永駅で緊急停止。結局、火元の車両と郵便袋450個（約1万数千通入り）を全焼したが、後続の寝台車などの乗客や乗務員に死傷者はなかった。
●車両1両全焼

1225 本田航空機墜落
昭和47年4月29日　埼玉県桶川市

4月29日、本田航空のFA200型軽飛行機（富士重工業製）が埼玉県桶川市川田谷の桶川飛行場で公開曲技飛行のため離陸後、突然失速して墜落し、操縦者ら2名が死亡した。
●死者2名、航空機1機墜落（運輸省調べ）

昭和47年（1972年）〜

1226 日本航空旅客機暴走
昭和47年5月15日　東京都大田区

5月15日、日本航空の福岡行きDC8型ジェット旅客機が東京国際空港から離陸直前、C滑走路右の芝生へ突っ込んだ。このため同機の左主脚が折れ、右翼のエンジン2基が脱落、炎上、左翼の第1エンジンが吹き飛び、機体は大破、幼児9名を含む乗客243名と乗員9名のうち機長ら16名が非常口などから脱出する際、打撲傷を負った。
●負傷者16名、航空機1機大破（運輸省調べ）

1227 東海道山陽新幹線故障
昭和47年5月17日　静岡県富士市

5月17日、東海道・山陽新幹線の上り特急ひかりが静岡駅を通過後、静岡県富士市でパンタグラフが故障、破損して停止し、現場付近の架線も約500mにわたって切れ、8時間半後に復旧するまで後続の列車多数が運休または遅延した。
●車両1両故障

1228 営団地下鉄東西線電車破損
昭和47年5月18日　千葉県市川市

5月18日、帝都高速度交通営団東西線行徳・浦安駅間を通過するおり、相互乗入れの国鉄電車のモーターが故障、破損して床が壊れ、乗客2名が鉄片により重軽傷を負った（翌日、国鉄が設計上の誤りを認めて同型の48両の使用停止を決定）。
●重軽傷者2名、車両1両破損

1229 トラック・京成金町線電車衝突
昭和47年5月20日　東京都葛飾区

5月20日、京成電鉄金町線柴又・金町駅間で電車が突然後戻りし、踏切内でトラックに衝突、乗員、乗客ら14名が負傷した。
●負傷者14名、車両衝突（運輸省調べ）

1230 東邦航空ヘリコプター墜落
昭和47年5月24日　岐阜県揖斐郡揖斐川町

5月24日、東邦航空のアルウェット型ヘリコプターが岐阜県揖斐川町で架線に接触し、墜落。操縦者ら2名が死亡、1名が負傷した。
●死者2名、負傷者1名、ヘリコプター1機墜落（運輸省調べ）

1231 ダンプカー・名鉄西尾線電車衝突
昭和47年5月29日　愛知県西尾市

5月29日、名古屋鉄道西尾線米津・桜町前駅間の踏切でダンプカーと電車が衝突し、脱線。乗員、乗客ら1名が死亡、12名が負傷した。原因はダンプカーの運転者による直前横断。
●死者1名、負傷者12名、車両脱線（運輸省調べ）

1232 横浜航空旅客機墜落
昭和47年5月30日　北海道樺戸郡月形町

5月30日、横浜航空のセスナ402A型双発旅客機が紋別空港を出発して札幌市の丘珠空港へ着陸直前、悪天候により北海道月形町の隅根尻山（通称分監山）に激突、墜落し、乗員2名と乗客8名が死亡した。
●死者10名、航空機1機墜落（運輸省調べ）

1233 ダンプカー・千歳線ディーゼル急行列車衝突
昭和47年6月6日　北海道恵庭市

6月6日、千歳線島松・恵庭駅間の南島松踏切で札幌発様似行きディーゼル急行列車がダンプカーと衝突し、双方の運転者が死亡、乗客85名が重軽傷を負った。原因はダンプカーの運転者による警報機無視。
●死者2名、重軽傷者85名、車両衝突（運輸省調べ）

~昭和47年（1972年）

1234	日航機墜落
	昭和47年6月14日　インド

第Ⅰ部　解説参照（p.93）。
●死者90名

1235	乗用車・名鉄常滑線電車衝突
	昭和47年6月16日　愛知県東海市

6月16日、名古屋鉄道常滑線太田川駅付近の荒尾町踏切で乗用車と電車が衝突し、運転者や同乗者ら4名が死亡、1名が重傷を負った。原因は乗用車の警笛無視。
●死者4名、重傷者1名、車両衝突

1236	京浜東北線・山手線電車追突
	昭和47年6月23日　東京都荒川区

6月23日、京浜東北線の電車（10両編成）が日暮里駅を出発直前、山手線の内回り電車（10両編成）に追突され、双方の乗務員や乗客約900名のうち160名が座席から投げ出されたり割れた窓ガラスを浴びたりして重軽傷を負った。原因は山手線側の運転士の誤認。
●重軽傷者160名、車両追突（運輸省調べ）

1237	全日空練習機破損
	昭和47年7月19日　北海道札幌市

7月19日、全日本空輸のパイパーPA31型双発練習機が北海道旭川市付近の上空で着陸態勢に移る直前、車輪が機外へ出なくなったため札幌空港に緊急着陸し、機体の一部を破損、教官ら乗員4名のうち2名が負傷した。
●負傷者2名、航空機1機破損

1238	航空自衛隊練習機墜落
	昭和47年7月24日　福岡県筑紫野市

7月24日、航空自衛隊第13飛行教育団のT1A型ジェット練習機が訓練中、福岡県筑紫野市に墜落し、操縦者が死亡、同乗者9名が負傷した。
●死者1名、負傷者9名、航空機1機墜落（防衛庁調べ）

1239	海上自衛隊対潜哨戒機墜落
	昭和47年7月26日　鹿児島県鹿屋市

7月26日、海上自衛隊鹿屋基地教育航空群のP2V7型対潜哨戒機が同隊下総基地からの帰途、台風7号に巻き込まれて鹿児島県鹿屋市の中岳山麓に激突、墜落し、乗員7名が死亡した。
●死者7名、航空機1機墜落（防衛庁調べ）

1240	近鉄奈良線急行電車爆破
	昭和47年8月2日　奈良県奈良市

8月2日午後2時25分頃、近畿日本鉄道奈良線菖蒲池・学園前駅間を通過するおり、西大寺発難波行き急行電車（4両編成）の3両目の後部右側扉付近の座席下で布製のボストンバッグが突然爆発し、乗客のうち2名が重傷を、19名が軽傷を負った。県警察の調べによれば、爆発物はダイナマイトを粉ミルク缶に詰めた自家製のもの。
●重傷者2名、軽傷者19名（運輸省調べ）

1241	ダンプカー・天北線気動車衝突
	昭和47年8月5日　北海道稚内市

8月5日、天北線恵北・樺岡駅間の踏切でダンプカーと気動車が衝突し、乗員、乗客のうち1名が死亡、13名が負傷した。
●死者1名、負傷者13名、車両衝突（運輸省調べ）

1242	旅客機暴走
	昭和47年8月7日　東京都大田区

8月7日、パンアメリカン航空のボーイング747型旅客機が東京国際空港に着陸直後、操縦を誤って暴走したが、乗員や乗客に死傷者は

第Ⅱ部　鉄道・航空機事故一覧　317

昭和47年（1972年）〜

なかった。
●──

1243 航空自衛隊救難機墜落
昭和47年8月8日　宮崎県日南市沖

8月8日、航空自衛隊新田原基地救難隊のV107型機が米軍墜落機に対する救難活動中に、宮崎県日南市の沖合で海面に接触、墜落し、乗員4名が死亡した。
●死者4名、航空機1機墜落（防衛庁調べ）

1244 ダンプカー・山田線気動車衝突
昭和47年8月11日　岩手県宮古市

8月11日、山田線花原市駅付近の踏切でダンプカーと気動車と衝突、乗員、乗客ら22名が負傷した。
●負傷者22名、車両衝突（運輸省調べ）

1245 ダンプカー・仙石線電車東衝突
昭和47年8月18日　宮城県塩竈市

8月18日、仙石線東塩釜・陸前浜田駅間の越ノ浦新田踏切で中京興業のダンプカーが仙台発石巻行き普通電車（4両編成）と衝突し、先頭の1両が線路脇の沼に突っ込み、後続の1両は右側へ脱線、ダンプカーも大破し、双方の運転者が死亡、乗客55名が重軽傷を負った。原因はダンプカーによる警報機無視。
●死者2名、重軽傷者55名、車両2両脱線（運輸省調べ）

1246 神戸電鉄三田線普通電車・準急電車衝突
昭和47年8月25日　兵庫県神戸市兵庫区

8月25日、神戸電鉄三田線横山・道場河原駅間の単線で三田発新開地行き普通電車（3両編成）が新開地発三田行き準急電車（3両編成）と正面衝突し、双方の乗客のうち22名が軽傷を負った。原因は機関士の信号無視。
●軽傷者22名、車両衝突（運輸省調べ）

1247 東邦航空ヘリコプター墜落
昭和47年8月27日　岐阜県揖斐郡池田町

8月27日、東邦航空のアルウェット型ヘリコプターが岐阜県池田町の鉄塔に接触し、墜落。操縦者が死亡した。
●死者1名、ヘリコプター1機墜落（運輸省調べ）

1248 山陽本線機関車・客車衝突
昭和47年8月31日　広島県広島市

8月31日、山陽本線の機関車が広島駅構内で連結作業の直前、停止していた客車に激突し、乗員、乗客ら20名が負傷した。
●負傷者20名、車両衝突（運輸省調べ）

1249 東海道・山陽新幹線列車誤誘導
昭和47年9月16日　静岡県静岡市

9月16日午後7時35分頃、東海道・山陽新幹線の東京発大阪行きこだまが静岡駅でひかり通過用の線路に誤って誘導されて停止し、同駅の利用客が約20分間乗降できなくなった。国鉄によれば、運行制御用のコンピューターが記憶容量の不足で台風20号の影響による遅延などの時間調整に対応しきれなくなり、誤作動したため。
●──

1250 東北本線貨車脱線
昭和47年9月27日　福島県郡山市

9月27日午後5時46分頃、東北本線の貨車2両が郡山操車場の入換え線付近で脱線、約40m暴走した。原因は転轍器に砕石が引っかかって作動しなくなり、コンピューターによる別の線路への振替指示も約2秒遅れたため。同操車場は国鉄初の全自動化基地だった。
●車両2両脱線

~昭和47年（1972年）

1251 自家用機墜落
昭和47年10月1日　群馬県太田市

10月1日、自家用のFA200型軽飛行機（富士重工業製）が群馬県太田市の小学校付近で運動会の開催を祝っていたところ、突然失速して墜落、操縦者ら2名が即死した。
●死者2名、航空機1機墜落（運輸省調べ）

1252 トラック・日光線電車衝突
昭和47年10月7日　栃木県宇都宮市

10月7日、日光線鶴田・鹿沼駅間の踏切でトラックと電車が衝突し、乗員、乗客ら19名が負傷した。
●負傷者19名、車両衝突（運輸省調べ）

1253 伊予鉄道城南線電車衝突
昭和47年10月9日　愛媛県松山市

10月9日、伊予鉄道城南線の電車が南堀端停留場の付近で対向電車と正面衝突し、乗員、乗客ら13名が負傷した。原因は機関士の信号無視。
●負傷者13名、車両衝突（運輸省調べ）

1254 京都市営線電車衝突
昭和47年10月29日　京都府京都市北区

10月29日、京都市交通局線の烏丸車庫発千本北大路行き電車が北大路堀川、新町停留場間の千本北大路交差点から下り勾配を無人のまま反対方向へ戻り、乗用車3台に衝突後、現場から約1.2km離れた地点で後続の烏丸車庫発西大路七条行き電車と正面衝突し、運転士、乗客48名が重軽傷を負った。
●重軽傷者48名、車両衝突（運輸省調べ）

1255 北陸本線急行列車火災（北陸トンネル列車火災）
昭和47年11月6日　福井県敦賀市

第Ⅰ部　解説参照（p.96）。

●死者30名、負傷者714名

1256 日田彦山線ディーゼルカー火災
昭和47年11月7日　福岡県

11月7日、日田彦山線のディーゼルカーが福岡県内を通過の際、火災が発生したが、乗務員や乗客に死傷者はなかった。
●車両火災

1257 岐阜大学グライダー墜落
昭和47年11月23日　埼玉県大里郡妻沼町

11月23日、岐阜大学のH23CZ型グライダーが埼玉県妻沼町葛和田地先の利根川の河原にある妻沼滑空場で訓練の際、墜落し、操縦者ら2名が死亡した。
●死者2名、グライダー1機墜落（運輸省調べ）

1258 日航機墜落炎上
昭和47年11月28日　ソ連モスクワ

第Ⅰ部　解説参照（p.101）。
●死者62名

1259 五能線列車転落
昭和47年12月2日　青森県西津軽郡深浦町

12月2日午前6時、五能線広戸・追良瀬駅間の海岸沿いを通過する際、深浦発弘前行き列車の蒸気機関車1両と客車2両が線路左の海へ落ち、機関助士は救助されたが、機関士が死亡、乗客2名が負傷した。原因は現場付近の線路床が同日未明、強い低気圧による大雨と高波とで流されたため。
●死者1名、負傷者2名、車両3両転落

1260 バス・西武池袋線電車衝突
昭和47年12月12日　東京都

12月12日、西武鉄道池袋線の踏切で電車がバスと衝突した。原因はバスが現場付近の道路

第Ⅱ部　鉄道・航空機事故一覧　319

昭和47年(1972年)〜

渋滞に巻き込まれ、踏切内で動けなくなったため。
●車両衝突

1261 バス・横須賀線電車衝突
昭和47年12月13日　神奈川県横浜市保土ヶ谷区

12月13日朝、横須賀線保土ヶ谷駅付近の大山踏切で上り電車が満員の通勤者らを乗せたバスと衝突し、バスの乗客10名が逃げ遅れて重軽傷を負った。原因はバスが現場付近の道路渋滞に巻き込まれ、踏切内で動けなくなったため。
●重軽傷者10名、車両衝突

1262 横須賀線踏切事故
昭和47年12月13日　神奈川県横浜市保土ヶ谷区

12月13日午後、横須賀線保土ヶ谷駅付近の大仙寺踏切を電車が通過する際に、同踏切を横断していた老人をはね、老人が重傷を負った。原因は現場近くの大山踏切で当日の朝起こった衝突により同線の運転間隔が過密になり、警報機と遮断機が正常に作動しなかったため。
●重傷者1名

1263 西鉄北九州線電車追突
昭和48年1月11日　福岡県北九州市八幡区

1月11日、西日本鉄道北九州線黒崎車庫前・熊西駅間で電車が先発電車に追突し、乗員、乗客ら14名が負傷した。原因は運転士によるブレーキの誤操作。
●負傷者14名、車両脱線（運輸省・朝日新聞社調べ）

1264 京葉航空遊覧機墜落
昭和48年1月14日　千葉県鴨川市沖

1月14日、京葉航空のエアロスバルFA200型遊覧機が燈台の送電線に接触、千葉県鴨川市磯村の沖合に墜落。操縦者、乗客4名が死亡した。

●死者4名、航空機1機墜落（運輸省・朝日新聞社調べ）

1265 伊豆箱根鉄道大雄山線電車暴走
昭和48年1月17日　神奈川県小田原市

1月17日、伊豆箱根鉄道大雄山線の大雄山発電車（2両編成）が終点の小田原駅構内で砂利を積んだ車止めに突っ込んで脱線。乗員、乗客ら69名が重軽傷を負った。原因は運転士によるブレーキの誤操作。
●重軽傷者69名、車両脱線（運輸省・朝日新聞社調べ）

1266 米軍機墜落
昭和48年2月6日　沖縄県那覇市

2月6日、米軍機がベトナムでの停戦実施後、那覇空港への着陸直前、墜落した。
●航空機1機墜落

1267 米軍機墜落
昭和48年2月6日　山口県岩国市

2月6日、米軍機がベトナムでの停戦実施後、山口県岩国市の米軍岩国基地への着陸直前、墜落した。
●航空機1機墜落

1268 宇野線貨物列車脱線
昭和48年2月16日　岡山県玉野市

2月16日、宇野線の貨物列車（33両編成）が宇野駅に到着直前、同駅構内入口で脱線、転覆し、乗務員2名が負傷した。原因は機関士の居眠り運転による速度超過。
●負傷者2名、車両脱線（運輸省・朝日新聞社調べ）

~昭和48年（1973年）

1269 東海道・山陽新幹線回送列車脱線
昭和48年2月21日　大阪府大阪市

2月21日午後5時53分、東海道・山陽新幹線のひかり号（16両編成）が鳥飼車両基地から新大阪駅へ回送され、時速65kmで引込み線から下り線へ入る直前、大阪運転所の転轍器付近で脱線し、乗務員に死傷者はなかったが、上下線の列車43本が立往生した（翌日午前11時過ぎに復旧）。新幹線の車両脱線は開業以来初めてで、原因は自動列車制御装置（ATC）に異常が起こった疑いもある（3月10日まで国鉄事故調査委員会が原因調査を実施し、絶対停止区間の線路に塗ってあった摩耗防止用の油ですべり、脱線現場に突っ込んだためと発表）。
●車両脱線（運輸省・朝日新聞社調べ）

1270 ダンプカー・成田線ディーゼル列車衝突
昭和48年2月23日　千葉県佐原市

2月23日、成田線佐原・香取駅間の篠原無人踏切でダンプカー（11t積載可能）がディーゼル普通列車（8両編成）と衝突、1両が横転、5両が脱線し、ダンプカーの運転者が即死、乗員、乗客ら59名が重軽傷を負った。
●死者1名、重軽傷者59名、車両1両転覆、車両5両脱線（運輸省・警察庁・朝日新聞社調べ）

1271 ダンプカー・石北本線列車衝突
昭和48年3月9日　北海道上川郡当麻町付近

3月9日、石北本線愛別・伊香牛駅間の踏切でダンプカーと列車が衝突し、乗員、乗客ら14名が負傷した。
●負傷者14名、車両衝突（運輸省・朝日新聞社調べ）

1272 大船渡線気動車脱線
昭和48年4月11日　岩手県一関市

4月11日、大船渡線真滝・陸中門崎駅間の滝沢石法華付近で一関発盛岡行き気動車（3両編成）が崩れた土砂に突っ込み、前2両が脱線、乗員、乗客ら23名が負傷した。
●負傷者23名、車両脱線（運輸省・朝日新聞社調べ）

1273 航空自衛隊機墜落
昭和48年4月12日　宮崎県児湯郡木城町付近

4月12日、航空自衛隊新田原救難隊のMU2S型機が訓練のため離陸後、宮崎県木城町付近の尾鈴山系に激突し、操縦者ら4名が死亡した。
●死者4名、航空機1機墜落（防衛庁・朝日新聞社調べ）

1274 小田急小田原線電車脱線
昭和48年4月19日　東京都町田市

4月19日朝、小田急電鉄小田原線新原町田・玉川学園前駅間で電車が脱線したが、乗務員や乗客の通勤者らに死傷者はなかった。
●車両脱線（運輸省・朝日新聞社調べ）

1275 海上自衛隊対潜哨戒機行方不明
昭和48年4月27日　東京都小笠原村付近

4月27日、海上自衛隊下総基地のP2V7型対潜哨戒機が訓練のため離陸後、操縦者ら8名とともに小笠原諸島の硫黄島付近の海上で消息を絶った（捜索後、全員死亡と断定）。
●死者8名、航空機1機行方不明（防衛庁・朝日新聞社調べ）

1276 航空自衛隊戦闘機爆発
昭和48年5月1日　茨城県那珂湊市沖

5月1日午後2時過ぎ、航空自衛隊第7航空団のF4EJ型戦闘機が百里基地から離陸後、茨城県那珂湊市の東約55km沖合の上空で爆発、墜落し、操縦者ら2名が死亡した。同型機の事故としては日本初。
●死者2名、航空機1機爆発（防衛庁・朝日新

昭和48年(1973年)～

聞社調べ）

1277 中日本航空セスナ機墜落
昭和48年5月3日　福井県遠敷郡名田庄村

5月3日、中日本航空のセスナ172L型機が福井県名田庄村の国有林に墜落し、操縦者ら3名が死亡、1名が負傷した。
● 死者3名、負傷者1名、航空機1機墜落（運輸省・朝日新聞社調べ）

1278 ヘリコプター接触
昭和48年5月7日　熊本県

5月7日、ヘリコプターどうしが熊本県での農薬散布作業で接触、墜落し、双方の操縦者ら3名が即死した。
● 死者3名、ヘリコプター2機墜落

1279 鹿児島本線列車脱線
昭和48年5月8日　鹿児島県鹿児島市付近

5月8日、鹿児島本線上伊集院・西鹿児島駅間の広木トンネルの出口付近で列車が山崩れの土砂に乗りあげて脱線したが、乗務員や乗客に死傷者はなかった。
● 車両脱線（運輸省・朝日新聞社調べ）

1280 バス・新潟交通線列車衝突
昭和48年5月10日　新潟県西蒲原郡味方村

5月10日、新潟交通線白根・曲駅間の踏切で列車がバスの側面に衝突し、乗員、乗客ら17名が負傷した。原因はバスの無謀運転。
● 負傷者17名、車両脱線（運輸省・朝日新聞社調べ）

1281 旅客機暴走
昭和48年5月14日　東京都大田区

5月14日、日本航空のDC8型旅客機が東京国際空港から離陸直前、突然横揺れして制動不能に陥り、滑走路脇の芝生に突っ込んで発火、乗員9名と乗客243名のうち16名が軽傷を負った。
● 軽傷者16名、航空機1機発火

1282 ダンプカー・紀勢本線ディーゼル急行列車衝突
昭和48年5月15日　三重県多気郡多気町

5月15日、紀勢本線佐奈・栃原駅間の踏切で採石運搬用のダンプカー（11t積載可能）が名古屋発天王寺行きディーゼル急行紀州（5両編成）と衝突、現場から約100m離れた地点で前3両が脱線、発火し、機関士が全身打撲で死亡、乗客ら71名が重軽傷を、ダンプカーの運転者が重傷を負った。原因はダンプカーの警報機無視。
● 死者1名、重軽傷者72名、車両3両脱線（運輸省・警察庁・朝日新聞社調べ）

1283 トラック・近鉄京都線列車衝突
昭和48年5月21日　京都府相楽郡精華町

5月21日、近畿日本鉄道京都線狛田・新祝園駅間の踏切でトラックと列車が衝突し、脱線。乗員、乗客ら10名が負傷した。
● 負傷者10名、車両脱線（運輸省・朝日新聞社調べ）

1284 陸上自衛隊連絡機行方不明
昭和48年6月23日　栃木県宇都宮市付近

6月23日夜、陸上自衛隊飛行学校宇都宮分校のLM1型練習連絡機が同校の滑走路から無許可で離陸し、操縦者の整備担当隊員（20歳）とともに消息を絶った。同隊員は当夜、酒に酔っていたとのこと（捜索の結果、死亡と断定）。
● 死者1名、航空機1機行方不明（防衛庁・朝日新聞社調べ）

~昭和48年（1973年）

1285 日豊本線機関車・客車衝突
昭和48年6月23日　大分県大分市

6月23日、日豊本線の列車が大分駅に到着後、入換え作業の機関車と客車が誤って衝突し、乗員、乗客ら28名が負傷した。
●負傷者28名、車両2両衝突（運輸省・朝日新聞社調べ）

1286 トラック・京浜急行大師線電車衝突
昭和48年7月5日　神奈川県川崎市川崎区

7月5日、京浜急行電鉄大師線東門前・川崎大師駅間の踏切で電車がトラックの側面に衝突し、乗員、乗客ら10名が負傷した。原因はトラックの無謀運転。
●負傷者10名、車両衝突（運輸省・朝日新聞社調べ）

1287 航空自衛隊戦闘機墜落
昭和48年7月9日　青森県八戸市沖

7月9日、航空自衛隊のF86F型ジェット戦闘機が青森県八戸市の沖合に墜落した。
●航空機1機墜落

1288 山陰本線タンク車爆発
昭和48年7月10日　島根県江津市

7月10日午後3時25分、山陰本線の益田発鳥取行き貨物列車（17両編成）が江津駅構内から出発直前、4両目に連結してあった徳山曹達の危険物輸送用15tタンク車が突然爆発、積荷の塩酸が飛び散り、近くのプラットホームにいた乗降客や駅員ら18名が火傷などにより重軽傷を負った。
●重軽傷者18名、車両1両爆発（運輸省・朝日新聞社調べ）

1289 国際航空輸送機墜落
昭和48年7月20日　東京都板橋区

7月20日、国際航空輸送の伊藤忠式N62小型貨物機が東京都板橋区の日本住宅公団高島平団地の敷地内の道路に墜落し、乗員2名が重傷を負った。
●重傷者2名、航空機1機墜落

1290 トラック・福塩線気動車衝突
昭和48年8月11日　広島県

8月11日、福塩線河佐・中畑駅間の踏切でトラックと気動車が衝突し、乗員、乗客ら13名が負傷した。
●負傷者13名、車両衝突（運輸省・朝日新聞社調べ）

1291 トラック・尾小屋鉄道線列車衝突
昭和48年8月22日　石川県小松市

8月22日、尾小屋鉄道線西吉竹・新小松駅間の踏切で列車がトラックの側面に衝突し、乗員、乗客ら18名が負傷した。原因はトラックによる警報無視。
●負傷者18名、車両衝突（運輸省・朝日新聞社調べ）

1292 東海道本線貨物列車転覆
昭和48年8月27日　神奈川県横浜市神奈川区

8月27日午前9時18分、東海道本線（貨物線）鶴見・新子安駅間の滝坂踏切付近で新鶴見発東静岡行き貨物列車（42両編成）の7両が脱線、うち2両が横転して隣接の旅客線をふさいだが、現場付近を通過するはずだった急行銀河は緊急停止し、乗務員や乗客に死傷者はなかった。原因は線路補修作業の結果、計画案と比較してレールの高低に4.9cmの誤差があったため。現場から約0.2km離れた地点で、38年に鶴見事故が発生している。
●車両5両脱線、車両2両横転（運輸省調べ）

昭和48年(1973年)～

1293 トラック・山陰本線気動車衝突
昭和48年9月6日　島根県松江市

9月6日、山陰本線東松江・松江駅間の踏切でトラックと気動車が衝突し、乗員、乗客ら22名が負傷した。
●負傷者22名、車両衝突（運輸省・朝日新聞社調べ）

1294 トラック・仙山線急行列車衝突
昭和48年9月8日　宮城県宮城郡宮城町

9月8日午前10時25分頃、仙山線愛子・陸前白沢駅間の下愛子無人踏切で京成運輸の大型トラックがディーゼル急行仙山（6両編成）と衝突し、急行の前5両が脱線、うち先頭車両が転覆、乗客8名とトラックの運転者が重傷、乗客ら67名が軽傷を負った。原因はトラックの無謀運転。
●重軽傷者77名、車両1両転覆、車両4両脱線（運輸省・警察庁・朝日新聞社調べ）

1295 都営地下鉄浅草線電車接触事故
昭和48年9月26日　東京都港区

9月26日、都営地下鉄1号線（浅草線）の電車が三田駅構内で作業用ボルトに触れ、乗務員や乗客のうち11名が負傷した。原因はボルトの突端が接触危険区域に入っていたため。
●負傷者11名、車両損壊（運輸省・朝日新聞社調べ）

1296 トラック・長野電鉄長野線特急電車衝突
昭和48年10月1日　長野県長野市

10月1日、長野電鉄長野線桐原・信濃吉田駅間の踏切で長野発湯田中行き特急奥志賀（3両編成）が大型トラックの側面に衝突、先頭車両が脱線、炎上し、機関士とトラックの運転者が重傷を、乗客150名のうち17名が軽傷を負った。原因はトラックによる警報機無視。

●重傷者2名、軽傷者17名、車両1両脱線（運輸省・朝日新聞社調べ）

1297 ミキサー車・近江鉄道本線列車衝突
昭和48年10月9日　滋賀県蒲生郡水口町付近

10月9日、近江鉄道本線日野・水口駅間の踏切で列車が大型ミキサー車の側面に衝突し、乗員、乗客ら70名が負傷した。原因はミキサー車の無謀運転。
●負傷者70名、車両衝突（運輸省・朝日新聞社調べ）

1298 トレーラー・福知山線ディーゼル特急列車衝突
昭和48年10月14日　兵庫県氷上郡山南町

10月14日、福知山線下滝・谷川駅間の池谷踏切で大阪発鳥取行きディーゼル特急まつかぜ（6両編成）がトレーラーの後部側面に衝突、先頭車両の後輪が脱線、乗務員や乗客のうち1名が重傷を、13名が割れた窓ガラスなどで軽傷を負った。原因はトレーラーによる警報機無視。
●重傷者1名、軽傷者13名、車両1両脱線（運輸省・朝日新聞社調べ）

1299 米海軍機衝突
昭和48年10月23日　沖縄県沖

10月23日、米海軍の航空母艦ミッドウェイの艦載機のうち、A7型コルセア攻撃機とA6型イントルーダー電波妨害機が沖縄本島の東約235kmの上空で衝突した。
●航空機2機衝突

1300 能勢電気軌道ケーブルカー急停止
昭和48年11月3日　兵庫県川西市

11月3日、能勢電気軌道のケーブルカーが山上・黒川駅間で急停止し、乗員、乗客ら13名が負傷した。原因は乗客による運転妨害。
●負傷者13名（運輸省・朝日新聞社調べ）

1301 米海軍艦載機墜落
昭和48年11月12日　山梨県南都留郡河口湖町

11月12日夕方、米海軍の航空母艦ミッドウェイのA7型コルセアジェット艦上攻撃機が離陸後、操縦者ら2名とともに富士山麓付近で消息を絶った（捜索の結果、翌日午前1時30分頃に山梨県河口湖町大石の節刀ヶ岳の頂上付近で両名の遺体と機体の破片を発見）。
●死者2名、航空機1機墜落（防衛庁・朝日新聞社調べ）

1302 トレーラー・内房線特急列車衝突
昭和48年11月23日　千葉県館山市

11月23日、内房線那古船形・館山駅間の正木無人踏切で東京発館山行き特急さざなみ（9両編成）がトレーラーと衝突、先頭車両が脱線し、乗客約450名のうち4名が重傷を、31名が軽傷を負った。
●重傷者4名、軽傷者31名、車両1両脱線

1303 関西本線普通電車脱線
昭和48年12月26日　大阪府大阪市東住吉区

12月26日、関西本線の湊町発奈良行き普通電車（6両編成）が平野駅構内の転轍器付近で6両とも脱線後、線路沿いに約200m走って先頭車両が転覆し、乗務員や乗客約240名のうち通勤客ら3名が死亡、19名が重傷を、113名が軽傷を負った。原因は機関士の速度超過。
●死者3名、重軽傷者132名、車両5両脱線、車両1両転覆（運輸省・朝日新聞社調べ）

1304 ダンプカー・小野田線電車衝突
昭和49年1月16日　山口県小野田市

1月16日、小野田線南小野田駅の踏切で、警報を無視したダンプカーと電車が衝突、17名が負傷した。
●負傷者17名

1305 日本フライングサービス機行方不明
昭和49年2月5日　鹿児島県名瀬市

2月5日、日本フライングサービスのFA200型プロペラ単発機が那覇空港へ向けて鹿児島県笠利町の奄美空港を離陸後に機長ら3名とともに消息を絶った。
●行方不明者3名、航空機1機行方不明

1306 大型トレーラー・七尾線急行列車衝突
昭和49年3月2日　石川県河北郡宇ノ気町

3月2日、七尾線宇野気駅付近の狩鹿野踏切で輪島および蛸島発金沢行き急行能登路（8両編成）が大型トレーラーと衝突、約200m走って先頭車両が脱線した。トレーラーの運転者が即死、乗員、乗客ら13名が割れた窓ガラスなどで負傷した。原因はトレーラーの警報機無視。
●死者1名、負傷者13名、車両1両脱線

1307 京福電気鉄道電車発煙
昭和49年3月14日　福井県

3月14日、京福電気鉄道越前開発駅で車両の電気回路が溶断、煙が車内に充満。
●負傷者24名

1308 セメント圧送車・貨物列車衝突
昭和49年4月3日　岡山県

4月3日、水島臨界鉄道水島・三菱自工前駅間の踏切で、セメント圧送車と貨物列車が衝突、73名が負傷した。
●負傷者73名

1309 バス・京福電気鉄道電車追突
昭和49年4月10日　福井県

4月10日、京福電気鉄道蛍の社・山ノ内駅間で、軌道敷内を走行中のバスに電車が追突、47名が負傷した。
●負傷者47名

昭和49年(1974年)〜

1310 東北電力ヘリコプター墜落
昭和49年4月25日　宮城県仙台市高田浄水場

4月25日、仙台市高田浄水場で、東北電力川崎ベル式47G3B-KH4が周回飛行中墜落。
●死者2名、負傷者1名

1311 トラック・鹿児島本線特別快速電車衝突
昭和49年5月4日　福岡県粕屋郡新宮町

5月4日、鹿児島本線筑前新宮・古賀駅間の無人踏切で南福岡発門司港行き特別快速電車（8両編成）が大型トラックの側面に衝突、約100m走って脱線した。トラックは大破して踏切横の住宅に突っ込み、住宅が損壊、電車の乗客32名と運転士、住宅の家族が軽傷を負った。原因はトラックの踏切内でのエンジン故障。
●軽傷者49名、車両脱線、車両1台大破、損壊住宅1棟

1312 軽乗用車・日立電鉄線電車衝突
昭和49年5月25日　茨城県常陸太田市

5月25日、日立電鉄線常北太田駅付近の大森踏切で電車（1両編成）が軽乗用車の側面に衝突し、乗用車の家族3名が死亡。原因は乗用車が通過待ちのため踏切外へ後退しようとして、誤って前進したため。
●死者3名、車両衝突

1313 名古屋鉄道電車脱線衝突
昭和49年6月5日　愛知県

6月5日、名古屋鉄道前後・豊明駅間で、崩れた土砂に脱線した電車に対向電車が接触し、15名が負傷した。
●負傷者15名

1314 大阪エアウェーズヘリコプター墜落
昭和49年6月5日　宮崎県都城市

6月4日、宮崎県都城市で、大阪エアウェーズ川崎ベル式47G3B-KH4が薬剤散布中にコンクリート柱に激突。
●死者1名

1315 貨物列車脱線
昭和49年6月25日　山形県酒田市

6月25日、羽越本線本楯・酒田駅間で貨物列車が下り勾配で脱線した。
●──

1316 常磐線貨物列車脱線
昭和49年6月25日　東京都足立区

6月25日、常磐線の新鶴見発長町行き貨物列車（37両編成）が北千住、綾瀬駅間の快速および貨物共用線で27両目から29両目までの3両が脱線、転覆し、乗務員に死傷者はなかったが、後続の列車のうち共用線を使う長距離特急や通勤快速など248本が運休した。
●死者3名、車両衝突

1317 航空自衛隊戦闘機墜落
昭和49年7月8日　愛知県小牧市西之島

7月8日午前11時30分頃、航空自衛隊第3航空団のF86F型ジェット戦闘機が小牧基地を離陸後、エンジン故障により愛知県小牧市西之島の農家に接触し、墜落。機体と住宅が炎上、居住者の家族のうち離れにいた学生（18歳）と居合わせた友人（同）、操縦者の隊員（25歳）が即死、学生の友人（20歳）が重体に陥り（2日後に死亡）、車で現場付近を通りかかった2名が重軽傷を負った。防衛庁の調査特別委員会の結論によれば、原因は操縦者が帰投を急ぎ過ぎて機体を無理に旋回、失速させたため。
●死者4名、重軽傷者2名、航空機1機墜落、住宅火災

~昭和49年（1974年）

1318 羽越本線特急コンテナ貨物列車脱線
昭和49年7月10日　秋田県本荘市

7月10日、羽越本線西目・羽後本荘駅間の船岡トンネル入口で八戸発百済行き特急コンテナ貨物列車（14両編成）が大雨で崩れた土砂に乗り上げ、機関車2両と貨車4両が脱線、機関士が機関車とトンネルの側壁に挟まれて死亡した。
●死者1名、車両6両脱線

1319 ダンプカー・北陸本線電車衝突
昭和49年7月22日　福井県

7月22日、北陸本線北鯖江・大土呂駅間の踏切で、警報無視のダンプカーと電車が衝突し13名が負傷した。
●負傷者13名

1320 読売新聞社ヘリコプター墜落
昭和49年8月5日　神奈川県秦野市

8月5日、読売新聞社のヒューズ500HS型ヘリコプターが羽田基地を離脱し、新幹線事故現場の取材に向かう直前、神奈川県秦野市付近で悪天候に巻き込まれ、乗員3名とともに消息を絶った（捜索の結果、大山頂上付近で墜落機体と全員の遺体を発見）。
●死者3名、ヘリコプター1機墜落

1321 航空自衛隊戦闘機墜落
昭和49年8月27日　宮崎県西諸県郡須木村

8月27日午後1時45分頃、航空自衛隊西部航空方面隊第5航空団のF104J型ジェット戦闘機が宮崎県新富町の新田原基地を離陸後、エンジンの故障により同県須木村に墜落し、操縦者は脱出したが、機体が炎上、現場付近の住宅など3棟も全半焼した。
●航空機1機墜落、全半焼住宅ほか3棟

1322 全日空旅客機エンジン故障
昭和49年9月1日　東京都

9月1日、全日本空輸のトライスター型旅客機が離陸後、エンジン2基が故障し、東京国際空港に緊急着陸したが、乗務員や乗客に死傷者はなかった。
●航空機1機故障

1323 全日空旅客機エンジン故障
昭和49年9月4日　東京都大田区

9月4日、全日本空輸のエアバストライスター型旅客機が離陸後、エンジン2基が故障し、東京国際空港に緊急着陸したが、乗務員や乗客に死傷者はなかった（翌日から同型機の運航停止を実施）。同型機は1日にもエンジンの故障が発生していた。
●航空機1機故障

1324 ダンプカー・富山港線電車衝突
昭和49年9月6日　富山県

9月6日、富山港線岩瀬浜・東岩瀬駅間の踏切で、警報無視のダンプカーと電車が衝突、28名が負傷した。
●負傷者28名

1325 航空自衛隊戦闘機行方不明
昭和49年9月10日　沖縄県那覇市

9月10日午後7時45分頃、航空自衛隊南西航空混成団第83航空隊のF104J型ジェット戦闘機が那覇空港への帰投中、操縦者とともに消息を絶った。同隊の見解によれば、原因は不明だが、夜間に多い錯覚の疑いもある。
●行方不明者1名、航空機1機行方不明

1326 新幹線自動列車制御装置故障
昭和49年9月12日　東京都

9月12日午後1時48分、東海道・山陽新

第Ⅱ部　鉄道・航空機事故一覧　327

昭和49年(1974年)〜

幹線の東京・新横浜駅間で、、新大阪発東京行き上り「こだま120号」の自動列車制御装置（ATC）の信号回路に異常が発生し、非常ブレーキで止まるという事故が起こった。（翌日に東京・名古屋駅間で運転を全面的に休止して、緊急点検を実施）。
●ATC（自動列車制御装置）異常信号発信

1327 ダンプカー・気動車衝突
昭和49年9月17日　宮崎県

9月17日、吉都線西小林・飯野駅間の踏切で、直前横断のダンプカーと気動車が衝突、16名が負傷した。
●負傷者16名

1328 ダンプカー・花輪線気動車衝突
昭和49年9月20日　岩手県

9月20日、花輪線横間・田山駅間の踏切で、警報無視のダンプカーと気動車が衝突、56名が負傷した。
●負傷者56名

1329 東北本線貨物列車・急行列車衝突
昭和49年9月24日　茨城県

9月24日、国鉄東北本線古河・野木駅間の横山町踏切付近で、大宮操車場発郡山操車場行きの第173貨物列車（30両編成）の後ろから8両目が脱線し停止したところへ、、仙台喜多方面上野行き急行「ばんだい4号・まつしま5号」（13両編成）が追突。この事故で乗客51名、電車運転手1名が負傷した。
●負傷者52名

1330 函館本線急行列車・蒸気機関車衝突
昭和49年9月28日　北海道岩見沢市

9月28日、函館本線の帯広発札幌行き急行狩勝（5両編成）が岩見沢駅構内の転轍器付近を通過する際、先頭車両の側面に入換え作業を

おこなっていた蒸気機関車が衝突し、急行の前部4両が脱線し、乗員、乗客ら50名が打撲傷やすり傷などを負った。
●負傷者50名、車両4両脱線

1331 鹿児島交通局電車衝突
昭和49年10月9日　鹿児島県

10月9日、鹿児島交通局加治屋町・高田馬場駅間の交差点で、電車同士が衝突1名が死亡、23名が負傷した。
●死者1名、負傷者23名

1332 北陸本線特急列車発火
昭和49年10月19日　富山県富山市

10月19日、北陸本線の上野発金沢行き特急白山（12両編成）が東富山駅付近の第1東岩瀬街道踏切を通過するおり、9両目の床下から発火、先頭と最後尾との車両から煙が出たが、発見直後に消し止められ、富山駅で運転を打ち切ったため、乗務員や乗客に死傷者はなかった。
●車両3両発火・発煙

1333 航空自衛隊戦闘機接触
昭和49年10月25日　石川県小松市沖

10月25日午前10時10分頃、航空自衛隊中部航空方面隊第6航空団のF104J型ジェット戦闘機どうしが訓練の際、石川県小松市の北西約75kmの海上で接触、墜落し、一方の操縦者はパラシュートで脱出、救助されたが、残りの1名が行方不明になった。
●行方不明者1名、航空機2機墜落

1334 ミキサー車・京福電気鉄道電車衝突
昭和49年11月2日　福井県

11月2日、京福電気鉄道御室・高雄口駅間の踏切で、ミキサー車と電車が衝突、13名が負傷した。
●負傷者13名

~昭和50年（1975年）

1335	国鉄自動列車制御装置故障
	昭和49年11月12日　大阪府大阪市東淀川区

11月12日、国鉄新大阪駅で東海道・山陽新幹線の自動列車制御装置（ATC）が故障し、列車の運休や遅延が2日後まで続いた。
●──

1336	ダンプカー・大船渡線気動車衝突
	昭和49年11月30日　宮城県気仙沼市

11月30日、大船渡線気仙沼・鹿折間の踏切で盛発・関行き気動車（4両編成）がダンプカーと衝突、気動車の先頭車両が脱線して線路脇の住宅へ突っ込み、居住者の家族1名が死亡した。
●死者1名、車両1両脱線

1337	東北本線貨物列車転覆
	昭和49年12月5日　岩手県紫波郡矢巾町

12月5日、東北本線の長町発青森操車場行き貨物列車（39両編成）が矢幅駅構内を通過するおり、2両目から19両目までのディーゼル機関車や貨車が脱線、転覆したが、乗務員に死傷者はなかった。
●車両18両転覆

1338	トレーラー・東海道本線列車衝突
	昭和50年2月5日　静岡県清水市

2月5日、東海道本線興津・清水駅間の踏切で沼津発浜松行き電車（8両編成）がトレーラーと衝突、先頭車両が脱線して約50m走って停止、運転士は車体に挟まれて、乗客14名は床に投げ出されてそれぞれ重軽傷を負った。原因はトレーラーの踏切内でのエンジン故障。
●重軽傷者14名、車両1両脱線

1339	バス・信越本線列車衝突
	昭和50年2月10日　新潟県

2月10日、信越本線の長鳥・塚山駅間の踏切で貨物列車と定期バスが衝突し、15名が負傷した。
●負傷者15名

1340	マイクロバス・水郡線列車衝突
	昭和50年2月13日　福島県東白川郡棚倉町

2月13日午前7時10分ごろ、水郡線磐城浅川・磐城棚倉駅間の踏切で郡山発水戸行き普通列車が作業員10名を乗せて建設現場へ向かうマイクロバスと衝突、バスは約150m引きずられて大破し、作業員のうち6名が死亡、4名が重軽傷を負った。
●死者6名、重軽傷者4名、車両1台大破

1341	新幹線急停車
	昭和50年2月19日　静岡県

2月23日早朝、4日前に総点検を終わってばかりの静岡発岡山行きの「こだま」が浜松駅に接近したとき、線路のポイントが間違って「ひかり」線の方向に開いていたため、列車はポイントの手前1.6kmで急停車する事故が発生。同月27日夜にも米原駅で「ひかり」の同じような事故が起こり、原因は総合司令所の司令員のミスと判明した。7月29日には静岡駅構内の下り新幹線の架線が2カ所約7mにわたって切れ、ダイヤは午後から終列車まで混乱した。また台風6号による岐阜県揖斐川の増水と名古屋付近での"原因不明"の停電が8月23日から25日の3日間にわたり混乱した。
●ダイヤ混乱

1342	日本取材センター機墜落
	昭和50年2月19日　福岡県

2月19日、福岡県新吉富村で、日本取材センターのFA200-180が山腹に衝突。2名が

第Ⅱ部　鉄道・航空機事故一覧　329

昭和50年（1975年）～

死亡。
●死者2名

1343	東海道・山陽新幹線列車故障
	昭和50年2月23日　静岡県浜松市

2月23日、東海道・山陽新幹線の列車こだまが浜松駅構内に到着後、列車集中制御装置（CTC）の故障により止まらなくなったが、同駅を素通りする寸前に急停止、後続の列車多数も運休した。
●——

1344	ライトバン・西鉄大牟田線特急電車衝突
	昭和50年3月1日　福岡県福岡市南区

3月1日、西日本鉄道大牟田線井尻・雑餉隈駅間の無人踏切でライトバンが福岡発大牟田行き特急電車（6両編成）と衝突。先頭車両が脱線し、踏切から約100m離れた線路脇の住宅に突っ込み、車両は横転、居住者の家族1名と乗務員や乗客ら41名が重軽傷を負った。
●重軽傷者42名、車両1両横転、住宅損壊

1345	ブルドーザー・津軽鉄道気動車衝突
	昭和50年3月11日　青森県

3月11日、私鉄津軽鉄道金木・芦野公園駅間の踏切で気動車と直線横断のブルドーザーが衝突し、14名が負傷した。
●負傷者14名

1346	グライダー不時着水
	昭和50年3月22日　福島県相馬市沖

3月22日、福島県相馬市沖で、グライダーが強風により海上に不時着水。1名が死亡。
●死者1名

1347	乗用車・近鉄京都線急行列車衝突
	昭和50年4月17日　京都府相楽郡精華町

4月17日、近畿日本鉄道京都線山田川・新祝園駅間の踏切で天理発京都行き急行列車（4両編成）が脱輪した乗用車と衝突、脱線したまま約150m走って前部2両が横転し、乗員、乗客ら68名が重軽傷を負った。原因は乗用車の踏切内での脱輪。
●重軽傷者68名、車両2両横転

1348	グライダー曳航ミス
	昭和50年5月15日　埼玉県

9月15日、埼玉県妻沼町で、グライダーの曳航に失敗、1名が死亡、1名が負傷した。
●死者1名、負傷者1名

1349	日本航空旅客機降雹破損
	昭和50年5月27日　茨城県

5月27日午後2時15分頃、日本航空の旅客機が茨城県の高度6,600mの上空で雹を受け、窓ガラスが割れたが、乗務員や乗客に死傷者はなかった。
●航空機1機破損

1350	旅客機着陸失敗
	昭和50年6月22日　東京都大田区

6月22日、アエロフロートの旅客機が東京国際空港で着陸に失敗、滑走路外を約0.9km暴走したが、乗員や乗客に死傷者はなかった。
●——

1351	トラック・常磐西線電車衝突
	昭和50年6月27日　福島県

6月27日、常磐西線の喜久田・郡山駅間の踏切で電車と脱輪小型トラックが衝突し、12名が負傷した。
●負傷者12名

~昭和50年(1975年)

1352 ダンプカー・木原線ディーゼル列車衝突
昭和50年7月8日　千葉県夷隅郡大原町

7月8日、木原線上総東・新田野駅間の踏切で下りディーゼル旅客列車（2両編成）がダンプカーと衝突し、乗客27名が重軽傷を負った。原因はダンプカーの警報機無視。
●重軽傷者27名、車両衝突

1353 佐世保線気動車脱線
昭和50年7月11日　長崎県

7月11日、佐世保線大塔・日宇駅間で、土砂に気動車が乗りあげ脱線し、12名が負傷した。
●負傷者12名

1354 東海道・山陽新幹線架線故障
昭和50年7月29日　静岡県静岡市

7月29日、東海道・山陽新幹線の列車が静岡駅付近で架線の故障により立往生し、同線は3時間後に復旧するまで運転を全面的に休止した。
●――

1355 吾妻線電車落石事故
昭和50年7月31日　群馬県

7月31日、吾妻線群馬大津・長野原駅間で、崩壊した岩石に電車が激突し脱線、車両が損壊し、乗員、乗客ら24名が負傷した。
●負傷者24名、車両損壊

1356 奥羽本線急行列車横転
昭和50年8月6日　山形県最上郡真室川町

8月6日、奥羽本線の上野発青森行き急行津軽（12両編成）が大滝駅構内で大雨による線路脇の山崩れに巻き込まれ、寝台車1両が側面から木材や土砂を受けて横転、乗務員や乗客のうち1名が死亡、17名が負傷した。

●死者1名、負傷者17名、車両1両横転

1357 日本航空旅客機破損
昭和50年8月10日　和歌山県西牟婁郡串本町付近

8月10日、日本航空の旅客機が和歌山県串本町付近の上空で落雷を受け、機体が破損した。
●航空機1機破損

1358 奥羽本線特急列車脱線
昭和50年9月4日　秋田県秋田市

9月4日、奥羽本線の秋田発上野行き特急つばさ（11両編成）が秋田駅付近の荒巻割田を通過する際、後部の9両が脱線し、乗客9名が軽傷を負った。現場付近は複線化されたばかりで、慣らし運転がおこなわれていた。
●軽傷者9名、車両9両脱線

1359 レッカー車・呉線旅客列車衝突
昭和50年10月1日　広島県三原市

10月1日、呉線須波・安芸幸崎駅間の踏切で三原発広島行き普通列車がレッカー車と衝突し、先頭車両が脱線、乗務員や乗客ら12名が軽傷を負った。原因はレッカー車のエンジンの故障。
●軽傷者12名、車両1両脱線

1360 セスナ機事故
昭和50年10月22日　霧島高原

10月22日、霧島高原でセスナ402Dが夜間飛行中に墜落し、4名が死亡した。
●死者4名

1361 セスナ機事故
昭和50年10月27日　宮城県

10月27日、宮城県大郷町でセスナ118Bで訓練中に墜落し、1名が死亡した。
●死者1名

昭和51年(1976年)～

1362	信越本線回送機関車脱線
	昭和50年10月28日　群馬県碓氷郡松井田町

10月28日午前6時7分ごろ、信越本線の電気機関車（4両連結）が軽井沢駅から横川駅への回送の際、新碓氷トンネル1号トンネル（長さ1.2km）の阪本出口付近で脱線、線路から約10m下の県道へ落ち、機関士3名が重傷を負った。現場は1kmのあいだに66.7m下る国鉄有数の急勾配で、原因は速度超過。
●重傷者3名、車両脱線

1363	札幌市営西線電車追突
	昭和50年11月6日　北海道札幌市

11月6日、札幌市交通局西線の西4丁目発すすきの行き電車（1両編成）が14条停留場で乗降客約40名を待っていたところ、後続の電車（同）が追突、先発側が約4m圧され、双方の乗客16名が重軽傷を負った。原因は後続側による非常ブレーキの誤操作とみられる。
●重軽傷者16名、車両追突

1364	日本航空旅客機離陸失敗
	昭和50年12月17日　米合衆国アラスカ州

12月17日、日本航空の旅客機がアンカレジ空港から離陸直前、滑走路の凍結部分ですべり、機体は大破、乗員や乗客のうち数名が重軽傷を負った。
●重軽傷者数名、航空機1機大破

1365	乗用車・佐世保線列車衝突
	昭和51年1月25日　佐賀県武雄市

1月25日、佐世保線武雄温泉の踏切で列車と乗用車が衝突し、2名が負傷した。
●負傷者2名

1366	ダンプカー・江差線気動車衝突
	昭和51年1月26日　北海道上磯町

1月26日、江差線上磯・茂辺地駅間の踏切で気動車とダンプカーが衝突、気動車が脱線し、9名が負傷した。
●負傷者9名

1367	軽乗用車・高徳本線列車衝突
	昭和51年1月27日　徳島県徳島市

1月27日、高徳本線徳島駅付近の踏切で列車と軽乗用車が衝突し、1名が負傷した。
●負傷者1名

1368	海上自衛隊小型対潜哨戒機墜落
	昭和51年2月2日　静岡県下田市沖

2月2日、海上自衛隊のF21S型対潜哨戒機が対潜捜索訓練の際、静岡県下田市の南約20kmの海に墜落、乗員3名が死亡した。
●死者3名、航空機1機墜落

1369	航空自衛隊機墜落
	昭和51年3月17日　福岡県英彦山

3月17日、福岡県英彦山で、航空自衛隊第12飛行隊教育用T-34機が悪天候の下での訓練中に墜落、2名が死亡した。
●死者2名

1370	小型機児玉誉士夫邸突入
	昭和51年3月23日　東京都世田谷区

3月23日午前9時55分ごろ、大洋航空所属のパイパー機に、太平洋戦争時の特攻隊スタイルで搭乗した映画俳優が、東京都世田谷区の児玉誉士夫宅に突入。2階の一部が壊れ、操縦者は即死。警視庁は「ロッキード事件に腹を立て、児玉を道連れにしようとしたもの」と断定した。
●死者1名、損壊住宅1棟、航空機1機破損

332

1371 根室本線特急列車横転
昭和51年4月14日　北海道白糠郡白糠町

4月14日、根室本線の釧路発函館行きディーゼル特急おおぞら（10両編成）が庶路駅の東約0.2kmの地点で突然激しく横揺れし、4両目からの4両が傾斜、うち2両が横転、乗客22名が負傷した。原因は路床の凍結が緩み、線路が歪んだためとみられる。
●負傷者22名、車両2両横転、車両2両傾斜

1372 ダンプカー・土佐電鉄後免線電車衝突
昭和51年4月28日　高知県高知市

4月28日、土佐電鉄後免線葛島東詰・西高須停留場駅間で鏡川橋発後免行き電車（1両編成）が対向側のダンプカーの側面に時速約25kmで衝突し、乗客ら11名が負傷した。原因はダンプカーによる突然の左折。
●負傷者11名、車両衝突

1373 グライダー墜落
昭和51年5月8日　神奈川県相模河原

5月8日、神奈川県相模河原で、東海大学付属相模高校のグライダーが、えい航中に墜落、1名が死亡、1名が負傷した。
●死者1名、負傷者1名

1374 航空大学校練習機墜落
昭和51年5月10日　福島県原町市沖

5月10日、航空大学校仙台分校のビーチクラフト製バロン55型練習機が訓練中に、福島県原町市沖合に墜落し、教官や生徒ら4名が死亡した。
●死者4名、航空機1機墜落

1375 北関東飛行協会機墜落
昭和51年5月23日　愛知県豊橋市石巻町

5月23日、愛知県豊橋市石巻町に、北関東飛行協会の富士重工式FA200-160型機が墜落した。1名が死亡、2名が負傷。
●死者1名、負傷者2名

1376 セスナ機墜落
昭和51年5月24日　滋賀県高島郡今津町

5月24日、滋賀県高島郡今津町で、第一航空のセスナ機が墜落した。2名が死亡。
●死者2名

1377 神戸大学グライダー墜落
昭和51年5月27日　岡山県吉井川滑空場

5月27日、岡山県吉井川滑空場で、神戸大学のグライダーが離陸後、台車に激突し、1名が死亡、1名が負傷した。
●死者1名、負傷者1名

1378 ビーチクラフト機墜落
昭和51年6月13日　高知県南国市外山

6月13日、高知県南国市外山で、ビーチクラフト式C23型機が墜落、操縦者ら2名が死亡した。
●死者2名

1379 関西本線急行列車脱線
昭和51年6月21日　三重県三重郡朝日町

6月21日、関西本線の名古屋発奈良・京都行き急行かすが・平安（8両編成）が朝日駅付近の小向踏切を通過する際、3両目の後輪が脱線し、急行は約0.3km走って緊急停止、乗客140名のうち1名が負傷した。
●負傷者1名、車両1両脱線

1380 羽越本線貨物列車脱線
昭和51年7月1日　山形県酒田市

7月1日、羽越本線の秋田操車場発新津操車場行き貨物列車（32両編成）が本楯駅構内を

昭和51年（1976年）〜

通過する際、10両目のタンク車から10両が脱線し、うち2両が横転、3両が傾斜したが、乗務員に死傷者はなく、積荷の濃硫酸などにも異常はなかった。
●車両2両横転、車両3両傾斜、車両5両脱線

1381　新幹線無人運転
昭和51年7月9日　静岡県三島市

7月9日午前10時45分ごろ、新幹線三島駅を発車直前の新大阪発東京行き上り「こだま210号」のドアの一部に異常が発生したため、運転士がブレーキを解除し、速度を制御するノッチを「動」に入れた発車状態のままホームに降り、前から4両目の故障ドアの確認中に、突然ドアが閉まり、列車が自動的に走り出した。このため、運転士はホームに取り残され、列車は出勤のため便乗していた運転士がハンドルをとるまで約10分間、13kmほどを最高90kmで無人運転となった。
●――

1382　日本航空旅客機降雹破損
昭和51年7月18日　茨城県土浦市

7月18日、日本航空の旅客機が東京国際空港を離陸直後、茨城県土浦市の上空で雹を受け、フロントガラスにひびが入ったが、同機は羽田へ引き返し、乗務員や乗客にも死傷者はなかった。
●航空機1機破損

1383　琴平電鉄志度線電車衝突
昭和51年8月1日　香川県高松市

8月1日、琴平電鉄志度線今橋・松島2丁目駅間（単線）の向良踏切で高松築港発志度行き電車（2両編成）が志度発高松築港行き電車（同）と正面衝突し、双方の乗務員や海水浴客ら乗客450名のうち22名が重傷を、208名が軽傷を負った。原因は志度行き電車の運転士による今橋駅での待機信号の見落とし。

●重傷者22名、軽傷者208名、車両衝突

1384　東海道本線特急気動車・普通電車衝突
昭和51年8月10日　京都府京都市

8月10日東海道本線京都で普通電車と回送の特急気動車が衝突し、26名が負傷した。
●負傷者26名

1385　バス・福井鉄道電車衝突
昭和51年8月13日　福井県

8月13日、福井鉄道福井新・木田四辻駅間で道路上で電車が信号無視のバスと衝突し、14名が負傷した。
●負傷者14名

1386　陸上自衛隊ヘリコプター墜落
昭和51年9月12日　三河湾

9月12日、三河湾で、陸上自衛隊第一ヘリ団V－107機が災害救援出動中に、墜落した。負傷者4名。
●負傷者4名

1387　大洋航空遊覧機乗客飛び降り
昭和51年9月15日　神奈川県沖

9月15日、大洋航空のセスナ機が相模湾の付近で遊覧業務をおこなっていたところ、乗客のうち高崎経済大学の元学長夫妻が突然操縦士ら2名を刺した後、機外へ飛び降りて死亡した。
●死者2名、負傷者2名

1388　鹿児島本線特急電車・機関車衝突
昭和51年9月21日　福岡県宗像市

9月21日、鹿児島本線東郷駅付近でバックした特急電車が機関車と衝突し、5名が負傷した。
●負傷者5名

~昭和51年(1976年)

1389 保守用車作業現場突入
昭和51年9月21日　岐阜県大垣市

9月21日、岐阜県大垣市の新幹線保線工事現場で、保守用車が作業現場に突入し、2名が死亡、2名が負傷した。
●死者2名、負傷者2名

1390 航空自衛隊機衝突
昭和51年9月27日　三沢沖海上

9月27日、三沢沖に海上で、航空自衛隊203飛行隊F104J機と81飛行隊T-33機が戦闘訓練中に衝突し、1名が死亡、2名が負傷した。
●死者1名、負傷者2名

1391 函館本線貨物列車脱線
昭和51年10月2日　北海道茅部郡

10月2日早朝、北海道茅部郡の函館本線駒ケ岳・姫川駅間のカーブで、41両編成の貨物列車が前部車両から次々に脱線、最後部の車掌車を残して40両の脱線、転覆となり、機関士ら2名が負傷した。原因は時速60km制限の要注意個所を機関士が居眠りして115kmを出していたためだった。
●負傷者2名、車両40両転覆

1392 ミキサー車・日高本線気動車衝突
昭和51年10月26日　北海道厚真町

10月26日、日高本線鵡川・浜厚真駅間の踏切で気動車とミキサー車が衝突し、5名が負傷した。
●負傷者5名

1393 米空軍輸送機墜落
昭和51年11月2日　神奈川県厚木市

11月2日、米空軍厚木基地配属のC-1輸送機が神奈川県厚木市の同基地の敷地内にあるゴルフ場に墜落、乗員6名が死亡した。
●死者6名、航空機1機墜落

1394 米軍機墜落
昭和51年11月4日　沖縄県西海岸

11月4日、沖縄西海岸で、普天間基地CH-53機が訓練飛行中に墜落、4名が死亡した。
●死者4名

1395 東海道・山陽新幹線架線事故
昭和51年11月14日　静岡県浜松市、愛知県豊橋市

11月14日、東海道・山陽新幹線浜松・豊橋駅間で列車が架線事故により約4時間にわたって運転を休み、後続の列車にも終日遅延などがあいついだ。
●────

1396 東亜国内航空ヘリコプター墜落
昭和51年11月15日　岩手県胆沢郡

11月15日、岩手県胆沢郡で、東亜国内航空の川崎ベル式47G3B-KH4型機が墜落し炎上、2名が死亡した。
●死者2名

1397 航空自衛隊機爆発
昭和51年11月17日　襟裳岬沖海上

11月17日、襟裳岬沖海上で、飛行訓練中の航空自衛隊第2航空団F-4EJ機のエンジンが爆発し、1名が死亡した。
●死者1名

1398 トラック・東北本線特急列車衝突
昭和51年11月18日　青森県三戸郡

11月18日、東北本線剣吉の踏切で特急列車とトラックが衝突、電気機関車が脱線し、27名が負傷した。
●負傷者27名

昭和51年（1976年）〜

1399 全日空旅客機エンジン破裂
昭和51年11月25日　東京都大田区付近

11月25日、全日本空輸のトライスター型旅客機が東京国際空港を離陸後、エンジンが突然破裂した（27日から同型エンジンの総点検を実施）。
●――――

1400 日本フライングサービス機墜落
昭和51年11月28日　富山県剣岳付近

11月28日、富山県剣岳付近で、日本フライングサービスのPA-28-140型機が墜落。3名が死亡。
●死者3名

1401 米軍機墜落
昭和51年12月16日　岩国基地沖

12月16日、岩国基地沖で、岩国基地AV-8A機が訓練飛行中に墜落、1名が死亡した。
●死者1名

1402 海上自衛隊対潜哨戒ヘリコプター不時着水
昭和52年2月8日　青森県陸奥湾

2月8日、青森市の陸奥湾で、海上自衛隊のHSS2型対潜哨戒ヘリコプターが不時着水し、2名が死亡した。
●ヘリコプター1機不時着水

1403 ロープウェイゴンドラ停止
昭和52年2月12日　千葉県富津市

2月12日、鋸山ロープウェイのゴンドラが山頂・山麓駅間で突然停止、ゴンドラは宙吊りの状態に陥り、乗客44名が降りられなくなったが、8時間後に全員救出された。
●――――

1404 大型トラック・高徳本線気動車衝突
昭和52年2月15日　香川県

2月15日、香川県、高徳本線讃岐津田・丹生駅間の踏切で大型トラックと気動車が衝突、15名が負傷者、1両が脱線した。
●負傷者15名

1405 東海道・山陽新幹線運転士負傷
昭和52年2月18日　岐阜県不破郡関ヶ原町

2月18日、東海道・山陽新幹線のひかりが大垣・米原駅間の岐阜県関ヶ原町を通過する際、運転士が窓を開けて積雪の状態を確認していたところ、線路脇の運転距離標（キロポスト）に触れ、頭蓋骨陥没の重傷を負った（発生後、国鉄当局が総点検により同沿線で100か所を超える違反危険物を発見）。
●重傷者1名

1406 トラック・両毛線電車衝突
昭和52年2月19日　栃木県足利市

2月19日午後、両毛線足利・富田駅間の踏切でトラックと電車が衝突し、車両5両が脱線、乗客の高等学校生ら17名が重軽傷を負った。原因はトラック側の無謀運転。
●重軽傷者17名、車両5両脱線

1407 セスナ機接触
昭和52年2月22日　静岡県清水市

2月22日、セスナ機が静岡県清水市の三保離着陸場の滑走路で別の小型機と接触した。
●航空機2機接触

1408 相模鉄道本線急行電車脱線
昭和52年2月28日　神奈川県横浜市旭区

2月28日朝、相模鉄道本線の急行電車が鶴ヶ峰駅の付近で脱線し、乗務員や満員の通勤者ら乗客に死傷者はなかったが、後続の電車多数

が運休、遅延した。原因は列車自動停止装置（ATS）の誤作動。
●車両脱線

1409	高崎線電車衝突
	昭和52年3月5日　群馬県

3月5日、高崎線籠原で、電車増結の際ブレーキ時機遅延のため、停止中の電車に衝突、26名が負傷した。
●負傷者26名

1410	東海道・山陽新幹線列車破損
	昭和52年3月5日　兵庫県西宮市付近

3月5日、東海道・山陽新幹線の東京発広島行きひかりが六甲トンネルに入った窓ガラス130枚が割れたのに続き、パンタグラフのガラスや車体下部のブレーキ管などが壊れたが、乗務員や乗客に死傷者はなかった。原因は車体下部に氷結した雪片が落ち、線路付近の石をはね上げたため。
●車両破損

1411	上越線急行列車転覆
	昭和52年3月8日　群馬県沼田市

3月8日夜、群馬県沼田市内の上越線岩本・津久田駅間で下り急行佐渡が、落石に乗り上げて先頭車両が線路右側の国道17号線に転落、後続の車両も脱線、横転し、乗務員や乗客のうち110名が重軽傷を負った（後に1名が死亡）。原因は現場付近にあった落石防護壁の高さ不足。
●死者1名、重軽傷者109名、車両1両転落、車両脱線・転覆

1412	トラック・芸備線気動車衝突
	昭和52年3月11日　広島県

3月11日、広島県、芸備線中深川の踏切で急行気動車とトラックが衝突、気動車4両が脱線、12名が負傷した。
●負傷者12名

1413	ダンプカー・神戸電鉄電車衝突
	昭和52年3月12日　兵庫県

3月12日、兵庫県神戸電鉄押部谷・電鉄栄駅間の踏切でダンプカーと電車が衝突、56名負傷。
●負傷者56名

1414	小田急線急行電車火災
	昭和52年3月15日　東京都世田谷区

3月15日、小田急電鉄線の急行電車が世田谷区を通過する際、架線の火花が車両に引火し、乗客15名が重軽傷を負った。原因は現場付近での下水道建設作業の過失。
●重軽傷者15名、車両火災

1415	全日空旅客機乗っ取り犯青酸自殺
	昭和52年3月17日　東京都大田区付近

3月17日午後6時30分過ぎ、全日本空輸の羽田発仙台行きボーイング727型旅客機が離陸後、乗客（28歳）が持ち込んだ改造モデルガンで別の乗客数名を殴り、機内前部の便所に立てこもった末、青酸ナトリウムを飲んで死亡。同機は東京国際空港へ引き返し、残りの乗客72名と乗員7名に死傷者はなかった。犯人が自殺に使った薬品（30g）は、横浜市鶴見区の池田クロムメッキ工場から同15日午後、市公害対策局の水質検査員を装って詐取したものだった。
●死者1名

1416	架線故障
	昭和52年3月18日　東京都世田谷区

3月18日、東京都世田谷区、小田急電鉄千歳船橋・経堂駅間で、鉄パイプが架線引止部に接触し急停車。37名が負傷した。

昭和52年(1977年)〜

●負傷者37名

1417 ATC誤作動
昭和52年3月23日　兵庫県

3月23日、新幹線西明石・新神戸駅間の神戸トンネルの中で上り列車の運転士から「ATC装置が働き、手動ブレーキで速度を落とした」との連絡があったため、専門家による調査をしたが原因解明できなかった。
●―

1418 海上自衛隊対潜哨戒飛行艇着水失敗
昭和52年4月7日　山口県岩国市沖

4月7日、山口県岩国市の沖合で、海上自衛隊岩国基地第31航空隊対潜哨戒飛行艇PS-1が着水に失敗、1名が死亡、1名が負傷した。
●死者1名、負傷者11名、航空機1機沈没

1419 名古屋鉄道電車衝突
昭和52年4月11日　愛知県

4月11日、名古屋鉄道太田川で、電車増結の際、ブレーキ操作を誤り、停止中の電車に衝突、14名負傷。
●負傷者14名

1420 フィリピン航空旅客機離陸失敗
昭和52年4月18日　東京都大田区

4月18日、フィリピン航空のダグラスDC8型旅客機が東京国際空港で離陸滑走中、擱座し1名が負傷した。
●負傷者1名、航空機1機損壊

1421 海上自衛隊機墜落
昭和52年4月21日　五島列島沖

4月21日、五島列島沖海上で海上自衛隊鹿谷基地第11航空隊S2F-1が対潜訓練中に墜落、3名が死亡した。

●航空機1機墜落

1422 列車事故
昭和52年5月7日　京都府京都市大山崎町

5月7日、京都府京都市大山崎町の鉄道線路上で、レール作業中に列車にひかれ、2名が死亡、1名が負傷した。
●死者2名、負傷者1名

1423 中日本航空ヘリコプター墜落
昭和52年5月20日　岐阜県岐阜市

5月20日、岐阜県岐阜市で中日本航空のベル47G機が試験飛行中に墜落、3名が死亡した。
●死者3名

1424 海上自衛隊機衝突
昭和52年5月27日　福岡県宗像郡大島村沖

5月27日、福岡県筑前大島沖海上で、海上自衛隊のKM2型機が同隊機と衝突、現場付近の海域に墜落した。
●死者1名、航空機2機墜落

1425 航空自衛隊戦闘機墜落
昭和52年5月31日　北海道積丹郡積丹町沖

5月31日、北海道色丹半島沖海上で、航空自衛隊第2航空団第203飛行隊F104Jが戦闘訓練中に墜落、1名が死亡した。
●死者1名、航空機1機墜落

1426 陸上自衛隊機墜落
昭和52年6月14日　北海道新冠郡新冠町

6月14日、北海道新冠町で、陸上自衛隊東部方面航空隊LR1が墜落、5名が死亡。
●航空機1機墜落

~昭和52年（1977年）

1427 航空自衛隊戦闘機行方不明
昭和52年6月29日　長崎県南松浦郡沖

6月29日、海上自衛隊のF104J型戦闘機が長崎県南松浦郡の五島列島の沖合で操縦者ら2名とともに行方不明になった。
●行方不明者2名、航空機1機遭難

1428 田沢湖線列車火災
昭和52年6月30日　岩手県岩手郡雫石町付近

6月30日、田沢湖線の列車が岩手県雫石町付近を走っていたところ、車両の床下部分から出火、車両1両を全焼したが、乗客の通勤者ら60名と乗務員は脱出し、死傷者はなかった。
●車両1両全焼

1429 山陰本線客車衝突事故
昭和52年7月2日　鳥取県

7月2日、鳥取県、山陰本線米子で客車の入れ換え作業中、誤って別の線路に停止中の客車に衝突、8名負傷。
●負傷者8名

1430 インド航空旅客機発火
昭和52年7月9日　東京都大田区

7月9日、インド航空の旅客機が東京国際空港から離陸直前、滑走路上で発火したが、乗員や乗客に死傷者はなかった。
●航空機1機発火

1431 信越本線急行列車脱線
昭和52年7月25日　長野県上田市

7月25日、信越本線上田・西上田駅間で下り急行信州がおりからの暑熱で曲がった線路に乗りあげ、うち7両が脱線、乗務員や乗客8名が軽重傷を負った。
●重軽傷者8名、車両7両脱線

1432 東亜国内航空旅客機胴体着陸
昭和52年8月9日　北海道網走郡女満別町

8月9日、東亜国内航空の札幌発YS11型旅客機が北海道女満別町の女満別空港へ胴体着陸し、プロペラやエンジンなどが壊れたが、乗員や乗客70名に死傷者はなかった。原因は機長による前後部車輪の出し忘れだが、副操縦士が訓練のため着陸直前まで操縦を担当していた。
●航空機1機損壊

1433 海上自衛隊対潜哨戒ヘリコプター墜落
昭和52年8月10日　兵庫県城崎郡城崎町沖

8月10日、兵庫県城崎町の沖合で海上自衛隊小松島基地対潜哨戒ヘリHSS-2が墜落、2名が死亡した。
●ヘリコプター1機墜落

1434 日豊本線客車衝突
昭和52年8月12日　大分県

8月12日、大分県、日豊本線大分で、入換作業中の客車が発車待ちしていた列車に衝突、9名負傷。
●負傷者9名

1435 京福電鉄電車脱線
昭和52年8月19日　福井県

8月19日、京福電鉄保田・登板駅間でレール欠損（推定）のため、電車が脱線、18名が負傷した。
●負傷者18名

1436 航空自衛隊機横転
昭和52年8月31日　宮城県宮城郡松島町

8月31日、宮城県松島基地内で、航空自衛隊第4航空団第21飛行隊T2練習機がエンジンテスト中に横転、1名が死亡、7名が負傷した。
●死者1名、負傷者7名、航空機1機横転

昭和52年(1977年)〜

1437 全日空旅客機着陸失敗
昭和52年9月8日　東京都大島町

9月8日、全日本空輸の東京発YS11型旅客機が東京都大島町の大島空港で着陸に失敗、滑走路先の草地に突っ込み、車輪や両翼の一部が壊れ、乗員、乗客13名が負傷。当日は、大島空港の滑走路が雨でぬれており、機長も路線資格の取得に必要な訓練を受けていて、同空港への着陸は初めてだった。
●負傷者13名、航空機1機損壊

1438 米軍偵察機墜落
昭和52年9月27日　神奈川県横浜市緑区

9月27日、米軍のRF4B型ファントムジェット偵察機が厚木基地から航空母艦ミッドウェイへ向かう際、横浜市緑区の宅地造成地に墜落し、現場付近の住宅2戸を全焼、幼児2名が死亡、7名が重軽傷を負った。原因はエンジンの故障とみられる（発生後、米軍関係者が日本側の引渡し要求を無視し、墜落機のエンジンを本国へ搬送）。
●死者2名、重軽傷者7名、全焼住宅2戸、航空機1機墜落

1439 日本航空旅客機墜落
昭和52年9月27日　マレーシア連邦

第Ⅰ部　解説参照（p.103）。
●死者34名：重軽傷者45名

1440 トラック・幌内線気動車衝突
昭和52年9月28日　北海道

9月28日、北海道幌内線萱野の踏切でトラックと気動車が衝突し、1名が死亡、5名が負傷した。
●死者1名、負傷者5名

1441 海上自衛隊対潜哨戒ヘリコプター接触
昭和52年10月5日　千葉県千葉市

10月5日、千葉市で海上自衛隊21航空群館山航空隊のHSS2型対潜哨戒ヘリコプターが同隊機と接触後、不時着した。
●航空機2機接触

1442 米軍機墜落
昭和52年11月1日　宮城県国頭郡伊江村沖

11月1日、米軍のF4型機が沖縄県伊江村の沖合に墜落した。
●航空機1機墜落

1443 トラック・総武本線電車衝突
昭和52年11月17日　千葉県四街道

11月17日、千葉県四街道総武本線四街道・都賀駅間の踏切でトラックと電車が衝突し、1両が脱線、1名が死亡、5名が負傷した。
●死者1名、負傷者5名

1444 山陰本線特急脱線
昭和52年12月1日　島根県松江市

12月1日、山陰本線の上り特急出雲が東松江駅構内を通過する際、うち機関車と寝台車合計7両が脱線、乗客1名が軽傷を負った。原因は現場付近のレール交換作業でのねじの締めかたが比較的緩く、敷設後のレールの間隔が広がっていたため。
●軽傷者1名、車両7台脱線

1445 大型ダンプ・函館本線急行気動車衝突
昭和52年12月3日　北海道

12月3日、北海道函館本線滝川・砂川駅間の踏切で大型ダンプと急行気動車が衝突し、1両が脱線、1名が死亡、29名が負傷した。
●死者1名、負傷者29名

~昭和53年(1978年)

1446 信越本線貨車逆走・衝突
昭和52年12月20日　群馬県高崎市

12月20日、信越本線の貨車24両が群馬八幡駅構内の入換え線付近から下り線を逆方向へ約4km走り、隣りの北高崎駅構内で別の貨物列車に衝突、脱線したが、係員や乗務員に死傷者はなかった。原因は運転士によるブレーキの誤操作。
●車両24両脱線、車両衝突

1447 新幹線停電
昭和53年1月4日　岡山県、兵庫県

1月4日午後6時16分ごろ、新幹線の相生駅を中心に上下約30kmの区間の架線が突然停電となり、岡山・姫路駅間で上下線が不通となった。
●新幹線が不通

1448 営団地下鉄東西線電車転覆
昭和53年2月28日　東京都江東区

第Ⅰ部　解説参照（p.105）。
●車両破損

1449 東北線特急列車脱線
昭和53年3月12日　茨城県古河市

3月12日午後0時37分ごろ、東北線古河・栗橋駅間で、特急列車の後部2両が脱線し、そのまま約1.2km走って利根川鉄橋上に止まった。急停車の際のショックで乗客8名が負傷した。この事故で特急、急行76本が運休した。
●負傷者8名、特急・急行76本運休

1450 東北本線特急列車脱線
昭和53年5月12日　茨城県古河市

5月12日、東北本線の特急ひばりが古河駅付近を通過するおり、後部2両の後輪が突然脱線し、乗客8名が重軽傷を負った。原因は、降雨直後から気温が急激に上がり、現場付近の長規格のレール（長さ950m）が歪んだため。
●重軽傷者8名、車両2両脱線

1451 海上自衛隊対潜哨戒飛行艇墜落
昭和53年5月17日　高知県高岡郡檮原町

5月17日午後9時半ごろ、海上自衛隊第31航空隊（岩国）のPS1型対潜哨戒飛行艇が海上での訓練後、基地への帰途、濃霧に巻き込まれて高知県檮原町の一の谷山に激突、墜落し、機体は全壊、乗員13名が死亡した。
●死者13名、航空機1機墜落

1452 戦闘機墜落
昭和53年5月18日　沖縄県

5月18日、キャンプ・ハンセン演習場にF4ファントム戦闘機が墜落した。
●戦闘機墜落

1453 セスナ機墜落
昭和53年5月19日　新潟県妙高高原町

5月19日、新潟県妙高高原町に、取材飛行中の旭伸航空のセスナ172が墜落し、1名死亡、1名負傷した。
●死者1名、負傷者1名

1454 日本航空機しりもち着陸
昭和53年6月2日　大阪府大阪空港

6月2日午後3時ごろ、大阪空港で羽田発の日本航空のジャンボ機が着陸しようとしたところ、一度接地したあとバウンドし再度尾部をひきずって接地するしりもち着陸をし、375名の乗客の内2名がショックで病院に運ばれるなどした。
●2名入院

第Ⅱ部　鉄道・航空機事故一覧

昭和53年(1978年)～

1455 東海道本線貨物列車・ディーゼル機関車衝突
昭和53年6月2日　大阪府摂津市

6月2日、東海道本線の下り貨物列車が吹田操車場構内の引込み線付近で入換え作業用のディーゼル機関車と正面衝突し、貨車13両が脱線、うち11両が転覆、機関車も前部が壊れて現場から逆方向へ約0.1km走った地点で脱線、双方の機関士が軽傷を負った。原因は機関車の誘導担当係員による停止信号の見落し。
●軽傷者2名、車両3両脱線、車両11両転覆

1456 ヘリコプター墜落
昭和53年6月29日　千葉県佐倉市高岡

6月29日午後9時40分ごろ、千葉県佐倉市高岡の佐倉第1踏切付近の杉林で、成田の新東京国際空港へジェット燃料を輸送中の貨物列車を空から警備していた新東京国際空港公団がチャーターした日本農林ヘリコプター社のヒューズ369HSが墜落、炎上して乗っていた鉄道公安官や警官ら5名が死亡した。同ヘリは過激派の構成員らによる妨害活動を警戒、監視中であった。
●死者5名、ヘリコプター1機墜落

1457 軽飛行機墜落
昭和53年8月3日　栃木県日光山中

8月3日、佐渡を飛び立ち、群馬県太田大泉飛行場に向かった4人乗り軽飛行機「スバルFA200」が矢木沢ダム上空で消息を絶った。2週間後、日光山中に墜落しているのが発見されたが、乗員4名は死亡していた。
●死者4名

1458 セスナ機墜落
昭和53年8月12日　岩手県宮古市

8月12日、岩手県宮古市で、取材飛行中の東邦航空のセスナ機が墜落し、7名が死亡2名が負傷した。

●死者7名、負傷者2名

1459 航空自衛隊機墜落
昭和53年9月8日　埼玉県狭山市上奥富

9月8日午後2時17分、埼玉県狭山市上奥富の住宅街に、航空自衛隊入間基地を飛び立ったT33A練習機(福岡県春日基地所属)が墜落し、乗員2名が死亡、付近の住宅とアパート2棟が全半焼した。機銃を格納したガンベイドアが開いたため、何らかの二次原因をひきおこし、墜落したものとみられる。
●死者2名、、航空機1機墜落、住宅及びアパート2棟全焼

1460 列車暴走
昭和53年9月27日　東京都北区

9月27日、東京北区の尾久駅構内の操車場で、入れ替え作業中の列車12両が130m暴走して、脱線、ゴミ選別所に突っ込んで止まった。下請け作業員が列車と建物に挟まれて圧死した。原因はポイント切り替えをしないまま列車を走らせた、たるみ事故であった。
●死者1名

1461 航空機内焼身自殺
昭和53年10月1日　大分県大分市

10月1日、乗客、乗員113人を乗せ熊本から東京に向かっていた東亜国内航空のDC9機が大分市上空を飛行中、乗客の男が後部トイレ内で持ち込んだ携帯用プロパンガスやベンジンを使って焼身自殺を図ったが、発見が早く、乗員がすぐ消し止めたため、大惨事に至らなかった。
●

1462 日本航空機破損
昭和53年11月11日　大阪府大阪空港

11月11日午前8時ころ大阪空港で羽田発の

日本航空ボーイング747型機が、着陸時に右主翼外側のフラップが脱落しかけ、500名の乗客をヒヤリとさせた。
●

1463 電車居眠り運転
昭和53年12月2日　長野県木曾郡

12月2日、長野県木曾郡の中央西線藪原・宮ノ越駅間で、急行「ちくま4号」が突然停止。原因は機関士が乗務前に飲酒、酔っ払い運転のうえ居眠りし、無意識のうちにブレーキをかけ、そのまま運転席に寝込んでしまった。この機関士は停職一年の処分となった。
●

1464 貨物列車脱線
昭和53年12月7日　福島県安達郡本宮町九縄

12月7日午前0時20分ごろ、福島県安達郡本宮町九縄の東北本線本宮駅構内の踏切付近で、貨物列車の後3両が脱線し、この事故で東北本線は上下線とも不通となり、特急、急行86本が運休した。
●特急、急行86本運休

1465 グライダー空中衝突
昭和53年12月9日　群馬県太田市

12月9日、群馬県太田市で中央大学航空部のグライダーが空中衝突し1名が死亡した。
●死者1名

1466 飛行場騒音被害
昭和53年この頃〜　宮城県

53年頃から、宮城県の飛行場で航空機の離着陸などによる騒音が発生し、周辺地域の住民多数の健康への影響が懸念された。
●

1467 京成線電車脱線
昭和54年1月18日　東京都

1月18日、発達した低気圧が日本海を通り各地に強風をもたらし、東京では京成電車が荒川鉄橋上で脱線した。
●

1468 新幹線ATC故障
昭和54年1月22日　福岡県福岡市博多

博多総合車両基地内で回送中のひかり号が停止ポイントを壊して約300mオーバーライン。停止方向に働くはずのATC(自動列車制御装置)が作動せず、新幹線としてはノーブレーキ状態で突っ走った初めての事故。
●

1469 ボーイング707貨物機蒸発
昭和54年1月30日　銚子沖太平洋上

1月30日夜、成田空港を飛び立ったロサンゼルス行きのバリグ・ブラジル航空のボーイング707貨物機が、離陸30分後に銚子沖の太平洋上で消息を絶った。とくに緊急通信もなく、6名の乗員と日系移民の時価20億円の絵画を乗せて蒸発し、何らの手がかりも残していない。運輸省は米軍、自衛隊の協力をえて捜索したが手がかりなく2月5日に打ち切った。原因については、危険な爆発物も積んでおらず、一瞬のうちに墜落したとみられるので、機体の操縦に関係する一部分が突然折れるなどしたため、との見方が強い。
●行方不明者6名、紛失絵画時価20億円

1470 スキー場リフト客宙づり
昭和54年3月11日　長野県王滝村

3月11日、長野県王滝村の村営御岳スキー場では、リフトのワイヤが強風で滑車からはずれ、止まった。リフトには40名のスキーヤーが乗っていて雪面から約55mの高さで宙づり

〜昭和54年(1979年)

第Ⅱ部　鉄道・航空機事故一覧

になった。
●リフトに宙づり40名

1471 ヘリコプター着陸失敗
昭和54年3月16日　千葉県木更津市ヘリポート

3月16日、千葉県木更津市のヘリポートで、ソニー社のヘリコプターが着陸に失敗し、1名が死亡、3名が負傷した。
●死者1名、負傷者3名

1472 ダンプカー・常磐線電車衝突
昭和54年3月29日　茨城県土浦市

3月29日、国鉄常磐線神立・土浦駅間の踏切で、普通電車にダンプカーが衝突し、2両が脱線した。この事故で1名が死亡、58名が負傷した。
●死者1名、負傷者58名

1473 ダンプカー・歌山線客車衝突
昭和54年4月17日　奈良県

4月17日、国鉄和歌山線志都美・畠田駅間の踏切で、客車とダンプカーが衝突し、4両が脱線した。この事故で1名が死亡、21名が負傷した。
●死者1名、負傷者21名

1474 英国航空B747機乱気流遭遇
昭和54年5月14日　三重県鈴鹿峠上空

5月14日、三重県鈴鹿峠上空で、英国航空B747機が乱気流に遭遇し、9名が負傷した。
●負傷者9名

1475 YS11機誘導路脱線
昭和54年6月1日　大阪府大阪空港

6月1日、全日空機が大阪空港で誘導路を脱線した。乗客にけが人はなかった。YS11機の異常運航が多かったため寿命の論議をよんだ。

1476 修学旅行列車・貨車衝突
昭和54年6月2日　長野県長野市

6月2日午前4時31分、長野市篠ノ井の国鉄信越線篠ノ井駅構内で、入れ替え作業中の貨車に名古屋発長野行き、下り修学旅行団体専用列車（8両編成、531人乗車）が衝突し、電車1両と貨車2両が脱線、信越線は上下線が不通となった。3日午前5時前に復旧したが、この事故で修学旅行の生徒と職員344名が負傷した。事故の原因は入れ替え作業の際、突き放された貨車にブレーキ係が乗っていなかったためと、乗っているかどうかを確認しないで突き放したため。
●負傷者344名、信越線上下線不通

1477 江ノ島鎌倉電鉄電車激突
昭和54年6月6日　神奈川県藤沢市

6月6日、私鉄江ノ島鎌倉電鉄藤沢駅構内で、電車のブレーキがきかずストッパーに激突し、59名が負傷した。
●負傷者59名

1478 乗客転落事故
昭和54年6月6日　神奈川県

6月6日、東海道線の辻堂駅で下り普通電車が発車しようとしたところ、ホームと反対側のドアが急に開き、2、3秒で閉まった。その際、小学生の女の子が線路に転落してけがをしたが、原因は不明。
●負傷1名

1479 トレーラー・羽幌線気動車衝突
昭和54年6月9日　北海道苫前郡

6月9日、国鉄羽幌線苫前・羽幌駅間の踏切で、気動車とトレーラーが衝突し、1両が脱線した。この事故で18名が負傷した。

~昭和54年（1979年）

●負傷者18名

1480 回送車脱線
昭和54年6月16日　神奈川県小田原市

6月16日、東海道線小田原駅で、回送中の電車が引き込み線の車止めを突破してオーバーライン、1両目が転覆、2、5両目が脱線した。運転士が重傷負ったが、原因は運転士がうっかりしてブレーキをかけるのが遅れたため。
●負傷者1名

1481 日本航空DC8機乱気流遭遇
昭和54年6月25日　鳥取県美保上空

6月25日、鳥取県美保上空で、日本航空DC8機が乱気流に遭遇し、27名が負傷した。
●負傷者27名

1482 セスナ機不時着
昭和54年7月3日　愛知県海部郡付近

7月3日、愛知県海部郡付近に、中日本航空セスナ機がエンジンの不調で不時着し、3名が負傷した。
●負傷者3名

1483 日高線気動車落石衝突
昭和54年7月6日　北海道

7月6日、国鉄日高線厚賀・大狩部駅間で、気動車が落石に衝突し、1両が脱線した。この事故で14名が負傷した。
●負傷者14名

1484 新幹線ストップ
昭和54年7月13日　本州

7月13日午後5時10分ごろ、山口県下松市南方約20kmの周防灘の深さ20kmの海底でマグニチュード6.3の地震が発生。この地震で、新幹線は各所で最高80ガル（震度5相当）を記録、東京・博多の全線が2時間半にわたってストップ、約5万人の乗客が影響を受けた。
●乗客約5万人に影響

1485 愛媛航空セスナ機墜落
昭和54年7月14日　愛媛県宇和海久良湾上空

7月14日、愛媛航空のセスナ機が愛媛県南宇和郡城辺町の久良湾に沈んでいた旧海軍の戦闘機「紫電改」の引き上げ作業取材のため飛行中、旋回しようとして失速、海中に墜落し、乗っていた愛媛放送記者ら3人が死亡した。原因はパイロットの操縦ミス。
●死者3名

1486 東亜国内航空機発電機故障
昭和54年7月18日　羽田・北海道帯広間

7月18日、東亜国内航空機が羽田から北海道帯広へ向かう途中、発電機が2基とも同時に故障、予備の非常用バッテリーまで働かなくなった。このため室内の電気がつかないのはもとより、同機を誘導している管制機関とも連絡がとれず、58名の乗客・乗員を乗せて一時蒸発した。
●乗客・乗員58名一時蒸発

1487 東亜国内航空機着陸失敗
昭和54年7月21日　東京都

7月21日、南紀白浜行きの東亜国内航空のYS11型機が羽田空港を離陸してまもなく、着陸装置の故障で左車輪がとれなくなったため羽田空港に引き返し、右車輪だけで着陸した。機体は中破したが、乗客乗員71人は全員無事だった。上がった車輪を格納室に固定する装置（アップ・ロック・フック）が途中で切損しており、このため車輪がこの装置からはずれないようになっていた。整備ミスが原因。
●——

昭和54年（1979年）～

1488	大型ダンプカー・南海電鉄阪堺線電車衝突
	昭和54年7月25日　大阪府

7月25日、私鉄南海電鉄阪堺線大小路・花田口駅間で、電車と大型ダンプカーが衝突し、10名が負傷した。
●負傷者10名

1489	YS11機しりもち着陸
	昭和54年8月10日　福岡空港

8月10日、日本近距離航空機が福岡空港へ着陸の際、機体尾部をこすりつけた。乗客にけが人はなかった。YS11機の異常運航が多かったため寿命の論議をよんだ。
●─

1490	東海道線客車脱線
	昭和54年8月17日　滋賀県米原町

8月17日、国鉄東海道線米原駅構内で、客車の機関車を交換作業中に1両が脱線した。この事故で24名が負傷した。
●負傷者24名

1491	ショベルカー・京王線急行電車接触
	昭和54年10月3日　東京都

10月3日午前11時25分ごろ、東京都府中市の私鉄京王線武蔵野台駅近くの踏切で、トラックの荷台から落ちたショベルカーに、上り急行電車（7両編成）が接触し、そのはずみでショベルカーが下り線側に寄ったところへ、下り特急電車が突っ込み、特急電車の前2両が脱線して傾き、上り急行電車も1両目が脱線した。4日午前2時20分に復旧したが、この事故でトラックの運転手が死亡、乗客51名が負傷した。事故の原因は、トラックの荷台上にショベルカーを固定させていなかったため。
●死者1名、負傷者51名

1492	セスナ機墜落
	昭和54年10月14日　北九州空港付近

10月14日、北九州空港付近で、公共施設地図航空セスナ機がエンジンの故障で墜落した。1名が負傷した。
●負傷者1名

1493	新幹線ストップ
	昭和54年10月16日　本州

10月16日午前7時46分ごろ、滋賀県北西部で震度3の弱震があり、新幹線は博多・東京駅間で午前10時すぎまでストップ。16万人が影響を受けた。
●乗客16万人に影響

1494	貨物列車脱線転覆
	昭和54年10月23日　群馬県利根郡月夜野町

10月23日午前8時27分、群馬県利根郡月夜野町の国鉄上越線後閑駅構内で、青海発高崎操車場行き上り貨物列車（19両編成）が駅を通過中、6両目から15両目までの10両が脱線、このうち6両が転覆した。このため上下線が不通となったが24日午前7時59分に開通した。事故の原因は、車両の状態と線路のこう配、カーブなどが互いに影響しあって起こる競合脱線の可能性が強いとのこと。
●国鉄上越線上下線不通

1495	全日空YS11型機乱気流遭遇
	昭和54年11月4日　和歌山県上空

11月4日、全日空のYS11型機が高知から東京へ飛行中、串本の東の海上で乱気流に巻き込まれた。このため洗面所にいたスチュワーデスや座席にいた乗客の計4名が負傷した。負傷したスチュワーデスと乗客はシートベルトを着用していなかった。
●負傷者4名

~昭和55年（1980年）

1496 石油専用列車・貨物列車衝突
昭和54年11月18日　神奈川県川崎市多摩区

11月18日午後1時29分ごろ、神奈川県川崎市多摩区の国鉄武蔵野線の地下70mにある10kmに及ぶ生田トンネル内で、赤信号で停止していた下り石油専用列車（21両編成）に先行の貨物列車（52両編成）がバックしてきて衝突、バックした貨物列車のうち11両が脱線した。石油専用列車には約900tの石油を満載していたが大惨事には至らなかった。この事故で上下線が不通となり、復旧には19日午後7時までかかった。事故の原因は、先行の貨物列車の機関士が約5km、10分間にわたって居眠りをしたために、上り坂で自然に停止し、そのままバックして、車掌も逆走に気がつかなかったため。

●国鉄武蔵野線上下線不通

1497 トラック・函館線特急電車衝突
昭和54年12月6日　北海道

12月6日、国鉄函館線幌向・上幌駅間の踏切で、トラックと特急電車が衝突し、23名が負傷した。

●負傷者23名

1498 トラック・回送電車衝突
昭和54年12月8日　大阪府堺市

12月8日、大阪府堺市の阪和線百舌駅構内の踏切で、回送電車と大型トラックが衝突、踏切を渡っていた主婦ら2人がこの衝突に巻き込まれて即死。原因は踏切警手が回送電車の接近に気づかず遮断機を降ろさなかったため。

●死者2名

1499 小型機墜落
昭和55年1月2日　三重県尾鷲市

1月2日、南紀白浜空港から東京調布飛行場に向かった飛行クラブ「ウィングス・コーポレーション」所属の小型単発機「富士FA200エアロスバル」が、南紀白浜空港を離陸してまもなく消息を絶ち、翌3日三重県尾鷲市近郊の山中に墜落しているのが発見された。乗っていた4人は全員死亡していた。パイロットミスの疑いが強い。

●死者4名

1500 京阪電車脱線
昭和55年2月20日　大阪府枚方市

2月20日、大阪府枚方市で京阪電車の急行が、中学生が線路に置いた石に乗り上げ脱線し、転覆、一両目が民家に突っ込み、運転士と乗客50名が重軽傷を負った。

●重軽傷者50名

1501 播但線人身事故
昭和55年4月2日　兵庫県神崎郡

4月2日午前8時50分ごろ、兵庫県神崎郡の国鉄播但線長谷・生野駅間にある大福トンネル内で、歩いていた近くの森林組合作業員ら5名が鳥取発大阪行き特急「はまかぜ2号」にはねられ、3名が死亡、2名が重傷を負った。

●死者3名、重傷者2名

1502 架線切断
昭和55年4月6日　愛知県・岐阜県

4月6日、全国で強風が吹き荒れた。新幹線名古屋・岐阜羽島駅間で、午後2時46分ごろ、下り列車2本のパンタグラフが、強風で大きく揺れた架線を巻き込んで切断した。上下線とも不通になり、上りが6時間半後、下りが8時間20分後に復旧したが、上り最終列車が東京駅に着いたのは7日午前5時すぎ。この影響で両日で162本が運休し、7日の運行は平日の半分になった。新学期で家族連れも多く、乗車率は100％近く、8万人が列車にかん詰めになった。また、京都市の国際会議に出席される皇太

第Ⅱ部　鉄道・航空機事故一覧　347

昭和55年（1980年）〜

子ご夫妻も途中熱海駅で約6時間も足止めとなるハプニングもあった。
●電車162本運休

1503 飛行船不時着
昭和55年4月23日　兵庫県神戸市

4月23日、神戸市のポートアイランドにけい留中の飛行船が、けい留作業のミスでけい留ロープがはずれ、クルーと報道関係者各1名を乗せたまま漂流した。約45km離れた京都府亀岡市内に不時着、船体が中破、1名が重傷を負った。
●重傷者1名

1504 近鉄線急停車乗客負傷
昭和55年5月1日　奈良県

5月1日、近鉄・生駒ケーブル線で助役が出発指示の合図を誤り、扉を開けたまま出発。これに気付いた運転士が急ブレーキをかけたため乗客22人が負傷した。
●負傷者22名

1505 乗用車・新京成電車衝突
昭和55年5月11日　千葉県松戸市

5月11日午後11時ころ、千葉県松戸市の新京成線の踏切で乗用車と普通電車が衝突、乗用車の2名が死亡、2名が負傷した。
●死者2名、負傷者2名

1506 日立電鉄線列車脱線
昭和55年5月16日　茨城県日立市

5月16日、日立電鉄線鮎川・河原子駅間で大型トラックの警報無視による踏切事故があり、列車が脱線、16人が負傷した。
●負傷者16名、列車脱線

1507 乗用車・西鉄宮地岳線電車衝突
昭和55年5月22日　福岡県粕屋郡古賀町

5月22日午後3時15分ころ、福岡県粕屋郡古賀町の西鉄宮地岳線の踏切で乗用車と電車が衝突、乗用車の1名が死亡、4名が重傷を負った。原因は乗用車の直前横断。
●死者1名、受賞者4名

1508 自衛隊機着陸失敗
昭和55年6月10日　沖縄県

6月10日、航空自衛隊那覇基地で、スクランブルにでていた南西航空混成団のF104J戦闘機が着陸に失敗、滑走路南端の海中に突っ込み、機体の前半分が炎上、パイロットは死亡。
●死者1名

1509 ソ連空軍偵察機墜落
昭和55年6月27日　新潟県両津市沖

6月27日午後1時50分頃、ソ連邦空軍のTU16型双発ジェット偵察機バジャーが佐渡島の新潟県両津市の北約110km沖合で海上自衛隊の輸送艦の上空を旋回していて操縦を誤り、右翼の先端が海面に触れて墜落、乗員3名が死亡した（遺体は発見後、ソ連邦へ引渡し実施）。
●死者3名、航空機1機墜落

1510 米軍機着陸失敗
昭和55年7月24日　沖縄県嘉手納村

7月24日、アメリカ空軍嘉手納基地で、日米合同訓練から帰って来たF15イーグル戦闘爆撃機が着陸後、車輪の1本を折り、滑走路からはみ出した。
●━━

~昭和55年（1980年）

1511 山陰本線不通
昭和55年8月　山口県阿武郡阿武町奈古

8月の豪雨で、阿武郡阿武町奈古の線路わきのがけが崩れ、山陰本線は40日間不通、同じ個所が開通2週間後でまた崩れて長期不通となった。
●長期不通

1512 ヘリコプター事故
昭和55年8月6日　山梨県北巨摩郡

8月6日、山梨県北巨摩郡で農薬散布中の日本農林ヘリが墜落、1名が死亡した。
●死者1名

1513 米軍機不時着
昭和55年8月7日　沖縄県嘉手納村

8月7日、嘉手納基地のF15イーグルが、機体に故障を起こし、那覇空港に不時着、前輪が折れた。このため空港は一時閉鎖、民間便が混乱した。
●空港一時閉鎖

1514 小型機墜落
昭和55年8月10日　東京都調布市

8月10日朝、東京・調布市の調布中学校校庭に、近くの調布飛行場を飛び立った小型双発プロペラ機エアロコマンダー（松井純一機長ら2人乗り組み）が墜落、2名とも死亡した。この事故により、住宅密集地に囲まれた内陸空港の問題点を浮き彫りにするとともに調布飛行場を市に全面返還する運動に拍車をかける要因となった。
●死者2名

1515 ライトバン・新京成電鉄鉄衝突
昭和55年8月20日　千葉県松戸市

8月20日午後7時20分ごろ、千葉県松戸市の新京成電鉄鉄元山・くぬぎ山駅間の踏切（警報機、しゃ断機付き）でライトバンが衝突。ライトバンは電車に巻き込まれ、大破炎上した。このため車の5名のうち4名が車内に閉じこめられ焼死、1名が全身に大やけどをした。
●死者5名、大やけど1名

1516 自衛隊戦闘機墜落
昭和55年8月20日　青森県

8月20日、青森県三沢基地の戦闘機F1が同県上北町の畑に墜落、破片が民家を直撃。
●

1517 ソ連海軍潜水艦火災
昭和55年8月21日　沖縄県沖

8月21日午前6時39分、ソ連邦海軍のエコー級攻撃型原子力潜水艦（排水量4,600t）が沖縄本島の東約110kmの沖合で火災を起こし、原子炉への延焼や放射能漏れは免れたが、乗組員9名が死亡、3名が負傷した（火災発生後、潜水艦は日本からの救援隊派遣を拒否、救援の僚艦に曳航され、8月23日午後3時20分から同5時55分にかけて奄美諸島の沖永良部島と与論島のあいだの領海を無許可で通過し、ウラジオストクへ帰港）。
●死者9名、負傷者3名、船舶1隻火災

1518 日航ジャンボ機乱気流遭遇
昭和55年9月8日　愛知県上空

9月8日、日航ジャンボ機が愛知県知多半島上空で乱気流に巻き込まれ、乗客と乗員の計5名が負傷した。
●負傷者5名

1519 航空事故
昭和55年9月20日　大阪～ホノルル

9月20日、大阪からホノルルに向かっていた日航ジャンボ機が乱気流に巻き込まれ、7名

昭和55年(1980年)〜

が重軽傷を負った。
●重軽傷者7名

1520 戦闘機墜落
昭和55年10月2日　沖縄県宜野湾市普天間

10月2日、沖縄本島中部、宜野湾市普天間（ふてんま）の沖縄海兵隊普天間飛行場で、双発双胴の観測・攻撃機OV-10ブロンコが離着陸訓練中、失速し滑走路の中央に墜落、乗員2名が死傷。
●死者1名、負傷者1名

1521 中央線電車追突事故
昭和55年10月17日　東京都新宿区北新宿

第Ⅰ部　解説参照（p.107）。
●負傷者12名

1522 架線事故
昭和55年10月18日　東京都・埼玉県

10月18日午前10時ごろ、東京都、埼玉県内の東北線で起きた架線事故のため、東北・上信越方面に向かう約30万人の足が奪われた。
●約30万人足止め

1523 架線事故
昭和55年11月2日　関東地方

11月2日午前9時すぎ、新幹線東京・小田原駅間の上下線が架線切れのため停電し、新幹線は6時間にわたって全線がストップ、秋の連休初日の行楽客ら約22万人が足止めを食った。
●新幹線6時間不通

1524 ジャンボ機・自衛隊機超ニアミス
昭和55年11月18日　熊本県

11月18日、日航ジャンボ機と自衛隊機が18日熊本県上空で超ニアミス（高度差5m）を起こしていたことが明らかに。

●——

1525 ダンプカー・国鉄津軽線列車衝突事故
昭和55年11月19日　青森県青森市飛鳥塩越

11月19日午前8時20分ごろ、青森市飛鳥塩越の国鉄津軽線の踏切で、青森発の普通列車にダンプカーが衝突、ダンプと気動車一両が大破し、運転席に乗っていた警手係1人が死亡したほか、運転士、乗客ら19人が負傷した。原因はダンプ運転手が一時停止を怠ったため。
●死者1名、負傷者19名

1526 乗用車・急行アルプス4号衝突
昭和56年1月2日　山梨県甲府市東光寺

1月2日午前9時40分、山梨県甲府市東光寺の中央本線の踏切で、乗用車と急行アルプス4号が衝突、乗用車の3人が死亡した。
●死者3名

1527 タンクローリー・国鉄湧網線列車衝突
昭和56年1月20日　北海道湧別町

1月20日午前8時25分ごろ、北海道湧別町の国鉄湧網線芭露・中湧別間にある踏切で、網走発中湧別行き普通列車にタンクローリーが衝突、タンクローリーに乗っていた2人が死亡、列車の乗客7人がけがをした。
●死者2名、負傷者7名

1528 特急脱線
昭和56年1月28日　愛知県

1月28日、名鉄小牧線の明治村5号踏切で、ダンプカーが直前横断したため特急が脱線し、4人がけがをした。
●負傷者4名

~昭和56年（1981年）

1529	特急電車モーター火災
	昭和56年2月1日　東京都三鷹市

2月1日、東京都三鷹市の国鉄中央線三鷹駅付近で、走行中の特急の床下のモーターから出火、乗客が避難する騒ぎが起こった。
●────

1530	関西線たるみ事故
	昭和56年3月1日　大阪府

3月1日夕方、大阪の国鉄天王寺駅で、関西線の上り快速電車が信号機を確認しないで出発したため、駅構内の下り線に進入、約100m走って止まるという事故が起こった。この事故でポイントが破損、上下58本が運休した。また、八尾市でも同様のたるみ事故が発生していた。
●ポイント破損、運休58本

1531	東亜国内航空ヘリコプター墜落
	昭和56年3月3日　山口県防府市

3月3日、山口県防府市で東亜国内航空のヘリコプター・ベル204-Bが墜落、1人が死亡した。
●死者1名、ヘリコプター1機墜落

1532	ショベルカー・京福電鉄電車衝突
	昭和56年3月9日　福井県

3月9日、京福電鉄の新福井・福井口間でショベルカーか線路内に進入し、11人がけがをした。
●負傷者11名

1533	氷塊落下
	昭和56年3月13日　千葉県横芝町

3月13日午後4時35分ごろ、成田空港滑走路から南12km離れた千葉県横芝町で農家の屋根にジャンボ機のトイレの水がもれて氷結したと思われる氷の塊が落ちる事故が発生した。また、11月23日午後9時ごろにも、千葉市検見川の住宅のふろ場の屋根に推定直径30cmの氷塊が落ちるなど、成田空港周辺では同様の事故が、80年12月から他に5件発生している。
●────

1534	航空自衛隊救難捜索機墜落
	昭和56年3月24日　愛知県南設楽郡鳳来町

3月24日午後1時52分、愛知県南設楽郡鳳来町の山林に、航空自衛隊浜松基地所属のT34型救難捜索機が墜落、乗員2人が焼死した。
●死者2名、自衛隊機1機墜落

1535	スキーリフト乗客転落
	昭和56年3月31日　新潟県妙高高原

3月31日午後2時ごろ、新潟県妙高高原の池の平温泉スキー場で、リフトのワイヤが外れたため、リフトに乗っていたスキー客50人が3m下の雪面に振り落とされ、20人がけがをした。
●負傷者20名

1536	全日空機エンジン故障
	昭和56年4月18日　熊本県

4月18日午後1時30分、熊本県の上空で、全日空機（ボーイング373）のエンジンから火が噴き、エンジンカバー（重さ22kg）が脱落した。同機はすぐ熊本空港に引き返した。
●エンジンカバー脱落

1537	横須賀線線路冠水
	昭和56年4月30日　東京都港区

4月30日午後3時50分、東京都港区の国鉄横須賀線で、信号が赤になったことから、係員が詳しく調査したところ、東京駅から4kmの地点で、線路が上下線とも冠水していることがわかった。このため上下20本が区間運休とな

第Ⅱ部　鉄道・航空機事故一覧　351

昭和56年(1981年)〜

り、3万人に影響がでた。原因は排水ポンプが作動していなかったため。
●区間運休20本

1538 山陽線貨物列車衝突
昭和56年5月13日　岡山県岡山市北長瀬

5月13日午前6時23分、岡山県岡山市北長瀬の山陽線岡山操車場の構内で、貨物列車同士が衝突、9両が脱線したが、けが人は無かった。
●脱線9両

1539 赤羽線トロッコ暴走
昭和56年5月13日　東京都豊島区

5月13日午前1時35分、東京都豊島区の赤羽線で、レールを積んだトロッコが池袋駅から赤羽駅まで暴走、途中でタクシーと接触する事故はあったが、時間が早かったため大事故にはならなかった。
●――

1540 ハンググライダー墜落
昭和56年5月18日　東京都新島沖

5月18日午前7時30分、東京都新島沖の海上で、ハンググライダーが墜落。現場から1kmほど離れたところで漁船に救助されたが、水を大量に飲んでおり死亡していた。
●死者1名、ハンググライダー1機墜落

1541 東亜国内航空機オーバーラン
昭和56年5月31日　高知県南国市

5月31日午後5時10分、高知県南国市の高知空港で、東亜国内航空のYS11型機が滑走路を200mオーバーランし、滑走路右側の草むらで止まった。乗員、乗客にけがはなかったが、この事故で空港が1時間閉鎖、11便が欠航した。事故当時激しい雨が降っており滑走路に2、3cm水がたまっていたことから車輪がスリップしたらしい。

●欠航11便

1542 国鉄篠ノ井線電車脱線
昭和56年6月6日　長野県更埴市

6月6日午後2時55分ごろ、長野県更埴市の国鉄篠ノ井線稲荷山・姨捨間で、新宿発長野行き普通電車（9両編成）の後部6両が脱線、5人がけがをした。原因はレールの締めつけが不完全でレールが横ずれを起こしたため。
●負傷者5名

1543 国鉄長崎線特急電車脱線
昭和56年6月7日　佐賀県小城郡牛津町

6月7日午後1時50分ごろ、佐賀県小城郡牛津町の国鉄長崎線久保田・牛津間で、博多発長崎・佐世保行き特急「かもめ・みどり11号」（12両編成）の後部6両が脱線、乗客17人がけがをした。国鉄の調べによると、レールを固定しているボルトがゆるんでいたところへ、外気温が急上昇し、レールの湾曲が起きたためらしい。
●負傷者17名

1544 航空自衛隊練習機墜落
昭和56年6月17日　福岡県築上郡椎田町

6月17日午後、福岡県築上郡椎田町で、航空自衛隊築上基地所属のT2型練習機が墜落、炎上し、パイロットと教官が死亡した。この練習機は築上基地で給油し、沖縄那覇基地に向かう途中での事故だった。
●死者2名、自衛隊練習機1機墜落

1545 自衛隊機墜落
昭和56年8月10日　栃木県宇都宮市

8月10日午後4時55分、栃木県宇都宮市の住宅地に、訓練中の陸上自衛隊航空学校宇都宮分校のLR1連絡偵察機がエンジンの故障をおこして旋回中に失速、民家の屋根に機体をひっかけて、市道に墜落、乗員5人が死亡、1人が

352

重傷、民家1棟が全壊したが、外出していて留守だったため、無事だった。
- 死者5名、重傷者1名、自衛隊機1機墜落、全壊家屋1棟

1546 西日本空輸機墜落
昭和56年8月11日　種子島沖

8月11日、種子島沖で西日本空輸のエアロスパシアルSA機が墜落、6人が死亡した。
- 死者6名、航空機1機墜落

1547 新幹線架線故障
昭和56年8月15日　滋賀県

8月15日午後8時半ごろ、滋賀県内の新幹線米原・京都間で架線が切れ、16日までマヒ状態が続き、109本が運休、331本が最高13時間余り遅れ、85万人が迷惑を受ける記録的な大混乱となった。国鉄の調べによると、原因は、3年前に現場の架線を張り替えたさい、国鉄職員が配線設計を間違え、電気が流れないはずの吊架線に高圧電流が流れて、吊架線を溶かしてしまったため。
- 運休109本

1548 広島電鉄電車急停車
昭和56年8月19日　広島県

8月19日、広島電鉄の東高須・西広島間で運転台から発煙があったため、非常停止した際に7人がけがをした。
- 負傷者7名

1549 トラック・国鉄外房線電車衝突
昭和56年9月5日　千葉県一宮町

9月5日午後6時ごろ、千葉県一宮町の国鉄外房線上総一ノ宮駅南側の踏切で、トラックに普通電車がぶつかり、トラックは100m引きずられて大破、トラックに乗っていた2人が死亡した。原因は踏切保安係が遮断機を下ろすのを忘れていたため。
- 死者2名

1550 トラック・外房線電車衝突
昭和56年9月5日　千葉県長生郡一宮町

9月5日午後6時ごろ、千葉県長生郡一宮町の国鉄外房線一宮駅南側にある踏切で、トラックと上り普通電車が衝突、乗用車に乗っていた2人は死亡、電車の乗客1人が軽いけがをした。原因は保安係が電車が近づいてきたのに、遮断機を下ろし忘れたため。
- 死者2名、負傷者1名

1551 航空自衛隊練習機墜落
昭和56年9月17日　宮崎県児湯郡新富町

9月17日午後3時50分、宮崎県児湯郡新富町の航空自衛隊新田基地の1km先の山林に、同基地所属のT33ジェット練習機が墜落、乗員の2名が死亡した。
- 死者2名、自衛隊練習機1機墜落

1552 東武野田線電車火災
昭和56年10月25日　埼玉県大宮市宮ヶ谷塔

10月25日午後5時5分、埼玉県大宮市宮ヶ谷塔の東武野田線岩瀬・七里間で、上り電車三両目の床付近から出火、火はすぐ消火したが、乗客2人が電車から飛び降りてけがをした。原因は、電気系統の故障との見方が強い。
- 負傷者2名

1553 エレベーター墜落
昭和56年11月9日　東京都板橋区成増

11月9日午前9時50分、東京都板橋区成増の3階建てのビルで、点検中のエレベーターが3階から1階に墜落、エレベーター内で点検していた作業員2人が重傷を負った。
- 重傷者2名

昭和56年(1981年)〜

1554 セスナ機墜落
昭和56年11月11日　栃木県日光市

11月11日、栃木県日光市で新中央航空のセスナA150機が墜落、2人が死亡。
●死者2名、セスナ機1機墜落

1555 乗用車・京浜急行特急電車衝突
昭和56年11月28日　東京都大田区仲六郷

11月28日午後11時45分、東京都大田区仲六郷の京浜急行蒲田・雑色間で、特急電車と乗用車が衝突、乗用車の2人が死亡し、1人が重傷を負った。調べによると乗用車は低速で蛇行運転しながら対向車線を走っていた。
●死者2名、重傷者1名

1556 マイクロバス・久留里線普通列車衝突
昭和56年12月5日　千葉県君津市俵田

12月5日午前7時25分、千葉県君津市俵田の国鉄久留里線小櫃・俵田の踏切で、マイクロバスと上り普通列車が衝突、マイクロバスは大破し乗っていた2人が死亡、4人が重軽傷を負った。警報が鳴っているにもかかわらず、マイクロバスが無理に渡ろうとしたらしい。
●死者2名、重軽傷者4名

1557 ヘリコプター墜落
昭和56年12月15日　琵琶湖付近

12月15日、琵琶湖付近で大阪エアウエーズのジェットヘリコプターが墜落、3人が死亡した。
●死者3名

1558 ヘリコプター墜落
昭和56年12月29日　山形県山形市

12月29日午後2時40分、山形県山形市の蔵王スキー場で、NHK仙台放送がチャーターしたヘリコプターが墜落、乗員1人が全身を強く打って死亡した。事故当時ゲレンデにはスキーヤーが15、6人いたが全員逃げて無事だった。上級者向けコースで人が少なかったのが幸いした。
●死者1名、ヘリコプター1機墜落

1559 多重追突事故
昭和57年1月19日　岐阜県不破郡関ヶ原町

1月19日午前11時30分、岐阜県不破郡関ヶ原町の名神高速道路で、雪による50台の追突事故が発生、11人が重軽傷を負った。現場は事故当時雪が2cm積もっており50kmの速度制限をとられていたが、どの車も車間距離をとらずに100kmのスピードで走行していた。最初に大型トレーラーが止まっている車を避けるために急ブレーキをかけたところスリップして中央分離帯に乗り上げた。このトレーラーに後続車が次々と追突、大型トラック19台、普通トラック21台、乗用車9台、バス1台の計50台の大事故となった。
●負傷者11名

1560 エアロスバル墜落
昭和57年1月24日　福岡県北九州市門司区黒川

1月24日午後3時40分、福岡県北九州市門司区黒川の風師山中腹に、軽飛行機エアロスバルが墜落、乗っていた2人が死亡、1人が軽傷を負った。
●死者2名、負傷者1名、軽飛行機1機墜落

1561 国鉄阪和線快速電車衝突
昭和57年1月29日　大阪市天王寺区

1月29日午前8時21分ごろ、大阪市天王寺区の国鉄阪和線天王寺駅で、和歌山発天王寺行き快速電車（6両編成）が停止線を通り越して車止めに激突して脱線、満員の乗客が将棋倒しとなり、乗客、乗員27人がけがをした。国鉄の調べでは、運転していたのは乗務を始めて3カ月の見習い運転士で、ブレーキをかけ遅れた。

●負傷者27名

1562	日航機羽田沖墜落
	昭和57年2月9日　東京都羽田沖

第Ⅰ部　解説参照（p.109）。
●死者24名、重軽傷者149名

1563	信号ケーブル切断
	昭和57年3月13日　千葉県・茨城県

3月13日未明、千葉県と茨城県の国鉄の信号ケーブルなどが成田空港反対派のゲリラに切断され、総武線がストップ、通勤、通学客25万の足に影響した。
●──

1564	国鉄関西線ブルートレイン・ディーゼル機関車衝突
	昭和57年3月15日　愛知県名古屋市

3月15日午前2時16分ごろ、国鉄名古屋駅の関西線ホームで連結待ちしていた紀伊勝浦行きブルートレイン寝台車（6両編成）に、連結にきたディーゼル機関車が激突、3両が脱線し、乗客、乗員12人がけがをした。原因は、機関士が酒に酔って運転していたため。
●負傷者12名、3両脱線

1565	牛乳タンク車・東北本線電車衝突
	昭和57年4月6日　埼玉県北葛飾郡栗橋町佐間

4月6日午前8時32分、埼玉県北葛飾郡栗橋町佐間の国鉄東北本線久喜・栗橋間の踏切で上野行き普通電車と牛乳タンク車が衝突、牛乳タンク車は大破、電車の1両目が脱線、12人が重軽傷を負った。警察の調べによると、牛乳タンク車は踏切を通過中、遮断機が降り踏切内に閉じこめられたため、備え付けの非常ボタンを押したが間に合わなかったということであった。
●重軽傷者12名

1566	東海道本線電車火災
	昭和57年4月8日　神奈川県

4月8日午前5時20分、東海道本線辻堂・茅ヶ崎間で、走行中の普通電車の3両目のカーテンが燃えていたが、すぐに消火したため座席の一部をこがしただけですんだ。カーテンのわきには、新聞紙をまるめて火がつけられた跡があり、辻堂でおりた男が放火したものとみて捜査した。
●──

1567	京成電鉄電車脱線
	昭和57年4月19日　東京都台東区上野桜木

4月19日午前10時9分、東京都台東区上野桜木の京成電鉄日暮里・博物館動物公園間で上野行き普通電車の先頭の1両目と2両目が脱線、線路脇のフェンスや送電柱と激突、乗客ら3人が負傷した。ラッシュ時間を過ぎていて乗客が少なくほとんどが座っていたことと、電車がカーブで徐行していてスピードが出ていなかったため大事故にならずにすんだ。線路には障害物はなかったが、現場にさしかかった所で、突然「ゴツン」と音がして脱線した。
●負傷者3名、脱線2両

1568	ヘリコプター墜落
	昭和57年4月23日　新潟県南魚沼郡湯沢町

4月23日午後1時30分、新潟県南魚沼郡湯沢町の八木尾山（1500m）の山中で、新日本ヘリコプター所属の川崎ヒューズ式HS型ヘリコプターが墜落しているのを捜索中の県警が見つけ、乗員2人の遺体を収容した。このヘリコプターは送電線の点検のため出発、予定時刻に戻ってこなかったため警察に通報した。警察の調べでは点検中の送電線に接触したらしい。
●死者2名

昭和57年(1982年)〜

1569 米軍機墜落
昭和57年4月30日　鳥取県鳥取市安蔵

4月30日午後5時45分、鳥取県鳥取市安蔵で、米軍機2機が接触して墜落した。乗務員4名はパラシュートで脱出して無事だった。墜落した米軍機は韓国駐留のOV10ブロンコ観測攻撃機で、横田基地へ向け編隊飛行中だった。
- 米軍機2機墜落

1570 国鉄中央線特急電車脱線
昭和57年5月28日　山梨県大月市

5月28日午後1時半ごろ、山梨県大月市の国鉄中央線鳥沢駅構内を通過しようとした松本発新宿行き特急「あずさ8号」(12両編成)の後ろ8両が脱線、2人がけがをした。国鉄の調べでは、暑さによるレールの膨張と湾曲が原因だった。
- 負傷者2名、8両脱線

1571 国鉄石北線特急脱線
昭和57年6月11日　北海道北見市

6月11日午後1時25分ごろ、北海道北見市西相内の国鉄石北線留辺蕊(るべしべ)・相ノ内間で、札幌発網走行き特急「オホーツク71号」(9両編成)が、まくら木交換の作業中に突っ込んで脱線、乗客20人がけがをした。北海道警の調べでは、駅と現場との連絡ミスが原因だった。
- 負傷者20名

1572 ジャンボ機タイヤパンク
昭和57年7月2日　千葉県の成田空港

7月2日午後2時44分、千葉県の成田空港に着陸した台北発沖縄経由のノースウェスト004便ボーイング747型機のタイヤがパンク、約1km滑走し誘導路の途中で停止した。乗員、乗客は全員無事だったが、空港が約2時間閉鎖された。パンクしたのは18本のタイヤの内6本だった。
- 空港2時間閉鎖

1573 離陸ミス
昭和57年7月18日　大阪府

7月18日、成田発大阪経由マニラ行き747便DC10機(乗員乗客207人)が、大阪空港を離陸する際、胴体尾部を滑走路にこすった。訓練教官でもある機長がフラップを下げ忘れるという初歩的ミスが原因で、そのままマニラまで飛んだことも問題視された。
- ——

1574 近鉄鳥羽線特急電車脱線
昭和57年8月3日　三重県伊勢市楠部町

8月3日午前7時20分、三重県伊勢市楠部町の近鉄鳥羽線五十鈴・朝熊間で特急電車の後部3両が脱線、2人が負傷した。現場の線路は約5mの築堤上にあり、事故当時は大雨が降っていたため道床の土砂が崩れたらしい。
- 負傷者2名

1575 ライトバン・国鉄高崎線特急電車衝突
昭和57年8月7日　埼玉県熊谷市佐谷田

8月7日午後2時10分、埼玉県熊谷市佐谷田の国鉄高崎線行田・熊谷駅間の踏切上で、ライトバンが立ち往生しているところへ、上野発新潟行きの特急「とき15号」が衝突、ライトバンははねとばされて上り線側に転がった。さらに、長野発上野行き特急「あさま8号」が衝突、ライトバンは炎上、原形がわからないほど大破し、ライトバンの1人が死亡、2人が重軽傷を負った。調べによると踏切内でライトバンがエンストを起こして立ち往生したらしい、また運転していた人は免許をとったばかりだということであった。
- 死者1名、重軽傷者2名、車両1台炎上

1576 遊覧セスナ機墜落
昭和57年8月7日　北海道釧路支庁弟子屈町

8月7日午前10時50分、北海道釧路支庁弟子屈町の国鉄川湯駅付近の牧草地に北海道航空会社の遊覧セスナ機がエンジントラブルから不時着しようとして、町道の土手に衝突した。この事故で6人が重軽傷を負った。調べによると右側タンクの燃料が切れて、左側に切り換えたところエンジンが止まったという。
●重軽傷者6名

1577 着陸ミス
昭和57年8月19日　北海道

8月19日、羽田発札幌行き527便ボーイング747機（乗客295人）が千歳空港に着陸する際、滑走路の右側にずれて傾き、第4エンジンを滑走路にこすりながら着陸をやり直した。当時は、同空港は悪天候で、機長が操縦するよう運転規程に定められているのに、副操縦士に操縦させていて失敗したことがわかった。
●

1578 南西航空機オーバーラン
昭和57年8月26日　沖縄県石垣市

8月26日午後1時50分、沖縄県石垣市の石垣空港で、那覇発石垣行き南西航空のボーイング737型機が着陸に失敗、滑走路をオーバーランしてフェンスを突き破って止まった。満席の乗客をスチュワーデスが誘導、全身が脱出した直後にエンジン付近で爆発が起こり、機体が炎上した。この事故で、衝突の衝撃で39人が負傷した。
●負傷者39名、航空機1機炎上

1579 YS11型機・ジャンボ機ニアミス
昭和57年9月12日　近畿地方

9月12日午後1時7分、大阪空港を離陸した東亜国内航空YS11型機が淡路島上空で左側約500mを全日空のジャンボ機に追い抜かれた。高度はともに4,000mで、東京、大阪の両管制官に連絡ミスがあったものとして調査している。
●

1580 東海道線レール湾曲
昭和57年9月26日　東京都大田区仲六郷

9月26日午前10時56分、東京都大田区仲六郷の東海道線品川・川崎間で、特急「みずほ」の運転手が車輪の異常音に気づき列車を止めて調べたところ、レールが少し曲がっていることがわかった。川崎保線区の調べでは、暑さのためレールが普段の位置よりも最大2cm張り出していた。1時間後に復旧したが、この影響で、上下6本が運休となった。
●運休6本

1581 全日空機・小型機ニアミス
昭和57年10月4日　瀬戸内海上空

10月4日午後、名古屋発松山行きの全日空機が瀬戸内海上空で小型機とニアミスしていたことが分かった。全日空によるとボーイング727型機が左に旋回したところ、所属不明の小型機が急接近し、機長が高度を下げたところ、45m上空を通過していった。通常のニアミスは100m以上で今回の45mという数字はきわめて危険なケースだった。
●

1582 小型機墜落
昭和57年10月21日　千葉県松戸市主水新田

10月21日午後2時35分、千葉県松戸市主水新田の江戸川左岸河川敷に小型機が落下、1人が死亡し、1人が重傷を負った。エンジンの調子が悪いという連絡が入ったまま通信が途絶えていた。
●死者1名、重傷者1名

1583 セスナ墜落
昭和57年11月3日　長崎県

11月3日午後3時55分ごろ、長崎航空のセスナ機が長崎空港南側約500mの海上に墜落、操縦者が死亡。セスナ機がいったん着陸態勢に入ったところ、東亜国内航空のA300機が後を追う形で進入してきたため管制はセスナ機に着陸やり直しを指示。同機はA300機が着陸して1、2分後、着陸態勢に入りそのまま海に突っ込んだ。運輸省航空事故調査委員会は、墜落の仕方が急で、操縦不能の形になっていることから、A300機の後方乱気流にセスナ機が巻きこまれた、との見方を強めている。わが国では初めてのケースだ。
●死者1名

1584 ゴンドラ落下
昭和57年11月13日　東京都台東区根岸

11月13日午後1時30分、東京都台東区根岸の都営根岸アパートの13階で、突然ゴンドラが落下、35m下の2階の屋上にたたきつけられ、ゴンドラに乗って作業をしていた2人が全身を強く打って死亡した。原因は固定してある金具がゆるんだことと、正確に設置されていなかったため。
●死者2名

1585 ブルーインパルス墜落
昭和57年11月14日　静岡県浜松市

11月14日、静岡県浜松市上空で、航空自衛隊松島基地所属のアクロバット飛行チーム「ブルーインパルス」のT2高等練習機1機が、航空ショーの曲技飛行中、市街地に墜落、市民14人が重軽傷を負い、民家1軒が全焼、パイロットが死亡した。
●死者1名、負傷者14名

1586 ヘリコプター墜落
昭和57年11月29日　長崎県福江市

11月29日午前、長崎県福江市の男女群島にある女島の灯台職員交替のために、福江空港を出発した海上保安部のヘリコプターが交信を断ち、約4時間後捜索中のビーチクラフト機により男島山頂付近で横倒しになっているのが発見された。乗員9人のうち1人は無傷で無事、6人が重軽傷を負い、2人が死亡した。救助された乗員の話ではエンジンに異常はなかったが、雨と風で視界が悪く、現場では砂ぼこりでさらに視界が悪くなったといっている。
●死者2名、重軽傷者6名

1587 ダンプカー・神戸電鉄三田線普通電車衝突
昭和57年12月10日　兵庫県神戸市北区有野町

12月10日午前9時55分、兵庫県神戸市北区有野町の神戸電鉄三田線二郎駅付近の踏切で、ダンプカーと普通電車が衝突した。この事故で16人が重軽傷を負った。事故原因はダンプカーの運転手が踏切で一旦停止しないで、進入したものとみている。
●重軽傷者16名

1588 東北線急行電車ドア故障
昭和57年12月17日　栃木県河内郡河内町

12月17日午後6時30分、栃木県河内郡河内町の東北線宇都宮・岡本駅で上野発仙台喜多方行きの急行「まつしま9号・ばんだい9号」の全車両のドアが開いた。幸い電車がすいていたため、けが人はなかった。原因は電気系統の故障で、この修理のため45分遅れた。
●

1589 東海道新幹線送電停止
昭和58年1月10日　愛知県・岐阜県

1月10日朝、東海道新幹線豊橋・岐阜鳥羽間の送電が止まり、同区間が2時間不通になっ

た。
- 東海道新幹線2時間不通

1590 ワゴン車・中央線電車衝突
昭和58年1月14日　東京都日野市旭ヶ丘

1月14日午前7時40分、東京都日野市旭ヶ丘の中央線の踏切でワゴン車が電車と衝突した。ワゴン車の運転手が死亡した。
- 死者1名

1591 ジャンボ機タイヤ片落下
昭和58年1月21日　東京都羽田空港

1月21日午後5時3分、東京都の羽田空港を出発したサンフランシスコ行きのジャンボ機からタイヤ片が落下した。
- タイヤ片落下

1592 小型機行方不明
昭和58年1月21日　和歌山県上空

1月21日午後1時18分、大阪から北九州に向かっていた小型機が、天候が悪化したため北九州の管制官と交信していたが、「大阪に引き返す」との交信を最後に行方不明になった。
- 小型機1機行方不明

1593 リフト故障スキー客転落
昭和58年2月5日　岐阜県久々野町

2月5日午後4時10分ごろ、岐阜県久々野町の町営舟山スキー場で、リフトのワイヤーロープが滑車からはずれ、スキー客5人が転落、重軽傷を負った。
- 負傷者5名

1594 軽トラック・国鉄高崎線特急電車衝突
昭和58年2月6日　埼玉県熊谷市佐谷田

2月6日午前8時50分、埼玉県熊谷市佐谷田の国鉄高崎線の踏切で、軽トラックと特急「あさま3号」が衝突、軽トラックの2人が死亡した。
- 死者2名

1595 グライダー墜落
昭和58年2月8日　埼玉県北葛飾郡庄和町

2月8日午前11時45分、埼玉県北葛飾郡庄和町の江戸川河川敷にグライダーが墜落、1人が死亡した。
- 死者1名、グライダー1機墜落

1596 国鉄山陽線普通電車脱線
昭和58年2月14日　広島県広島市東区東蟹屋町

2月14日午後0時16分、広島県広島市東区東蟹屋町の国鉄山陽線野広島駅で、普通電車が脱線、31人が負傷した。
- 負傷者31名

1597 日立電鉄電車追突
昭和58年2月20日　茨城県常陸太田市山下町

2月20日午前11時53分、茨城県常陸太田市山下町の日立電鉄常北太田駅構内で、電車が回送車に追突、乗客14人が負傷した。
- 負傷者14名

1598 航空機タイヤパンク
昭和58年2月22日　東京都調布市西町

2月22日午前7時ごろ、東京都調布市西町の調布飛行場で、野外にとめてあったセスナ機や小型機など104機のタイヤがパンクしていた。
- タイヤパンク航空機104機

1599 国鉄木次線普通気動車脱線
昭和58年3月2日　島根県横田町

3月2日午前8時ごろ、島根県横田町の国鉄木次線で、下り普通気動車（1両）が、雨と雪解けの鉄砲水で道床が洗われ、宙に浮いた線路

昭和58年（1983年）〜

に突っ込んで脱線、がけを約15mすべり落ち、一回転して止まった。乗客4人と運転士ら計6人がけが。1時間前に上り気動車が通った直後に長さ18m、深さ3mにわたってえぐり取られた。
●負傷者6名

1600 日本近距離航空機墜落
昭和58年3月11日　北海道中標津町

3月11日午後4時18分ごろ、北海道・中標津町の中標津空港に着陸しようとした日本近距離航空497便YS11機（乗員乗客53人）が着陸に失敗し、滑走路手前約200mの雑木林に墜落、機体は真っ二つに折れた。炎上はしなかったが、乗客46人と乗員6人の計52人が重軽傷を負った。
●負傷者52名

1601 線路ずれる
昭和58年3月14日　千葉県松戸市小根本

3月14日午後11時37分、千葉県松戸市小根本の国道6号線で、新京成線の鉄橋ガードにトレーラーが接触、その衝撃で線路がずれ、直後に通過した電車が異常な振動を感じたことから線路がずれているのに気が付いた。このため新京成線が一時不通となった。
●新京成線不通

1602 上越新幹線列車火災
昭和58年3月20日　新潟県南魚沼郡湯沢町

3月20日午前10時10分ごろ、上越新幹線の越後湯沢駅（新潟県南魚沼郡湯沢町）で、大宮発新潟行き「あさひ153号」（12両編成）の3号車床下から炎と煙が噴き出した。乗客にけがはなかったが、同列車は運転を打ち切り、調べたところ、電気ブレーキの主抵抗器を冷やす送風機のスイッチが接触不良を起こし、抵抗器が過熱したことがわかった。
●

1603 小型機墜落
昭和58年4月1日　宮城県岩沼市下野郷間堀

4月1日午後、宮城県岩沼市下野郷間堀で小型機が墜落して、大破、乗っていた7人全員が死亡した。この日は、悪天候で視界が悪かった。
●死者7名

1604 ヘリコプタードア落下
昭和58年4月7日　埼玉県北葛飾郡庄和町

4月7日午前11時5分、埼玉県北葛飾郡庄和町の住宅の物置小屋にヘリコプターのドアが直撃した。ドアを落としたヘリコプターは高度1,000mで、ちょうつがいがはずれて落としたという。
●

1605 ゴンドラ宙づり
昭和58年4月14日　東京都新宿区新宿

4月14日午前10時25分、東京都新宿区新宿の新宿センタービルで、作業員2名がゴンドラで窓を拭いていたところ、地上40mの地点でワイヤがはずれて宙づりとなったが、作業員2人は1時間30分後に無事救出された。
●

1606 航空自衛隊機墜落
昭和58年4月19日　三重県菅島

4月19日朝、愛知県小牧基地から離陸して低高度航法訓練中の航空自衛隊のC1輸送機2機が、濃霧の中で三重県菅島の山腹に激突し、乗員14人全員が死亡。
●死者14名、輸送機2機墜落

1607 競輪レース事故
昭和58年4月23日　熊本県熊本市水前寺

4月23日午後2時ごろ、熊本県熊本市水前寺の熊本競輪場で、レース中に9人が接触、転倒

し、1人が死亡、2人が重軽傷を負った。
●死者1名、重軽傷者2名

1608 海上自衛隊対潜飛行艇墜落
昭和58年4月26日　山口県岩国市

4月26日夕方、山口県岩国市三角町の岩国基地東側の土手に海上自衛隊のPS1対潜飛行艇が失速して墜落。乗員11人が死亡し、3人が重傷。哨戒訓練のため、低速低飛行している際の事故で、原因は機長の操縦ミスと思われる。
●死者11名、負傷者3名

1609 都電荒川線人身事故
昭和58年5月4日　東京都荒川区東尾久

5月4日午後3時10分、東京都荒川区東尾久の都電荒川線の踏切で、母親が子どもを助けようとして都電にはねられ死亡、子どもは重傷を負った。
●死者1名、重傷者1名

1610 東北新幹線ドア故障
昭和58年5月12日　埼玉県

5月12日、東北新幹線大宮・小山間を時速170kmで走行中の大宮発盛岡行き「やまびこ17号」（12両編成）の進行方向左側ドアが全開、緊急停車した。約950人の乗客にけがはなかったが、もともと同新幹線は時速5km以上で走行中にはドアが開かないよう保安装置がついている。調べたところ、ドアスイッチとドア固定装置の2カ所に故障があって保安装置が作動しなかったうえ、車掌長がスイッチの異状を見逃してカギを入れたのが原因だった。
●──

1611 南西空港機・航空自衛隊戦闘機ニアミス
昭和58年5月23日　沖縄県上空

5月23日午前11時26分、沖縄県那覇空港から石垣島へ飛行中の南西空港のボーイング737型機の頭上30mを航空自衛隊のF104戦闘機が通過した。
●──

1612 大型トレーラー・国鉄東北線貨物列車衝突
昭和58年5月30日　岩手県二戸市石切所前田

5月30日午前6時5分、岩手県二戸市石切所前田の国鉄東北線北福岡駅の踏切で、大型トレーラーと貨物列車が衝突、列車は先頭車両が脱線、トレーラーは2つに折れ大破、2人が重軽傷を負った。
●重軽傷者2名

1613 自衛隊ヘリコプター墜落
昭和58年6月6日　沖縄県那覇空港

6月6日午前9時30分、沖縄県那覇空港南側に自衛隊のヘリコプターが墜落、炎上した。この事故で3人が重軽傷を負った。
●重軽傷者3名、ヘリコプター1機炎上

1614 オートレース事故
昭和58年6月27日　静岡県浜松市和合町

6月27日午後0時30分、静岡県浜松市和合町の浜松オートレース場で、エンジントラブルのため転倒した選手を職員2人が助けようとしてコースに入ったところ後方からきたオートバイにはねられた。この事故で職員2人と選手1人が重軽傷を負った。
●重軽傷者3名

1615 セスナ機墜落
昭和58年7月4日　大阪府松原市宅中

7月4日午後2時8分、大阪府松原市宅中の住宅密集地にセスナ機が墜落、2人が死亡した。
●死者2名、セスナ機1機墜落

1616 ゴンドラ落下
昭和58年7月15日　東京都渋谷区

7月15日午前8時ごろ、東京都渋谷区の国学院大学の記念講堂工事現場で、ゴンドラが8mの高さから落下、1人が死亡、2人が重傷を負った。
●死者1名、重傷者2名

1617 落雷
昭和58年7月27日　茨城県取手市

7月27日午後3時ごろ、茨城県取手市の常磐線取手駅で、快速電車に落雷、1両目のモーターが焼けて煙を吹き出したがすぐに消火された。
●──

1618 東北新幹線人身事故
昭和58年8月4日　宮城県栗原郡高清水影ノ沢

8月4日午後10時30分、宮城県栗原郡高清水影ノ沢の東北新幹線高清水のトンネルで線路を歩いていた子どもが、「やまびこ」にはねられ死亡した。
●死者1名

1619 米軍艦載機オーバーラン
昭和58年8月23日　神奈川県厚木基地

8月23日午前11時30分、神奈川県の厚木基地で、米軍の艦載機が着陸に失敗、オーバーランして道路わきの草地につっこんだ。パイロットは無事だったが、機体の一部が損傷した。
●機体一部損傷

1620 大韓航空機撃墜
昭和58年9月1日　ソ連サハリン沖

第Ⅰ部　解説参照（p.112）。
●死者269名

1621 東海道山陽新幹線線路置き石
昭和58年9月7日　福岡県

9月7日午後4時25分、東海道山陽新幹線の小倉・博多間を走行中の新幹線が先頭車両で異音を感じたことから急停車して調べたところ、異常はなかったが、異音を感じた地点を確認させたところ、線路にこぶし大の石が置いてあるのを見つけた。
●──

1622 オートバイ・国鉄常磐線特急電車衝突
昭和58年9月17日　茨城県東茨城郡内原町内原

9月17日午後2時10分、茨城県東茨城郡内原町内原の国鉄常磐線内原駅東側の踏切で、2人乗りのオートバイが進入したところへ特急「ひたち14号」が衝突、2人が全身を強く打って死亡した。
●死者2名

1623 自衛隊練習機燃料タンク落下
昭和58年9月26日　静岡県浜松市貴平町

9月26日午後1時24分、静岡県浜松市貴平町の倉庫に、航空自衛隊第一航空団所属のT33ジェット練習機から落下した燃料タンクが直撃した。この事故で倉庫が壊れたが、けが人はなかった。
●──

1624 航空自衛隊戦闘機墜落
昭和58年10月20日　四国南方沖

10月20日夕方、宮崎県新田原基地を飛び立ち、四国南方沖で迎撃戦闘訓練をしていた航空自衛隊の新鋭戦闘機F15DJが海中に墜落。乗員2人が死亡。
●死者2名

~昭和59年(1984年)

1625 ハンググライダー衝突
昭和58年10月31日　富山県富山市西番

10月31日午後2時30分ごろ、富山市西番の常願寺川の上空（約300m）で、エンジン付きハンググライダー同士が衝突し、1機はきりもみ状態で墜落し、操縦者は即死、一方も頭や手に2週間のけがをした。
●死者1名、負傷者1名

1626 海上自衛隊対潜ヘリコプター・コンテナ船接触
昭和58年11月8日　千葉県洲崎

11月8日午後5時55分、千葉県洲崎の20km先の浦賀水道出入口付近で、海上自衛隊の対潜ヘリコプターが後方から来たコンテナ船と接触、ヘリコプターは一部が破損したものの、無事帰投した。
●ヘリコプター一部破損

1627 相模鉄道急行電車ドア故障
昭和58年11月10日　神奈川県横浜市瀬谷区

11月10日午前7時20分、神奈川県横浜市瀬谷区の相模鉄道瀬谷駅ホームから急行電車が発車しようとしたところ、ドアの1枚が閉まらないのに気づいたため、ドアにロープを張り、乗客を別の車両に移してから出発した。ところが、次の駅でさらに3カ所のドアが開いたままになり電車はそのまま出発し、その次の駅で職員が乗り込み監視しながら終点まで走った。ドアが開いたままの車両には乗客が大勢乗っていたが、けが人はなかった。
●──

1628 乗客ホームから転落
昭和58年11月15日　神奈川県横浜市

11月15日午後1時50分、神奈川県横浜市の国鉄横浜駅のホームで、京浜東北線の電車にかけ込み乗車をしようとした男性がドアに指をはさまれたまま電車に引きずられホームから転落、頭の骨にひびがはいる大けがをした。
●重傷者1名

1629 トラック・国鉄相模原線気動車衝突
昭和58年11月26日　神奈川県相模原市

11月26日午前5午後35分、神奈川県相模原市の国鉄相模原線の踏切で、トラックと気動車が衝突、トラック運転手が死亡、2人が重傷を負った。
●死者1名、重傷者2名

1630 遊覧鉄道脱線
昭和59年1月6日　東京都日野市

1月6日午後1時47分、東京都日野市の遊園地多摩テックで、園内の遊覧鉄道の先頭の3両が脱線、横転し後の4両も脱線して止まった。この事故で、19人が負傷した。
●負傷者19名、脱線3両

1631 ジャイロコプター墜落
昭和59年1月15日　千葉県富津市佐貫

1月15日午後2時20分、千葉県富津市佐貫の山砂採場で、1人乗りのジャイロコプターが墜落、パイロットが死亡した。
●ジャイロコプター1機墜落

1632 ジャンボ機エンジンカバー脱落
昭和59年1月17日　千葉県成田空港

1月17日午後0時20分、千葉県の成田空港に着陸したジャンボジェット機が滑走路でエンジンカバーを落としたのを管制官が見つけたが、ジャンボ機は通常通り停止、乗員乗客194人は無事だった。落としたエンジンカバーは2個で、重さは20kgで、この機がこのような事故を起こしたのは今回が初めて。
●エンジンカバー2個脱落

第Ⅱ部　鉄道・航空機事故一覧

昭和59年(1984年)～

1633 信越線信越線ガラス破損
昭和59年1月19日　新潟県南蒲原郡中之島村

1月19日午前10時40分、新潟県南蒲原郡中之島村の信越線押切駅構内で、線路を除雪していたロータリー車がはねとばした雪が、隣の線路を通過中の下り快速列車の先頭から3両目までにあたり、ガラス24枚が割れ、ガラスの破片で11人が負傷した。
●負傷者11名、ガラス24枚

1634 大雪ダイヤ混乱
昭和59年1月24日　新潟県

1月24日、新潟県は大雪に見舞われ、信越線などで列車のダイヤが乱れ、22本が運休、6本が最高3時間半の遅れとなった。
●運休22本

1635 北陸鉄道石川総線電車衝突
昭和59年2月6日　石川県金沢市野町

2月6日午前8時8分、石川県金沢市野町の北陸鉄道石川総線野町駅で、構内に入ってきた普通電車が止まらずに車止めに衝突した。この事故で、乗客450人が将棋倒しとなり59人が負傷した。警察の調べによると、運転士はブレーキをかけたが、きかないので、非常ブレーキをかけたが間に合わなかったと、話していることから、ブレーキの故障か、レールの凍結によるスリップではないかとみている。
●負傷者59名

1636 海上自衛隊対潜哨戒飛行艇墜落
昭和59年2月27日　愛媛県沖

2月27日、海上自衛隊岩国航空基地所属の対潜哨戒飛行艇PS1（12人乗り組み）が射撃訓練に向かう途中、愛媛県沖の伊予灘で墜落、全員が死亡した。
●死者12名

1637 海上自衛隊対潜哨戒艇墜落
昭和59年2月27日　愛媛県沖

2月27日正午ごろ、岩国市の海上自衛隊第31航空群所属の対潜哨戒艇PS1（12人乗り組み）が松山市西方25kmの伊予灘に墜落、全員行方不明。同型機は83年4月にも岩国基地で墜落しており、性能に疑問が投げかけられた。
●行方不明者12名

1638 YS11・ジャンボ機衝突
昭和59年2月28日　東京都羽田

2月28日早朝、東京・羽田空港で、給油準備のため駐機していた東亜国内航空のYS11機に、地上を移動中の日本航空ジャンボ機が衝突、双方の機首部分などが破損した。乗客が乗る前だったので、けが人はなかった。ジャンボ機を回送していた日航整備士の操作ミス。
●───

1639 大型ミキサー車・外房線電車衝突
昭和59年3月30日　千葉県

3月30日、外房線の八積・茂原間の第3種自動踏切で、上り普通電車が大型ミキサー車と衝突、脱線し、運転士1人が死亡、乗客62人けがをした。
●死者1名、負傷者62名

1640 ヘリコプター墜落
昭和59年4月8日　山形県鳥海山

4月8日午前9時ごろ、山形県の鳥海山で、ヘリコプターが墜落、乗っていた7人が重軽傷を負った。
●重軽傷者7名、ヘリコプター1機墜落

1641 日本アジア航空機離陸ミス
昭和59年4月19日　沖縄県那覇市

4月19日正午すぎ、沖縄県那覇市の那覇空

港で、離陸のために滑走路に進入中の日本アジア航空DC8機（乗員乗客132人）の左翼エンジンなどが、海面から高さ4.8mのコンクリート製進入案内灯に接触、案内灯は一部がもぎとられ、同機の左翼第2エンジンもカバーがとれた。
●機体一部破損

1642 阪急電鉄神戸線特急電車・回送電車衝突
昭和59年5月5日　兵庫県神戸市灘区

5月5日午前11時30分、兵庫県神戸市灘区の阪急電鉄神戸線六甲駅構内の上り線で、回送電車に特急電車が衝突、乗員乗客63人が負傷した。原因は回送電車が赤信号を確認しないで発進したこととみられる。
●負傷者63

1643 航空自衛隊練習機離陸失敗
昭和59年6月21日　沖縄県那覇空港

6月21日には、軍民共用の那覇空港で、航空自衛隊のT33ジェット練習機が離陸に失敗して、海岸の消波ブロックに激突、炎上、乗員1人が死亡、1人が重傷を負った。この事故で民間の定期便6便が最高2時間、離陸が遅れた。
●死者1名、負傷者1名

1644 全日空機・セスナ機ニアミス
昭和59年7月2日　千葉県房総半島上空

7月2日午後2時20分、千葉県房総半島上空で、全日空のYS11型機とセスナ機のニアミスがあり、一番接近したのは高度差15mで衝突寸前だった。
●

1645 ジャンボ機タイヤ片落下
昭和59年7月19日　千葉県山武郡芝山町

7月19日午後5時34分、千葉県山武郡芝山町の寺院にジャンボ機のタイヤ片（重さ13kg）が落ちていた。成田空港では55年から落下物が目立ち始め今回で33件目。
●タイヤ片（重さ13kg）落下

1646 ジャンボ機タイヤ片落下
昭和59年7月20日　千葉県

7月20日、成田空港近くに、ジャンボ機のタイヤ片が落ちた。同空港近くでは航空機からの落下物が続いている。
●タイヤ片落下

1647 大型トラック・山陰線特急電車衝突
昭和59年7月21日　島根県

7月21日午前10時50分ごろ、山陰線松江・東松江間の踏切で、岡山発下り特急「やくも1号」と大型トラックが衝突、特急の1両目が脱線した。この事故で乗客1名が死亡、21人が重軽傷を負った。原因は踏切内で大型トラックと乗用車が道を譲らず押し問答していて「やくも1号」の接近に気づくのが遅れたため。
●死者1名、負傷者21名

1648 クレーン車台車暴走
昭和59年7月26日　大阪府東大阪市豊浦町

7月26日午前2時45分、大阪府東大阪市豊浦町の近鉄奈良線で、クレーン車を乗せて走っていた台車のブレーキがきかなくなり、作業車に追突して止まった。この事故で、3人が死亡、5人重軽傷を負った。
●死者3名、重軽傷者5名

1649 セスナ機墜落
昭和59年7月30日　千葉県勝浦市市野川

7月30日午後0時20分、千葉県勝浦市市野川で、ゴルフ場を空中撮影していたセスナ機が山林に墜落、乗っていた2人が死亡した。また近くのゴルフ場には150人の客がいたが影響はなかった。

昭和59年(1984年)〜

●死者2名、セスナ機1機墜落

1650 ヘリコプター衝突
昭和59年7月31日　兵庫県明石市

7月31日午後1時ごろ、兵庫県明石市の国鉄西明石駅南側上空で、朝日放送がチャーターした大阪エアウエアズのヘリコプターに、毎日新聞大阪本社のヘリコプターが衝突、大阪エアウエアズ側に乗っていた3人が死亡した。毎日機の3人は打撲傷。
●死者3名、負傷者3名

1651 航空自衛隊戦闘機墜落
昭和59年8月7日　宮崎県

8月7日午前10時44分、宮崎県新田原基地の東方100kmの海上で、空対空射撃訓練をしていた航空自衛隊第5航空団のF104Jジェット戦闘機がエンジントラブルで墜落、パイロットは脱出、軽傷を負ったが無事救助された。
●負傷者1名、戦闘機1機墜落

1652 無人飛行船墜落
昭和59年10月4日　東京都世田谷区駒沢

10月4日午後3時10分、東京都世田谷区駒沢で、上空100mの高さに浮かんでいた無線操縦の無人飛行船が墜落、住宅の屋根の一部を破壊して、駐車場に落ちたが、けが人はいなかった。船体に突然亀裂が入りヘリウムガスが漏れたらしい。
●無人飛行船1機墜落

1653 ゴンドラ宙づり
昭和59年10月7日　静岡県田方郡修善寺町大野

10月7日午前11時ごろ、静岡県田方郡修善寺町大野の「サイクルスポーツセンター」で、2人乗りのゴンドラの一つが地上17mで突然停止、30分後にようやくレスキュー隊に救助された。

●――

1654 米軍ヘリコプター墜落
昭和59年10月17日　神奈川県藤沢市

10月17日午前11時5分、神奈川県藤沢市の工事用仮設道路に米軍のヘリコプターが墜落、乗員2人が負傷した。
●負傷者2名、ヘリコプター1機墜落

1655 山陽線寝台特急暴走
昭和59年10月19日　兵庫県

10月19日午前1時48分ごろ、山陽線西明石駅構内で、宮崎発東京行き上り寝台特急「富士」(15両編成)が暴走、機関車のすぐ後ろの先頭客車がプラットホームに激突して大破し、さらに後部の3両が45度傾いて脱線、機関車と最後部の電源車、7両目を除く8両も脱線した。乗客336人のうち31人が重軽傷を負った。兵庫県明石署などの調べで、機関士は岡山駅で乗車する前に同駅近くの飲食店で日本酒0.5ℓを飲んでおり、事故発生直前に居眠りしていたことが分かった。
●負傷者31名

1656 国鉄山陽線寝台特急脱線
昭和59年10月19日　兵庫県明石市小久保

10月19日午前1時48分、明石市小久保2丁目の国鉄山陽線西明石駅構内で、ブルートレインの宮崎発東京行き寝台特急「富士」が脱線、プラットホームに激突し、乗客336人のうち23人が重軽傷を負った。原因は機関士の飲酒運転。
●負傷者23名

1657 都電・トラック衝突
昭和59年10月25日　東京都豊島区北大塚

10月25日午後3時20分、東京都豊島区北大塚の都電荒川線の大塚・巣鴨新田間の踏切で

都電がトラックの後部に衝突、都電のフロント部分が壊れ18人が重軽傷を負った。
● 重軽傷者18名

1658 飛行船墜落
昭和59年10月28日　埼玉県与野市上落合

10月28日午後1時30分、埼玉県与野市上落合で、無線操縦の飛行船が墜落。飛行船は長さ13m、直径3.5mでウレタン製、重量18kgで戸田ボート場の宣伝で飛ばしている途中だった。
● 飛行船1機墜落

1659 エスカレーター事故
昭和59年12月7日　東京都新宿区

12月7日午後9時50分ごろ、東京都新宿区の営団地下鉄有楽町線飯田橋駅で、改札口から地上に通じるエスカレーターに乗っていた小学生らが将棋倒しになり、28人が重軽傷を負った。中段に乗っていた子ども7〜8人が1度に手すりを下に引っぱったり、もたれかかったため、手すり部分だけが急停止したものとみられる。
● 負傷者28名

1660 モノレール人身事故
昭和59年12月9日　東京都大田区昭和島

12月9日午後5時50分、東京都大田区昭和島の東京モノレール昭和島基地内で、男性がモノレールにはねられ死亡した。東京モノレールでの死亡事故は今回が初めであった。
● 死者1名

1661 乗用車・東武日光線ロマンスカー衝突
昭和59年12月15日　栃木県下都賀郡都賀町

12月15日午後6時10分、栃木県下都賀郡都賀町の東武日光線の家中・合戦場の踏切で立ち往生していた乗用車と特急ロマンスカーが衝突した。乗用車はロマンスカーの下敷きになって炎上、ロマンスカーも前輪が脱線して炎上したが、けが人はいなかった。
● 車両炎上

1662 東亜国内航空機着陸ミス
昭和60年2月9日　岩手県花巻市

2月9日午後7時ごろ、岩手県花巻市の花巻空港に着陸した東亜国内航空の羽田発花巻行きDC9型機（乗員乗客128人）が、滑走路から外れ、右側約50mの雪中に突っ込み、前脚が折れて停止した。乗員乗客にけがはなかった。
● ─

1663 東海道貨物線脱線
昭和60年2月15日　神奈川県横浜市神奈川区羽沢町

2月15日午後6時15分、神奈川県横浜市神奈川区羽沢町の東海道貨物線横浜羽沢駅構内で、貨物列車が突然動き始め、コンクリート製の車止めを壊して脱線、高架の線路から約4.5m下の空き地に落下した。けが人はなかった。
● ─

1664 日本航空機オーバーラン
昭和60年4月4日　北海道千歳市

4月4日午後7時半すぎ、北海道千歳市の千歳空港に着陸した成田発の日本航空DC10型機（乗員乗客314人）が滑走路端から10mほどオーバーランした。原因は雨でブレーキが利かなかったため。
● ─

1665 国鉄電車暴走
昭和60年5月8日　東京都豊島区上池袋

5月8日午後1時半ごろ、東京都豊島区上池袋2丁目の国鉄池袋電車区18番線で、入れ替え作業中の電車が車止めを乗り越え、敷地内の

昭和60年（1985年）〜

花壇を突っ切って車止め近くの木造2階建てアパートに後部から突っ込んだ。アパートは1階部分がめちゃめちゃに壊れたが、当時、無人だったため、けが人はなかった。
●──

1666　全日空ジャンボ機・航空自衛隊機接触
昭和60年5月28日　沖縄県那覇空港

5月28日午前11時14分ごろ、沖縄・那覇空港の滑走路上で、着陸して滑走中の羽田発の全日空ボーイング747型機（乗員乗客222人）と航空自衛隊那覇救難隊所属のMU2型機が接触、それぞれの機体の一部を壊したが、けが人はなかった。自衛隊機の操縦士が管制官の指示を勘違いし、すでに滑走路への進入許可がでたものと思い込んだのが原因。
●──

1667　北海道航空ヘリコプター高圧電線接触
昭和60年6月13日　北海道網走支庁白滝村

6月13日午後3時45分ごろ、北海道網走支庁白滝村の山中で高さ約40mの高圧電線に、濃霧のため低空飛行中の北海道航空所属のヘリコプターベル206L3型機が接触、墜落して炎上した。同機に乗っていた北海道新聞のカメラマンら4人が死亡。
●死者4名

1668　国鉄能登線急行電車脱線
昭和60年7月11日　石川県穴水町

7月11日午後2時36分ごろ、石川県穴水町の国鉄能登線古君・鵜川間で、金沢発下り急行「能登路5号」が脱線、3両が7.4m下の水田に転落した。この事故で乗客7名が列車の下になって死亡、29名が重軽傷を負った。原因は、集中豪雨により現場付近の道床が50mにわたって流され、線路が宙づり状態になっていたため。
●死者7名、負傷者29名

1669　米軍ヘリコプター墜落
昭和60年7月12日　沖縄県国頭村

7月12日午後1時15分、沖縄本島北部の国頭村のカツセノ崎付近の山中に米軍の大型ヘリコプターが墜落、乗員4人が死亡した。
●死者4名、ヘリコプター1機墜落

1670　乗用車・国鉄青梅線普通電車衝突
昭和60年7月21日　東京都西多摩郡羽村町川崎

7月21日午前7時40分、東京都西多摩郡羽村町川崎の国鉄青梅線の福生・羽村間の踏切で、遮断機を突き破った乗用車が、立川発青梅行き普通電車に衝突、乗用車は炎上し、乗っていた男性が焼死した。この事故で同線は約2時間不通となり、上下12本が運休、3,000人が影響を受けた。
●死者1名、国鉄青梅線2時間不通、車両1台炎上

1671　日航機フラップ脱落
昭和60年7月28日　沖縄県那覇空港

7月28日午後6時24分ごろ、沖縄県那覇空港上空で、旋回中の羽田発那覇行きの日航ボーイング747型機（乗員乗客558人）のフラップ（高揚力装置）の一部（1.5m×3m）が脱落。海上に落下した。
●フラップ脱落

1672　大型トレーラー・国鉄筑肥線普通電車衝突
昭和60年8月7日　福岡県福岡市西区下山門

8月7日午前7時49分ごろ、福岡県福岡市西区下山門の今宿・姪浜間の生の松原踏切で、国鉄筑肥線筑前前原発博多行き普通電車（6両編成）が立ち往生している大型トレーラーを発見、急ブレーキをかけたが間にあわず衝突した。この事故で1両目が脱線、2、3両目の車体が浮き上がり、線路ぎわの電柱4本も折れるなどし、乗客184人、運転士ら5人が重軽傷を負った。

●負傷者189名

1673 日航ジャンボ機墜落
昭和60年8月12日　群馬県御巣鷹山

第Ⅰ部　解説参照（p.118）。
●死者520名、重傷者4名

1674 東北新幹線保線作業員死傷事故
昭和60年9月11日　岩手県矢巾町南矢巾

9月11日午後11時36分ごろ、岩手県矢巾町南矢巾の東北新幹線新花巻・盛岡間の下り線で、民間の保線作業員らが作業の準備中、上野発盛岡行き最終「やまびこ79号」に2人がはねられて死亡、6人が風圧ではね飛ばされ重軽傷を負った。作業員らは列車が遅れているのに気付かなかった。
●死者2名、負傷者6名

1675 海上自衛隊ビーチクラフト機墜落
昭和60年10月23日　宮崎県串間市沖

10月23日、宮崎県串間市沖で海上自衛隊鹿屋基地のビーチクラフト機が訓練飛行中に墜落、乗員3人全員が死亡。
●死者3名

1676 東亜国内航空機・全日空機接触
昭和60年10月24日　大阪府大阪空港

10月24日午後5時34分ごろ、大阪空港で、着陸後に誘導道で止まっていた東亜国内航空の徳島発大阪行きYS11機と、離陸のため滑走路に向かっていた全日空の大阪発高知行きYS11機が接触、双方の機体の一部が壊れたが、けが人はなかった。
●――

1677 ゴンドラ落下
昭和60年10月30日　東京都文京区音羽

10月30日午前10時30分、東京都文京区音羽の建設中の広告塔で、作業員2人がゴンドラに乗って作業しているときに、突然ゴンドラが5m下のコンクリート床に落下、1人が全身を強く打って死亡、もう1人も重傷を負った。
●死者1名、重傷者1名

1678 ビーチクラフト機墜落
昭和60年11月4日　鹿児島県熊毛郡中種子町野間

11月4日午後1時30分、鹿児島県熊毛郡中種子町野間の種子島空港付近で、ビーチクラフト機が着陸しようとした際に失速、近くの民家に接触、裏庭に墜落した。この事故で4人が軽傷を負った。
●負傷者4名、ビーチクラフト機1機墜落

1679 セスナ機墜落
昭和60年12月17日　埼玉県羽生市砂山

12月17日午後11時ごろ、埼玉県羽生市砂山の田んぼにセスナ機が墜落、搭乗者2名が死亡した。
●死者2名、セスナ機1機墜落

1680 全日空機落雷
昭和60年12月25日　新潟県

12月25日午後0時15分、新潟空港に進入しようとした、全日空YS11機に故障があり、そのまま着陸したが、左右の主翼に約10cmのへこみができており、端翼灯のレンズキャップが吹き飛んでいた。
●航空機1機一部破損

1681 スキーリフト客転落
昭和61年2月2日　長野県木曽福島町

2月2日午前10時半ごろ、長野県木曽福島町

の木曽駒高原スキー場で、リフトのワイヤが支柱の滑車から外れ、乗っていた30人が5m下の雪原に落ち、12人が重軽傷を負った。
●負傷者12名

1682 軽飛行機墜落
昭和61年2月3日　千葉県船橋市習志野台

2月3日午前8時50分、千葉県船橋市習志野台の日本大学工学部の飛行場を飛び立った軽飛行機が飛行場南側の住宅に墜落。パイロットは全身を強く打ち重傷を負った。
●重傷者1名、軽飛行機1機墜落

1683 機関車・客車衝突
昭和61年2月14日　長野県長野市篠ノ井

2月14日午前6時45分ごろ、長野市篠ノ井の国鉄篠ノ井駅で、臨時急行列車の機関車を付け替える作業中、切り離した機関車がとまっていた客車に衝突、1両目から3両目の車両の前後がつぶれたり、脱線したりして、乗客38人と機関士1人が負傷した。
●負傷者38名

1684 航空自衛隊輸送機墜落
昭和61年2月18日　埼玉県入間基地

2月18日、航空自衛隊C1輸送機が埼玉県・入間基地で滑走路外に墜落。乗員2人が負傷した。
●負傷者2名

1685 運転用木材落下
昭和61年3月11日　島根県頓原町

3月11日午後5時ごろ、島根県頓原町の山林で、木材運転用のワイヤケーブル（太さ1cm）が切れ、木材に便乗していた作業員5人が20m下の谷に落ち、4人が死亡し1人が重傷を負った。原因はロープが老朽化していたため、人間の重みが過重になった。

●死者4名、負傷者1名

1686 西武新宿線準急・急行追突
昭和61年3月23日　東京都田無市

3月23日正午すぎ、東京都田無市の西武新宿線田無駅で、止まっていた準急電車に急行電車が追突、双方の乗客204人が重軽傷を負った。原因は、追突した急行の運転手がブレーキをかけるのが遅かったため。
●負傷者204名

1687 海上自衛隊ヘリコプター不時着
昭和61年3月27日　静岡県御前崎沖

3月27日、海上自衛隊の対潜哨戒ヘリコプターHSS2Bが訓練中に、静岡県御前崎沖に不時着。3人が死亡した。
●死者3名

1688 米軍戦闘機墜落
昭和61年4月7日　伊豆諸島三宅島東方

4月7日午後2時すぎ、伊豆諸島三宅島東方20kmで、米軍の戦闘機が墜落した。乗員4人は救助され、うち1人が負傷した。
●負傷者1名、戦闘機1機墜落

1689 ヘリコプター墜落
昭和61年5月7日　奈良県吉野郡天川村

5月7日午後3時15分、奈良県吉野郡天川村の大峰山系にある山上ヶ岳の付近に日本農林のヘリコプターが墜落、2人が死亡した。
●死者2名、ヘリコプター1機墜落

1690 ミニ飛行機墜落
昭和61年6月1日　宮城県加美郡小野田町長清水

6月1日午後3時ごろ、宮城県加美郡小野田町長清水で1人乗りのミニ飛行機が墜落、パイロットが死亡した。

●死者1名、1飛行機墜落

1691 航空自衛隊戦闘機墜落
昭和61年6月16日　福岡県・大分県

6月16日、福岡県豊前市の山中と、大分県中津市沖の周防灘に、航空自衛隊新田原基地（宮崎県児湯郡新富町）のF4EJファントム戦闘機2機がそれぞれ墜落したが、乗員4人はパラシュートで脱出して無事だった。その後の調査で、2機は新田原基地を出発、訓練終了後同基地に戻る予定だったが、天候急変のため福岡県の築城基地に向かう途中、燃料切れで墜落したことがわかった。
●戦闘機2機墜落

1692 航空自衛隊戦闘機墜落
昭和61年6月16日　福岡県豊前市馬場

6月16日午前9時ごろ、福岡県豊前市馬場の水田などに、航空自衛隊のファントム戦闘機2機が墜落、乗員4人は全員脱出、1人が負傷した。墜落した1機は民家にも接触し、一部を破壊したが住人は無事だった。
●負傷者1名、戦闘機2機墜落

1693 線路保守作業員死傷事故
昭和61年6月30日　青森県青森市筒井八ツ橋

6月30日午前11時51分ごろ、青森市筒井八ツ橋の東北線青森操車場・東青森駅間で、線路保守作業をしていた請負会社の作業員が青森操車場発の貨物列車にはねられ、4人が死亡、1人がけがをした。原因は作業員が貨物列車の接近に気づくのが遅れたため。
●死者4名、負傷者1名

1694 トラック・国鉄信越線普通列車衝突
昭和61年7月4日　新潟県中蒲原郡亀田町

7月4日午前7時18分、新潟県中蒲原郡亀田町の国鉄信越線の踏切で、新潟発越後湯沢行きの普通列車とトラックが衝突、トラックに乗っていた3人が死亡した。
●死者3名

1695 小型ジェット機墜落
昭和61年7月23日　新潟県佐渡島付近

7月23日、新潟県佐渡島付近で訓練飛行中の読売新聞社の小型双発ジェット機MU300（4人乗り組み）が消息を絶ち、24日朝、佐渡島の金北山近くの山中に激突しているのが見つかった。機長ら4人も全員遺体で発見された。
●死者4名

1696 新幹線線路内侵入
昭和61年7月23日　東京都港区芝

7月23日午後0時7分、東京都港区芝の国鉄東海道新幹線新横浜・東京間で、線路内に男性が入ったため、急停車した。
●──

1697 ホームから転落
昭和61年7月24日　神奈川県相模原市矢部新田

7月24日午後11時40分、神奈川県相模原市矢部新田の国鉄横浜線矢部駅で男性がホームから転落、直後に入ってきた電車にはねられ全身を打っく即死した。
●死者1名

1698 バス・南武線電車衝突
昭和61年7月29日　神奈川県川崎市多摩区

7月29日午後6時35分ごろ、川崎市多摩区菅稲田堤1丁目の南武線稲田堤駅構内の観光道踏切で、小田急の路線バスが立ち往生しているところへ、立川発川崎行き上り電車が衝突、電車の乗客7人を含む14人が負傷した。原因はバスが踏切を渡ろうとしたところ、前方の駐車禁止区域に軽乗用車が駐車していたため。
●負傷者14名

昭和61年(1986年)〜

1699	小型機墜落
	昭和61年8月9日　埼玉県北埼玉郡騎西町

　8月9日、埼玉県北埼玉郡騎西町の水田に、栃木県足利市の自営業者が操縦するパイパーPA32-300型機が墜落。パイロットと乗客6人が死亡した。同機は群馬県・大西飛行場から三宅島へ向かう途中であった。このパイロットは自家用操縦士の資格しかもっていなかったが、これまで「両毛航空」を名乗って客を集め、有料で遊覧飛行をしていた。
●死者7名

1700	航空自衛隊練習機墜落
	昭和61年9月2日　宮崎県西都市

　9月2日、宮崎県西都市の住宅に、航空自衛隊新田原基地（宮崎県児湯郡新富町）の飛行教導隊所属のT2ジェット練習機が墜落、住宅2棟が全半焼し、2人が全身にやけどを負った。乗員の1人はパラシュートが開かず死亡、もう1人も負傷した。練習機はこの日朝、空中戦闘訓練のため3機編隊で四国沖の訓練空域に向かったが、エンジントラブルのため基地に引き返す途中での事故だった。
●死者1名、負傷者3名、住宅2棟全半焼、練習機1機墜落

1701	ジェットコースター追突
	昭和61年9月7日　三重県長島町

　9月7日午後零時40分ごろ、三重県長島町のナガシマスパーランドで、ジェットコースターがホームの手前10mで止まり、動かなくなった所に、後続のコースターが追突し、双方の乗客42人がけがをした。原因は係員が不慣れなため、後続車を止める操作が間に合わなかったため。
●負傷者42名

1702	トラック・国鉄中央線快速電車衝突
	昭和61年10月24日　東京都国立市北町

　10月24日午前8時14分、東京都国立市北町の国鉄中央線踏切で、トラックが立ち往生したところへ快速電車が衝突、電車には1500人が乗っていたが速度が遅かったため全員無事だった。
●──

1703	航空機内爆発
	昭和61年10月26日　高知県土佐清水市上空

　10月26日午後8時ごろ、高知県土佐清水市上空でバンコク発マニラ経由大阪行きのタイ国際航空620便エアバスA300-600型機（乗客233人、乗員13人）の後部トイレで爆発が起き、隔壁が破損、客室内の気圧が急激に下がったが、40分後に無事大阪空港に着陸。気圧の変化や急降下などで62人が重軽傷を負った。原因は客室最後部のトイレに乗客の一人が手投げ弾を捨てたため。
●負傷者62名

1704	自衛隊戦闘機接触事故
	昭和61年11月10日　石川県小松市

　11月10日午前11時20分、石川県小松市の航空自衛隊小松基地で飛行訓練中のF4EJファントム戦闘機2機が着陸時に接触、1機が火を吹いたがパイロットは無事。この事故で共用の小松空港の滑走路が一時閉鎖され5便に遅れがでた。
●──

1705	山陰線回送列車転落
	昭和61年12月28日　兵庫県城崎郡香住町

　第Ⅰ部　解説参照（p.124）。
●死者6名、重傷者6名

1706 セスナ機墜落
昭和62年1月11日　長野県小県郡和田村

1月11日午後2時30分、長野県小県郡和田村の和田峠付近で、セスナ421C型機が墜落して炎上、乗っていた3人が死亡した。
●死者3名

1707 セスナ機墜落
昭和62年2月7日　神奈川県綾瀬市

2月7日午後0時47分、神奈川県綾瀬市の在日米軍厚木基地で、軍のフライングクラブのセスナ機が離陸直後に失速、滑走路脇の草むらに墜落、2人が死亡した。
●死者2名

1708 大型トレーラー・両毛線普通電車衝突
昭和62年2月12日　栃木県栃木市高谷町

2月12日午前10時55分ごろ、栃木県栃木市高谷町の両毛線第2高屋踏切で、遮断機が車の後部にひっかかって立ち往生していた大型トレーラーと普通電車が衝突。電車は前2両が脱線し、乗客35人が負傷した。
●負傷者35名

1709 ビーチクラフト機墜落
昭和62年2月17日　福岡県福岡市椎原

2月17日午後7時25分ごろ、福岡、佐賀県境の脊振山の付近の福岡市椎原の山林に、海上保安庁福岡航空基地所属ビーチクラフトMA825機が墜落、乗員5人全員が死んだ。同機は、長崎県沖で遭難した漁船の捜索に向かうところだった。事故当時の天候は低気圧の接近で雲が厚く、雨風が強かった。
●死者5名

1710 セスナ機墜落
昭和62年2月23日　岐阜県多治見市

2月23日午後1時25分、岐阜県多治見市市之倉町の山林に、日本内外航空のセスナ172型機が墜落、2人が死亡した。同機は近くの小学校グランドの撮影に向かう途中での事故だった。
●死者2名

1711 米軍哨戒機墜落
昭和62年3月21日　鹿児島県屋久島

3月21日午後5時ごろ、鹿児島県屋久島の西220kmの海上に、米軍の哨戒機S3バイキングが墜落、乗組員4人のうち、2人は米軍艦に救助され、1人が遺体で収容、残る1人が行方不明となっている。同機は鹿児島県沖で有視界飛行による訓練中をしているところだった。
●死者1名、行方不明者1名

1712 自衛隊戦闘機墜落
昭和62年3月22日　青森県八戸市沖

3月22日午後1時15分、青森県八戸市沖約50kmの海上で、三沢の米空軍戦術戦闘航空団所属のF16戦闘機が墜落、パイロットは墜落直前に脱出、海上自衛隊のヘリコプターに救助された。三沢のF16の墜落は、配備以来初めてのことであった。
●戦闘機1機墜落

1713 米軍機ミサイル落下
昭和62年4月3日　広島県大朝町

4月3日、岩国駐留の米海兵隊F4Sファントム戦闘機から空対空ミサイル「スパロー」1発が、広島・島根県境の上空でとめ金がはずれて落下したが爆発は免れた。その後の警察、米軍の捜索の結果、2カ月後の5月2日、広島県大朝町の山中で発見、回収された。
●ミサイル落下

昭和62年（1987年）〜

1714 航空自衛隊戦闘機墜落
昭和62年4月10日　青森県沖

4月10日午後1時16分、青森県三沢市の航空自衛隊三沢基地から約100km離れた洋上の訓練空域で、第3航空団所属のF1戦闘機が迎撃飛行訓練中に通信が途絶え、行方不明となった。海上自衛隊、海上保安庁の捜索の結果、同機の破片が見つかり海上に墜落したことを確認した。現場海域は霧がかかっており、視界は7km程度だった。
●行方不明者1名、戦闘機1機墜落

1715 自衛隊練習機墜落
昭和62年5月8日　宮城県沖

5月8日、宮城県沖で、航空自衛隊新田原基地（児湯郡新富町）所属のT2ジェット練習機が訓練中に燃料漏れを起こし、火を吹きながら墜落、機体の破片とともに、パイロットのヘルメットも回収されたことから、2人とも死亡したものとみられる。
●死者2名

1716 セスナ機墜落
昭和62年5月15日　佐賀県有明海

5月15日午前10時5分ごろ、佐賀県有明海で、本田航空のセスナT303機が墜落、乗員4人全員が死亡した。このセスナ機は、全日空の委託を受けた航空機関士が免許を取るために訓練飛行をしていたものだった。
●死者4名

1717 米空軍戦闘機墜落
昭和62年5月19日　沖縄県沖

5月19日午前9時20分、沖縄県の米軍嘉手納基地から約130km離れた海上に米空軍のF15戦闘機が墜落、パイロットは脱出して無事だった。
●戦闘機1機墜落

1718 自衛隊ヘリコプター墜落
昭和62年7月10日　青森県

7月10日午後4時50分ごろ、青森県十和田市と上北郡六戸町の境界付近の上空で、東京立川基地の陸上自衛隊東部方面航空隊第1飛行隊所属の観測用ヘリコプターOH6D型2機が空中接触して墜落。1機は十和田市の水田に墜落、乗組員3人全員が死亡、別の機は1km離れた六戸町の麦畑に不時着し炎上、乗組員一人が死亡、一人が軽いけがをした。
●死者4名、負傷者1名、ヘリコプター2機墜落

1719 セスナ機墜落
昭和62年7月11日　埼玉県桶川市川田谷

7月11日午後6時55分、埼玉県桶川市川田谷の本田航空・桶川飛行場で、離着陸の訓練をしていたセスナC172型機が離陸直後に左旋回して失速して河原敷に墜落、3人が重傷を負った。
●負傷者3名、セスナ機墜落

1720 ヘリコプター墜落
昭和62年8月2日　神奈川県茅ケ崎市沖合

8月2日午後3時53分ごろ、神奈川県茅ケ崎市の沖合に、FM横浜が番組収録のためチャーターしたヘリコプターが墜落。乗っていたディスクジョッキーら2人が即死、3人が重傷を負った。
●死者2名、負傷者3名

1721 小型機墜落
昭和62年8月3日　群馬県邑楽郡大泉町

8月3日午後2時半ごろ、群馬県邑楽郡大泉町の富士重工大泉工場に、同社宇都宮製作所のFA200「ニューエアロスバル」が墜落、パイロットと同乗取材中の女性記者が即死し、1人が巻き添えで軽傷を負った。

●死者2名、負傷者1名

1722 クレーン車横転
昭和62年8月9日　東京都品川区

8月9日午前11時半ごろ、東京都品川区の京浜東北線大井町・大森間で、線路わきの住宅工事現場でクレーン車が横転、長さ24mのアームが線路へ突き出し、架線を直撃し、現場にさしかかった電車がアームの下にもぐり込む形で突っ込み、乗客3人がけがをした。
●負傷者3名

1723 観光バス・呉線普通電車衝突
昭和62年8月10日　広島県呉市

8月10日午後10時5分ごろ、広島県呉市の呉線大東第2踏切で、甲子園に出場している広島商業の応援団を乗せた広島バスの貸し切り観光バスと普通電車が衝突、電車とバスの乗客57人が軽重傷を負った。原因は、踏切幅が狭かったため、バスが一度で右折できず、バックしていたさいに遮断機にはさまれたらしい。
●負傷者57名

1724 軽トラック・五能線普通電車衝突
昭和62年8月19日　秋田県能代市

8月19日午前7時7分ごろ、秋田県能代市の五能線向ケ丘踏切で、軽トラックと1両編成の普通電車が衝突、トラックの運転手が即死した。現場の踏切は電車が近づくと、警報機などが作動する仕組みになっていたが、故障で警報機が作動せず、逆に遮断機が上がってしまいトラックが踏切内に入り、事故になった。
●死者1名

1725 セスナ機墜落
昭和62年10月22日　北海道札幌市東区

10月22日午前11時55分ごろ、札幌市東区にある銭湯「大倉湯」に朝日航空のセスナ機が墜落、機長ら3人が死亡した。

●死者3名

1726 乗用車・京王線電車衝突
昭和63年1月7日　東京都　府中市清水ヶ丘

1月7日午前9時10分、東京都府中市清水ヶ丘の京王線東府中駅西側の踏切で、通過中の高尾発新宿行きの電車に乗用車が突っ込み大破、炎上した。乗客にけが人はなく、事故を起こした車はオートマチック車で、運転手が車から降りていた時に、車が突然急発進した。
●車両1台炎上

1727 東亜国内航空機オーバーラン
昭和63年1月10日　鳥取県米子空港

1月10日午前9時35分ごろ、雪の鳥取県米子空港で、米子発大阪行きの東亜国内航空のYS11機が滑走路をオーバーランして前方の海に突っ込んだ。航空自衛隊美保基地の隊員らが出動して全員を救助したが、乗客8人が負傷した。水平尾翼の昇降舵が凍ったため、操縦かんが動かなくなったのが原因とみられる。
●負傷者8名

1728 全日空機着陸ミス
昭和63年1月18日　北海道千歳空港

1月18日午後5時32分ごろ、北海道千歳空港で吹雪の中を着陸した全日空の大阪発千歳行きトライスター機が、滑走路を途中で逸脱。約50m先の雪の中で止まったが負傷者はなかった。
●──

1729 パラグライダー墜落
昭和63年1月24日　北海道十勝市庁更別村

1月24日午後1時15分、北海道十勝市庁更別村で、パラグライダーが農協の穀物乾燥場も建物に激突、頭の骨を折り死亡した。突風でバランスを崩したことが原因と見られる。

昭和63年（1988年）〜

●死者1名

1730 ダンプカー・井の頭線急行電車衝突
昭和63年2月23日　東京都杉並区浜田山

2月23日午後5時45分、東京都杉並区浜田山の京王帝都井の頭線の踏切で、ダンプカーと急行電車は衝突、4人が負傷した。
●負傷者4名

1731 青函トンネル内トラブル続発
昭和63年3月13日〜21日　青函トンネル

JR津軽海峡線の青函トンネル内で3月13日の開業初日から故障が続出した。初日の13日から14日にかけ、貨物列車など上下6本が通過中、トンネル内の防災設備（列車火災検知器）が誤動作した。15日午前1時27分ごろ、札幌発上野行き寝台特急「北斗星6号」（11両）がトンネル内の竜飛海底駅から1kmの地点で突然ストップし約3時間後にけん引されてトンネルから引き出された。16日午後にも、上りの「北斗星6号」の無線が不通になり、17日にはATC（自動列車制御装置）が作動して、上り「海峡2号」の非常ブレーキがかかる騒ぎが起きるなど、21日までの約10日間に17件のトラブルが発生した。

1732 JR上越線パノラマ展望車火災
昭和63年3月30日　新潟県南魚沼郡湯沢町

3月30日午後6時すぎ、新潟県南魚沼郡湯沢町土樽のJR上越線岩原スキー場前駅・越後中里駅間で、高崎発長岡行き下り臨時のパノラマ展望車「アルカディア号」（3両編成）の3両目付近から出火。列車は急停車し、乗客の子どもら82人が車掌の誘導で避難し、全員無事だった。
●車両1両消失

1733 小型トラック・京浜急行羽田空港線普通電車衝突
昭和63年3月31日　東京都大田区西糀谷

3月31日午後6時20分、東京都大田区西糀谷の京浜急行羽田空港線糀谷駅付近の踏切で、立ち往生していた小型トラックと普通電車が衝突、電車はトラックを引きずったまま50m離れた糀谷駅構内まで進み、駅にいた普通電車の最後部に追突した。

1734 ライトバン・JR横須賀線普通電車衝突
昭和63年4月11日　神奈川県川崎市中区中丸子

4月11日午前10時37分、神奈川県川崎市中区中丸子のJR横須賀線御幸踏切で、普通電車とライトバンが衝突、ライトバンは炎上したが運転手は逃げて無事、乗客にもけが人は無かった。この事故で上下合わせて34本が運休、1万8,000人に影響が出た。
●R横須賀線運休34本、車両1台炎上

1735 トラック・JR津軽海峡線快速列車衝突
昭和63年4月29日　青森県青森市奥内

4月29日午後零時15分ごろ、青森市奥内のJR津軽海峡線津軽宮田・奥内駅間の警報器付き踏切で、青森発函館行きの快速「海峡7号」が、脱輪して立ち往した クレーン付きトラックに衝突。列車は機関車前部を小破し、トラックがはずみで2両目の客車を直撃、同車両が脱線し、車内にいた観光客ら12人が顔などに軽いけがをした。JR津軽海峡線では、3月13日の同線開業以来、初の人身事故であった。
●負傷者12名

1736 米軍ヘリコプター墜落
昭和63年6月25日　愛媛県西宇和郡伊方町

第Ⅰ部　解説参照（p.128）。
●死者7名

~昭和63年（1988年）

1737 自衛隊戦闘機墜落
昭和63年6月29日　石川県小松市沖

6月29日午後4時25分ごろ、航空自衛隊小松基地から180km離れた、石川県小松市沖の日本海上空で、同基地の第6航空団所属のF15Jジェット戦闘機2機が空中接触し墜落、両機のパイロット2人が行方不明になったが、30日までに機体の一部を回収、破片が広範囲に飛散していることから衝突後に爆発したものとみられる。
●行方不明者2名

1738 セスナ機墜落
昭和63年7月10日　埼玉県入間郡毛呂山町

7月10日午後4時半ごろ、埼玉県入間郡毛呂山町との境にある物見山（375m）に、大島から比企郡川島町の民間飛行場に戻る途中のセスナ機が墜落、乗員6人全員が死亡した。
●死者6名

1739 農薬散布ヘリコプター空中接触
昭和63年7月17日　秋田県平鹿郡雄物川町

7月17日午前7時45分、秋田県平鹿郡雄物川町で、農薬を散布していた日本農林ヘリコプターのヒューズ369D型機と中日本航空会社のベル206Dが空中で接触、2機とも下の水田に墜落、大破した。ヘリコプターにはどちらもパイロットしか乗っておらず、1名が死亡、1名が重傷を負った。
●死者1名、重傷者1名

1740 乗用車・東急池上線電車衝突
昭和63年8月9日　東京都大田区千鳥

8月9日午前0時10分、東京都大田区千鳥の東急池上線の踏切で、蒲田発池上行きの普通電車と乗用車が衝突。乗用車の運転手は衝突直前に脱出したが、同乗の男性が負傷した。
●負傷者1名

1741 農薬散布ヘリコプター墜落
昭和63年8月27日　宮城県志田郡鹿島台町

8月27日午前5時35分、宮城県志田郡鹿島台町で、農薬を散布していたインペリアル航空のヘリコプターが、高圧電線の上の雷よけの避雷線に触れ墜落、パイロット1名が死亡した。
●死者1名

1742 航空自衛隊練習機墜落
昭和63年9月9日　玄界灘

9月9日午後2時39分、航空自衛隊芦屋基地の北3.6kmの玄界灘で、同基地の飛行教育団のT1ジェット練習機が墜落、パイロットはパラシュートで脱出、海上に浮いているところを救助されたが、頭の骨を折っており、間もなく死亡した。
●死者1名

1743 JR上越線貨物列車脱線
昭和63年10月19日　群馬県勢多郡赤城村宮田

10月19日午前2時40分ごろ、群馬県勢多郡赤城村宮田のJR上越線渋川・敷島間で、高岡発小名木川行きの上り貨物列車の後部車両が脱線し、はずみで連結器がはずれ、11両が切り離された。うち2両が下り線路にはみ出し、塩浜操車場発中条行き下り貨物列車が衝突、機関車を含めた前部10両が脱線し、3両は線路わきの約8m下の沢や畑に転落したが、運転士らは無事だった。
●——

1744 ダンプカー・JR南部線電車衝突
昭和63年10月19日　東京都稲城市大丸

10月19日午後2時15分、東京都稲城市大丸のJR南部線大丸踏切で、川崎発下り電車とダンプカーが衝突、1両目が脱線、電車の乗客8人と車掌、ダンプカーの運転手の計10人が軽傷を負った。

第Ⅱ部　鉄道・航空機事故一覧　377

昭和63年(1988年)～

●負傷者10名

1745 超軽量動力機墜落
昭和63年11月23日　茨城県北相馬郡守谷町

11月23日午後2時45分、茨城県北相馬郡守谷町の利根川河川敷近くの守谷フライングオーナーズクラブ滑空場で、超軽量動力機が20m上空で突然失速して墜落、パイロットが全身打撲で死亡した。
●死者1名

1746 JR中央線電車追突
昭和63年12月5日　東京都中野区東中野

第Ⅰ部　解説参照（p.130）。
●死者2名

1747 特急電車・乗用車衝突
平成1年1月20日　東京都葛飾区

1月20日午前8時25分ごろ、東京都葛飾区立石の京成電鉄押上線踏切で、特急電車と乗用車が衝突、同線が一時不通になり、上下線計15本が運休した。原因は乗用車が踏切内で脱輪したため。
●――

1748 小田急急行・トラック接触
平成1年1月23日　東京都世田谷区

1月23日午前10時50分ごろ、東京都世田谷区祖師谷の小田急線祖師谷大蔵1号踏切で、下り急行電車と2トントラック後部が接触し、1人が軽いけがをした。
●負傷者1名

1749 リフト逆走
平成1年1月29日　群馬県利根郡片品村

1月29日午前11時35分ごろ、群馬県利根郡片品村戸倉の国設尾瀬戸倉スキー場で、約40人を乗せたリフトが停止したあと約30m逆走し、5、6人が約5m下の雪面に落下、3人が軽いけがをした。原因は歯車と動力モーターの接続金具のシャフトが折れたため。
●負傷者3名

1750 ワゴン車・電車衝突
平成1年1月29日　埼玉県羽生市

1月29日午前7時15分ごろ、埼玉県羽生市上岩瀬の秩父鉄道の西羽生－新郷駅間踏切で、3両編成電車とワゴン車が衝突、ワゴン車は大破し、鉄筋工6人が死亡した。電車は前1両が脱線したが、乗客にけがはなかった。原因はワゴン車が一時停止しないで踏切内に進入したため。
●死者6名、車1台大破

1751 米軍ヘリコプター墜落
平成1年3月14日　沖縄県読谷村沖

3月14日午後8時50分ごろ、沖縄本島中部・読谷村残波岬の北約18キロの東シナ海に、米軍嘉手納基地所属のH3型ヘリコプターが墜落、2人が死亡、1人が行方不明になった。
●死者2名、行方不明者1名

1752 自衛隊機墜落
平成1年3月22日　宮崎県東方沖

3月22日午前9時23分、宮崎県児湯郡新富町の航空自衛隊新田原基地飛行教導隊所属のT2ジェット練習機が、空中戦の訓練中に宮崎県の東方約100キロの日向灘に墜落し、乗員2人が死亡した。
●死者2名

1753 飯田線電車衝突
平成1年4月13日　長野県上伊那郡南箕輪村

4月13日午後4時57分ごろ、長野県上伊那郡南箕輪村のJR飯田線北殿駅構内で、下りホー

～平成1年(1989年)

ムに停車中の天竜峡発長野行き普通電車に、上諏訪発天竜峡行き上り普通電車が正面衝突、乗客281人のうち、118人が重軽傷を負った。原因は運転士が信号を見落としたため。
●負傷者118名

1754	ゴンドラ故障
	平成1年4月16日　神奈川県横浜市

4月16日午後1時50分ごろ、横浜市の横浜博覧会会場で、JR横浜駅東口とを結ぶゴンドラ「スカイウェイ」が強風で自動停止し、25基の乗客39人が約1時間半にわたって地上20～30mに宙づりになった。
●――

1755	特急寝台列車・オートバイ衝突
	平成1年5月2日　埼玉県上尾市

5月2日午後11時40分ごろ、埼玉県上尾市緑丘のJR高崎線の上原踏切で、上野発秋田行き特急寝台列車「出羽」にオートバイが衝突、男性が死亡した。
●死者1名

1756	ワゴン車・電車接触
	平成1年5月3日　東京都世田谷区

5月3日午後2時50分ごろ、東京都世田谷区経堂の小田急線踏切で、ワゴン車（AT車）が急発進して線路内に進入、下り電車と接触して約200m引きずられて大破し、1人が軽いけがを負った。
●負傷者1名

1757	乗用車・気動車衝突
	平成1年5月14日　茨城県取手市

5月14日午後11時50分ごろ、茨城県取手市野々井の関東鉄道新取手－稲戸井間踏切で、乗用車が2両編成気動車に衝突して横転、1人が重傷、1人が軽いけがをした。原因は乗用車がスピードを出し過ぎていて踏切内に進入したため。
●負傷者2名

1758	関西線電車・回送電車接触
	平成1年5月22日　大阪府大阪市浪速区

5月22日午後6時10分ごろ、大阪市浪速区湊町のJR関西線湊町駅構内で、王寺発湊町行き電車と、隣の引き込み線の回送電車がすれ違い際に接触した。原因は線間距離を運輸省令の規定より狭い間隔にしていたため。
●――

1759	超軽量機墜落
	平成1年5月30日　秋田県仙北郡協和町

5月30日午後5時ごろ、秋田県仙北郡協和町稲沢の稲沢場外飛行場で、ウルトラ・ライト・エアープレーン（超軽量飛行機）が試運転中に突風にあおられて墜落、炎上し、男性1人が死亡した。
●死者1名

1760	米海ヘリコプター墜落
	平成1年5月30日　沖縄県喜屋武岬南東沖

5月30日午後11時ごろ、沖縄本島南部・喜屋武岬の南東約17キロの太平洋に、夜間作戦訓練中の米海兵隊普天間基地所属のCH46ヘリコプターがに墜落、水没した。米軍、海上保安庁、航空自衛隊が捜索、隊員8人を救助したが、残る14人が行方不明になった。
●行方不明者14名

1761	米軍機墜落
	平成1年6月12日　愛媛県東宇和郡野村町

6月12日午後4時50分ごろ、愛媛県東宇和郡野村町野村の山中に、山口県岩国市米海兵隊岩国基地所属の第333攻撃中隊のFA18型ジェット戦闘攻撃機（乗員1人）が墜落、炎上

第Ⅱ部　鉄道・航空機事故一覧　379

平成1年（1989年）～

1762	軽トラック・中央線快速電車衝突
	平成1年6月14日　東京都国立市

6月14日午後9時半ごろ、東京都国立市北のJR中央線国立－立川駅間の西二条踏切で、エンストで立ち往生した軽トラックと上り快速電車が衝突、軽トラックは約10mひきずられ大破したが、けが人はなかった。同線は上下とも約1時間不通となった。
●トラック1台大破

1763	乗用車・南武線電車衝突
	平成1年6月18日　神奈川県川崎市中原区

6月18日午前0時13分ごろ、川崎市中原区小杉町のJR南武線武蔵中原－武蔵小杉間の武蔵小杉第2踏切で、6両編成上り電車と乗用車が衝突、前2両が脱線して、乗用車の男性2人が重傷、電車の乗客3人がけがをした。
●負傷者5名

1764	日航ジャンボのトイレでボヤ
	平成1年7月2日　太平洋上

7月2日午前11時前、太平洋上を飛行中のホノルル発成田行き日航ジャンボ機B747（乗員乗客218人）の最後部左側トイレで2度にわたってボヤがあり、ごみ箱のごみが燃えたが、火災に気づいた乗客はほとんどいなかった。

1765	ヘリコプター墜落
	平成1年7月6日　静岡県静岡市

7月6日朝、静岡市から伊東市川奈のゴルフ場に飛び立った3人乗りのヘリコプターが同市岡の山林に山林に墜落、大破し、3人とも死亡した。
●死者3名

1766	トラック・内房線電車衝突
	平成1年7月19日　千葉県千葉市

7月19日午前7時47分ごろ、千葉市浜野町のJR内房線西雷踏切で6両編成下り普通電車が、エンストで踏切内に立ち往生していたトラックに衝突、トラックは約200mひきずられて大破し、同線は上下線とも約2時間不通となった。列車の高校生3人がむち打ちの症状を訴えた。
●トラック1台大破、負傷者3名

1767	ヘリコプター墜落
	平成1年7月21日　茨城県笠間市

7月21日午前5時25分ごろ、茨城県笠間市大郷戸の休耕地に、農薬散布中の日本農林ヘリコプターの小型ヘリコプターが墜落、大破し、操縦士が死亡した。ヘリコプターが地上20mにある高圧線5本を切断、同市など4市町の約3万8,000世帯が停電した。
●死者1名

1768	天王寺駅電車暴走
	平成1年8月27日　大阪府大阪市天王寺区

8月27日午後2時18分ごろ、大阪府大阪市天王寺区悲田院町、JR天王寺駅阪和線4番ホームで、和歌山発天王寺行き快速電車が停止線を通り越して暴走、ホーム西端の車止めに衝突、衝撃で1両目の後部が2両目の車内にめり込み、車掌と乗客計31人が軽傷を負った。
●負傷者31名

1769	ゴンドラ停止
	平成1年8月28日　神奈川県横浜市

8月28日午後3時50分ごろ、横浜博覧会会場とJR横浜駅東口を結ぶゴンドラが突風を伴った一時的な集中豪雨のため約10分間停止し、乗客111人が宙づり状態になった。

1770 ヘリコプター墜落
平成1年9月5日　福井県小浜市沖合

9月5日午後2時5分ごろ、福井県小浜市岡津の鯉川海水浴場沖合約1.2キロの小浜湾に、朝日航洋の4人が乗ったベル214B型双発ヘリコプターが墜落、水没し、2人が行方不明、2人は漁船に救助されたが、1人が重傷、1人が軽いけがをした。
- 行方不明者2名、負傷者2名

1771 修学旅行列車・電気機関車衝突
平成1年10月18日　京都府京都市下京区

10月18日午後3時半ごろ、京都市下京区のJR京都駅構内で、神戸市の5つの小学校児童と教師ら計550人が乗った修学旅行専用団体列車の機関車つけかえ作業中、電気機関車が客車に強く当たり、児童ら9人がけがをした。
- 負傷者9名

1772 たるみ事故
平成1年10月24日　千葉県・茨城県

10月24日、千葉県と茨城県のJR東日本で一日にたるみ事故3件が発生した。午後3時25分ごろ、千葉県船橋市のJR総武線習志野電車区で電車同士が衝突。常磐線では、未明に、茨城県北茨城市でレールを外した工事現場に貨物列車が突っ込み脱線、午後2時45分ごろには、千葉県松戸市の北小金駅で、ポイントの操作ミスから、電車が武蔵野線への連絡線に進入してしまった。3件の事故とも、けが人は出なかった。
- ―

1773 曲技飛行機墜落
平成1年11月5日　東京都立川市

11月5日午後2時40分ごろ、東京都立川市の陸上自衛隊立川駐屯地で、曲技飛行のため離陸した本田航空所属の軽飛行機が、離陸後間もなく墜落、乗員2人が死亡した。この日は、創立16周年記念祭で駐屯地を一般開放、航空ショーなどが行われ、約5,000人の人出でにぎわっていた。
- 死者2名、航空機1機墜落

1774 ダンプカー・桜井線電車衝突
平成1年11月7日　奈良県天理市

11月7日午後8時半ごろ、奈良県天理市田町長田のJR桜井線長柄－天理間の住宅踏切で、2両編成の電車と大型ダンプカーが衝突し、電車は脱線、ダンプカーは線路わきの田んぼに横転した。ダンプカーの運転手が死亡、積み荷の溶けたアスファルト（温度120－130度）が飛び散り、乗客20人全員と乗務員2人がけが、やけどを負った。
- 死者1名、負傷者22名

1775 トレーラー・函館線特急電車衝突
平成1年12月13日　北海道江別市

12月13日午前10時40分ごろ、北海道江別市豊幌のJR函館線豊幌－幌向間の西1号線踏切で、4両編成の特急「ホワイトアロー6号」が踏切内で立ち往生していた大型トレーラーと衝突、前2両が転覆した。トレーラーの運転手が重傷、乗客10人がけがをした。
- 負傷者11名

1776 乗用車・東武宇都宮線電車衝突
平成2年1月4日　栃木県宇都宮市

1月4日午前7時50分ごろ、宇都宮市弥生の東武宇都宮線踏切で、乗用車が4両編成普通電車と衝突して大破、女性が重体となった。
- 負傷者1名、車両1台大破

1777 室蘭線特急・乗用車衝突
平成2年1月7日　北海道胆振支庁白老町

1月7日午前8時14分ごろ、北海道胆振支庁

白老町若草町のJR室蘭線の小沼線通り踏切で、乗用車に寝台特急「北斗星3号」が衝突、乗用車は大破し、家族5人が死亡した。凍結した路面でスリップして踏切内に入ったとみられる。
●死者5名、車両1台大破

1778 乗用車・名鉄名古屋本線電車衝突
平成2年1月7日　愛知県一宮市

1月7日午後10時半ごろ、一宮市北方町北方の名鉄名古屋本線の黒田9号踏切で、乗用車が4両編成普通電車に衝突、男性が死亡、女性がけがをした。
●死者1名、負傷者1名

1779 高徳線特急・トラック衝突
平成2年1月8日　香川県高松市

1月8日午前8時40分ごろ、高松市木太町のJR高徳線中流踏切で、立ち往生していた4トントラックに特急「うずしお2号」が衝突、トラックの積み荷の長さ約10mの鋼材が特急の窓ガラスを破り、1人が死亡、11人が重軽傷を負った。
●死者1名、負傷者11名

1780 リフトにはさまれ従業員圧死
平成2年1月10日　大阪府大阪市東住吉区

1月10日午前9時20分ごろ、大阪市東住吉区今林、中央卸売市場東部市場にある大阪中央冷凍冷蔵室内で、従業員男性が作業用リフトと壁とのすき間にはさまれて死亡した。
●死者1名

1781 レジャーヘリ不時着
平成2年1月14日　山口県大津郡日置町

1月14日午前10時45分ごろ、山口県大津郡日置町黄波戸の海岸で、ロビンソンR22型の自家用ヘリコプターが、着陸予定地から約70m離れた岩場に不時着し、プロペラと尾翼などが壊れたが、けが人はなかった。
●——

1782 ワゴン車・中央線電車衝突
平成2年1月20日　東京都小金井市

1月20日午前11時57分ごろ、東京都小金井市本町のJR中央線武蔵小金井－国分寺駅間の通称本町踏切で、立ち往生したワゴン車と快速電車が衝突した。
●——

1783 名鉄名古屋本線電車・小型トラック衝突
平成2年1月24日　愛知県名古屋市緑区

1月24日午前8時半ごろ、名古屋市緑区鳴海町左京山の名鉄名古屋本線左京山駅で、3両編成普通電車がオーバーランし、隣接の左京山第1踏切を渡ろうとした小型トラックに衝突した。
●——

1784 乗用車・東海道線貨物列車衝突
平成2年1月26日　愛知県安城市

1月26日午前1時40分ごろ、安城市明治本町四本木のJR東海道線東稲荷踏切で、乗用車が上り貨物列車と衝突、男性が死亡した。原因は遮断機の下をくぐって踏切内に進入したため。
●死者1名

1785 山陽線貨物列車・乗用車衝突
平成2年1月26日　山口県防府市

1月26日午後5時14分ごろ、山口県防府市勝間のJR山陽線防府－防府貨物駅間の岸津踏切内の上り線で、軽4輪乗用車が貨物列車と衝突して大破、線路下の田に転落し、母子3人が死傷した。原因は警報機が鳴りはじめた踏切に進入したため。
●死傷者3名、車両1台大破

~平成2年（1990年）

1786 青梅線普通電車脱線
平成2年2月1日　東京都西多摩郡奥多摩町

2月1日午前7時24分ごろ、東京都西多摩郡奥多摩町のJR青梅線の奥多摩駅で、普通電車（4両編成）がホームの停止位置をオーバーランし、砂利盛りの車止めに乗り上げて先頭車両前輪が脱線した。同駅構内には約30cmの積雪があった。
●――

1787 名鉄名古屋本線特急電車・乗用車衝突
平成2年2月5日　愛知県名古屋市緑区

2月5日午後8時55分ごろ、名古屋市緑区鳴海町左京山の名鉄名古屋本線左京山1号踏切で、立ち往生した乗用車に特急電車が衝突、大破した。原因は警報機が鳴っている踏切に進入したため。
●車両1台大破

1788 乗用車・西武国分寺線電車衝突
平成2年3月2日　東京都国分寺市

3月2日午後10時20分ごろ、東京都国分寺市北町、西武国分寺線の恋ケ窪3号踏切で、4両編成上り電車に乗用車が衝突して大破、大学生2人が死亡、1人が重体となった。原因は乗用車が遮断機の下りている踏切に突っ込んだため。
●死者2名、負傷者1名、車両1台大破

1789 作業員電車にはねられる
平成2年3月5日　東京都新宿区

3月5日午前0時15分ごろ、東京都新宿区新宿、JR新宿駅8番ホームの東端付近で、作業員2人が中央線最終電車にはねられて死亡した。
●死者2名

1790 乗用車・西鉄宮地岳線電車衝突
平成2年3月16日　福岡県宗像郡福間町南町

3月16日午後8時5分ごろ、福岡県宗像郡福間町南町の西鉄宮地岳線花見7号踏切で、3両編成普通電車と乗用車が衝突して大破、男女2人が死亡した。
●死者2名、車両1台大破

1791 オートバイ・名鉄犬山線急行衝突
平成2年4月16日　愛知県岩倉市

4月16日午後1時25分ごろ、岩倉市曽野町大曲の名鉄犬山線踏切で、パトカーに追われて逃げていたバイクが急行電車に衝突、少年が死亡、少女が重傷を負った。
●死者1名、負傷者1名

1792 軽飛行機木に激突
平成2年4月16日　福岡県小郡市

4月16日午前10時50分ごろ、福岡県小郡市三沢の「小郡カンツリー倶楽部」ゴルフコースで、組み立て式のエンジン付き超小型軽量飛行機（グライダー）で離発着訓練をしていた男性が操縦を誤って樹木に激突、顔や胸などを強く打って病院に運ばれた。
●負傷者1名

1793 軽量飛行機墜落
平成2年5月6日　沖縄県具志川市

5月6日午後3時10分ごろ、沖縄県具志川市の浜原海岸で、飛行訓練中のエンジンつき超軽量飛行機が干潟に墜落、男性が死亡した。操縦に必要な運輸省の出す認定証（30回の離発着訓練など）を取得していなかった。
●死者1名

平成2年(1990年)〜

1794	東海道線機関車・電車衝突
	平成2年5月13日　大阪府大阪市淀川区

5月13日午後9時20分ごろ、大阪市淀川区木川東、JR東海道線宮原操車場構内ポイント付近で電気機関車1両が回送電車に衝突、電車の1両目が脱線して傾き、別の回送電車にも接触した。
●──

1795	東海道線寝台特急・乗用車衝突
	平成2年6月8日　愛知県宝飯郡小坂井町

6月8日午後10時5分ごろ、愛知県宝飯郡小坂井町伊奈、東海道線の佐奈川西踏切で、下り寝台特急「富士」(14両編成)が踏切で脱輪した乗用車と衝突した。同踏切は幅約1.8mで車は通行禁止だった。
●──

1796	小型軽量飛行機墜落
	平成2年6月10日　滋賀県草津市

6月10日午後1時15分ごろ、滋賀県草津市北山田の山田漁港沖合約100mの琵琶湖で、2人が乗った小型軽量飛行機(マイクロライト機)が高さ約150mで失速して墜落、1人が死亡、1人がけがをした。
●死者1名、負傷者1名

1797	ジャンボ機エンジン部品落とす
	平成2年6月26日　千葉県成田市

6月26日未明、成田空港の滑走路わきで航空機の部品とみられる金属板など2点がみつかり、新東京国際空港公団の調べで新型ジャンボ機のエンジンの部品とわかった。
●──

1798	工事用簡易リフトに挟まれ圧死
	平成2年7月17日　愛知県名古屋市熱田区

7月17日午前8時半ごろ、名古屋市熱田区西郊通の丸良浴槽店作業場で、経営者が簡易リフトの底板と2階の床の間に頭と足を挟まれて死亡しているのが見つかった。
●死者1名

1799	ゴンドラ転落
	平成2年7月24日　大阪府大阪市西区

7月24日午前10時45分ごろ、大阪市西区北堀江マルタカビルで、6階付近の窓ふき掃除をしていた作業員が、簡易式ゴンドラごと約15m下に転落、歩いていた女性にぶつかり、2人が重傷を負った。原因は屋上のロープがはずれたため。
●負傷者2名

1800	エアーニッポン機エンジンカバー落下
	平成2年7月29日　沖縄県石垣島

7月29日午後1時41分ごろ、沖縄県石垣島・石垣空港を離陸した直後のエアーニッポンのボーイング737型機の主翼左側のエンジンカバー2枚が、空港北側約1キロの農道に落下し、緊急着陸した。
●──

1801	作業員圧死
	平成2年8月1日　大阪府吹田市

8月1日午後4時40分ごろ、吹田市豊津町のダスキン本社ビル新築工事現場で、作業員2人が11階に停止したエレベーターボックスの上に乗って作業の下見をしていたところ、エレベーターが下がり始め、1人が降下し再び上昇してきたエレベーターと壁の間に挟まれて死亡した。
●死者1名

~平成2年(1990年)

1802 ヘリコプター墜落
平成2年8月1日　神奈川県箱根町

　8月1日午前10時に東京都江東区の東京ヘリポートを離陸、神奈川県箱根町の箱根ゴルフ場へ向かっていたヘリコプター「シコルスキー式S－76A型」箱根町の二子山山中に墜落して炎上、2人が死亡した。
●死者2名

1803 長崎線特急電車・乗用車衝突
平成2年8月4日　佐賀県小城郡牛津町

　8月4日午後7時ごろ、佐賀県小城郡牛津町下砥川のJR長崎線牛津－肥前山口間の柳鶴踏切で、立ち往生していた乗用車に特急「かもめ33号」（8両編成）が衝突、幼児1人が即死、母子2人がけがをした。
●死者1名、負傷者2名

1804 東海関西線列車・乗用車衝突
平成2年8月6日　三重県三重郡朝日町

　8月6日午後3時半ごろ、三重県三重郡朝日町柿、JR東海関西線の関谷踏切で、遮断機が下り立ち往生した乗用車が快速列車と衝突、線路下の用水路に転落し、乳児が死亡した。
●死者1名

1805 JR香椎線列車脱輪
平成2年8月7日　福岡県福岡市東区

　8月7日午後1時すぎ、福岡市東区奈多のJR香椎線雁ノ巣駅付近で、2両編成上り普通列車の2両目の車輪の一部が線路内側に脱輪した。
●―

1806 名鉄小牧線電車・乗用車衝突
平成2年8月8日　愛知県春日井市

　8月8日午前8時10分ごろ、春日井市味美上ノ町の名鉄小牧線味美6号踏切で、立ち往生し

た乗用車に普通電車が衝突、乗用車が大破した。
●車両1台大破

1807 日豊線列車・冷凍車衝突
平成2年8月10日　福岡県北九州市小倉南区

　8月10日午前9時20分ごろ、北九州市小倉南区西水町、JR日豊線・城野－安部山公園駅間の水町踏切で普通列車（4両編成）が踏切内で立ち往生していた3トン冷凍車に衝突し、列車の乗客4人がけがをした。
●負傷者4名

1808 長崎線特急・ライトバン衝突
平成2年8月13日　佐賀県杵島郡白石町

　8月13日午後10時ごろ、佐賀県杵島郡白石町東郷のJR長崎線白石駅近くの踏切で、エンストで立ち往生していた軽ライトバンに特急「かもめ39号」が衝突し、車は大破したがけが人はなかった。
●車両1台大破

1809 日南線列車・軽乗用車衝突
平成2年8月14日　宮崎県宮崎市

　8月14日午後3時45分ごろ、宮崎市田吉、JR日南線養漁場踏切で、軽乗用車に2両編成下り列車が衝突して車が大破し、2人が死亡した。
●死者2名、車両1台大破

1810 武豊線列車・乗用車衝突
平成2年8月18日　愛知県半田市

　8月18日正午すぎ、半田市大松町のJR武豊線向山踏切で、乗用車と2両編成普通列車が衝突し、主婦が死亡した。原因は踏切の遮断機が下りていなかったためとみられる。
●死者1名

第Ⅱ部　鉄道・航空機事故一覧　385

1811 農薬散布ヘリコプター墜落
平成2年8月18日　岐阜県郡上郡美並村

8月18日午前9時40分ごろ、岐阜県郡上郡美並村高砂で農薬散布をしていたヘリコプターが、高圧線に触れて山林に墜落して大破、パイロットが軽傷を負った。
●負傷者1名

1812 紀勢線列車・軽トラック衝突
平成2年9月7日　三重県多気郡大台町

9月7日午後4時55分ごろ、三重県多気郡大台町粟生、JR紀勢線の粟生第1踏切で下り普通列車（3両編成）と軽トラックが衝突してトラックが大破し、男性が軽傷を負った。原因は作業員が踏切の警報機や遮断機の機能を停止させたままにしたため。
●負傷者1名、車両1台大破

1813 東西線普通電車脱線
平成2年9月8日　東京都江東区

9月8日深夜、東京都江東区の営団地下鉄東西線の南砂町－東陽町駅間（地下トンネル内）で、普通電車4両が脱線した。原因はまくら木を交換する工事の影響とみられる。
●4両脱線

1814 窓清掃中ゴンドラ転落
平成2年9月10日　千葉県千葉市

9月10日午前10時50分ごろ、千葉市栄町の住友商事ビルで、電動ゴンドラに乗って6階付近のガラス磨きをしていた作業員2人がゴンドラごと転落、死亡した。
●死者2名

1815 線路内に落下物
平成2年9月21日　福岡県博多市

9月21日午前9時50分すぎ、新幹線博多駅ホームから弁当運搬用の台車がレールに落ち、新大阪発「ひかり151号」が急停車した。原因は規則を知らない指定以外の業者がブレーキのない台車を利用したため。
●――

1816 西鉄大牟田線急行・トラック衝突
平成2年10月4日　福岡県筑紫野市

10月4日午後9時15分ごろ、福岡県筑紫野市西小田、西鉄大牟田線筑紫－津古駅間の踏切で下り急行電車（6両編成）と2トントラックが衝突、電車の1両目前部が脱線、トラックが大破、男性2人が死亡した。
●死者2名、車両1台大破

1817 中央線回送電車ポイント破壊
平成2年10月6日　岐阜県多治見市

10月6日午後6時半ごろ、多治見市音羽町のJR多治見駅構内の中央線下り線で、進行方向に切り替わっていなかったポイントに回送電車が突っ込み、ポイントが壊れた。
●ポイント破損

1818 山陰線列車に倒木
平成2年10月8日　京都府船井郡丹波町

10月8日午前10時40分ごろ、京都府船井郡丹波町のJR山陰線胡麻－下山間で、台風21号の影響により線路わきの立ち木が倒れ、通過中の普通列車の先頭車両の窓ガラスが割れ、乗客6人がけがをした。
●負傷者6名

1819 ヘリコプター墜落
平成2年10月18日　栃木県真岡市

10月18日午前10時58分ごろ、栃木県真岡市西郷の畑に納入前の試運転中だった自衛隊用対戦車ヘリコプターAH－1S型機（通称「コブラ」）が墜落し、2人がけがをした。

●負傷者2名

1820	乱気流スチュワーデスけが
	平成2年10月26日　和歌山県海南市上空

10月26日午前11時9分ごろ、和歌山県海南市上空約3,600mを飛行中の全日空ボーイング767が乱気流で激しく揺れ、スチュワーデス1人が大けが、3人が軽いけがを負った。
●負傷者4名

1821	田沢湖線特急・バス衝突
	平成2年10月30日　岩手県盛岡市

10月30日午後5時40分ごろ、盛岡市土渕のJR田沢湖線盛岡－大釜駅間の谷中踏切で、立ち往生した回送中の大型バスに下り特急「たざわ19号」が衝突し、バスの2人が死亡、列車の乗客8人が軽いけがをした。
●死者2名、負傷者8名

1822	桜井線電車・トラック衝突
	平成2年10月30日　奈良県大和高田市

10月30日午前5時35分ごろ、奈良県大和高田市三和町のJR桜井線大道踏切で、普通電車が大型トラックと衝突、電車の先頭車両が脱線、トラックが線路沿いの会社事務所に突入したがけが人はなかった。
●──

1823	オートジャイロ墜落死
	平成2年11月4日　宮崎県都城市

11月4日午後2時ごろ、宮崎県都城市上水流町の大淀川左岸河川敷の上空を、第3回スカイフェスタin都城の公開演技としてデモフライトしていたオートジャイロが河川敷に墜落、男性が死亡した。堤防上にいた約2,000人の見物客にけがはなかった。
●死者1名

1824	小型機墜落
	平成2年11月17日　鳥取県鳥取市

11月17日午後6時20分ごろ、鳥取空港から南約1キロの鳥取市布勢の畑地に、小型機パイパーPA46－310Pが墜落し、3人が死亡した。
●死者3名

1825	連結作業中に電車追突
	平成2年11月24日　三重県亀山市

11月24日午後0時半ごろ、亀山市のJR関西線亀山駅構内で、2両編成の電車が、これと増結するためにホームに停止していた2両編成の普通電車に追突し、12人が倒れて痛みを訴えた。
●負傷者12名

1826	全日空ジャンボ機エンジンから出火
	平成2年12月11日　沖縄県宮古郡伊良部町

12月11日、沖縄県宮古郡伊良部町の下地島空港で、訓練飛行から着陸した直後の全日空のボーイング747型ジャンボ機が左主翼第1エンジン付近から出火、同エンジンの一部を焼いた。
●──

1827	コースター追突
	平成2年12月24日　山口県豊浦町

12月24日午後0時40分ごろ、山口県豊浦町川棚「川棚温泉自然ランド」で、構内にある遊覧用サイクルコースター1両（5台連結）が定位置手前で停車していた前の1両に追突し、2人がけがをした。
●負傷者2名

平成2年(1990年)〜

1828 豊橋鉄道渥美線電車・乗用車衝突
平成2年12月25日　愛知県豊橋市

12月25日午後11時半ごろ、豊橋市町畑町の豊橋鉄道渥美線小池10号踏切で乗用車と普通電車が衝突し、乗用車の男性が軽傷、1人が重傷を負った。
●負傷者2名

1829 リフト事故
平成2年12月27日　新潟県南魚沼郡湯沢町

12月27日午前11時すぎ、新潟県南魚沼郡湯沢町の苗場スキー場で、強風のためリフトのワイヤロープが滑車からはずれ、10人が7、8m下のゲレンデに落ち、重軽傷を負った。
●負傷者10名

1830 乗用車・京王井の頭線電車衝突
平成3年1月3日　東京都杉並区

1月3日午前0時40分ごろ、東京都杉並区久我山の京王井の頭線久我山駅－富士見丘駅間の第1種踏切で、乗用車と下り最終電車が衝突して車が大破、電車の1両目が脱線した。この事故で乗用車の男女2人が死亡、乗客ら5人が軽いけがをした。
●死者2名、負傷者5名、電車1両脱線

1831 トラック・名鉄竹鼻線電車衝突
平成3年1月4日　岐阜県羽島郡笠松町

1月4日午前11時ごろ、岐阜県羽島郡笠松町上新町の名鉄竹鼻線踏切で、2両編成普通電車にトラックが衝突、トラックが横向きに線路をふさいだ。けが人はなかったが、同線は一時不通になった。
●――

1832 超軽量機墜落
平成3年1月4日　茨城県北茨城市

1月4日午後1時15分ごろ、茨城県北茨城市磯原町磯原の二ツ島海岸沖約100mの海上に、レジャー用超軽量飛行機が墜落して水没、男性が全身を強く打ち死亡した。
●死者1名

1833 上越線特急倒木に接触
平成3年1月6日　新潟県長岡市

1月6日午前0時55分ごろ、新潟県長岡市妙見町のJR上越線で、下り寝台特急「鳥海」（10両編成）が線路わきの神社境内から倒れ架線にひっかかっていたケヤキに接触、5号車から9号車までの窓ガラス計41枚が割れ、ガラスの破片で乗客3人が顔などを負傷した。
●負傷者3名

1834 乗用車・名鉄常滑線電車衝突
平成3年1月6日　愛知県名古屋市南区

1月6日午後7時20分ごろ、名古屋市南区柴田町の名鉄常滑線大同3号踏切で、乗用車が遮断機を突っ切って6両編成急行電車の2両目に衝突、車ははじき飛ばされて大破し、男性が死亡、女性が10日間のけが、はじき飛ばされた車にはねられた男性が重傷を負った。また、同日午後10時15分ごろ、尾張旭市印場元町北山の名鉄瀬戸線大森12号踏切で、4両編成普通電車に乗用車が遮断機を突っ切って衝突、運転していた男性が重体となった。
●死者1名、負傷者3名

1835 日高線列車・大型タンクローリー衝突
平成3年1月8日　北海道苫小牧市

1月8日午前11時10分過ぎ、北海道苫小牧市沼ノ端のJR日高線勇払－苫小牧駅間の勇払沼ノ端線踏切で、1両編成上り普通列車が立ち往生していた大型タンクローリーに衝突して脱

線した。この事故で列車の運転士が運転席にはさまれ重傷、乗客47人が軽傷を負った。原因は踏切内の盛り上がった部分に雪で車輪を取られて立ち往生したため。
●負傷者48名、電車1両脱線

1836	トレーラー・名鉄名古屋本線電車衝突
	平成3年1月10日　愛知県岡崎市

　1月10日午前7時13分、岡崎市宇頭町後久の名鉄名古屋本線矢作橋10号踏切で、名鉄急行電車が立ち往生していた6トン大型トレーラーに衝突、1両目が脱線し、乗客8人が軽いけがをした。
●負傷者8名、電車1両脱線

1837	気球不時着
	平成3年1月12日　千葉県犬吠埼沖

　1月12日午前7時ごろ、千葉・犬吠埼の東南東約470キロの海上で、捜索中のヘリコプターが太平洋横断に挑戦して不時着したガス気球のゴンドラ部分を発見したが、乗っていた男性は死亡していた。
●死者1名

1838	ジャンボ機滑走路逸脱
	平成3年1月15日　石川県小松市

　1月15日午後6時38分ごろ、石川県・小松空港で、羽田行きの全日空ボーイング747型ジャンボ機が、滑走路を逸脱して主翼を進入角指示灯にぶつけた。この日、雪や凍結などのため運航規定により離着陸が禁じられている状態で、管制官もそれを知りながら離陸要請に対し許可を与えていた。
●──

1839	熱気球送電線接触
	平成3年1月15日　三重県名張市

　1月15日午前9時50分ごろ、名張市新田の田んぼに奈良気球クラブの熱気球が着陸したところ、強風にあおられ、約300m流されて3万ボルトの送電線と鉄塔にひっかかり、送電線の一部が破損、けが人はなかった。
●送電線破損

1840	ゴンドラから転落
	平成3年1月19日　東京都中央区

　1月19日午後9時すぎ、東京都中央区銀座の三越銀座店7階付近で、作業員3人がゴンドラに乗り外壁防水工事中、ゴンドラが傾き1人が約25m下の路上に転落して死亡、残る2人ははしご車に救出された。
●死者1名

1841	トラック紀勢線架線接触
	平成3年1月19日　和歌山県田辺市

　1月19日午前10時半ごろ、和歌山県田辺市芳養町、JR紀勢線芳養駅近くの西ノ谷踏切で、クレーンを積んだ4トントラックが上り線の架線を引っかけ、白浜－南部駅間が不通となった。原因はクレーンのアームを上げたまま踏切に入ったため。
●──

1842	トラック京浜急行踏切に放置
	平成3年1月24日　神奈川県横浜市鶴見区

　1月24日午後11時15分ごろ、横浜市鶴見区市場上町の京浜急行八丁畷－鶴見市場間八丁畷第1踏切に、盗まれた無人の10トントラックが放置されているのを通行人が発見、非常ボタンを押したため電車に危険はなかった。
●──

1843	軽トラック・大村線列車衝突
	平成3年1月26日　長崎県大村市

　1月26日午後9時25分ごろ、長崎県大村市諏訪のJR大村線の諏訪踏切で、軽トラックが

快速列車「シーサイドライナー」(4両編成)と衝突、大破し、女性2人が死亡した。
●死者2名

1844 旅客機に落雷
平成3年1月27日　島根県上空

1月27日午後4時46分ごろ、島根県の隠岐空港から出雲空港に向かっていた日本エアシステム606便YS11が尾翼付近に落雷を受け、垂直尾翼の方向舵の一部を破損した。
●航空機一部破損

1845 パラグライダー墜落
平成3年2月7日　静岡県熱海市

2月7日午後4時半ごろ、静岡県熱海市の玄岳(標高799m)山頂付近から、パラグライダーで飛んでいた女性が、静岡県田方郡函南町畑の氷ケ池に落ち、女性と助けようとした仲間が溺死した。
●死者2名

1846 南海電車運行中にドア開く
平成3年2月8日　大阪府河内長野市

2月8日午前7時10分ごろ、河内長野市本町の南海高野線で、走行中の急行電車の右側ドアが開いたままになり、緊急停車した。
●――

1847 軽乗用車・名鉄名古屋本線電車衝突
平成3年2月11日　愛知県一宮市

2月11日午前7時16分ごろ、一宮市北方町北方の名鉄名古屋本線黒田踏切で、軽乗用車が2両編成普通電車にぶつかり、約200m引きずられて大破、1人が死亡した。
●死者1名

1848 山陰線列車・軽乗用車衝突
平成3年2月15日　山口県長門市

2月15日午後8時50分ごろ、山口県長門市東深川のJR山陰線下郷踏切で、軽乗用車が脱輪して立ち往生、2両編成普通列車に約70m引きずられて大破した。車内にいた子供2人が足や顔などの軽いけがをした。
●負傷者2名

1849 YS機横滑り
平成3年2月15日　大阪府大阪市

2月15日午前11時ごろ、大阪空港の駐機場でエンジン試運転中の全日空のジェット機から出たエンジン噴流が、滑走路に向かっていたエアーニッポンの高松行きYS11機を直撃、機体が横滑りをした。
●――

1850 トレーラー・和歌山線電車衝突
平成3年2月16日　和歌山県伊都郡かつらぎ町

2月16日午前7時40分ごろ、和歌山県伊都郡かつらぎ町中飯降、JR和歌山線の嵯峨谷第2踏切でトレーラーと普通電車(4両編成)が衝突、電車の先頭車両が脱線し、乗客9人が軽いけがをした。原因はトレーラーの後輪が踏切内のケーブル埋没用側溝工事の穴にはまって立ち往生したため。
●負傷者9名、電車1両脱線

1851 関西線電車・ダンプカー衝突
平成3年2月18日　大阪府柏原市

2月18日午前10時ごろ、大阪府柏原市高井田、JR関西線高井田駅近くの谷川踏切で、4トンダンプカーと快速電車が衝突し、乗客6人が軽いけがをした。原因はダンプカーが警報機を無視して踏切に入ったため。
●負傷者6名

～平成3年（1991年）

1852　乗用車・鹿児島線列車接触
平成3年2月26日　福岡県福岡市南区

2月26日午前6時半ごろ、福岡市南区五十川のJR鹿児島線の大正踏切で、乗用車が回送列車と接触し、男性が軽いけがをした。
●負傷者1名

1853　ライトバン・原付きバイク衝突
平成3年3月5日　大分県別府市

3月5日午前7時半すぎ、大分県別府市石垣東の市道交差点で、ライトバンが原付きバイクと衝突、はずみでライトバンは女性を引きずったまま交差点横のJR日豊線の踏切に入り、普通列車（4両編成）と衝突、女性が死亡した。原因は双方が安全確認を怠ったため。
●死者1名

1854　香椎線遠足列車・パワーショベル衝突
平成3年3月12日　福岡県福岡市東区

3月12日午前10時10分ごろ、福岡市東区奈多の「海の中道」を走るJR香椎線雁ノ巣－海ノ中道駅間の仮設踏切で、3両編成の貸し切り臨時列車「アクアエクスプレス」とパワーショベルが衝突、列車は1両目が脱線して横倒しになった。遠足のため乗っていた児童7人が軽いけが、パワーショベルの運転手が重傷を負った。
●負傷者8名、電車1両脱線

1855　トラック横転
平成3年3月23日　福岡県北九州市小倉北区

3月23日午後4時ごろ、北九州市小倉北区高浜のJR東小倉駅（貨物）構内の南山越町通踏切で、クレーン付き2トントラックが、踏切入り口の高さ制限ワイヤにアーム部分を引っかけて横転し、日豊線上り線路をふさぎ、週末の行楽客らが影響を受けて深夜まで混乱が続いた。原因はクレーンを起こしたままの状態で踏切を渡ったため。

1856　飛行船不時着
平成3年3月26日　東京都港区

3月26日午後、東京都港区虎ノ門で全長17mの宣伝用無人飛行船が落下して民家の屋根に不時着したが、被害はなかった。原因はテスト飛行中に無線操縦がきかなくなったため。

1857　ダンプ電線切断
平成3年3月28日　愛知県稲沢市

3月28日午前10時25分ごろ、JR稲沢駅構内で、ダンプカーが配電線を引っかけて切断し、配電線が東海道線の線路付近に垂れ下がった。上下線の送電を止めて配電線を取り除いたため13本に遅れが出た。

1858　日航ジャンボ外板落下
平成3年4月11日　山口県岩国市

4月11日午後0時すぎ、山口県岩国市上空を飛行中の日航ボーイング747ジャンボ機の左主翼付け根付近の強化プラスチック製外板の一部がはがれ、左翼後部のフラップも穴があくなど損傷し、同機は福岡空港へ着陸した。

1859　セスナ・模型機衝突
平成3年4月27日　愛知県刈谷市

4月27日午後0時5分ごろ、刈谷市井ケ谷町の河川敷上空で、宣伝飛行中のセスナ172P型機に無線操縦の模型グライダーがぶつかり主翼に約20cmの穴があいたが、運航に支障はなかった。運輸省は30日になって航空事故と認定した。

平成3年（1991年）〜

1860	阪急京都線電車・乗用車衝突
	平成3年4月29日　大阪府摂津市

4月29日午後11時45分ごろ、摂津市千里丘東の阪急京都線の通称産業道路踏切で、6両編成普通電車と乗用車が衝突、車は約50m引きずられて炎上し、男性が焼死した。
●死者1名

1861	米空戦闘機墜落
	平成3年5月7日　青森県三沢市

5月7日午後8時40分ごろ、青森県三沢市の米空軍三沢基地内の姉沼通信所付近に、離陸間もない同基地第14戦術戦闘飛行中隊所属のF16C戦闘機1機が墜落した。現場は米軍の通信施設が密集しており、通称「象のオリ」地区と呼ばれている。
●戦闘機1機墜落

1862	信楽高原鉄道衝突事故
	平成3年5月14日　滋賀県甲賀郡信楽町

第Ⅰ部　解説参照（p.132）。
●死者42名

1863	軽飛行機墜落
	平成3年5月17日　茨城県下館市

5月17日午後1時6分ごろ、茨城県下館市岡芹の水田に全国交通安全運動キャンペーン中の新日本航空大利根運航所所属の軽飛行機が墜落、操縦士が死亡した。
●死者1名、軽飛行機1機墜落

1864	ヘリコプター墜落
	平成3年5月25日　愛知県南設楽郡作手村

5月25日午前11時40分ごろ、愛知県南設楽郡作手村の山中に、東加茂郡下山村のスーパー「エル・エル」航空部所有のヘリコプターが飛行訓練中に墜落、操縦士が死亡した。

●死者1名、ヘリコプター1機墜落

1865	土木作業車線路に落下
	平成3年6月1日　兵庫県神戸市垂水区

6月1日午前11時10分ごろ、神戸市垂水区塩屋町で民家の庭を工事中の工事用土木作業車ががけから約20m下の山陽電鉄の線路上に転落、普通電車が衝突して1両目前部が脱線し、作業車の運転手がけがをした。
●負傷者1名、電車1両脱線

1866	乗用車・東海道線貨物列車衝突
	平成3年6月6日　愛知県大府市

6月6日午前2時9分ごろ、大府市共和町茶屋のJR東海道線共和－大高駅間の通称・乙洞踏切で、乗用車が上り貨物列車に接触後、下り貨物列車（20両編成）と衝突して大破し、男性が死亡した。原因は乗用車が踏切内に無理に進入したため。
●死者1名

1867	自衛隊ヘリコプター不時着
	平成3年6月6日　長崎県雲仙市

6月6日午前10時半ごろ、雲仙・普賢岳で、陸上自衛隊の大型双発ヘリコプターが、火砕流災害現場の水無川上流域のタバコ畑に不時着した。報道陣5人と自衛隊広報部員3人、乗員4人が乗っていたが、全員無事だった。
●——

1868	山陽線寝台特急・乗用車衝突
	平成3年6月13日　山口県柳井市

6月13日午後11時すぎ、山口県柳井市新庄のJR山陽線八丁堤踏切（警報機、遮断機付き）で、脱輪して立ち往生していた乗用車に上り寝台特急「さくら」（11両編成）が衝突。機関車が故障したがけが人はなかった。
●——

1869 乗用車・常磐線特急衝突
平成3年6月21日　茨城県新治郡千代田村

6月21日午後11時58分ごろ、茨城県新治郡千代田村下稲吉のJR常磐線菅谷道踏切で、乗用車が寝台特急「ゆうづる3号」に衝突、2人が死亡した。当時、神立－高浜駅間の踏切は線路工事準備のため警報機、遮断機が作動しておらず、交通整理員が誘導していた。
●死者2名

1870 福知山線衝突事故
平成3年6月25日　京都府福知山市

第Ⅰ部　解説参照（p.139）。
●重軽傷者300名

1871 名鉄名古屋本線電車・軽乗用車衝突
平成3年6月26日　愛知県刈谷市

6月26日午後4時9分ごろ、刈谷市一ツ木町本郷前の名鉄名古屋本線一ツ木駅西側の通称・一ツ木1号踏切で、エンストして立ち往生していた軽乗用車が上り普通電車（4両編成）と衝突して大破、電車も1両目が脱線したが、けが人はなかった。
●電車1両脱線

1872 航空自衛隊練習機墜落
平成3年7月1日　青森県三沢市

7月1日午前11時ごろ、航空自衛隊三沢基地所属の2人乗りのジェット練習機T4の機影が襟裳岬の西方約55キロの海上でレーダーから消え、正午すぎ、浦河沖の海上で墜落した行方不明機の破片が発見された。
●行方不明者2名、ジェット練習機1機墜落

1873 土砂崩れ
平成3年7月4日　広島県豊田郡安浦町

7月4日午後1時55分ごろ、広島県豊田郡安浦町三津口のJR呉線安浦－風早駅間で、線路わきの山の斜面が高さ約15m、長さ約30mにわたって崩れて線路が土砂で埋まり、直後に通りかかった上り普通電車（4両編成）の1、2両目が土砂に乗り上げて脱線、修学旅行の小学生ら3人が胸や腕などにけがをした。
●負傷者3名、電車2両脱線

1874 ブルーインパルス墜落
平成3年7月4日　宮城県金華山沖

7月4日正午ごろ、宮城県金華山沖の海上で訓練中の航空自衛隊のブルーインパルスT24機のうち2機が飛行中に接触し墜落、乗員2人が死亡した。
●死者2名

1875 軽量機墜落
平成3年7月22日　三重県松坂市

7月22日午後3時半ごろ、松阪市西黒部町の松名瀬海岸沖約500mの伊勢湾に、練習飛行中の「Ｂ＆Ａフライングクラブ松阪」所有の軽飛行機が墜落したが、乗員2人は漁船に救助されて無事だった。
●軽飛行機1機墜落

1876 ヘリコプター墜落
平成3年7月24日　福島県石川郡石川町

7月24日午後0時15分ごろ、福島県石川郡石川町山形の山中に「エースヘリコプター」の2人乗りヘリコプターが墜落し、1人が即死、1人が重傷を負った。
●死者1名、負傷者1名、ヘリコプター1機墜落

1877 ヘリコプター墜落
平成3年7月26日　茨城県稲敷郡美浦村

7月26日午前6時ごろ、茨城県稲敷郡美浦村の清明川河口から北約500mの霞ケ浦で、24

平成3年（1991年）〜

日朝から消息を絶っていた日本ヘリコプター所属の農薬散布用ヘリコプターに搭乗していた2人の遺体が相次いで発見され、機体の一部も清明川で発見された。
●死者2名、ヘリコプター1機墜落

1878 西鉄大牟田線踏切事故
平成3年7月27日　福岡県小郡市

7月27日午後0時半ごろ、福岡県小郡市三沢の西鉄大牟田線三沢－津古駅間の津古10号踏切で、上り特急電車に男子高校生3人がはねられて死亡した。3人は駅改札口に急ぐため遮断機をくぐって踏切を渡ろうとしたが、特急は三沢駅では停車せず通過だった。
●死者3名

1879 阪急航空ヘリコプター墜落
平成3年8月5日　兵庫県美方郡村

8月5日、兵庫県美方郡村岡町の大峰山で消息を絶った阪急航空のヘリコプターが6日午前7時20分、同山中の斜面に墜落し、大破しているのを捜索隊が発見した。墜落現場付近で死亡している8人を収容した。
●死者8名

1880 名鉄蒲郡線電車・トラック衝突
平成3年8月8日　愛知県幡豆郡幡豆町

8月8日午前10時10分ごろ、愛知県幡豆郡幡豆町西幡豆の名鉄蒲郡線東幡豆7号踏切で、エンストして立ち往生していたトラックに普通電車（4両編成）が衝突、架線の電柱が傾いて西幡豆－東幡豆間が不通になった。
●

1881 片町線快速・乗用車衝突
平成3年8月10日　大阪府枚方市

8月10日午後4時55分ごろ、枚方市藤阪元町のJR西日本片町線で、立ち往生していた乗用車に下り快速電車が衝突したが、けが人はなかった。
●

1882 乗用車・佐世保線列車衝突
平成3年8月10日　長崎県佐世保市

8月10日午前11時50分ごろ、長崎県佐世保市桑木場町、JR佐世保線早岐－三川内駅間の桑木場踏切内で、立ち往生していた乗用車と上り普通列車が衝突し、妊婦が死亡、幼児2人が重体となった。
●死者1名、負傷者2名

1883 ヘリコプター墜落
平成3年8月11日　栃木県宇都宮市

8月11日午前9時半ごろ、宇都宮市刈沼町の山林にヘリ運航業大橋開発所有のヘリコプターが墜落し、乗員・乗客6人重軽傷を負った。濃霧のため低空で飛行しているうち、木に接触してバランスを崩したもの。
●負傷者6名、ヘリコプター1機墜落

1884 ゴンドラ停止
平成3年8月17日　長野県北安曇郡白馬村

8月17日午前11時15分ごろ、長野県北安曇郡白馬村北城の八方尾根スキー場で、ゴンドラリフトの減速機が焼き停止した。乗っていた約100人は予備装置を使って作動し全員無事に降りたが、その後は運休となり、山頂に登っていた約3,000人はリフトやマイクロバスを乗り継いだりゲレンデを歩くなどした。
●

1885 トラック・常磐線特急衝突
平成3年9月1日　茨城県牛久市

9月1日午後7時51分ごろ、茨城県牛久市牛久町のJR常磐線牛久－佐貫駅間「銅像山踏切」で、トラックが上り特急「スーパーひたち24

号」と衝突して大破し、運転手が即死、列車の乗客8人が軽いけがをした。
●死者1名、負傷者8名

1886	ゴンドラ転落
	平成3年9月11日　岡山県岡山市

9月11日午後2時10分ごろ、岡山市表町の建設中の11階建て再開発ビル屋上から、清掃作業用のゴンドラをつるすクレーンが地上に落下、10階付近のゴンドラと作業員2人も落ち、2人が死亡、地上の1人が1カ月の重傷を負った。
●死者2名、負傷者1名

1887	ヘリコプター墜落
	平成3年9月24日　愛媛県温泉郡重信町

9月24日午後1時半ごろ、愛媛県温泉郡重信町上林の山中で、四国電力の送電線架線工事をしていた四国航空のヘリコプターが墜落し、パイロットと整備士の2人が死亡、鉄塔上で作業をしていた1人が軽いけがをした。
●死者2名、負傷者1名、ヘリコプター1機墜落

1888	関西線普通電車・乗用車衝突
	平成3年9月28日　三重県四日市市

9月28日午前0時20分ごろ、四日市市河原田町のJR関西線河原田駅構内の本郷踏切で、下り普通電車と乗用車が衝突、電車が脱線して乗客1人が負傷した。
●負傷者1名、電車脱線

1889	小田急線脱線
	平成3年10月11日　東京都多摩市

10月11日午後9時10分ごろ、東京都多摩市諏訪の小田急多摩線の黒川駅－小田急永山駅間の諏訪トンネル出口付近で土砂崩れがあり、6両編成下り電車の前4両が脱線し、乗客6人が軽いけがをした。
●負傷者6名、電車4両脱線

1890	乗用車・阪急電鉄京都線阪急線急行電車衝突
	平成3年10月11日　大阪府摂津市

10月11日午後8時20分ごろ、大阪府摂津市香露園の阪急電鉄京都線の通称産業道路踏切で、乗用車が急行電車（8両編成）と衝突し、電車の1両目最前部が脱線、車は約300m引きずられて大破し、乗っていた男性5人が死亡した。
●死者5名

1891	軽ライトバン・奥羽線列車衝突
	平成3年10月17日　秋田県南秋田郡昭和町

10月17日午後5時25分ごろ、南秋田郡昭和町大久保のJR奥羽線第1大清水踏切で、軽ライトバンが普通列車と衝突、ライトバンは大破し、男女2人が死亡した。現場踏切は前からたびたび遮断機が下りたままになり、かわるがわる遮断機を上げて通り合うことがあった。
●死者2名

1892	線路内へトラック突入
	平成3年10月18日　兵庫県揖保郡太子町

10月18日午前9時40分ごろ、兵庫県揖保郡太子町糸井のJR山陽線網干駅西約500mで、線路と並行した道路を走行中のトラックがガードレールを破って上り線路内に突っ込み、正午ごろまで普通電車上下13本が運休した。
●——

1893	パラグライダー落下
	平成3年11月3日　熊本県阿蘇郡一の宮町

11月3日午後2時ごろ、熊本県阿蘇郡一の宮町北坂梨の丘陵で、飛行練習中のパラグライダーが横風を受けてバランスを失い高さ約10mの空中から落下、会社員男性が重傷を負っ

平成3年（1991年）〜

た。
●負傷者1名

1894 名鉄西尾線電車・乗用車衝突
平成3年11月17日　愛知県西尾市

11月17日午後5時33分ごろ、西尾市戸ケ崎町の名鉄西尾線桜町前1号踏切で、遮断機が下りて立ち往生した乗用車が上り普通電車と衝突して大破した。けが人はなかったが電車はブレーキ系統が壊れて動かなくなった。
●──

1895 リフト落下
平成3年11月19日　富山県上新川郡大山町

11月19日午前8時50分ごろ、富山県上新川郡大山町本宮の県営ゴンドラスキー場で、第3リフト途中の支柱の滑車からワイヤーが外れ、従業員ら5人が約5m下の地面に飛び降りるなどして、1人が死亡、4人が重軽傷を負った。
●死者1名、負傷者4名

1896 ゴンドラ宙づり
平成3年12月7日　兵庫県神戸市中央区

12月7日午前11時58分ごろ、神戸市中央区葺合町の北野異人館と六甲山系世継山の布引ハーブ園を結ぶ新神戸ロープウエーが止まり、ゴンドラ68台の約120人が25分間宙づりになった。予備動力で運転を再開して最寄りの駅に降ろした。
●──

1897 航空自衛隊戦闘機墜落
平成3年12月13日　石川県加賀市

12月13日午前10時ごろ、石川県加賀市橋立港沖北東約6キロの海上で、航空自衛隊千歳基地第2航空団所属のジェット戦闘機F15DJイーグルが墜落したが、パイロットは緊急脱出

して近くの漁船に救助された。
●戦闘機1機墜落

1898 高山線貨物列車脱線
平成3年12月14日　岐阜県加茂郡坂祝町

12月14日午前10時5分ごろ、岐阜県加茂郡坂祝町のJR高山線の坂祝駅構内で、入れ替え作業中の貨物列車の3両目が脱線した。原因はポイントの切り替えミスとみられる。
●貨物列車1両脱線

1899 乗用車・筑豊線列車衝突
平成3年12月14日　福岡県飯塚市

12月14日午前9時7分ごろ、飯塚市鯰田のJR筑豊線の愛宕踏切で、エンストした乗用車と上り普通ディーゼルカー（6両編成）が衝突したが、けが人はなかった。
●──

1900 名鉄河和線踏切事故
平成3年12月28日　愛知県東海市

12月28日午後5時35分ごろ、東海市大田町汐田の名鉄河和線踏切で、脱輪して立ち往生していたバンと普通電車（4両編成）が衝突し、車は約50m引きずられた。
●──

1901 ヘリコプター不時着
平成3年12月28日　三重県松坂市

12月28日正午ごろ、松阪市松名瀬町の櫛田川河口にある中州に、訓練飛行中の2人乗りヘリコプターが不時着、脚（スキッド）の一部が破損した。乗っていた2人は近くの漁船に救助された。
●──

1902 近鉄電車脱線
平成3年12月29日　奈良県生駒郡平群町

　12月29日午前9時50分ごろ、奈良県生駒郡平群町平等寺の近鉄生駒線竜田川7号踏切付近で、2両編成下り普通電車の後ろ1両が脱線したが、けが人はなかった。
- 電車1両脱線

1903 日豊線特急・軽乗用車衝突
平成4年1月7日　福岡県豊前市

　1月7日午前8時45分ごろ、福岡県豊前市松江のJR日豊線豊前松江駅構内踏切で、軽乗用車と特急「ハイパーにちりん6号」が衝突、軽乗用車は前部を大破した。けが人はなかった。
- ―

1904 軽ワゴン車・西鉄宮地岳線電車衝突
平成4年1月9日　福岡県福岡市東区

　1月9日午前6時40分ごろ、福岡市東区香椎駅前、西鉄宮地岳線の香椎宮前－香椎駅間の踏切で、軽ワゴン車に電車が衝突した。乗客がいなかったためけが人はでなかった。ワゴン車がわき見運転で遮断機が下りた踏切内に進入したらしい。
- ―

1905 乗用車・西鉄大牟田線電車衝突
平成4年1月15日　福岡県福岡市中央区

　1月15日午前9時半すぎ、福岡市中央区渡辺通の西鉄大牟田線の踏切で、乗用車が特急電車に衝突し、乗用車の男性は大けがをした。電車の乗客約700人にけがはなかった。酒を飲んでいて信号を無視し、遮断機の下りた踏切内に進入したらしい。
- 負傷者1名

1906 長崎線特急列車・軽乗用車衝突
平成4年1月18日　佐賀県小城郡三日月町

　1月18日午前11時ごろ、佐賀県小城郡三日月町のJR長崎線の踏切で、軽乗用車に特急「かもめ7号」が衝突、軽乗用車を運転していた女性は全身打撲で病院に運ばれた。
- 負傷者1名

1907 軽乗用車・快速電車衝突
平成4年1月21日　大阪府八尾市

　1月21日午前9時14分ごろ、大阪府八尾市安中町のJR八尾駅構内の渋川踏切で、軽乗用車と快速電車が衝突したが、けが人はなかった。軽乗用車が踏切内でエンストしたらしい。
- ―

1908 乗用車線路暴走
平成4年2月5日　京都府京都市南区

　2月5日午後10時35分ごろ、京都市南区西九条の近鉄京都線十条駅南側の踏切で、乗用車が遮断機の下りかかった踏切内に進入、そのまま線路上を約100mほど走って止まった。乗っていた4人が重軽傷を負った。
- 負傷者4名

1909 山陽電鉄電車・トラック衝突
平成4年2月5日　兵庫県明石市

　2月5日午後0時25分ごろ、兵庫県明石市二見町西二見の踏切で、普通電車がトラックと衝突、前の2両が脱線し、うち1両が数m下の水田に突っ込み、トラックの運転手と電車の乗客5人が重軽傷を負った。トラックが遮断機の下りている踏切を渡った後、立ち往生していたらしい。
- 負傷者6名、電車2両脱線

1910 桜井線電車・マイクロバス衝突
平成4年2月10日　奈良県天理市

2月10日午前8時23分ごろ、奈良県天理市三昧田町のJR桜井線三昧田踏切で、普通電車が天理教会のマイクロバスと衝突した。マイクロバスは大破し、乗っていた3人が死亡、2人が重体、電車の乗客にけがはなかった。原因はマイクロバスが踏切内に進入後、反対側の遮断機が下りたため。
●死者3名、負傷者2名

1911 名鉄名古屋本線特急・乗用車衝突
平成4年2月28日　愛知県岡崎市

2月28日午後9時半ごろ、岡崎市本宿町の名鉄名古屋本線の本宿2号踏切で、踏切内に立ち往生していた乗用車に特急が衝突、乗用車が炎上し、電車が一部脱線した。この事故で乗用車の男性が重体、乗客約70人にけがはなかった。
●負傷者1名、電車1両脱線

1912 名鉄常滑線急行・乗用車接触
平成4年2月29日　愛知県東海市

2月29日午後9時40分ごろ、東海市大田町の名鉄常滑線の聚楽園15号踏切で、急行電車と乗用車が接触、乗用車の女性4人が軽いけがをした。けがした女性は飲んでの帰り、2台で走っていて、もう1台の車に追突され、踏切内に押し出されたらしい。
●負傷者4名

1913 鹿児島線特急・軽乗用車衝突
平成4年3月13日　福岡県久留米市

3月13日午前11時10分ごろ、福岡県久留米市荒木のJR鹿児島線の踏切で、特急列車とエンストを起こし立ち往生している軽乗用車が衝突した。軽乗用車の運転手は逃げて無事、乗客にけがはなかった。
●────

1914 乗用車・京成電鉄押上線電車接触
平成4年3月16日　東京都葛飾区

3月16日午後9時40分すぎ、東京都葛飾区四つ木で、京成電鉄押上線わきの道路を走って来た乗用車が線路内に突っ込み、下り電車に接触、乗用車を運転していた男性ら2人が軽いけがをした。電車の乗客約600人にけがはなかった。
●負傷者2名

1915 関西線列車・トラック衝突
平成4年3月18日　愛知県海部郡弥富町

3月18日午前7時25分ごろ、愛知県海部郡弥富町鎌倉新田のJR関西線鎌倉踏切で、エンストして立ち往生していた軽トラックに、普通列車が衝突し、軽トラックは大破した。軽トラックの男性は外に出ていて無事で乗客にもけが人はなかった。
●────

1916 名鉄瀬戸線電車・乗用車衝突
平成4年4月1日　愛知県名古屋市守山区

4月1日午後6時半過ぎ、名古屋市守山区小幡の名鉄瀬戸線小幡6号踏切で、乗用車と下り普通電車が衝突した。乗客約400人にけがはなかった。車が踏切を渡る途中で脱輪、通行人に押してもらっていたが、間に合わなかった。
●────

1917 軌道車衝突
平成4年4月2日　兵庫県佐用郡佐用町

4月2日午前11時10分ごろ、兵庫県佐用郡佐用町平福、第3セクター智頭鉄道軌道敷設工事現場で、工事用の軌道車の衝突事故があり、作業員3人が死亡した。
●死者3名

~平成4年(1992年)

1918 日豊線特急・乗用車衝突
平成4年4月5日　福岡県苅田町

4月5日午前10時ごろ、福岡県苅田町馬場のJR日豊線鳥居踏切で、乗用車が特急にちりん10号と衝突し、車は大破、乗用車運転の男性は頭などを打って意識不明の重体となった。
●負傷者1名

1919 西鉄大牟田線特急・軽乗用車衝突
平成4年4月8日　福岡県小郡市

4月8日午後3時55分ごろ、福岡県小郡市寺福童の西鉄大牟田線踏切で、軽乗用車が下り特急と衝突して大破し、軽乗用車の男性が重傷を負った。特急の乗客にけが人はなかった。乗用車は下りていた遮断機を壊して踏切内に進入したらしい。
●負傷者1名

1920 ワゴン車・小田急江ノ島線電車が衝突
平成4年4月15日　神奈川県相模原市

4月15日午前0時15分ごろ、神奈川県相模原市上鶴間の小田急江ノ島線東林間駅近くの踏切で、下り普通最終電車とワゴン車が衝突、電車は車を引きずりながら約70m進み、ワゴン車の男性3人が死亡した。乗客にけがはなかった。ワゴン車は遮断機が下りている踏切に進入したらしい。
●死者3名、電車1両脱線

1921 山陽線新快速・乗用車衝突
平成4年5月1日　兵庫県高砂市

5月1日午後7時半ごろ、兵庫県高砂市阿弥陀町のJR山陽線曽根駅構内の金ケ田踏切で、脱輪して動けなくなっていた乗用車に、新快速電車が衝突した。乗用車を運転していた男性は直前に逃げ出し、乗客約250人も無事だった。
●――

1922 大村線特急・ダンプカー衝突
平成4年5月16日　長崎県佐世保市

5月16日午後6時20分ごろ、長崎県佐世保市崎岡町のJR大村線ハウステンボス－早岐駅間にある塔の崎踏切で、遮断機に挟まれて立ち往生していた11トンダンプカーと特急「ハウステンボス号」が衝突し、ダンプカーの運転手と列車の乗客4人がけがをした。
●負傷者5名

1923 通勤列車駅ビル突入
平成4年6月2日　茨城県取手市中央町

第Ⅰ部　解説参照（p.141）。
●死者1名、負傷者250名

1924 乗用車・近鉄名古屋線電車衝突
平成4年6月3日　三重県津市

6月3日午後9時ごろ、津市羽所町の近鉄名古屋線「公園前踏切」で、上り急行電車に乗用車が衝突、約5m引きずられ、乗用車に乗っていた2人が頭を強く打って死亡、1人がけがをした。
●死者2名、負傷者1名

1925 超軽量機墜落
平成4年6月27日　和歌山県那賀郡桃山町

6月27日午前8時5分ごろ、和歌山県那賀郡桃山町段新田のモモ畑に、1人乗り超軽量飛行機が墜落し、大破した。操縦していた男性が頭を強く打って死亡。畑の収穫作業の人たちにけがはなかった。エンジンが止まり失速したらしい。
●死者1名

1926 ヘリコプター墜落
平成4年8月14日　福島県南会津郡伊南村

8月14日正午前、福島県南会津郡伊南村の

第Ⅱ部　鉄道・航空機事故一覧　399

平成4年(1992年)〜

伊南川河川敷に東北電力の関連会社・東北エアサービスのヘリコプターが墜落、乗っていた3人全員が死亡した。
●死者3名

1927	トレーラー・名鉄谷汲線電車衝突
	平成4年8月19日　岐阜県揖斐郡大野町

8月19日午前5時55分ごろ、岐阜県揖斐郡大野町稲富の名鉄谷汲線「更地5号踏切」で、普通電車と大型トレーラーが衝突、電車は左前輪が脱線した。トレーラー、電車とも小破し、電車の運転士と乗客の1人が軽いけがをした。踏切から左折して出ようと、ハンドルを切り返していたところ、遮断機が下りたらしい。
●負傷者2名

1928	超軽量機墜落
	平成4年11月21日　山梨県南都留郡鳴沢村

11月21日午前9時45分ごろ、山梨県南都留郡鳴沢村の富士山ろくの山林に超軽量動力機が墜落し、男性1人が死亡した。現場近くの広場にトレーラーで機体を運び、取り付け道路を使って離陸しようとして墜落したものとみられる。
●死者1名、超軽量動力機1機墜落

1929	作業車脱線
	平成4年12月10日　大阪府河内長野市

12月10日午前1時35分ごろ、大阪府河内長野市汐の宮町の近鉄長野線で、線路の道床を突き固める線路保線機械マルチプルタイタンパー（約20トン）が脱線、機械の下にいた作業員1人が下敷きになり死亡、1人が重傷を負った。
●死者1名、負傷者1名

1930	列車にはさまれ死亡
	平成4年12月28日　福岡県北九州市門司区

12月28日午後2時前、北九州市門司区のJR門司港駅ホームで列車の連結作業をしていた同社車両技術係が、動き出した列車とホームの間にはさまれ死亡した。運転士は作業中を示すランプがついていなかったため連結が終わったと判断して発車したという。
●死者1名

1931	軽トラック線路落下
	平成5年2月19日　東京都八王子市

2月19日午後5時40分ごろ、東京都八王子市片倉町の空き地から、無人の軽トラックが約5m下の京王帝都高尾線の線路上に落下、現場を通りかかった電車に接触し、電車はトラックを引きずって約200m走り停止した。けが人はなかった。
●──

1932	東海道線貨物列車脱線
	平成5年2月24日　大阪府茨木市

2月24日午前2時32分ごろ、大阪府茨木市宇野辺のJR東海道線茨木駅構内で、貨物線から本線に入ろうとした貨物列車が待機の側線に突っ込み、貨車など3両が脱線した。この事故で積荷のトラックが落ち、上り線路をふさいだためダイヤに乱れが生じた。原因は本線に入るポイントが切り替わっていなかったため。
●貨物列車4両脱線

1933	ワゴン車・名鉄名古屋本線急行電車衝突
	平成5年2月27日　愛知県刈谷市

2月27日午前9時5分ごろ、刈谷市今川町上池の名鉄名古屋本線一ツ木の踏切で、ワゴン車と急行電車が衝突し、ワゴン車はの運転手が死亡、電車の乗客にけがはなかった。ワゴン車が踏切を渡っているうちに遮断機が下りたため、

電車停止ボタンを押して戻ったが間に合わなかったらしい。
●死者1名

1934 軽トラック・日豊線特急衝突
平成5年3月22日　福岡県椎田町

3月22日午前8時30分ごろ、福岡県椎田町椎田のJR日豊線椎田踏切で、小倉発南宮崎行き特急にちりん5号と軽トラックが衝突、軽トラックは大破したが、運転手は逃げ出して無事だった。
●――

1935 保線作業員死亡
平成5年3月30日　茨城県水戸市

3月30日午前1時過ぎ、水戸市宮町のJR常磐線・水戸駅構内で、線路切り替えポイントの自動給油装置を新設する保線作業中の4人が寝台特急「ゆうづる3号」にはねられ、3人が死亡、1人が意識不明の重体となった。「ゆうづる3号」は定刻より38分遅れて、予定とは異なるホームに到着、発車した。
●死者3名、負傷者1名

1936 乗用車・名鉄名古屋本線急行列車衝突
平成5年4月15日　愛知県稲沢市

4月15日午後10時半すぎ、稲沢市高御堂の名鉄名古屋本線の奥田2号踏切で、乗用車が急行列車と接触、車の前部が大破し、運転していた男性が軽いけがをしたが、約200人の乗客にけがはなかった。列車が通過した後、まだ遮断機が下りているのに踏切内に進入したらしい。
●負傷者1名

1937 JAS機着陸失敗
平成5年4月18日　岩手県花巻市

4月18日午後、岩手県花巻市の花巻空港で日本エアシステムのDC9型機451便が横風を受けて着陸を失敗、炎上した。乗員・乗客が緊急避難した直後、機体がほぼ全焼、乗客19人が重軽傷を負った。
●負傷者19名

1938 ゴンドラ宙づり
平成5年4月22日　静岡県田方郡伊豆長岡町

4月22日午前11時30分ごろ、静岡県田方郡伊豆長岡町長岡のレジャーランド「かつらぎ山パノラマパーク」で、ロープウエーが止まり、乗客20人を乗せた6台のゴンドラが宙づり状態になった。約5時間後に全員が救出され、けが人はなかった。
●――

1939 ジャンボ機内に煙
平成5年5月2日　東京都羽田空港

5月2日夜、東京都羽田空港に着陸した全日空ボーイング747-400型機630便の機内に煙が充満、緊急脱出したが、脱出の際83人が重軽傷を負った。
●負傷者83名

1940 オートバイ・香椎線列車衝突
平成5年5月18日　福岡県福岡市東区

5月18日午後9時25分ごろ、福岡市東区唐原のJR香椎線・香椎－和白間の踏切で、オートバイが普通列車の側面に衝突して炎上し、運転手が約100m引きずられ、意識不明の重体となった。
●負傷者1名

1941 遮断機誤作動
平成5年5月29日　群馬県甘楽郡甘楽町

5月29日午後2時10分ごろ、群馬県甘楽郡甘楽町福島の上信電鉄上州福島駅構内の踏切で、乗用車が貨物用電気機関車と接触、車は数

平成5年(1993年)～

m引きずられたが、機関車は駅直前で減速していたため、けが人はなかった。踏切直前の線路にさびがついていたため装置が作動しなくなり、乗用車が踏切内に入ったところ、機関車が進行してきたらしい。
●――

1942 ヘリコプター墜落
平成5年6月5日　奈良県吉野郡川上村

6月5日午前10時すぎ、奈良県吉野郡川上村瀬戸の山中に、木材運搬用にチャーターされていたヘリコプターが墜落、パイロットが死亡した。つり上げようとした木材10本が立ち木の枝にひっかかり、バランスを崩して墜落したらしい。
●死者1名、ヘリコプター1機墜落

1943 ハンググライダー墜落
平成5年6月6日　愛知県渥美郡田原町

6月6日午後5時15分ごろ、愛知県渥美郡田原町白谷の衣笠山中腹で、ハンググライダーが乱気流に巻かれて墜落。操縦していた会社員が頭を強く打ち、間もなく死亡した。
●死者1名、ハンググライダー墜落

1944 西武新宿線人身事故
平成5年6月11日　東京都保谷市

6月11日午後6時35分ごろ、東京都保谷市本町、西武新宿線西武柳沢駅の上りホームから男女2人が転落。直後に入って来た西武新宿駅行き普通列車にはねられ、2人とも死亡した。男性が2、3m前にいた女性に近づき背中を押す形で一緒に転落したらしい。
●死者2名

1945 土砂崩れで豊肥線列車脱線
平成5年6月15日　大分県大分市

6月15日午後8時50分すぎ、大分市竹中のJR豊肥線竹中－中判田駅間で、宮地発大分行き下り普通列車が、線路上に崩れた約90m3の土砂に乗り上げ脱線した。乗客3人にけがはなかった。
●列車1両脱線

1946 保線作業はねられ死亡
平成5年6月19日　宮城県志田郡鹿島台町

6月19日午前2時40分ごろ、宮城県志田郡鹿島台町木間塚のJR東北線上り線で、敷石を平らにする工事をしていた作業員3人が貨物列車にはねられ死亡した。3人は同日午前0時30分ごろから、レールを持ち上げ、敷石のでこぼこを直す作業をしていた。
●死者3名

1947 土砂崩れで日南線列車脱線
平成5年6月24日　鹿児島県志布志町

6月24日午前5時ごろ、鹿児島県志布志町のJR日南線志布志－大隅夏井駅間の志布志トンネル付近で、普通列車ががけ崩れの土砂に乗り上げて1両目前部が脱線した。乗客はなくけが人はなかった。
●列車脱線

1948 遮断機故障で事故
平成5年7月8日　茨城県西茨城郡友部町

7月8日朝、茨城県西茨城郡友部町大田町のJR常磐線友部駅構内の友部里道踏切で、電気機関車が女性と乗用車をはね2人が死傷した。事故当時踏切の遮断機は上がったままで、設備の故障が事故原因とみられる。
●死者1名、負傷者1名

1949 乗用車・阪急京都線電車衝突
平成5年7月16日　大阪府摂津市

7月16日午後10時40分ごろ、大阪府摂津市千里丘東の阪急京都線坪井踏切で、乗用車と

~平成5年(1993年)

普通電車が衝突し、乗用車を運転していた男性が頭を強く打って重傷を負った。
●負傷者1名

1950 乗用車・筑豊線列車衝突
平成5年7月18日　福岡県筑紫野市

7月18日午前9時30分ごろ、福岡県筑紫野市山家のJR筑豊線日焼踏切で、普通列車に乗用車が衝突、車は約100m引きずられて大破し、2人が死亡した。乗客にけがはなかった。現場は警報しかない第3種踏切で、乗用車は進入禁止だった。周りをよく確かめないで踏切に入ったらしい。
●死者2名

1951 東武伊勢崎線電車酒酔い運転
平成5年7月23日　栃木県足利市

7月23日、東武鉄道伊勢崎線で、酩酊状態の運転士が太田発浅草行き始発電車を運転、4駅目の足利市駅で急きょ代わりの運転士を乗車させたが、同駅を出発した時には43分の大幅遅れとなった。運転士は前夜、ビールを300ミリリットルと日本酒を600ミリリットル飲んだと話しているという。
●──

1952 パラグライダー墜落
平成5年7月24日　北アルプス乗鞍岳

7月24日午前7時40分ごろ、北アルプス乗鞍岳の富士見岳から飛ぼうとしたパラグライダーが墜落、操縦していた会社員が全身を強く打って死亡した。
●死者1名、パラグライダー墜落

1953 ヘリコプター墜落
平成5年7月27日　福島県双葉郡大熊町

7月27日午前10時15分ごろ、福島県双葉郡大熊町熊の水田に、地元の農業共済組合の委託で水稲の農薬散布をしていたヘリコプターが墜落、パイロット1人が死亡した。
●死者1名、ヘリコプター1機墜落

1954 トラック・名鉄回送電車衝突
平成5年7月30日　愛知県宝飯郡小坂井町

7月30日午後11時ごろ、愛知県宝飯郡小坂井町伊奈の県道にある名鉄名古屋線の踏切で、回送中の列車と普通トラックが衝突した。けが人はなかったが、豊橋行き特急などに最高1時間半の遅れが出た。
●──

1955 パラグライダー墜落
平成5年8月29日　山口県橘町

8月29日午後5時20分ごろ、山口県橘町安下庄の嵩山の南側中腹にパラグライダーが墜落、操縦していた会社員が全身を打って死亡した。
●死者1名、パラグライダー墜落

1956 軽乗用車・ディーゼル機関車衝突
平成5年9月4日　愛知県東海市

9月4日午後9時40分ごろ、東海市新宝町の名古屋臨海鉄道浅山1号踏切で、軽乗用車が2両連結のディーゼル機関車と衝突、車は約100mひきずられ、乗っていた男性が死亡した。
●死者1名

1957 ジャイロプレーン墜落
平成5年9月19日　沖縄県石垣市

9月19日午後4時30分ごろ、沖縄県石垣市新川のマングローブに、1人乗りヘリコプターのジャイロプレーンが墜落、操縦していた中学教諭が死亡した。
●死者1名、ジャイロプレーン墜落

第Ⅱ部　鉄道・航空機事故一覧　403

平成5年（1993年）〜

1958　ハンググライダー墜落
平成5年9月26日　佐賀県唐津市

9月26日午後3時30分ごろ、佐賀県唐津市鏡の特別名勝「虹の松原」で、2人乗りのエンジン付きハンググライダーが松林の中に墜落、1人が重傷、1人が軽いけがをした。約20mの上空で機体が横風にあおられ、バランスを崩したらしい。
●負傷者2名、ハンググライダー墜落

1959　ニュートラム暴走
平成5年10月5日　大阪府大阪市住之江区

10月5日午後5時30分ごろ、大阪府大阪市住之江区、大阪市営新交通システム「ニュートラム・南港ポートタウン線」の住之江公園駅で、無人運転をしていた電車が、減速しないまま約60m暴走し、車止めに激突、194人が重軽傷を負った。
●負傷者194名

1960　路面電車・ダンプ衝突
平成5年10月8日　広島県広島市西区

10月8日午前11時5分ごろ、広島市西区福島町の広島市西区役所前付近で、広島電鉄の宮島発広島駅行き路面電車と大型ダンプカーが衝突した。電車にはほぼ満員の約150人の客が乗っており、割れたガラスの破片で運転士と乗客ら計約10人がけがをした。
●負傷者10名

1961　列車妨害
平成5年10月15日　三重県亀山市

10月15日午後1時45分ごろ、亀山市下庄町のJR紀勢線で線路上に置かれた丸太一本を普通列車がひいた。約180人の乗客と列車は無事だった。この12日にも、今回の現場から約600mほど離れた踏切で、置かれていた自転車を跳ね飛ばす事故があった。

1962　奈良線列車・乗用車衝突
平成5年10月15日　京都府宇治市

10月15日午前5時25分ごろ、京都府宇治市莵道のJR奈良線で、上り始発普通列車が線路わきに止まっていた乗用車に衝突、車を約90m引きずって停車したが列車の乗客約30人にけがはなかった。乗用車は盗難車で人は乗ってなかった。

1963　超飛行軽量機墜落
平成5年10月16日　福島県西白河郡大信村

10月16日午前11時10分ごろ、福島県西白河郡大信村中新城の水田に超軽量飛行機が墜落し、乗っていた男性2人が足を折る大けがをした。
●負傷者2名、超軽量飛行機1機墜落

1964　宇都宮線電車・乗用車衝突
平成5年10月25日　埼玉県南埼玉郡白岡町

10月25日午前6時52分ごろ、埼玉県南埼玉郡白岡町寺塚のJR宇都宮線粕壁街道踏切で、上り列車と乗用車が衝突、列車は乗用車を約200m引きずり、橋の上で止まった。乗用車に乗っていた大人1人と子ども1人が死亡した。乗用車の撤去作業が難航し、通勤客ら約2,500人が3時間半車内に閉じ込められた。
●死者2名

1965　乗用車・近鉄京都線特急衝突
平成5年11月27日　京都府綴喜郡田辺町

11月27日午後10時40分ごろ、京都府綴喜郡田辺町三山木高飛の近鉄京都線三山木駅北側踏切で、特急電車の左前部に乗用車が衝突、乗用車は大破し、2人が死亡、1人が重傷を負った。事故当時踏切の遮断機は下りており、乗用

車が線路内に突っ込んできたという。電車の乗客にけがはなかった。
●死者2名、負傷者1名

1966	軽乗用車・南海高野線電車衝突
	平成5年12月4日　大阪府大阪市浪速区

12月4日午後9時55分ごろ、大阪市浪速区浪速西の南海高野線芦原3号踏切で、上り普通電車と軽乗用車が衝突。軽乗用車は約20m引きずられ、運転していた男性が車内に閉じ込められ、救出されたときにはすでに死亡していた。遮断機が下りているところに軽乗用車が踏切に入ってきたらしい。
●死者1名

1967	米軍戦闘攻撃機空中衝突
	平成5年12月17日　沖縄県那覇市

12月17日午前10時25分ごろ、那覇市の東南東約280キロの、米軍の訓練空域内とみられる海上で、米海兵隊岩国航空基地所属のFA18戦闘攻撃機2機が衝突し、墜落した。航空自衛隊那覇基地からヘリなど5機が救助に向かい、パイロット1人が救助された。
●戦闘攻撃機2機墜落

1968	ゴンドラ宙づり
	平成5年12月23日　神奈川県横浜市戸塚区

12月23日午後2時40分ごろ、横浜市戸塚区俣野町の「横浜ドリームランド」遊園地で、コーヒーカップ型のゴンドラが地上16mのところで停止し、乗っていた小中学生14人と大人2人が閉じ込められた。約1時間半後に全員を救助、乗客にけがはなかった。
●―――

1969	ヘリコプター墜落
	平成5年12月23日　岐阜県郡上郡八幡町

12月23日午後3時25分ごろ、岐阜県郡上郡八幡町稲成の山中で、2人乗りの小型ヘリコプターが送電線に接触して墜落、1人が1カ月の大けがをした。この事故で送電線が切れ、周辺の約16,500戸が停電した。ヘリコプターは送電線に回転翼を引っかけたため、バランスを崩したらしい。
●負傷者1名

1970	予讃線快速・トラック接触
	平成5年12月24日　香川県坂出市

12月24日午前7時50分ごろ、香川県坂出市本町のJR予讃線富士見町踏切で、快速電車マリンライナー5号が大型トラックに積まれた鋼材と接触し、電車のフロントガラスが割れ、運転士が顔に軽いけがをした。
●負傷者1名

1971	回送電車暴走
	平成5年12月25日　大阪府泉南郡田尻町

12月25日午前9時20分ごろ、大阪府泉南郡田尻町嘉祥寺の南海電鉄羽倉崎検車区（車庫）で、回送中の4両編成の電車が車止めを乗り越えて約20m暴走し、道路を横切って反対側の仏壇店のシャッターにめり込んだ。けが人はなかった。電車は通常の時速をオーバーするスピードが出ていたらしい。
●―――

1972	山陽線列車・トラック衝突
	平成5年12月26日　岡山県浅口郡里庄町

12月26日午後7時10分ごろ、岡山県浅口郡里庄町里見のJR山陽線松尾沖一踏切で、エンストで立ち往生したトラックに岡山行きの普通列車が衝突した。双方にけが人はなかった。
●―――

平成6年（1994年）～

1973	近鉄大阪線特急・準急衝突
	平成6年1月6日　三重県名張市

1月6日午後7時48分ごろ、名張市平尾の近鉄大阪線名張駅構内で、回送の特急電車と同準急の先頭車両同士が接触し、特急の最前部の車輪が脱輪したが、けが人はなかった。
●電車脱輪

1974	超軽量飛行機墜落
	平成6年1月16日　滋賀県守山市

1月16日午前11時50分ごろ、滋賀県守山市木浜町の沖合約340mの琵琶湖に超軽量飛行機が墜落、機体は沈没し、操縦者が泳いでいるうちに行方不明になった。飛行中トラブルが起き、琵琶湖へ不時着したらしい。
●行方不明1名

1975	京成押上線人身事故
	平成6年1月21日　東京都墨田区

1月21日午前6時すぎ、東京都墨田区八広の京成押上線の踏切内でミニバイクが横転。会社員ら2人が助けようとしたが、男性と会社員1人が上り電車に轢かれて死亡した。バイクが無理に進入した事が原因とみられる。
●死者2名

1976	平成筑豊鉄道ディーゼルカー・大型トラック接触
	平成6年1月21日　福岡県田川市

1月21日午前9時30分ごろ、福岡県田川市日の出町の国道322号西大通り踏切で、平成筑豊鉄道のディーゼルカーが大型トラックの後部に接触、押し出されて前にいた軽ライトバンに衝突し、軽ライトバンの運転手とディーゼルカーの乗客2人が軽いけがをした。
●負傷者3名

1977	乗用車・三岐鉄道電車衝突
	平成6年1月24日　三重県四日市市

1月24日午前7時25分ごろ、四日市市札場町の三岐鉄道線山城駅6号踏切で、立ち往生していた乗用車が電車と衝突して大破したが、けが人はなかった。凍結路面でスリップして右前輪を側溝に落としたもの。
●──

1978	日豊線電車・トラック衝突
	平成6年1月29日　大分県山香町

1月29日午前11時20分ごろ、大分県山香町下のJR日豊線中山香－立石間の牛屋敷踏切で、普通電車と普通トラックが衝突したが、けが人はなかった。
●──

1979	トラック・鹿児島線特急衝突
	平成6年2月5日　福岡県福岡市南区

2月5日午後5時25分ごろ、福岡市南区五十川のJR鹿児島線大正踏切で、特急「かもめ30号」にトラックが衝突した。原因はトラックが無理に踏切を通過しようとしたため。
●──

1980	強風で列車脱線
	平成6年2月22日　岩手県三陸町

2月22日午後3時20分ごろ、岩手県三陸町越喜来、三陸鉄道南リアス線甫嶺駅の南で、2両編成の普通列車が矢作鉄橋を渡り終えた後脱線、線路ののり面をずり落ちて下の水田に転落、横倒しになり、乗客5人が軽いけがをした。鉄橋を渡っているとき吹き上げる強風で車体が持ち上げられて脱線したとみられ、沿岸部の大船渡市では、午前5時20分最大瞬間風速38.1mを記録した。
●負傷者5名

406

1981 東海道線新快速電車・トラック衝突
平成6年2月23日　滋賀県彦根市

2月23日午後1時ごろ、滋賀県彦根市川瀬馬場町のJR東海道線河瀬踏切で、新快速電車とトラックが衝突、トラックの運転手と同乗者の2人が軽いけがをした。
●負傷者3名

1982 乗用車・名鉄美濃町線電車衝突
平成6年3月25日　岐阜県関市

3月25日午前7時45分ごろ、関市巾の名鉄美濃町線の踏切で乗用車が徹明町行き電車に衝突し、運転していた男性が死亡した。電車の乗客にけがはなかった。
●死者1名

1983 ハンググライダー墜落
平成6年4月2日　熊本県阿蘇町

4月2日午後5時10分ごろ、熊本県阿蘇町の大観望で、ハンググライダーが約50m下のコンクリート歩道に墜落、都立大ハンググライダー部員が死亡した。急降下中に左羽のシャフトが折れ、そのまま落ちたらしい。
●死者1名

1984 米軍ヘリ墜落
平成6年4月6日　沖縄県宜野湾市

4月6日午後2時30分ごろ、沖縄県宜野湾市の米海兵隊普天間飛行場の滑走路中央で、海兵隊のCH46中型輸送ヘリが墜落、乗員4人が負傷した。
●負傷者4名

1985 リフトカー逆走
平成6年4月17日　宮城県本吉郡唐桑町

4月17日午後1時8分ごろ、宮城県本吉郡唐桑町の「漁火」パークで、小中学生など31人を乗せたリフトカーが登坂中、急に停止したあと逆走して出発地点の車止めに衝突、全員が将棋倒しになり、3人が重傷、28人が軽いけがをした。
●負傷者31名

1986 グライダー墜落
平成6年4月24日　福岡県志摩町

4月24日午後2時5分ごろ、福岡県志摩町で、海岸から飛び立ったエンジン付きグライダー「超軽量動力機」が失速して墜落、男性が頭の骨を折って死亡した。
●死者1名

1987 中華航空機墜落
平成6年4月26日　愛知県西春日井郡豊山町

第Ⅰ部　解説参照（p.143）。
●死者264名、負傷者7名

1988 ビルの塗装作業ゴンドラ落下
平成6年5月7日　東京都新宿区

5月7日午前0時15分ごろ、東京都新宿区新宿のJR新宿駅東口のマイシティ新宿ビルで、塗装作業中のゴンドラが7階付近で工事用足場に接触、作業員を乗せたままタクシーの後部座席部分に落下し、運転手が重傷、作業員1人が死亡、1人が意識不明の重体となった。
●死者1名、負傷者2名

1989 小型機墜落
平成6年5月7日　高知県吾川郡池川町

5月7日午前10時ごろ、高知県吾川郡池川町の西方の山中に、航空写真を撮影していた日本地域航空の小型飛行機が墜落し、男性2人が死亡した。
●死者2名

平成6年(1994年)〜

1990 東海道線踏切事故
平成6年5月13日　兵庫県尼崎市

5月13日午後10時40分ごろ、兵庫県尼崎市長洲西通のJR東海道線池田街道踏切で、上り貨物列車が立ち往生していたワゴン車に衝突、並行して走っていた普通電車も衝突して先頭車両が脱線、ワゴン車の男性が頭などを打って重体となった。
●負傷者1名、電車1両脱線

1991 地下鉄駅で列車に引きづられ転落
平成6年6月13日　東京都台東区

6月13日、都営地下鉄浅草橋駅構内で、ドアに手を挟まれた女性が列車に引きづられ、ホームと車両のあいだに転落して死亡した。
●死者1名

1992 作業用ゴンドラ落下
平成6年6月23日　大阪府大阪市北区

6月23日午前3時ごろ、大阪市北区天神橋の長柄橋中央付近で、橋の塗装工事用足場を組む作業をしていた作業員の乗った鉄製ゴンドラがはずれ、約9.5m下の府道上に転落、2人が死亡、5人が重軽傷を負った。原因は定員2人のゴンドラに7人が一斉に乗り移ったため。
●死者2名、負傷者5名

1993 トラック・名鉄名古屋線特急衝突
平成6年7月22日　愛知県豊川市

7月22日午後1時40分ごろ、豊川市久保町の名鉄名古屋線小田渕踏切で、豊橋発新岐阜行き特急電車とトラックが衝突し、電車の1両目が脱輪したが、列車の乗客にけがはなかった。
●電車1両脱輪

1994 レールバス・ワゴン車衝突
平成6年7月24日　岐阜県郡上郡美並村

7月24日午後0時10分ごろ、岐阜県郡上郡美並村の長良川鉄道向谷洞踏切で、レールバスがワゴン車と衝突し、ワゴン車の男性が車外に放り出されて死亡した。原因はワゴン車が一時停止しないで踏切に入ったため。
●死者1名

1995 米軍戦闘機墜落
平成6年8月17日　沖縄県

8月17日午後4時ごろ、沖縄本島西方の粟国島周辺の海域に、アメリカ海兵隊のハリアー戦闘攻撃機が墜落、パイロットは米空軍の救難部隊に救助されて無事。
●―

1996 軽飛行機墜落
平成6年8月21日　香川県三豊郡仁尾町

8月21日午後4時20分ごろ、香川県三豊郡仁尾町仁尾の海岸で、超軽量動力機（ウルトラ・ライトプレーン）が墜落、男性が死亡した。
●死者1名

1997 筑肥線列車・ライトバン衝突
平成6年9月17日　福岡県福岡市西区

9月17日午前6時50分ごろ、福岡市西区今宿のJR筑肥線の上町踏切で、立ち往生をしていたライトバンと列車が衝突し、運転していた男性が死亡した。
●死者1名

1998 軽ワゴン車・中央線電車衝突
平成6年9月27日　東京都八王子市

9月27日午後7時5分ごろ、東京都八王子市上野町のJR中央線西八王子－八王子駅間の踏切で、電車が軽ワゴン車と衝突して車を約

200m引きずり、男女2人が死亡した。
●死者2名

1999 空自機不明
平成6年10月5日　北海道渡島支庁長万部町

10月5日、北海道渡島支庁長万部町の静狩峠近くの山中に、航空自衛隊偵察航空隊のRF4E型偵察機1機が墜落、2人が死亡した。
●死者2名

2000 ハンググライダー墜落
平成6年10月8日　静岡県富士宮市

10月8日午前10時20分ごろ、静岡県富士宮市猪之頭の空き地にハンググライダーが墜落、操縦していた会社員が死亡した。
●死者1名

2001 米軍機墜落
平成6年10月14日　高知県土佐郡土佐町

10月14日午後3時30分ごろ、高知県土佐郡土佐町の早明浦ダム上流に、米空母インディペンデンス艦載のA6Eイントルーダー攻撃機が訓練飛行中に墜落、2人が死亡した。
●死者2名

2002 磐越西線電車・トレーラー衝突
平成6年10月17日　福島県会津若松市

10月17日午前9時47分ごろ、福島県会津若松市北町のJR磐越西線八丁道踏切で、快速「ばんだい1号」と大型トレーラーが衝突、前2両が脱線して1両目が近くの小川に突っ込み、2両目が横転した。乗客11人が病院に運ばれ、5人が軽いけがを負った。
●負傷者16名

2003 朝日新聞社ヘリコプター墜落
平成6年10月18日　大阪府泉佐野市

10月18日午前10時5分ごろ、大阪府泉佐野市の上空を飛行中の朝日新聞社のヘリコプター「まいどり」と毎日新聞社機の「ジェットスワン」が接触して、「まいどり」が阪和自動車道上之郷インタ付近の畑に墜落、乗っていたパイロットなど3名が死亡した。
●死者3名

2004 航空自衛隊救難捜索機墜落
平成6年10月19日　静岡県浜松市

10月19日午後3時25分ごろ、静岡県浜松市の南西約50キロの遠州灘で、航空自衛隊秋田救難隊所属のMU2救難捜索機が緊急連絡をしたあと消息を絶った。付近の海を捜索したところ、搭乗員2人が遺体で発見されたが、残りの2人は行方不明。
●死者2名、行方不明者2名

2005 フジテレビ取材ヘリコプター墜落
平成6年11月13日　鹿児島県奄美大島

11月13日午前9時50分ごろ、鹿児島県奄美大島の笠利町中金久の果樹畑に、フジテレビがチャーターした鹿児島国際航空所属のベル206Bヘリコプターが墜落、2人が死亡、1人が重体となった。
●死者2名、負傷者1名

2006 エレベーター落下
平成6年12月7日　兵庫県神戸市中央区

12月7日午後0時45分ごろ、神戸市中央区中町通の神戸質屋協同組合会館の貨物搬送用エレベーターが2階部分で停止、会館員らが手動で動かそうとしたところ、ワイヤが切れて1階部分まで落下し、4人が重軽傷を負った。
●負傷者4名

平成6年(1994年)～

2007	保線作業員はねられ死亡
	平成6年12月16日　愛知県日進市

12月16日午前9時40分ごろ、愛知県日進市折戸町の名鉄豊田線で、保線作業中の作業員5人のうち、見張り役をのぞく4人が普通電車にはねられ死亡した。
●死者4名

2008	パラグライダー墜落
	平成7年1月8日　福岡県田川市

1月8日午後2時30分ごろ、福岡県田川市夏吉のロマンスケ丘頂上付近で、パラグライダーが強風にあおられ、約20m下の岩場に墜落、操縦者が頭の骨を折って死亡した。
●死者1名

2009	鹿児島線踏切人身事故
	平成7年1月19日　福岡県福岡市南区

1月19日午前7時すぎ、福岡市南区井尻のJR鹿児島線踏切で、特急つばめ3号に男性がひかれ死亡した。
●死者1名

2010	鹿児島線特急・軽ワゴン車衝突
	平成7年2月1日　福岡県久留米市

2月1日午前8時すぎ、福岡県久留米市荒木町、JR鹿児島線の汐井川踏切で、特急列車「有明1号」が軽ワゴン車と衝突、車を巻き込んだまま約250m走り、一両目の前輪が脱線、軽ワゴンの運転手が重体、乗客約130人にけがはなかった。軽ワゴン車が踏切に入ったところで遮断機が下り、遮断機の棒を上げようとしていたらしい。
●負傷者1名

2011	軽乗用車・指宿枕崎線列車に衝突
	平成7年2月11日　鹿児島県喜入町

2月11日午後3時10分ごろ、鹿児島県喜入町前之浜のJR指宿枕崎線の赤井谷踏切で、軽乗用車がディーゼル普通列車と衝突、軽乗用車が大破し、1人が即死、1人が重体、1人が重傷を負った。
●死者1名、負傷者2名

2012	ダム建設作業員転落死
	平成7年2月16日　愛知県北設楽郡豊根村

2月16日午後5時すぎ、愛知県北設楽郡豊根村古真立の新豊根ダム建設現場で、作業員7人が乗るゴンドラがダムの堰堤にぶつかり、3人が投げ出され、約30m下に転落、1人が死亡、2人が重傷、ゴンドラに残った4人のうち3人も腰などに軽いけがをした。
●死者1名、負傷者5名

2013	貨物列車レールの敷設作業員はねる
	平成7年2月19日　神奈川県川崎市川崎区

2月19日午後10時40分ごろ、川崎市川崎区塩浜町のJR貨物神奈川臨海鉄道川崎貨物駅の構内で、貨物列車が作業員をはね、1人が死亡、1人が重体となった。2人はやや暗い場所にいたため乗務員が気づくのが遅れたらしい。
●死者1名、負傷者1名

2014	東海道線寝台特急・工事用台車衝突
	平成7年4月2日　兵庫県神戸市中央区

4月2日午前1時20分すぎ、神戸市中央区のJR東海道線の灘－三ノ宮間で、寝台特急「さくら」が工事用台車と衝突、約200人の乗客が乗っていたが、けが人はなかった。
●――

2015 軽トラック・名鉄西尾線電車衝突
平成7年4月8日　愛知県安城市

4月8日午後8時25分ごろ、安城市新田町宮町の名鉄西尾線南安城踏切で、急行電車に、軽トラックが衝突してはね飛ばされ、踏切の向こう側で停車していた乗用車にぶつかった。軽トラックを運転していた男性と電車の乗客1人が軽い打撲傷を負った。軽トラックは踏切で警報機が鳴って遮断機が下りているのに進入したらしい。

●負傷者2名

2016 軽自動車・阪急電鉄神戸線電車衝突
平成7年5月10日　大阪府豊中市

5月10日午後9時40分ごろ、大阪府豊中市庄本町の旧庄本踏切で、電車が軽自動車と衝突した。軽自動車は燃え上がり運転していた男性が焼死した。電車に乗っていた約1,200人の乗客にけがはなかった。

●死者1名、車両1台全焼

2017 グライダー墜落
平成7年6月3日　埼玉県北葛飾郡庄和町

6月3日午後2時45分ごろ、埼玉県北葛飾郡庄和町小平の江戸川の堤防に、2人が乗ったモータグライダーが墜落、2人が腰や胸などを打ち大けがをした。直前に飛び立ったグライダーのけん引用のワイヤが右主翼の昇降舵（だ）のすき間に食い込んでバランスを失ったらしい。

●負傷者2名

2018 海上自衛隊ヘリコプター不時着
平成7年6月6日　神奈川県城ケ島

6月6日午前、神奈川県城ケ島の西沖合で訓練中の海上自衛隊岩国基地所属の掃海用ヘリコプターMH53Eが不時着水し水没、乗員8人が死亡した。

●死者8名

2019 日豊線特急・耕運機衝突
平成7年6月9日　大分県山香町

6月9日午前11時ごろ、大分県山香町向野のJR日豊線四軒屋踏切で、特急「にちりん16号」が踏切を横断中の耕運機と衝突、特急には約260人の乗客が乗っていたが、けがはなかった。

●───

2020 銚子電鉄正面衝突
平成7年6月24日　千葉県銚子市

6月24日午前6時10分ごろ、千葉県銚子市愛宕町で、銚子電鉄の上り電車と下り電車が線路上で正面衝突した。運転士1人と乗客1人が重傷、5人が軽傷を負った。事故は単線上で起こり、上り電車が手前の駅で行う上下電車の通行確認のための証票交換を不要と勘違いして進行したのが原因らしい。

●負傷者7名

2021 日豊線快速電車倒木に衝突
平成7年6月25日　鹿児島県財部町

6月25日午前9時20分ごろ、鹿児島県財部町のJR日豊線の北俣－大隅大川原間で、快速電車が線路上に横たわっていた倒木に衝突、はずみで木の枝が運転室の窓ガラスを突き破り、助手席にいた車掌を直撃して死亡、乗客2人も軽いけがをした。運転士が葉の茂ったシイが倒れているのに気づき、急ブレーキをかけたが間に合わなかったらしい。

●死者1名、負傷者2名

2022 軽飛行機墜落
平成7年6月25日　茨城県北相馬郡守谷町

6月25日午後6時ごろ、茨城県北相馬郡守谷町高野の水田に軽飛行機が墜落、機内の2人が

平成7年（1995年）〜

死亡した。墜落機はタッチアンドゴーと呼ばれる離着陸の練習を繰り返していた。
●死者2名

2023 京浜東北線電車・トラック衝突
平成7年6月28日　東京都北区

6月28日午前11時40分ごろ、東京都北区赤羽のJR京浜東北線の踏切内で、トラックが立ち往生し、快速電車と衝突、けが人はなかったが、電車の運転席が壊れたため、電車は赤羽駅で運転を中止した。踏切の幅が狭く、トラックが出られなくなったらしい。
●──

2024 北陸線踏切事故
平成7年7月4日　福井県鯖江市

7月4日午後0時40分ごろ、福井県鯖江市舟津町、JR鯖江駅近くの北陸線下り線で、保育園の男児2人が普通列車にはねられ、1人が死亡、もう1人が重体となった。
●死者1名、負傷者1名

2025 海上自衛隊ヘリコプター墜落
平成7年7月4日　北海道襟裳岬

7月4日午前1時35分ごろ、北海道襟裳岬から東北東約80キロの海上で、海上自衛隊館山航空基地の対潜哨戒ヘリコプターSH60Jが墜落、乗員1人が死亡した。
●死者1名

2026 軽飛行機墜落
平成7年7月29日　北海道赤平市

7月29日午後2時33分ごろ、北海道赤平市共和町のJR根室線の線路に、軽飛行機が墜落、機内にいた3人が頭や体を強く打つなどして死亡した。業務用無線の鉄塔アンテナにプロペラが接触し、墜落したらしい。
●死者3名

2027 予讃線特急・軽トラック衝突
平成7年8月13日　愛媛県東宇和郡宇和町

8月13日午後3時10分ごろ、愛媛県東宇和郡宇和町のJR予讃線踏切で特急「宇和海18号」と軽トラックが衝突、軽トラックに乗っていた会社員2人が死亡した。
●死者2名

2028 乗用車・高崎線貨物機関車衝突
平成7年9月4日　埼玉県熊谷市

9月4日午後3時55分ごろ、埼玉県熊谷市新堀のJR高崎線の踏切で、貨物機関車が立ち往生していた乗用車と衝突、運転していた女性が死亡、同乗の2人が負傷した。
●死者1名、負傷者2名

2029 超軽量飛行機墜落
平成7年10月15日　岐阜県羽島市

10月15日午後2時ごろ、岐阜県羽島市桑原町西小薮の長良川右岸河川敷の雑木林に、エンジン付き超軽量飛行機が墜落、操縦していた男性が死亡した。離陸直後に風でバランスを崩して墜落したらしい。
●死者1名、飛行機1機墜落

2030 軽自動車・東武東上線電車衝突
平成7年10月21日　東京都練馬区

10月21日午前0時22分ごろ、東京都練馬区北町の東武東上線の踏切内で、準急電車の先頭車両に軽自動車が衝突、巻き込まれたまま約200m引きずられて、運転していた男性が死亡、乗客にけがはなかった。
●死者1名

2031 超軽量機墜落
平成7年10月29日　佐賀県白石町

10月29日午後0時55分ごろ、佐賀県白石

町新拓の民間の超軽量動力飛行訓練場から離陸したウルトラライトプレーンが水田に墜落、操縦していた男性が足などの骨を折り重傷を負った。
●負傷者1名

2032 4輪駆動車・東武東上線電車衝突
平成7年11月4日　埼玉県東松山市

11月4日午後6時ごろ、埼玉県東松山市下青鳥、東武東上線の踏切で、急行電車と専門学校生2人が乗った4輪駆動車が衝突、2人が死亡、10両編成の電車の先頭車両が脱線した。
●死者2名

2033 自衛隊機ミサイル誤射
平成7年11月22日　石川県輪島市

11月22日午前8時39分ごろ、航空自衛隊小松基地所属のF15戦闘機が僚機によるミサイル誤射で石川県輪島市の舳倉島の南東の日本海に墜落、パイロットは漁船に救助された。防衛庁によると、戦闘訓練中のミサイル誤射は初めてという。
●――

2034 パラグライダー空中衝突
平成7年11月25日　静岡県富士宮市

11月25日午前11時40分ごろ、静岡県富士宮市猪之頭で、パラグライダー同士が空中で衝突、1人が雑木林に墜落、全身を強く打って死亡、もう1人は緊急時の補助パラシュートで着地し無事だった。
●死者1名、ハンググライダー2機墜落

2035 軽ワゴン車・山陽線特急衝突
平成7年12月22日　山口県宇部市

12月22日午前9時15分ごろ、山口県宇部市吉見のJR山陽線厚東－宇部駅間の下岡踏切で、寝台特急「あさかぜ」と軽ワゴン車が衝突、

車を運転していた男性が死亡した。
●死者1名

2036 軽トラック・近鉄特急接触
平成7年12月27日　三重県四日市市

12月27日午前10時45分ごろ、四日市市南富田町の近鉄踏切で、軽トラックと特急列車が接触、軽トラックの運転者は軽い打撲を負った。軽トラックの後輪がスリップし、踏切内で立ち往生したらしい。
●負傷者1名

2037 新幹線ドアに挟まれ死亡
平成7年12月27日　静岡

第Ⅰ部　解説参照（p.149）。
●死者1名

2038 清掃会社従業員ゴンドラから転落
平成8年1月9日　福岡県北九州市八幡東区

1月9日午後4時ごろ、北九州市八幡東区天神町の高齢者専用マンションの6階付近の外壁で、点検していた清掃会社の従業員3人を乗せたゴンドラが傾き、2人が約15m下の中庭に転落、足を骨折するなどの重傷を負い、1人が左ひざ打撲の軽いけがをした。6階付近で急に1本のワイヤがゆるみ、ゴンドラが傾いたとみられる。
●負傷者3名

2039 鹿児島線特急・乗用車衝突
平成8年1月11日　福岡県太宰府市

1月11日午後10時30分ごろ、福岡県太宰府市向佐野、JR鹿児島線の原口踏切で、博多発熊本行きの特急が、乗用車と衝突した。車は列車に巻き込まれたが、乗客や乗用車を運転の女性にけがはなかった。乗用車が踏切をわたろうとした際、脱輪したらしい。
●――

平成8年(1996年)〜

2040 日高線普通列車・ダンプカー衝突
平成8年1月12日　北海道胆振支庁厚真町

1月12日午前9時ごろ、北海道胆振支庁厚真町浜厚真のJR日高線勇払－浜厚真駅間の厚真通り踏切で、様似発苫小牧行き上り普通列車と大型ダンプカーが衝突、ダンプカーは炎上した。この事故でダンプカー運転の男性が重体、運転士と乗客約200人のうち約45人が重軽傷を負った。踏切に雪がつもっていて、ダンプカーはブレーキをかけたが止まらなかったらしい。
●負傷者46名

2041 軽トラック・西鉄大牟田線電車衝突
平成8年1月13日　福岡県高田町

1月13日午前9時ごろ、福岡県高田町南新開の西鉄大牟田線の踏切で、軽トラックが、大牟田発福岡行きの普通電車と衝突、軽トラック運転の女性は全身打撲、乗客にけが人はなかった。遮断機が下りていたが、車がこれを突き破る形で踏切に入ったらしい。
●負傷者1名

2042 乗用車追突
平成8年1月14日　愛知県豊田市

1月14日午前0時40分ごろ、豊田市林添町上三五田和の国道301号で、乗用車が道路左側の路肩に横転。20分後、通りかかった4台の車の若者8人が救助しようと、後部に集まっていたところへ、乗用車が突っ込んだ。このため、救助しようとした男性が頭を打ち死亡、8人が負傷した。凍結していた路面でスリップしたらしい。
●死者1名、負傷者8名

2043 軽乗用車・日豊線特急衝突
平成8年1月15日　大分県宇佐市

1月15日午前11時38分ごろ、大分県宇佐市江熊のJR日豊線江熊踏切で、大分発博多行の上り特急「にちりん18号」が、軽乗用車と衝突。車は大破し、軽乗用車の2人が骨を折るなどの重傷を負った。「にちりん18号」はブレーキが破損し、客180人を乗せたまま2時間40分停車した。
●負傷者2名

2044 トレーラー・松浦鉄道列車衝突
平成8年1月18日　長崎県佐世保市

1月18日午前6時20分ごろ、長崎県佐世保市皆瀬町の松浦鉄道佐々－佐世保駅間の皆瀬踏切で、普通列車が、立ち往生していた大型トレーラーに衝突した。列車は1両目がトレーラーの荷台に乗り上げて脱線し、運転士と乗客計14人が顔や腰などを打つ軽いけがをした。この事故のため両駅間が不通になった。
●負傷者14名

2045 軽乗用車・樽見鉄道レールバス運衝突
平成8年1月22日　岐阜県本巣郡本巣町

1月22日午後2時20分ごろ、岐阜県本巣郡本巣町神海の樽見鉄道神海西屋敷踏切で、樽見発大垣行きレールバスと軽乗用車が衝突、軽乗用車の男性は頭などを強く打ちまもなく死亡、乗客にはけがはなかった。
●死者1名

2046 乗用車・西鉄大牟田線特急衝突
平成8年1月27日　福岡県福岡市南区

1月27日午後7時45分ごろ、福岡市南区井尻の西鉄大牟田線踏切で、乗用車と大牟田発福岡行き特急が衝突した。車は10mほど引きずられ、大破して炎上した。乗用車の男性は避難して無事。特急の乗客約150人にもけがはなかった。車が踏切内で左前輪を脱輪したらしい。
●―

2047 鹿児島線特急・乗用車衝突
平成8年2月14日　福岡県福岡市博多区

2月14日午後10時25分ごろ、福岡市博多区昭南町のJR鹿児島線南福岡駅構内の「昭南踏切」で、上り特急「かもめ42号」と乗用車が衝突した。けが人はなかった。特急は運転をとりやめ、後続の特急5本と普通列車9本に最大25分の遅れが出た。
● ───

2048 東海道線電車・乗用車衝突
平成8年2月15日　愛知県蒲郡市

2月15日午後10時過ぎ、蒲郡市丸山町のJR東海道線踏切で、下り普通電車と乗用車が衝突、乗用車が大破し、運転していた男性が頭に軽いけがをした。遮断機が下りていた踏切に、乗用車が進入したらしい。
● 負傷者1名、車両1台大破

2049 エレベーター故障ワゴン車転落
平成8年2月24日　大阪府豊中市

2月24日午前11時ごろ、大阪府豊中市蛍池西町、大阪トヨペット空港営業所3階で、従業員の男性がワゴン車に乗り、自動車専用エレベーターで下に下りようとしたところ、開いた扉の奥にエレベーターはなく、車はそのまま10m下の1階部分に転落。さらに車の上にエレベーター本体が落ち、男性は車に閉じ込められ、手首などに軽いけがをした。エレベーターのワイヤが切れたのが原因。
● 負傷者1名

2050 桜井線電車・軽乗用車衝突
平成8年2月24日　奈良県天理市

2月24日午前7時50分ごろ、奈良県天理市蔵之庄町のJR桜井線「内川踏切」で、普通電車と軽乗用車が衝突した。軽乗用車の2人が頭に軽いけがをした。電車の乗客約160人は無事だった。事故のため、電車は現場に約40分止まり、次の駅で運転を打ち切ったほか、上下4本の電車が遅れた。
● 負傷者2名

2051 鹿児島線普通列車・軽乗用車衝突
平成8年3月7日　福岡県宗像市

3月7日午前7時40分ごろ、福岡県宗像市田熊のJR鹿児島線上り線東郷－赤間駅間の堀踏切で、普通列車が軽乗用車と衝突、軽乗用車の男性は直前に逃げ出して無事。列車の乗客約200人にもけがはなかった。
● ───

2052 乗用車・名鉄尾西線電車衝突
平成8年3月11日　愛知県海部郡佐織町

3月11日午後6時45分ごろ、愛知県海部郡佐織町渕高新田の名鉄尾西線渕高6号踏切で、乗用車が脱輪、下り普通電車と衝突した。乗用車の男性は車外に逃げ、無事だった。
● ───

2053 乗用車・山陽電鉄普通電車衝突
平成8年3月26日　兵庫県明石市

3月26日午後9時30分ごろ、兵庫県明石市田町の山陽電鉄本線硯町踏切に乗用車が進入し、普通電車と衝突した。乗用車は大破し、運転していた男性が全身を強く打って死亡、助手席の男性もけがをした。電車には135人の乗客がいたが全員無事だった。
● 死者1名、負傷者1名

2054 筑豊電列車・軽トラック衝突
平成8年4月3日　福岡県北九州市八幡西区

4月3日午後8時55分ごろ、北九州市八幡西区木屋瀬の筑豊電鉄の楠橋4号踏切で、列車と軽トラックが衝突した。車は約15m引きずられて大破し、車に乗っていた男性2人が全身を

平成8年(1996年)～

強く打ち死亡した。遮断機が下りた踏切に軽トラックが入ってきたらしい。
●死者2名

2055	軽乗用車・近鉄大阪線特急衝突
	平成8年4月15日　奈良県香芝市

4月15日午後9時15分ごろ、奈良県香芝市下田西の近鉄大阪線の踏切で、上り特急電車と軽乗用車が衝突、軽乗用車は大破し、乗っていた男性2人が死亡、電車の乗客42人のうち、2人が頭や手などに軽いけがをした。
●死者2名、負傷者2名

2056	ヘリコプター衝突
	平成8年4月27日　長野県長野市

4月27日午前5時30分ごろ、長野市篠ノ井横田の千曲川河川敷の上空で、テレビ信州のチャーターヘリコプターと長野放送のヘリが衝突、2機とも川沿いの畑に墜落し、長野放送機が炎上。双方のヘリの6人全員が死亡した。山火事の取材中で、煙で視界が悪かったらしい。
●死者6名

2057	乗用車・名鉄三河線普通電車衝突
	平成8年5月4日　愛知県碧南市

5月4日午後9時55分すぎ、碧南市善明町の名鉄三河線碧南踏切で、脱輪した乗用車に下り普通電車が衝突、電車の乗客や車を運転していた会社員は無事だった。
●

2058	パラグライダー墜落
	平成8年5月12日　京都府与謝郡加悦町

5月12日午後4時30分ごろ、京都府与謝郡加悦町与謝、大江山いこいの広場に、男性がパラグライダーで着陸しようとして墜落、死亡した。
●死者1名

2059	ヘリコプター墜落
	平成8年6月10日　鹿児島県鹿児島市

6月10日午前0時15分ごろ、鹿児島市岡之原町の精神薄弱児童施設あさひが丘学園近くの山間部にヘリコプターが墜落、谷底で大破し、1人が死亡した。
●死者1名、ヘリコプター1機大破

2060	リフト式重機海中に転落
	平成8年6月12日　福岡県福岡市東区

6月12日午前7時45分ごろ、福岡市東区箱崎ふ頭の貯木場で、リフト式重機を操作していた会社社長が、重機とともに岸壁から海中に落ち死亡した。誤ってコンクリート製の車止め(高さ約15cm)を乗り越えたらしい。
●死者1名

2061	インドネシア旅客機炎上
	平成8年6月13日　福岡県福岡市

第Ⅰ部　解説参照 (p.152)。
●死者3名、重軽傷者254名

2062	高山線脱線事故
	平成8年6月25日　岐阜県下呂町

6月25日夜、岐阜県下呂町でJR高山線の「ワイドビューひだ」が線路上に落ちていた岩石に乗り上げ脱線、乗員・乗客16人が負傷した。
●負傷者16名

2063	乗用車・名鉄犬山線特急衝突
	平成8年6月28日　愛知県丹羽郡扶桑町

6月28日午後7時45分ごろ、愛知県丹羽郡扶桑町高雄羽根西の名鉄犬山線扶桑8号踏切で、立ち往生していた乗用車に上り特急電車が衝突、乗用車が大破、電車は一部損傷した。乗用車の運転手は車から降りて無事、乗客にもけが人はなかった。

●車両1台大破、電車一部損傷

2064 京福電鉄嵐山本線電車・乗用車衝突
平成8年7月3日　京都府京都市中京区

7月3日午後9時30分ごろ、京都市中京区御前四条下ルの京福電鉄嵐山本線の四条大宮6号踏切で、乗用車と電車が衝突し、乗用車の2人が負傷、電車の乗客の4人が手足などに軽いけがをした。
●負傷者6名

2065 乗用車・日豊線特急衝突
平成8年7月12日　大分県日出町

7月12日午前10時43分ごろ、大分県日出町川崎のJR日豊線平原踏切で、上り特急「にちりん16号」と乗用車が衝突、乗用車の2人が死亡した。
●死者2名

2066 グライダー墜落
平成8年7月27日　北海道網走支庁美幌町

7月27日午前8時55分ごろ、北海道網走支庁美幌町昭野、網走川河川敷にある美幌町場外離着陸場で、北海道大航空部のグライダーが離陸直後に墜落、乗っていた2人が死亡した。原因は離陸直後に機首を上げすぎたため。
●死者2名

2067 保線作業員快速にはねられる
平成8年8月3日　滋賀県彦根市

8月3日午後8時46分ごろ、滋賀県彦根市川瀬馬場町、JR東海道線の日夏街道踏切付近で、保線作業をしていた3人が快速電車にはねられ死亡した。
●死者3名

2068 日豊線特急列車・ワゴン衝突
平成8年8月27日　大分県日出町

8月27日午前9時5分ごろ、大分県日出町大神のJR日豊線の大神踏切で、ワゴン車と特急「富士」が衝突、ワゴン車は大破したが、運転していた女性は車を降りていて無事、乗客にもけがはなかった。警報機が鳴っているのにワゴン車が踏切内に入ったらしい。
●車両1台大破

2069 名鉄竹鼻線電車・トラック衝突
平成8年9月3日　岐阜県羽島郡柳津町

9月3日午前11時ごろ、岐阜県羽島郡柳津町本郷の名鉄竹鼻線の踏切で、普通電車とトラックが衝突、トラックの運転手が死亡した。
●死者1名

2070 長良川鉄道レールバス・ダンプ衝突
平成8年10月10日　岐阜県郡上郡白鳥町

10月10日午後2時10分ごろ、岐阜県郡上郡白鳥町大島にある長良川鉄道の踏切で、レールバスと大型ダンプカーが衝突、レールバスが脱線、乗客12人と運転士が軽傷、ダンプカーの運転手も負傷した。原因はダンプカーが警報機が鳴っているのに無理に踏切に入ったため。
●負傷者12名

2071 西鉄太宰府線電車・ワゴン車衝突
平成8年10月11日　福岡県太宰府市

10月11日午後11時55分ごろ、福岡県太宰府市石坂の西鉄太宰府線踏切で、普通電車とワゴン車が衝突、ワゴン車の2人が負傷、乗客約30人は無事。
●負傷者2名

平成8年(1996年)～

2072 軽乗用車・筑豊電鉄普通列車衝突
平成8年11月5日　福岡県北九州市八幡西区

　11月5日午前8時30分ごろ、北九州市八幡西区森下町の筑豊電鉄穴生2号踏切で、軽乗用車が普通列車と衝突、軽乗用車の運転手が軽傷、列車の乗客にけがはなかった。踏切横断中にエンストしたらしい。
●負傷者1名

2073 特急あさま接触事故
平成8年11月24日　長野県長野市

　11月24日午後5時5分ごろ、長野市のJR長野構内で、特急あさま88号の側面に、あさま32号の先頭部分が接触、88号のガラス十数枚が割れ、乗客8人がガラスで足を切るなどのけがをした。32号の運転士が停止信号を見落としたため。
●負傷者8名

2074 ワゴン車・室蘭線特急列車衝突
平成8年12月1日　北海道胆振支庁豊浦町

　12月1日午前11時35分ごろ、北海道胆振支庁豊浦町船見町のJR室蘭線の真狩道路踏切内で、立ち往生していたワゴン車に上り特急列車「北斗8号」が衝突、ワゴン車の2人が死亡、2人が重軽傷を負った。
●死者2名、負傷者2名

2075 貨物列車脱線谷へ転落
平成8年12月4日　北海道渡島支庁七飯町

　12月4日午前5時50分ごろ、北海道渡島支庁七飯町仁山のJR函館線大沼－仁山駅間で、貨物列車が脱線、ディーゼル機関車と貨車部分が分離して貨車19両が線路わきのがけから転落、一部が大破した。
●19両脱線

2076 福塩線普通列車落石に衝突
平成8年12月4日　広島県府中市

　12月4日午後1時50分ごろ、広島県府中市篠根町のJR福塩線で、普通列車1両が軌道上に落ちていた岩に乗り上げて脱線、乗客約11人が軽いけがをした。
●負傷者11名

2077 乗用車・日豊線普通列車衝突
平成8年12月9日　大分県大分市

　12月9日午後5時45分ごろ、大分市細のJR日豊線ハケク保踏切で、乗用車に普通列車が衝突、乗用車の男性は逃げ出しており、乗客にもけがはなかった。通行禁止の踏切を無理に通ろうとして脱輪し、動けなくなったらしい。
●―――

2078 レールバス・軽トラック衝突
平成9年1月11日　岐阜県本巣郡本巣町

　1月11日午前11時40分ごろ、岐阜県本巣郡本巣町の樽見鉄道の踏切で、レールバスと軽トラックが衝突、軽トラックを運転していた男性はまもなく死亡したが、レールバスの乗客13人にけが人はなかった。
●死者1名

2079 京浜東北線電車・ライトバン衝突
平成9年1月12日　神奈川県横浜市鶴見区

　1月12日午後2時5分ごろ、横浜市鶴見区生麦のJR京浜東北線・滝坂踏切で、普通電車にライトバンが衝突、6両目の車両後部が脱線した。ライトバンを運転していた男性は死亡したが、電車の乗務員と乗客約600人にけがはなかった。ライトバンは下りていた遮断機を破って踏切に進入していたため、居眠りしていたのではないかとみられる。
●死者1名

~平成9年(1997年)

2080 山陽新幹線窓ガラス破損
平成9年1月13日　兵庫県神戸市須磨区

1月13日午前11時ごろ、神戸市須磨区の山陽新幹線の高塚山トンネルで、「ひかり141号」の屋根で異音がし、窓ガラスにひびが入った。また、この列車より前にトンネルを通過した「のぞみ5号」と「ひかり101号」の窓ガラス計13枚にもひびが入っていた。トンネル内に落ちていた東京からの距離を示すアルミ製の標識が原因らしい。

2081 自衛隊ヘリコプター墜落
平成9年1月13日　栃木県宇都宮市

1月13日午後2時25分ごろ、宇都宮市板戸町の鬼怒川河川敷で、飛行訓練中の陸上自衛隊航空学校のOH-6D型観測ヘリコプターが墜落、教官と学生の2人が死亡した。超低空飛行の訓練中に、送電線に接触、バランスを失って河川敷に墜落したらしい。
●死者2名

2082 トヨタ自動車ヘリコプター墜落
平成9年1月24日　愛知県岡崎市

1月24日午後3時46分、静岡県裾野市から愛知県豊田市に向かったトヨタ自動車所有の中型双発ヘリコプターAS365N2型機が行方不明となり、25日、愛知県岡崎市の山中でヘリコプターの残骸と8人の遺体が発見された。
●死者8名

2083 ゴンドラ宙づり
平成9年1月26日　長野県富士見町

1月26日午後2時35分ごろ、長野県富士見町富士見の「富士見パノラマスキー場」のゴンドラリフトが停止、スキー客282人が約2時間ゴンドラ内に閉じ込められた。

2084 久大線特急・トラック衝突
平成9年2月1日　大分県玖珠郡玖珠町

2月1日午後2時30分ごろ、大分県玖珠郡玖珠町、JR久大線の豊後森－恵良駅間の河野踏切で、特急「ゆふ4号」が砂利運搬トラックと衝突した。特急は1両目が脱線、2両目が脱輪、トラックが炎上した。この事故でトラックの運転手が重傷、特急の乗員乗客15人が軽いけがを負った。
●負傷者16名、車両1台全焼、脱線1両

2085 パラグライダー墜落
平成9年2月8日　静岡県富士宮市

2月8日午後0時30分ごろ、静岡県富士宮市根原のDKスカイジム朝霧のパラグライダー場で、パラグライダーが墜落し操縦していた女性が死亡した。原因は上昇気流にあおられて翼が折れたため。
●死者1名

2086 ジャイロプレーン墜落
平成9年3月5日　福岡県北九州市若松区

3月5日午後3時50分ごろ、北九州市若松区向洋町、ヤマガ航空滑走路の横で、同社所有の2人乗りジャイロプレーンが墜落し、乗っていた男性2人が死亡した。
●死者2名

2087 阪急電鉄神戸線回送電車・乗用車衝突
平成9年3月7日　大阪府大阪市淀川区

3月7日午前9時14分ごろ、大阪市淀川区野中北の阪急電鉄神戸線神崎川第三踏切で、乗用車が遮断機を突き破って進入、通過中の回送電車の六両目の側面に衝突した。乗用車を運転していた男性は軽いけがで病院へ運ばれた。神戸線は上下線とも不通となった。
●負傷者1名

第Ⅱ部　鉄道・航空機事故一覧　419

平成9年（1997年）〜

2088 西鉄大牟田線普通列車・乗用車衝突
平成9年3月9日　福岡県福岡市博多区

3月9日午後10時50分ごろ、福岡市博多区竹丘町、西鉄大牟田線雑餉隈2号踏切で、普通列車と乗用車が衝突、乗用車を運転していた男性が死亡、同乗していた女性も重傷を負ったが、列車の乗客約80人にけが人はなかった。
●死者1名、負傷者1名

2089 ライトバン・名鉄特急電車衝突
平成9年3月11日　愛知県稲沢市

3月11日午後5時7分ごろ、愛知県稲沢市国府宮の名鉄奥田12号踏切で、ライトバンが、特急電車と衝突した後、道路沿いの大江川に転落、1人が死亡した。
●死者1名

2090 4輪駆動車・阪急京都線急行電車衝突
平成9年3月11日　大阪府大阪市東淀川区

3月11日午後9時30分ごろ、大阪市東淀川区東中島の阪急京都線で、4輪駆動がフェンスやガードレールを突き破って線路に進入、急行電車と衝突した。運転していた男性が死亡したが、乗客にけがはなかった。この4輪駆動車は現場付近の交差点で別の乗用車に衝突して逃走していた。
●死者1名

2091 オートバイ・名鉄普通電車衝突
平成9年3月29日　愛知県一宮市

3月29日午後8時30分ごろ、愛知県一宮市萩原町の名鉄尾西線踏切で、高校生の運転するバイクが、普通電車にぶつかり、高校生は即死、電車の乗客約四十人にけがはなかった。遮断機が下り、警報機が鳴っていた踏切にバイクが突っ込んだらしい。
●死者1名

2092 パラグライダー墜落
平成9年3月30日　神奈川県小田原市

3月30日午前9時ごろ、神奈川県小田原市東町の酒匂川河口付近で、エンジン付きパラグライダー墜落、操縦していた男性が死亡した。
●死者1名

2093 軽ワゴン車・名鉄豊川線普通電車衝突
平成9年4月7日　愛知県豊川市

4月7日午前9時10分ごろ、愛知県豊川市白鳥の名鉄豊川線国府2号踏切で、軽ワゴン車が立ち往生し、普通電車と衝突、軽ワゴンを運転していた女性は車外に逃げて無事だった。
●───

2094 営団地下鉄銀座線電車発煙
平成9年4月11日　東京都千代田区

4月11日午前8時47分ごろ、営団地下鉄銀座線の神田駅と末広町駅の間で電車の最後尾車両のシルバーシート下から発煙があり、神田駅でラッシュ時の乗客約1,100人全員を降ろす騒ぎがあった。座席下の蓄電池のスパークが原因らしい。
●───

2095 軽ワゴン車・筑豊線列車衝突
平成9年4月19日　福岡県北九州市若松区

4月19日午前6時55分ごろ、北九州市若松区東二島のJR筑豊線踏切で、軽ワゴン車に列車が衝突した。軽ワゴンを運転していた男性は直前に避難して無事、列車の運転士や乗客62人にもけがはなかった。
●───

2096 ジャイロ機墜落
平成9年4月20日　熊本県一の宮町

4月20日午前9時ごろ、熊本県一の宮町の阿

蘇北外輪山の原野に、レジャー用小型機「ジャイロプレーン」が墜落して炎上し、操縦していた男性が死亡した。
●死者1名

2097 総武本線普通電車・軽自動車衝突
平成9年5月1日　千葉県千葉市若葉区

5月1日午前5時ごろ、千葉市若葉区若松町のJR総武本線鎌池踏切で、普通電車が軽自動車と衝突。乗員、乗客にけがはなく、軽自動車を運転していた男性も無事だった。軽自動車が遮断機が下りているにもかかわらず、無理に踏切に進入したため。
●──

2098 パラグライダー墜落
平成9年5月17日　長野県高山村

5月17日午後、長野県高山村の山田牧場を起点としたパラグライダー大会で、選手4人が山腹や路上に相次いで落下、女性1人が死亡、2人が重傷を負った。いずれも強い風が吹いてバランスを崩したらしい。
●死者1名、負傷者2名

2099 ヘリコプター墜落
平成9年5月21日　長野県茅野市

5月21日午後4時45分ごろ、長野県茅野市の八ケ岳連峰・赤岳の頂上小屋に物資を空輸していた「インペリアル航空」のヘリコプターが行方不明になり、22日墜落しているヘリコプターを発見、パイロットは死亡していた。
●死者1名

2100 鹿児島線普通列車・乗用車衝突
平成9年5月24日　熊本県宇土市

5月24日午後5時50分ごろ、熊本県宇土市新松原町のJR鹿児島線出屋敷踏切で、普通列車が、踏切内で立ち往生していた乗用車に衝突、乗用車の助手席の子供と列車の乗客約100人にもけがはなかった。
●──

2101 日航機大揺れ
平成9年6月8日　三重志摩半島上空

第Ⅰ部 解説参照（p.155）。
●死者1名、重軽傷者11名

2102 ヘリコプター墜落
平成9年7月3日　三重県名張市

7月3日午後1時ごろ、三重県名張市赤目町の「赤目四十八滝」にある斜滝付近の岩場に、佐川航空のSA315B型ヘリコプターが墜落、機長を含め乗員4人全員が死亡。原因は地上約30mに張ってあるワイヤに接触したため。
●死者4名、ヘリコプター1機墜落

2103 自衛隊機墜落
平成9年7月4日　日向灘

7月4日午前10時ごろ、宮崎県新富町の新田原基地の南東約120キロの日向灘に、航空自衛隊第五航空団所属のF4EJ改戦闘機が墜落。パイロット2人はパラシュートで緊急脱出して無事だった。
●戦闘機1機墜落

2104 自転車・鹿児島線特急衝突
平成9年7月7日　福岡県福岡市博多区

7月7日午後7時58分ごろ、福岡市博多区竹下のJR鹿児島線西野2号踏切で、特急つばめ22号と踏切を渡っていた中学生の自転車が衝突、中学生が死亡した。
●死者1名

平成9年(1997年)〜

2105 グライダー墜落
平成9年7月21日　熊本県阿蘇町

7月21日午前10時25分ごろ、熊本県阿蘇町山田の山田東部牧場で、西日本航空協会が所有しているグライダーが墜落、操縦していた男性が死亡、同乗の教官が重傷を負った。
●死者1名、負傷者1名

2106 小田急電車・乗用車衝突
平成9年7月31日　神奈川県海老名市

7月31日午前0時18分ごろ、神奈川県海老名市河原口の小田急小田原線海老名－厚木間の踏切で、回送電車と乗用車が衝突、乗用車を運転していた男性が軽いけがをした。
●負傷者1名

2107 東海道線コンテナ貨物列車・普通電車追突
平成9年8月12日　静岡県沼津市

8月12日午後11時15分ごろ、静岡県沼津市小諏訪のJR東海道線沼津－片浜間の下り線で、停車していた貨物列車に普通電車の追突、普通電車の1両目と2両目の一部、貨物列車の最後尾の1両が脱線、空のコンテナ二つも線路外に落ちた。この事故で乗客43人が軽傷を負って近くの病院に運ばれた。原因は普通電車の運転士が貨物列車への信号と自分の信号を間違えたため。
●負傷者43名

2108 回転遊具から転落
平成9年8月19日　神奈川県横浜市金沢区

8月19日午後0時55分ごろ、神奈川県横浜市金沢区八景島の遊園地「横浜・八景島シーパラダイス」で、回転式遊具の「オクトパス」に乗っていた幼児2人が放り出され、重軽傷を負った。ゴンドラの回転が急に速まり、転落防止用のバーをすり抜けて約2m下の床に転落、係員が非常ボタンを押して機械を停止させようとした

が止まらなかったという。
●負傷者2名

2109 トラック・南海本線急行列車衝突
平成9年8月21日　大阪府泉大津市

8月21日午後3時25分ごろ、大阪府泉大津市東雲町の南海本線松ノ浜二号踏切で普通トラックが急行列車と衝突、トラックの運転手が死亡したが、急行列車の乗客約300人にけがはなかった。
●死者1名

2110 陸自ヘリ・小型機衝突
平成9年8月21日　茨城県竜ケ崎市

8月21日午後4時40分ごろ、茨城県竜ケ崎市上空で、陸上自衛隊のヘリコプターと小型飛行機が空中衝突、両機とも墜落炎上した。この事故で陸上自衛隊員2人と小型機の操縦士1人が死亡した。
●死者3名

2111 列車脱線
平成9年9月3日　秋田県大館市

9月3日午前7時ごろ、秋田県大館市片山の花輪線大館・東大館間の長木川にかかる鉄橋の橋脚部分が前夜からの豪雨で折れ曲がり、通りかかった大館発盛岡行きの普通列車が脱線、乗客2人が重軽傷を負った。
●負傷者2名

2112 特急・回送電車衝突
平成9年10月12日　山梨県大月市

第Ⅰ部　解説参照（p.158）。
●負傷者62名

2113 超軽量飛行機墜落
平成9年10月12日　茨城県下館市

10月12日午後3時ごろ、茨城県下館市茂田の「下館ゴルフ倶楽部」の上空を飛んでいた男性2人が乗った超軽量動力飛行機が、14番ホールフェアウエーに墜落し、2人が死亡、墜落現場付近のプレー中の客にはけが人はなかった。
●死者2名

2114 米軍機墜落
平成9年10月24日　山口県岩国市沖

10月24日午後4時ごろ、山口県岩国市沖で、米海兵隊岩国航空基地所属のAV8B攻撃機ハリアー1機が墜落、乗員1人は墜落前に脱出、漁船に救助され無事だった。ハリアーは離着陸訓練中で、離陸した直後に右に旋回しながら墜落したという。
●戦闘機1機墜落

2115 軽飛行機墜落
平成9年10月26日　鹿児島県垂水市

10月26日午後0時4分ごろ、鹿児島県垂水市高城の畑に、新日本航空所有の1人乗り軽飛行機が墜落、機体は大破し、パイロットが死亡した。当時、上空は晴れて視界は良かったが、風が強かったらしい。
●死者1名、軽飛行機1機大破

2116 リフト暴走
平成9年10月27日　山梨県都留市

10月27日午後1時25分ごろ、山梨県都留市下谷のゴルフ場「ワールドエース・カントリークラブ」で、レール上を移動するリフトが約40m滑り落ち、車止めに衝突。乗っていた6人のうち3人が重傷、3人が軽傷を負った。
●負傷者6名

2117 ビーチクラフト機着陸失敗
平成9年10月31日　北海道帯広市

10月31日午前10時40分ごろ、北海道帯広市泉町の帯広空港の北側滑走路で、運輸省航空大学校帯広分校の訓練用のビーチクラフト機が、着陸に失敗、学生1人が重傷、教官と学生2人の計3人が軽傷を負った。
●負傷者4名

2118 軽飛行機墜落
平成9年11月2日　熊本県坂本村

11月2日午後0時50分ごろ、熊本県坂本村の山中に、熊本航空の軽飛行機が墜落、機体は大破し、搭乗していた3人全員が死亡。低空飛行で高圧送電線の鉄塔に接触し、墜落したらしい。
●死者3名

2119 軽飛行機墜落
平成9年11月6日　鹿児島県三島村

11月6日正午ごろ、鹿児島県三島村・硫黄島の村営薩摩硫黄島飛行場で東和航空の軽飛行機が離陸直後に墜落、大破した。原因は離陸後、高度約30mに上昇したところで、副操縦士席にすわっていた乗客が操縦かんを押し下げたため操縦士ともみあいとなり墜落したが、2人とも無事だった。
●

2120 乗用車・小田急江ノ島線電車衝突
平成9年11月14日　神奈川県大和市

11月14日午後10時30分ごろ、神奈川県大和市福田の小田急江ノ島線の踏切で、乗用車が急行電車と衝突、乗用車を運転していた女性が死亡した。電車は車を引きずったまま、約300m走ったが、乗客約500人にけがはなかった。
●死者1名

平成9年(1997年)～

2121 乗用車・名鉄名古屋線急行電車衝突
平成9年11月26日　愛知県知立市

11月26日午後11時5分ごろ、愛知県知立市東栄の名鉄名古屋線牛田四号踏切で、急行電車と乗用車が衝突、乗用車の男性が死亡した。乗用車は遮断機が下りているのに踏切内に進入したらしい。乗客約50人にはけがはなかった。
●死者1名

2122 軽トラック・鹿児島線特急衝突
平成9年11月26日　福岡県筑後市

11月26日午前9時30分ごろ、福岡県筑後市西牟田のJR鹿児島線踏切で、特急「つばめ2号」が軽トラックに衝突、特急の乗客約220人と軽トラックを運転していた女性と同乗の2人は無事だった。
●

2123 作業員転落死
平成9年12月6日　神奈川県横浜市鶴見区

12月6日午後2時30分ごろ、横浜市鶴見区扇島の東京ガス扇島LNG工場建設現場の地下埋設式ガスタンク内で、検査液を使ってステンレス製のタンク内を調べていた作業員3人が、ゴンドラ付近で発生した火災のためバランスを崩し、ゴンドラから約45m下の床に落下、死亡した。可燃性の検査液に何らかの火が引火したとみられる。
●死者3名

2124 山陽線人身事故
平成9年12月22日　兵庫県神戸市須磨区

12月22日午後9時15分ごろ、神戸市須磨区須磨浦通のJR山陽線須磨駅下りホームで、誤ってホームから転落した男性と手を差し出して助けようとした男性の2人が、野洲発網干行きの快速電車にはねられ、2人とも全身を強く打って死亡した。

●死者2名

2125 名鉄犬山線急行・乗用車衝突
平成9年12月29日　愛知県西春日井郡西春町

12月29日午後10時55分ごろ、愛知県西春日井郡西春町の名鉄犬山線の踏切で、急行電車と乗用車が衝突、乗用車は大破したが、運転していた男性は逃げて無事だった。
●

2126 海上保安本部ヘリコプター墜落
平成10年2月20日　北海道渡島半島恵山岬沖

2月20日午後6時40分ごろ、北海道渡島半島恵山岬から東約37キロ沖の太平洋で、第1管区海上保安本部函館航空基地所属のヘリコプター、乗員7人の「くまたか1号」が海に墜落、3人が死亡、4人が重軽傷を負った。
●死者3名、負傷者4名

2127 JR湖西線人身事故
平成10年3月1日　滋賀県志賀町

3月1日午後10時半ごろ、滋賀県志賀町のJR湖西線で、特急「サンダーバード46号」の運転士が衝突音に気付き非常停止したところ男性をはねたことが判明。男性は即死、乗客約30人にけがはなかった。
●死者1名

2128 自転車・阪和線快速衝突
平成10年3月2日　大阪府堺市

3月2日午後4時5分ごろ、大阪府堺市百舌鳥夕雲町のJR阪和線踏切付近で、堺東署員が、自転車の男性に声をかけたところ逃走、署員が後を追ったが、男性は遮断機を手で持ち上げ踏切内に進入し、関空快速にはねられ死亡した。
●死者1名

~平成10年(1998年)

2129 営団職員回送電車にはねられ死亡
平成10年3月11日　東京都渋谷区

3月11日午前0時30分ごろ、東京都渋谷区西原の営団地下鉄千代田線の代々木上原－代々木公園駅間で線路上を歩いていた職員3人が回送電車にはねられ死亡した。
●死者3名

2130 近鉄大阪線人身事故
平成10年3月11日　奈良県橿原市

3月11日午前10時40分ごろ、奈良県橿原市中曽司町の近鉄大阪線の踏切で、男性が、踏切内に迷い込んだ飼い犬を助けるため遮断機を持ち上げ中に入ったところ、特急にはねられ即死、男性が抱いていた犬も死亡した。乗客約90人にけがはなかった。犬を抱き上げ踏切の外に出ようとしてはねられたらしい。
●死者1名

2131 東武東上線準急電車・軽乗用車衝突
平成10年4月1日　埼玉県東松山市

4月1日午前6時53分ごろ、埼玉県東松山市下青鳥の東武東上線高坂－東松山駅間の踏切で、準急電車が軽乗用車と衝突した。軽乗用車は約300m引きずられて大破、運転していた女性が死亡した。電車は先頭車両の前輪が脱線したが、乗客約600人にけがはなかった。軽乗用車が遮断機が下りている最中に無理に踏切内に進入したのが原因とみられる。
●死者1名

2132 阪和線人身事故
平成10年4月3日　大阪府大阪市東住吉区

4月3日午前7時45分ごろ、大阪市東住吉区山坂のJR阪和線鶴ケ丘踏切で、男性が、下り特急「はるか」にはねられ、さらに上り快速電車にもはねられて死亡した。遮断機をくぐって踏切内に進入したらしい。この事故で上下8本が運休、72本が14～2分遅れ、約6万1,000人に影響した。
●死者1名

2133 東海道線人身事故
平成10年4月10日　神奈川県茅ケ崎市

4月10日午後3時10分ごろ、神奈川県茅ケ崎市下町屋のJR東海道下り線の踏切で、幼児2人が普通電車にはねられ、1人が死亡、もう1人が意識不明の重体となった。
●死者1名、負傷者1名

2134 ジャンボジェット機エンジン故障
平成10年5月12日　千葉県成田市

5月12日午後6時10分ごろ、成田空港から香港へ向かうユナイテッド航空801便のジャンボジェット機がエンジンを始動した直後、エンジンが火を噴いたため、乗客を脱出させたが19人が重軽傷を負った。
●負傷者19名

2135 乗用車・阪和線電車衝突
平成10年5月29日　大阪府大阪市住吉区

5月29日午後11時ごろ、大阪市住吉区長居東のJR阪和線長居北2号踏切で、快速電車が乗用車と衝突。乗用車は大破し、運転していた男性が死亡した。
●死者1名

2136 土佐くろしお鉄道列車衝突
平成10年6月11日　高知県大方町

6月11日、午前9時30分ごろ、高知県大方町の土佐くろしお鉄道の西大方－古津賀駅間で故障で止まっていた普通列車に、救援に来たけん引用ディーゼルカーが衝突、乗客39人が重軽傷を負った。
●負傷者39名

2137 近鉄南大阪線人身事故
平成10年7月3日　大阪府松原市

7月3日午後7時25分ごろ、大阪府松原市西大塚の近鉄南大阪線の踏切で、電動車いすに乗った近くに住む男性が、急行にはねられ死亡した。電車は電動車いすを引っかけて約50m引きずり停車、乗客にけが人はなかった。
●死者1名

2138 パラグライダー墜落
平成10年7月5日　沖縄県名護市

7月5日午後0時10分ごろ、沖縄県名護市天仁屋の海岸から約15m沖の海面にパラグライダーが落下、近くの病院に運ばれたが操縦者が死亡した。着地点を誤ったらしい。
●死者1名

2139 グライダー墜落
平成10年7月17日　山梨県双葉町

7月17日午後1時10分ごろ、山梨県双葉町の日本航空学園双葉滑空場を秋田空港に向けて離陸したモーターグライダーが、8分後の交信を最後に、連絡が途絶えていた。18日午後1時半ごろ、長野県南牧村の八ケ岳・横岳山頂付近で、墜落して大破したモーターグライダーを防災ヘリコプターが発見。操縦していた男性は遺体で見つかった。
●死者1名

2140 軽乗用車・長野電鉄河東線普通電車衝突
平成10年7月28日　長野県須坂市

7月28日午前8時50分ごろ、長野県須坂市小山の長野電鉄河東線の南八幡踏切で、軽乗用車に普通電車が衝突。電車は軽乗用車を下部に巻き込んだまま、約150m走って停車した。運転していた女性と同乗の女性の2人が死亡した。電車の乗客ら約40人にけがはなかった。
●死者2名

2141 ヘリコプター墜落
平成10年8月5日　宮城県富谷町

8月5日午前7時35分ごろ、宮城県富谷町の赤石川西側の土手に、農薬散布中のインペリアル航空のヘリコプター「ベル206B型」が墜落、操縦士が死亡した。散布中に機体が電線に接触し、墜落したらしい。
●死者1名

2142 航空自衛隊機墜落
平成10年8月25日　三陸沖

8月25日午後7時ごろ、三陸沖の太平洋上で訓練中の航空自衛隊三沢基地所属のF4支援戦闘機2機がレーダーから消え、付近の海域を探索したところ機体の一部などが見つかった。
●死者2名、戦闘機2機墜落

2143 軽トラック・土讃線特急衝突
平成10年9月11日　高知県窪川町

9月11日午前6時55分ごろ、高知県窪川町のJR土讃線の踏切で、特急「あしずり2号」が、立ち往生していた軽トラックに衝突した。軽トラックを運転していた男性と同乗の男性の計2人が即死、特急の乗客約150人にけがはなかった。
●死者2名

2144 軽飛行機墜落
平成10年9月22日　大阪府高槻市

9月22日午後6時過ぎ、大阪府高槻市の安満山の山頂付近に軽飛行機が墜落、パイロットなど5人が死亡した。
●死者5名、航空機1機墜落

2145 自転車・関西線快速電車衝突
平成10年11月7日　奈良県奈良市

11月7日午後6時10分ごろ、奈良市大安寺

のJR関西線の線路内で自転車を押して歩いていた中学生が、快速電車にはねられ死亡した。乗客約200人にけがはなかったが、快速は現場で33分間停車した。
●死者1名

2146	電車にはねられ死亡
	平成11年1月8日　東京都渋谷区

1月8日午後10時25分ごろ、東京都渋谷区代々木のJR中央線の線路で、高尾発東京行き上り普通電車に男性がはねられ、全身打撲で即死した。自殺の可能性が高い。この事故で中央線は約40分にわたって運転を見合わせ、上下線6本が運休したほか24本に38分から2分の遅れが出て、乗客約2万5,000人に影響が出た。
●死者1名

2147	旅客機、乱気流
	平成11年1月20日　太平洋上空《その他》

1月20日、太平洋上空で、成田発ハワイ・ホノルル行き米コンチネンタル航空旅客機が強い乱気流に巻き込まれ、日本人乗客13人と乗員4人が軽傷を負った。
●負傷者17名

2148	戦闘機墜落
	平成11年1月21日　岩手県釜石市

1月21日午後1時34分ごろ、岩手県釜石市橋野町の山中に米軍三沢基地所属のF16戦闘機が墜落し炎上、パイロットは緊急脱出されたが、山林925m²焼を焼いた。原因は操縦士が飛行服のファスナーに気を取られての前方不注意。2月10日になって、同機が燃料に発癌性のある毒物ヒドラジンを積載していたことが判明。
●山林925m²焼失、戦闘機1機墜落

2149	保線作業員はねられ死亡
	平成11年2月21日　東京都品川区

2月21日、東京都品川区のJR山手貨物下り線五反田－目黒駅間で、保線作業員5人が回送中の臨時電車にはねられ、全員が死亡した。
●死者5名

2150	南武線人身事故
	平成11年2月21日　東京都稲城市

2月21日午後11時5分ごろ、東京都稲城市矢野口のJR南武線稲城長沼－矢野口駅間にある押立踏切で、自転車が立川発川崎駅行き上り普通電車にはねられ、乗っていた男性は全身を打って間もなく死亡した。男性は矢野口駅近くの飲食店で飲酒し、家に帰る途中だった。この事故で、同線は立川－川崎駅間で約1時間にわたって不通となり、上下線計4本が運休、同6本が最高61分遅れ、約2,800人に影響が出た。
●死者1名

2151	トンネル側壁崩落
	平成11年2月22日　大分県

2月22日午後11時50分ごろ、大分県大分郡湯布院町のJR久大線湯平－南由布駅間の津々良トンネルで、トンネルの側壁の一部が崩落し、普通列車が脱線。乗客9人にけがはなかった。
●――

2152	無許可改造軽飛行機墜落
	平成11年3月4日　北海道室蘭市

3月4日午後2時すぎ、北海道室蘭市沖の内浦湾で、トヨタ自動車東富士研究所職員3人がのる民間航空会社「エアフライトジャパン」所属の軽飛行機、パイパーPA28型機が消息を絶ち、翌5日に同市地球岬の南西約20キロの海上で2人の遺体が、7日に残る1人の遺体が発見された。その後、この軽飛行機がエンジンを

改造し、無許可で試験飛行を行っていたことが発覚した。エアフライトジャパンはトヨタ自動車と日本航空の共同出資による設立。
●死者3名、航空機1機墜落

2153 八高線人身事故
平成11年3月11日　東京都昭島市

3月11日午前6時20分ごろ、東京都昭島市松原町のJR八高線拝島－小宮間で、線路を歩いていた男性が高麗川発八王子行きの上り普通電車（4両）にはねられ、間もなく死亡した。この事故で上下線6本が運休、5本に最高で1時間7分の遅れが出て約7,000人に影響があった。
●死者1名

2154 東武東上線人身事故
平成11年3月18日　東京都板橋区

3月18日午後11時ごろ、東京都板橋区弥生町の東武東上線の線路内で、夫婦2人が池袋発小川町行き急行電車にはねられ全身を強く打って即死した。酒に酔って線路上で寝込むようにしている妻を、夫が助け起こそうとしている間に、はねられたとみられる。この事故で急行電車は現場に約35分間停車し、上下線33本が20～35分遅れ、乗客約4,500人に影響が出た。
●死者2名

2155 軽飛行機墜落
平成11年3月25日　大分県津原町

3月25日1時40分ごろ、大分県津原町の鎧ヶ岳の山中で、大分大分空港から同県大野町の県央空港に向かっていた九州航空の軽飛行機が墜落、パイロットの男性が死亡した。墜落当時、現場付近は霧に覆われていたとみられている。
●死者1名、航空機1機墜落

2156 井の頭線駒場東大前駅で警官はねられ死傷
平成11年4月4日　東京都目黒区

4月4日午後11時5分ごろ、東京都目黒区駒場3、京王井の頭線「駒場東大前駅」で、ホームを歩いていた警視庁の機動隊員2人が線路に落下、同僚2人が助けようと線路に降りて、4人とも渋谷発吉祥寺行き普通電車にはねられた。この事故により1人が死亡、1人が全身打撲で意識不明の重体、ほかの2人も重軽傷を負った。最初に転落した2人は酒に酔って、誤って転落したものみられる。同線は上下4本が運休したほか、10本が30分から50分遅れ、乗客約1,500人に影響が出た。
●死者1名、重軽傷3名

2157 中央線で人身事故
平成11年4月7日　東京都武蔵野市

4月7日午前10時20分ごろ、東京都武蔵野市境南町のJR中央線の武蔵境駅近くの踏切で、自転車を降りて渡ろうとした男性が高尾発東京行き上り快速電車にはねられ、全身を打って間もなく死亡した。この事故で東京－高尾間で上下線17本が運休、38本が2～54分遅れ、約3万8,500人に影響が出た。
●死者1名

2158 乗用車海に転落
平成11年4月9日　静岡県東伊豆町

4月9日午後8時50分ごろ、静岡県東伊豆町白田にある白田漁港の堤防突端で、女性の運転する乗用車が、2.5m下の海面へ転落した。近くにいた夫が海に飛び込んで妻を車中から助け出し、2人は漁船で引き揚げられたが、夫は間もなく死亡した。死因は水死。妻は無事だった。妻が車のアクセルとブレーキを誤り、急発進して転落したのが原因とみられている。
●――

～平成11年（1999年）

2159 米軍ヘリコプター墜落
平成11年4月19日　沖縄県

4月19日午後11時半ごろ、沖縄県国頭村、東村にある米軍北部訓練場の沖合の海上に米海兵隊のCH53ヘリコプターが墜落、乗組員4人が死亡した。
- 死者4名、ヘリコプター1機墜落

2160 外房線特急・乗用車衝突
平成11年6月4日　千葉県一宮町

6月4日午前10時ごろ、千葉県一宮町宮原のJR外房線八積－上総一宮間の宮原踏切で、東京発安房鴨川行きの下り特急「ビューわかしお5号」に乗用車が衝突、乗用車は衝撃ではじき飛ばされ、鉄柱に衝突して炎上、乗っていた若い女性1人と、子供とみられる2人が死亡した。電車の乗客約200人にけがはなかった。乗用車は国道128号から一宮海岸方向に向かって、遮断機が下り、警報機が鳴っている状態の踏切を渡り切ろうとし、電車が通過する直前に突っ込んだらしい。踏切は線路の緩いカーブの先で、見通しは悪かった。
- 死者3名、車両1台炎上

2161 中央線で人身事故
平成11年6月17日　東京都国立市

6月17日午前11時28分ごろ、東京都国立市西のJR中央線国立－立川駅間の西五条踏切で、遮断機をくぐって踏切内に入った男性が青梅発東京行き上り快速電車にはねられ、即死した。この事故で東京－高尾間の上下14本が運休したほか、42本が54～3分遅れ、約3万1,000人に影響が出た。
- 死者1名

2162 小田急江ノ島線で人身事故
平成11年6月26日　神奈川県藤沢市

6月26日午後9時50分ごろ、神奈川県藤沢市亀井野、小田急電鉄江ノ島線の湘南台4号踏切で、新宿発片瀬江ノ島行きの下り急行列車に男性2人がはねられ、全身を強く打ち即死した。現場の踏切は、幅約5mで事故当時は遮断機は下りていた。
- 死者2名

2163 山陽新幹線トンネルでコンクリート塊落下
平成11年6月27日　福岡県糟屋郡久山町

6月27日午前9時25分ごろ、福岡県久山町の福岡トンネルを走行中のJR山陽新幹線新大阪発博多行き「ひかり351号」の屋根が16mもはがれ、パンタグラフが大破する事故が起きた。施工不良が原因でトンネル側壁から推定200キロのコンクリート塊4個が落下、衝突したのが原因。この事故を受け、運輸省が全国の鉄道各社にトンネルの緊急点検を指示したが、11月28日に北海道胆振支庁虻田郡豊浦町のJR室蘭本線礼文浜トンネルで天井から落下したコンクリート塊に貨物列車が乗り上げて脱線するなど、その後も同種の事故が相次いだ。
- ——

2164 防災ヘリ墜落
平成11年7月13日　奈良県

7月13日、奈良県で捜索活動中の防災ヘリが墜落し、2人が軽傷を負った。ヘリは就航1カ月のもので、事故調査委員会が機長の操縦ミスなどを指摘。
- 負傷者2名

2165 総武線信号ケーブル炎上
平成11年7月30日　東京都墨田区

7月30日午後、東京都墨田区横網のJR総武線浅草橋－両国駅間の高架橋の線路わきの信号ケーブルと、西に約200m離れた高架橋線路わきの信号機具箱内から出火した。この火災は、電源ケーブルの外側のビニール製カバーが電車の振動や風雨によって破損したために配線が

ショートして発火して起きた。この火災で、総武線各駅停車で上下190本が運休、約16万人に影響が出た。

●──

2166　宇都宮線人身事故
平成11年7月30日　埼玉県栗橋町

7月30日午前4時53分ごろ、埼玉県栗橋町佐間のJR宇都宮線黒小屋踏切で、老人男性が宮城野発東京貨物ターミナル行きの貨物列車にはねられ、全身を強く打って死亡した。この事故で同線は上下8本が運休、同41本に最高で1時間10分の遅れが出て、約8万8,000人に影響した。
●死者1名

2167　名鉄名古屋本線加納駅ホームから転落
平成11年8月7日　岐阜県岐阜市

8月7日午後7時半ごろ、岐阜市竜田町の名鉄名古屋本線加納駅で、ホームを歩いていた目の不自由な男性が約1m下の線路に転落、駅を通過しようとした新岐阜発豊川稲荷行き上り急行電車にはねられ、全身を強く打って即死した。ホームは長さ約120mで両側に約40mの視覚障害者用点字ブロックが敷いてあるが、残り約80mは設置されておらず、男性はブロックのない中央付近を歩いていて転落したとみられる。
●死者1名

2168　航空自衛隊戦闘機墜落
平成11年8月15日　長崎県南松浦郡福江島沖

8月15日午前5時15分ごろ、宮崎県児湯郡新富町の航空自衛隊新田原基地から緊急発進したF4EJ改戦闘機2機のうち1機が、長崎県南松浦郡福江島西方の東シナ海上空で消息を絶ち、乗員2人が行方不明となった。10月29日に1人の遺体を発見、11月8日にもう1人が不明のまま死亡認定された。

●死者2名

2169　総武線で人身事故
平成11年8月20日　千葉県市川市

8月20日午前10時半ごろ、千葉県市川市市川南3のJR総武線小岩－市川間で、線路周辺の敷地内にいた男性が千葉発三鷹行き上り普通電車にはねられ死亡した。この事故で千葉－三鷹間で上下24本を運休するなど、約3万1,000人に影響が出た。
●死者1名

2170　第三セクター会津鉄道列車・乗用車衝突
平成11年8月24日　福島県田島町

8月24日午後0時10分ごろ、福島県田島町田島の第三セクター「会津鉄道」の踏切で、乗用車と会津田島発会津若松行きの列車が衝突した。乗用車は約110m引きずられ、人が全身を強く打つなどして死亡した。この事故で、同鉄道は会津田島－会津若松間が約2時間40分間、不通になり、上下計6本の列車が運休した。列車の乗客約30人にけがはなかった。乗用車は遮断機の下りた踏切に突っ込んだとみられる。
●死者3名

2171　山陽新幹線で停電
平成11年9月24日　山口県

9月24日、山口県のJR山陽新幹線徳山－小郡駅間の下り線が停電。列車29本が立ち往生するなどして、約8,000人の乗客が車内や駅で一夜をあかした。パンタグラフに台風18号の強風で飛ばされたとみられる植物のツルが絡まったのが原因。
●──

2172 山陽新幹線保守用車両追突
平成11年9月27日　兵庫県神戸市

9月27日未明、神戸市西区の山陽新幹線新神戸-西明石間で保守用車両同士が追突し、脱線。作業員3人が負傷した。新大阪-姫路間は始発から約2時間不通になり、1万人の足に影響が出た。9月24日には台風18号と、山口県内の徳山-小郡間の停電事故の影響で大幅なダイヤの乱れがあったばかりだった。
●負傷者3名

2173 山陽新幹線トンネル側壁剥落
平成11年10月9日　福岡県北九州市

10月9日の始発前点検の際、北九州市のJR山陽新幹線小倉-博多駅間の北九州トンネル内にコンクリート塊5個が落ちているのが発見された。側壁の突起部分が剥落したもので、緊急点検のため一時全線で運転がストップ。山陽新幹線では、6月27日にも福岡県久山町の福岡トンネルでコンクリート塊が落下し、走行中の列車の屋根を直撃する事故が起きていた。
●───

2174 超軽量飛行機墜落
平成11年10月10日　茨城県守谷町

10月10日午後2時40分ごろ、茨城県守谷町大柏の利根川河川敷で、守谷飛行連盟滑空場所属の超軽量飛行機が墜落し、乗っていた男性2人が全身打撲で間もなく死亡した。離陸約3分後に約50m上空でエンジン音が低くなり、機首から真っ逆さまに墜落した。
●死者2名、飛行機1機墜落

2175 西武新宿線準急・大型トレーラー衝突
平成11年10月12日　埼玉県狭山市

10月12日午後5時20分ごろ、埼玉県狭山市の西武新宿線新狭山-南大塚駅間の踏切で、西武新宿発本川越行き下り準急電車が大型トレーラーに衝突して1両目が脱線、乗客17人が負傷した。トレーラーは前方が渋滞しているにもかかわらず踏切を通過しようとし、車両後部が踏切内に残っていた。
●負傷者17名

2176 常磐線で人身事故
平成11年10月31日　千葉県松戸市

10月31日午後1時40分ごろ、千葉県松戸市上本郷のJR常磐線松戸駅-北松戸駅間の下り線路内に女性が立ち入り、10両編成の普通電車にはねられ死亡した。乗員・乗客にけがはなかった。この事故で常磐線は普通が綾瀬-我孫子間、快速が上野-取手間で上下線とも一時運転を見合わせ、午後3時前に運転を再開した。上下38本が77分から3分遅れ、約2万3,000人に影響が出た。
●死者1名

2177 中央線ホームで列車に引きずられ負傷
平成11年11月18日　東京都杉並区

11月18日午後4時ごろ、東京都杉並区高円寺南のJR中央線高円寺駅で、上り快速列車(青梅発東京行き)がドアを閉めたところ、中学1年生の女子のショルダーバッグのひもを挟み、列車はそのまま発車、130m走ってホームの客が非常停止ボタンを押し、列車はホームから50mほど出たところで停止、女子生徒は80mも引きずられてホームの端から転落し、頭や足に約1週間のけがを負った。後続の上り線6本に10分から3分の遅れが出た。
●負傷者1名

2178 航空自衛隊ジェット練習機墜落
平成11年11月22日　埼玉県狭山市

11月22日午後1時45分ごろ、埼玉県狭山市柏原の入間川河川敷に、火災で炎上した航空自衛隊入間基地所属のT33Aジェット練習機が墜落した。乗員は火災発生後、住宅地への墜落

平成11年(1999年)〜

を避けるために河川敷まで操縦を続け、脱出が遅れて、高度不足でパラシュートが開かず死亡した。付近住民にけがはなかった。事故機は墜落の際、東京電力の高圧線を切断し、都内や埼玉県内で約80万世帯が最高で4時間停電、各地で鉄道や信号機が停止した。火災の原因は燃料漏れ。
●死者2名

2179 室蘭本線でトンネル天井剥落
平成11年11月28日　北海道胆振支庁虻田郡豊浦町

11月28日、北海道胆振支庁虻田郡豊浦町のJR室蘭本線礼文浜トンネルで、天井からはく落した2トンのコンクリート塊に貨物列車が乗り上げ、脱線する事故が発生し、復旧に7日間を要した。
●────

2180 佐世保線コンクリート剥落で停電
平成12年1月3日　佐賀県杵島郡山内町

1月3日午前2時50分ごろ、佐賀県杵島郡山内町のJR佐世保線三間坂-上有田駅間の境松トンネルで、架線がショートし一時的に送電が停止。上下計20本が部分運休するなどし、帰省客ら2,500人に影響が出た。天井からコンクリート塊が崩落し、架線を支える碍子を直撃したのが原因。
●────

2181 グライダー墜落
平成12年1月9日　埼玉県北川辺町

1月9日午後1時15分ごろ、埼玉県北川辺町本郷の田んぼにグライダーが墜落、操縦していた男性は全身打撲で間もなく死亡した。グライダーは隣町の同県大利根町にある利根川河川敷から離陸。その後、上空50mからきりもみ状態で墜落した。風は強くなかった。
●死者1名、グライダー1機墜落

2182 東海道線で人身事故
平成12年2月18日　神奈川県藤沢市

2月18日午前7時40分ごろ、神奈川県藤沢市鵠沼のJR東海道線鵠沼道踏切で、小田原発新宿行き普通電車が、遮断機をくぐり抜けて踏切内に進入した自転車の男性をはね、男性は即死した。この事故で同線は小田原-東京間の上下線で一時運転を中止したが、約30分後に運転を再開。上下線で計8本が運休、24本が5〜31分遅れ、約4万5,000人に影響が出た。
●死者1名

2183 東海道線で人身事故
平成12年3月6日　東京都大田区

3月6日午後9時35分ごろ、東京都大田区蒲田本町のJR東日本蒲田-川崎駅間の東海道線下り線路上で、品川発来宮行き回送列車に男性がはねられ即死した。この事故で東海道線東京-平塚駅間と、並走する京浜東北線の蒲田-大船駅間で計24本が運休、東海道線は最大64分遅れ、計約4万6,000人に影響が出た。
●死者1名

2184 地下鉄日比谷線脱線衝突事故
平成12年3月8日　東京都目黒区

第Ⅰ部 解説参照（p.160）。
●死者5名、重軽傷者11名

2185 航空自衛隊練習機墜落
平成12年3月22日　宮城県女川町

3月22日午後1時55分ごろ、宮城県女川町指ヶ浜の山林に、同県矢本町にある航空自衛隊松島基地第4航空団所属のT2練習機が墜落し、山火事が発生した。練習機に乗っていた教育中の操縦学生1人が死亡し、山火事は間もなく消し止められた。練習機は午後1時17分、同基地を離陸、単独で飛行訓練を終えて基地に帰る途中、無線連絡を絶っていた。

●死者1名、飛行機1機墜落

2186	ヘリコプター墜落
	平成12年3月27日　群馬県片品村

3月27日午前11時45分ごろ、群馬県片品村土倉の尾瀬沼山荘近くにヘリコプターが墜落、乗員を含め3人が負傷した。
●負傷者3名

2187	ヘリコプター横転
	平成12年4月10日　佐賀県佐賀郡川副町

4月10日、佐賀県佐賀郡川副町の佐賀空港で、エスジーシー佐賀航空のヘリコプターが浮揚する際に横転、乗員1人が負傷。
●負傷者1名

2188	東海道線で人身事故
	平成12年5月1日　神奈川県小田原市

5月1日午後6時40分ごろ、神奈川県小田原市前川のJR東海道線二宮－国府津駅間で、線路内に入った男性が東京発伊東行き下り普通電車にはねられ、即死した。この事故で、同線は上下計21本が最大66分遅れ、約5万8,000人に影響が出た。
●死者1名

2189	中央線で人身事故
	平成12年6月18日　東京都八王子市

6月18日午後8時15分ごろ、東京都八王子市小門町のJR中央線台町踏切で、線路内に立っていた男性が、東京発高尾行き下り快速電車にはねられ死亡、電車は現場に約1時間停止した。この事故で上下8本が運休し、29本に最高64分の遅れが出て、1万2,800人に影響した。
●死者1名

2190	横須賀線で人身事故
	平成12年6月21日　神奈川県逗子市

6月21日午前7時40分ごろ、神奈川県逗子市沼間のJR横須賀線六反踏切で、近くに住む中学年が女児が、東京発久里浜駅行き下り普通電車にはねられ、全身を強く打って間もなく死亡した。登校途中、朝の部活動に参加するため急いでいて事故にあったとみられる。この事故で、同線は上下線4本が区間運休、9本が最大で38分遅れ、約6,300人に影響が出た。
●死者1名

2191	陸上自衛隊ヘリコプター墜落
	平成12年6月23日　静岡県御殿場市

6月23日午前6時15分ごろ、静岡県御殿場市と裾野市境の陸上自衛隊東富士演習場大野風穴付近で、東部方面航空隊第4対戦車ヘリコプター隊所属の対戦車ヘリコプター、AH－1Sが墜落、機長と副操縦士の2人が腰の骨を折るなど3カ月の重傷を負った。同演習場内で対戦車ヘリコプターのテールローター（後部のプロペラ）を交換する訓練を実施し、交換後の確認フライトとしてホバリング中、高さ約7.5mの上空から落下した。
●負傷者2名、ヘリコプター1機墜落

2192	航空自衛隊輸送機墜落
	平成12年6月28日　島根県隠岐島沖

6月28日午後2時36分ごろ、鳥取県境港市にある航空自衛隊美保基地から飛び立った同基地所属のC1輸送機が、隠岐島の北西約55キロの日本海上でレーダーから消えた。現場海域近くで、同機の機体の一部と見られる金属片や救命胴衣が発見され、墜落したものと断定された。後に乗員5人全員が遺体で発見された。
●死者5名、輸送機1機墜落

平成12年（2000年）〜

2193 ブルーインパルス機墜落
平成12年7月4日　宮城県牡鹿半島

7月4日午前10時19分ごろ、宮城県矢本町にある航空自衛隊松島基地の南東約25キロ沖合で、同基地所属のT4型練習機2機の機影がレーダーから消え、5日午前、同半島の山中に墜落、乗組員3人が死亡しているのが発見された。2機は第4航空団第11飛行隊所属で、同隊はアクロバット飛行で有名なブルーインパルス隊。
●死者3名、練習機2機墜落

2194 踏切故障で電車・乗用車衝突
平成12年8月9日　埼玉県熊谷市

8月9日午後7時15分ごろ、埼玉県熊谷市広瀬の秩父鉄道踏切で乗用車と電車が衝突し、乗用車の男性が死亡した。事故当時、落雷により踏切を制御する電気系統が異常をきたし、遮断機が上がったままの状態になっていた。
●死者1名

2195 旅客機エンジンから出火
平成12年8月9日　沖縄県那覇市

8月9日午後6時20分ごろ、沖縄県那覇市の那覇空港で、那覇発伊丹行き日本エアシステム718便が離陸直後に右エンジンから発火、二つのエンジンのうち問題のエンジンを止めて同空港に引き返し、午後6時半すぎ着陸した。けが人はなかった。高度60〜90m付近で右エンジンから異常音がして回転数が低下、出火に気づいた。
●――

2196 山形新幹線で枕木にひび
平成12年8月31日　山形県

8月31日、山形県の山形新幹線山形－新庄駅間で、約200本の枕木にひび割れが発見された。製造元の手抜きが原因。

2197 強風でヘリコプター墜落
平成12年9月16日　富山県立山町

9月16日午前8時50分ごろ、富山県立山町芦峅寺の北アルプス・立山の天狗平付近で、資材運搬中のヘリコプターが強風にあおられ墜落、炎上。乗員2人が死亡し、ヘリから脱出した1人もやけどで重傷を負った。現場付近では事故当時、フェーン現象で約10mの風が吹いていた。
●死者2名、負傷者1名

2198 エンジン付きハンググライダー墜落
平成12年10月22日　山梨県忍野村

10月22日午前11時半ごろ、山梨県忍野村内野の航空練習場で、エンジン付きハンググライダーが飛行練習中に墜落、操縦していた男性は全身を強く打ち間もなく死亡した。スパイラル飛行の途中、バランスを崩したものとみられるが、事故を起こしたハンググライダーは構造上、スパイラル飛行を禁じられている機種だった。
●死者1名、ハンググライダー1機墜落

2199 ヘリコプター墜落
平成12年11月9日　岐阜県高鷲村

11月9日、岐阜県高鷲村鷲見のゴルフ場の砂防堤に、航空サービス会社がチャーターしたヘリコプターが墜落、同社のパイロットと、営業担当の2人が全身を強く打って死亡した。
●死者2名、ヘリコプター1機墜落

2200 米軍戦闘機墜落
平成12年11月13日　北海道

11月13日午前9時ごろ、北海道・渡島大島東約3キロの上空で、日米共同演習中の米軍三沢基地所属のF16戦闘機2機が空中衝突し、日

本海に墜落した。両機の乗員2人はパラシュートで脱出し、1人が10時15分ごろ救出されたが、1人が行方不明となった。
●行方不明者1名、戦闘機2機墜落

2201 パラグライダー墜落
平成12年11月25日　宮城県岩出山町

11月25日午前9時5分ごろ、宮城県岩出山町下川原町の河川公園を会場に開かれていた熱気球の大会中のパラグライダー大会に参加したパワードパラグライダーが江合川に墜落、操縦していた男性は全身を打ってまもなく死亡した。
●死者1名、パラグライダー1機墜落

2202 試作ヘリコプター墜落
平成12年11月27日　三重県鈴鹿市

11月27日午後2時40分ごろ、三重県鈴鹿市柳町の水田に、三菱重工の初の純国産ヘリコプター「MH2000」が試験飛行中に尾部回転翼の部品が脱落したのち墜落、乗っていた6人のうち機長が全身を強く打ち間もなく死亡。乗務員5人も胸や腰の骨を折るけがを負った。
●死者1名、負傷者5名、ヘリコプター1機墜落

2203 京福電鉄電車正面衝突
平成12年12月17日　福井県吉田郡松岡町

12月17日午後1時半ごろ、福井県松岡町志比堺の京福電鉄越前本線志比堺－東古市駅間で、支線の永平寺線から終着予定の東古市駅を通り過ぎて越前本線に時速40～50キロで入ってきた永平寺発上り普通電車が、福井発勝山行き下り普通電車と正面衝突した。上り電車の運転士が全身を強く打って間もなく死亡、下り電車で実習中の運転士が意識不明の重体、下り電車にいた運転士と双方の電車の乗客25人が重軽傷を負った。上り電車がブレーキ故障により暴走し、駅に止まれなかったことが原因

だった。
●死者1名、負傷者25名

2204 軽量飛行機墜落
平成12年12月17日　埼玉県鴻巣市

12月17日午前11時25分ごろ、埼玉県鴻巣市滝馬室の荒川右岸河川敷に軽飛行機が墜落、操縦していた男性が全身を強く打って間もなく死亡した。当時、現場付近は晴れで、突風などが吹くような気象状況ではなかった。
●死者1名、飛行機1機墜落

2205 小田急小田原線特急・ワゴン車・普通電車衝突
平成12年12月29日　神奈川県相模原市

12月29日午後11時5分ごろ、神奈川県相模原市南台の小田急小田原線・相模大野第5踏切で、進入してきたワゴン車が、新宿発本厚木行き下り特急「ロマンスカー」と衝突、次いで本厚木発新宿行き上り普通電車が衝突してワゴン車は炎上、運転席の男性が焼死した。上り電車の先頭車両が脱線、運転士が煙を吸ってのどにやけどを負ったが、乗客にけがはなかった。同電車のこの事故で、相模大野－海老名駅間が上下線とも不通となった。
●死者1名、負傷者1名、車両1台炎上

2206 山形新幹線・軽ワゴン車追突
平成13年1月14日　山形県南陽市

1月14日夜、山形県南陽市で、山形新幹線「つばさ102号」が線路上を走る軽ワゴン車に追突、乗客にけが人はいなかったが、軽ワゴン車の運転手が死亡した。同新幹線で車の衝突事故は初めて。この日は寒気の流入で日本海側を中心に大雪となっており、同新幹線が利用する在来線の線路も雪でほとんど見えず、軽ワゴン車が迷い込んだとみられる。
●死者1名

2207 JR新大久保駅転落死亡事故
平成13年1月26日　東京都新宿区

1月26日午後7時18分ごろ、東京都新宿区百人町のJR新大久保駅山手線内回りホームで、酒に酔った乗客の男性が線路内に転落、カメラマンと韓国籍の日本語学校生の2人が救助のために線路に降りたが、3名全員が入って来た電車にはねられ死亡した。
●死者3名

2208 横浜線人身事故
平成13年1月31日　神奈川県横浜市

1月31日午後5時40分ごろ、神奈川県横浜市港北区小机町のJR横浜線城山踏切で、近くに住む女性が八王子発東神奈川駅行き普通電車にはねられ、間もなく死亡した。この女性は足が不自由で、そのため約20mの踏切を渡り切れなかったとみられる。この事故で約2万1,700人に影響が出た。
●死者1名

2209 日航機ニアミス事故
平成13年1月31日　静岡県焼津市

第Ⅰ部　解説参照（p.164）。
●負傷者100名

2210 陸上自衛隊ヘリコプター墜落
平成13年2月14日　千葉県市原市

2月14日午後6時17分ごろ、千葉県市原市天羽田の館山自動車道・姉崎袖ヶ浦インターチェンジ付近上空で、夜間飛行訓練中だった陸上自衛隊東部方面航空隊第4対戦車ヘリコプター隊所属の偵察・観測用ヘリコプターOH-6D型機と同隊所属の攻撃用ヘリコプターAH-1S型機が接触、OH-6D型機は県道から約20m入った山林に墜落、炎上し、乗っていた2人が死亡した。AH-1S型機は機体が損傷したが自力で帰還、機長が顔の骨を折る重傷を負った。
●死者2名、負傷者1名、戦闘ヘリ1機墜落

2211 相模鉄道人身事故
平成13年3月9日　神奈川県横浜市

3月9日午前5時ごろ、神奈川県横浜市旭区東希望が丘の相模鉄道希望ヶ丘駅－二俣川駅間で、線路内にいた男性が、かしわ台発横浜行き普通電車にはねられ、全身を強く打って即死した。この事故で、電車はブレーキなどが故障し、現場に40分停車した。乗客にけがはなかった。相模鉄道総務部によると、上下線187本に最長40分の遅れが出て約13万人に影響があった。
●死者1名

2212 小型飛行機墜落
平成13年3月25日　香川県小豆郡土庄町

3月25日午後0時3分、香川県小豆郡土庄町の豊島で、大阪府八尾市の八尾空港から広島市西区の広島西飛行場に向けて出発した米国製小型飛行機パイパーPA28-181が墜落、乗員3人が死亡した。この日は雨で視界が悪く軽小型機が視界不良で山に気付かず激突したとみられている。
●死者3名、飛行機1機墜落

2213 米軍戦闘機墜落
平成13年4月3日　青森県三沢市

4月3日、三沢市沖の太平洋上で、米空軍のF16戦闘機が墜落。
●戦闘機1機墜落

2214 内房線人身事故
平成13年4月6日　千葉県市原市

4月6日午前10時5分ごろ、千葉県市原市五所、JR内房線五所踏切で、女性が下り特急電車にはねられて即死した。この事故で同線は上

下計2本が運休、9本が31〜10分遅れた。
●死者1名

2215 パラグライダー墜落
平成13年5月3日　大分県玖珠町

5月3日午後1時ごろ、大分県玖珠町山田の伐株山であった西日本パラグライディング選手権に出場した男性が、頂上付近からのフライトに失敗し、約1キロ南の山林に墜落した。全身を強く打ち、死亡した。飛び立つ瞬間、体を安定させるため座席に座れず、体を浮かせた不安定な状態で飛んだという。当時は町内で風速4mの北風が吹き、強風注意報が出ていた。
●死者1名

2216 ヘリコプター・セスナ機衝突
平成13年5月19日　三重県桑名市

第Ⅰ部　解説参照（p.168）。
●死者6名、負傷者1名

2217 ヘリコプター墜落
平成13年6月5日　兵庫県西淡町

6月5日午前5時10分ごろ、兵庫県西淡町（淡路島）松帆古津路の駐車場に小型ヘリコプターが墜落。操縦士と整備士が背中や腰を強く打ち、いずれもせき髄損傷などの重傷を負った。同4時55分ごろ、西淡町が臨時ヘリポートとして使っている現場駐車場から離陸。間もなくエンジンの不調を示す警告灯が点灯したため、駐車場に引き返そうとして墜落した。
●負傷者2名、ヘリコプター墜落

2218 上下線電車正面衝突
平成13年6月24日　福井県勝山市

6月24日午後6時8分ごろ、勝山市の京福電鉄越前本線発坂−保田駅間で、上り普通電車と下り急行電車が正面衝突、乗客ら25人が負傷。上り電車の運転手が赤信号を見落としたのが原因。京福電鉄は平成12年12月にも電車同士の衝突事故で死者1名、負傷者25名を出しており、国土交通省中部運輸局から事業改善命令が出された。
●負傷者25名

2219 旅客機部品落下
平成13年6月27日　愛知県小牧市

6月27日、小牧市上空で、名古屋空港を離陸したバンコク行き日本航空737便DC10型機のエンジンが故障、破損した部品の破片多数が住宅地などに落下。民家のガレージや駐車中の乗用車などに被害が出た。
●

2220 軽飛行機墜落
平成13年8月16日　岡山県久米郡柵原町

8月16日午前10時ごろ、岡山県久米郡柵原町の水田に、航空写真を撮影していた岡山航空の軽飛行機が墜落、炎上。乗っていたカメラマンら3人が死亡。
●死者3名

2221 JR武蔵野線人身事故
平成13年8月20日　東京都国分寺市

8月20日午後11時ごろ、東京都国分寺市西恋ヶ窪のJR武蔵野線西国分寺駅ホーム北のトンネル内で、下り貨物列車が線路内に倒れている男性を発見し、緊急停止した。男性は先頭車両の下敷きになり、死亡した。同線は運転を見合わせたが、21日午前0時35分に復旧した。
●死者1名

2222 海上自衛隊練習機墜落
平成13年9月14日　山口県下関市

9月14日正午ごろ、山口県下関市の関門海峡付近で、「基地に帰る」との通信を最後に海上自衛隊の練習機の連絡が途絶えた。15日午

前7時半すぎ、同市高畑の霊鷲山山中に墜落しているのを発見。練習生1人は顔の骨を折るなど重傷、他の2人は死亡。機体は斜面の雑木林に滑り込むような形で墜落していた。
●死者2名、負傷者1名、飛行機墜落

2223 JR信越線踏切人身事故
平成13年11月7日　群馬県安中市

11月7日午前7時20分ごろ、群馬県安中市板鼻のJR信越線・第9中仙道踏切で、高校生が上り普通列車にはねられ死亡。事故当時遮断機は下りていたらしい。この事故で列車は29分運転を見合わせ、後続の普通列車2本が32分から17分遅れ、約1,300人に影響した。
●死者1名

2224 JR川越線踏切人身事故
平成13年12月15日　埼玉県川越市

12月15日午前8時5分ごろ、埼玉県川越市古谷本郷のJR川越線（埼京線）踏切で、自転車に乗っていた高校生が下り快速電車にはねられ死亡した。この事故で上下線6本が運休するなどし、約7,200人に影響した。
●死者1名

2225 軽乗用車・普通電車衝突
平成13年12月15日　福岡県久留米市

12月15日午後9時40分ごろ、久留米市津福今町のJR鹿児島線の桜馬場踏切で、停車中の軽ワゴン車に軽乗用車が追突。軽乗用車が逃走しようとして遮断機を折って踏切内に侵入、下関発羽犬塚行き普通列車と衝突した。軽乗用車は大破し、運転していた男性が死亡した。列車の乗客60人にけがはなかった。
●死者1名、軽乗用車大破

2226 JR東海道線普通電車にはねられる
平成13年12月19日　神奈川県川崎市

12月19日午後8時40分ごろ、川崎市川崎区日進町のJR東海道線で、線路内に侵入した男性が上り普通電車にはねられて即死した。この事故で同線と京浜東北線の計14本が運休、30本が最大で64分遅れ、5万2,000人に影響した。
●死者1名

2227 乗用車・JR羽越線特急電車衝突
平成14年1月3日　新潟県中条町

1月3日午前2時10分ごろ、新潟県中条町協和町のJR羽越線胎内川鉄橋上で、軽乗用車と大阪発函館行き寝台特急「日本海1号」が衝突。軽乗用車を運転していた男性が約7m下の胎内川に転落、死亡した。乗客・乗務員149人にけがはなかった。事故当時は吹雪で視界が悪く、軽乗用車は誤って踏切から線路に進入したとみられる。
●死者1名

2228 セスナ機墜落
平成14年1月4日　熊本県球磨郡球磨村

1月4日夜、鹿児島空港から熊本空港に向かっていた4人乗りセスナが熊本県南部で消息を絶ち、5日になって同県球磨郡球磨村の秋払山（標高927㎡）東側中腹に墜落しているのが発見された。2人が死亡、2人が負傷。
●死者2名、負傷者2名

2229 山岳救助隊員転落
平成14年1月6日　長野県大町市

1月6日、長野県大町市の北アルプス鹿島槍ヶ岳の「一ノ沢の頭」（約2,004㎡）付近で、遭難者の救助にあたっていた山岳レスキュー会社社長が、ヘリがつり上げた救助用ネットから転落して死亡した。遭難者4人は無事救助され

た。同社長はヘリによる山岳遭難救助の第一人者で、北アルプスなどに通算1,700回出動、長野県警山岳救助隊員らの指導にもあたった人物。
●死者1名

2230 東武伊勢崎線踏切人身事故
平成14年1月24日　埼玉県越谷市

1月24日午後4時25分ごろ、埼玉県越谷市袋山の東武伊勢崎線踏切で、電動車椅子に乗った女性が下り特急電車にはねられ死亡した。女性は遮断機が下りる直前に踏切内に進入したらしく、運転士が踏切の手前約140mで気づきブレーキをかけたが、間に合わなかった。事故の影響で上下2本が運休した。
●死者1名

2231 熱気球から転落
平成14年1月25日　埼玉県宮代町

1月25日午前10時10分ごろ、埼玉県宮代町和戸に気球が不時着、乗員2人が投げ出され、1人が重傷を負った。この他にも埼玉・茨城両県で3機の気球が不時着しているが、いずれも富山県から栃木県の渡良瀬遊水地まで飛行する気球大会の参加者で、地上近くの強風にあおられたのが原因。
●負傷者1名

2232 JR鹿児島線普通・快速列車追突
平成14年2月22日　福岡県宗像市

第I部　解説参照（p.171）。
●負傷者134名

2233 訓練機墜落
平成14年3月1日　北海道帯広市

3月1日午後2時45分ごろ、北海道帯広市美栄町で、帯広空港の西約12キロの雑木林に訓練飛行中の航空大学の型機が墜落、乗っていた教官1人が死亡し、同校学生1人が重傷を負った。同機は機体をきりもみ状態から立て直す曲技飛行などの訓練飛行を行っていた。
●死者1名、負傷者1名

2234 自衛隊ヘリコプター墜落
平成14年3月7日　大分県

3月7日午後7時40分ごろ、大分県九重町と玖珠町の町境上空で、陸上自衛隊第8師団第8飛行隊所属のOH-6D観測ヘリコプター2機が赤外線暗視ゴーグルを用いた夜間飛行訓練中に衝突、万年山（1,140m）付近に墜落し、両機の乗員4人全員が死亡した。
●死者4名

2235 戦闘機墜落
平成14年3月21日　沖縄県

3月21日、沖縄県本島南沖に米軍嘉手納基地のF15戦闘機が墜落した。乗員は無事だった。
●戦闘機1機墜落

2236 戦闘機墜落
平成14年4月15日　青森県西津軽郡深浦町

4月15日午前11時半ごろ、青森県西津軽郡深浦町沖の海上に米軍三沢基地所属のF16戦闘機1機が墜落した。パイロットはパラシュートで脱出し、地元漁協所属の漁船に救助された。
●戦闘機1機墜落

2237 小型機墜落
平成14年6月23日　山梨県南巨摩郡南部町

6月、伊豆諸島の新島空港を離陸し山梨県の日本航空学園離着陸場へ向かった小型プロペラ機が消息を絶ち、23日に山梨県南巨摩郡南部町の白水山（811m）の頂上付近で墜落しているのが発見された。乗員3人全員が死亡。
●死者3名

平成14年（2002年）〜

2238 ワゴン車・寝台特急衝突
平成14年7月28日　滋賀県彦根市

7月28日、滋賀県彦根市で、パトカーの追跡を振り切って逃げたワゴン車が寝台特急に衝突、車の男性2人が死亡した。
●死者2名

2239 グライダー・LPG船衝突
平成14年8月4日　福島県いわき市

8月4日正午ごろ、福島県いわき市小名浜の小名浜港西防波堤の南東約460m沖合に停船していたLPG（液化石油ガス）タンカーに、動力滑空機（モーターグライダー）が衝突、操縦していた男性1人が死亡。
●死者1名

2240 超小型機墜落
平成14年8月18日　愛知県弥富町

8月18日午後2時40分ごろ、愛知県弥富町曙の空き地で、タクシー運転手操縦の超小型軽量動力飛行機「クイックシルバー式MX2J－R503L」が墜落、運転手は頭などを強く打って死亡した。
●死者1名、小型機1機墜落

2241 小田急小田原線急行電車・乗用車衝突
平成14年9月1日　神奈川県厚木市

9月1日午前6時35分ごろ、神奈川県厚木市船子の小田急小田原線愛甲石田－本厚木駅間にある本厚木17号踏切（警報機、遮断機付き）で、小田原発新宿行き上り急行電車が乗用車と衝突した。乗用車は電車に約40m引きずられて大破し、運転していた会社員が全身を強く打って即死。電車の乗客2人が頭などに軽いけがを負った。事故の影響で同線の本厚木－伊勢原駅間の上下線100本が運休するなどし、乗客約1万8,000人に影響が出た。
●死者1名、負傷者2名

2242 わたらせ渓谷鉄道ディーゼル列車・乗用車衝突
平成14年9月21日　栃木県足尾町

9月21日午後1時45分ごろ、栃木県足尾町赤沢、わたらせ渓谷鉄道足尾－通洞駅間の赤沢裏踏切で、間藤発桐生行きディーゼル列車（2両編成）と軽乗用車が衝突。車は道路脇の約9m下の渋川（水深約30cm）に転落し、運転手は全身を強く打って死亡した。
●死者1名

2243 名鉄特急・乗用車衝突
平成14年9月26日　愛知県稲沢市

9月26日、愛知県稲沢市で名鉄特急が乗用車と衝突し脱線、乗用車を運転していた男性が死亡、23人が負傷した。
●死者1名、負傷者23名

2244 乱気流遭遇
平成14年9月27日　高知県

9月27日羽田発高知行き全日空569便ボーイング767（乗客乗員296人）が、高知空港の南東約10キロ付近で乱気流に遭い、乗客の女性がろっ骨を折って6週間の重傷を負った。
●負傷者1名

2245 JR中央線踏切人身事故
平成14年10月21日　東京都武蔵野市

10月21日午前6時半ごろ、東京都武蔵野市境2のJR中央線「天文台」踏切で、男性が上り快速電車にはねられ、全身打撲で死亡した。男性は目が不自由だった。
●死者1名

2246 乱気流遭遇
平成14年10月21日　愛知県

10月21日午前、愛知県の名古屋空港近くの約1万1,500m上空で、福岡発羽田行きの日航

機が乱気流に巻き込まれ、幼児2人を含む乗客11人と、客室乗務員7人の計18人が首や腰などにけがをした。
●負傷者19名

2247	山陽新幹線トンネルでモルタル片落下
	平成14年10月28日　岡山県笠岡市

10月28日、岡山県笠岡市のJR山陽新幹線今立トンネルの側壁からモルタル片が落下した。
●―――

2248	気球炎上
	平成14年11月4日　佐賀県佐賀市

11月4日午前9時ごろ、佐賀市嘉瀬川河川敷で開催中の国際熱気球大会「2002佐賀インターナショナル・バルーンフェスタ」で、英国の熱気球が地面にぶつかって炎上。英国人パイロットと、同乗していた競技役員がやけどや打撲などの軽傷を負った。
●負傷者2名、気球1機墜落

2249	JR東海道線人身事故
	平成14年11月6日　大阪府大阪市

第Ⅰ部　解説参照（p.174）。
●死者1名、重傷者2名

2250	JR常磐線人身事故
	平成14年11月15日　茨城県土浦市

11月15日午前7時40分ごろ、茨城県土浦市木田余のJR常磐線土浦－神立駅間で、男性が上野発いわき行きの下り特急「スーパーひたち3号」にはねられ、全身を強く打って即死した。
●死者1名

2251	東武伊勢崎線踏切人身事故
	平成14年12月19日　群馬県太田市

12月19日午前5時20分ごろ、群馬県太田市台之郷町の東武伊勢崎線韮川駅構内西端の踏切で、乗用車が遮断機を突き破って踏切内に進入し、太田発浅草行き上り準急電車と衝突。乗用車に乗っていた親子2人が全身を強く打って間もなく死亡した。
●死者2名

2252	京成電鉄京成本線普通電車・ワゴン車衝突
	平成15年1月23日　千葉県習志野市

1月23日午後7時半ごろ、千葉県習志野市実籾の京成電鉄京成本線の大久保5号踏切で、京成上野発芝山千代田行き下り普通電車（6両編成）がワゴン車と衝突し、先頭車両が脱線した。ワゴン車の運転手の男性と同乗者1人が死亡。電車の乗客約600人のうち11人が軽傷を負った。
●死者2名、負傷者11名

2253	旅客機オーバーラン
	平成15年1月27日　千葉県

1月27日夜、成田空港の暫定平行滑走路で、韓国・仁川発のエアージャパン航空908便（ボーイング767 300型）が着陸の際にオーバーランした。9月26日、国土交通省航空・鉄道事故調査委員会は、「追い風の中、距離が短い滑走路に着陸するのに必要な注意を怠ったのが原因」とする調査報告をまとめた。報告は、当時の天候や風速は十分着陸できる状況だったとしたうえで、機長らは滑走路進入時に速度を落とすなどの慎重さが不十分、滑走路上の接地目標を行き過ぎているのを勘違いしたまま着陸、副操縦士も「着陸をやり直すべきだ」などの助言をしなかったなどと認定した。
●―――

平成15年（2003年）〜

2254 山陽新幹線で居眠り運転
平成15年2月26日　岡山県

2月26日、山陽新幹線「ひかり」の運転士が新倉敷駅付近から居眠り運転をし、列車は3分間26キロ走って岡山駅で自動停止した。JR西日本は、居眠り発覚後は車掌が運転席に同乗した、と発表したが、2月28日になって、実際は岡山駅から24分間1人で運転していた事が判明した。その後、運転士は睡眠時無呼吸症候群である事がわかった。
●──

2255 リフトから転落
平成15年3月1日　長野県戸隠村

3月1日午後1時半ごろ、長野県戸隠村戸隠の村営「戸隠スキー場」越水ゲレンデで、スノーボードに訪れた大学生が、乗っていたリフトから約7m下のゲレンデに転落し、胸を強く打って死亡した。リフトに安全用バーがあるが、学生はバーを下ろしていなかったらしい。
●死者1名

2256 航空管制ダウン
平成15年3月1日　全国

3月1日、国土交通省東京航空交通管制部の管制システムがダウンし、全国の空港で一時離着陸不能状態となった。復旧後もダイヤは乱れ200便以上が欠航した。
●──

2257 高松琴平電鉄の列車脱線
平成15年3月5日　香川県

3月5日、香川県で高松琴平電鉄の志度行き列車が脱線する事故があった。
●──

2258 小型機墜落
平成15年3月24日　茨城県緒川村

3月24日午前10時50分ごろ、茨城県緒川村上小瀬の山林に、小型飛行機が炎上しながら墜落。墜落現場で機長と整備士の2人の遺体が発見された。
●死者2名、小型機1機墜落

2259 ヘリコプター横転
平成15年4月19日　静岡県熱海市

4月19日午後6時20分ごろ、静岡県熱海市和田浜南町の観光港芝生広場で、ヘリコプターが着陸直後に横転。地上にいた整備士がローターに巻き込まれて死亡したほか、2人が軽傷。現場では当時最大風速15mの風が吹いていた。
●死者1名、負傷者2名

2260 軽飛行機墜落
平成15年4月29日　沖縄県本部町

4月29日午前10時40分ごろ、沖縄県本部町石川、海洋博記念公園のバス駐車場に軽飛行機が墜落、炎上し、パイロットが死亡した。
●死者1名、軽飛行機1機墜落

2261 軽飛行機墜落
平成15年5月4日　京都府網野町沖

5月4日午前11時40分ごろ、京都府網野町沖2.5キロの日本海にアクロバット飛行の練習をしていた軽飛行機が墜落。10日、機体の引き揚げ作業が行われ、男性2人の遺体を収容した。
●死者2名、軽飛行機1機墜落

2262 海自訓練機墜落
平成15年5月21日　山口県岩国市

5月21日、山口県岩国市の海上自衛隊岩国航空基地で、離着陸訓練をしていた同基地所属

442

の訓練支援機U-36Aが離陸時に横転、炎上し乗員4人が死亡した。海自は9月9日、「先に離陸した航空機の後方乱気流に巻き込まれる可能性があると認識していた機長の判断ミスが原因」などとする最終調査結果を発表した。
●死者4名、訓練機1機墜落

2263	訓練機墜落
	平成15年7月11日　宮崎県宮崎市

7月11日、宮崎県宮崎市郡司分の水田に、同市内の航空大学校の訓練機「ビーチクラフト式A36型」が墜落、教官と学生2人の計3人が死亡、学生1人が重傷を負った。
●死者3名、負傷者1名、訓練機1機墜落

2264	特急電車横転
	平成15年7月18日　長崎県諫早市

7月18日、長崎県諫早市のJR長崎線肥前長田-小江駅間で、長崎発博多行き特急「かもめ46号」に落石が衝突、先頭3両が脱線し、うち2両が大破した。この事故により乗客ら33人が軽重傷を負った。
●負傷者33名

2265	特急電車脱線
	平成15年8月19日　大阪府寝屋川市

8月19日午後4時35分ごろ、大阪府寝屋川市北井町の京阪本線寝屋川市駅-香里園駅間の「北田井踏切」で、京都・出町柳発大阪・淀屋橋行き特急電車（8両編成、乗客約300人）が乗用車と衝突した。電車は南に300mほど走って停車、4両目の車両が脱線した。車は大破し、乗っていた男性1人が死亡。電車の乗客ら4人が軽いけがを負った。
●死者1名、負傷者4名

2266	普通電車脱線
	平成15年9月16日　東京都練馬区

9月16日午後4時12分ごろ、東京都練馬区南大泉の西武池袋線大泉学園-保谷駅間の踏切で、新線池袋発小手指行きの下り普通電車（10両編成）が左から踏切内に入ってきた普通トラックと衝突し、電車の先頭車両が脱線した。乗客約500人にけがはなかった。
●

2267	小型機墜落
	平成15年9月16日　長崎県対馬市

9月16日、長崎県対馬市美津島町の県営対馬空港で、着陸態勢に入った小型プロペラ機が滑走路から離れた斜面に墜落し、市立崇城大航空工学実験研究所の航空の操縦士ら乗員3人が死亡した。
●死者3名、小型機1機墜落

2268	ゴンドラから転落
	平成15年10月15日　長野県木曽郡三岳村

10月15日、長野県木曽郡三岳村の御嶽山7合目付近にある「御岳ロープウェイ」飯森高原駅付近で、下りゴンドラが支柱に衝突して樹脂製の窓が外れ、乗客の夫婦が投げ出されて死亡した。支柱に付く滑車からワイヤロープが外れ、揺れたゴンドラが支柱に激突した事が原因。
●死者2名

2269	急行電車オーバーラン
	平成15年10月18日　岐阜県岐阜市

10月18日、岐阜県にある名鉄の新岐阜駅でオーバーランがあり、急行電車が車止めを越えて脱線した。60人の乗客のうち4人が腰や顔を打ち軽傷。
●負傷者4名

平成15年（2003年）～

2270	曲芸飛行機墜落
	平成15年10月31日　栃木県芳賀郡茂木町

10月31日、栃木県芳賀郡茂木町で曲芸飛行機が墜落し、操縦士が大けがを負った。
●負傷者1名、曲芸飛行機1機墜落

2271	乗用車・普通電車衝突
	平成15年12月21日　千葉県市川市

12月21日午後1時10分ごろ、千葉県市川市八幡の京成線京成八幡－鬼越間の「京成八幡2号踏切」（警報機、遮断機付き）で、踏切内に止まっていた会社員の乗用車に普通電車（4両編成）が衝突した。車は大破し、車外に出ていた会社員が車と電車に挟まれ、全身を強く打って死亡。
●死者1名

2272	セスナ機、民間駐車場墜落
	平成16年1月22日　山梨県甲府市

セスナ機が幼稚園での人文字撮影直後、民間駐車場に墜落、大破。左翼が電線に引っ掛かり約2,700世帯一時停電。
●死者3名

2273	チャーターヘリコプター墜落
	平成16年3月7日　長野県南木曽

信越放送（SBC）チャーターの中日本航空のヘリコプターが墜落、炎上。搭乗の4人全員死亡。
●死者4名、ヘリコプター1機墜落

2274	快速電車、先頭車両脱線
	平成16年6月2日　和歌山県海南

国道42号の跨線橋で大型トレーラーがカーブを曲がりきれず横転。積荷の丸太約20本がJR紀勢線線路上に散乱。快速電車が丸太に乗り上げ先頭車両脱線。

●軽傷者17名

2275	ボーイング747型機・緊急着陸
	平成16年7月29日　大阪府

関西空港離陸直後の韓国・仁川行きノースウエスト航空貨物便ボーイング747型機が、左主翼外側エンジンから火を噴き関空に緊急着陸。
●――

2276	大型輸送ヘリコプター、墜落・炎上
	平成16年8月13日　沖縄県宜野湾

米海兵隊ハワイ所属CH53D大型輸送ヘリコプターが沖縄国際大学一号館本館の壁に接触後、学内敷地に墜落し炎上。周囲約300mに部品飛散。
●重軽傷者3名、ヘリコプター1機墜落

2277	ワゴン車、普通列車衝突・大破
	平成16年9月2日　愛知県武豊

JR武豊線踏切で6人が乗った軽ワゴン車が遮断機が下り停車した車を追い抜き踏切内に進入、大府発武豊行き普通列車と衝突、大破。
●死者3名、重傷者3名

2278	上越新幹線脱線
	平成16年10月23日　新潟県中越地方

新潟県中越地震により、上越新幹線下り「とき325号」脱線。約1.6km走行し停止。乗客無事。
●上越新幹線8両脱線

2279	ヘリコプター行方不明
	平成16年12月24日　佐賀県鹿島沖

「エス・ジー・シー佐賀航空」所属のヘリコプターが行方不明、有明海で墜落。
●死者3名、ヘリコプター1機墜落

~平成17年（2005年）

2280	普通列車・軽ワゴン車衝突
	平成16年12月27日　茨城県関城

関東鉄道常総線の黒子－騰波ノ江駅間の踏切（遮断機・警報器なし）で、普通列車（1両編成）と軽ワゴン車が衝突。
●死者3名

2281	日航トラブル
	平成16年1月　日本

日航トラブル相次ぐ。新千歳空港で羽田行き旅客機が管制官に無断で離陸滑走するなど。
●——

2282	乗用車・急行電車衝突
	平成17年1月10日　兵庫県尼崎市

パトカーが追跡していた乗用車が遮断機の下りた阪急電鉄神戸線踏切に進入し梅田発三宮行き急行電車と衝突。一両目脱線。
●死者3名

2283	乗用車・普通電車衝突
	平成17年2月11日　栃木県宇都宮市

一般車両通行禁止のJR日光線「第五砥上踏切」で乗用車と宇都宮発日光行き下り普通電車が衝突。乗用車の一家即死。
●死者4名

2284	特急・駅舎衝突
	平成17年3月2日　高知県宿毛

「土佐くろしお鉄道」宿毛駅で岡山発宿毛行き下り特急「南風17号」が車止めを乗り越え駅舎に衝突、先頭車両大破。
●死者1名、重軽傷者10名

2285	踏切横断中女性接触
	平成17年3月15日　東京都足立区

東武伊勢崎線竹ノ塚駅近くの手動式踏切で遮断機が上がり横断中の女性2人が準急電車にはねられ死亡。遮断機の操作ミス。
●死者2名、重軽傷者2名

2286	エアバス機・緊急着陸
	平成17年3月28日　東京新島沖

台北発成田行きの台湾エバー航空2196便エアバスA330-200型機が乱気流に巻き込まれ成田空港に緊急着陸。
●重軽傷者49名

2287	快速電車が脱線・転覆
	平成17年4月25日　兵庫県尼崎市

第Ⅰ部　解説参照（p.179）。
●死者107名、負傷者555名

2288	日本航空1158便誤着陸
	平成17年4月29日　東京都大田区

補修工事で閉鎖中の羽田空港A滑走路に帯広発の日本航空1158便が誤着陸。管制ミス。
●——

2289	ヘリコプター墜落・炎上
	平成17年5月3日　静岡県

連休の渋滞状況監視中の静岡県警ヘリ「ノーター「ふじ1号」が2階建てアパートの屋根に接触し路上に墜落、炎上。
●死者5名、ヘリコプター1機墜落

2290	JAL機・エンジン噴火
	平成17年8月12日　福岡県

離陸直後のホノルル行きJALウェイズ58便DC10の左翼エンジンが火を噴き福岡空港に

第Ⅱ部　鉄道・航空機事故一覧　445

平成17年（2005年）〜

引き返す。住宅街に金属片多数落下．タービンブレードが破損し異常燃焼。
●軽傷者5名

2291	全日空機・緊急着陸
	平成17年9月28日　東京都大田区

羽田発福岡行き全日空243便ボーイング777が離陸直後左エンジンのオイル漏れでエンジン停止、羽田空港に緊急着陸。
●──

2292	全日空機・緊急着陸
	平成17年10月29日　高知県室戸岬沖

飛行中の鹿児島発羽田行き全日空628便ボーイング777の右側エンジンに不具合発生し大阪空港に緊急着陸。
●──

2293	ボーイング7・大量の破片落下
	平成17年12月1日　鹿児島県

鹿児島空港離陸直後の羽田行きスカイマークエアラインズ306便ボーイング767の右エンジンに穴が開き大量の破片が地上に落下。
●──

2294	JR・脱線
	平成17年12月25日　山形県庄内

JR羽越線で秋田発新潟行き特急「いなほ14号」（6両編成）が第2最上川橋梁（約600m）を渡った直後、脱線。うち3両転覆。
●死者5名、重軽傷者32名

2295	保線作業中・特急接触
	平成18年1月24日　鳥取県江府

JR伯備線で保線作業中のJR西日本社員4人が下り特急「スーパーやくも9号」にはねられ3人死亡。現場責任者の勘違いで逆方向監視。

●死者3名、軽傷者1名

2296	線路隆起
	平成18年4月24日　東京都新宿区

高田馬場駅付近で湘南新宿ライン普通電車の運転士が異音を感知。都道拡幅工事が原因で線路隆起。山手線約5時間半不通。
●軽傷者5名

2297	試運転中電車・追突
	平成18年6月13日　東京都北栄町

都電荒川線梶原-栄町停留場間で、試運転中の電車に三ノ輪橋発早稲田行き電車が追突。
●重軽傷者28名

2298	JR・脱線
	平成18年11月19日　岡山県

JR津山線玉柏－牧山駅間で津山発岡山行き下り列車脱線、横転。落石の衝撃で線路がゆがんだのが原因。
●重軽傷者25名

446

第Ⅲ部

索引(総説・第Ⅰ部)
主な種類別事故一覧(第Ⅱ部)

索引（総説、第Ⅰ部）

501D ……………………… 133, 135, 136
534D ……………………… 134, 135, 136
8・12連絡会 ……………………… 122
【A】
A様式 ……………………………… 078
A-A様式 ……………………… 011, 078
ADF ……………………………… 085, 103
AFS → 「自動飛行システム」を見よ
AOA → 「迎え角」を見よ
APU ……………………………… 118, 121
ARC ……………………………… 132, 137
ARSR …………………………… 088, 089
ATS …… 010, 011, 016, 046, 054, 074,
　　　080, 091, 107, 130, 146, 158, 159,
　　　171, 172, 179, 180, 181, 182
ATS-P ……………………… 016, 130, 172
ATS-SN ……………………………… 010, 130
ATS確認ボタン ………… 074, 107, 130
【B】
BOAC → 「英国海外航空」を見よ
B様式 ……………………………………… 011
【C】
CNF ……………………………… 164, 166
CNS/ATM ……………………………… 116
CPAL → 「カナダ太平洋航空」を見よ
CTC …… 014, 124, 125, 126, 133, 135,
　　　137
CTCセンター ………… 124, 125, 126, 137
C整備 ……………………………………… 120
【D】
D51 ……………………………………… 052
DC8 …… 016, 017, 019, 068, 093, 103,
　　　109

DF誘導 ……………………………………… 048
DME ……………………………… 093, 116
【F】
FAA → 「米連邦航空局」を見よ
FCOM ……………………………………… 157
【G】
GAモード → 「ゴー・アラウンド・モード」を見よ
GCA ……………………………………… 068
GE ……………………………… 014, 153
GPWS ……………………………………… 104
【H】
H整備 ……………………………………… 121
【I】
ICAO ……………………………… 115, 166
ILS …… 068, 093, 095, 103, 143, 147
ILS誘導電波 ……………………………… 093
INS ……………………………… 115, 116, 117
【J】
JR
　　──中央線大月駅 ……………… 158
　　──西日本 …… 126, 132, 133, 138,
　　　139, 140, 174, 177, 178, 179,
　　　181, 182
　　──福知山線 ………… 139, 179, 182
【M】
MD11 ……………………… 017, 155, 157
M整備 ……………………………………… 121
【N】
NDB ……………………………… 085, 088, 103
【R】
RA ……………………………… 156, 163, 166
【S】
SSR ……………………………… 101, 112, 166
【T】
TA ……………………………… 164, 165, 166

448

TCAS … 009,010,022,164,165,166,167
【V】
V1 …………………………… 152, 153, 154
VOR ………………………………… 093, 103
VR ……………………………………… 152
【Y】
YS-11 ………………………… 072, 085, 086
【あ】
アウターマーカー ……………… 093, 094
圧力開放ドア……………………………… 118
圧力隔壁 …118, 119, 120, 121, 122, 123
余部鉄橋 ………………124, 125, 126, 127
網谷りょういち …………… 041, 125, 138
安全
　　　──アドバイザリーグループ …… 122
　　　──運航確保のための業務改善具体策…
　　　101
　　　──啓発センター …………… 095, 122
　　　──側線… 044, 045, 046, 052, 053,
　　　092
　　　──の誓いの碑 …………………… 163
【い】
伊方原発 …………………………… 128, 129
異常接近警報装置 ……………………… 164
一酸化炭素中毒 ………………………… 096
イノシシ ………………………………… 171
慰霊施設「やすらぎの園」…………… 148
慰霊碑「祈りの塔」…………………… 117
入替作業 …………………………… 011, 158
【う】
ウインドシア…………………………… 155
ウェイ・ポイント ………… 112, 115, 116
運転取扱基準規定 ……………………… 079
運転取扱心得…028,040,055,130,142,172
運輸省航空局… 048, 051, 063, 066, 067,

073, 095, 102, 104
【え】
エア・ブレーキ ………………………… 061
エアバスA300 ………………………… 143
エアホース……………………… 032, 034
英国海外航空…………………… 069, 070
営団地下鉄東西線 ……………………… 105
営団地下鉄日比谷線 …………… 076, 160
駅ビル …………………………… 141, 142
エマージェンシー・ストレート式
　　　　→「非常直通型空気制動機」を見よ
エンジン・ブレード …013, 014, 016, 153
エンジン故障……047, 057, 128, 153, 154
エンジン推力喪失
　　　　→「コンプレッサー・ストール」を見よ
遠心力 ………………032, 033, 059, 160
【お】
大分空港 ………………………………… 061
大島航空標識所 ………………………… 043
オーバーラン… 034, 061, 063, 069, 072,
102, 152, 179, 180
オーバーラン事故 ……………………… 013
御巣鷹山 ………………………… 118, 119, 123
御茶ノ水駅 ……………………… 020, 079
女川原発 ………………………………… 129
【か】
カーブ … 016, 018, 032, 033, 034, 035,
052, 058, 059, 060, 081, 084, 136,
160, 161, 162, 163, 172, 179, 180,
181
回送電車 ………………………… 077, 158, 159
改良型ブレード ………………… 014, 153
化学消防車 ……………………………… 069
確認怠り ……………044, 052, 079, 130
鹿児島本線 ……………………………… 171

第Ⅲ部　索引（総説・第Ⅰ部）　| 449

架線工事 ……………………………… 037, 038
ガソリンカー …………………………… 024
カナダ太平洋航空 ……………… 068, 069
カム軸モーター ………………………… 076
ガルーダ・インドネシア航空 … 013, 014,
　　152, 153, 154
換気機能 ………………………………… 099
管制指示 …009, 048, 051, 165, 166, 167
管制ミス ………………………… 050, 164
関東鉄道常総線 ……………………… 141
【き】
木更津ビーコン ………………………… 048
気象ブリーフィング …………………… 070
きたぐに ………………… 096, 099, 100
「機付き整備士」制度………………… 121
汽笛吹鳴 ………………………………… 082
軌道回路短絡器 ………………… 098, 180
軌道ゆがみ ……………………………… 160
軌道用短絡器　→「軌道回路短絡器」を見よ
義務的位置通報点　→「ウェイ・ポイント」を見よ
木村秀政 ………………………………… 067
逆ノッチブレーキ ……………………… 035
逆噴射 …………………019, 109, 111, 152
救急隊員 ………………… 174, 176, 177
競合脱線 ………………… 058, 059, 163
強風警報装置 …………… 124, 125, 126
距離測定装置　→「DME」を見よ
緊急停車 ………………………… 079, 171
金属疲労 …………… 120, 152, 153, 154
近鉄大阪線 ……………………… 091, 092
近鉄奈良線 ……………………………… 034
【く】
クアラルンプール空港 …………… 103, 104
空気ブレーキ …………………… 034, 084
空中分解 ………………………………… 070

空中衝突　009, 010, 087, 088, 090, 167,
　　168, 169
鎖錠装置 ………………………………… 024
グラウンド・スポイラー … 016, 065, 066,
　　101, 152, 153
訓練 …… 010, 012, 017, 022, 050, 063,
　　067, 085, 087, 088, 089, 090, 101,
　　102, 147, 148, 154, 157, 164, 168,
　　169, 170, 178, 181
【け】
警戒信号 ………………………… 074, 108
計器着陸装置　→「ILS」を見よ
計器飛行方式 …………… 064, 067, 169
警告義務怠り …………………………… 055
携帯用信号炎管 ………………………… 180
京浜東北線 ……………………………… 037
激突 …… 063, 084, 085, 086, 128, 170,
　　177
検車掛員 ………………………………… 076
原子力安全委員会 …………………… 128
原子力発電所 …………………… 128, 129
【こ】
航空
　――・鉄道事故調査委員会 …… 137,
　　167, 170, 173, 178, 182
　――・鉄道事故調査委員会設置法　137
　――安全対策懇談会 ………………… 049
　――医学研究センター ……………… 111
　――管制センター …………… 042, 043
　――機運用規定 ……………………… 109
　――交通安全緊急対策要綱 ……… 089
　――交通管制用自動応答装置
　　　　→「トランスポンダー」を見よ
　――交通管理センター …………… 116
　――自衛隊戦闘機ノースアメリカンF86D

450

050
　　──自衛隊第一航空団松島派遣隊　087
　　──法　……051, 063, 086, 089, 111
　　──法違反　…………　051, 063, 086
　　──路逸脱　………112, 114, 116, 117
　　──路監視用長距離レーダー
　　　　　　　　　　　→「ARSR」を見よ
高校生　………………015, 149, 150, 151
高高度管制区……………………………087
交信テープ………………………018, 043
交信ミス……………………………… 042
高速度回路遮断 ……………………… 039
高麗川駅（八高線） ………………… 032
ゴー・アラウンド・モード…　143, 145, 147
ゴーアラウンド　………………　068, 072
コールアウト…………………　066, 109
国際民間航空機関　→「ICAO」を見よ
誤出発検知装置　………132, 134, 135, 136
こだま　………………………………　149
コリジョン（衝突）コース　…………　168
コンプレッサー・ストール　…　014, 101,
　　152, 153
コンベア　……………………061, 064, 065
【さ】
財団法人「慰霊の園」………………　122
財団法人「慰霊の森」………………　090
作業表示盤 …………………………… 082
桜木町駅………037, 038, 040, 041, 078
佐貫亦男　…………………………… 073
山陰本線……………………… 124, 127
山岳波　……………………………… 070
三重衝突　…………………………052, 058
サンフランシスコ平和条約　………… 043
【し】
自衛隊機　……021, 050, 051, 087, 089,
　　090, 129
自衛隊専用回廊 ……………………… 089
ジェット・バリア …………………… 153
ジェット燃料……………………070, 074
視界不良　……………068, 069, 093, 103
信楽高原鉄道…　015, 021, 132, 133, 135,
　　136, 137, 138
事故資料館「セーフティーしがらき」　137
自主運航 ……………………………043, 094
雫石空中衝突事故 …………………… 009
次世代航空保安システム …………… 116
失速　……016, 018, 064, 066, 101, 110,
　　144, 145, 146, 148, 165, 166
指導者　…028, 029, 030, 134, 135, 136, 137
指導法　………………………… 028, 030
自動
　　──進路制御装置　→「ARC」を見よ
　　──操縦…　088, 109, 112, 115, 116,
　　143, 155, 156, 157
　　──飛行システム …………　146, 148
　　──方向探知機　→「ADF」を見よ
　　──列車停止装置　→「ATS」を見よ
ジャイロ計器……………………047, 048
シャットオフ弁 ………………065, 066
車内警報装置……………………046, 054
車両ドア押さえ装置 ………………… 015
車両用信号炎管 ………………　054, 180
修学旅行生 ……………………… 044, 046
出発監視　…………………………… 150
出発信号機 ……026, 044, 045, 052, 053,
　　124, 130, 132, 133, 134, 135, 136,
　　137, 179
手動操縦 ………………………146, 156, 157
手動ブレーキ……………………035, 084
障害物検知装置 ……………………… 140

第Ⅲ部　索引（総説・第Ⅰ部）｜451

昇魂之碑 …………………………… 110, 122
衝突回避指示 → 「RA」を見よ
場内信号機…… 026, 037, 038, 044, 074,
　　075, 079, 080, 091, 098, 107, 108,
　　130, 133, 134, 135, 136, 177
常磐線土浦駅……………………………… 026
常磐線三河島駅 …………………………… 052
乗務行路表 ………………………………… 158
正面衝突 …028, 030, 091, 092, 132, 136
常用ブレーキ… 032, 105, 108, 141, 142,
　　179, 180
触車 ………………………………… 081, 083
食堂車 ………… 096, 097, 098, 099, 100
しりもち事故……………………………… 120
真空ポンプ ………………………………… 047
信号
　　入替――機 …………………… 130, 158
　　――確認怠り ………… 044, 079, 130
　　――掛 … 024, 025, 026, 027, 037,
　　　038, 040, 044, 054, 055
　　――機　026, 037, 038, 044, 045,
　　　046, 052, 053, 074, 075, 079,
　　　080, 091, 098, 107, 108, 124,
　　　126, 130, 132, 133, 134, 135,
　　　136, 137, 140, 158, 159, 160,
　　　171, 172, 175, 177, 179
　　――機の自動化 …………………… 046
　　――システム ……………………… 021
　　――注意義務怠り ………………… 055
　　特殊――発光機　014, 015, 124, 125,
　　　139, 180, 181
　　――見落とし ……………………… 052
　　見張――掛 ………………………… 027
　　――無視 …………………………… 132
新宿駅 ……………………………………… 074

心身症 ……………………………………… 110
進入角指示灯……………………………… 072
【す】
スーパーはくと ………… 174, 176, 177
スコッチライト ………………………… 082
スピードオーバー ……………………… 179
スラストレバー ………… 143, 144, 145
スラットとフラップ …………………… 146
【せ】
静止輪重アンバランス ………………… 160
精神障害 ………………………………… 109
精神分裂病 ……………………………… 109
精測進入レーダー ………………… 068, 069
赤外線誘導式ミサイル ………………… 115
積載違反 ………………………………… 139
石碑「空へ」 …………………………… 148
セスナ機 …………………………… 168, 169
接近警報及び衝突回避装置 → 「TCAS」を見よ
全日空 → 「全日本空輸」を見よ
全日空機接触事故調査委員会 ………… 090
全日本空輸…… 047, 048, 049, 050, 051,
　　057, 064, 065, 066, 067, 069, 072,
　　073, 087, 088, 090, 111
前方不注意 ……………………………… 051
【そ】
相互信頼の原則 …………………… 020, 021
操作ミス …………………024, 026, 027, 135
操車掛 ……………………………… 026, 027
操車誘導ミス …………………………… 027
操縦ミス …………………018, 019, 143, 147
総使用サイクル ………………………… 153
総武線 ……………………………… 107, 130
相馬清二 …………………………… 018, 070
外側無線位置標識 → 「アウターマーカー」を見よ
【た】

452

タービンブレード ・・・・・・・・・・・・・・・・・・・・・・ 152
第1次空港整備5ヵ年計画 ・・・・・・・・・・・・ 072
第1閉塞信号機 ・・・・・・・・・・ 074, 107, 108, 130
第2制御筒 → 「ブレーキシリンダー」を見よ
第2閉塞信号機 ・・・・・・・・・・ 074, 107, 108, 175
第3軸制輪子 → 「ブレーキシュー」を見よ
対応遅れ ・・・・・・・・・・・・・・・・・・・・・・・・・・・・・・・・ 052
対応混乱 ・・・・・・・・・・・・・・・・・・・・・・・・・・・・・・・・ 174
大韓航空 ・・・・・・・・・・・・・・・・・・・・・ 112, 116, 117
耐空性基準 ・・・・・・・・・・・・・・・・・・・・・・・・・・・・・ 121
対地接近警報装置 → 「GPWS」を見よ
待避線 ・・・・・・・・・・・・・・・・・・・・・・・ 036, 136, 158
ダイヤ至上主義 ・・・・・・・・・・・・・・・・・・・・・・・ 019
代用閉塞方式 ・・・・・・・・・・・・・・ 015, 134, 137
ダグラスDC-3 ・・・・・・・・・・・・・・・・・・・・・・・・・・・ 047
ダグラスDC-8-43 ・・・・・・・・・・・・・・・・・・・・・・・ 068
ダグラスDC-8-61 ・・・・・・・・・・・・・・・・・・・・・・・ 109
ダグラスMD-11型機 ・・・・・・・・・・・・・・・・・・・ 155
蛇行動 ・・・・・・・・・・・・・・・・・ 058, 059, 110, 126
惰性運転 ・・・・・・・・・・・・・・・・・・・・・・・・・・・・・・・・ 032
脱線係数限界値 ・・・・・・・・・・・・・・・・・・・・・・・ 161
脱線転覆 ・・・・・・ 024, 027, 032, 045, 046,
　　　092, 105, 179, 182
脱線防止ガード ・・・・・・・・・・・・ 059, 161, 162
ダッチロール ・・・・・・・・・・・・・・・ 064, 066, 118
竜巻105, 106
館山ビーコン ・・・・・・・・・・・・・・・・・・・・・・・・・・・・ 047
タブレット ・・・・・・・・・・・・・・・・・・・・・・・・・・・・・・・ 028
多摩川鉄橋（八高線）・・・・・・・・・・・・・・・・・・・ 028
タンク車 ・・・・・・・・・・・・・・・・・・・・ 012, 053, 074
単線特殊自動閉塞式信号保安システム ・・・・・
　　　136
短絡火花 ・・・・・・・・・・・・・・・・・・ 024, 037, 040
【ち】
蓄電池回路 ・・・・・・・・・・・・・・・・・・・・・・・・・・・・・ 024

地上誘導着陸進入 → 「GCA」を見よ
着陸モード ・・・・・・・・・・・・・・・・・・・・・・・・・・・・・ 143
中央線 ・・・・・・・・・・ 074, 079, 107, 130, 158
中央特快 ・・・・・・・・・・・・・・・・・・・・・・・・・・・・・・・ 158
中央本線 ・・・・・・・・・・・・・・・・・・・・・・・・・・・・・・・ 158
中華航空 ・・・・・・・・・・・・・・ 143, 145, 147, 148
長大トンネルにおける列車火災時のマニュアル作成要領 ・・・・・・・・・・・・・・・・・・・・・・・・・・ 100
超短波全方向式無線標識 → 「VOR」を見よ
直通空気管 ・・・・・・・・・・・・・・・・・・・・・・・・・・・・ 034
【つ】
追突 ・・・・・・ 010, 019, 020, 034, 036, 053,
　　　079, 080, 090, 107, 108, 130, 131,
　　　171, 172, 173
墜落 ・・・・・・ 016, 017, 018, 019, 022, 042,
　　　043, 047, 048, 057, 063, 064, 065,
　　　067, 069, 070, 071, 072, 073, 085,
　　　086, 088, 090, 093, 094, 095, 101,
　　　103, 104, 109, 110, 111, 115, 116,
　　　118, 119, 122, 123, 128, 129, 143,
　　　145, 147, 148, 170
通過信号機 ・・・・・・・・・・・・・・・・・・・ 019, 044, 045
通信・航法・監視及び航空交通管理計画
　　　→ 「CNS/ATM」を見よ
通知運転 ・・・・・・・・・・・・・・・・・・・・・・・・・・・・・・・ 054
吊架線 ・・・・・・・・・・・・・・・・・・・・・・ 037, 038, 098
鶴見駅 ・・・・・・・・・・・・・・・・・・・・・・・・・・・・・・・・・ 058
鶴見列車事故技術調査委員会 ・・・ 059, 060
【て】
抵抗器 ・・・・・・・・・・・・・・・・・・・ 076, 077, 078, 084
梃子扱信号掛 ・・・・・・・・・・・・・・・・・・・・・・・・・・ 024
低速走行 ・・・・・・・・・・・・・・・・・・・・ 077, 160, 162
デシジョン・ハイト ・・・・・・・・・・・・・・・・・・・・・ 109
鉄橋 ・・・・・・ 014, 015, 021, 027, 028, 030,
　　　031, 105, 106, 124, 125, 126, 127

第Ⅲ部　索引（総説・第Ⅰ部）　453

鉄道
　　──安全推進会議 ………… 137, 138
　　──運転士作業基準 ………… 142
　　──火災対策技術委員会 ………… 099
　　──事故安全対策調整委員会 … 178
　　──事故の安全対策に関する覚書　110
　　──対策技術委員会 ………… 110
　　──労働科学研究所 ………… 055
寺田寅彦 ……………………… 018, 022
転換梃子 ……………………………… 024
電気火花 ……………………… 037, 039
電気ブレーキ ………………………… 084
転轍器箇所 …………………………… 024
転覆限界風速 ………………… 105, 125
転落 …… 014, 015, 026, 027, 032, 124,
　　125, 126, 150
【と】
東亜国内航空 ………………… 085, 086
東亜国内航空YS-11A型機事故調査委員会
　　086
東海道新幹線 ………… 060, 149, 151
東海道本線 …………… 058, 059, 060
東京アプローチ ……………… 064, 065
東京航空気象台 ……………………… 070
東京航空交通管制局 ………… 047, 048
東京国際対空通信局 …… 113, 114, 115
東京進入管制所 ……………………… 119
東京無線標識所 ……………………… 064
東京モニター ………………………… 042
東西線列車災害事故対策研究委員会 … 105
動力車乗務員執務標準 ……………… 130
特殊自動閉塞方式 …………… 132, 133
特別航空障害灯 ……………………… 129
戸閉め保安システム ………………… 149
突風 …………………… 084, 124, 125

トラック … 084, 104, 139, 140, 174, 178
トランスポンダー …………………… 089
トリム操作 …………………………… 146
トンネル …… 011, 013, 014, 034, 091,
　　092, 096, 097, 098, 099, 100, 129,
　　149, 160, 171
【な】
中日本航空 …………… 168, 169, 170
中目黒駅 ……………… 076, 160, 163
名古屋空港 …… 050, 051, 143, 145, 148,
　　156, 168, 169
難燃性塗料 …………………… 011, 040
【に】
ニアミス ……… 009, 022, 164, 165, 167
二次監視レーダー → 「SSR」を見よ
西取手駅 ……………………… 141, 142
西成線 ………………………………… 024
西成線安治川口駅 …………………… 024
日航123便事故記念碑 ……………… 122
日航運航乗員健康管理室 …………… 110
日航機羽田沖墜落事故遺族被災者の会　111
日本航空 …… 041, 042, 043, 064, 093,
　　101, 102, 103, 104, 109, 118, 122,
　　123, 155, 164, 168, 169, 170
【の】
濃霧 ………………043, 068, 081, 128
ノースアメリカンF-86F-40 ………… 087
ノースウエスト航空 ………………… 042
乗り上がり脱線 ……… 010, 162, 163
【は】
ハインリッヒの法則 ………………… 013
伯備線 ………………………… 081, 083
函館NDB ……… 085, 086, 087, 088
函館対空通信局 ……………………… 085
挟まれ事故 …………………………… 149

454

八丈運航所	057
羽田飛行場管制所	064, 065
反位片鎖錠	134
ばんだい号	019, 085, 086
パンタグラフ	034, 035, 037, 038, 039, 040, 077, 078
パンタグラフ降下スイッチ	077
判断ミス	076, 085, 091, 096, 107, 130, 132, 141, 171
ハンドブレーキ	035, 036

【ひ】

ビーコン	047, 048
東中野駅	107, 108, 130, 131
非常コック	039, 040, 053
非常直通型空気制動機	034
非破壊探傷検査	121

【ふ】

風速監視装置	106, 126
風速計	106, 124, 126, 127
フェザリング	048
フェンス・スピード	061, 063
福知山線	016, 019, 020, 139, 179, 182
福知山鉄道管理局	124, 125, 126
フゴイド運動	118, 119
富士急行大月線	084
富士航空	061
藤田航空	057
フット・ブレーキ	061, 062
不燃化基準	011, 078
踏切支障報知装置	139, 140, 180
フライト・スポイラー	065, 155
フライトレコーダー	067, 089, 101, 117
フランジ	058, 059, 060, 161
フランジ角度	059, 161
ブレーキ・エアホース	032

ブレーキ故障	034, 084, 091, 141, 142
ブレーキシュー	077
ブレーキシリンダー	077, 084, 091, 141
ブレーキシリンダーゲージ	091
ブレード破壊	153
プロペラ機	042, 057, 061
文集「茜雲」	123

【へ】

米軍	018, 042, 043, 074, 113, 114, 119, 128, 129
米軍用ジェット燃料JP-4	074
閉塞運転	021, 028
閉塞器	028
閉塞区間	028, 030, 053, 107, 132, 134, 137, 171, 172
閉塞信号掛	024
閉塞信号機	074, 107, 108, 130, 171, 172, 175
米連邦航空局	121, 152
ヘリコプター	010, 069, 128, 168, 169, 170

【ほ】

保安ブレーキ	141, 142
ボイスレコーダー	019, 089, 117, 122
ポイント操作ミス	027
方向優先梃子	133, 134, 135, 137
暴走	036, 084, 141, 161
ボーイング	
──727-200	088
──727-81	064
──747-230型機	112
──747SR-100型機	118
──B707-436	070
──社	066, 120, 121, 122, 157
北陸本線	096

補助動力装置　→「APU」を見よ
保線作業 …………………………… 081, 082
【ま】
マクダネル・ダグラス社 …………… 102
松島NDB ……………………… 087, 088
マレーシア政府民間航空局 …………… 104
【み】
ミグ23型戦闘機 …………………… 114
三島駅 ……………………………… 149
ミドルマーカー …………………… 093
三原山 ………………………… 042, 043
【む】
迎え角 ………………… 144, 145, 146
無指向性無線標識　→「NDB」を見よ
【め】
名鉄瀬戸線 ………………………… 033
【も】
もく星号 …………………………… 043
モスクワ空港 ………………… 016, 101
モハ63型 ……………………… 038, 040
【や】
夜間有視界飛行方式 ……………… 067
山手貨物線 ………………………… 074
山名正夫 ……………… 018, 065, 067
【ゆ】
油圧配管 ……………… 118, 119, 121
有視界飛行 … 064, 067, 087, 089, 095, 128
有視界飛行方式 ……… 064, 067, 087, 089
【よ】
翼内燃料タンク …………………… 069
横津岳 ………………………… 085, 086
四つ手継手 ………………………… 024
【ら】
乱気流 ………………………… 070, 115

ランド・モード ……………………… 147
【り】
リバース ……………… 061, 062, 063, 109
リベット孔 ………………………… 120
粒界酸化 …………………………… 153
領空侵犯 ……………………… 113, 114
離陸 …… 014, 021, 022, 042, 050, 051, 057, 061, 070, 087, 088, 101, 102, 110, 112, 113, 115, 116, 118, 128, 152, 153, 154, 168
離陸中止 …………………………… 152
【れ】
レーダー管制システム ………… 009, 089
列車
　――火災… 011, 013, 014, 037, 076, 096, 100, 129
　――監視員 ………………………… 177
　――監視モニター ………………… 151
　――検知装置 ……………… 132, 137
　――集中制御装置　→「CTC」を見よ
　――接近警報装置 ………………… 082
　――防護… 012, 013, 019, 020, 038, 040, 055, 079, 150, 180, 182
　――防護義務怠り ………………… 055
　――防護スイッチ ………………… 150
　――防護無線装置 ………………… 055
連結器 ………………………… 032, 105
連絡ミス ……………… 028, 037, 081, 174
【ろ】
六軒駅（参宮線） …………………… 044
【わ】
渡り線 ………… 026, 037, 038, 052, 053
ワラ1型貨車 ………………… 058, 059
ワルソー条約 ………………… 117, 147

主な種類別事故一覧

【横転】
南極観測用ヘリコプター横転　昭和35年9月16日　愛知県小牧市　　0618（通しNo.）
奥羽本線急行列車横転　昭和50年8月6日　山形県最上郡真室川町　　1356
根室本線特急列車横転　昭和51年4月14日　北海道白糠郡白糠町　　1371
航空自衛隊機横転　昭和52年8月31日　宮城県宮城郡松島町　　1436
クレーン車横転　昭和62年8月9日　東京都品川区　　1722
トラック横転　平成3年3月23日　福岡県北九州市小倉北区　　1855
ヘリコプター横転　平成12年4月10日　佐賀県佐賀郡川副町　　2187
ヘリコプター横転　平成15年4月19日　静岡県熱海市　　2259
特急電車横転　平成15年7月18日　長崎県諫早市　　2264

【オーバーラン】
日航ジェット旅客機オーバーラン　昭和36年4月24日　東京都大田区　　0630
東亜国内航空機オーバーラン　昭和56年5月31日　高知県南国市　　1541
南西航空機オーバーラン　昭和57年8月26日　沖縄県石垣市　　1578
米軍艦載機オーバーラン　昭和58年8月23日　神奈川県厚木基地　　1619
日本航空機オーバーラン　昭和60年4月4日　北海道千歳市　　1664
東亜国内航空機オーバーラン　昭和63年1月10日　鳥取県米子空港　　1727
旅客機オーバーラン　平成15年1月27日　千葉県　　2253
急行電車オーバーラン　平成15年10月18日　岐阜県岐阜市　　2269

【火災】
蒸気機関車火の粉、沿線火災　明治6年1月27日　東京府北蒲田村他　　0002
日本航空輸送研究所横廠式ロ号甲型機、空中火災　大正15年4月6日　兵庫県　　0036
山陰線列車火災　昭和6年1月23日　鳥取県気高郡　　0119
北陸線列車火災　昭和11年1月13日　福井県福井市　　0234
東海道線急行列車火災　昭和12年12月17日　静岡県　　0297
鹿児島本線準急列車火災　昭和12年12月27日　福岡県小倉市日明　　0299
近鉄奈良線トンネル内火災　昭和22年4月19日　大阪府・奈良県　　0375
電車火災　昭和24年1月4日　名古屋鉄道線　　0385
近鉄山田線電車火災　昭和24年3月8日　三重県松坂市　　0388
京阪電鉄本線準急電車火災　昭和24年9月27日　大阪府北河内郡　　0394
京浜東北線電車火災　昭和26年4月24日　神奈川県横浜市中区　　0413
京浜急行準急電車火災　昭和26年6月22日　神奈川県横浜市金沢区　　0415
山陽本線電車火災　昭和26年8月2日　兵庫県神戸市　　0416
常磐線電車火災　昭和26年10月30日　千葉県　　0422
東武鉄道線電車火災　昭和27年5月12日　東京都　　0431
南薩鉄道知覧線列車火災　昭和28年2月12日　鹿児島県川辺郡　　0440
市内電車火災　昭和31年1月3日　福岡県福岡市　　0496
南海電鉄急行電車火災　昭和31年5月7日　和歌山県伊都郡高野町　　0507
市内電車火災　昭和33年11月18日　北海道函館市　　0564
横浜市電火災　昭和40年4月11日　神奈川県横浜市中区　　0762
横浜市電火災　昭和40年4月18日　神奈川県横浜市神奈川区　　0765

日本航空訓練機火災　昭和41年8月26日　東京都大田区　　0834
横浜盲訓学院セスナ機火災　昭和41年9月7日　北海道川上郡弟子屈町　　0835
米空軍輸送機火災　昭和42年5月13日　東京都西多摩郡福生町　　0876
東急田園都市線電車火災　昭和42年6月6日　東京都品川区　　0880
営団地下鉄日比谷線電車火災　昭和43年1月27日　東京都港区　　0932
山陽本線寝台特急列車火災　昭和44年6月24日　山口県防府市　　1058
寝台特急北陸トンネル列車火災　昭和44年12月6日　　1086
山陽本線急行列車火災　昭和46年10月6日　岡山県笠岡市　　1194
山陽本線急行列車火災　昭和47年4月13日　岡山県和気郡吉永町　　1224
北陸本線急行列車火災（北陸トンネル列車火災）　昭和47年11月6日　福井県敦賀市　　1255
日田彦山線ディーゼルカー火災　昭和47年11月7日　福岡県　　1256
小田急線急行電車火災　昭和52年3月15日　東京都世田谷区　　1414
田沢湖線列車火災　昭和52年6月30日　岩手県岩手郡雫石町付近　　1428
ソ連海軍潜水艦火災　昭和55年8月21日　沖縄県沖　　1517
特急電車モーター火災　昭和56年2月1日　東京都三鷹市　　1529
東武野田線電車火災　昭和56年10月25日　埼玉県大宮市宮ヶ谷塔　　1552
東海道本線電車火災　昭和57年4月8日　神奈川県　　1566
上越新幹線列車火災　昭和58年3月20日　新潟県南魚沼郡湯沢町　　1602
JR上越線パノラマ展望車火災　昭和63年3月30日　新潟県南魚沼郡湯沢町　　1732

【自殺】
日東航空機乗客飛降り自殺　昭和34年10月31日　大阪府　　0595
全日空旅客機乗っ取り犯青酸自殺　昭和52年3月17日　東京都大田区付近　　1415
航空機内焼身自殺　昭和53年10月1日　大分県大分市　　1461

【衝突】
住吉駅東方で正面衝突　明治10年10月1日　兵庫県神戸市　　0004
北陸本線列車正面衝突　大正2年10月17日　富山県富山　　0015
東北本線列車正面衝突　大正5年11月29日　青森県下田　　0019
山手線踏切で荷車と電車衝突、爆発　大正7年8月5日　東京府　　0024
白戸式25型機箱根山岳衝突　大正12年2月22日　神奈川県　　0027
霞ケ浦上空、海軍機同士衝突　大正13年12月19日　茨城県　　0034
山陽線特急列車・貨物列車衝突　昭和2年1月9日　兵庫県神戸市　　0041
伊勢電鉄線電車衝突　昭和2年1月11日　三重県　　0042
筑豊線貨物列車・火薬運搬馬車衝突　昭和2年1月30日　福岡県　　0045
京浜線電車三重衝突　昭和2年10月28日　東京府北豊島郡　　0053
海軍航空隊機・漁船衝突　昭和2年11月11日　　0055
乗用車・目蒲電鉄電車衝突　昭和3年3月28日　東京都駒込町　　0065
市電衝突　昭和3年7月3日　東京府東京市小石川区　　0072
東北本線急行列車・軍用自動車衝突　昭和3年9月25日　岩手県金ヶ崎町　　0081
信越線列車・除雪車衝突　昭和4年2月1日　新潟県　　0083
東海道線旅客列車衝突　昭和4年4月11日　神奈川県足柄上郡山北町　　0086
省線電車衝突　昭和4年8月2日　東京府東京市　　0089
目蒲電鉄線電車衝突　昭和4年8月26日　東京府　　0094
横浜市電衝突　昭和5年1月14日　神奈川県横浜市　　0098
伯備線列車・貨物列車衝突　昭和5年9月24日　鳥取県日野郡　　0113

陸軍飛行隊機衝突　昭和5年10月22日　岐阜県　　0114
鹿児島本線列車・乗用車衝突　昭和5年10月頃　熊本県熊本市　0115
横浜臨港鉄道線列車・乗用車衝突　昭和6年2月17日　神奈川県横浜市　　0121
艦載機衝突　昭和6年6月17日　伊勢湾　　0126
大阪電軌線電車衝突　昭和6年11月　奈良県富雄村　　0133
東武線電車衝突　昭和6年12月5日　栃木県足利郡　　0135
青梅線電車・五日市線貨物列車衝突　昭和6年12月16日　東京府　　0136
陸軍飛行学校機衝突　昭和7年2月8日　三重県　　0137
陸軍飛行学校機衝突　昭和7年7月22日　三重県　　0147
東海道線貨客列車衝突　昭和7年12月19日　京都府京都市　　0159
東武線列車衝突　昭和8年3月16日　埼玉県　　0163
陸軍飛行学校機衝突　昭和8年7月　　0173
陸軍機衝突　昭和9年2月16日　愛知県扶桑村　　0185
両毛線列車横断者衝突　昭和9年6月16日　群馬県前橋市　　0199
山手線・京浜線電車衝突　昭和9年11月15日　東京府東京市　　0205
海軍航空隊機衝突　昭和9年11月20日　茨城県　　0206
バス・小田急線電車衝突　昭和9年12月30日　神奈川県大和村　　0208
航空機防波堤衝突　昭和10年5月19日　大分県別府市　　0216
有田鉄道列車衝突　昭和10年8月18日　和歌山県有田郡　　0226
海軍航空隊機衝突　昭和10年10月10日　香川県三豊郡荘内村沖　　0228
陸軍飛行学校機衝突　昭和10年12月3日　埼玉県所沢町　　0230
阪神線電車・消防車衝突　昭和11年2月10日　兵庫県本山村　　0240
海軍航空隊機衝突　昭和11年3月31日　　0254
陸軍飛行隊機衝突　昭和11年5月1日　東京府立川町　　0257
海軍航空隊機衝突　昭和11年5月13日　茨城県霞ヶ浦　　0258
乗用車・中越線列車衝突　昭和11年6月　富山県　　0261
京浜線電車・銀バス衝突　昭和11年8月8日　神奈川県川崎市　　0275
遊覧バス・東武線電車衝突　昭和11年11月21日　群馬県　　0281
相模鉄道線ガソリンカー・横浜市電バス衝突　昭和11年12月27日　神奈川県横浜市西平沼町　　0282
バス・近江鉄道線電車衝突　昭和12年2月6日　滋賀県甲賀郡水口町　　0283
井笠鉄道線機関車三重衝突　昭和12年4月1日　岡山県小田郡笠岡町　　0285
奥羽線列車・乗合馬車衝突　昭和12年5月5日　青森県弘前市　　0288
東北本線列車・バス衝突　昭和13年4月10日　福島県伊達郡　　0305
軍用トラック・阪神線電車衝突　昭和13年7月21日　兵庫県芦屋町　　0310
神有線電車衝突　昭和13年8月29日　兵庫県神戸市付近　　0313
京浜電鉄電車衝突　昭和13年9月15日　神奈川県　　0315
東北線急行列車・バス衝突　昭和13年11月5日　青森県青森市堤町　　0317
市電三重衝突　昭和13年12月16日　兵庫県神戸市　　0320
京王線電車・乗用車三重衝突　昭和14年1月10日　東京府東京市渋谷区幡ヶ谷原町　　0324
東海道線特急列車・トラック衝突　昭和14年2月18日　岐阜県岐阜市本庄守屋　　0325
東京市電・トラック三重衝突　昭和14年5月1日　東京府東京市京橋区　　0327
播丹鉄道線気動車・貨物列車衝突　昭和14年5月6日　兵庫県加東郡　　0328
小田急線電車・乗用車衝突　昭和14年5月28日　神奈川県川上郡上秦野村　　0329
飯山鉄道線列車衝突　昭和14年7月　長野県　　0331
バス・足尾線列車衝突　昭和14年7月12日　群馬県山田郡大間々町　　0332
高崎線列車衝突　昭和14年12月8日　群馬県多野郡新町　　0339

衝突

相模線列車衝突　昭和14年12月23日　神奈川県　　0340
バス・山陽電鉄線電車衝突　昭和15年1月29日　兵庫県加古郡尾上村　　0342
奈良バス・大阪電軌線電車衝突　昭和15年6月17日　奈良県奈良市　　0344
東北本線急行列車衝突　昭和15年11月3日　岩手県和賀郡　　0347
東海道本線列車・電車三重衝突　昭和16年3月26日　大阪府大阪市　　0350
バス・越後線機関車衝突　昭和16年8月16日　新潟県新潟市　　0352
島原鉄道線列車正面衝突　昭和17年3月27日　長崎県黒沢町　　0357
バス・越後線機関車衝突　昭和17年4月10日　新潟県新潟市　　0358
バス・牟岐線列車衝突　昭和17年5月13日　徳島県徳島市　　0360
ケーブルカー衝突　昭和17年10月20日　神奈川県足柄下郡　　0362
バス・東急帝都線電車衝突　昭和17年10月23日　東京府東京市杉並区　　0363
別大電鉄線電車衝突　昭和17年11月6日　大分県大分市　　0365
トラック・別大電鉄線電車衝突　昭和18年5月13日　大分県大分市　　0367
脱線貨車、客車衝突　昭和18年10月26日　茨城県土浦市　　0368
八高線列車衝突　昭和20年8月24日　東京都　　0371
室蘭本線列車衝突　昭和22年3月31日　北海道山越郡長万部町　　0374
八高線貨物列車・航空機拝島・小宮駅間衝突　昭和22年7月16日　東京都八王子市付近　　0377
箱根登山鉄道線電車衝突　昭和24年2月14日　神奈川県足柄下郡箱根町　　0387
乗用車・電車衝突　昭和25年7月28日　東京都板橋区　　0404
バス・列車衝突　昭和25年11月19日　福岡県直方市　　0408
東武バス・列車衝突　昭和25年12月18日　埼玉県大宮市　　0410
駿豆バス・小田急線電車衝突　昭和25年12月20日　神奈川県小田原市　　0411
都営バス・電車衝突　昭和26年4月11日　東京都板橋区　　0412
米空軍ジェット戦闘機煙突衝突　昭和26年5月11日　福岡県福岡市　　0414
観光バス・貨物列車衝突　昭和26年10月13日　栃木県佐野市　　0420
観光バス・列車衝突　昭和26年10月13日　群馬県碓氷郡　　0421
バス・電車衝突　昭和26年11月3日　千葉県船橋市　　0423
トラック・列車衝突　昭和26年12月9日　徳島県美馬郡穴吹町　　0426
バス・列車衝突　昭和27年2月5日　神奈川県横浜市鶴見区　　0427
トラック2台・電車衝突　昭和27年7月21日　東京都大田区　　0433
オート三輪・列車衝突　昭和27年10月8日　埼玉県日勝寺村　　0435
トラック・電車衝突　昭和27年10月18日　山口県宇部市　　0436
修学旅行バス・列車衝突　昭和28年5月21日　栃木県安蘇郡葛生町　　0442
観光バス・機関車衝突　昭和28年5月30日　愛知県知多郡大高町　　0443
タクシー・貨物列車衝突　昭和28年6月10日　東京都武蔵野市　　0444
西鉄宮地岳線電車衝突　昭和28年7月8日　福岡県粕屋郡新宮村　　0447
トラック・列車衝突　昭和28年9月2日　大分県大分郡阿南村　　0450
東急観光バス・東急砧線電車衝突　昭和28年10月27日　東京都世田谷区　　0453
トラック・電車衝突　昭和29年2月2日　大阪府豊能郡庄内町　　0457
国際観光バス・電車衝突　昭和29年3月14日　神奈川県横浜市鶴見区　　0460
観光バス・電車衝突　昭和29年4月10日　京都府久世郡淀町　　0462
オート三輪・貨物列車衝突　昭和29年4月17日　福島県信夫郡金谷川村　　0463
トラック・貨物列車衝突　昭和29年4月17日　福島県石城郡久之浜町　　0464
トラック・市電衝突　昭和29年6月24日　神奈川県横浜市　　0467
機帆船三重丸・米軍用船衝突　昭和30年1月17日　山口県宇部市沖　　0474
観光バス・準急列車衝突　昭和30年2月6日　群馬県碓氷郡松井田町　　0477

460

衝突

事故名	日付	場所	番号
駐留軍トレーラー・団体列車衝突	昭和30年5月17日	静岡県駿東郡原町	0480
タクシー・電車衝突	昭和30年5月22日	東京都江戸川区	0482
駿豆鉄道線電車正面衝突	昭和30年7月23日	静岡県沼津市	0486
オート三輪・貨物列車衝突	昭和30年8月20日	埼玉県北埼玉郡高柳村	0488
遊覧バス・名古屋市電衝突	昭和30年9月18日	愛知県名古屋市中区	0490
貨物列車・市電衝突	昭和30年10月16日	愛知県名古屋市港区	0492
トラック・ガソリンカー衝突	昭和30年11月24日	茨城県行方郡玉造町	0495
横浜市営バス・京浜急行線電車三重衝突	昭和31年1月8日	神奈川県横浜市鶴見区	0497
トラック・貨物列車衝突	昭和31年4月24日	福島県須賀川市	0506
航空自衛隊練習機空中衝突	昭和31年6月26日	宮城県登米郡迫町	0508
丸太運搬用貨車・ディーゼル列車衝突	昭和31年7月3日	北海道河東郡上士幌町	0509
阪神電車正面衝突	昭和31年9月4日	兵庫県	0511
オート三輪・電車衝突・追突	昭和31年12月2日	東京都目黒区	0516
乗用車・東急玉川線電車衝突	昭和32年1月12日	東京都世田谷区	0520
米軍トラック・電車衝突	昭和32年5月14日	神奈川県逗子市	0527
北陸本線旅客列車・貨物列車衝突	昭和32年5月30日	石川県金沢市付近	0530
トラック・回送列車衝突	昭和32年6月13日	静岡県吉原市	0533
トラック・急行電車衝突	昭和32年10月22日	大阪府豊中市	0541
トラック・貨物列車衝突	昭和32年12月13日	静岡県沼津市付近	0544
京都交通バス・列車衝突	昭和33年6月10日	京都府亀岡市	0551
神戸市営バス・快速電車衝突	昭和33年8月12日	兵庫県神戸市灘区	0554
米軍トレーラー・特急列車衝突	昭和33年8月14日	山口県岩国市	0555
トラック・急行列車衝突	昭和33年8月15日	茨城県古河市	0556
トラック・列車衝突	昭和33年8月19日	北海道瀬棚郡北檜山町	0557
タクシー・電車衝突	昭和33年10月15日	東京都大田区	0560
北紋バス・貨物列車衝突	昭和33年11月16日	北海道紋別郡湧別町	0563
オート三輪・特急電車衝突	昭和33年11月24日	愛知県刈谷市	0565
オート三輪・電車衝突	昭和33年12月6日	静岡県吉原市	0566
乗用車・東武東上線急行電車衝突	昭和34年1月1日	東京都板橋区	0569
大阪市営バス・阪急電車二重衝突	昭和34年1月3日	大阪府大阪市東淀川区	0570
トラック・気動車衝突	昭和34年1月15日	千葉県夷隅郡夷隅町	0572
トラック・電車衝突	昭和34年1月17日	群馬県太田市	0573
乗用車・貨物列車衝突	昭和34年3月15日	茨城県北茨城市	0574
貨物列車脱線・衝突	昭和34年5月15日	神奈川県茅ヶ崎市	0579
トラック・ガソリンカー衝突	昭和34年6月9日	兵庫県加古川市	0586
トラック・電車衝突	昭和34年6月13日	埼玉県浦和市	0587
阪急電鉄神戸線電車衝突	昭和34年6月17日	兵庫県西宮市	0588
富山地方鉄道立山線列車衝突	昭和34年10月8日	富山県富山市	0592
オート三輪・特急電車衝突	昭和34年10月11日	愛知県稲沢市	0593
大型トレーラー・電車衝突	昭和34年10月30日	東京都葛飾区	0594
トラック・特急電車衝突	昭和34年11月7日	神奈川県横浜市鶴見区	0596
トラック・電車衝突	昭和34年11月20日	岐阜県羽島郡	0598
火薬運搬トラック・名鉄電車衝突	昭和34年12月18日	愛知県豊川市	0600
トラック・特急電車衝突	昭和35年2月3日	東京都	0602
航空自衛隊ジェット戦闘機・全日本空輸旅客機衝突	昭和35年3月16日	愛知県小牧市付近	0604
ダンプカー・電車衝突	昭和35年5月3日	愛知県岡崎市	0607

衝突

貨車・電車衝突　昭和35年8月22日　滋賀県彦根市　　0611
ダンプカー・電車衝突　昭和35年8月25日　大阪府泉大津市　　0612
東武東上線電車逆走衝突　昭和35年9月1日　東京都板橋区　　0613
トラック・ディーゼルカー衝突　昭和35年9月12日　茨城県下館市　　0617
京浜東北線機関車・三菱電機バス衝突　昭和35年12月2日　神奈川県横浜市神奈川区　　0620
バス・旅客列車衝突　昭和35年12月12日　岡山県真庭郡落合町　　0622
ダンプカー・東海道本線電車・横須賀線電車二重衝突　昭和36年1月13日　神奈川県横浜市戸塚区　　0624
ダンプカー・小田急電車衝突　昭和36年1月17日　東京都北多摩郡狛江町　　0625
長野電鉄線特急列車・貨物列車衝突　昭和36年6月2日　長野県長野市　　0631
東海道本線貨物列車衝突　昭和37年2月15日　静岡県田方郡函南町　　0643
オート三輪車・準急列車衝突　昭和37年2月27日　静岡県磐田市　　0646
オート三輪車・ディーゼルカー衝突　昭和37年3月24日　岡山県　　0648
常磐線貨物列車・電車二重衝突　昭和37年5月3日　東京都荒川区　　0653
トラック・南武線電車二重衝突　昭和37年8月7日　神奈川県川崎市　　0657
トラック・奥羽本線貨物列車衝突　昭和37年11月14日　青森県南津軽郡大鰐町　　0661
羽越本線貨物列車・蒸気機関車衝突　昭和37年11月29日　秋田県本荘市　　0663
ダンプカー・京都電鉄伏見線電車衝突　昭和38年1月19日　京都府京都市　　0664
ダンプカー・越美南線貨物列車衝突　昭和38年3月7日　岐阜県美濃市　　0669
常磐線電車・貨物列車衝突　昭和38年4月6日　千葉県東葛飾郡我孫子町　　0673
近鉄南大阪線急行・普通電車衝突　昭和38年5月15日　大阪府大阪市阿倍野区　　0678
ジープ・大湊線気動車衝突　昭和38年6月9日　青森県むつ市　　0683
ダンプカー・筑肥線ディーゼルカー衝突　昭和38年8月7日　福岡県福岡市　　0686
コンテナ車・総武線電車衝突　昭和38年9月9日　千葉県市川市　　0691
ダンプカー・鹿児島本線快速電車・ディーゼルカー二重衝突　昭和38年9月20日　福岡県福岡市　　0693
トラック・土讃本線旅客列車衝突　昭和38年10月5日　香川県善通寺市　　0694
東海道本線貨物列車・横須賀線電車二重衝突　昭和38年11月9日　神奈川県横浜市鶴見区　　0696
総武線電車・貨物列車衝突　昭和38年12月10日　東京都葛飾区　　0699
青梅線電車・ガソリンタンク車衝突　昭和39年1月4日　東京都立川市　　0701
京福電鉄鞍馬線電車衝突　昭和39年1月5日　京都府京都市左京区　　0702
ダンプカー・名鉄本線特急電車衝突　昭和39年1月16日　愛知県名古屋市南区　　0704
トラック・東海道本線特急列車衝突　昭和39年2月6日　愛知県知多郡大府町　　0706
トラック・準急列車衝突　昭和39年2月10日　兵庫県加古川市　　0708
オート三輪車・東武伊勢崎線準急電車衝突　昭和39年3月12日　埼玉県草加市　　0712
ダンプカー・東海道本線特急電車衝突　昭和39年4月24日　静岡県静岡市　　0716
トラック・名鉄広見線電車衝突　昭和39年5月13日　岐阜県可児郡可児町　　0718
京福電鉄越前線電車・貨物電車衝突　昭和39年8月22日　福井県勝山市　　0721
日豊本線貨物列車・急行列車衝突　昭和39年9月26日　大分県宇佐市　　0730
バス・定山渓鉄道線電車衝突　昭和39年10月25日　北海道札幌市　　0735
陸上自衛隊ヘリコプター衝突　昭和39年11月4日　宮城県仙台市　　0738
清掃車・函館本線気動車・旅客列車二重衝突　昭和39年11月27日　北海道札幌市　　0740
タンクローリー・大阪市電衝突　昭和39年12月17日　大阪府大阪市西成区　　0742
津軽鉄道線気動車・機関車衝突　昭和39年12月24日　青森県北津軽郡金木町　　0744
日立電鉄線電車衝突　昭和40年2月3日　茨城県日立市　　0748
バス・相模鉄道線電車衝突　昭和40年2月3日　神奈川県　　0749
ダンプカー・京浜急行線電車衝突　昭和40年2月3日　東京都・神奈川県　　0750
陸上自衛隊トラック・御殿場線気動車衝突　昭和40年3月24日　静岡県御殿場市　　0757

ダンプカー・北陸本線貨物列車衝突　昭和40年6月23日　富山県射水郡大島村	0774
関西本線旅客列車・貨物列車衝突　昭和40年7月16日　三重県桑名市	0777
バス・阪急神戸線電車衝突　昭和40年7月26日　兵庫県西宮市	0779
山手線電車・回送電車衝突　昭和40年7月31日　東京都港区	0781
ダンプカー・函館本線旅客列車衝突　昭和40年10月23日　北海道札幌郡手稲町	0791
ミキサー車・信越本線急行列車衝突　昭和40年11月1日　新潟県三島郡越路町	0794
乗用車・東急池上線電車衝突　昭和40年11月13日　東京都品川区	0795
トラック・山陽電鉄線普通電車衝突　昭和40年11月24日　兵庫県高砂市	0796
トラック・西鉄甘木線電車衝突　昭和40年12月13日　福岡県甘木市	0798
西日本鉄道バス・鹿児島本線準急列車衝突　昭和40年12月21日　福岡県大牟田市	0799
ダンプカー・長野電鉄長野線電車衝突　昭和41年1月10日　長野県長野市	0802
ダンプカー・徳島本線ディーゼルカー衝突　昭和41年2月16日　徳島県麻植郡鴨島町付近	0806
マイクロバス・東海道本線列車衝突　昭和41年2月16日　愛知県刈谷市	0807
ダンプカー・近鉄山田線電車衝突　昭和41年4月18日　三重県松坂市	0815
松前線旅客列車・貨物列車衝突　昭和41年6月7日　北海道上磯郡知内町	0822
バス・富山港線列車衝突　昭和41年7月1日　富山県富山市	0825
名鉄常滑線特急電車・臨時電車衝突　昭和41年7月29日　愛知県名古屋市南区	0829
ダンプカー・南海電車衝突　昭和41年7月29日	0830
京阪電鉄本線急行電車衝突　昭和41年8月3日　大阪府大阪市城東区	0832
バス・東武伊勢崎線特急電車衝突　昭和41年9月22日　埼玉県越谷市	0841
トラック・近鉄電車連続衝突　昭和41年11月11日　奈良県宇陀郡室生村	0844
大阪府警察・全日本空輸ヘリコプター衝突　昭和41年11月16日　愛媛県松山市沖	0847
東武大師線電車・営団地下鉄電車衝突　昭和41年12月15日　東京都足立区	0851
ダンプカー・近鉄大阪線急行電車衝突　昭和41年12月19日　大阪府羽曳野市	0853
海上自衛隊対潜哨戒機・ヘリコプター衝突　昭和42年1月16日　徳島県徳島市沖	0854
ミキサー車・豊橋鉄道渥美線電車衝突　昭和42年1月27日　愛知県渥美郡田原町	0857
トラック・静岡鉄道駿遠線電車衝突　昭和42年2月11日　静岡県引佐郡細江町	0863
オート三輪・草津線列車衝突　昭和42年3月25日　滋賀県甲賀郡	0864
ダンプカー・南海電鉄本線電車衝突　昭和42年4月1日　大阪府泉南郡泉南町	0865
ダンプカー・宮原線列車衝突　昭和42年4月7日　熊本県阿蘇郡小国町	0867
航空自衛隊戦闘機・練習機衝突　昭和42年4月26日　北海道	0871
トラック・東武伊勢崎線電車衝突　昭和42年5月20日　東京都足立区	0878
ダンプカー・近江鉄道本線電車衝突　昭和42年6月29日　滋賀県犬上郡甲良町	0884
都電江戸川線電車衝突　昭和42年7月8日　東京都新宿区	0890
京王線電車衝突　昭和42年7月22日　東京都新宿区	0893
南海電鉄本線急行電車・貨物列車衝突　昭和42年7月24日　大阪府泉南郡阪南町	0894
都電砂町線電車衝突　昭和42年7月31日　東京都江東区	0895
中央本線貨物列車衝突　昭和42年8月8日　東京都新宿区	0896
中日本航空・日本国内航空セスナ機衝突　昭和42年9月10日　愛知県	0906
トラック・東海道本線特急列車衝突　昭和42年9月30日　愛知県安城市	0910
バス・富山地方鉄道富山軌道線電車衝突　昭和42年9月30日　富山県富山市	0911
大阪市営地下鉄電車衝突　昭和42年10月1日　大阪府大阪市西区	0912
ダンプカー・京成電鉄本線電車衝突　昭和42年12月15日　千葉県佐倉市	0921
米海軍輸送機衝突　昭和43年1月16日　愛媛県西条市	0925
南海電鉄本線急行電車・回送電車衝突　昭和43年1月18日　大阪府大阪市西成区	0927
ダンプカー・高松琴平電鉄志度線電車衝突　昭和43年1月19日　香川県高松市	0928

衝突

東海道本線電車・貨物列車衝突　昭和43年2月15日　滋賀県坂田郡米原町　　0939
トラック・名鉄線電車衝突　昭和43年2月19日　愛知県　　0940
乗用車・京成電鉄本線電車衝突　昭和43年2月23日　千葉県習志野市　　0941
ダンプカー・青梅線電車衝突　昭和43年2月26日　東京都西多摩郡羽村町　　0942
トラック・名古屋市営電車衝突　昭和43年2月27日　愛知県名古屋市昭和区　　0943
ダンプカー・関東鉄道筑波線ディーゼルカー衝突　昭和43年3月26日　茨城県土浦市　　0946
トラック・土佐電鉄線電車衝突　昭和43年4月19日　高知県高知市　　0952
上越線電車・貨物列車衝突　昭和43年4月19日　群馬県前橋市　　0953
バス・東急東横線電車衝突　昭和43年5月22日　東京都目黒区　　0959
乗用車・東武伊勢崎線電車衝突　昭和43年6月4日　東京都墨田区　　0961
乗用車・名寄線貨物列車衝突　昭和43年6月4日　北海道紋別郡興部町　　0962
東海道本線貨物列車脱線・衝突　昭和43年6月27日　滋賀県大津市　　0975
マイクロバス・山陽電鉄網干線電車衝突　昭和43年7月14日　兵庫県姫路市　　0978
バス・阪神電鉄本線電車衝突　昭和43年7月18日　兵庫県芦屋市　　0981
陸上自衛隊連絡機衝突　昭和43年8月1日　香川県小豆郡　　0983
乗用車・南海阪堺線電車衝突　昭和43年8月5日　大阪府大阪市　　0986
トロリーバス・北陸鉄道石川線電車衝突　昭和43年8月9日　石川県石川郡鳥越村　　0988
西武池袋線電車・貨物列車衝突　昭和43年8月9日　埼玉県所沢市　　0989
自家用セスナ機衝突　昭和43年8月13日　北海道　　0991
相模鉄道本線電車・貨物機関車衝突　昭和43年8月17日　神奈川県横浜市戸塚区　　0992
豊橋鉄道渥美線電車・貨車衝突　昭和43年8月26日　愛知県豊橋市　　0996
名古屋市営電車衝突　昭和43年9月18日　愛知県名古屋市　　1002
ダンプカー・田沢湖線急行列車衝突　昭和43年9月21日　岩手県岩手郡雫石町　　1004
トラック・山陽電鉄線特急電車衝突　昭和43年10月3日　兵庫県姫路市　　1010
ダンプカー・函館本線急行列車衝突　昭和43年10月12日　北海道空知郡　　1013
ダンプカー・山陽本線電車衝突　昭和43年11月16日　兵庫県姫路市　　1018
山陽電鉄線電車衝突　昭和43年11月23日　兵庫県明石市　　1022
八高線気動車・貨車衝突　昭和44年1月19日　埼玉県入間郡　　1029
マイクロバス・新京成電鉄線電車衝突　昭和44年2月7日　千葉県東葛飾郡鎌ヶ谷町　　1033
トラック・西武新宿線電車衝突　昭和44年3月13日　埼玉県川越市　　1039
乗用車・山陰本線急行列車衝突　昭和44年4月3日　鳥取県　　1041
乗用車・山陰本線気動車衝突　昭和44年5月7日　島根県安来市　　1048
ダンプカー・名鉄名古屋本線電車衝突　昭和44年5月24日　愛知県名古屋市緑区　　1051
乗用車・高徳本線列車衝突　昭和44年7月14日　香川県高松市　　1061
トラック・都電高橋線電車衝突　昭和44年8月25日　東京都江東区　　1069
乗用車・常磐線列車衝突　昭和44年9月26日　茨城県北茨城市　　1075
東京航空セスナ機・クレーン車衝突　昭和44年9月28日　東京都江東区　　1076
岳南鉄道線電車・貨物列車衝突　昭和44年9月30日　静岡県富士市　　1077
ダンプカー・東武日光線特急電車衝突　昭和44年11月8日　栃木県下都賀郡藤岡町　　1082
クレーン車・東武伊勢崎線準急電車衝突　昭和44年12月9日　群馬県館林市　　1087
ダンプカー・徳島本線急行列車衝突　昭和44年12月19日　徳島県名西郡石井町　　1090
ダンプカー・日高本線列車衝突　昭和45年1月15日　北海道苫小牧市　　1093
トラック・京成電鉄本線電車衝突　昭和45年1月20日　千葉県市川市　　1094
乗用車・名鉄西尾線電車衝突　昭和45年1月28日　愛知県安城市　　1095
乗用車・阪急京都線電車衝突　昭和45年2月23日　京都府乙訓郡向日町　　1098
日本大学生衝突　昭和45年2月25日　東京都府中市　　1099

衝突

事故名	日付	場所	頁
マイクロバス・房総東線気動車衝突	昭和45年3月1日	千葉県	1100
加越能鉄道新湊線列車衝突	昭和45年3月2日	富山県新湊市	1101
トラック・函館本線列車衝突	昭和45年3月14日	北海道山越郡八雲町	1105
マイクロバス・房総西線列車衝突	昭和45年3月18日	千葉県夷隅郡大原町	1106
マイクロバス・篠栗線気動車衝突	昭和45年3月20日	福岡県粕屋郡篠栗町	1107
ミキサー車・山陰本線旅客列車衝突	昭和45年3月30日	山口県豊浦郡豊浦町	1108
ダンプカー・東武日光線電車衝突	昭和45年4月21日	栃木県鹿沼市	1110
ダンプカー・京浜急行空港線電車衝突	昭和45年5月10日	東京都大田区	1112
鹿児島市交通局上町線電車衝突	昭和45年5月17日	鹿児島県鹿児島市	1114
室蘭本線気動車衝突	昭和45年7月2日	北海道勇払郡追分町	1123
ダンプカー・日高本線列車衝突	昭和45年7月24日	北海道苫小牧市	1125
ダンプカー・豊肥本線気動車衝突	昭和45年8月5日	大分県大分市	1129
ダンプカー・唐津線列車衝突	昭和45年9月2日	佐賀県小城郡三日月町	1137
ダンプカー・東武伊勢崎線電車衝突	昭和45年10月9日	埼玉県加須市	1141
レッカー車・加越能鉄道高岡線列車衝突	昭和45年10月22日	富山県高岡市	1144
軽乗用車・京阪坂本線電車衝突	昭和45年11月8日	滋賀県大津市	1146
バス・仙石線列車衝突	昭和45年11月11日	宮城県塩竈市	1147
湯前線貨車・ディーゼル列車衝突	昭和45年11月15日	熊本県球磨郡多良木町	1148
ダンプカー・日豊本線急行列車衝突	昭和45年11月24日	鹿児島県鹿児島市	1149
乗用車・近鉄名古屋線特急電車衝突	昭和46年1月1日	三重県鈴鹿市	1155
ダンプカー・城端線気動車衝突	昭和46年1月16日	富山県東礪波郡福野町	1156
トラック・東武小泉線列車衝突	昭和46年1月17日	群馬県館林市	1157
東北本線急行旅客列車・貨物列車衝突	昭和46年2月11日	栃木県那須郡西那須野町	1159
マイクロバス・高山本線列車衝突	昭和46年2月24日	岐阜県各務原市	1160
トラック・富士急大月線電車衝突	昭和46年3月4日	山梨県富士吉田市	1162
ダンプカー・近鉄名古屋線列車衝突	昭和46年3月14日	愛知県名古屋市中川区	1163
ダンプカー・加越能鉄道加越線列車衝突	昭和46年4月24日	富山県高岡市	1166
ダンプカー・京福電鉄三国芦原線急行列車衝突	昭和46年5月3日	福井県坂井郡三国町	1168
土佐電鉄伊野線電車衝突	昭和46年5月5日	高知県高知市	1169
ミキサー車・米坂線列車衝突	昭和46年6月7日	新潟県岩船郡荒川町	1173
函館本線気動車・急行列車衝突	昭和46年6月14日	北海道雨竜郡妹背牛町	1174
クレーン車・西鉄北九州線列車衝突	昭和46年6月14日	福岡県北九州市門司区	1175
マイクロバス・関西本線急行列車衝突	昭和46年7月24日	愛知県名古屋市中川区	1182
全日空旅客機・航空自衛隊機衝突（雫石事故）	昭和46年7月30日	岩手県岩手郡雫石町	1184
軽三輪車・予讃本線列車衝突	昭和46年8月2日	香川県仲多度郡多度津町付近	1185
トラック・名鉄犬山線特急電車衝突	昭和46年9月1日	愛知県西春日井郡西枇杷島町	1190
ダンプカー・福井鉄道福武線列車衝突	昭和46年9月28日	福井県福井市	1192
トラック・福知山線列車衝突	昭和46年10月12日	兵庫県氷上郡氷上町	1195
ダンプカー・久留里線列車衝突	昭和46年10月19日	千葉県君津郡袖ヶ浦町	1197
近鉄大阪線特急電車衝突	昭和46年10月25日	三重県一志郡白山町	1199
ダンプカー・鹿児島本線特急列車衝突	昭和46年11月10日	福岡県久留米市	1200
トラック・越後交通栃尾線電車衝突	昭和46年11月19日	新潟県長岡市	1202
ダンプカー・秩父鉄道電車衝突	昭和46年12月7日	埼玉県行田市	1204
トラック・京浜急行本線特急電車衝突	昭和46年12月7日	神奈川県横浜市金沢区	1205
ダンプカー・東武伊勢崎線電車衝突	昭和46年12月7日	埼玉県	1206
乗用車・小田急江ノ島線電車衝突	昭和47年1月22日	神奈川県藤沢市	1210

衝突

ライトバン・東北本線貨物列車衝突	昭和47年2月9日	栃木県下都賀郡野木町	1212
トラック・北陸本線気動車衝突	昭和47年2月25日	富山県高岡市	1218
ライトバン・総武本線気動車衝突	昭和47年2月25日	千葉県八日市場市	1219
ダンプカー・近鉄南大阪線電車衝突	昭和47年3月5日	大阪府南河内郡太子町付近	1220
ダンプカー・久留里線気動車衝突	昭和47年3月23日	千葉県君津郡袖ヶ浦町	1221
トラック・京成金町線電車衝突	昭和47年5月20日	東京都葛飾区	1229
ダンプカー・名鉄西尾線電車衝突	昭和47年5月29日	愛知県西尾市	1231
ダンプカー・千歳線ディーゼル急行列車衝突	昭和47年6月6日	北海道恵庭市	1233
乗用車・名鉄常滑線電車衝突	昭和47年6月16日	愛知県東海市	1235
ダンプカー・天北線気動車衝突	昭和47年8月5日	北海道稚内市	1241
ダンプカー・山田線気動車衝突	昭和47年8月11日	岩手県宮古市	1244
ダンプカー・仙石線電車衝突	昭和47年8月18日	宮城県塩竃市	1245
神戸電鉄三田線普通電車・準急電車衝突	昭和47年8月25日	兵庫県神戸市兵庫区	1246
山陽本線機関車・客車衝突	昭和47年8月31日	広島県広島市	1248
トラック・日光線電車衝突	昭和47年10月7日	栃木県宇都宮市	1252
伊予鉄道城南線電車衝突	昭和47年10月9日	愛媛県松山市	1253
京都市営線電車衝突	昭和47年10月29日	京都府京都市北区	1254
バス・西武池袋線電車衝突	昭和47年12月12日	東京都	1260
バス・横須賀線電車衝突	昭和47年12月13日	神奈川県横浜市保土ヶ谷区	1261
ダンプカー・成田線ディーゼル列車衝突	昭和48年2月23日	千葉県佐原市	1270
ダンプカー・石北本線列車衝突	昭和48年3月9日	北海道上川郡当麻町付近	1271
バス・新潟交通線列車衝突	昭和48年5月10日	新潟県西蒲原郡味方村	1280
ダンプカー・紀勢本線ディーゼル急行列車衝突	昭和48年5月15日	三重県多気郡多気町	1282
トラック・近鉄京都線列車衝突	昭和48年5月21日	京都府相楽郡精華町	1283
日豊本線機関車・客車衝突	昭和48年6月23日	大分県大分市	1285
トラック・京浜急行大師線電車衝突	昭和48年7月5日	神奈川県川崎市川崎区	1286
トラック・福塩線気動車衝突	昭和48年8月11日	広島県	1290
トラック・尾小屋鉄道線列車衝突	昭和48年8月22日	石川県小松市	1291
トラック・山陰本線気動車衝突	昭和48年9月6日	島根県松江市	1293
トラック・仙山線急行気動車衝突	昭和48年9月8日	宮城県宮城郡宮城町	1294
トラック・長野電鉄長野線特急電車衝突	昭和48年10月1日	長野県長野市	1296
ミキサー車・近江鉄道本線列車衝突	昭和48年10月9日	滋賀県蒲生郡水口町付近	1297
トレーラー・福知山線ディーゼル特急列車衝突	昭和48年10月14日	兵庫県氷上郡山南町	1298
米海軍機衝突	昭和48年10月23日	沖縄県沖	1299
トレーラー・内房線特急列車衝突	昭和48年11月23日	千葉県館山市	1302
ダンプカー・小野田線電車衝突	昭和49年1月16日	山口県小野田市	1304
大型トレーラー・七尾線急行列車衝突	昭和49年3月2日	石川県河北郡宇ノ気町	1306
セメント圧送車・貨物列車衝突	昭和49年4月3日	岡山県	1308
トラック・鹿児島本線特別快速電車衝突	昭和49年5月4日	福岡県粕屋郡新宮町	1311
軽乗用車・日立電鉄線電車衝突	昭和49年5月25日	茨城県常陸太田市	1312
名古屋鉄道電車脱線衝突	昭和49年6月5日	愛知県	1313
ダンプカー・北陸本線電車衝突	昭和49年7月22日	福井県	1319
ダンプカー・富山港線電車衝突	昭和49年9月6日	富山県	1324
ダンプカー・気動車衝突	昭和49年9月17日	宮崎県	1327
ダンプカー・花輪線気動車衝突	昭和49年9月20日	岩手県	1328
東北本線貨物列車・急行列車衝突	昭和49年9月24日	茨城県	1329

衝突

函館本線急行列車・蒸気機関車衝突　昭和49年9月28日　北海道岩見沢市　　1330
鹿児島交通局電車衝突　昭和49年10月9日　鹿児島県　　1331
ミキサー車・京福電気鉄道電車衝突　昭和49年11月2日　福井県　　1334
ダンプカー・大船渡線気動車衝突　昭和49年11月30日　宮城県気仙沼市　　1336
トレーラー・東海道本線列車衝突　昭和50年2月5日　静岡県清水市　　1338
バス・信越本線列車衝突　昭和50年2月10日　新潟県　　1339
マイクロバス・水郡線列車衝突　昭和50年2月13日　福島県東白川郡棚倉町　　1340
ライトバン・西鉄大牟田線特急電車衝突　昭和50年3月1日　福岡県福岡市南区　　1344
ブルドーザー・津軽鉄道気動車衝突　昭和50年3月11日　青森県　　1345
乗用車・近鉄京都線急行列車衝突　昭和50年4月17日　京都府相楽郡精華町　　1347
トラック・常磐西線電車衝突　昭和50年6月27日　福島県　　1351
ダンプカー・木原線ディーゼル列車衝突　昭和50年7月8日　千葉県夷隅郡大原町　　1352
レッカー車・呉線旅客列車衝突　昭和50年10月1日　広島県三原市　　1359
乗用車・佐世保線列車衝突　昭和51年1月25日　佐賀県武雄市　　1365
ダンプカー・江差線気動車衝突　昭和51年1月26日　北海道上磯町　　1366
軽乗用車・高徳本線列車衝突　昭和51年1月27日　徳島県徳島市　　1367
ダンプカー・土佐電鉄後免線電車衝突　昭和51年4月28日　高知県高知市　　1372
琴平電鉄志度線電車衝突　昭和51年8月1日　香川県高松市　　1383
東海道本線特急気動車・普通電車衝突　昭和51年8月10日　京都府京都市　　1384
バス・福井鉄道電車衝突　昭和51年8月13日　福井県　　1385
鹿児島本線特急電車・機関車衝突　昭和51年9月21日　福岡県宗像市　　1388
航空自衛隊機衝突　昭和51年9月27日　三沢沖海上　　1390
ミキサー車・日高本線気動車衝突　昭和51年10月26日　北海道厚真町　　1392
トラック・東北本線特急列車衝突　昭和51年11月18日　青森県三戸郡　　1398
大型トラック・高徳本線気動車衝突　昭和52年2月15日　香川県　　1404
トラック・両毛線電車衝突　昭和52年2月19日　栃木県足利市　　1406
高崎線電車衝突　昭和52年3月5日　群馬県　　1409
トラック・芸備線気動車衝突　昭和52年3月11日　広島県　　1412
ダンプカー・神戸電鉄電車衝突　昭和52年3月12日　兵庫県　　1413
名古屋鉄道電車衝突　昭和52年4月11日　愛知県　　1419
海上自衛隊機衝突　昭和52年5月27日　福岡県宗像郡大島村沖　　1424
山陰本線客車衝突事故　昭和52年7月2日　鳥取県　　1429
日豊本線客車衝突　昭和52年8月12日　大分県　　1434
トラック・幌内線気動車衝突　昭和52年9月28日　北海道　　1440
トラック・総武本線電車衝突　昭和52年11月17日　千葉県四街道　　1443
人型ダンプ・函館本線急行気動車衝突　昭和52年12月3日　北海道　　1445
信越本線貨車逆走・衝突　昭和52年12月20日　群馬県高崎市　　1446
東海道本線貨物列車・ディーゼル機関車衝突　昭和53年6月2日　大阪府摂津市　　1455
グライダー空中衝突　昭和53年12月9日　群馬県太田市　　1465
ダンプカー・常磐線電車衝突　昭和54年3月29日　茨城県土浦市　　1472
ダンプカー・歌山線客車衝突　昭和54年4月17日　奈良県　　1473
修学旅行列車・貨車衝突　昭和54年6月2日　長野県長野市　　1476
トレーラー・羽幌線気動車衝突　昭和54年6月9日　北海道苫前郡　　1479
日高線気動車落石衝突　昭和54年7月6日　北海道　　1483
大型ダンプカー・南海電鉄阪堺線電車衝突　昭和54年7月25日　大阪府　　1488
石油専用列車・貨物列車衝突　昭和54年11月18日　神奈川県川崎市多摩区　　1496

第Ⅲ部　主な種類別事故一覧（第Ⅱ部）

衝突

トラック・函館線特急電車衝突　昭和54年12月6日　北海道　　　1497
トラック・回送電車衝突　昭和54年12月8日　大阪府堺市　　　1498
乗用車・新京成電車衝突　昭和55年5月11日　千葉県松戸市　　　1505
乗用車・西鉄宮地岳線電車衝突　昭和55年5月22日　福岡県粕屋郡古賀町　　　1507
ライトバン・新京成電鉄衝突　昭和55年8月20日　千葉県松戸市　　　1515
ダンプカー・国鉄津軽線列車衝突事故　昭和55年11月19日　青森県青森市飛鳥塩越　　　1525
乗用車・急行アルプス4号衝突　昭和56年1月2日　山梨県甲府市東光寺　　　1526
タンクローリー・国鉄湧網線列車衝突　昭和56年1月20日　北海道湧別町　　　1527
ショベルカー・京福電鉄電車衝突　昭和56年3月9日　福井県　　　1532
山陽線貨物列車衝突　昭和56年5月13日　岡山県岡山市北長瀬　　　1538
トラック・国鉄外房線電車衝突　昭和56年9月5日　千葉県一宮町　　　1549
トラック・外房線電車衝突　昭和56年9月5日　千葉県長生郡一宮町　　　1550
乗用車・京浜急行特急電車衝突　昭和56年11月28日　東京都大田区仲六郷　　　1555
マイクロバス・久留里線普通列車衝突　昭和56年12月5日　千葉県君津市俵田　　　1556
国鉄阪和線快速電車衝突　昭和57年1月29日　大阪市天王寺区　　　1561
国鉄関西線ブルートレイン・ディーゼル機関車衝突　昭和57年3月15日　愛知県名古屋市　　　1564
牛乳タンク車・東北本線電車衝突　昭和57年4月6日　埼玉県北葛飾郡栗橋町佐間　　　1565
ライトバン・国鉄高崎線特急電車衝突　昭和57年8月7日　埼玉県熊谷市佐谷田　　　1575
ダンプカー・神戸電鉄三田線普通電車衝突　昭和57年12月10日　兵庫県神戸市北区有野町　　　1587
ワゴン車・中央線電車衝突　昭和58年1月14日　東京都日野市旭ヶ丘　　　1590
軽トラック・国鉄高崎線電車衝突　昭和58年2月6日　埼玉県熊谷市佐谷田　　　1594
大型トレーラー・国鉄東北線貨物列車衝突　昭和58年5月30日　岩手県二戸市石切所前田　　　1612
オートバイ・国鉄常磐線特急電車衝突　昭和58年9月17日　茨城県東茨城郡内原町内原　　　1622
ハンググライダー衝突　昭和58年10月31日　富山県富山市西番　　　1625
トラック・国鉄相模原線気動車衝突　昭和58年11月26日　神奈川県相模原市　　　1629
北陸鉄道石川総線電車衝突　昭和59年2月6日　石川県金沢市野町　　　1635
YS11・ジャンボ機衝突　昭和59年2月28日　東京都羽田　　　1638
大型ミキサー車・外房線電車衝突　昭和59年3月30日　千葉県　　　1639
阪急電鉄神戸線特急電車・回送電車衝突　昭和59年5月5日　兵庫県神戸市灘区　　　1642
大型トラック・山陰線特急電車衝突　昭和59年7月21日　島根県　　　1647
ヘリコプター衝突　昭和59年7月31日　兵庫県明石市　　　1650
都電・トラック衝突　昭和59年10月25日　東京都豊島区北大塚　　　1657
乗用車・東武日光線ロマンスカー衝突　昭和59年12月15日　栃木県下都賀郡都賀町　　　1661
乗用車・国鉄青梅線普通電車衝突　昭和60年7月21日　東京都西多摩郡羽村町川崎　　　1670
大型トレーラー・国鉄筑肥線普通電車衝突　昭和60年8月7日　福岡県福岡市西区下山門　　　1672
機関車・客車衝突　昭和61年2月14日　長野県長野市篠ノ井　　　1683
トラック・国鉄信越線普通列車衝突　昭和61年7月4日　新潟県中蒲原郡亀田町　　　1694
バス・南武線電車衝突　昭和61年7月29日　神奈川県川崎市多摩区　　　1698
トラック・国鉄中央線快速電車衝突　昭和61年10月24日　東京都国立市北町　　　1702
大型トレーラー・両毛線普通電車衝突　昭和62年2月12日　栃木県栃木市高谷町　　　1708
観光バス・呉線普通電車衝突　昭和62年8月10日　広島県呉市　　　1723
軽トラック・五能線普通電車衝突　昭和62年8月19日　秋田県能代市　　　1724
乗用車・京王線電車衝突　昭和63年1月7日　東京都　府中市清水ヶ丘　　　1726
ダンプカー・井の頭線急行電車衝突　昭和63年2月23日　東京都杉並区浜田山　　　1730
小型トラック・京浜急行羽田空港線普通電車衝突　昭和63年3月31日　東京都大田区西糀谷　　　1733
ライトバン・JR横須賀線普通電車衝突　昭和63年4月11日　神奈川県川崎市中区中丸子　　　1734

衝突

トラック・JR津軽海峡線快速列車衝突　昭和63年4月29日　青森県青森市奥内　　1735
乗用車・東急池上線電車衝突　昭和63年8月9日　東京都大田区千鳥　　1740
ダンプカー・JR南部線電車衝突　昭和63年10月19日　東京都稲城市大丸　　1744
特急電車・乗用車衝突　平成1年1月20日　東京都葛飾区　　1747
ワゴン車・電車衝突　平成1年1月29日　埼玉県羽生市　　1750
飯田線電車衝突　平成1年4月13日　長野県上伊那郡南箕輪村　　1753
特急寝台列車・オートバイ衝突　平成1年5月2日　埼玉県上尾市　　1755
乗用車・気動車衝突　平成1年5月14日　茨城県取手市　　1757
軽トラック・中央線快速電車衝突　平成1年6月14日　東京都国立市　　1762
乗用車・南武線電車衝突　平成1年6月18日　神奈川県川崎市中原区　　1763
トラック・内房線電車衝突　平成1年7月19日　千葉県千葉市　　1766
修学旅行列車・電気機関車衝突　平成1年10月18日　京都府京都市下京区　　1771
ダンプカー・桜井線電車衝突　平成1年11月7日　奈良県天理市　　1774
トレーラー・函館線特急電車衝突　平成1年12月13日　北海道江別市　　1775
乗用車・東武宇都宮線電車衝突　平成2年1月4日　栃木県宇都宮市　　1776
室蘭線特急・乗用車衝突　平成2年1月7日　北海道胆振支庁白老町　　1777
乗用車・名鉄名古屋本線電車衝突　平成2年1月7日　愛知県一宮市　　1778
高徳線特急・トラック衝突　平成2年1月8日　香川県高松市　　1779
ワゴン車・中央線電車衝突　平成2年1月20日　東京都小金井市　　1782
名鉄名古屋本線電車・小型トラック衝突　平成2年1月24日　愛知県名古屋市緑区　　1783
乗用車・東海道線貨物列車衝突　平成2年1月26日　愛知県安城市　　1784
山陽線貨物列車・乗用車衝突　平成2年1月26日　山口県防府市　　1785
名鉄名古屋本線特急電車・乗用車衝突　平成2年2月5日　愛知県名古屋市緑区　　1787
乗用車・西武国分寺線電車衝突　平成2年3月2日　東京都国分寺市　　1788
乗用車・西鉄宮地岳線電車衝突　平成2年3月16日　福岡県宗像郡福間町南町　　1790
オートバイ・名鉄犬山線急行衝突　平成2年4月16日　愛知県岩倉市　　1791
東海道線機関車・電車衝突　平成2年5月13日　大阪府大阪市淀川区　　1794
東海道線寝台特急・乗用車衝突　平成2年6月8日　愛知県宝飯郡小坂井町　　1795
長崎線特急電車・乗用車衝突　平成2年8月4日　佐賀県小城郡牛津町　　1803
東海関西線列車・乗用車衝突　平成2年8月6日　三重県三重郡朝日町　　1804
名鉄小牧線電車・乗用車衝突　平成2年8月8日　愛知県春日井市　　1806
日豊線列車・冷凍車衝突　平成2年8月10日　福岡県北九州巾小倉南区　　1807
長崎線特急・ライトバン衝突　平成2年8月13日　佐賀県杵島郡白石町　　1808
日南線列車・軽乗用車衝突　平成2年8月14日　宮崎県宮崎市　　1809
武豊線列車。乗用車衝突　平成2年8月18日　愛知県半田市　　1810
紀勢線列車・軽トラック衝突　平成2年9月7日　三重県多気郡人台町　　1812
西鉄大牟田線急行・トラック衝突　平成2年10月4日　福岡県筑紫野市　　1816
田沢湖線特急・バス衝突　平成2年10月30日　岩手県盛岡市　　1821
桜井線電車・トラック衝突　平成2年10月30日　奈良県大和高田市　　1822
豊橋鉄道渥美線電車・乗用車衝突　平成2年12月25日　愛知県豊橋市　　1828
乗用車・京王井の頭線電車衝突　平成3年1月3日　東京都杉並区　　1830
トラック・名鉄竹鼻線電車衝突　平成3年1月4日　岐阜県羽島郡笠松町　　1831
乗用車・名鉄常滑線電車衝突　平成3年1月6日　愛知県名古屋市南区　　1834
日高線列車・大型タンクローリー衝突　平成3年1月8日　北海道苫小牧市　　1835
トレーラー・名鉄名古屋本線電車衝突　平成3年1月10日　愛知県岡崎市　　1836
軽トラック・大村線列車衝突　平成3年1月26日　長崎県大村市　　1843

第Ⅲ部　主な種類別事故一覧（第Ⅱ部）

衝突

軽乗用車・名鉄名古屋本線電車衝突　平成3年2月11日　愛知県一宮市　　　1847
山陰線列車・軽乗用車衝突　平成3年2月15日　山口県長門市　　　1848
トレーラー・和歌山線電車衝突　平成3年2月16日　和歌山県伊都郡かつらぎ町　　　1850
関西線電車・ダンプカー衝突　平成3年2月18日　大阪府柏原市　　　1851
ライトバン・原付きバイク衝突　平成3年3月5日　大分県別府市　　　1853
香椎線遠足列車・パワーショベル衝突　平成3年3月12日　福岡県福岡市東区　　　1854
セスナ・模型機衝突　平成3年4月27日　愛知県刈谷市　　　1859
阪急京都線電車・乗用車衝突　平成3年4月29日　大阪府摂津市　　　1860
信楽高原鉄道衝突事故　平成3年5月14日　滋賀県甲賀郡信楽町　　　1862
乗用車・東海道線貨物列車衝突　平成3年6月6日　愛知県大府市　　　1866
山陽線寝台特急・乗用車衝突　平成3年6月13日　山口県柳井市　　　1868
乗用車・常磐線特急衝突　平成3年6月21日　茨城県新治郡千代田村　　　1869
福知山線衝突事故　平成3年6月25日　京都府福知山市　　　1870
名鉄名古屋本線電車・軽乗用車衝突　平成3年6月26日　愛知県刈谷市　　　1871
名鉄蒲郡線電車・トラック衝突　平成3年8月8日　愛知県幡豆郡幡豆町　　　1880
片町線快速・乗用車衝突　平成3年8月10日　大阪府枚方市　　　1881
乗用車・佐世保線列車衝突　平成3年8月10日　長崎県佐世保市　　　1882
トラック・常磐線特急衝突　平成3年9月1日　茨城県牛久市　　　1885
関西線普通電車・乗用車衝突　平成3年9月28日　三重県四日市市　　　1888
乗用車・阪急電鉄京都線阪急線急行電車衝突　平成3年10月11日　大阪府摂津市　　　1890
軽ライトバン・奥羽線列車衝突　平成3年10月17日　秋田県南秋田郡昭和町　　　1891
名鉄西尾線電車・乗用車衝突　平成3年11月17日　愛知県西尾市　　　1894
乗用車・筑豊線列車衝突　平成3年12月14日　福岡県飯塚市　　　1899
日豊線特急・軽乗用車衝突　平成4年1月7日　福岡県豊前市　　　1903
軽ワゴン車・西鉄宮地岳線電車衝突　平成4年1月9日　福岡県福岡市東区　　　1904
乗用車・西鉄大牟田線電車衝突　平成4年1月15日　福岡県福岡市中央区　　　1905
長崎線特急列車・軽乗用車衝突　平成4年1月18日　佐賀県小城郡三日月町　　　1906
軽乗用車・快速電車衝突　平成4年1月21日　大阪府八尾市　　　1907
山陽電鉄電車・トラック衝突　平成4年2月5日　兵庫県明石市　　　1909
桜井線電車・マイクロバス衝突　平成4年2月10日　奈良県天理市　　　1910
名鉄名古屋本線特急・乗用車衝突　平成4年2月28日　愛知県岡崎市　　　1911
鹿児島線特急・軽乗用車衝突　平成4年3月13日　福岡県久留米市　　　1913
関西線列車・トラック衝突　平成4年3月18日　愛知県海部郡弥富町　　　1915
名鉄瀬戸線電車・乗用車衝突　平成4年4月1日　愛知県名古屋市守山区　　　1916
軌道車衝突　平成4年4月2日　兵庫県佐用郡佐用町　　　1917
日豊線特急・乗用車衝突　平成4年4月5日　福岡県苅田町　　　1918
西鉄大牟田線特急・軽乗用車衝突　平成4年4月8日　福岡県小郡市　　　1919
ワゴン車・小田急江ノ島線電車が衝突　平成4年4月15日　神奈川県相模原市　　　1920
山陽線新快速・乗用車衝突　平成4年5月1日　兵庫県高砂市　　　1921
大村線特急・ダンプカー衝突　平成4年5月16日　長崎県佐世保市　　　1922
乗用車・近鉄名古屋線電車衝突　平成4年6月3日　三重県津市　　　1924
トレーラー・名鉄谷汲線電車衝突　平成4年8月19日　岐阜県揖斐郡大野町　　　1927
ワゴン車・名鉄名古屋本線急行電車衝突　平成5年2月27日　愛知県刈谷市　　　1933
軽トラック・日豊線特急衝突　平成5年3月22日　福岡県椎田町　　　1934
乗用車・名鉄名古屋本線急行列車衝突　平成5年4月15日　愛知県稲沢市　　　1936
オートバイ・香椎線列車衝突　平成5年5月18日　福岡県福岡市東区　　　1940

乗用車・阪急京都線電車衝突　平成5年7月16日　大阪府摂津市　　1949
乗用車・筑豊線列車衝突　平成5年7月18日　福岡県筑紫野市　　1950
トラック・名鉄回送電車衝突　平成5年7月30日　愛知県宝飯郡小坂井町　　1954
軽乗用車・ディーゼル機関車衝突　平成5年9月4日　愛知県東海市　　1956
路面電車・ダンプ衝突　平成5年10月8日　広島県広島市西区　　1960
奈良線列車・乗用車衝突　平成5年10月15日　京都府宇治市　　1962
宇都宮線電車・乗用車衝突　平成5年10月25日　埼玉県南埼玉郡白岡町　　1964
乗用車・近鉄京都線特急衝突　平成5年11月27日　京都府綴喜郡田辺町　　1965
軽乗用車・南海高野線電車衝突　平成5年12月4日　大阪府大阪市浪速区　　1966
米軍戦闘攻撃機空中衝突　平成5年12月17日　沖縄県那覇市　　1967
山陽線列車・トラック衝突　平成5年12月26日　岡山県浅口郡里庄町　　1972
近鉄大阪線特急・準急衝突　平成6年1月6日　三重県名張市　　1973
乗用車・三岐鉄道電車衝突　平成6年1月24日　三重県四日市市　　1977
日豊線電車・トラック衝突　平成6年1月29日　大分県山香町　　1978
トラック・鹿児島線特急衝突　平成6年2月5日　福岡県福岡市南区　　1979
東海道線新快速電車・トラック衝突　平成6年2月23日　滋賀県彦根市　　1981
乗用車・名鉄美濃町線電車衝突　平成6年3月25日　岐阜県関市　　1982
トラック・名鉄名古屋線特急衝突　平成6年7月22日　愛知県豊川市　　1993
レールバス・ワゴン車衝突　平成6年7月24日　岐阜県郡上郡美並村　　1994
筑肥線列車・ライトバン衝突　平成6年9月17日　福岡県福岡市西区　　1997
軽ワゴン車・中央線電車衝突　平成6年9月27日　東京都八王子市　　1998
磐越西線電車・トレーラー衝突　平成6年10月17日　福島県会津若松市　　2002
鹿児島線特急・軽ワゴン車衝突　平成7年2月1日　福岡県久留米市　　2010
軽乗用車・指宿枕崎線列車に衝突　平成7年2月11日　鹿児島県喜入町　　2011
東海道線寝台特急・工事用台車衝突　平成7年4月2日　兵庫県神戸市中央区　　2014
軽トラック・名鉄西尾線電車衝突　平成7年4月8日　愛知県安城市　　2015
軽自動車・阪急電鉄神戸線電車衝突　平成7年5月10日　大阪府豊中市　　2016
日豊線特急・耕運機衝突　平成7年6月9日　大分県山香町　　2019
銚子電鉄正面衝突　平成7年6月24日　千葉県銚子市　　2020
日豊線快速電車倒木に衝突　平成7年6月25日　鹿児島県財部町　　2021
京浜東北線電車・トラック衝突　平成7年6月28日　東京都北区　　2023
予讃線特急・軽トラック衝突　平成7年8月13日　愛媛県東宇和郡宇和町　　2027
乗用車・高崎線貨物機関車衝突　平成7年9月4日　埼玉県熊谷市　　2028
軽自動車・東武東上線電車衝突　平成7年10月21日　東京都練馬区　　2030
4輪駆動車・東武東上線電車衝突　平成7年11月4日　埼玉県東松山市　　2032
パラグライダー空中衝突　平成7年11月25日　静岡県富士宮市　　2034
軽ワゴン車・山陽線特急衝突　平成7年12月22日　山口県宇部市　　2035
鹿児島線特急・乗用車衝突　平成8年1月11日　福岡県太宰府市　　2039
日高線普通列車・ダンプカー衝突　平成8年1月12日　北海道日振支庁厚真町　　2040
軽トラック・西鉄大牟田線電車衝突　平成8年1月13日　福岡県高田町　　2041
軽乗用車・日豊線特急衝突　平成8年1月15日　大分県宇佐市　　2043
トレーラー・松浦鉄道列車衝突　平成8年1月18日　長崎県佐世保市　　2044
軽乗用車・樽見鉄道レールバス運衝突　平成8年1月22日　岐阜県本巣郡本巣町　　2045
乗用車・西鉄大牟田線特急衝突　平成8年1月27日　福岡県福岡市南区　　2046
鹿児島線特急・乗用車衝突　平成8年2月14日　福岡県福岡市博多区　　2047
東海道線電車・乗用車衝突　平成8年2月15日　愛知県蒲郡市　　2048

衝突

桜井線電車・軽乗用車衝突　平成8年2月24日　奈良県天理市　　2050
鹿児島線普通列車・軽乗用車衝突　平成8年3月7日　福岡県宗像市　　2051
乗用車・名鉄尾西線電車衝突　平成8年3月11日　愛知県海部郡佐織町　　2052
乗用車・山陽電鉄普通電車衝突　平成8年3月26日　兵庫県明石市　　2053
筑豊電列車・軽トラック衝突　平成8年4月3日　福岡県北九州市八幡西区　　2054
軽乗用車・近鉄大阪線特急衝突　平成8年4月15日　奈良県香芝市　　2055
ヘリコプター衝突　平成8年4月27日　長野県長野市　　2056
乗用車・名鉄三河線普通電車衝突　平成8年5月4日　愛知県碧南市　　2057
乗用車・名鉄犬山線特急衝突　平成8年6月28日　愛知県丹羽郡扶桑町　　2063
京福電鉄嵐山本線電車・乗用車衝突　平成8年7月3日　京都府京都市中京区　　2064
乗用車・日豊線特急衝突　平成8年7月12日　大分県日出町　　2065
日豊線特急列車・ワゴン衝突　平成8年8月27日　大分県日出町　　2068
名鉄竹鼻線電車・トラック衝突　平成8年9月3日　岐阜県羽島郡柳津町　　2069
長良川鉄道レールバス・ダンプ衝突　平成8年10月10日　岐阜県郡上郡白鳥町　　2070
西鉄太宰府線電車・ワゴン車衝突　平成8年10月11日　福岡県太宰府市　　2071
軽乗用車・筑豊電鉄普通列車衝突　平成8年11月5日　福岡県北九州市八幡西区　　2072
ワゴン車・室蘭線特急列車衝突　平成8年12月1日　北海道胆振支庁豊浦町　　2074
福塩線普通列車落石に衝突　平成8年12月4日　広島県府中市　　2076
乗用車・日豊線普通列車衝突　平成8年12月9日　大分県大分市　　2077
レールバス・軽トラック衝突　平成9年1月11日　岐阜県本巣郡本巣町　　2078
京浜東北線電車・ライトバン衝突　平成9年1月12日　神奈川県横浜市鶴見区　　2079
久大線特急・トラック衝突　平成9年2月1日　大分県玖珠郡玖珠町　　2084
阪急電鉄神戸線回送電車・乗用車衝突　平成9年3月7日　大阪府大阪市淀川区　　2087
西鉄大牟田線普通列車・乗用車衝突　平成9年3月9日　福岡県福岡市博多区　　2088
ライトバン・名鉄特急電車衝突　平成9年3月11日　愛知県稲沢市　　2089
4輪駆動車・阪急京都線急行電車衝突　平成9年3月11日　大阪府大阪市東淀川区　　2090
オートバイ・名鉄普通電車衝突　平成9年3月29日　愛知県一宮市　　2091
軽ワゴン車・名鉄豊川線普通電車衝突　平成9年4月7日　愛知県豊川市　　2093
軽ワゴン車・筑豊線列車衝突　平成9年4月19日　福岡県北九州市若松区　　2095
総武本線普通電車・軽自動車衝突　平成9年5月1日　千葉県千葉市若葉区　　2097
鹿児島線普通列車・乗用車衝突　平成9年5月24日　熊本県宇土市　　2100
自転車・鹿児島線特急衝突　平成9年7月7日　福岡県福岡市博多区　　2104
小田急電車・乗用車衝突　平成9年7月31日　神奈川県海老名市　　2106
トラック・南海本線急行列車衝突　平成9年8月21日　大阪府泉大津市　　2109
陸自ヘリ・小型機衝突　平成9年8月21日　茨城県竜ケ崎市　　2110
特急・回送電車衝突　平成9年10月12日　山梨県大月市　　2112
乗用車・小田急江ノ島線電車衝突　平成9年11月14日　神奈川県大和市　　2120
乗用車・名鉄名古屋線急行電車衝突　平成9年11月26日　愛知県知立市　　2121
軽トラック・鹿児島線特急衝突　平成9年11月26日　福岡県筑後市　　2122
名鉄犬山線急行・乗用車衝突　平成9年12月29日　愛知県西春日井郡西春町　　2125
自転車・阪和線快速衝突　平成10年3月2日　大阪府堺市　　2128
東武東上線準急電車・軽乗用車衝突　平成10年4月1日　埼玉県東松山市　　2131
乗用車・阪和線電車衝突　平成10年5月29日　大阪府大阪市住吉区　　2135
土佐くろしお鉄道列車衝突　平成10年6月11日　高知県大方町　　2136
軽乗用車・長野電鉄河東線普通電車衝突　平成10年7月28日　長野県須坂市　　2140
軽トラック・土讃線特急衝突　平成10年9月11日　高知県窪川町　　2143

472

自転車・関西線快速電車衝突　平成10年11月7日　奈良県奈良市　　　2145
外房線特急・乗用車衝突　平成11年6月4日　千葉県一宮町　　　2160
第三セクター会津鉄道列車・乗用車衝突　平成11年8月24日　福島県田島町　　2170
西武新宿線準急・大型トレーラー衝突　平成11年10月12日　埼玉県狭山市　　2175
地下鉄日比谷線脱線衝突事故　平成12年3月8日　東京都目黒区　　2184
踏切故障で電車・乗用車衝突　平成12年8月9日　埼玉県熊谷市　　2194
京福電鉄電車正面衝突　平成12年12月17日　福井県吉田郡松岡町　　2203
小田急小田原線特急・ワゴン車・普通電車衝突　平成12年12月29日　神奈川県相模原市　　2205
ヘリコプター・セスナ機衝突　平成13年5月19日　三重県桑名市　　2216
上下線電車正面衝突　平成13年6月24日　福井県勝山市　　2218
軽乗用車・普通電車衝突　平成13年12月15日　福岡県久留米市　　2225
乗用車・JR羽越線特急電車衝突　平成14年1月3日　新潟県中条町　　2227
ワゴン車・寝台特急衝突　平成14年7月28日　滋賀県彦根市　　2238
グライダー・LPG船衝突　平成14年8月4日　福島県いわき市　　2239
小田急小田原線急行電車・乗用車衝突　平成14年9月1日　神奈川県厚木市　　2241
わたらせ渓谷鉄道ディーゼル列車・乗用車衝突　平成14年9月21日　栃木県足尾町　　2242
名鉄特急・乗用車衝突　平成14年9月26日　愛知県稲沢市　　2243
京成電鉄京成本線普通電車・ワゴン車衝突　平成15年1月23日　千葉県習志野市　　2252
乗用車・普通電車衝突　平成15年12月21日　千葉県市川市　　2271
ワゴン車、普通列車衝突・大破　平成16年9月2日　愛知県武豊　　2277
普通列車・軽ワゴン車衝突　平成16年12月27日　茨城県関城　　2280
乗用車・急行電車衝突　平成17年1月10日　兵庫県尼崎市　　2282
乗用車・普通電車衝突　平成17年2月11日　栃木県宇都宮市　　2283
特急・駅舎衝突　平成17年3月2日　高知県宿毛　　2284

【接触】
海軍航空隊機接触　昭和9年11月22日　茨城県　　0207
陸軍飛行隊機接触　昭和10年3月20日　愛知県東春日井郡　　0214
東海道線列車見送り客接触事故　昭和13年1月　愛知県西春日井郡西枇杷島町　　0300
東海道線列車見送り客接触　昭和14年1月　静岡県志太郡焼津町　　0322
東海道線準急列車・見送り客接触　昭和14年7月26日　神奈川県横浜市　　0333
航空自衛隊ジェット戦闘機接触墜落　昭和32年1月9日　静岡県磐田郡竜洋町付近　　0519
航空自衛隊戦闘機接触　昭和33年5月21日　熊野灘　　0548
航空自衛隊戦闘機接触・墜落　昭和39年9月10日　愛知県犬山市　　0727
航空自衛隊機接触　昭和40年9月28日　福岡県遠賀郡芦屋町　　0787
航空自衛隊戦闘機・米軍機接触　昭和40年10月19日　北海道幌泉郡襟裳町沖　　0790
北陸本線貨物列車接触　昭和40年12月26日　富山県小矢部市　　0800
日本航空協会グライダー電線接触　昭和41年1月6日　大阪府八尾市　　0801
航空自衛隊戦闘機接触　昭和41年12月13日　福岡県築上郡築城町　　0850
瀬戸内航空ヘリコプター接触　昭和43年1月31日　徳島県三好郡三野町　　0934
乗用車・大阪市営電車接触　昭和43年3月24日　大阪府大阪市北区　　0945
伊豆急行線電車構内接触　昭和43年6月18日　静岡県伊東市　　0968
東京都営電車接触　昭和43年6月24日　東京都港区　　0973
航空自衛隊戦闘機接触　昭和43年7月15日　愛知県西春日井郡豊山町　　0979
中日新聞ヘリコプター接触　昭和43年9月20日　静岡県大河内村　　1003
東海道新幹線列車・作業員接触　昭和43年9月24日　静岡県三島市　　1006

接触

陸上自衛隊機接触　昭和43年10月29日　北海道空知郡　　1015
伯備線列車・保線係員接触　昭和44年2月13日　鳥取県日野郡日南町　　1036
京都市電今出川線電車接触　昭和44年10月28日　京都府京都市上京区　　1080
ショベルカー・総武線電車接触　昭和44年10月30日　千葉県船橋市　　1081
全日本空輸旅客機・読売新聞社機接触　昭和44年12月14日　兵庫県津名郡淡路町　　1088
中華航空旅客機・作業用車両接触　昭和45年5月23日　東京都大田区　　1118
ショベルカー・名鉄小牧線列車接触　昭和45年11月24日　愛知県小牧市　　1150
トレーラー・東急目蒲線電車接触　昭和46年8月11日　東京都大田区　　1187
ヘリコプター接触　昭和48年5月7日　熊本県　　1278
都営地下鉄浅草線電車接触事故　昭和48年9月26日　東京都港区　　1295
航空自衛隊戦闘機接触　昭和49年10月25日　石川県小松市沖　　1333
セスナ機接触　昭和52年2月22日　静岡県清水市　　1407
海上自衛隊対潜哨戒ヘリコプター接触　昭和52年10月5日　千葉県千葉市　　1441
ショベルカー・京王線急行電車接触　昭和54年10月3日　東京都　　1491
海上自衛隊対潜ヘリコプター・コンテナ船接触　昭和58年11月8日　千葉県洲崎　　1626
全日空ジャンボ機・航空自衛隊機接触　昭和60年5月28日　沖縄県那覇空港　　1666
北海道航空ヘリコプター高圧電線接触　昭和60年6月13日　北海道網走支庁白滝村　　1667
東亜国内航空機・全日空機接触　昭和60年10月24日　大阪府大阪空港　　1676
自衛隊戦闘機接触事故　昭和61年11月10日　石川県小松市　　1704
農薬散布ヘリコプター空中接触　昭和63年7月17日　秋田県平鹿郡雄物川町　　1739
小田急急行・トラック接触　平成1年1月23日　東京都世田谷区　　1748
ワゴン車・電車接触　平成1年5月3日　東京都世田谷区　　1756
関西線電車・回送電車接触　平成1年5月22日　大阪府大阪市浪速区　　1758
上越線特急倒木に接触　平成3年1月6日　新潟県長岡市　　1833
熱気球送電線接触　平成3年1月15日　三重県名張市　　1839
トラック紀勢線架線接触　平成3年1月19日　和歌山県田辺市　　1841
乗用車・鹿児島線列車接触　平成3年2月26日　福岡県福岡市南区　　1852
名鉄常滑線急行・乗用車接触　平成4年2月29日　愛知県東海市　　1912
乗用車・京成電鉄押上線電車接触　平成4年3月16日　東京都葛飾区　　1914
予讃線快速・トラック接触　平成5年12月24日　香川県坂出市　　1970
平成筑豊鉄道ディーゼルカー・大型トラック接触　平成6年1月21日　福岡県田川市　　1976
軽トラック・近鉄特急接触　平成7年12月27日　三重県四日市市　　2036
特急あさま接触事故　平成8年11月24日　長野県長野市　　2073
踏切横断中女性接触　平成17年3月15日　東京都足立区　　2285
保線作業中・特急接触　平成18年1月24日　鳥取県江府　　2295

【脱線】

新橋駅構内ポイントで脱線　明治7年10月11日　東京府　　0003
大森駅臨時列車脱線　明治18年10月1日　東京府　　0005
東海道線山科駅列車脱線転覆　明治28年7月20日　京都府　　0006
東海道線列車脱線　明治33年8月4日　大阪府　　0011
参宮線工事区間急行列車脱線転覆　大正12年4月16日　三重県津　　0028
山陽本線特急列車脱線転覆　大正15年9月23日　広島県広島　　0038
東海道線貨物列車脱線　昭和3年7月19日　滋賀県・京都府　　0074
省線電車脱線　昭和3年9月13日　東京府東京市代々木　　0079
東海道線貨物列車脱線　昭和4年3月3日　神奈川県川崎市　　0084

脱線

国鉄線旅客列車脱線　昭和4年8月1日　東京府東京市　　0088
北陸本線急行列車脱線　昭和5年11月6日　新潟県　　0116
東海道線貨物列車脱線　昭和5年12月23日　神奈川県中郡大磯町　　0117
山陰線列車脱線　昭和6年1月14日　兵庫県城崎郡　　0118
山陰線旅客列車脱線　昭和6年2月15日　　0120
豊肥線列車脱線　昭和10年7月4日　熊本県　　0221
五能線列車脱線　昭和11年1月6日　青森県　　0233
奥羽本線除雪車脱線　昭和11年1月17日　山形県・福島県　　0235
山陽本線列車脱線　昭和13年6月15日　熊本県　　0309
羽越本線列車脱線　昭和14年1月8日　山形県東田川郡藤島町　　0323
東武鉄道日光線電車脱線　昭和14年10月12日　栃木県日光町　　0337
駿豆鉄道電車脱線　昭和16年3月13日　静岡県駿東郡　　0348
東北本線貨物列車脱線　昭和16年3月20日　青森県上北郡　　0349
草軽電鉄線電車脱線　昭和17年10月24日　群馬県吾妻郡　　0364
根室線列車脱線　昭和18年2月11日　北海道白糠郡白糠町　　0366
脱線貨車、客車衝突　昭和18年10月26日　茨城県土浦市　　0368
神有電鉄線電車脱線　昭和19年2月12日　兵庫県神戸市付近　　0369
八高線列車脱線　昭和22年2月25日　埼玉県入間郡日高町　　0373
山陽本線列車脱線　昭和22年7月1日　山口県徳山市付近　　0376
名古屋鉄道瀬戸線電車脱線転覆　昭和23年1月5日　愛知県東春日井郡旭町付近　　0378
貨物列車脱線転落　昭和23年4月24日　青森県青森市付近　　0380
貨物列車脱線転覆　昭和23年5月3日　神奈川県横浜市鶴見区　　0381
旅客列車脱線転覆　昭和23年6月28日　福井県福井市　　0382
大雄山電鉄線電車脱線　昭和23年10月7日　神奈川県足柄下郡箱根町　　0383
準急列車脱線　昭和24年5月9日　愛媛県　　0389
貨物列車脱線転覆　昭和25年3月1日　福島県安達郡　　0397
東海道線貨物列車脱線　昭和25年3月27日　静岡県清水市　　0398
貨物列車脱線　昭和25年4月4日　静岡県清水市　　0399
中央西線貨物列車武並・大井駅間脱線　昭和25年6月24日　岐阜県恵那郡武並町　　0402
東海道本線貨物列車脱線　昭和25年7月30日　神奈川県茅ヶ崎市　　0405
室蘭本線事故救援列車脱線　昭和25年8月1日　北海道　　0407
急行列車脱線　昭和25年12月14日　岩手県・宮城県　　0409
セメント専用列車脱線転覆　昭和27年11月9日　滋賀県坂田郡春照村　　0437
鹿児島本線急行列車脱線　昭和28年12月16日　福岡県宗像郡赤間町　　0454
品鶴線貨物列車脱線転落　昭和29年3月8日　東京都品川区　　0459
東武人師線電車脱線　昭和29年5月8日　東京都足立区　　0465
森林鉄道列車脱線転覆　昭和29年10月2日　秋田県北秋田郡上小阿仁村　　0471
常磐線貨物列車脱線　昭和30年5月20日　常磐線　　0481
貨物列車トンネル内脱線　昭和31年1月29日　静岡県熱海市　　0499
貨客列車脱線転落　昭和31年3月5日　北海道標津郡中標津町　　0502
通勤列車脱線転落　昭和31年9月27日　三重県鈴鹿郡関町　　0512
快速列車脱線・追突　昭和31年10月15日　三重県一志郡三雲村　　0514
急行列車脱線転覆　昭和31年12月21日　北陸本線　　0517
急行列車脱線　昭和32年5月17日　福島県双葉郡双葉村　　0528
旅客列車脱線　昭和32年10月6日　千葉県　　0539
鹿児島本線急行列車脱線　昭和32年10月9日　鹿児島県鹿児島郡谷山町　　0540

地下鉄電車脱線　昭和33年2月27日　東京都港区　　　0546
列車脱線転覆　昭和34年1月8日　岐阜県本巣郡北方町　　　0571
急行列車がけ崩れ脱線　昭和34年4月23日　神奈川県足柄下郡真鶴町　　　0578
貨物列車脱線・衝突　昭和34年5月15日　神奈川県茅ヶ崎市　　　0579
常磐線旅客列車脱線　昭和35年3月26日　福島県磐城郡久之浜町　　　0605
山陽本線急行貨物列車脱線転覆　昭和35年8月18日　広島県尾道市　　　0610
常磐線急行列車脱線　昭和36年12月29日　茨城県那珂郡東海村　　　0639
東海道本線貨物列車脱線　昭和37年2月25日　静岡県浜名郡湖西町　　　0645
鹿児島本線貨物列車脱線　昭和37年4月4日　佐賀県三養基郡基山町　　　0649
国鉄線旅客列車脱線　昭和38年2月6日　広島県広島市　　　0665
信越本線貨物列車脱線　昭和38年2月28日　新潟県三島郡越路町　　　0667
鹿児島本線急行列車土砂崩れ脱線　昭和38年5月31日　鹿児島県阿久根市付近　　　0681
予讃本線ディーゼルカー土砂崩れ脱線　昭和38年6月6日　香川県仲多度郡多度津町　　　0682
東海道本線貨物列車脱線　昭和39年2月6日　神奈川県足柄下郡湯河原町　　　0707
東北本線旅客列車脱線　昭和39年8月2日　福島県郡山市　　　0719
北陸鉄道線列車脱線　昭和40年6月24日　石川県金沢市　　　0775
山陽本線特急列車脱線　昭和40年9月14日　兵庫県明石市　　　0785
奥羽本線貨物列車脱線　昭和41年4月8日　秋田県山本郡　　　0813
山陽電鉄線電車脱線　昭和41年5月3日　兵庫県姫路市　　　0818
日豊本線貨物列車脱線　昭和41年9月7日　宮崎県臼杵郡北川町　　　0836
東北本線貨物列車脱線　昭和41年11月18日　宮城県登米郡迫町　　　0848
室蘭本線貨物列車脱線　昭和42年6月25日　北海道虻田郡豊浦町　　　0883
中央本線電車脱線　昭和42年7月9日　愛知県春日井市　　　0891
常磐線貨物列車脱線　昭和42年8月27日　千葉県柏市　　　0903
東北本線貨物列車脱線　昭和42年9月24日　青森県上北郡六戸町　　　0909
飯田線急行列車脱線　昭和42年10月28日　長野県下伊那郡泰阜村　　　0915
鹿児島本線貨物列車脱線　昭和43年5月17日　福岡県宗像郡宗像町　　　0958
東武野田線電車脱線　昭和43年6月19日　千葉県柏市　　　0969
東海道本線貨物列車脱線・衝突　昭和43年6月27日　滋賀県大津市　　　0975
山陰本線急行列車脱線　昭和43年6月28日　鳥取県鳥取市　　　0976
東海道本線電車脱線　昭和43年8月18日　神奈川県鎌倉市　　　0993
東海道本線急行列車脱線　昭和43年8月26日　静岡県田方郡函南町　　　0995
京阪京津線急行電車脱線　昭和43年11月22日　京都府京都市東山区　　　1021
高崎線電車脱線　昭和43年11月23日　埼玉県熊谷市　　　1023
高崎線貨物列車脱線　昭和43年12月20日　埼玉県深谷市　　　1024
北陸本線貨物列車土砂崩れ脱線　昭和44年1月5日　新潟県西頸城郡能生町　　　1025
房総西線快速電車脱線　昭和44年3月27日　千葉県市原市　　　1040
東海道本線貨物列車脱線　昭和44年5月17日　静岡県三島市　　　1050
山陽本線貨物列車脱線　昭和44年6月7日　山口県熊毛郡大和町　　　1053
東海道本線貨物列車脱線　昭和44年6月8日　静岡県三島市　　　1054
根室本線貨物列車脱線　昭和44年6月16日　北海道白糠郡白糠町　　　1055
東海道本線貨物列車脱線　昭和44年6月19日　神奈川県横浜市保土ヶ谷区　　　1056
山手貨物線貨物列車脱線　昭和44年6月22日　東京都渋谷区　　　1057
東北本線貨物列車脱線　昭和44年7月19日　宮城県宮城郡利府町　　　1063
中央本線列車脱線　昭和44年8月5日　長野県木曽郡南木曽町　　　1066
東海道本線貨物列車脱線　昭和44年8月27日　静岡県庵原郡蒲原町　　　1070

山陰本線機関車脱線	昭和44年11月18日	鳥取県東伯郡赤碕町	1084
草津線列車落石脱線	昭和44年11月29日	滋賀県甲賀郡石部町	1085
根岸線電車土砂崩れ脱線	昭和45年5月20日	神奈川県横浜市磯子区	1117
宮津線列車脱線	昭和45年6月15日	京都府宮津市	1120
房総西線電車がけ崩れ脱線	昭和45年7月1日	千葉県君津郡富津町	1122
東海道本線貨物列車脱線	昭和45年11月26日	神奈川県茅ヶ崎市	1151
山田線気動車脱線	昭和47年2月14日	岩手県宮古市	1214
富山地方電鉄本線電車脱線	昭和47年2月20日	富山県中新川郡上市町	1216
東北本線貨車脱線	昭和47年9月27日	福島県郡山市	1250
宇野線貨物列車脱線	昭和48年2月16日	岡山県玉野市	1268
東海道・山陽新幹線回送列車脱線	昭和48年2月21日	大阪府大阪市	1269
大船渡線気動車脱線	昭和48年4月11日	岩手県一関市	1272
小田急小田原線電車脱線	昭和48年4月19日	東京都町田市	1274
鹿児島本線列車脱線	昭和48年5月8日	鹿児島県鹿児島市付近	1279
関西本線普通電車脱線	昭和48年12月26日	大阪府大阪市東住吉区	1303
名古屋鉄道電車脱線衝突	昭和49年6月5日	愛知県	1313
貨物列車脱線	昭和49年6月25日	山形県酒田市	1315
常磐線貨物列車脱線	昭和49年6月25日	東京都足立区	1316
羽越本線特急コンテナ貨物列車脱線	昭和49年7月10日	秋田県本荘市	1318
佐世保線気動車脱線	昭和50年7月11日	長崎県	1353
奥羽本線特急列車脱線	昭和50年9月4日	秋田県秋田市	1358
信越本線回送機関車脱線	昭和50年10月28日	群馬県碓氷郡松井田町	1362
関西本線急行列車脱線	昭和51年6月21日	三重県三重郡朝日町	1379
羽越本線貨物列車脱線	昭和51年7月1日	山形県酒田市	1380
函館本線貨物列車脱線	昭和51年10月2日	北海道茅部郡	1391
相模鉄道本線急行電車脱線	昭和52年2月28日	神奈川県横浜市旭区	1408
信越本線急行列車脱線	昭和52年7月25日	長野県上田市	1431
京福電鉄電車脱線	昭和52年8月19日	福井県	1435
山陰本線特急脱線	昭和52年12月1日	島根県松江市	1444
東北線特急列車脱線	昭和53年3月12日	茨城県古河市	1449
東北本線特急列車脱線	昭和53年5月12日	茨城県古河市	1450
貨物列車脱線	昭和53年12月7日	福島県安達郡本宮町九縄	1464
京成線電車脱線	昭和54年1月18日	東京都	1467
YS11機誘導路脱線	昭和54年6月1日	大阪府大阪空港	1475
回送車脱線	昭和54年6月16日	神奈川県小田原市	1480
東海道線客車脱線	昭和54年8月17日	滋賀県米原町	1400
貨物列車脱線転覆	昭和54年10月23日	群馬県利根郡月夜野町	1404
京阪電車脱線	昭和55年2月20日	大阪府枚方市	1500
日立電鉄線列車脱線	昭和55年5月16日	茨城県日立市	1506
特急脱線	昭和56年1月28日	愛知県	1528
国鉄篠ノ井線電車脱線	昭和56年6月6日	長野県更埴市	1542
国鉄長崎線特急電車脱線	昭和56年6月7日	佐賀県小城郡牛津町	1543
京成電鉄電車脱線	昭和57年4月19日	東京都台東区上野桜木	1567
国鉄中央線特急電車脱線	昭和57年5月28日	山梨県大月市	1570
国鉄石北線特急脱線	昭和57年6月11日	北海道北見市	1571
近鉄鳥羽線特急電車脱線	昭和57年8月3日	三重県伊勢市楠部町	1574

国鉄山陽線普通電車脱線　昭和58年2月14日　広島県広島市東区東蟹屋町　　1596
国鉄木次線普通気動車脱線　昭和58年3月2日　島根県横田町　　1599
遊覧鉄道脱線　昭和59年1月6日　東京都日野市　　1630
国鉄山陽線寝台特急脱線　昭和59年10月19日　兵庫県明石市小久保　　1656
東海道貨物線脱線　昭和60年2月15日　神奈川県横浜市神奈川区羽沢町　　1663
国鉄能登線急行電車脱線　昭和60年7月11日　石川県穴水町　　1668
JR上越線貨物列車脱線　昭和63年10月19日　群馬県勢多郡赤城村宮田　　1743
青梅線普通電車脱線　平成2年2月1日　東京都西多摩郡奥多摩町　　1786
東西線普通電車脱線　平成2年9月8日　東京都江東区　　1813
小田急線脱線　平成3年10月11日　東京都多摩市　　1889
高山線貨物列車脱線　平成3年12月14日　岐阜県加茂郡坂祝町　　1898
近鉄電車脱線　平成3年12月29日　奈良県生駒郡平群町　　1902
作業車脱線　平成4年12月10日　大阪府河内長野市　　1929
東海道線貨物列車脱線　平成5年2月24日　大阪府茨木市　　1932
土砂崩れで豊肥線列車脱線　平成5年6月15日　大分県大分市　　1945
土砂崩れで日南線列車脱線　平成5年6月24日　鹿児島県志布志町　　1947
強風で列車脱線　平成6年2月22日　岩手県三陸町　　1980
高山線脱線事故　平成8年6月25日　岐阜県下呂町　　2062
貨物列車脱線谷へ転落　平成8年12月4日　北海道渡島支庁七飯町　　2075
列車脱線　平成9年9月3日　秋田県大館市　　2111
地下鉄日比谷線脱線衝突事故　平成12年3月8日　東京都目黒区　　2184
高松琴平電鉄の列車脱線　平成15年3月5日　香川県　　2257
特急電車脱線　平成15年8月19日　大阪府寝屋川市　　2265
普通電車脱線　平成15年9月16日　東京都練馬区　　2266
快速電車、先頭車両脱線　平成16年6月2日　和歌山県海南　　2274
上越新幹線脱線　平成16年10月23日　新潟県中越地方　　2278
快速電車が脱線・転覆　平成17年4月25日　兵庫県尼崎市　　2287
JR・脱線　平成17年12月25日　山形県庄内　　2294
JR・脱線　平成18年11月19日　岡山県　　2298

【着陸失敗】
陸軍機着陸失敗炎上　大正3年4月26日　埼玉県所沢　　0016
航空機着陸失敗　昭和28年10月15日　神奈川県藤沢市　　0451
全日本空輸旅客機着陸失敗　昭和33年10月16日　大分県大分空港　　0561
民間飛行クラブ機連続着陸失敗・破損　昭和43年4月～5月　東京都大田区　　0948
日本航空旅客機着陸失敗　昭和44年4月4日　兵庫県伊丹市　　1042
東京航空機着陸失敗　昭和44年5月28日　東京都江東区　　1052
全日本空輸旅客機着陸失敗　昭和44年10月20日　宮崎県宮崎市　　1079
航空自衛隊練習機着陸失敗　昭和46年5月24日　石川県小松市　　1172
東亜国内航空旅客機着陸失敗　昭和46年7月9日　北海道函館市　　1179
全日空旅客機着陸失敗　昭和46年8月29日　宮城県名取市　　1189
旅客機着陸失敗　昭和50年6月22日　東京都大田区　　1350
全日空旅客機着陸失敗　昭和52年9月8日　東京都大島町　　1437
ヘリコプター着陸失敗　昭和54年3月16日　千葉県木更津市ヘリポート　　1471
東亜国内航空機着陸失敗　昭和54年7月21日　東京都　　1487
自衛隊機着陸失敗　昭和55年6月10日　沖縄県　　1508

米軍機着陸失敗　昭和55年7月24日　沖縄県嘉手納村　　1510
JAS機着陸失敗　平成5年4月18日　岩手県花巻市　　1937
ビーチクラフト機着陸失敗　平成9年10月31日　北海道帯広市　　2117

【追突】
京成電鉄線電車追突　昭和2年12月19日　千葉県　　0060
阪和電鉄線電車追突　昭和5年8月23日　大阪府　　0109
省線電車追突　昭和5年9月13日　東京府東京市　　0111
航空機追突　昭和7年5月14日　大阪府大阪市　　0142
東海道線貨物列車追突　昭和8年12月5日　京都府　　0178
京浜線・山手線電車追突　昭和11年6月2日　東京府東京市　　0264
京成線電車追突　昭和11年7月19日　東京府東京市　　0274
山陽本線急行列車・特急追突　昭和12年7月29日　岡山県　　0293
京浜線電車追突　昭和13年8月31日　神奈川県　　0314
常磐線電車・貨物列車追突　昭和15年7月5日　東京府東京市　　0345
常磐線列車追突　昭和16年11月19日　東京府　　0353
名鉄常滑線電車追突　昭和17年5月2日　愛知県　　0359
山陽線列車追突　昭和19年11月19日　兵庫県赤穂郡上郡町　　0370
阪急電鉄宝塚線電車追突　昭和22年1月30日　大阪府豊中市　　0372
近鉄奈良線電車追突　昭和23年3月31日　大阪府　　0379
南海電鉄線電車追突　昭和23年10月30日　大阪府　　0384
東海道本線旅客列車追突　昭和24年5月25日　静岡県志太郡焼津町付近　　0390
急行電車追突　昭和24年6月20日　阪神電鉄本線　　0391
京浜東北線・山手線電車追突　昭和24年9月29日　東京都港区　　0395
東北本線列車追突　昭和25年1月30日　埼玉県南埼玉郡蓮田町　　0396
山陽本線貨物列車追突　昭和26年11月8日　山口県宇部市　　0424
小田急線電車追突　昭和27年8月22日　東京都世田谷区　　0434
阪神電鉄本線電車追突　昭和29年12月20日　大阪府大阪市福島区　　0473
京成電鉄押上線電車追突　昭和30年11月21日　東京都墨田区　　0494
東海道本線特急列車追突　昭和31年1月29日　岐阜県岐阜市　　0498
山陽本線貨物列車追突　昭和31年2月3日　山口県防府市　　0501
快速列車脱線・追突　昭和31年10月15日　三重県　志郡二雲村　　0514
旅客列車追突　昭和31年11月8日　鹿児島本線　　0515
オート三輪・電車衝突・追突　昭和31年12月2日　東京都目黒区　　0516
函館本線貨物列車・旅客列車渡島大野駅追突　昭和32年3月7日　北海道亀田郡大野町　　0522
相模鉄道線電車追突　昭和34年1月1日　神奈川県横浜市西区　　0568
東海道本線準急電車・横須賀線電車追突　昭和35年1月1日　東京都千代田区有楽町　　0601
京浜急行特急・急行電車追突　昭和35年9月12日　神奈川県横浜市神奈川区　　0616
山陽本線特急列車・準急列車追突　昭和36年12月29日　山口県小野田市　　0640
東北本線貨物列車追突　昭和37年5月3日　茨城県古河市　　0652
鹿児島本線旅客列車・快速列車追突　昭和37年7月20日　佐賀県鳥栖市　　0656
山陽本線特急列車追突　昭和38年11月11日　山口県　　0697
総武線電車追突　昭和39年1月14日　東京都新宿区　　0703
名鉄線特急電車追突　昭和39年3月29日　愛知県名古屋市中村区　　0714
日豊本線旅客列車追突　昭和39年10月9日　大分県津久見市　　0732
京浜急行本線急行電車追突　昭和39年10月10日　神奈川県横浜市西区　　0733

追突

水郡線気動車追突　昭和39年10月26日　茨城県那珂郡那珂町　　0736
近鉄大阪線特急電車追突　昭和41年11月12日　大阪府柏原市　　0845
広島電鉄線電車追突　昭和43年3月27日　広島県広島市　　0947
京都市営電車追突　昭和43年4月14日　京都府京都市　　0950
京都市営電車追突　昭和43年5月11日　京都府京都市南区　　0955
京成電鉄本線電車追突　昭和43年6月26日　東京都台東区　　0974
中央本線電車追突　昭和43年7月16日　東京都千代田区　　0980
札幌市営電車追突　昭和43年9月16日　北海道札幌市　　0999
土佐電鉄線電車追突　昭和43年9月27日　高知県高知市　　1007
京成電鉄本線急行電車追突　昭和44年7月27日　千葉県船橋市　　1064
神戸電鉄有馬線急行電車・普通電車追突　昭和45年7月22日　兵庫県神戸市長田区　　1124
西鉄福岡市内線列車追突　昭和45年12月12日　福岡県福岡市　　1153
高山本線旅客列車・貨物列車追突　昭和46年12月21日　岐阜県岐阜市　　1209
広島電鉄線電車追突　昭和47年2月12日　広島県広島市　　1213
広島電鉄線電車追突　昭和47年2月23日　広島県広島市　　1217
総武線電車追突　昭和47年3月28日　千葉県船橋市　　1222
西鉄北九州線電車追突　昭和47年3月30日　福岡県北九州市　　1223
京浜東北線・山手線電車追突　昭和47年6月23日　東京都荒川区　　1236
西鉄北九州線電車追突　昭和48年1月11日　福岡県北九州市八幡区　　1263
バス・京福電気鉄道電車追突　昭和49年4月10日　福井県　　1309
札幌市営西線電車追突　昭和50年11月6日　北海道札幌市　　1363
中央線電車追突事故　昭和55年10月17日　東京都新宿区北新宿　　1521
多重追突事故　昭和57年1月19日　岐阜県不破郡関ヶ原町　　1559
日立電鉄電車追突　昭和58年2月20日　茨城県常陸太田市山下町　　1597
西武新宿線準急・急行追突　昭和61年3月23日　東京都田無市　　1686
ジェットコースター追突　昭和61年9月7日　三重県長島町　　1701
JR中央線電車追突　昭和63年12月5日　東京都中野区東中野　　1746
連結作業中に電車追突　平成2年11月24日　三重県亀山市　　1825
コースター追突　平成2年12月24日　山口県豊浦町　　1827
乗用車追突　平成8年1月14日　愛知県豊田市　　2042
東海道線コンテナ貨物列車・普通電車追突　平成9年8月12日　静岡県沼津市　　2107
山陽新幹線保守用車両追突　平成11年9月27日　兵庫県神戸市　　2172
山形新幹線・軽ワゴン車追突　平成13年1月14日　山形県南陽市　　2206
JR鹿児島線普通・快速列車追突　平成14年2月22日　福岡県宗像市　　2232
試運転中電車・追突　平成18年6月13日　東京都北栄町　　2297

【墜落】
民間飛行家試験飛行中墜落　大正4年1月3日　日本　　0017
海軍飛行機墜落　大正4年3月6日　神奈川県横須賀　　0018
中島式5型機墜落　大正12年1月9日　静岡県　　0026
飛行船爆発墜落　大正13年3月19日　茨城県相馬郡　　0031
サルムソン2A2型機墜落　大正13年7月5日　東京府　　0032
飛行場、陸軍機墜落　大正13年9月24日　岐阜県各務原　　0033
ニューポール81E型機、墜落　大正14年6月23日　東京府　　0035
祝賀会場、飛行機墜落　大正15年4月18日　奈良県王寺　　0037
偵察機改装型機墜落　大正15年12月22日　東京府　　0040

郵便輸送機墜落　昭和2年2月4日　大分県大分市沖　　0047
航空機墜落　昭和2年4月1日　大阪府大阪市　　0048
陸軍飛行隊機墜落　昭和2年4月10日　三重県　　0049
陸軍飛行学校練習機墜落　昭和2年4月27日　　0050
陸軍飛行隊機墜落　昭和2年7月28日　埼玉県所沢町　　0051
海軍航空隊機墜落　昭和2年9月28日　長崎県佐世保市　　0052
曲芸飛行機墜落　昭和2年11月3日　京都府　　0054
陸軍演習機墜落　昭和2年11月15日　愛知県名古屋市付近　　0056
海軍航空隊機墜落　昭和2年11月16日　岐阜県各務原町　　0057
陸軍飛行隊機墜落　昭和2年11月18日　　0058
練習機墜落　昭和2年12月18日　静岡県　　0059
海軍航空隊偵察機墜落　昭和3年1月19日　茨城県　　0061
陸軍飛行隊機墜落　昭和3年4月14日　　0066
郵便輸送機墜落　昭和3年5月30日　兵庫県明石市　　0068
陸軍試験機墜落　昭和3年6月13日　埼玉県所沢町　　0070
大村航空隊機墜落　昭和3年6月22日　　0071
陸軍飛行隊機墜落　昭和3年8月22日　東京府立川町　　0077
陸軍機墜落　昭和3年9月11日　　0078
海軍機墜落　昭和3年9月19日　　0080
遊覧機墜落　昭和4年8月11日　三重県白子町　　0090
陸軍機分解墜落　昭和4年8月13日　　0091
陸軍飛行学校機墜落　昭和4年9月4日　　0095
海軍機墜落　昭和4年9月9日　鹿児島県　　0096
海軍実験機墜落　昭和4年10月9日　神奈川県　　0097
艦載機墜落　昭和5年1月26日　北海道厚岸郡厚岸町　　0099
水上機墜落　昭和5年3月30日　大阪府大阪市南区　　0100
艦載機墜落　昭和5年4月18日　台湾海峡　　0101
サザンプトン型飛行艇墜落　昭和5年4月19日　広島県安芸郡下蒲刈島沖　　0102
陸軍飛行隊機墜落　昭和5年7月9日　三重県　　0105
艦載機墜落　昭和5年7月31日　千葉県館山湾　　0106
陸軍飛行隊機墜落　昭和5年8月21日　滋賀県　　0108
高層観測機墜落　昭和6年3月4日　　0123
海軍航空隊機墜落　昭和6年5月6日　　0124
陸軍飛行隊機墜落　昭和6年6月13日　　0125
陸軍機墜落　昭和6年6月20日　北海道室蘭市付近　　0127
日本空輸旅客機墜落　昭和6年6月22日　福岡県　　0128
陸軍飛行学校機墜落　昭和6年7月2日　　0129
海軍航空隊機墜落　昭和6年7月3日　長崎県北高来郡　　0130
艦載機墜落　昭和6年7月8日　　0131
艦載機墜落　昭和6年12月1日　　0134
飛行艇墜落　昭和7年2月27日　　0139
陸軍飛行隊機墜落　昭和7年5月1日　岐阜県　　0141
陸軍飛行隊機墜落　昭和7年6月28日　岐阜県加茂郡久田見村　　0143
海軍航空隊機墜落　昭和7年7月14日　長崎県佐世保市　　0145
陸軍飛行学校機墜落　昭和7年7月19日　千葉県千葉市付近　　0146
陸軍飛行隊機墜落　昭和7年7月23日　神奈川県足柄下郡小田原町　　0148

墜落

陸軍飛行隊機墜落　昭和7年8月13日　岐阜県稲葉郡蘇原村　　0150
東亜飛行専門学校機墜落　昭和7年8月14日　千葉県津田沼町　　0151
名古屋飛行学校機墜落　昭和7年9月2日　愛知県東春日井郡　　0152
海軍航空隊機墜落　昭和7年9月3日　　0153
陸軍飛行連隊機墜落　昭和7年10月4日　福岡県三井郡大刀洗町　　0154
日本軽飛行機倶楽部機墜落　昭和7年10月13日　千葉県津田沼町　　0155
陸軍偵察機墜落　昭和7年10月27日　和歌山県荒崎沖　　0156
海軍航空隊機墜落　昭和7年11月17日　神奈川県金沢町　　0157
中島飛行機試験機墜落　昭和7年11月26日　群馬県太田町付近　　0158
陸軍飛行隊偵察機墜落　昭和8年3月1日　　0161
中島飛行機新造機墜落　昭和8年4月8日　群馬県太田町　　0164
海軍航空隊機墜落　昭和8年4月21日　千葉県安房郡館山町　　0165
海軍水上偵察機墜落　昭和8年4月21日　千葉県館山湾　　0166
陸軍偵察機墜落　昭和8年5月1日　福岡県三井郡大刀洗町　　0167
海軍航空隊戦闘機墜落　昭和8年6月2日　千葉県館山湾　　0168
陸軍軽爆撃機墜落　昭和8年6月13日　　0169
陸軍飛行学校戦闘機墜落　昭和8年6月16日　三重県八木戸海岸　　0170
陸軍飛行隊重爆撃機墜落　昭和8年6月16日　静岡県浜名郡吉野村　　0171
陸軍飛行隊機墜落　昭和8年9月27日　　0176
艦載機墜落　昭和8年10月10日　　0177
艦載機墜落　昭和8年12月21日　静岡県伊豆半島沖　　0180
日本航空輸送機墜落　昭和9年1月6日　大阪府大阪市　　0182
クラークGA403型旅客機墜落　昭和9年2月18日　東京府羽田飛行場　　0186
陸軍飛行隊戦闘機墜落　昭和9年2月22日　　0187
海軍航空隊練習機墜落　昭和9年2月26日　　0188
陸軍飛行学校偵察機墜落　昭和9年3月1日　大分県日田郡　　0189
海軍航空隊機墜落　昭和9年3月6日　宮崎県細島沖　　0190
海軍第1航空戦隊戦闘機墜落　昭和9年3月15日　　0192
陸軍飛行隊戦闘機墜落　昭和9年3月23日　　0193
陸軍飛行隊機墜落　昭和9年3月30日　　0194
陸軍飛行隊戦闘機墜落　昭和9年4月15日　奈良県　　0195
陸軍戦闘機墜落　昭和9年5月1日　　0197
海軍飛行艇墜落　昭和9年7月　新潟県佐渡島付近　　0200
艦載機墜落　昭和9年8月4日　　0201
陸軍飛行隊機墜落　昭和9年8月18日　長崎県大村湾　　0202
艦載機墜落　昭和9年9月17日　宮崎県　　0203
海軍航空隊機墜落　昭和10年2月5日　東京府大島　　0209
陸軍飛行学校機墜落　昭和10年2月7日　三重県多気郡　　0210
海軍航空隊機墜落　昭和10年2月10日　福岡県野北村　　0211
飛行学校機墜落　昭和10年2月18日　東京府東京市州崎　　0212
艦載機墜落　昭和10年3月6日　鹿児島県肝属郡鹿屋町沖　　0213
航空機墜落　昭和10年6月8日　青森県鮫町　　0217
日本航空輸送機墜落　昭和10年6月22日　岐阜県羽島郡竹鼻町　　0218
陸軍飛行隊機墜落　昭和10年6月26日　新潟県高田市　　0219
陸軍飛行隊機墜落　昭和10年6月26日　岐阜県稲葉郡各務原町　　0220
陸軍飛行隊機墜落　昭和10年7月15日　東京府立川町　　0223

墜落

陸軍飛行学校機墜落　昭和10年8月9日　東京府北多摩郡大和村　　0224
陸軍飛行隊機墜落　昭和10年8月13日　三重県阿山郡柘植村　　0225
陸軍飛行隊機墜落　昭和10年8月28日　福島県石城郡夏井村　　0227
グライダー墜落　昭和10年10月20日　愛知県東春日井郡守山町　　0229
海軍偵察機墜落　昭和10年12月10日　滋賀県高島郡川月村　　0231
水上機墜落　昭和11年1月　愛知県宝飯郡三谷町　　0232
陸軍飛行隊機墜落　昭和11年2月4日　奈良県生駒郡　　0238
旅客機墜落　昭和11年2月10日　福岡県遠賀郡上津役村　　0239
海軍航空隊機墜落　昭和11年2月13日　神奈川県鎌倉郡本郷村　　0241
艦載機墜落　昭和11年2月14日　高知県宿毛湾　　0242
海軍航空隊機墜落　昭和11年2月19日　大分県佐伯湾　　0243
海軍航空隊機墜落　昭和11年3月2日　　0244
海軍航空隊機墜落　昭和11年3月4日　大分県佐伯湾　　0245
陸軍飛行隊機墜落　昭和11年3月4日　玄海灘　　0246
海軍航空隊機墜落　昭和11年3月10日　茨城県　　0248
海軍航空隊機墜落　昭和11年3月12日　千葉県　　0249
海軍航空隊機墜落　昭和11年3月12日　　0250
海軍航空隊機墜落　昭和11年3月18日　福岡県久留米市　　0251
艦載機墜落　昭和11年3月20日　長崎県佐世保港　　0252
陸軍飛行隊機墜落　昭和11年3月25日　大阪府　　0253
艦載機墜落　昭和11年4月4日　鹿児島県肝属郡高須町沖　　0255
海軍航空隊機墜落　昭和11年5月22日　大分県佐伯湾　　0259
陸軍飛行学校機墜落　昭和11年5月23日　神奈川県足柄下郡元箱根村付近　　0260
海軍機墜落　昭和11年6月　茨城県那珂郡湊町　　0262
陸上機墜落　昭和11年6月1日　　0263
海軍航空隊機墜落　昭和11年6月5日　　0265
陸軍試験機墜落　昭和11年6月15日　　0266
試験機墜落　昭和11年6月17日　　0267
読売新聞社機墜落　昭和11年6月19日　宮城県栗原郡栗原村　　0268
海軍航空隊機墜落　昭和11年6月26日　千葉県　　0269
海軍航空隊飛行艇墜落　昭和11年6月30日　和歌山県西牟婁郡和深村　　0270
海軍航空隊機墜落　昭和11年7月3日　長崎県北高来郡小野村　　0271
海軍航空隊機墜落　昭和11年7月8日　茨城県新治郡東村　　0272
毎日新聞機墜落　昭和11年8月27日　大阪府大阪市郊外　　0276
海軍航空隊機墜落　昭和11年10月4日　静岡県伊豆半島東岸　　0278
海軍航空隊機墜落　昭和11年10月4日　伊豆沖　　0279
海軍機墜落　昭和11年10月8日　福島県双葉郡竜田村　　0280
旅客機墜落　昭和12年3月18日　新潟県中頸城郡春日村　　0284
陸軍士官学校機墜落　昭和12年5月　岐阜県不破郡　　0287
宣伝機墜落　昭和12年12月27日　東京府東京市　　0298
名古屋飛行学校機墜落　昭和13年1月9日　滋賀県坂田郡　　0301
陸軍飛行学校機墜落　昭和13年2月18日　新潟県　　0302
航空機墜落　昭和13年3月10日　福岡県福岡市　　0303
航空機墜落　昭和13年4月10日　東京府東京市　　0306
グライダー墜落　昭和13年4月21日　新潟県新潟市　　0307
航空機墜落　昭和13年8月24日　東京府東京市　　0312

墜落

練習機墜落　昭和13年10月28日　宮城県　　0316
旅客機墜落　昭和14年4月21日　大分県大熊山　　0326
グライダー墜落　昭和14年9月17日　東京府多摩川　　0335
グライダー墜落　昭和15年7月19日　大阪府大阪市　　0346
ケーブルカー墜落　昭和17年7月21日　東京府浅川町　　0361
米軍大型輸送機墜落　昭和25年4月21日　神奈川県愛甲郡　　0401
米空軍B29戦略爆撃機墜落　昭和26年11月18日　東京都北多摩郡砂川村　　0425
米空軍B29戦略爆撃機墜落　昭和27年2月7日　埼玉県入間郡金子村　　0428
米空軍B29戦略爆撃機墜落　昭和27年3月31日　東京都青梅市　　0429
日本航空旅客機墜落　昭和27年4月9日　東京都大島町　　0430
おおとり会プロペラ機墜落　昭和28年1月19日　東京都港区　　0439
おおとり会軽飛行機墜落　昭和28年3月12日　広島県安芸郡熊野跡村　　0441
米空軍大型輸送機墜落　昭和28年6月18日　東京都北多摩郡小平町　　0445
米空軍大型輸送機墜落　昭和28年6月23日　山口県豊浦郡沖　　0446
海上保安庁ヘリコプター墜落　昭和28年8月9日　神奈川県鎌倉市　　0449
北陸搬空ヘリコプター墜落　昭和28年10月24日　福岡県門司市　　0452
米空軍輸送機墜落　昭和29年2月1日　北海道苫小牧市南方沖　　0456
遊覧飛行機墜落　昭和29年2月21日　大阪府中河内郡矢田村　　0458
参議院選挙宣伝機墜落　昭和29年6月1日　和歌山県　　0466
パラシュート降下訓練墜落死　昭和29年8月22日　神奈川県藤沢市沖　　0468
ビーチクラフト機墜落　昭和29年9月25日　福島県南会津郡楢原村　　0470
国籍不明機墜落　昭和30年1月30日　広島県　　0476
米空軍ジェット機墜落　昭和30年3月24日　埼玉県入間郡名細村　　0478
ジェットヘリコプター試験機墜落　昭和30年4月5日　東京都三鷹市　　0479
日本青年飛行連盟練習機墜落　昭和30年6月12日　神奈川県藤沢市　　0483
海上自衛隊機墜落　昭和30年7月8日　鹿児島県鹿屋市　　0485
航空自衛隊練習機墜落　昭和30年8月8日　京都府乙訓郡向日町　　0487
大和航空チャーター機墜落　昭和30年8月29日　北海道紋別郡滝上町　　0489
米空軍機墜落　昭和30年10月9日　東京都北多摩郡日野村　　0491
米空軍ジェット機墜落　昭和31年2月3日　東京都葛飾区　　0500
自衛隊富士学校練習機墜落　昭和31年3月5日　静岡県駿東郡須走村　　0503
中日新聞社機墜落　昭和31年3月23日　長野県　　0504
陸上自衛隊機墜落　昭和31年4月23日　群馬県碓氷郡松井田町　　0505
航空自衛隊セスナ機墜落　昭和31年7月19日　大分県別府市　　0510
航空自衛隊機墜落　昭和31年9月29日　埼玉県本庄市　　0513
米空軍気象観測機墜落　昭和31年12月28日　埼玉県飯能市　　0518
航空自衛隊ジェット戦闘機接触墜落　昭和32年1月9日　静岡県磐田郡竜洋町付近　　0519
米空軍ジェット戦闘機墜落　昭和32年2月26日　福岡県　　0521
西日本新聞社チャーター機墜落　昭和32年4月23日　鹿児島県出水郡東町　　0524
航空自衛隊ジェット戦闘機墜落　昭和32年6月4日　静岡県浜松市　　0531
航空自衛隊ジェット戦闘機墜落　昭和32年6月13日　北海道苫小牧市付近　　0532
航空自衛隊ジェット戦闘機墜落　昭和32年6月19日　遠州灘　　0534
航空自衛隊練習機墜落　昭和32年9月30日　福岡県築上郡築城町沖　　0536
航空自衛隊ジェット戦闘機連続墜落　昭和32年10月〜33年5月　全国　　0538
航空自衛隊ジェット戦闘機墜落　昭和32年11月21日　静岡県浜名郡新居町沖　　0542
富士航空セスナ機墜落　昭和33年2月3日　三重県志摩郡大王町　　0545

墜落

大和航空単発ビーバー機墜落　昭和33年5月21日　宮崎県東臼杵郡北川村　　0549
米空軍ジェット爆撃機墜落　昭和33年7月25日　埼玉県狭山市　　0552
全日本空輸旅客機墜落　昭和33年8月12日　静岡県賀茂郡下田町沖　　0553
米軍輸送機墜落　昭和33年9月9日　神奈川県愛甲郡清川村　　0559
ヘリコプター墜落　昭和33年12月17日　富山県中新川郡立山町　　0567
航空自衛隊ジェット戦闘機墜落　昭和34年4月22日　宮崎県南方沖　　0577
航空自衛隊ジェット戦闘機墜落　昭和34年5月20日　北海道　　0580
航空自衛隊ジェット戦闘機墜落　昭和34年5月20日　九州　　0581
米軍輸送機墜落　昭和34年5月20日　福岡県遠賀郡芦屋町　　0582
米海軍双発ジェット機墜落　昭和34年5月28日　山口県岩国市沖　　0584
ヘリコプター墜落　昭和34年5月30日　群馬県前橋市　　0585
米空軍ジェット戦闘機墜落　昭和34年6月30日　沖縄　石川市　　0589
産業経済新聞社新聞輸送機墜落　昭和34年9月27日　和歌山県田辺市沖　　0590
航空自衛隊ジェット戦闘機墜落　昭和34年10月5日　青森県三沢市沖　　0591
海上保安庁ヘリコプター墜落　昭和35年2月24日　北海道亀田郡銭亀沢村　　0603
毎日新聞社双発機墜落　昭和35年4月1日　兵庫県川西市　　0606
米軍気象観測機墜落　昭和35年9月8日　福島県石川郡石川町　　0614
全日本空輸小型単葉連絡機墜落　昭和35年11月16日　北海道上川郡新得町　　0619
海上自衛隊ヘリコプター墜落　昭和36年3月8日　青森県青森市　　0627
航空自衛隊戦闘機暴風雪墜落　昭和36年4月6日　青森県　　0628
米軍ジェット機墜落　昭和36年4月21日　神奈川県藤沢市　　0629
航空自衛隊戦闘機墜落　昭和36年6月2日　　0632
エア・キャリア・サービス社水陸両用遊覧機墜落　昭和36年6月19日　滋賀県大津市沖　　0633
航空自衛隊戦闘機墜落　昭和36年7月5日　　0634
航空自衛隊戦闘機墜落　昭和36年7月6日　　0635
関西航空水陸両用機墜落　昭和36年11月8日　滋賀県　　0637
米空軍ジェット戦闘機墜落　昭和36年12月7日　福岡県福岡市　　0638
海上自衛隊対潜哨戒機墜落　昭和37年2月6日　青森県八戸市沖　　0641
海上自衛隊機墜落　昭和37年2月6日　鹿児島県鹿児島市沖　　0642
東西航空機墜落　昭和37年2月23日　山口県防府市付近　　0644
航空自衛隊戦闘機墜落　昭和37年3月17日　神奈川県足柄下郡・神奈川県小田原市　　0647
自衛隊機墜落　昭和37年4月11日　北海道　　0C50
自衛隊機墜落　昭和37年4月11日　福岡県　　0651
海上自衛隊対潜哨戒機墜落　昭和37年9月3日　鹿児島県名瀬市　　0658
全日本空輸旅客機墜落　昭和37年10月19日　愛知県西加茂郡猿投町　　0659
海上自衛隊対潜哨戒機墜落　昭和37年11月8日　和歌山県・徳島県　　0660
航空自衛隊戦闘機墜落　昭和37年11月14日　宮崎県児湯郡木城町付近　　0662
海上自衛隊ヘリコプター墜落　昭和38年2月11日　青森県むつ市　　0666
自家用機墜落　昭和38年3月4日　静岡県田方郡中伊豆町　　0668
航空自衛隊ヘリコプター墜落　昭和38年3月16日　香川県三豊郡詫間町　　0671
大洋航空測量機墜落　昭和38年3月29日　京都府久世郡城陽町　　0672
航空自衛隊戦闘機墜落　昭和38年4月10日　北海道千歳市　　0674
河北新報社チャーター機墜落　昭和38年4月28日　宮城県刈田郡蔵王町　　0675
日東航空旅客機墜落　昭和38年5月1日　兵庫県三原郡南淡町　　0676
米空軍軽爆撃機墜落　昭和38年5月16日　埼玉県入間郡毛呂山町　　0679
航空自衛隊ジェット練習機墜落　昭和38年5月28日　宮城県　　0680

第Ⅲ部　主な種類別事故一覧（第Ⅱ部）　485

米軍ヘリコプター墜落　昭和38年7月19日　神奈川県厚木市付近　　0684
藤田航空旅客機墜落　昭和38年8月17日　東京都八丈町　　0687
航空自衛隊戦闘機墜落　昭和38年8月26日　愛知県小牧市　　0688
航空大学校機墜落　昭和38年9月4日　宮崎県宮崎市　　0689
インド航空旅客機墜落　昭和38年9月11日　　0692
海上自衛隊対潜哨戒機墜落　昭和38年11月22日　静岡県榛原郡御前崎町沖　　0698
米軍機墜落　昭和39年1月16日　神奈川県相模原市付近　　0705
日東航空旅客機墜落　昭和39年2月18日　兵庫県伊丹市　　0709
富士航空旅客機墜落　昭和39年2月27日　大分県大分市　　0710
自衛隊機墜落　昭和39年3月3日　大分県別府市　　0711
米海軍機墜落　昭和39年4月5日　東京都町田市　　0715
伊藤忠航空機墜落　昭和39年5月3日　富山県砺波市　　0717
米軍給油機墜落　昭和39年8月13日　岩手県　　0720
米海軍艦載機墜落　昭和39年9月8日　神奈川県大和市　　0724
米軍戦闘爆撃機墜落　昭和39年9月8日　神奈川県厚木市　　0725
航空自衛隊ヘリコプター墜落　昭和39年9月10日　福岡県粕屋郡粕屋町　　0726
航空自衛隊戦闘機接触・墜落　昭和39年9月10日　愛知県犬山市　　0727
航空自衛隊ヘリコプター墜落　昭和39年9月15日　埼玉県岩槻市　　0728
米軍ヘリコプター墜落　昭和39年10月6日　神奈川県横浜市金沢区　　0731
米軍ジェット機墜落　昭和39年10月30日　長野県諏訪郡原村　　0737
米空軍ジェット機墜落　昭和39年12月8日　神奈川県愛甲郡清川村　　0741
米空軍機墜落　昭和40年1月18日　青森県三沢市沖　　0745
米空軍機墜落　昭和40年2月2日　埼玉県入間郡西武町　　0747
航空自衛隊機墜落　昭和40年2月10日　福岡県遠賀郡芦屋町沖　　0751
米空軍機墜落　昭和40年2月16日　東京都青梅市　　0753
米空軍機墜落　昭和40年2月18日　佐賀県三養基郡基山町　　0754
日本航空訓練機墜落　昭和40年2月27日　長崎県壱岐郡石田町　　0755
米空軍機墜落　昭和40年2月27日　山口県徳山市沖　　0756
航空自衛隊機墜落　昭和40年3月25日　宮崎県児湯郡新富町　　0758
毎日新聞社ヘリコプター墜落　昭和40年3月26日　兵庫県西宮市　　0759
航空自衛隊戦闘機墜落　昭和40年3月29日　愛知県西春日井郡豊山町　　0760
全日本空輸ヘリコプター墜落　昭和40年4月4日　青森県青森市付近　　0761
航空自衛隊戦闘機墜落　昭和40年4月15日　石川県石川郡美川町沖　　0763
瀬戸内海航空ヘリコプター墜落　昭和40年4月16日　高知県高知市　　0764
米空軍戦闘機墜落　昭和40年5月5日　神奈川県相模原市　　0766
朝日新聞社機墜落　昭和40年5月16日　広島県広島市　　0767
陸上自衛隊機墜落　昭和40年5月24日　三重県伊勢市　　0768
大阪エアウェーズヘリコプター墜落　昭和40年5月24日　広島県豊田郡沖　　0769
航空自衛隊戦闘機墜落　昭和40年5月27日　愛知県西春日井郡豊山町付近　　0770
日農ヘリコプターヘリコプター墜落　昭和40年6月3日　広島県賀茂郡高屋町　　0772
米海軍戦闘爆撃機墜落　昭和40年6月15日　神奈川県中郡大磯町沖　　0773
海上自衛隊機墜落　昭和40年7月13日　山口県　　0776
海上自衛隊対潜哨戒機墜落　昭和40年7月17日　千葉県銚子市沖　　0778
海上自衛隊救難機墜落　昭和40年7月29日　北海道幌泉郡襟裳村　　0780
西日本空輸ヘリコプター墜落　昭和40年8月16日　熊本県阿蘇郡阿蘇町　　0782
川崎航空ヘリコプター墜落　昭和40年9月4日　岐阜県本巣郡真正町　　0783

日本国内航空遊覧機墜落　昭和40年9月5日　大阪府八尾市　　0784
航空自衛隊機墜落　昭和40年9月22日　長野県北佐久郡佐久町　　0786
三ツ矢航空遊覧機墜落　昭和40年9月29日　岩手県　　0788
航空自衛隊戦闘機墜落　昭和40年10月12日　福岡県遠賀郡芦屋町　　0789
日本国内航空遊覧機墜落　昭和40年10月24日　千葉県館山市付近　　0792
航空自衛隊機墜落　昭和40年11月24日　静岡県浜松市　　0797
航空自衛隊戦闘機墜落　昭和41年1月18日　宮崎県児湯郡都農町沖　　0803
米軍機墜落　昭和41年1月28日　鹿児島県枕崎市沖　　0804
全日本空輸旅客機墜落　昭和41年3月4日　東京都大田区沖　　0805
カナダ太平洋航空旅客機墜落　昭和41年3月4日　東京都大田区　　0808
英国海外航空旅客機墜落　昭和41年3月5日　静岡県御殿場市　　0809
海上保安庁ヘリコプター墜落　昭和41年3月5日　東京都大田区沖　　0810
航空自衛隊戦闘機墜落　昭和41年3月10日　青森県下北郡川内町沖　　0812
航空自衛隊戦闘機墜落　昭和41年4月8日　石川県輪島市沖　　0814
米軍機墜落　昭和41年4月27日　広島県佐伯郡宮島町沖　　0817
航空自衛隊戦闘機墜落　昭和41年5月6日　愛知県丹羽郡岩倉町　　0819
航空自衛隊戦闘機墜落　昭和41年5月19日　長崎県長崎市沖　　0821
米軍機墜落　昭和41年6月14日　愛知県名古屋市　　0823
米軍機墜落　昭和41年6月29日　相模灘　　0824
米軍機墜落　昭和41年7月13日　青森県三沢市沖　　0826
東京飛行クラブセスナ機墜落　昭和41年7月15日　東京都大島町　　0827
日本国内航空セスナ機墜落　昭和41年7月31日　静岡県駿東郡裾野町　　0831
陸上自衛隊機墜落　昭和41年9月12日　鹿児島県指宿市沖　　0837
全日本空輸旅客機墜落　昭和41年9月18日　鹿児島県鹿児島市沖　　0839
陸上自衛隊機墜落　昭和41年9月21日　山口県徳山市　　0840
陸上自衛隊機墜落　昭和41年10月12日　宮城県白石市　　0842
米軍戦闘機墜落　昭和41年11月9日　青森県三沢市　　0843
全日本空輸旅客機墜落　昭和41年11月13日　愛媛県松山市沖　　0846
航空自衛隊戦闘機墜落　昭和41年11月28日　青森県三沢市　　0849
航空自衛隊練習機墜落　昭和42年2月1日　愛知県春日井市　　0858
米空軍戦闘爆撃機墜落　昭和42年2月1日　東京都府中市　　0859
航空自衛隊機墜落　昭和42年2月2日　茨城県　　0860
日本国内航空ヘリコプター墜落　昭和42年4月1日　神奈川県足柄下郡南足柄町　　0866
中日本航空ヘリコプター墜落　昭和42年4月23日　静岡県榛原郡中川根町　　0870
米海軍哨戒機墜落　昭和42年4月28日　対馬海峡　　0872
日本飛行連盟機墜落　昭和42年5月3日　大分県大分市　　0874
航空自衛隊戦闘機墜落　昭和42年5月9日　北海道　　0875
航空自衛隊戦闘機墜落　昭和42年5月17日　茨城県東茨城郡美野里町　　0877
竹の丸訓盲学院セスナ機墜落　昭和42年5月30日　岩手県二戸郡安代町　　0879
日本国内航空ヘリコプター墜落　昭和42年6月11日　広島県庄原市　　0881
大阪エアウエーズヘリコプター墜落　昭和42年7月2日　鹿児島県曽於郡末吉町　　0886
ヘリコプター墜落　昭和42年7月3日　埼玉県所沢市　　0887
日本農林ヘリコプター墜落　昭和42年7月5日　長野県下伊那郡高森町　　0889
大阪エアウエーズヘリコプター墜落　昭和42年7月11日　熊本県阿蘇郡阿蘇町　　0892
阪急航空ヘリコプター墜落　昭和42年8月8日　長野県茅野市　　0897
日本農林ヘリコプター墜落　昭和42年8月10日　新潟県中頸城郡三和村　　0898

墜落

中日新聞社機墜落　昭和42年8月13日　長野県塩尻市　　0899
西日本空輸ヘリコプター墜落　昭和42年8月17日　滋賀県甲賀郡信楽町　　0900
ヘリコプター墜落　昭和42年8月18日　秋田県茅野市　　0901
瀬戸内海航空ヘリコプター墜落　昭和42年8月18日　京都府綴喜郡井手町　　0902
航空自衛隊練習機墜落　昭和42年9月21日　群馬県利根郡片品村　　0908
日本航空訓練機墜落　昭和42年10月5日　山形県村山市　　0913
航空自衛隊戦闘機墜落　昭和42年10月21日　愛知県春日井市　　0914
航空自衛隊戦闘機墜落　昭和42年10月29日　茨城県東茨城郡小川町付近　　0916
海上自衛隊対潜哨戒ヘリコプター墜落　昭和42年12月13日　鹿児島県鹿屋市　　0920
陸上自衛隊軽戦闘機墜落　昭和42年12月22日　青森県上北郡七戸町　　0922
米空軍戦闘機墜落　昭和42年12月28日　東京都三宅村沖　　0923
航空自衛隊戦闘機墜落　昭和43年1月17日　宮城県玉造郡鳴子町　　0926
日本フライングクラブ機墜落　昭和43年1月21日　神奈川県三浦市　　0930
沼津グライダークラブ機墜落　昭和43年1月21日　静岡県富士宮市　　0931
陸上自衛隊ヘリコプター墜落　昭和43年2月2日　愛媛県温泉郡重信町　　0935
航空自衛隊練習機墜落　昭和43年2月7日　福岡県豊前市　　0936
全日本空輸機墜落　昭和43年2月12日　神奈川県足柄下郡南足柄町　　0938
北海道航空セスナ機墜落　昭和43年4月4日　北海道上川郡上川町　　0949
エアリフトヘリコプター墜落　昭和43年4月16日　岐阜県各務原市　　0951
新日本ヘリコプターヘリコプター墜落　昭和43年5月9日　東京都府中市　　0954
瀬戸内航空ヘリコプター墜落　昭和43年5月14日　香川県三豊郡仁尾町　　0957
米空軍戦闘偵察機墜落　昭和43年6月2日　福岡県福岡市　　0960
阪急航空ヘリコプター墜落　昭和43年6月11日　三重県桑名郡多度町　　0964
東洋棉花機墜落　昭和43年6月12日　神奈川県横浜市金沢区　　0965
国際航空輸送セスナ機墜落　昭和43年6月13日　岩手県江刺市　　0966
東北産業航空ヘリコプター墜落　昭和43年6月21日　長野県飯田市　　0970
ヘリコプター墜落　昭和43年6月21日　茨城県新治郡千代田村　　0971
ヘリコプター墜落　昭和43年7月10日　北海道山越郡八雲町　　0977
航空自衛隊練習機墜落　昭和43年8月1日　福岡県遠賀郡芦屋町沖　　0982
インペリアル航空ヘリコプター墜落　昭和43年8月2日　福島県耶麻郡塩川町　　0985
ヘリコプター墜落　昭和43年8月11日　新潟県新井市　　0990
東北電力ヘリコプター墜落　昭和43年9月2日　岩手県和賀郡東和町　　0998
北陸航空セスナ機墜落　昭和43年9月16日　富山県魚津市　　1000
海上自衛隊対潜哨戒機墜落　昭和43年9月22日　秋田県男鹿市沖　　1005
航空自衛隊戦闘機墜落　昭和43年10月3日　宮崎県児湯郡新富町　　1011
米空軍戦闘機墜落　昭和43年11月14日　福岡県小郡市　　1017
国内産業航空セスナ機墜落　昭和43年11月17日　青森県北津軽郡鶴田町　　1019
米空軍爆撃機墜落　昭和43年11月19日　沖縄嘉手納村　　1020
航空自衛隊練習機墜落　昭和44年1月6日　北海道石狩郡石狩町沖　　1026
米空軍機墜落　昭和44年1月12日　埼玉県入間市　　1027
航空自衛隊輸送機墜落　昭和44年2月　　1031
航空自衛隊戦闘機墜落　昭和44年2月8日　石川県金沢市　　1035
中央航空セスナ機墜落　昭和44年4月17日　千葉県船橋市　　1044
航空自衛隊戦闘機墜落　昭和44年5月11日　島根県平田市　　1049
南紀航空セスナ機墜落　昭和44年6月25日　広島県豊田郡安浦町　　1059
航空自衛隊戦闘機墜落　昭和44年7月1日　青森県三沢市沖　　1060

墜落

航空自衛隊救難機墜落　昭和47年8月8日　宮崎県日南市沖　　　1243
東邦航空ヘリコプター墜落　昭和47年8月27日　岐阜県揖斐郡池田町　　　1247
自家用機墜落　昭和47年10月1日　群馬県太田市　　　1251
岐阜大学グライダー墜落　昭和47年11月23日　埼玉県大里郡妻沼町　　　1257
日航機墜落炎上　昭和47年11月28日　ソ連モスクワ　　　1258
京葉航空遊覧機墜落　昭和48年1月14日　千葉県鴨川市沖　　　1264
米軍機墜落　昭和48年2月6日　沖縄県那覇市　　　1266
米軍機墜落　昭和48年2月6日　山口県岩国市　　　1267
航空自衛隊機墜落　昭和48年4月12日　宮崎県児湯郡木城町付近　　　1273
中日本航空セスナ機墜落　昭和48年5月3日　福井県遠敷郡名田庄村　　　1277
航空自衛隊戦闘機墜落　昭和48年7月9日　青森県八戸市沖　　　1287
国際航空輸送機墜落　昭和48年7月20日　東京都板橋区　　　1289
米海軍艦載機墜落　昭和48年11月12日　山梨県南都留郡河口湖町　　　1301
東北電力ヘリコプター墜落　昭和49年4月25日　宮城県仙台市高田浄水場　　　1310
大阪エアウェーズヘリコプター墜落　昭和49年6月5日　宮崎県都城市　　　1314
航空自衛隊戦闘機墜落　昭和49年7月8日　愛知県小牧市西之島　　　1317
読売新聞社ヘリコプター墜落　昭和49年8月5日　神奈川県秦野市　　　1320
航空自衛隊戦闘機墜落　昭和49年8月27日　宮崎県西諸県郡須木村　　　1321
日本取材センター機墜落　昭和50年2月19日　福岡県　　　1342
海上自衛隊小型対潜哨戒機墜落　昭和51年2月2日　静岡県下田市沖　　　1368
航空自衛隊機墜落　昭和51年3月17日　福岡県英彦山　　　1369
グライダー墜落　昭和51年5月8日　神奈川県相模河原　　　1373
航空大学校練習機墜落　昭和51年5月10日　福島県原町市沖　　　1374
北関東飛行協会機墜落　昭和51年5月23日　愛知県豊橋市石巻町　　　1375
セスナ機墜落　昭和51年5月24日　滋賀県高島郡今津町　　　1376
神戸大学グライダー墜落　昭和51年5月27日　岡山県吉井川滑空場　　　1377
ビーチクラフト機墜落　昭和51年6月13日　高知県南国市外山　　　1378
陸上自衛隊ヘリコプター墜落　昭和51年9月12日　三河湾　　　1386
米空軍輸送機墜落　昭和51年11月2日　神奈川県厚木市　　　1393
米軍機墜落　昭和51年11月4日　沖縄県西海岸　　　1394
東亜国内航空ヘリコプター墜落　昭和51年11月15日　岩手県胆沢郡　　　1396
日本フライングサービス機墜落　昭和51年11月28日　富山県剣岳付近　　　1400
米軍機墜落　昭和51年12月16日　岩国基地沖　　　1401
海上自衛隊機墜落　昭和52年4月21日　五島列島沖　　　1421
中日本航空ヘリコプター墜落　昭和52年5月20日　岐阜県岐阜市　　　1423
航空自衛隊戦闘機墜落　昭和52年5月31日　北海道積丹郡積丹町沖　　　1425
陸上自衛隊機墜落　昭和52年6月14日　北海道新冠郡新冠町　　　1426
海上自衛隊対潜哨戒ヘリコプター墜落　昭和52年8月10日　兵庫県城崎郡城崎町沖　　　1433
米軍偵察機墜落　昭和52年9月27日　神奈川県横浜市緑区　　　1438
日本航空旅客機墜落　昭和52年9月27日　マレーシア連邦　　　1439
米軍機墜落　昭和52年11月1日　宮城県国頭郡伊江村沖　　　1442
海上自衛隊対潜哨戒飛行艇墜落　昭和53年5月17日　高知県高岡郡檮原町　　　1451
戦闘機墜落　昭和53年5月18日　沖縄県　　　1452
セスナ機墜落　昭和53年5月19日　新潟県妙高高原町　　　1453
ヘリコプター墜落　昭和53年6月29日　千葉県佐倉市高岡　　　1456
軽飛行機墜落　昭和53年8月3日　栃木県日光山中　　　1457

墜落

ヘリコプター墜落　昭和44年7月19日　岐阜県益田郡金山町　　1062
航空自衛隊戦闘機墜落　昭和44年8月6日　茨城県那珂湊市沖　　1067
海上自衛隊対潜哨戒機墜落　昭和44年8月20日　千葉県安房郡白浜町沖　　1068
航空自衛隊練習機墜落　昭和44年8月27日　青森県八戸市　　1071
工学院大学機霧ヶ峰墜落　昭和44年10月9日　長野県諏訪市付近　　1078
日本産業航空セスナ機墜落　昭和44年11月17日　大阪府柏原市　　1083
スカイダイビング訓練者墜落死　昭和44年12月15日　埼玉県熊谷市　　1089
陸上自衛隊員墜落死　昭和45年3月3日　千葉県習志野市　　1102
米軍機墜落　昭和45年3月4日　広島県佐伯郡湯来町　　1103
本田航空機墜落　昭和45年4月3日　福島県郡山市　　1109
国際航空大学練習機墜落　昭和45年4月29日　茨城県稲敷郡河内村　　1111
航空自衛隊戦闘機墜落　昭和45年5月12日　北海道檜山郡厚沢部町　　1113
米軍機墜落　昭和45年6月17日　神奈川県秦野市　　1121
読売新聞社ヘリコプター墜落　昭和45年7月26日　長野県　　1126
諏訪市グライダークラブ機墜落　昭和45年7月26日　長野県諏訪市付近　　1127
日本国内航空ヘリコプター墜落　昭和45年7月26日　新潟県西頸城郡能生町　　1128
長崎航空セスナ機墜落　昭和45年8月9日　長崎県東彼杵郡東彼杵町　　1130
富士重工業機墜落　昭和45年8月10日　広島県高田郡白木町　　1131
陸上自衛隊員墜落死　昭和45年8月27日　宮城県黒川郡大衡村　　1133
航空自衛隊機墜落　昭和45年9月2日　滋賀県彦根市　　1136
大阪電気通信大学機墜落　昭和45年9月21日　福井県坂井郡春江町　　1138
陸上自衛隊機墜落　昭和45年10月7日　北海道川上郡弟子屈町　　1139
航空自衛隊戦闘機墜落　昭和45年10月14日　青森県八戸市沖　　1143
ヘリコプター墜落　昭和45年12月3日　新潟県糸魚川市　　1152
陸上自衛隊ヘリコプター墜落　昭和46年3月1日　千葉県木更津市沖　　1161
中央航空セスナ機墜落　昭和46年4月5日　栃木県那須郡那須町付近　　1165
九州航空取材機墜落　昭和46年4月30日　佐賀県三養基郡中原町　　1167
陸上自衛隊ヘリコプター墜落　昭和46年5月17日　北海道静内郡静内町　　1170
航空自衛隊戦闘機墜落　昭和46年6月25日　岩手県岩手郡滝沢村　　1177
東亜国内航空旅客機墜落　昭和46年7月3日　北海道亀田郡七飯町　　1178
海上自衛隊対潜哨戒機墜落　昭和46年7月16日　千葉県銚子市沖　　1180
米軍戦闘機墜落　昭和46年8月24日　神奈川県横浜市　　1188
東亜国内航空ヘリコプター墜落　昭和46年9月11日　三重県熊野市　　1191
スイス航空旅客機墜落　昭和46年10月4日　千葉県沖　　1193
西日本空輸ヘリコプター墜落　昭和46年10月13日　佐賀県三養基郡基山町　　1196
全日空ヘリコプター墜落　昭和46年10月19日　八ヶ岳　　1198
陸上自衛隊ヘリコプター墜落　昭和46年11月12日　熊本県球磨郡山江村　　1201
米海兵隊ヘリコプター墜落　昭和46年12月20日　東京都西多摩郡瑞穂町　　1208
航空自衛隊練習機墜落　昭和47年2月9日　静岡県浜松市　　1211
航空自衛隊機墜落　昭和47年2月16日　福岡県築上郡築城町沖　　1215
本田航空機墜落　昭和47年4月29日　埼玉県桶川市　　1225
東邦航空ヘリコプター墜落　昭和47年5月24日　岐阜県揖斐郡揖斐川町　　1230
横浜航空旅客機墜落　昭和47年5月30日　北海道樺戸郡月形町　　1232
日航機墜落　昭和47年6月14日　インド　　1234
航空自衛隊練習機墜落　昭和47年7月24日　福岡県筑紫野市　　1238
海上自衛隊対潜哨戒機墜落　昭和47年7月26日　鹿児島県鹿屋市　　1239

第Ⅲ部　主な種類別事故一覧（第Ⅱ部）

墜落

セスナ機墜落	昭和53年8月12日	岩手県宮古市	1458
航空自衛隊機墜落	昭和53年9月8日	埼玉県狭山市上奥富	1459
愛媛航空セスナ機墜落	昭和54年7月14日	愛媛県宇和海久良湾上空	1485
セスナ機墜落	昭和54年10月14日	北九州空港付近	1492
小型機墜落	昭和55年1月2日	三重県尾鷲市	1499
ソ連空軍偵察機墜落	昭和55年6月27日	新潟県両津市沖	1509
小型機墜落	昭和55年8月10日	東京都調布市	1514
自衛隊戦闘機墜落	昭和55年8月20日	青森県	1516
戦闘機墜落	昭和55年10月2日	沖縄県宜野湾市普天間	1520
東亜国内航空ヘリコプター墜落	昭和56年3月3日	山口県防府市	1531
航空自衛隊救難捜索機墜落	昭和56年3月24日	愛知県南設楽郡鳳来町	1534
ハンググライダー墜落	昭和56年5月18日	東京都新島沖	1540
航空自衛隊練習機墜落	昭和56年6月17日	福岡県築上郡椎田町	1544
自衛隊機墜落	昭和56年8月10日	栃木県宇都宮市	1545
西日本空輸機墜落	昭和56年8月11日	種子島沖	1546
航空自衛隊練習機墜落	昭和56年9月17日	宮崎県児湯郡新富町	1551
エレベーター墜落	昭和56年11月9日	東京都板橋区成増	1553
セスナ機墜落	昭和56年11月11日	栃木県日光市	1554
ヘリコプター墜落	昭和56年12月15日	琵琶湖付近	1557
ヘリコプター墜落	昭和56年12月29日	山形県山形市	1558
エアロスバル墜落	昭和57年1月24日	福岡県北九州市門司区黒川	1560
日航機羽田沖墜落	昭和57年2月9日	東京都羽田沖	1562
ヘリコプター墜落	昭和57年4月23日	新潟県南魚沼郡湯沢町	1568
米軍機墜落	昭和57年4月30日	鳥取県鳥取市安蔵	1569
遊覧セスナ機墜落	昭和57年8月7日	北海道釧路支庁弟子屈町	1576
小型機墜落	昭和57年10月21日	千葉県松戸市主水新田	1582
セスナ墜落	昭和57年11月3日	長崎県	1583
ブルーインパルス墜落	昭和57年11月14日	静岡県浜松市	1585
ヘリコプター墜落	昭和57年11月29日	長崎県福江市	1586
グライダー墜落	昭和58年2月8日	埼玉県北葛飾郡庄和町	1595
日本近距離航空機墜落	昭和58年3月11日	北海道中標津町	1600
小型機墜落	昭和58年4月1日	宮城県岩沼市下野郷間堀	1603
航空自衛隊機墜落	昭和58年4月19日	三重県菅島	1606
海上自衛隊対潜飛行艇墜落	昭和58年4月26日	山口県岩国市	1608
自衛隊ヘリコプター墜落	昭和58年6月6日	沖縄県那覇空港	1613
セスナ機墜落	昭和58年7月4日	大阪府松原市宅中	1615
航空自衛隊戦闘機墜落	昭和58年10月20日	四国南方沖	1624
ジャイロコプター墜落	昭和59年1月15日	千葉県君津市佐貫	1631
海上自衛隊対潜哨戒飛行艇墜落	昭和59年2月27日	愛媛県沖	1636
海上自衛隊対潜哨戒艇墜落	昭和59年2月27日	愛媛県沖	1637
ヘリコプター墜落	昭和59年4月8日	山形県鳥海山	1640
セスナ機墜落	昭和59年7月30日	千葉県勝浦市市野川	1649
航空自衛隊戦闘機墜落	昭和59年8月7日	宮崎県	1651
無人飛行船墜落	昭和59年10月4日	東京都世田谷区駒沢	1652
米軍ヘリコプター墜落	昭和59年10月17日	神奈川県藤沢市	1654
飛行船墜落	昭和59年10月28日	埼玉県与野市上落合	1658

墜落

米軍ヘリコプター墜落　昭和60年7月12日　沖縄県国頭村　　　1669
日航ジャンボ機墜落　昭和60年8月12日　群馬県御巣鷹山　　　1673
海上自衛隊ビーチクラフト機墜落　昭和60年10月23日　宮崎県串間市沖　　　1675
ビーチクラフト機墜落　昭和60年11月4日　鹿児島県熊毛郡中種子町野間　　　1678
セスナ機墜落　昭和60年12月17日　埼玉県羽生市砂山　　　1679
軽飛行機墜落　昭和61年2月3日　千葉県船橋市習志野台　　　1682
航空自衛隊輸送機墜落　昭和61年2月18日　埼玉県入間基地　　　1684
米軍戦闘機墜落　昭和61年4月7日　伊豆諸島三宅島東方　　　1688
ヘリコプター墜落　昭和61年5月7日　奈良県吉野郡天川村　　　1689
ミニ飛行機墜落　昭和61年6月1日　宮城県加美郡小野田町長清水　　　1690
航空自衛隊戦闘機墜落　昭和61年6月16日　福岡県・大分県　　　1691
航空自衛隊戦闘機墜落　昭和61年6月16日　福岡県豊前市馬場　　　1692
小型ジェット機墜落　昭和61年7月23日　新潟県佐渡島付近　　　1695
小型機墜落　昭和61年8月9日　埼玉県北埼玉郡騎西町　　　1699
航空自衛隊練習機墜落　昭和61年9月2日　宮崎県西都市　　　1700
セスナ機墜落　昭和62年1月11日　長野県小県郡和田村　　　1706
セスナ機墜落　昭和62年2月7日　神奈川県綾瀬市　　　1707
ビーチクラフト機墜落　昭和62年2月17日　福岡県福岡市椎原　　　1709
セスナ機墜落　昭和62年2月23日　岐阜県多治見市　　　1710
米軍哨戒機墜落　昭和62年3月21日　鹿児島県屋久島　　　1711
自衛隊戦闘機墜落　昭和62年3月22日　青森県八戸市沖　　　1712
航空自衛隊戦闘機墜落　昭和62年4月10日　青森県沖　　　1714
自衛隊練習機墜落　昭和62年5月8日　宮城県沖　　　1715
セスナ機墜落　昭和62年5月15日　佐賀県有明海　　　1716
米空軍戦闘機墜落　昭和62年5月19日　沖縄県沖　　　1717
自衛隊ヘリコプター墜落　昭和62年7月10日　青森県　　　1718
セスナ機墜落　昭和62年7月11日　埼玉県桶川市川田谷　　　1719
ヘリコプター墜落　昭和62年8月2日　神奈川県茅ケ崎市沖合　　　1720
小型機墜落　昭和62年8月3日　群馬県邑楽郡大泉町　　　1721
セスナ機墜落　昭和62年10月22日　北海道札幌市東区　　　1725
パラグライダー墜落　昭和63年1月24日　北海道十勝支庁更別村　　　1729
米軍ヘリコプター墜落　昭和63年6月25日　愛媛県西宇和郡伊方町　　　1736
自衛隊戦闘機墜落　昭和63年6月29日　石川県小松市沖　　　1737
セスナ機墜落　昭和63年7月10日　埼玉県入間郡毛呂山町　　　1738
農薬散布ヘリコプター墜落　昭和63年8月27日　宮城県志田郡鹿島台町　　　1741
航空自衛隊練習機墜落　昭和63年9月9日　玄界灘　　　1742
超軽量動力機墜落　昭和63年11月23日　茨城県北相馬郡守谷町　　　1745
米軍ヘリコプター墜落　平成1年3月14日　沖縄県読谷村沖　　　1751
自衛隊機墜落　平成1年3月22日　宮崎県東方沖　　　1752
超軽量機墜落　平成1年5月30日　秋田県仙北郡協和町　　　1759
米海ヘリコプター墜落　平成1年5月30日　沖縄県喜屋武岬南東沖　　　1760
米軍機墜落　平成1年6月12日　愛媛県東宇和郡野村町　　　1761
ヘリコプター墜落　平成1年7月6日　静岡県静岡市　　　1765
ヘリコプター墜落　平成1年7月21日　茨城県笠間市　　　1767
ヘリコプター墜落　平成1年9月5日　福井県小浜市沖合　　　1770
曲技飛行機墜落　平成1年11月5日　東京都立川市　　　1773

軽量飛行機墜落　平成2年5月6日　沖縄県具志川市　　1793
小型軽量飛行機墜落　平成2年6月10日　滋賀県草津市　　1796
ヘリコプター墜落　平成2年8月1日　神奈川県箱根町　　1802
農薬散布ヘリコプター墜落　平成2年8月18日　岐阜県郡上郡美並村　　1811
ヘリコプター墜落　平成2年10月18日　栃木県真岡市　　1819
オートジャイロ墜落死　平成2年11月4日　宮崎県都城市　　1823
小型機墜落　平成2年11月17日　鳥取県鳥取市　　1824
超軽量機墜落　平成3年1月4日　茨城県北茨城市　　1832
パラグライダー墜落　平成3年2月7日　静岡県熱海市　　1845
米空戦闘機墜落　平成3年5月7日　青森県三沢市　　1861
軽飛行機墜落　平成3年5月17日　茨城県下館市　　1863
ヘリコプター墜落　平成3年5月25日　愛知県南設楽郡作手村　　1864
航空自衛隊練習機墜落　平成3年7月1日　青森県三沢市　　1872
ブルーインパルス墜落　平成3年7月4日　宮城県金華山沖　　1874
軽量機墜落　平成3年7月22日　三重県松坂市　　1875
ヘリコプター墜落　平成3年7月24日　福島県石川郡石川町　　1876
ヘリコプター墜落　平成3年7月26日　茨城県稲敷郡美浦村　　1877
阪急航空ヘリコプター墜落　平成3年8月5日　兵庫県美方郡村　　1879
ヘリコプター墜落　平成3年8月11日　栃木県宇都宮市　　1883
ヘリコプター墜落　平成3年9月24日　愛媛県温泉郡重信町　　1887
航空自衛隊戦闘機墜落　平成3年12月13日　石川県加賀市　　1897
超軽量機墜落　平成4年6月27日　和歌山県那賀郡桃山町　　1925
ヘリコプター墜落　平成4年8月14日　福島県南会津郡伊南村　　1926
超軽量機墜落　平成4年11月21日　山梨県南都留郡鳴沢村　　1928
ヘリコプター墜落　平成5年6月5日　奈良県吉野郡川上村　　1942
ハンググライダー墜落　平成5年6月6日　愛知県渥美郡田原町　　1943
パラグライダー墜落　平成5年7月24日　北アルプス乗鞍岳　　1952
ヘリコプター墜落　平成5年7月27日　福島県双葉郡大熊町　　1953
パラグライダー墜落　平成5年8月29日　山口県橘町　　1955
ジャイロプレーン墜落　平成5年9月19日　沖縄県石垣市　　1957
ハンググライダー墜落　平成5年9月26日　佐賀県唐津市　　1958
超飛行軽量機墜落　平成5年10月16日　福島県西白河郡大信村　　1963
ヘリコプター墜落　平成5年12月23日　岐阜県郡上郡八幡町　　1969
超軽量飛行機墜落　平成6年1月16日　滋賀県守山市　　1974
ハンググライダー墜落　平成6年4月2日　熊本県阿蘇町　　1983
米軍ヘリ墜落　平成6年4月6日　沖縄県宜野湾市　　1984
グライダー墜落　平成6年4月24日　福岡県志摩町　　1986
中華航空機墜落　平成6年4月26日　愛知県西春日井郡豊山町　　1987
小型機墜落　平成6年5月7日　高知県吾川郡池川町　　1989
米軍戦闘機墜落　平成6年8月17日　沖縄県　　1995
軽飛行機墜落　平成6年8月21日　香川県三豊郡仁尾町　　1996
ハンググライダー墜落　平成6年10月8日　静岡県富士宮市　　2000
米軍機墜落　平成6年10月14日　高知県土佐郡土佐村　　2001
朝日新聞社ヘリコプター墜落　平成6年10月18日　大阪府泉佐野市　　2003
航空自衛隊救難捜索機墜落　平成6年10月19日　静岡県浜松市　　2004
フジテレビ取材ヘリコプター墜落　平成6年11月13日　鹿児島県奄美大島　　2005

墜落

パラグライダー墜落　平成7年1月8日　福岡県田川市　　2008
グライダー墜落　平成7年6月3日　埼玉県北葛飾郡庄和町　　2017
軽飛行機墜落　平成7年6月25日　茨城県北相馬郡守谷町　　2022
海上自衛隊ヘリコプター墜落　平成7年7月4日　北海道襟裳岬　　2025
軽飛行機墜落　平成7年7月29日　北海道赤平市　　2026
超軽量飛行機墜落　平成7年10月15日　岐阜県羽島市　　2029
超軽量機墜落　平成7年10月29日　佐賀県白石町　　2031
パラグライダー墜落　平成8年5月12日　京都府与謝郡加悦町　　2058
ヘリコプター墜落　平成8年6月10日　鹿児島県鹿児島市　　2059
グライダー墜落　平成8年7月27日　北海道網走支庁美幌町　　2066
自衛隊ヘリコプター墜落　平成9年1月13日　栃木県宇都宮市　　2081
トヨタ自動車ヘリコプター墜落　平成9年1月24日　愛知県岡崎市　　2082
パラグライダー墜落　平成9年2月8日　静岡県富士宮市　　2085
ジャイロプレーン墜落　平成9年3月5日　福岡県北九州市若松区　　2086
パラグライダー墜落　平成9年3月30日　神奈川県小田原市　　2092
ジャイロ機墜落　平成9年4月20日　熊本県一の宮町　　2096
パラグライダー墜落　平成9年5月17日　長野県高山村　　2098
ヘリコプター墜落　平成9年5月21日　長野県茅野市　　2099
ヘリコプター墜落　平成9年7月3日　三重県名張市　　2102
自衛隊機墜落　平成9年7月4日　日向灘　　2103
グライダー墜落　平成9年7月21日　熊本県阿蘇町　　2105
超軽量飛行機墜落　平成9年10月12日　茨城県下館市　　2113
米軍機墜落　平成9年10月24日　山口県岩国市沖　　2114
軽飛行機墜落　平成9年10月26日　鹿児島県垂水市　　2115
軽飛行機墜落　平成9年11月2日　熊本県坂本村　　2118
軽飛行機墜落　平成9年11月6日　鹿児島県三島村　　2119
海上保安本部ヘリコプター墜落　平成10年2月20日　北海道渡島半島恵山岬沖　　2126
パラグライダー墜落　平成10年7月5日　沖縄県名護市　　2138
グライダー墜落　平成10年7月17日　山梨県双葉町　　2139
ヘリコプター墜落　平成10年8月5日　宮城県富谷町　　2141
航空自衛隊機墜落　平成10年8月25日　三陸沖　　2142
軽飛行機墜落　平成10年9月22日　大阪府高槻市　　2144
戦闘機墜落　平成11年1月21日　岩手県釜石市　　2148
無許可改造軽飛行機墜落　平成11年3月4日　北海道室蘭市　　2152
軽飛行機墜落　平成11年3月25日　大分県津原町　　2155
米軍ヘリコプター墜落　平成11年4月19日　沖縄県　　2159
防災ヘリ墜落　平成11年7月13日　奈良県　　2164
航空自衛隊戦闘機墜落　平成11年8月15日　長崎県南松浦郡福江島沖　　2168
超軽量飛行機墜落　平成11年10月10日　茨城県守谷町　　2174
航空自衛隊ジェット練習機墜落　平成11年11月22日　埼玉県狭山市　　2178
グライダー墜落　平成12年1月9日　埼玉県北川辺町　　2181
航空自衛隊練習機墜落　平成12年3月22日　宮城県女川町　　2185
ヘリコプター墜落　平成12年3月27日　群馬県片品村　　2186
陸上自衛隊ヘリコプター墜落　平成12年6月23日　静岡県御殿場市　　2191
航空自衛隊輸送機墜落　平成12年6月28日　島根県隠岐島沖　　2192
ブルーインパルス機墜落　平成12年7月4日　宮城県牡鹿半島　　2193

強風でヘリコプター墜落　平成12年9月16日　富山県立山町　　2197
エンジン付きハンググライダー墜落　平成12年10月22日　山梨県忍野村　　2198
ヘリコプター墜落　平成12年11月9日　岐阜県高鷲村　　2199
米軍戦闘機墜落　平成12年11月13日　北海道　　2200
パラグライダー墜落　平成12年11月25日　宮城県岩出山町　　2201
試作ヘリコプター墜落　平成12年11月27日　三重県鈴鹿市　　2202
軽量飛行機墜落　平成12年12月17日　埼玉県鴻巣市　　2204
陸上自衛隊ヘリコプター墜落　平成13年2月14日　千葉県市原市　　2210
小型飛行機墜落　平成13年3月25日　香川県小豆郡土庄町　　2212
米軍戦闘機墜落　平成13年4月3日　青森県三沢市　　2213
パラグライダー墜落　平成13年5月3日　大分県玖珠市　　2215
ヘリコプター墜落　平成13年6月5日　兵庫県西淡町　　2217
軽飛行機墜落　平成13年8月16日　岡山県久米郡柵原町　　2220
海上自衛隊練習機墜落　平成13年9月14日　山口県下関市　　2222
セスナ機墜落　平成14年1月4日　熊本県球磨郡球磨村　　2228
訓練機墜落　平成14年3月1日　北海道帯広市　　2233
自衛隊ヘリコプター墜落　平成14年3月7日　大分県　　2234
戦闘機墜落　平成14年3月21日　沖縄県　　2235
戦闘機墜落　平成14年4月15日　青森県西津軽郡深浦町　　2236
小型機墜落　平成14年6月23日　山梨県南巨摩郡南部町　　2237
超小型機墜落　平成14年8月18日　愛知県弥富町　　2240
小型機墜落　平成15年3月24日　茨城県緒川村　　2258
軽飛行機墜落　平成15年4月29日　沖縄県本部町　　2260
軽飛行機墜落　平成15年5月4日　京都府網野町沖　　2261
海自訓練機墜落　平成15年5月21日　山口県岩国市　　2262
訓練機墜落　平成15年7月11日　宮崎県宮崎市　　2263
小型機墜落　平成15年9月16日　長崎県対馬市　　2267
曲芸飛行機墜落　平成15年10月31日　栃木県芳賀郡茂木町　　2270
セスナ機、民間駐車場墜落　平成16年1月22日　山梨県甲府市　　2272
チャーターヘリコプター墜落　平成16年3月7日　長野県南木曽　　2273
大型輸送ヘリコプター、墜落・炎上　平成16年8月13日　沖縄県宜野湾　　2276
ヘリコプター墜落・炎上　平成17年5月3日　静岡県　　2289

【転覆】
東海道線山科駅列車脱線転覆　明治28年7月20日　京都府　　0006
信越線列車暴走転覆　大正7年3月7日　群馬県　　0022
参宮線工事区間急行列車脱線転覆　大正12年4月16日　三重県津　　0028
山陽本線特急列車脱線転覆　大正15年9月23日　広島県広島　　0038
ハンザ型機、滑走中転覆　大正15年10月31日　大阪府　　0039
北陸線列車転覆　昭和2年1月28日　新潟県西頸城郡能生町　　0044
陸羽線列車転覆　昭和2年2月3日　山形県　　0046
国鉄急行列車転覆　昭和3年1月25日　新潟県　　0062
山陰線臨時列車転覆　昭和3年6月2日　島根県益田町　　0069
羽越線貨物列車転覆　昭和3年11月3日　秋田県秋田市　　0082
山陽線急行列車転覆　昭和4年3月16日　姥石トンネル付近　　0085
国鉄線貨物列車転覆　昭和4年8月18日　北海道　　0092

西武線電車転覆　昭和6年8月4日　埼玉県　　0132
鹿児島本線列車転覆　昭和7年7月　鹿児島県薩摩郡　　0144
飛越線機関車転覆　昭和9年1月4日　富山県　　0181
陸羽西線貨物列車転覆　昭和9年2月　山形県　　0184
水郡線貨物列車転覆　昭和9年4月26日　福島県東白川郡　　0196
東海道線急行列車転覆　昭和9年9月21日　滋賀県　　0204
航空機転覆　昭和10年5月19日　和歌山県西牟婁郡白浜町　　0215
軍艦神威艦載水上機転覆　昭和11年3月9日　　0247
東海道線貨物列車転覆　昭和12年4月13日　岐阜県岐阜市　　0286
根室本線旅客列車転覆　昭和14年1月　北海道河西郡芽室町　　0321
中勢鉄道線列車転覆　昭和14年11月1日　三重県　　0338
総武本線列車転覆　昭和16年8月14日　千葉県印旛郡　　0351
常磐線列車転覆　昭和16年11月21日　東京府　　0354
信越線列車転覆　昭和16年12月2日　長野県埴科郡　　0356
名古屋鉄道瀬戸線電車脱線転覆　昭和23年1月5日　愛知県東春日井郡旭町付近　　0378
貨物列車脱線転覆　昭和23年5月3日　神奈川県横浜市鶴見区　　0381
旅客列車脱線転覆　昭和23年6月28日　福井県福井市　　0382
貨物列車転覆〔松川事件〕　昭和24年8月17日　福島県信夫郡金谷川村　　0393
貨物列車脱線転覆　昭和25年3月1日　福島県安達郡　　0397
森林鉄道列車脱線転覆　昭和29年10月2日　秋田県北秋田郡上小阿仁村　　0471
草津軽便電鉄線電車転覆　昭和29年10月3日　群馬県吾妻郡草津町　　0472
急行列車脱線転覆　昭和31年12月21日　北陸本線　　0517
三重交通北勢線通学電車転覆　昭和32年11月25日　三重県員弁郡員弁町　　0543
山陰本線貨物列車転覆　昭和33年8月29日　島根県八束郡東出雲町　　0558
列車脱線転覆　昭和34年1月8日　岐阜県本巣郡北方町　　0571
回送列車転覆　昭和34年4月6日　兵庫県神崎郡大河内村　　0576
奥羽本線列車土砂崩れ転覆　昭和35年8月3日　青森県南津軽郡碇ヶ関村　　0609
山陽本線急行貨物列車脱線転覆　昭和35年8月18日　広島県尾道市　　0610
奥羽本線貨物列車転覆　昭和38年10月14日　秋田県能代市　　0695
紀勢西線ディーゼル機関車転覆　昭和44年1月24日　和歌山県西牟婁郡日置川町　　1030
常磐線貨物列車転覆　昭和44年2月6日　東京都葛飾区　　1032
近鉄大阪線特急電車転覆　昭和44年8月5日　三重県一志郡嬉野町　　1065
東北本線特急列車転覆　昭和45年8月12日　青森県八戸市　　1132
東海道本線貨物列車転覆　昭和48年8月27日　神奈川県横浜市神奈川区　　1292
東北本線貨物列車転覆　昭和49年12月5日　岩手県紫波郡矢巾町　　1337
上越線急行列車転覆　昭和52年3月8日　群馬県沼田市　　1411
営団地下鉄東西線電車転覆　昭和53年2月28日　東京都江東区　　1448
貨物列車脱線転覆　昭和54年10月23日　群馬県利根郡月夜野町　　1494
快速電車が脱線・転覆　平成17年4月25日　兵庫尼崎　　2287

【転落】
復旧作業列車転落　明治30年10月3日　静岡県　　0007
箒川鉄橋列車転落　明治32年10月7日　栃木県大田原　　0010
東海道線旅客列車転落　昭和2年1月18日　岐阜県　　0043
北陸線機関車転落　昭和3年1月31日　滋賀県東浅井郡　　0063
常磐線貨物列車転落　昭和3年3月3日　千葉県　　0064

転落

信越線列車転落　昭和3年8月5日　群馬県碓氷郡　　0075
艦載機転落　昭和6年2月26日　　0122
遊覧機乗客転落　昭和7年2月11日　静岡県　　0138
鹿児島本線急行貨物列車転落　昭和7年4月28日　福岡県　　0140
日満飛行学校教官転落死　昭和8年7月3日　千葉県船橋町　　0174
海軍航空隊員転落死　昭和8年7月20日　山口県余田村　　0175
信越線列車転落　昭和8年12月19日　新潟県中頸城郡　　0179
陸軍飛行学校教官機外転落　昭和9年5月19日　静岡県安倍郡　　0198
仙山西線連絡列車転落　昭和11年1月28日　宮城県・山形県　　0236
トンネル工事用列車転落　昭和11年1月28日　山形県　　0237
住友忠隈炭鉱人車転落　昭和11年4月15日　福岡県嘉穂郡穂波村　　0256
北鉄列車転落　昭和11年7月9日　佐賀県東松浦郡相知町　　0273
飯山鉄道線列車転落　昭和13年3月31日　長野県　　0304
京成線電車転落　昭和13年8月　千葉県　　0311
韓国訪問機飛行家転落死　昭和13年11月26日　大阪府大阪港付近　　0318
森林列車転落　昭和14年6月4日　高知県北川村　　0330
貨物列車脱線転落　昭和23年4月24日　青森県青森市付近　　0380
赤石森林鉄道線ガソリンカー転落　昭和25年4月18日　長野県下伊那郡木沢村　　0400
室蘭本線鉄橋崩壊・旅客列車転落　昭和25年8月1日　北海道　　0406
森林鉄道木材運搬列車転落　昭和26年8月29日　北海道空知郡三笠町　　0417
日暮里駅構内乗客転落死　昭和27年6月18日　東京都荒川区　　0432
セメント専用列車脱線転落　昭和27年11月9日　滋賀県坂田郡春照村　　0437
品鶴線貨物列車脱線転落　昭和29年3月8日　東京都品川区　　0459
飯田線電車土砂崩れ転落　昭和30年1月20日　長野県下伊那郡泰阜村　　0475
貨客列車脱線転落　昭和31年3月5日　北海道標津郡中標津町　　0502
通勤列車脱線転落　昭和31年9月27日　三重県鈴鹿郡関町　　0512
駅ホーム転落死亡　昭和33年4月11日　大阪府大阪市北区　　0547
転落トラック急行列車直撃　昭和33年10月18日　静岡県庵原郡蒲原町　　0562
一畑電鉄立久恵線ガソリンカー転落　昭和36年2月3日　島根県出雲市　　0626
函館本線貨物列車転落　昭和38年12月16日　北海道函館市　　0700
富良野線貨物列車転落　昭和43年10月1日　北海道空知郡中富良野町　　1008
五能線列車転落　昭和47年12月2日　青森県西津軽郡深浦町　　1259
乗客転落事故　昭和54年6月6日　神奈川県　　1478
スキーリフト乗客転落　昭和56年3月31日　新潟県妙高高原　　1535
リフト故障スキー客転落　昭和58年2月5日　岐阜県久々野町　　1593
乗客ホームから転落　昭和58年11月15日　神奈川県横浜市　　1628
スキーリフト客転落　昭和61年2月2日　長野県木曽福島町　　1601
ホームから転落　昭和61年7月24日　神奈川県相模原市矢部新田　　1697
山陰線回送列車転落　昭和61年12月28日　兵庫県城崎郡香住町　　1705
ゴンドラ転落　平成2年7月24日　大阪府大阪市西区　　1799
窓清掃中ゴンドラ転落　平成2年9月10日　千葉県千葉市　　1814
ゴンドラから転落　平成3年1月19日　東京都中央区　　1840
ゴンドラ転落　平成3年9月11日　岡山県岡山市　　1886
地下鉄駅で列車に引きづられ転落　平成6年6月13日　　1991
ダム建設作業員転落死　平成7年2月16日　愛知県北設楽郡豊根村　　2012
清掃会社従業員ゴンドラから転落　平成8年1月9日　福岡県北九州市八幡東区　　2038

転落

エレベーター故障ワゴン車転落　平成8年2月24日　大阪府豊中市　　2049
リフト式重機海中に転落　平成8年6月12日　福岡県福岡市東区　　2060
貨物列車脱線谷へ転落　平成8年12月4日　北海道渡島支庁七飯町　　2075
回転遊具から転落　平成9年8月19日　神奈川県横浜市金沢区　　2108
作業員転落死　平成9年12月6日　神奈川県横浜市鶴見区　　2123
乗用車海に転落　平成11年4月9日　静岡県東伊豆町　　2158
名鉄名古屋本線加納駅ホームから転落　平成11年8月7日　岐阜県岐阜市　　2167
JR新大久保駅転落死亡事故　平成13年1月26日　東京都新宿区　　2207
山岳救助隊員転落　平成14年1月6日　長野県大町市　　2229
熱気球から転落　平成14年1月25日　埼玉県宮代町　　2231
リフトから転落　平成15年3月1日　長野県戸隠村　　2255
ゴンドラから転落　平成15年10月15日　長野県木曽郡三岳村　　2268

【破損】
長距離実験機破損　昭和12年7月31日　　0294
富士航空旅客機破損　昭和39年3月16日　鹿児島県姶良郡隼人町　　0713
日本国内航空旅客機破損　昭和42年1月22日　北海道函館市　　0856
日本国内航空旅客機破損　昭和42年2月9日　静岡県浜松市　　0861
航空自衛隊戦闘機破損　昭和42年12月12日　石川県小松市　　0919
民間飛行クラブ機連続着陸失敗・破損　昭和43年4月〜5月　東京都大田区　　0948
京王線電車破損　昭和43年5月14日　東京都調布市　　0956
パンアメリカン航空旅客機タイヤ破損　昭和45年10月10日　東京都大田区　　1142
阪和線急行列車破損　昭和46年11月29日　和歌山県和歌山市　　1203
営団地下鉄東西線電車破損　昭和47年5月18日　千葉県市川市　　1228
全日空練習機破損　昭和47年7月19日　北海道札幌市　　1237
日本航空旅客機降雹破損　昭和50年5月27日　茨城県　　1349
日本航空旅客機破損　昭和50年8月10日　和歌山県西牟婁郡串本町付近　　1357
日本航空旅客機降雹破損　昭和51年7月18日　茨城県土浦市　　1382
東海道・山陽新幹線列車破損　昭和52年3月5日　兵庫県西宮市付近　　1410
日本航空機破損　昭和53年11月11日　大阪府大阪空港　　1462
信越線信越線ガラス破損　昭和59年1月19日　新潟県南蒲原郡中之島村　　1633
山陽新幹線窓ガラス破損　平成9年1月13日　兵庫県神戸市須磨区　　2080

【爆破】
函館本線急行列車爆破　昭和35年9月10日　北海道茅部郡鹿部町　　0615
営団地下鉄銀座線電車京橋駅爆破　昭和38年9月5日　東京都中央区　　0690
山陽電鉄線電車爆破　昭和42年6月18日　兵庫県神戸市垂水区　　0882
横須賀線電車爆破　昭和43年6月15日　神奈川県鎌倉市　　0967
国鉄線電車爆破　昭和45年2月15日　大阪府大阪市　　1097
近鉄奈良線急行電車爆破　昭和47年8月2日　奈良県奈良市　　1240

【不時着】
帝国飛行協会機不時着　昭和5年6月15日　青森県下北郡東通村　　0103
海軍航空隊機不時着水　昭和5年9月18日　鹿児島県甑列島沖　　0112
航空機不時着　昭和7年7月25日　福岡県粕屋郡　　0149
陸軍飛行隊機不時着　昭和9年3月11日　福島県小名浜沖　　0191

不時着

艦載機不時着水　昭和10年7月13日　高知県沖　　0222
航空機不時着　昭和12年5月25日　高知県　　0289
陸軍飛行学校機不時着　昭和12年7月9日　福島県伊達郡大木戸村　　0291
旅客機不時着　昭和13年12月8日　沖縄県久場島沖　　0319
大日本航空機不時着　昭和14年9月14日　福岡県波多湾　　0334
神風号不時着　昭和14年10月6日　台湾鵞鑾鼻東海岸付近　　0336
セスナ機不時着　昭和28年7月25日　和歌山県日高郡竜神村　　0448
読売新聞社機不時着　昭和29年8月24日　東京都大田区羽田沖　　0469
米空軍ジェット戦闘機不時着　昭和32年3月9日　愛媛県新居浜市　　0523
航空自衛隊練習機不時着　昭和32年5月23日　福島県白河市　　0529
極東航空機不時着　昭和32年8月1日　大阪府泉北郡浜寺町　　0535
日本航空DC4型旅客機不時着　昭和32年9月30日　大阪府豊中市　　0537
日本航空旅客機ウェーク島不時着　昭和34年11月14日　米領ウェーク島　　0597
航空自衛隊戦闘機不時着　昭和40年1月21日　宮崎県児湯郡新富町　　0746
海上自衛隊対潜哨戒機不時着　昭和40年6月1日　千葉県　　0771
中日本航空ヘリコプター不時着　昭和41年7月17日　長野県上高井郡若穂町　　0828
航空自衛隊練習機不時着水　昭和41年8月18日　福岡県遠賀郡芦屋町沖　　0833
海上自衛隊対潜哨戒機不時着　昭和42年2月10日　千葉県東葛飾郡鎌ヶ谷町　　0862
航空自衛隊戦闘機不時着　昭和42年5月1日　宮城県宮城郡松島町　　0873
日本航空訓練機不時着　昭和42年7月2日　宮城県名取市　　0885
航空自衛隊輸送機不時着水　昭和42年7月5日　沖縄嘉手納村付近　　0888
横浜訓盲学院セスナ機不時着　昭和42年10月29日　群馬県館林市　　0917
日本航空協会機不時着　昭和43年1月7日　福岡県北九州市小倉区　　0924
日本飛行連盟機不時着　昭和43年2月11日　千葉県八千代市　　0937
米海軍機不時着水　昭和43年3月14日　東京湾　　0944
日本学生連盟機不時着　昭和43年6月22日　鳥取県鳥取市　　0972
陸上自衛隊捜索機不時着　昭和43年8月7日　奈良県吉野郡東吉野村　　0987
全日本空輸ヘリコプター不時着　昭和43年10月16日　宮城県栗原郡栗駒町　　1014
航空自衛隊戦闘機不時着水　昭和43年11月4日　青森県八戸市沖　　1016
航空自衛隊輸送機不時着　昭和44年2月14日　宮城県宮城郡松島町　　1037
ホンダエアポート機不時着水　昭和44年9月1日　広島県広島市沖　　1072
海上自衛隊機不時着水　昭和45年3月12日　青森県むつ市沖　　1104
陸上自衛隊ヘリコプター不時着　昭和46年1月21日　佐賀県鳥栖市　　1158
グライダー不時着水　昭和50年3月22日　福島県相馬市沖　　1346
海上自衛隊対潜哨戒ヘリコプター不時着水　昭和52年2月8日　青森県陸奥湾　　1402
セスナ機不時着　昭和54年7月3日　愛知県海部郡付近　　1482
飛行船不時着　昭和55年4月23日　兵庫県神戸市　　1503
米軍機不時着　昭和55年8月7日　沖縄県嘉手納村　　1513
海上自衛隊ヘリコプター不時着　昭和61年3月27日　静岡県御前崎沖　　1687
レジャーヘリ不時着　平成2年1月14日　山口県大津郡日置町　　1781
気球不時着　平成3年1月12日　千葉県犬吠埼沖　　1837
飛行船不時着　平成3年3月26日　東京都港区　　1856
自衛隊ヘリコプター不時着　平成3年6月6日　長崎県雲仙市　　1867
ヘリコプター不時着　平成3年12月28日　三重県松坂市　　1901
海上自衛隊ヘリコプター不時着　平成7年6月6日　神奈川県城ケ島　　2018

【妨害】
連続列車妨害　昭和26年10月4日　東京都　　0419
東海道新幹線試運転車妨害　昭和39年8月27日　静岡県浜松市　0722
東海道新幹線試運転車妨害　昭和39年8月28日　愛知県豊橋市　0723
東海道新幹線試運転車妨害　昭和39年9月18日　愛知県名古屋市南区　0729
列車妨害　平成5年10月15日　三重県亀山市　1961

【行方不明】
艦載機行方不明　昭和8年3月4日　高知県室戸岬沖　0162
陸軍飛行隊機行方不明　昭和11年9月3日　静岡県　0277
全日本空輸貨物機行方不明　昭和40年2月14日　愛知県知多郡美浜町付近　0752
海上自衛隊対潜哨戒機行方不明　昭和48年4月27日　東京都小笠原村付近　1275
陸上自衛隊連絡機行方不明　昭和48年6月23日　栃木県宇都宮市付近　1284
日本フライングサービス機行方不明　昭和49年2月5日　鹿児島県名瀬市　1305
航空自衛隊戦闘機行方不明　昭和49年9月10日　沖縄県那覇市　1325
航空自衛隊戦闘機行方不明　昭和52年6月29日　長崎県南松浦郡沖　1427
小型機行方不明　昭和58年1月21日　和歌山県上空　1592
ヘリコプター行方不明　平成16年12月24日　佐賀県鹿島沖　2279

【落下】
東海道線堤防下に列車落下　明治32年6月30日　愛知県　0009
城平スキー場スキーリフト落下　昭和28年1月3日　新潟県南魚沼郡湯沢村　0438
登別温泉観光ケーブルカー落下　昭和33年5月26日　北海道幌別町　0550
谷川岳ロープウェイ・ゴンドラ落下　昭和35年12月18日　群馬県利根郡水上町　0623
ロープウェイ落下　昭和38年8月3日　山形県山形市　0685
観光用リフト落下　昭和40年10月31日　鳥取県西伯郡大山町　0793
第2鉄鋼ビルゴンドラ落下　昭和44年4月13日　東京都中央区　1043
西武百貨店ゴンドラ落下　昭和44年4月24日　東京都渋谷区　1046
蔵王スキー場リフト落下　昭和44年12月29日　山形県山形市　1091
氷塊落下　昭和56年3月13日　千葉県横芝町　1533
ゴンドラ落下　昭和57年11月13日　東京都台東区根岸　1584
ジャンボ機タイヤ片落下　昭和58年1月21日　東京都羽田空港　1591
ヘリコプタードア落下　昭和58年4月7日　埼玉県北葛飾郡庄和町　1604
ゴンドラ落下　昭和58年7月15日　東京都渋谷区　1616
自衛隊練習機燃料タンク落下　昭和58年9月26日　静岡県浜松市貴平町　1623
ジャンボ機タイヤ片落下　昭和59年7月19日　千葉県山武郡芝山町　1645
ジャンボ機タイヤ片落下　昭和59年7月20日　千葉県　1646
ゴンドラ落下　昭和60年10月30日　東京都文京区音羽　1677
運転用木材落下　昭和61年3月11日　島根県頓原町　1685
米軍機ミサイル落下　昭和62年4月3日　広島県大朝町　1713
エアーニッポン機エンジンカバー落下　平成2年7月29日　沖縄県石垣島　1800
線路内に落下物　平成2年9月21日　福岡県博多市　1815
日航ジャンボ外板落下　平成3年4月11日　山口県岩国市　1858
土木作業車線路に落下　平成3年6月1日　兵庫県神戸市垂水区　1865
パラグライダー落下　平成3年11月3日　熊本県阿蘇郡一の宮町　1893
リフト落下　平成3年11月19日　富山県上新川郡大山町　1895

軽トラック線路落下　平成5年2月19日　東京都八王子市　　1931
ビルの塗装作業ゴンドラ落下　平成6年5月7日　東京都新宿区　　1988
作業用ゴンドラ落下　平成6年6月23日　大阪府大阪市北区　　1992
エレベーター落下　平成6年12月7日　兵庫県神戸市中央区　　2006
山陽新幹線トンネルでコンクリート塊落下　平成11年6月27日　福岡県糟屋郡久山町　　2163
旅客機部品落下　平成13年6月27日　愛知県小牧市　　2219
山陽新幹線トンネルでモルタル片落下　平成14年10月28日　岡山県笠岡市　　2247
ボーイング7・大量の破片落下　平成17年12月1日　鹿児島県　　2293

【乱気流】
日本航空旅客機乱気流突入　昭和43年8月24日　米国領ミッドウェー島付近　　0994
日本航空旅客機乱気流突入　昭和45年8月30日　愛知県名古屋市付近　　1135
日本航空旅客機乱気流突入　昭和45年11月2日　千葉県夷隅郡御宿町沖　　1145
英国航空B747機乱気流遭遇　昭和54年5月14日　三重県鈴鹿峠上空　　1474
日本航空DC8機乱気流遭遇　昭和54年6月25日　鳥取県美保上空　　1481
全日空YS11型機乱気流遭遇　昭和54年11月4日　和歌山県上空　　1495
日航ジャンボ機乱気流遭遇　昭和55年9月8日　愛知県上空　　1518
乱気流スチュワーデスけが　平成2年10月26日　和歌山県海南市上空　　1820
旅客機、乱気流　平成11年1月20日　太平洋上空《その他》　　2147
乱気流遭遇　平成14年9月27日　高知県　　2244
乱気流遭遇　平成14年10月21日　愛知県　　2246

【離陸失敗】
旅客機離陸失敗　昭和12年8月5日　東京府東京市羽田　　0295
航空自衛隊戦闘機離陸失敗　昭和37年6月24日　宮城県宮城郡松島町　　0655
全日本空輸機離陸失敗　昭和38年5月10日　宮城県仙台市　　0677
米軍輸送機離陸失敗　昭和41年9月12日　東京都立川市　　0838
東京航空セスナ機離陸失敗　昭和42年4月22日　東京都江東区　　0869
米空軍機離陸失敗　昭和44年4月22日　福岡県福岡市　　1045
全日本空輸訓練機離陸失敗　昭和44年9月10日　高知県高知市　　1073
航空自衛隊練習機離陸失敗　昭和46年3月22日　宮崎県児湯郡新富町　　1164
ノースウェスト・航空旅客機離陸失敗　昭和46年6月20日　東京都大田区　　1176
航空自衛隊練習機離陸失敗　昭和46年7月26日　宮崎県児湯郡新富町　　1183
東亜国内航空訓練機離陸失敗　昭和46年8月3日　広島県広島市　　1186
日本航空旅客機離陸失敗　昭和50年12月17日　米合衆国アラスカ州　　1364
フィリピン航空旅客機離陸失敗　昭和52年4月18日　東京都大田区　　1420
航空自衛隊練習機離陸失敗　昭和58年6月21日　沖縄県那覇空港　　1643

編者紹介

特定非営利活動法人 災害情報センター

早稲田大学に拠点をもつNPO法人。事故・災害事例約13万件、関連文献約60万件をデータベース化し、インターネットで提供。月刊災害情報、災害・事故事例事典などを発行。注目される事故・災害が発生した場合には、過去に発生した同種の事例をWebサイトに速報的に掲載。
(http://www.adic.rise.waseda.ac.jp/adic/menu.html)
災害に関する研究会やシンポジウムなどを適宜開催するとともに、防災計画作成、安全性評価などのコンサルティング事業も行っている。

鉄道・航空機事故全史
<シリーズ 災害・事故史 1>

2007年5月25日　第1刷発行

編　者／災害情報センター,日外アソシエーツ編集部
発行者／大髙利夫
発　行／日外アソシエーツ株式会社
　　　　〒143-8550 東京都大田区大森北1-23-8 第3下川ビル
　　　　電話 (03)3763-5241(代表)　FAX(03)3764-0845
　　　　URL http://www.nichigai.co.jp/
発売元／株式会社紀伊國屋書店
　　　　〒163-8636 東京都新宿区新宿3-17-7
　　　　電話 (03)3354-0131(代表)
　　　　ホールセール部(営業)　電話 (03)5469-5918

組版処理／有限会社デジタル工房
印刷・製本／大日本印刷株式会社

不許複製・禁無断転載　　《中性紙北越淡クリームキンマリ使用》
<落丁・乱丁本はお取り替えいたします>
ISBN978-4-8169-2043-1　　Printed in Japan,2007

教育パパ血風録　日外選書 Fontana

澤井 繁男 著　四六判・200頁　定価1,680円（本体1,600円）

「教育」は、教育する側にとっても自分が教えられ育つものである、という持論を基に、学力低下論争、後発進学校、予備校、学校週休2日制、いじめ問題などについて元予備校講師の著者が鋭く切り込む。

ビジネス技術 わざの伝承
――ものづくりからマーケティングまで　日外選書 Fontana

柴田 亮介 著　四六判・260頁　定価1,980円（本体1,886円）

技術・技能、企画メソドロジーなど仕事の「わざ」を次世代へ伝えるために、能・歌舞伎・噺家など、古典芸能の世界における師匠の模倣をはじめとする弟子養成術から奥義を会得、その伝承方法を学ぶ。

鉄道・航空機事故全史
〈シリーズ 災害・事故史 1〉　日外選書 Fontana

（NPO法人）災害情報センター，日外アソシエーツ 共編
A5・510頁　定価8,400円（本体8,000円）

明治以降の鉄道事故・航空機事故を多角的に調べられる事典。第Ⅰ部は大事故53件の経過と被害状況・関連情報を詳説、第Ⅱ部では全事故2,298件を年表形式（簡略な解説付き）で総覧できる。索引付き。

入門・アーカイブズの世界
――記憶と記録を未来に《翻訳論文集》

記録管理学会，日本アーカイブズ学会 共編
A5・280頁　定価2,940円（本体2,800円）　2006.6刊

アーカイブズ学の分野で世界的に定評のある論文・講演7編を精選し、翻訳した論文集。記録管理の歴史的背景、海外での現状、未来への展望まで俯瞰することができる。

お問い合わせ
資料請求は…　データベースカンパニー　日外アソシエーツ

〒143-8550　東京都大田区大森北1-23-8
TEL.(03) 3763-5241　FAX.(03) 3764-0845
http://www.nichigai.co.jp/